经以济世
建德尚日
贺教劳卿
毛大及向工
成五土賬

李某某

编审委员会成员

主　任　孔和平　罗志荣

委　员　郭兆旭　吕　萍　唐俊南　安　远

　　　　文远怀　张　虹　谢　锐　解　丹

总　序

哲学社会科学是人们认识世界、改造世界的重要工具，是推动历史发展和社会进步的重要力量。哲学社会科学的研究能力和成果，是综合国力的重要组成部分，哲学社会科学的发展水平，体现着一个国家和民族的思维能力、精神状态和文明素质。一个民族要屹立于世界民族之林，不能没有哲学社会科学的熏陶和滋养；一个国家要在国际综合国力竞争中赢得优势，不能没有包括哲学社会科学在内的"软实力"的强大和支撑。

近年来，党和国家高度重视哲学社会科学的繁荣发展。江泽民同志多次强调哲学社会科学在建设中国特色社会主义事业中的重要作用，提出哲学社会科学与自然科学"四个同样重要"、"五个高度重视"、"两个不可替代"等重要思想论断。党的十六大以来，以胡锦涛同志为总书记的党中央始终坚持把哲学社会科学放在十分重要的战略位置，就繁荣发展哲学社会科学做出了一系列重大部署，采取了一系列重大举措。2004 年，中共中央下发《关于进一步繁荣发展哲学社会科学的意见》，明确了新世纪繁荣发展哲学社会科学的指导方针、总体目标和主要任务。党的十七大报告明确指出："繁荣发展哲学社会科学，推进学科体系、学术观点、科研方法创新，鼓励哲学社会科学界为党和人民事业发挥思想库作用，推动我国哲学社会科学优秀成果和优秀人才走向世界。"这是党中央在新的历史时期、新的历史阶段为全面建设小康社会，加快推进社会主义现代化建设，实现中华民族伟大复兴提出的重大战略目标和任务，为进一步繁荣发展哲学社会科学指明了方向，提供了根本保证和强大动力。

高校是我国哲学社会科学事业的主力军。改革开放以来，在党中央的坚强领导下，高校哲学社会科学抓住前所未有的发展机遇，紧紧围绕党和国家工作大局，坚持正确的政治方向，贯彻"双百"方针，以发展为主题，以改革为动力，以理论创新为主导，以方法创新为突破口，发扬理论联系实际学风，弘扬求真务实精神，立足创新、提高质量，高校哲学社会科学事业实现了跨越式发展，呈现空前繁荣的发展局面。广大高校哲学社会科学工作者以饱满的热情积极参与马克思主义理论研究和建设工程，大力推进具有中国特色、中国风格、中国气派的哲学社会科学学科体系和教材体系建设，为推进马克思主义中国化，推动理论创新，服务党和国家的政策决策，为弘扬优秀传统文化，培育民族精神，为培养社会主义合格建设者和可靠接班人，做出了不可磨灭的重要贡献。

自 2003 年始，教育部正式启动了哲学社会科学研究重大课题攻关项目计划。这是教育部促进高校哲学社会科学繁荣发展的一项重大举措，也是教育部实施"高校哲学社会科学繁荣计划"的一项重要内容。重大攻关项目采取招投标的组织方式，按照"公平竞争，择优立项，严格管理，铸造精品"的要求进行，每年评审立项约 40 个项目，每个项目资助 30 万 ~ 80 万元。项目研究实行首席专家负责制，鼓励跨学科、跨学校、跨地区的联合研究，鼓励吸收国内外专家共同参加课题组研究工作。几年来，重大攻关项目以解决国家经济建设和社会发展过程中具有前瞻性、战略性、全局性的重大理论和实际问题为主攻方向，以提升为党和政府咨询决策服务能力和推动哲学社会科学发展为战略目标，集合高校优秀研究团队和顶尖人才，团结协作，联合攻关，产出了一批标志性研究成果，壮大了科研人才队伍，有效提升了高校哲学社会科学整体实力。国务委员刘延东同志为此做出重要批示，指出重大攻关项目有效调动各方面的积极性，产生了一批重要成果，影响广泛，成效显著；要总结经验，再接再厉，紧密服务国家需求，更好地优化资源，突出重点，多出精品，多出人才，为经济社会发展做出新的贡献。这个重要批示，既充分肯定了重大攻关项目取得的优异成绩，又对重大攻关项目提出了明确的指导意见和殷切希望。

作为教育部社科研究项目的重中之重，我们始终秉持以管理创新服务学术创新的理念，坚持科学管理、民主管理、依法管理，切实增强服务意识，不断创新管理模式，健全管理制度，加强对重大攻关项目的选题遴选、评审立项、组织开题、中期检查到最终成果鉴定的全过程管理，逐渐探索并形成一套成熟的、符合学术研究规律的管理办法，努力将重大攻关项目打造成学术精品工程。我们将项目最终成果汇编成"教育部哲学社会科学研究重大课题攻关项目成果文库"统一组织出版。经济科学出版社倾全社之力，精心组织编辑力量，努力铸造出版精品。国学大师季羡林先生欣然题词："经时济世 继往开来——贺教育部重大攻关项目成果出版"；欧阳中石先生题写了"教育部哲学社会科学研究重大课题攻关项目"的书名，充分体现了他们对繁荣发展高校哲学社会科学的深切勉励和由衷期望。

　　创新是哲学社会科学研究的灵魂，是推动高校哲学社会科学研究不断深化的不竭动力。我们正处在一个伟大的时代，建设有中国特色的哲学社会科学是历史的呼唤，时代的强音，是推进中国特色社会主义事业的迫切要求。我们要不断增强使命感和责任感，立足新实践，适应新要求，始终坚持以马克思主义为指导，深入贯彻落实科学发展观，以构建具有中国特色社会主义哲学社会科学为己任，振奋精神，开拓进取，以改革创新精神，大力推进高校哲学社会科学繁荣发展，为全面建设小康社会，构建社会主义和谐社会，促进社会主义文化大发展大繁荣贡献更大的力量。

教育部社会科学司

前 言

教育部哲学社会科学研究重大课题攻关项目《中国现代服务经济理论与发展战略研究》（06JZD0018）的调研、研讨、咨询和撰稿等工作历时三年多，终于完成了。其最终成果，即将以项目名称为题正式出版。

1993 年，我从组织撰写《国际服务贸易》（立信会计出版社，1995）教科书开始，进入与服务有关的研究领域。以后的一段时间，我基本上是和研究生一起，边学习，边做一些初步的工作。这期间所做的主要工作，是修订《国际服务贸易》。2001 年，《国际服务贸易——原理·政策·产业》出版。此后，该书列入普通高等学校"十一五"国家级教材规划。2007 年，重新以《国际服务贸易》为书名出版。

2000 年以后，我和我的同事、学生形成了一个研究团队，我们的研究工作从服务贸易延伸到服务产业、服务经济。自此，我们开始发表该领域的论文，并获得了多项国家级、省部级研究项目。2004 年，我们着手撰著《中国服务经济报告》。《中国服务经济报告 2005》（经济管理出版社）在 2006 年年初出版了。迄今为止，每年都如期出版《中国服务经济报告》。这是我们团队的标志性成果之一。

2005 年，在教育部哲学社会科学研究重大课题攻关项目选题招标时，我们团队设计了《中国现代服务经济理论与发展战略研究》项目。该项目列入了当年教育部哲学社会科学研究重大课题攻关项目选题指南。我们随即参加了项目的投标。通过初评，并参加项目答辩评审，我们的申请获得立项。这是对我们团队长期从事服务贸易、服务产业和服务经济研究工作的肯定。

该项目的阶段性成果包括四个方面：

（1）论文。课题组共发表注有"教育部哲学社会科学研究重大课题攻关项目资助"字样的论文 17 篇。其中，代表性的论文是：陈宪、殷凤：《服务贸易：国际特征与中国竞争力》（载于《财贸经济》，2008 年第 1 期）；殷凤、陈宪：《从经济普查看中国服务业》（载于《统计研究》，2007 年第 10 期）；程大中：《中国生产性服务业的水平、结构及影响——基于投入—产出法的国际比较研究》（载于《经济研究》，2008 年第 1 期）；程大中等：《中国经济正在趋向服务化吗？》（载于《中国和世界经济》，2009 年第 6 期第 17 卷）；殷凤、陈宪：《国际服务贸易影响因素与中国服务贸易国际竞争力研究》（载于《国际贸易问题》，2009 年第 2 期）；程大中：《中美服务部门的产业内贸易及其影响因素分析》（载于《管理世界》，2008 年第 9 期）；程大中：《中国经济正在趋向服务化吗？——基于服务业产出、就业、消费和贸易的统计分析》（载于《统计研究》，2008 年第 9 期）；程大中：《中国服务业存在"成本病"问题吗？》（载于《财贸经济》，2008 年第 12 期）；陈宪、韩太祥：《文化要素与经济增长》（载于《经济理论与经济管理》，2008 年第 9 期）；程大中：《收入效应、价格效应与中国的服务性消费》（载于《世界经济》，2009 年第 3 期）。

（2）丛书。在形成最终成果之前，课题组出版《中国服务经济研究丛书》（经济管理出版社，2010）。这套丛书由《服务的微观经济分析》、《服务经济的兴起与中国的战略选择》、《中国服务产业研究》、《开放服务经济与中国的实践》四本专著组成。

（3）年度报告。《中国服务经济报告 2006》（经济管理出版社，2007），《中国服务经济报告 2007》（经济管理出版社，2008），《中国服务经济报告 2008》（经济管理出版社，2009），《中国服务经济报告 2009》（上海大学出版社，2010），均作为该项目资助的阶段性成果出版。

（4）指数。在开始这个项目的工作后，我们陆续编制和发布《中国城市服务经济指数》、《长三角 16 城市服务经济指数》（现为 22 个城市）、《中国城市公共服务指数》。《中国城市服务经济指数》已连续编制和发布三年，《长三角 16 城市服务经济指数》已编制和发布两年，《中国城市公共服务指数》，在 2009 年首次编制和发布。

需要指出的是，《中国服务经济报告》，以及各项指数的编制和发布工作，已经受到社会各有关方面的关注，并被广泛引用。我们将继续出版《中国服务经济报告》，编制和发布上述三个指数。

《中国现代服务经济理论与发展战略研究》项目的工作，始终受到教育部社会科学司的高度关注和重视。项目开题时，教育部社会科学司张东刚副司长亲自莅会，并邀请了上海市政府发展研究中心周振华教授、浙江大学史晋川教授、南京大学刘志彪教授、复旦大学范秀成教授等专家参加开题报告会。在这次会议上，多位专家对课题的研究工作提出了重要的意见。2008 年，我们又参加了社会科学司组织的项目中期检查，再次得到来自多位专家的指导性意见。

2010 年 4 月，教育部社会科学司组织了对该项目的评审。评审专家在鉴定意见中指出，从总体框架、研究内容、成果质量上看，课题组高质量地完成了《投标评审书》约定的研究任务。研究成果对服务经济理论进行了比较深入、系统的研究，总结了服务经济的发展规律，有比较扎实的理论基础。对服务创新、生产者服务业、消费者服务业、公共服务、服务贸易进行了翔实分析，研究视角新颖，有创新观点。从不同层面、不同角度对中国服务业的改革与发展提出了一系列战略构想和对策建议，有实际参考价值。研究符合学术规范，尊重他人研究成果，科学态度严谨。评审专家还提出了具体的修改建议。根据他们的意见，以及社会科学司对项目成果出版的要求，我们又做了补充和修改。

根据最终成果书稿出版的体例要求，正文前所列课题组主要成员不多于 10 人，故在此列出参与课题申报和讨论的成员，他们是：周振华（上海市政府发展研究中心）、沈瑶（上海大学）、李骏阳（上海大学）、董有德（上海大学）、乔宝云（中央财经大学）、李慧中（复旦大学）。

最后，感谢教育部社会科学司、商务部服务贸易司、上海市发展和改革委员会、上海市商务委员会、上海市政府发展研究中心、上海市统计局、上海交通大学和上海大学等单位，以及社会各有关方面的专家学者，长期以来对我们研究团队的支持和帮助。

3

摘　要

本书是教育部哲学社会科学研究重大课题攻关项目《中国现代服务经济理论与发展战略研究》的最终成果。

本书根据经济发展的历史，归纳了服务经济发展的经验规律，讨论了服务需求和服务供给的经济学含义，基于对服务本身性质的把握，对服务的价值和价格进行了基础性探讨；从历史和截面两个维度，详细论述了服务经济兴起的基本过程和趋势，同时结合中国的国情，论证了中国发展服务经济的战略选择与举措；还从生产者服务业、消费者服务业和公共服务业，以及收入分配、服务贸易与服务业FDI等层面，系统分析了服务经济发展的若干理论和政策问题。

该研究成果得出的主要结论有：

随着分工的深化、经济发展水平的提高，服务业与制造业的结构关联将发生重要的变化，服务业的发展对制造业的依存度明显降低，逐步形成了自我发展和强化机制，相反制造业对服务业的依存度则不断提高。目前，中国制造业与服务业之间的良性互动机制尚未形成。中国生产者服务业低于其应有的发展水平，在很大程度上源于社会诚信、体制机制和政策规制的约束。

由于供给、需求或规制层面的制约，我国消费者服务业无论从产业规模、产业结构、产业品质远没有达到应有的状态，而是处在低度的均衡点上，成为影响消费者服务业提升能级的一个障碍。城乡居民人均可支配收入、服务价格和质量及安全性，是消费者服务业低度均衡问题的强敏感性因素；强敏感性的影响因素既存在城乡差异，同时各细分商品和服务之间也存在差异；消费者服务业的区域非均衡分布差异明显；具体行业的区域集聚差异极大；消费者服务业的区位优势总体落后于生产者服务业。

与全社会公共服务需求的强劲增长相比，公共服务的供给远不能满足公共服务的需求。公共服务地区不均、城乡失衡，长期以来形成城市多、农村少，发达地区多、落后地区少的"两多""两少"现象。公共服务需求的全面快速增长与公共服务供给不到位，已经成为日益突出的社会矛盾。应建立惠及13亿人口的较为完善的公共服务业体系，逐步实现基本公共服务的均等化。

中国服务贸易整体竞争力薄弱，贸易结构相对低级，服务贸易专业化模式不稳定；服务业利用外资规模偏小、比重偏低，与全球资本流动趋向不符，行业分布差距较大，投资结构不合理，体现出较强的优区位导向；中国服务业FDI的溢出效应为负。人力资本、研发水平和服务市场开放度，是影响服务业FDI溢出效应的重要因素，它们的欠缺抑制了中国服务业外商直接投资正向溢出效应的发挥。目前，服务业FDI对中国服务业发展与经济增长的带动作用明显不足，其规模与质量均有待进一步提高。

中国的经济形态相对落后，导致在消费和民生、经济活动的专业化程度、经济增长的可持续性、贸易和利用外资等方面，出现一些亟待解决的棘手问题。这些问题在本质上是结构性的、内生性的。要解决好这些问题，就必须在整体上跟上世界经济结构调整和升级的步伐，最终形成服务经济形态。因此，综观当前及未来国内外产业结构调整、升级的背景与趋势，中国经济正面临着工业化和服务化的双重任务，即在促进工业化转型、走新型工业化道路的同时，完成整体经济的服务化转型。

Abstract

This book is the final research result of Key Project of Philosophy and Social Sciences Research, Ministry of Education "Research on Economic Theory and Development Strategy of China's Modern Service Economy".

This book summarizes the evolution law of service economy, discusses the economic meanings of service demand and supply according to the economic development history, and explains the value and price of services on the basis of characteristics of services. The development process and trend of service economy are analyzed from historical and sector perspectives. Strategic choice and measures are put forward according to China's condition. It describes and analyzes some key theoretical and policy issues concerning about producer services, consumer services and public services, income distribution, trade and foreign direct investment in services.

The major findings are as follows:

The structural interlink between manufacturing and services will change significantly along with the economic development and deepening of division of labor. The dependence of services on manufacturing decreases evidently and forms a self-development and enforcing mechanism. On the contrary, the dependence of manufacturing on services increases continuously. A good interaction mechanism between manufacturing and service industry has not come into being. The under-developed producer services in China has stemmed from the constraints of social credit, institutions, regimes, policies and rules.

Due to the constrains of supply, demand and regimes, consumer services in China are on low-balance point, not only the scale and structure, but also the quality are lagging far behind, which is a big barrier to the upgrading of industrial structure. The most sensitive factors are per capita disposable income of residents, the price, quality and safety of services. There exist big differences on sensitive factors between urban and rural China, specific commodities and services. The regional distribution of consumer services is highly uneven. The regional clusters vary from sector to sector. The specific location advantage of consumer services is lagging behind that of the producer services in China.

The supply of public services can not meet the demand, comparing with the strong increase in demand of social public services. There exits great uneven regional distribution and urban-rural gap. The rising demand and inadequate public services triggers some social contradictions. A perfect public services system to benefit 1. 3 billion people should be built so as to realize the equalization of public services.

China's international competitiveness of services trade is rather weak and the trade structure is of low-grade comparing with other main economic entities. Specialization pattern of services trade is not stable. The stock of FDI in China's service industry is rather small, the industrial distribution is undesirable, and FDI in service industry shows strong locational preference. The empirical results show that there are not significant FDI spillover effects on China's service industry. Human capital, R&D and openness of service market are important determinants, which constrain the positive spillover effects of FDI. The positive relationship between FDI and the development of China's services industry is not evident, the scale and quality of FDI in services should be further increased.

China's economy is relatively backward in form, which causes many tough problems in consumption and livings, specification, sustainable growth, trade and foreign investment. In essence, these problems are structural and endogenous. In order to solve these problems, China should strive to form the service economy together with the world structural adjustment and upgrading. Thus, China is facing the dual task of industrialization and servicesation, that is to say, to fulfill the service-oriented transformation by following a new industrialization approach.

目　录

Contents

第一章▶导论　1

    第一节　经济发展阶段的理论考察　1

    第二节　产业发展历程与服务经济　2

    第三节　本课题的研究内容　6

    第四节　本课题的研究方法　7

第二章▶服务经济的研究现状与发展趋势　9

    第一节　服务经济的研究现状　9

    第二节　服务经济的发展趋势　14

第三章▶服务经济的理论体系：基于微观与宏观的分析视角　35

    第一节　服务经济的形成与发展规律　35

    第二节　服务需求　62

    第三节　服务供给　82

    第四节　服务均衡价格　115

    第五节　服务业与经济增长的内生关系：理论及来自中国的证据　136

    第六节　服务业与制造业的互动发展：基于世界制造中心历史
    演变的考察　160

第四章▶服务经济发展的国际比较及中国的战略选择　189

    第一节　服务经济发展的国际比较　189

    第二节　中国经济的服务化趋势　236

    第三节　中国发展服务经济的战略选择　282

第五章▶服务创新的发展战略：基于创新型国家视角 296

第一节 服务创新的战略意义 296

第二节 关于服务创新的一般分析框架 298

第三节 微观服务创新 299

第四节 服务产业创新 301

第五节 服务宏观管理创新 304

第六节 服务创新的国际扩散与国际合作 306

第七节 结语 307

第六章▶生产者服务业的发展战略：基于新型工业化视角 308

第一节 生产者服务业概述 309

第二节 生产者服务业增长：理论与模型 314

第三节 生产者服务业与制造业的关系、演化规律及趋势 324

第四节 中国生产者服务业的实证研究 335

第七章▶消费者服务业的发展战略：基于全面小康社会视角 370

第一节 问题的提出及核心概念的界定 370

第二节 消费者服务业相关研究成果综述 377

第三节 小康社会的经济表征——基于消费者服务视角 380

第四节 中国消费者服务业现状特点分析与发展阶段判断 390

第五节 中国消费者服务业核心问题研究 411

第六节 中国消费者服务业发展思路研究 434

第八章▶公共服务业的发展战略：基于服务型政府视角 443

第一节 国内外相关领域研究成果述评 443

第二节 中国推进服务型政府改革的现状与对策 446

第三节 中国公共服务业发展的现状与对策 460

第九章▶收入分配与服务业发展 475

第一节 收入分配、经济增长与产业结构 475

第二节 中国收入分配现状 478

第三节 收入分配与服务业发展的实证研究 487

第四节 缓解收入分配差距的思路和措施 489

第十章 ▶ 服务贸易与服务业 FDI：基于开放经济视角　493

　　第一节　导论　493

　　第二节　国际服务贸易发展现状与趋势　518

　　第三节　服务贸易国际竞争力测度与比较　535

　　第四节　服务贸易影响因素分析　551

　　第五节　国际服务业转移及其效应分析　563

　　第六节　中国服务业利用外商直接投资概况与效应分析　588

主要参考文献　619

Contents

Chapter 1 Introduction   1

    1. 1   Theoretical Analysis during Economic Development Stage   1

    1. 2   Industrial Development History and Service Economy   2

    1. 3   Research Subjects   6

    1. 4   Research Methodology   7

Chapter 2 Status Quo and Developing Trend of Service Economy   9

    2. 1   Status Quo of Service Economy   9

    2. 2   Developing Trend of Service Economy   14

Chapter 3 Theoretical System of Service Economy: from the Macroscopical and Microcosmic Perspectives   35

    3. 1   The Formation and Development Rule of Service Economy   35

    3. 2   Service Demand   62

    3. 3   Service Supply   82

    3. 4   Service Equilibrium Price   115

    3. 5   The Endogenous Relationship between Service Industry and Economic Growth: Theory and Evidence from China   136

    3. 6   Mutual Development of Service Industry and Manufacturing Industry: an Investigation based upon the Evolution of World Manufacturing Centre   160

Chapter 4   The Internalization of Service Industry Development and China's Strategy   189

4.1   Internalization of Service Industry Development   189

4.2   The Servicesation Trend of China's Economy   236

4.3   Strategy for China's Service Economy   282

Chapter 5   The Development Strategy of Service Industry Innovation: a Perspective from the Construction of an Innovational Nation   296

5.1   Strategic Meaning of Service Innovation   296

5.2   Analytical Framework of Service Innovation   298

5.3   Micro-service Innovation   299

5.4   Service Industry Innovation   301

5.5   Macro-service Management Innovation   304

5.6   Internationalization and International Exchanges of Service Innovation   306

5.7   Conclusion   307

Chapter 6   The Development Strategy of Producer Services: a Perspective from the New Type of Industrialization   308

6.1   A Brief Introduction of Producer Services   309

6.2   Producer Services Growth: Theory and Model   314

6.3   Relationship between Producer Services and Manufacturing Industry, Evolutionary Rules and Developing Trend   324

6.4   Empirical Analysis of China's Producer Services   335

Chapter 7   The Development Strategy of Consumer Services: a Perspective from Building a Well-off Society   370

7.1   The Issues and the Definition of Key Concept   370

7.2   A Literature Review of Consumer Services   377

7.3   Characteristics of a Well-off Society: a Perspective from Consumer Services   380

7.4   Status Quo and Development Estimation of China's Consumer Services   390

7.5   Critical Issues of China's Consumer Services   411

7.6   Methodology of China's Consumer Services   434

Chapter 8 Development Strategy of Public Services: a Perspective from Constructing a Service-Oriented Government 443

8. 1   A Literature Review of Relevant Research   443

8. 2   Status Quo and Strategy of Pushing forward China as a Service-Oriented Government   446

8. 3   Status Quo and Strategy of China's Public Services   460

Chapter 9 Income Distribution and Development of Service Industry   475

9. 1   Distribution of Income, Economic Development and Industrial Structure   475

9. 2   Status of Income Distribution in China   478

9. 3   An Empirical Analysis on Income Distribution and Development of Service Industry   487

9. 4   Coutermeasures to Reduce Income Inequality   489

Chapter 10 Service Trade and FDI in Service Industry: a Perspective from an Opening-up Economy   493

10. 1   Introduction   493

10. 2   Status Quo and Developing Trend of International Service Trade   518

10. 3   International Competitors Analysis of Service Trade   535

10. 4   Impact Factor Analysis of Service Trade   551

10. 5   International Service Transfer and Its Effect   563

10. 6   A General Introduction to FDI in China's Service Industry and Its Effect   588

Main References   619

第一章

导　论

第一节　经济发展阶段的理论考察

西蒙·库兹涅茨认为，现代经济增长实际就是经济结构的全面变化，它绝不仅仅只是一场工业革命，它实际上同时又是一场农业革命和以交通通讯为主要代表的服务业的革命。对于结构变化，他特别强调了三点：一是工业化过程；二是城市化过程；三是需求结构的变化。第一，与资本主义的工业化生产方式相联系，对服务的中间需求扩大。资本主义的不受时间、地点和环境限制的大规模工业生产能力极大地减少了资源对生产的制约，反而市场的扩展对生产的发展起着关键作用，于是将分散的市场与集中的生产联结起来的商业和金融业就变得格外重要。第二，随着工业化、城市化和经济的发展，国家的生产系统越来越复杂，导致中央政府监督和调节作用的加强，同时，政府对劳力消费需求（警察、卫生、公共保健、教育及其他）大大增加。第三，随着收入水平的提高，对服务的最终需求也会增加。

1973 年，美国社会学家丹尼尔·贝尔（Daniel Bell）在《后工业社会的到来》中提出了人类社会发展的三阶段理论，即人类社会发展将历经"前工业社会、工业社会和后工业社会"三个阶段。"后工业社会"最重要的特征是，经济结构从商品生产经济转向服务型经济，基础是服务，因而是"人与人之间竞争"

的社会；财富的来源不再是体力、能源，而是信息。

贝尔发现，在经济发展阶段中，服务业在经济中的比重与经济发展水平的关系并非简单的线性关系。那么，"后工业社会"中的服务业与此之前的服务业相比，其独特性体现在何处？贝尔将服务业的发展划分为三个阶段：在农业社会，由于生产效率低，剩余劳动力多、素质差，因而服务业主要以个人服务和家庭服务为主；在工业社会中，服务业主要围绕商品生产活动而展开，以商业服务和运输服务为主；但在后工业社会中，服务业则以技术性、知识性的服务和公共服务为主。

1984 年，阿尔温·托夫勒在其著作《第三次浪潮》中指出，所谓"第一浪潮"指的是始于 1 万年前并且延续至今的"农耕时代"。这个时代，财富的主要形式就是关于"农业、种植"的相关知识的积累和应用；接下来的是始于 17 世纪并且延续至今的所谓"第二次浪潮"，也称为"工业时代"。工业时代的特点是：财富的创造和积累依赖于"产品制造"的知识创造和积累；所谓的"第三次浪潮"大约开始于 20 世纪 50 年代后期，也被称为"服务业的时代"。相关统计数据表明，在这一时代，农业人口将只占总人口的 2% 以下，工业人口将占总人口的 28% 以下，服务业人口将占总人口的 70% 以上。这里的"服务业"并非以餐饮、零售、家政等行业为代表的传统服务业，而是指"知识服务业"，如管理、法律、会计、金融、电信、医疗、教育以及政府相关服务等。

第二节　产业发展历程与服务经济

从现实来看，纵观历史，人类产业发展呈现出三个明显的阶段：一是以广义农业为基本特征的生产阶段；二是以机器大工业为基本特征的生产阶段；三是以服务业为基本特征的生产阶段。

通过图 1-1，我们从时间、空间和产业三个维度，进一步把握经济发展的脉络和特点。

这里所讲的"农业革命"，是指英国（英格兰地区为主）在 16 世纪至 18 世纪由圈地运动以及技术的革新产生的农业变革。农业中分化出手工业，后来发展成现代工业，农业本身也在科技革命和工业化的推动下发生着持续的结构性变革。随着农业结构的进化，农业就业结构也发生着变化，农牧业人口不断下降，并向工业和服务业部门转移。表现在空间维度上，出现了从农村向城市的逐步集聚。

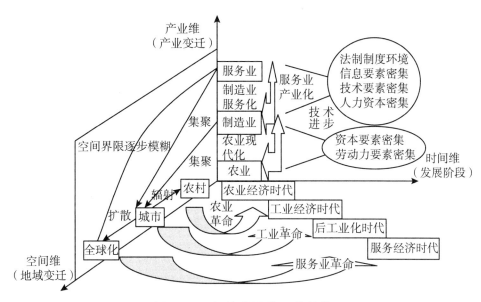

图 1 - 1　经济发展的三维结构

　　18 世纪 60 年代开始到 19 世纪上半期完成的"工业革命"将人类带进现代社会。工业革命的结果，带来工农业比例、手工业和大工业比例，以及城乡比例等重大变化。"工业革命"的发生是诸多因素共同作用的结果，其中非常重要的一个条件，就是"农业革命"，它在促进工业化和现代化方面起了极其重要的作用。随着农业技术水平的提高，农产量大增，粮食的增长超过人口增长，劳动力效率不断提高，并且发展出强大的商品化农业，其所支持的大量非农业人口，成为现代大工厂开张的必要条件。在三次科技革命的推动下，工业结构也发生了重大变化，总的趋势是以轻纺工业到重化工业，再到高科技工业，从劳动和资源密集型工业转入知识和技术密集型工业，整个工业结构向自动化、高科技化、智能化发展。

　　自从 20 世纪 50～60 年代以来，全球经济又开始经历一场结构性的变革，美国经济学家富克斯称之为"服务经济"。现在所说的服务经济，是对应于农业经济、工业经济而言的。尽管关于新的经济形态的类似提法很多，如知识经济、信息经济、数字化经济、网络经济等，但从主导产业及其产出的角度，唯有服务经济，是可以与农业经济、工业经济并列的。目前，理论界对服务经济的概念还有一些争议，但是，作为经济形态演进的必然产物，服务经济的存在已经是不争的事实。

　　在以服务经济为主的产业结构中，服务产出、服务业就业、服务贸易、服务消费、服务业投资等经济活动，成为具有主导或重要意义的组成部分。1990年全球服务业增加值占全球 GDP 的比重突破 60%。目前，发达国家服务业产值已占国内生产总值的 60% ~ 70%，个别国家接近 80%；从服务业就业比重看，发达国家已高达 70% 左右，中等收入国家为 50% ~ 60% 之间；服务贸易占到贸易总额的 1/4；服务消费占到所有消费的 1/2 左右。可以说，当前世界经济实际上是以服务商品的生产为主，世界经济已经步入了"服务经济"时代。①

世界经济向服务型经济的转移，以及服务经济与知识经济、新经济、网络经济的融合互动，构成了一次新的产业革命，即所谓"服务业革命"。与前两次产业革命一样，技术进步是其中至关重要的推动力量。特别是近二三十年来，信息通讯技术（Information and Communication Technology，ICT）的飞速发展，使服务业发生重大变革，新技术应用取得重大突破，服务业专业化、知识化大大加强，服务业态和经营管理模式不断创新，服务业分工全面深化，大量生产性服务业从传统制造业中分离出来成为新的专业化精细化产业序列。同时，随着系统、网络、存储等信息技术的迅猛发展，由业务流程外包（BPO）和信息技术外包（ITO）组成的服务外包异军突起。在此过程中，分工程度日益深化，服务业与制造业逐步融合，产业的边界变得越来越模糊，关系越来越密切。与此同时，服务业全球化蓬勃兴起，跨国投资由制造业向服务业转移，并由制造业追随型逐步向自主扩张型转变，服务业经营日益国际化、网络化和一体化，国际服务贸易迅速发展。全球生产和服务网络的构建，使产业的空间疆域不断扩大，也使其空间界限日益模糊。可以说，服务业全球化是经济全球化进入新阶段的主要标志，是伴随着世界服务业加速信息化、现代化、国际分工协作从传统制造环节日益向生产性服务等高端环节延伸、世界经济全面向服务经济转型等重大进程而不断向前推进的。

从服务经济的形成过程看，它是一个动态的概念。首先，服务经济在形成和发展的时间上具有相对性和非同步性。服务业是社会产业分工体系的一个有机组成部分，它的形成以其先前形成的工农产业的一定发展为条件，是工、农产业发展的客观要求。随着社会分工的深化，专业化和协作化程度不断提高，实物生产过程中的辅助劳动出现独立化和社会化趋向，促使生产和生活中的大量自我服务转化为社会服务。值得注意的是，服务业在经济发展的三个阶段都在发展，而不像农业、工业那样只在一个时期有显著增长。服务经济的形成和发展主要是由社会生产力发展水平所决定的，同时又与社会文化的发展程度直

---

① World Bank. 2009 World Development Indicator, http://data. worldbank. org/products/data-books/WDI – 2009; WTO. International Trade Statistics Database, http://stat. wto. org/Home/WSDBHome. aspx? Language = E; World Bank. Data & Research, http://econ. worldbank. org/WBSITE/EXTERNAL/EXTDECLO, menuPK: 476823 ~ pagePK: 64165236 ~ piPK: 64165141 ~ the sitePK: 469372, 00. html.

接相关。世界各国和地区社会生产力和社会文化的发展水平不同,服务经济形成和发展的历史时期也不一致。其次,服务经济作为一个动态发展过程,在不同的历史区间,其所包含的范围会随着社会生产力的发展而不断拓宽,起关键作用的生产要素也在不断变化。服务经济一旦形成后,与其他产业构成一种互为条件、互相制约、互相促进的辩证关系,在不同的时期适应不同的生产技术水平有不同的内部变化和发展,其内涵、范围在不断拓展。农业、工业与服务业是互相渗透的,其中既有"产业的服务化",也有"服务的产业化"。工、农业生产随着技术进步与生产力的发展,逐步趋向于"服务密集",即工、农业产品的生产会融入越来越多的服务作为中间投入因素,即生产的"软化"。事实上,这种软化也正是农业与工业附加价值与结构提升的关键所在;服务业的生产方式将摆脱过去的小生产方式而融入更多的工业化生产方式,即服务的生产将走向产业化。

随着社会分工的细化,必然产生社会交易费用。只有充分地进行市场化配置,才能降低社会交易费用,这种社会分工才能得以继续。正是市场机制的这种力量,推动了农业资源向工业的转移和工业内部的重工业化、深加工化、知识技术的集约化,以及国民经济结构高服务化的趋势。从国际上看,一个国家服务业的生长在很大程度上取决于市场发育状况。市场化发育程度越高,服务业数量扩张、质量提高越快。这是由于:市场经济在其形成和发展中必然推动服务业的发展,市场的发育程度是以市场载体的建设为标志的,市场载体的健全和完善本身就是服务业的发展。

另外,服务经济的发展,服务经济结构的形成,与城市化进程息息相关。众多理论与实证研究均证明,城市化进程与服务业的发展水平呈现出高度的正相关性。一个国家或地区经济服务化首先表现为城市的经济服务化。城市化水平的高低对服务业的发展有直接的影响。因为服务业的发展是基于生产的发展、收入的增长、购买力的提高以及各类需求的增长。城市化是服务业发展的重要基础,而服务业内部一些高附加值、为生产生活服务的新兴行业,其发展也往往是和较大的城市规模联系在一起的。当前,一些国际大都市服务业增加值占比与就业占比甚至达到了80%以上。随着国民经济服务业化进程的推进,城市化的概念无论在内涵还是外延上也出现了很大变化。

产业结构意义上的服务经济,是服务经济结构的基础,但不是全部。或者说,产业结构意义上的服务经济是狭义的服务经济。广义的服务经济是经济形态意义上的服务经济,它除了产业和经济的主要活动与服务有关外,还包括与此相适应的基础设施、要素市场和管理体制,以及公共政策和公共服务体系。这里,基础设施主要是指提供信息技术与信息服务的平台;要素市场以服务经济发展的第一要素——人力资本（市场）为主体之一，形成新的市场体系构造；管理体制是指适应于服务业、服务贸易、服务消费和投资的，更加市场化、法制化和国际化的组织架构与治理方式；公共政策和公共服务则为服务经济发展创造低成本、高效率的运作环境。

综上所述，服务经济在其产生和发展的过程中，会与诸多因素发生这样或那样的联系、影响与作用。

第三节　本课题的研究内容

本课题围绕服务经济理论、服务经济发展战略，以及二者的联系展开，充分考虑现代服务经济在当代的若干重大理论与实践问题，以及中国作为转型经济国家和发展中大国的阶段性特征，将总体框架设计为课题总报告和八个子课题报告。

这些内容分别安排在各子课题中，进行系统、详尽的研究。在子课题报告的基础上形成课题总报告：中国现代服务经济理论与发展战略研究。子课题由以下八个组成：（1）现代服务经济理论的研究现状、重大问题与发展趋势；（2）现代服务经济理论：价值、供求和产业组织；（3）现代服务经济理论：结构优化与经济增长；（4）服务创新，知识服务业发展与创新型国家建设；（5）新型工业化中的生产者服务业；（6）小康社会中的消费者服务业；（7）公共服务提供与服务经济发展研究；（8）开放经济条件下的服务贸易与服务业直接投资。

本课题的结构沿着以下逻辑展开：首先，对现代服务经济理论的演进作一全景式的总览，进而以经济学的有关原理解析现代服务经济中的对应问题，如服务价值、需求与供给和产业组织，以及服务业推动增长和优化结构的机理；其次，对现代服务经济条件下的战略性问题：建设创新型国家背景下的服务创新和知识服务业发展，生产者服务业对于新型工业化道路的作用机制，消费者服务业在建设小康社会中的地位和作用，加快改善公共服务与现代服务经济发展，进行理论与实践结合的比较系统的分析；最后，对开放经济条件下，发展服务贸易与服务业直接投资展开研究。

本课题框架结构如图 1-2 所示：

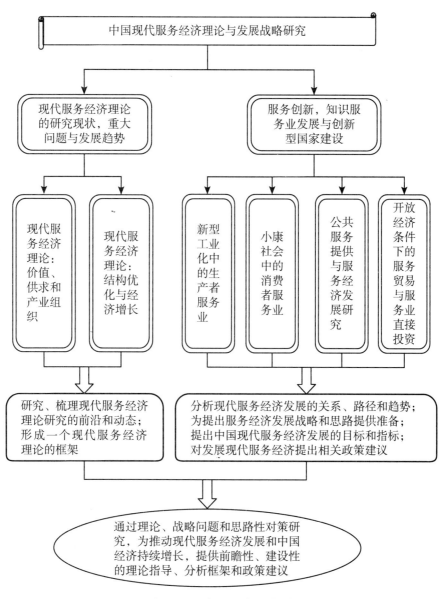

图 1－2　本课题框架结构

第四节　本课题的研究方法

阶段一：文献综述和核心问题提出阶段，主要采用文献阅读法、文献编码统计分析法，建立中国服务经济专业文献资料库；在理论综述的基础上提出本项研究的核心问题。

阶段二：研究框架与研究方案设计阶段，主要采用焦点小组讨论法、举办学术讨论会和专家咨询会等方法，设计并完善研究框架与研究方案。

阶段三：构建理论模型、实证与案例研究阶段，主要采用演绎法、归纳法进行理论研究、实证研究，采用问卷调查法、统计分析法等进行案例研究。

阶段四：总结提炼观点、理论层面提升阶段，主要采用演绎推理、归纳总结、数学建模等方法。

阶段五：提出战略思路和发展设想，主要采用焦点小组讨论法、举办学术讨论会和专家咨询会等方法，提出中国服务经济发展战略思路和发展设想。

以上五个阶段如图1-3所示：

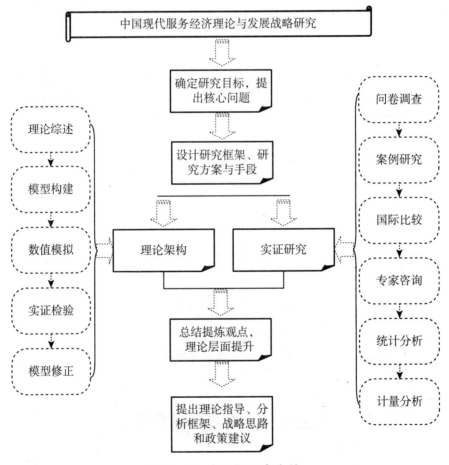

图1-3 本课题研究方法

第二章

服务经济的研究现状与发展趋势

第一节　服务经济的研究现状

一、西方研究现状

现代西方服务经济理论主要包括：三次产业发展阶段理论或演进理论、富克斯的服务经济研究、"后工业社会理论"、"新工业主义"理论、服务创新研究等。

20 世纪 30 ~ 40 年代，费希尔和克拉克从产业结构及其变迁的角度，对服务业发展趋势进行了探讨，并提出了著名的"配第—克拉克"定理。克拉克（1940）依据统计分析得到的结论是，随着人均国民收入水平的提高，劳动力首先由第一产业向第二产业转移；当人均国民收入进一步提高时，劳动力便向第三产业移动。后来，库兹涅茨（Kuznets，1966，1971）、富克斯（Fuchs，1968，1980）、辛格尔曼（Singleman，1979）、米第森（Middison，1980）、格鲁伯和沃克（Grubel and Walker，1988）、公平俊文（1985）等人的实证研究均证实了这一点。

20 世纪 70 ~ 80 年代，一些西方经济学家认为工业将变成"服务密集"，任何服务产品的生产都会融入越来越多的服务作为中间投入要素，无论什么产业将逐渐地转向服务化发展。支持产业服务化的经济学家如谢尔普（Shelp，1984）

9

和瑞德尔（Riddle, 1986）等人认为，产业服务化必将成为今后经济发展的一个不可逆转的趋势。瑞德尔（1986）还通过构造一个"经济部门相互作用模型"，描绘了服务在分工经济中的独特作用：服务不是"边缘化的或奢侈的经济活动"，而是位于经济的核心地带。服务产业化理论则认为，西方经济中服务产业发展过度，已经超出了工业生产能力所能允许的范围。服务产业生产率增长缓慢已经成为了一种障碍，阻碍着整体生产率的恢复和提高。因此，服务业的产业化便成为新的资本积累和生产发展的前提条件。在这一理论中，鲍莫尔—富克斯（Baumol-Fuchs）假说，为服务产业化理论提供了很好的理论基础。鲍莫尔（1967）认为，服务业占 GDP 比重的上升，其主要原因就是服务业生产率增长速度低于制造业，导致服务成本提高，这就是著名的"成本病"观点，富克斯（1968）也有同样的观点。后来，"索洛悖论"（Solow, 1987）的提出，引起了经济学家对服务业生产率的更深入探讨。

后续的研究大致沿三个方向推进：

第一，继续沿着富克斯等人的思路对服务业的性质、分类、发展路径以及生产率特征等进行深化研究，只是更重视数据的采集、处理，扩大研究范围，使用更先进的计量技术，特别是对服务业规模、比重方面的数据提出更多的完善意见和方法，对服务业的性质和内容等进行更深入的探讨（Daniel Bell, 1974; Singleman, 1979; Gemmell, 1986; Riddle, 1986; Baumol, W., Blackman, S. and Wolff, E., 1985; Francois, J., 1990; Mulder, 2002; Sirat., 2002）。

20 世纪 70 年代以后，随着信息技术广泛应用，导致服务的生产性功能越来越显著，经济学家开始关注生产者服务业。有关生产者服务及其相关问题的研究可以归纳为三个方面：（1）从理论上强调生产者服务在调整产业结构、实现规模经济、提高经济增长效率方面对经济体经济发展的重要意义。主要研究者有富克斯（1968）、布朗宁和辛格尔曼（1975）等人。（2）在开放经济下的规模报酬递增和国际市场不完全竞争的分析框架下，强调生产者服务具有内部集聚和外部集聚效应，以及规模经济效应；生产者服务的国际贸易有助于提高这些效应，并导致专业化的加深和国际分工的发展。主要研究者有迪尔多夫（Deardorff, 1985）、梅尔文（Melvin, 1989）、马库森（Markusen, 1989, 1999）等人。（3）从经验实证上，探讨生产者服务在区域经济发展和国家经济发展中的作用。瑞德尔（1986）探讨了美国的生产者服务在各部门发展和整个经济发展中的核心作用。奥赫尔和瓦格纳（Ochel and Wegner, 1987）研究了欧洲的服务经济，分析了欧洲各国的生产者服务发展与制造业发展以及整个经济发展的关系，指出生产者服务发展上的不足，并提出了相应对策。格鲁伯和沃克（1989）讨论了加拿大的生产者服务业发展及其作用。

20 世纪 80 年代中期以后，随着信息技术的发展和知识经济概念的提出，许多经济学家把服务业发展与信息技术、知识创新等联系起来，探讨知识密集型商业服务（Knowledge-intensive Business Services，KIBS）的特征、KIBS 的创新机制和 KIBS 主导下的现代经济运行特点（如 Walker，G. Kogut，B. and Shan，W.，1997；Antonelli，1998；Windrum and Tomlinson，1999；Andersen，B. et al.，2000；Lamberton，D.，2002；May，C.，2002；青木昌彦和安藤晴彦，2003；Guerrieri and Meliciani，2004 等）。

第二，政府部门或国际组织的研究机构主要侧重于服务经济的经济政策分析，提出如何从一国或多国协调的角度，促进服务业的结构合理化，特别是通过 KIBS 的发展，在实现经济增长的同时得到更公平的分配，并且关注减少服务贸易的政策壁垒，实现服务贸易和服务国际投资的自由化（ECLAC，1998；世界银行，2005；OECD，1999，2001；UNCTAD，2004）。

第三，更多是从微观角度，以提高管理效率和企业效益为目标，研究服务企业的经营战略和经营创新，同时，也对不同服务部门和不同国别的服务业进行分析（Brentani，U.，1989；Bharadwaj，S.，Varadarajar，R. and Fahy，J.，1993；Edvardsson，B.，1996；Gallouj，F. and Weinstein，O.，1997；Andersen，B. et al.，2000；Barras，R.，1990；Boden，M. and Miles，I.，2000；Gallouj，F.，2002；Sundbo，J.，2002）。

二、中国研究现状

国内的研究也大致遵循上述三个方向，特别是借用服务经济的一些理论成果对中国的实际情况进行相关研究。

主要出现了两次研究高潮。第一次是在 20 世纪 80 年代末 90 年代初。代表性研究有国务院发展研究中心第三产业专题组（1986）、袁培树（1986）、郭克莎（1992）、刘伟和杨云龙（1992）、胡庄君（1993）、李江帆（1990，1991）等人。李江帆（1990）在考察包含服务产品在内的社会总产品的再生产和流通时，通过增设国民经济软化指数和国民经济硬化指数，较好地解决了包含服务产品在内的社会总产品简单再生产和扩大再生产的平衡关系，并把第三产业比重日益增大的现象总结为"第三产业"比重增大规律。

第二次高潮出现在 20 世纪末到目前，该阶段的显著特点是研究者开始关注并尝试运用西方主流服务经济理论。

黄少军（2000）采用规范研究与实证研究相结合的方法，对现代服务业的有关问题进行了较系统的研究，分析了服务的产出、服务业生产率计量问题，认为服务业与整体经济增长的关系不是简单线性的，而是类似一个三次曲线的复杂关系。他指出，发展中国家从 20 世纪 80 年代以来也出现了发达国家曾经出现过的"服务化"，但本质上是不同的。在经济发展过程中服务业有两次高速发展时期，第一个时期是工业化前的"商业化"阶段，另一个则是工业化后期的"信息化"阶段。这是目前国内比较深入研究后工业社会服务业问题的文献。

在产业演进方面，李江帆和黄少军（2001）从产值结构、就业结构和标准模型等方面探讨了世界第三产业与产业结构的演变规律；夏晴等（2004）对服务业发展与社会分工的演进进行了考察；陈宪等人（2004）从分工的角度，深入考察了服务业与制造业之间关系的动态演进；孔繁来（2004）从服务业增长的一般轨迹，总结了服务业比重提高的原因。

国内更多的文献集中在对中国服务业的研究上。许宪春（2000，2004）、岳希明和张曙光（2002）分析了中国服务业发展相对滞后的原因，并就统计偏差对我国服务业比重的影响，进行了系统的分析。陈自芳（2001）通过与德、日等发达国家的比较，分析了中国第三产业发展存在的总量滞后、结构性滞后和增长速度滞后的突出矛盾。彭志龙（2001）定量分析了中国第三产业比重与相近发展水平国家的差距，从体制、政策、统计方法等方面探讨了差距的原因。黄维兵（2003）对中国服务业的发展进行了回顾，分析了中国服务业内部结构变化、差距及滞后的原因。江小涓和李辉（2004）对所有国家的服务增加值比重与就业比重进行了回归分析，探讨了服务业与中国经济增长的关系及加快增长的潜力。赵建国（2001）分析了发展第三产业促进就业的可能性和有效性，通过对第三产业和第二产业之间关联程度的分析，提出解决中国失业问题有赖于第二、三产业的联动协调发展。魏作磊（2004）指出我国第三产业对劳动力保持了较强的吸收能力并且潜力巨大。程大中（2004）系统地检验了鲍莫尔—富克斯假说，探讨了中国服务业增长的特点、原因及影响。杨向阳和徐翔（2004）通过建立超越对数生产函数的经济计量模型，定量分析了 1990～2001 年中国服务业的生产率与规模报酬状况，并计算了决定中国服务业增加值的两种投入要素资本和劳动的边际产出弹性、替代弹性与边际生产率。李勇坚（2005）对经济发展过程中的服务业的相关理论进行了梳理，并对中国的情况进行了实证分析，得出随着 GDP 的快速增长服务业所占比重在不断上升，但是人均收入差异阻碍了这种上升的速度的结论。

李善同和华而诚的《21 世纪初的中国服务业》（2002）系统研究了服务业发展的行业、地区和国别经验，从理论和战略的角度，对服务业发展的相关问题进行了理论探讨，对我国服务业发展战略、结构特征与服务业改革的宏观经济影响进行了梳理，并归纳和总结了国外服务业发展的状况、经验，描述了对我国现代服务业重要行业（商务服务业、综合物流业、金融服务业、电信服务业、电子商务、信息服务业、教育服务业、医疗卫生服务业、文化产业、旅游业）的现状，分析了存在的问题及其原因，对未来的发展提出相关的对策，并且以北京为案例，探讨了服务业的区域发展问题。2004 年中国社科院"服务经济发展与服务经济理论研究"课题组对中国服务经济的研究起到了很大的推动作用。江小涓和裴长洪（2004）的《中国经济运行与政策报告 No.2》（财经蓝皮书）——《中国服务业的增长与结构》考察了中国服务业的发展与内部结构的变化，将中国与世界其他国家的数据进行了比较研究，从多个角度、用不同的数据样本分析了经济增长与服务业发展的关系，建立了多元回归模型，分析了收入水平、消费结构、城市化等因素变化对服务业今后发展的影响，提出了促进中国服务业发展的政策建议思路。该书还系统地研究了金融服务业、流通产业、房地产业、信息服务业、餐饮业，以及政府与公共服务等。《财经蓝皮书：中国服务业发展报告 No.3》（2005）从总体上研究了"十一五"期间中国服务业的发展战略、目标与体制政策保障等一系列重要理论与实践问题，并详细探讨了我国未来服务业主要行业（金融业、住宅和房地产业、流通业、外贸行业、信息服务业、旅游业、餐饮业和科教文卫等社会服务业）的发展对策，还讨论了服务业发展中的区域、价格和财税等相关政策。

20 世纪 90 年代中期以来，对服务企业经营战略和经营创新的研究日益增加。陈劲（2001）等人对服务创新模式进行了初步探讨。蔺雷和吴贵生（2003）系统地介绍了服务创新的理论，分析了服务业中创新的存在性问题，服务创新的类型、动力和模式等，提出服务创新的系统观。从管理的角度，分析了服务创新管理的主要内容。陈劲和陈钰芬（2004）对服务创新的分类、特征、模式等问题进行了分析，并对一些服务行业进行了案例分析。魏江和博登（M. Boden, 2004）专门探讨了知识密集型服务（KIBS）的性质，KIBS 企业的创新内容，分析了 KIBS 的国际化趋势及其对中国的影响。刘书瀚等人（2004）对典型的 KIBS——研究与开发中介服务业进行了分析。

综观国内外的研究，我们发现，已有研究主要把服务业作为工业化或现代经济增长过程的自然结果，对服务业在现代经济增长过程中功能与作用的研究较为薄弱，只有经济史方面的研究才有所涉及（哈特韦尔，1973，奇波拉；芒图，1959；罗斯托，1975）。经济学家较多地注意到伴随工业化过程的服务业发展这一程式化事实，而忽视了服务业发展作为经济增长条件的系统理论解释。即使相关研究，也多是从发达国家背景进行的，对于后进国家服务业发展与经济增长的关系，如何通过服务业发展实现经济增长方式转换，以及服务业发展对结构升级和资源配置效率提高的机制，均缺乏系统的研究。而且，国外对服务业发展政策的研究相对薄弱，这与其研究导向和研究方法有关。因为国外经济学家是在服务业已经处于支配地位的情况下，开始进行系统研究，所以，主要任务是解释服务业在经济中处于支配地位的原因，这个过程是如何实现的，服务业发展的相应经济和社会后果，相关的政策研究也侧重于微观的服务企业经营管理方面，相应的研究方法是实证方法，较少在国家政策层面上进行研究。

相反，国内的研究侧重于服务业发展政策研究，政策导向性很强。由于发达国家均是服务业占主导，人们很自然地把经济中服务业比重高与经济发达等同起来，从而，落后国家很容易把服务业促进政策作为经济发展战略的内容之一。中国政府自 1992 年提出服务业促进政策以来，在稳定农业的前提下，力图在推进工业化的同时，使服务业的规模和比重达到同等收入水平的国家。为此，经济学家主要描述和分析我国服务业的现状，以及与其他国家的比较，在此基础上，探讨在我国目前的条件下，如何促进服务业的发展。这方面已取得了诸多成果。然而，与政策研究相比，我国对西方服务经济理论及其在中国的适用性研究还比较薄弱，这已经对服务业发展政策研究形成"瓶颈"，致使一些政策研究处于低水平重复的状态。同时，处于转型期的中国经济也迫切需要适用性强的理论加以指导。由此可见，深化服务经济理论研究，构建中国特色的服务经济理论，扩大研究范围，应用先进的技术手段与研究方法，进行更具针对性的政策研究无疑具有重大的理论与现实意义。

第二节　服务经济的发展趋势

一、产业融合：服务产业发展的趋势

（一）产业融合与服务经济的发展

在当今服务经济时代，信息化正以前所未有的力量和速度在世界范围内迅猛发展，对社会经济生活产生了极其深刻的影响。信息化发展的一个重要后果是产生了产业融合现象。产业融合是由技术融合引起产业边界模糊，不同产业发生聚合和创新的过程。产业融合的出现意味着产业演进范式发生了革命性的变化：从工业经济时代的产业分工转变为服务经济时代的产业融合。这种变化不但表现在产业演进的形式上，而且体现了不同经济时代的本质特征：在工业经济时代，工

业生产力的发展使产业边界不断强化，经济增长主要是在社会分工的基础上形成迂回生产过程和增加中间投入环节得以实现的；[1] 在服务经济时代，信息化的发展使产业边界日益模糊，产业融合有可能成为经济增长的主导范式。

产业融合是信息范式下一种特有的现象，通常与知识和信息集约程度相关。因此，作为知识和信息集约程度较高的现代服务业，如信息、金融、旅游、物流和专业服务等，成为产业融合发生最为频繁的领域。例如，2006 年，以美国 AT&T 的 U-verse、英国电信的 BTVision 和德国电信的 T-Home 为代表的视频与数字融合的网络电视（IPTV）业务开始迅猛发展，电信业务从音频向视频大规模渗透，表明了电信网、互联网和有线电视网三网融合的趋势。英国电信、法国电信和意大利电信等欧洲主导运营商纷纷推出包括业务捆绑、业务融合、终端融合、网络融合的固定与移动融合（Fixed-Mobile Convergence，FMC）业务。随着信息化的发展，不同产业的信息集约程度的差距将不断缩小，产业融合有可能在更广泛的领域内发生。

产业融合对服务经济发展的影响不但表现为不同服务的聚合与创新为服务业的发展创造了新的空间，而且表现为服务与制造的融合使制造业的价值越来越多地体现在服务上。在服务经济时代，经济生产从一种提供产品的模式转变为一种提供解决方案的模式。服务不断融入到制造过程中，产品价值更多地体现在服务上，服务在制造业中的价值贡献日益显著。在机器人制造中，自动化、计算机和智力投资占到生产成本的 90% 以上；在汽车制造中，无形投入占到汽车总价值的 70% 左右。在药品生产中，价值主要与药品研发、临床实验、专利申请、副作用消除、药品细节描述及分销等服务相关。制造企业不再仅仅关注产品生产，而是更多地关注研发、营销、销售服务等。许多传统企业的制造功能逐步向服务功能转化。一些著名的跨国公司通过主要业务由制造向服务的转变，服务在销售额和利润中的比重越来越高。美国通用电气公司把服务渗透到日常作业管理中，其服务收入占总收入的 2/3 以上。IBM 公司由计算机制造商转变为全球最大的 IT 服务厂商，2003～2006 年服务收入占总收入的 50% 左右；加上金融业务收入，达 55% 以上。全球最大的飞机引擎制造商罗尔斯—罗伊斯（Rolls-Royce）公司的服务性收入约占总收入的 55%。施乐公司（Xerox Corp）的技术服务和其他服务收入占总收入的 65% 以上。德勤公司（Deloitte）一份研究报告"全球制造业

---

[1] 金德尔伯格认为，新的部门进入使交易的中间产品种类增多，且部门间交易变得更加复杂和交易数量扩大，从而使整个产业体系的总产出增大。参见金德尔伯格等人：《经济发展》，上海译文出版社 1986 年版；钱德里通过统计分析和结构转换比较，论证了生产迂回路线拉长趋势是制造业化的特征之一，并揭示了迂回生产过程与经济增长的相关性。参见钱德里等人：《制造业化与经济增长的比较研究》，上海三联书店 1989 年版。

中的服务革命（The Service Revolution in Global Manufacturing Industries）"（见表2-1、表2-2）表明，在调查的80家制造业公司中，服务收入占销售收入的平均值大于25%；有19%的制造业公司的服务收入超过了总收入的50%。跨国公司注重通过掌控研发和市场营销等核心环节和强大的供应链管理体系，不断增强国际竞争中的地位。这种制造业服务化模糊了制造业与服务业的边界，导致产业基础发生变化，为服务经济发展提供了新的动力。

表2-1　　　　　全球制造业服务和零件业务的收入影响

全球制造业	全部销售中服务和零件业务所占的份额	
	平均	最高的 10% 企业
航空航天和国防	47%	超过 50%
汽车和商用车	37%	超过 50%
各种的制造和工业产品	20%	超过 50%
高技术和通信设备	19%	超过 50%
生命科学和医疗设备	21%	超过 50%
全部公司	26%	超过 50%

资料来源：德勤公司"全球制造业中的服务革命"研究报告。

表2-2　　　　　成长潜力：服务和零部件市场份额

全球制造业	服务市场份额		备件市场份额	
	专属市场份额* （%）	整个市场份额** （%）	专属市场份额* （%）	整个市场份额** （%）
航空航天和国防	20	5	75	75
汽车和商用车	0 ***	0 ***	70	19.5
各种的制造和工业产品	50	20	60	22.5
高技术和通信设备	40	15	90	15
生命科学和医疗设备	90	10	95	35
全部公司	40	10	70	25

注：* "专属市场"（the captive market）定义为服务于公司自己安装基础产品的潜在市场份额；** "整个市场"（the total market）定义为：包括专属市场和非专属市场，包括服务于竞争对手安装基础的产品；*** 对于很多汽车公司，独立经销商处理"纯"服务业务，例如，安装、保养和维修。

资料来源：德勤公司"全球制造业中的服务革命"研究报告。

（二）产业融合的机理

产业融合的形成机理主要有技术机理和制度机理。技术机理的作用表现为：创新扩散促使技术融合、产品融合和业务融合的发展，为产业融合奠定了基础。制度机理的作用表现为：管制放松降低了进入壁垒，导致大量新企业进入，从而有力地推动了产业融合的发展。

1. 技术机理

产业融合的技术机理是创新扩散机制。创新扩散是技术创新通过一定的渠道在潜在使用者之间的传播采用过程（傅家骥等，1992），通常表现为 S 形曲线。从信息经济学角度看，我们可以把创新扩散理解为一个信息扩散的过程。一项创新成果最初只有少数企业采用，由于创新应用效果的信息不对称，创新扩散速度较慢；随着创新采用者数量增多，改善了这种信息不对称现象，促使更多的企业采用创新，从而加快了创新扩散速度；但随着潜在采用者数量减少，创新扩散速度会逐渐降低，直至终止。

英国经济学家弗里曼认为，作为创新本身，它对其他行业和厂商的经济影响毕竟是有限的，仅创新本身及其集群显然还不够，只有创新扩散才能引发技术创新的"乘数"效应。范·杜因在《经济长波与创新》（1979）一书中提出技术创新周期理论，认为任何一次基础技术的创新都可以分为四个阶段：介绍阶段、扩散阶段、成熟阶段和衰退阶段。创新扩散使新技术广泛地应用于其他产业领域，与其他产业技术相结合，形成新的融合技术，而产业融合也正是通过这种创新扩散才得以实现。如果只有创新而没有创新扩散，那么就不可能发生技术融合，也不可能产生产业融合；如果创新成果只是应用于有限领域内，而没有大范围扩散，那么技术融合和产业融合的范围和程度也是有限的。因此对产业融合而言，创新扩散比创新本身更为重要。产业融合及其范围和程度并不完全取决于创新水平的高低，而是更多地取决于创新扩散的程度和范围。创新扩散通常要受产业技术关联、产业技术基础、企业规模和替代收益等因素的影响。具体地说：

（1）产业技术关联：产业技术关联指的是一种产业技术与其他产业技术联系的方向、程度和范围。它在很大程度上规定了创新扩散的领域、顺序、速率和空间等。如果创新与其他产业技术的关联是普遍的，那么创新扩散就有可能在更大的规模、更深的层次和更广的范围内发生；如果创新与其他产业技术的关联是有限的，那么创新扩散只能发生在有限的规模、层次和范围内。例如，信息技术和现代生物技术与其他技术的关联不同，创新扩散的效果也不尽相同。现代生物技术主要与药品、保健品、食品等有较强的关联。信息技术则具有更普遍的关联，几乎囊括了所有的产业部门。左美云（1998）的研究表明，信息产业与服务业关联度最高，与制造业关联度次之，与农业关联度最低，见表 2 - 3。这就使我们能够解释产业融合为什么更多地发生在服务业。

表 2 - 3　　　　　　　　信息产业与传统产业的灰色关联度

类　型	农业	制造业	服务业
信息制造业	0.610	0.745	0.805
信息服务业	0.623	0.680	0.836
信息产业	0.617	0.713	0.821

资料来源：左美云《知识经济的支柱：信息产业》，中国人民大学出版社 1998 年版。

（2）产业技术基础：创新扩散与各产业部门的技术基础包括技术水平、技术结构和员工素质等有着密切的关系。一般而言，知识和技术含量高的产业部门对新技术的应用能力较强，创新扩散就有可能以更快的速率、更深的程度和更广的范围实现；相反，知识和技术含量低的产业部门对新技术的应用能力较弱，创新扩散速率较慢，范围和程度也有限。例如，信息技术尽管具有普遍的联系性，但在各产业部门应用的速率、范围和程度存有明显差异，呈现出一种非均衡性。这实际上与各产业部门的信息密集度有关。若以人均信息技术装备为度量信息技术密度指标，美国全部经济部门的人均信息技术装备量达到 2 500 美元（美国商务部，1998）。图 2 - 1 显示了人均信息技术装备最高的前 15 位产业，其中电信、房地产、广播电视、非银行金融机构和公共设施等部门已超过 10 000 美元（按1987 年价格计算）；服务业人均信息技术装备量超过第二产业。显然，以信息生产和消费为主的服务业具有较高的信息密度，最易率先应用信息技术。

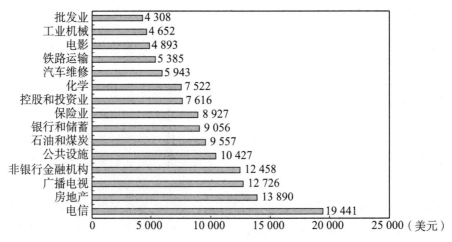

图 2 - 1　前 15 种产业人均信息技术装备量

资料来源：美国商务部报告：《浮现中的数字经济》，中国人民大学出版社 1998 年版。

（3）企业规模：企业规模是影响创新扩散的一个重要因素。戴维认为，可以把创新看作是一种刺激变量，只有当创新刺激超过临界点时，企业才会采用创新。创新刺激的临界点通常由企业规模所决定。因为，一项新技术总是假定高固定成本、低变动成本。如果存在正规模收益，那么在给定时间内，只有那些具备相应规模的企业采用创新才有收益。这样，创新扩散的时间轨迹就取决于企业规模的分布。曼斯菲尔德的研究发现，在给定创新获利能力的条件下，企业规模是决定创新扩散速度的重要因素。大企业更有能力达到任何特殊的创新条件，并做出较快反应。他通过对煤炭、钢铁、酿酒和铁路业的 14 项创新扩散研究，发现企业规模的时滞弹性是 -0.4，即企业规模每增长 10%，原始创新和采用创新间的时滞减少 4%。

（4）替代收益：替代收益指的是新的范式对当前生产方式所产生的经济收益。创新扩散实际上是一个技术替代过程，有一个成本收益的问题。通常情况下，一种技术一旦被采用，便会形成相应的路径依赖，产生锁定效应。这种技术应用得越普遍，越成熟，其锁定程度就越深，转换成本也就越高。因此，新技术只有带来明显的替代收益：不仅能补偿转换成本，而且能补偿剩余，才能在更广的范围和更深的程度上得以应用，成为产业融合发展的动力。在信息化时代，技术替代的转换成本主要包括硬件（hardware）、软件（software）、湿件（wetware）更新成本及相应的组织和管理变革成本等。其中，硬件、软件转换成本受技术进步影响，呈下降趋势；湿件转换成本、组织和管理变革成本与学习成本相关，呈上升趋势。基于此，我们可以把创新扩散中的成本收益关系归结为学习成本与生产率的关系。

如果把学习定义为知识在不同主体间的转移，学习成本就可以看作是在学习过程中消耗的资源和时间。学习成本与创新扩散的程度和范围相关，见图 2 - 2。在创新扩散初期，新技术应用的程度和范围有限，受技术生态系统约束较小，学习成本较低，短期内生产率提高显著，学习曲线呈上凸形。随着创新扩散程度加深和范围扩大，新技术应用受技术生态系统约束增大，学习成本大幅度上升，生产率提高速率下降。特别是当创新扩散涉及其他部门时，新技术应用不仅要受本部门技术生态系统制约，而且要受其他部门技术生态系统制约，学习成本进一步增大。而且不同部门的技术基础和生产方式差异也会造成其学习成本和潜在生产率水平的不同，从而影响新技术应用的程度和范围。学习曲线呈下凹形。然而当创新扩散一旦突破原有技术生态系统约束，形成新的技术生态系统，就有可能进一步导致学习成本大幅度下降，生产率提高速率急剧升跃，学习曲线呈上凸形。

学习曲线出现这种变化的主要原因是，新技术总是首先在局部范围内应用，形成对原有技术生态系统补充，比较容易显现效果。随着新技术应用程度加深和

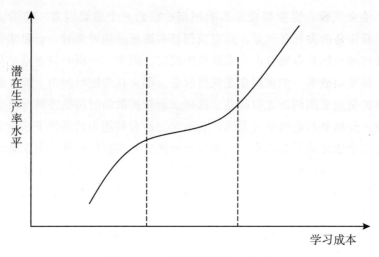

图 2 - 2　创新扩散学习曲线

范围扩大，有可能导致以新的技术生态系统替代原有技术生态系统。此时，新技术应用过程往往有一个累积性反馈回路（卡斯特，2001），即应用领域和方法创新的问题。这种累积的速度相对较慢，大量前期投入只能应对于未来收益。当这种反馈累积达到一定程度，新的应用领域和方法不断涌现时，技术的扩散便无止境地扩充了技术的力量（卡斯特，2001）。新技术的价值才能得到充分体现。例如，企业信息化发展大致有三个阶段：第一阶段，主要在单个业务部门如财务管理、人力资源管理和顾客关系管理等应用信息技术，提高工作自动化水平，对企业整体运营影响不大，学习成本较低，生产率提高显著。第二阶段，引入企业资源计划（ERP）和计算机集成制造系统（CIMS），整合原先各自独立的信息系统，形成信息流、物流和资金流等高度集成管理的信息共享系统，导致工作性质、业务流程、组织结构和管理方法等重大变革，造成学习成本大幅度上升，生产率提高速率下降。第三阶段，企业内部信息系统向社会延伸，实现全程价值链和供应链管理。通过以 ERP 为后台的 B2B 网上采购、B2C 网上销售和网上支付等，实现企业内部生产、销售、库存、财务、人力资源等与外部供应商、中间商的信息共享与共同计划。企业信息化发展进一步受社会信息化程度的制约。

2. 制度机理

产业融合的制度机理指的是经济管制制度，涉及进入管制、价格管制、数量管制、质量管制、投资管制、网络管制和社会管制等内容。传统的经济管制是一种分别管制的模式，针对不同的产业，设置不同的管制内容、管制方式和管制者。这种管制模式已成为产业融合发展的制度性障碍（周振华，2003）：一是强化了产业边界，人为地造成市场分割，阻碍了社会资源自由流动。二是造成多重管制。涉及不同产业的融合产品和融合业务有可能受到多重管制。当一个网络同时提供电信和广播电视服务时，需要获得电信和广播电视双重许可，从而阻碍了新产品、新业务的发展。三是形成差别性歧视，不同国家和地区对融合产品定义不同，对融合产品的管制也不同。四是引起管制失效，融合产品和融合业务有可能超出传统管制框架。互联网基础上发展起来的网络电话、网络电视和网络电影等，把受管制的大众传播和不受管制的私人通信融合起来，很难明确定义其究竟是公共性的，还是私人性的。显然，产业融合的发展对现行管制理论和政策提出了新的挑战。管制的中心问题"不是怎样去管制融合，而是怎样使管制在融合事实面前必须改变"（Ypsilanti and Xavier，1998）。

在产业融合中，促使管制放松的重要原因是技术进步和需求扩大改变了自然垄断的特征，经济管制的理论依据发生变化。例如，无线通信网、互联网、卫星通信网和数字有线电视网的兴起形成对传统电信网强有力的替代，使电信业从自然垄断市场转变为可竞争市场。在经济全球化、网络化的情况下，产业融合模糊了不同产品和服务间的差别，而新产品、新服务也只有在打破产业边界的基础上才能发展起来。这就要求管制理论与政策不断创新，推动管制框架融合，采用单一管制（Collins and Murroni，1996）。同时，管制放松也为产业融合创造了新的制度环境，促使不同产业相互渗透和融合。显然，产业融合与管制放松实际上是一个互动的过程。

面对产业融合的趋势，美国、西欧、日本等一些发达国家和地区在管制变革的实践方面做出了有益的尝试，为建立更广泛的公平交易和竞争方面的管制扮演了积极的角色。

历史上，美、欧等发达国家和地区为了规避金融风险，对金融业长期实行严格的分业管制政策。1929~1933年世界经济危机后，美国制定了一系列法律：《国民复兴法》（1933）、《证券法》（1933）、《证券交易法》（1934）、《银行法》（1933）和《联邦住房放款银行法》（1934）等，其中，《银行法》的第16、20、21和32条款构成《格拉斯—斯蒂格尔法》，被称作格拉斯—斯蒂格尔金融防火墙。

随着世界经济的发展，混业经营成为一种新的发展趋势，原有的金融管制体制显示出明显的不适应性。从20世纪80年代到90年代初，美国相继颁布了四个具有重要意义的金融改革法律：《1980年存款机构放松管制和货币控制法》、《1982年存款机构法》、《1987年银行平等竞争法》和《1989年金融机构改革，复兴和实施法》。这些法律几乎涉及1933年以来确立的银行业务结构的各个方面内容：（1）放松存款利率管制；（2）废除银行业务地域限制；（3）打破格拉斯—斯蒂格尔金融防火墙；（4）破除金融机构间界限。

1984年，美联储存款保险公司裁定允许9 300家州注册的商业银行从事证券业务；1991年，美国财政部颁发了《1991年联邦存款保险公司改革条例》，允许某些银行以其等于100%的资本数量拥有普通股和优先股；1995年，美国众议院银行委员会通过针对《格拉斯—斯蒂格尔法》的银行改革法案，解除银行业不能经营证券业务的禁令，并在1999年正式废除《格拉斯—斯蒂格尔法》。1999年，美国国会通过了《金融服务现代化法》，对美国乃至全球金融业的改革产生了重要影响，打破了金融分业经营的界限，金融体制改革的方向不再是强调"安全"与"效率"，而是强化美国金融机构的全球竞争力和霸主地位。

同时，英国、德国、日本等国家也大力推进以自由化为特征的金融管制改革。1986年，英国对伦敦证券交易市场实行重大改革，主要内容有：允许商业银行直接进入证券交易所进行证券交易；取消有关交易最低佣金规定；准许非交易所成员收购交易所成员公司的股票；取消经纪人与证券商的界限；推出"股票交易所国际自动报价"计算机系统。这不仅破除了英国证券业和银行业间的严格业务界限，而且为国外银行进入英国证券市场开启了大门。1984年，日本大藏省公布了《金融自由化与日元国际化的状况与展望》，其内容包括利率自由化、金融业务自由化、金融市场及产品自由化和金融国际化。

管制放松极大地促进了金融业融合的发展，商业银行、证券公司和保险公司间频繁发生大规模并购和业务融合，扩大金融产品种类和服务范围，相互利用对方的客户基础和销售渠道，交叉销售相关金融产品，为企业和个人提供全方位的金融服务。

二、分工深化：服务产业发展的路径

（一）分工深化与服务经济的发展

工业化大生产的一个重要特征，是在分工专业化的基础上形成生产与消费分离的迂回生产过程：生产环节不断增多，中间产品不断复杂化。正如杨格认为的那样，经济发展过程就是在初始生产要素与最终产品消费者之间插入越来越多的生产工具、中间产品、知识的专门化等生产部门，使分工变得越来越细；反过来，分工的作用也就在于为了造成越来越迂回、越来越间接的生产方式，从而不断地把先进的生产方式引入到生产过程中来，导致生产率的大幅度提高（贾根良，1999）。这种迂回生产的中间投入量增加会促使全要素生产率上升：一方面表现为中间产品的增多，间接地提高了最终产品的生产效率；另一方面表现为迂回生产链的延长，提高了生产率。在没有外在超经济强制约束下，分工具有自我繁殖的趋势，正如杨格指出的那样，分工一般地取决于分工（Yong，1982）。分工成为服务经济发展的内生机制。

在服务经济条件下，信息化的发展和产业融合的趋势不仅没有消除分工，反而促使分工不断深化。分工深化的结果是大量生产性服务从生产过程中分离出来，导致服务业规模、结构的迅速扩大和提升，促进了服务经济的发展。显然，分工深化是服务经济发展的一个根本性原因。它对服务经济发展的作用主要表现在以下三个层面上：

一是企业内分工深化，导致生产环节不断增多，管理和协调工作日益复杂化，产生大量网络控制性生产服务需求，具体表现为非生产性人员比重上升，生产人员比重下降。网络控制性生产服务活动的增加，尽管增加了企业成本，但由于生产效率的提高，反而降低了企业总成本。因此，在分工深化过程中，企业内网络控制性生产服务活动得到迅速扩张并超越生产活动，构成服务经济发展的重要基础。

二是企业间分工深化，促使供应链网络控制性生产服务活动的扩展。当企业内部网络控制性生产服务提供成本一旦超过了市场交易成本，企业便会将其外部化，出现提供生产性服务的专业化企业。这种企业间分工深化使得迂回生产的供应链不断延长，生产组织和管理更加复杂，企业需要外部提供更多、更专业性的服务支持。大量分离出来的网络控制性生产服务活动不但日益复杂化、多样化，衍生出更多的生产服务需求，使企业间分工、专业化具有规模经济效应：更高质量的专业服务水平和更低的服务提供成本，而且成为庞大而精细的社会化生产系统顺利运行的黏合剂，提高了社会生产效率。

三是产业分工深化，随着生产性服务企业数量的增多和在经济活动中作用的增强，服务业开始不断分化和重组。原先的产业分裂成更加专门化的部门，新的产业部门不断产生，产业部门不断增多。服务业逐渐成为经济活动的主导部门。

服务外包作为服务业分工深化的产物，对推进服务业发展和提升服务业专业化水平发挥了重要作用。随着全球产业重心由制造业向服务业转移，服务外包保持着快速增长势头。据 AMR 和 Gartner 调查预测，2003～2007 年全球服务外包市场以年均 8.2% 的速度增长。据 Gartner 提供的数据，2005 年全球服务外包市场规模为 6 244 亿美元。目前，信息技术外包（ITO）占全球服务外包市场的60%，离岸外包以超过 20% 的速度增长。从市场结构上看，全球服务外包逐渐地从基础层面的信息技术外包转向高层次的业务流程外包（BPO）和知识流程外包（KPO），BPO 将继续保持高于 ITO 增速的快速增长。随着业务范围的扩展，服务发包商更倾向于将 ITO 与 BPO 业务捆绑，满足其技术和业务需求。据 2005 年年初美国杜克大学富卡商学院和阿奇咨询公司联合调查报告预测，美国计划将81% 的研究工作、55% 的工程任务和 75% 的人力资源管理向海外转移，KPO 正成为服务外包发展的新趋势。从市场分布上看，服务外包主要集中在北美、西欧、日本、亚太和拉美地区。发达国家和地区是主要服务外包输出地，在全球服务外包支出中，美国约占 2/3，欧盟和日本约占 1/3。发展中国家是主要服务外包承接地，其中，亚洲是承接外包业务最多的地区，约占全球外包业务的 45%。印度是亚洲的外包中心，墨西哥是北美的外包中心，东欧和爱尔兰是欧洲的外包中心，中国、菲律宾、俄罗斯等国家也正在成为承接外包较多的国家。全球服务业离岸外包是未来的一个发展趋势，前景极为广阔。发达国家跨国公司越来越多地把后勤办公、顾客服务、商务等非核心业务外包到国外。

（二）分工深化的机理

在工业经济时代，分工演进受交换范围、市场规模以及交易效率（杨小凯，1999）的影响[1]。随着迂回生产方式的发展，交换范围、市场规模以及交易效率在一定时期内持续扩大和提高，分工体系和迂回路径不断延展。这种迂回生产方式在更多地创造需求和供给的同时，会引起交易成本上升。但只要分工带来的收益能补偿其交易成本，分工就有足够的动力发展，反之，分工发展就有可能受阻。因此，工业时代的技术条件客观上规定了分工演进的程度和范围。在服务经济时代，信息化的发展大大扩展了交换范围、市场规模及交易效率，成为促进分工深化的催化剂，其作用机理包括：

首先，信息化的发展缩短和消除了生产与消费的距离，扩大了交易范围和市场规模。互联网的发展使经济活动迅速扩展到全球且更有效率。人们能超越时空进行信息交换和交易活动，把市场扩展到全球。市场的物理距离和地理拓扑被网络架构和基于偏好的市场领域所取代（Choi et al.，2000）。例如，信息服务产品可以在网上直接进行交易和传输，消除了地域影响。实物产品尽管在物流上受地域影响，但交易活动却突破了地域限制。这种变化促进世界各国进入实质性的经济一体化，将国别和地区市场演变为一种开放性的全球市场，扩大了交易范围和市场规模，为分工深化奠定了基础。

其次，信息化的发展导致经济协调机制转变和交易效率提高。工业经济时代的分工结构呈垂直型结构。随着社会分工的发展，生产规模越来越大，中间环节越来越多，经济协调机制失灵的风险也越来越高。服务经济时代的分工结构呈分布式网状平行结构。消费者越来越多地参与生产过程，厂商与消费者的联系越来越密切；消除了生产与消费的对立，模糊了供应商、中间商和消费者间的界限，经济协调机制也就更加直接、灵活和高效。若将经济协调机制看作是一种信息传递机制，我们可以发现，在以物质生产为主的工业经济时代，信息传递机制的特

---

[1] 亚当·斯密认为，社会分工发展受交换范围、市场规模的影响。富克斯认为，市场规模扩张所带来的专业化程度加深，能够促进企业内部非生产性劳动的相应增加和整个生产服务部门的增长。

点是间接的、单向的，主要通过价格和其他信息渠道，按供应链逐级传递市场信息，容易造成信息传递缓慢和漏损，引发经济波动并沿着供应链逐级放大，损害了分工效率。这种高成本、低效率的经济协调机制成为分工深化的障碍。在以信息化为基础的服务经济时代，信息传递机制的特点是直接的、双向的，尽管不能完全消除，但在很大程度上改善了信息分布离散和信息非对称现象，形成一种高效的经济协调机制。数字知识减少了传递信息和进行协调的时间和费用（泰科尔等，1999）。

最后，信息化的发展使经济生产从一种高成本社会化模式转变为一种低成本的社会化模式。工业经济主要是通过增加中间环节投入和资本物耗来实现经济增长。随着生产和消费社会化规模的扩大，其迂回成本也不断增加。边际成本递增反映了工业经济的本质特征。因此，工业时代的经济生产是一种高成本的社会化模式。社会化的内在动力必然在这一过程中被逐渐消耗殆尽，从而在很大程度上限制了分工深化。在服务经济时代，信息化的发展使生产社会化过程不再是以增加中间环节投入和资本物耗为特征，而是利用信息技术整合社会资源。在消除生产和消费中间环节、降低交易成本的同时，以大量信息替代物质资本来支撑社会化的耗费。这种主要靠知识和信息的虚拟扩张的社会化过程，实现了对物质资源的更有效利用，大幅度降低了社会化的物耗成本。显然，只有在信息生产力和社会化直接生产方式条件下，才能形成低成本的社会化过程，不断增强分工深化的内在动力。

三、结构演变：服务产业结构演进的内涵特征及其趋势

（一）结构演变：服务产业结构演进的内涵特征

1. 创新效应

产业融合和分工深化大大增强了产业创新效应，对服务经济结构产生了显著的影响。产业融合模糊了产业边界，导致不同产业发生聚合、创新；分工深化促使现有产业和融合产业发生分化、重组，二者交互发展出许多新兴服务产业，其中，知识、信息密集型服务业是发展最快的部门。林德（Lind，2005）对 ICT 产业的实证研究表明，在融合中的产业数量不仅没有减少，反而有所增加。一般而言，产业融合与分工深化中的创新效应存在几种可能性：

一是新兴产业间的融合和分工深化，有可能形成新兴产业部门。如 20 世纪 90 年代后，随着计算机处理成本的降低和数字成像元件功能的增加，数字影像技术得到迅速扩散和普遍应用，形成由摄影、计算机和消费类电子等产业融合而

成的数字成像产业。

二是新兴产业与传统产业间的融合和分工深化，有可能给原先衰退产业注入新的活力，形成更高增长率的新兴产业部门，如德国汽车业采用数字虚拟设计系统开发新车型，研发周期从1年以上缩短到2个月左右，研发成本最多降到原来的10%左右，零部件成本也降低了40%，从而大大提升了德国汽车业的竞争力。

三是传统产业间的融合和分工深化，有可能形成较高增长率的新兴部门。这主要是在产业融合和分工深化条件下，产业增长减速规律在新的环境下发生了变化。产业融合和分工深化的基础是信息化。网络与信息技术在社会生产中的广泛运用，有可能在不同程度上影响和改变了原有产业技术的生命周期，延缓了技术进步速率下降的程度，削弱了引致产业增长减缓的技术因素。

2. 关联效应

产业结构关联效应指的是产业间联系的方式、程度以及对经济增长的影响，主要反映生产的专业化和社会化程度。产业关联最终都可以抽象为物质流和信息流两大基本要素。在产业间能量传递和交换过程中，物质流与信息流是相互依存的，共同构成产业关联的基础。在现实经济中，产业关联有一个主导性的问题，即以物质流为主导还是以信息流为主导。在工业经济时代，产业关联是以物质流为主导的，表现为产业间中间产品和资本物品的交易关系。信息流处于从属地位，只是起着支持物质流的作用。在服务经济时代，信息生产力正在深刻地改变着产业关联中物质流主导的格局，信息流替代物质流成为产业关联的主导。这就使产业关联有可能突破物质流的束缚，在更大的范围内实现系统集成，引导和加速产业关联中物质流，形成产业关联的新路径。

这一产业关联的转变是在信息革命的基础上供需两方面力量共同推动的结果。分工深化使得经济系统变得日益庞大且精细，产业关联不断延伸，增加了经济活动的不确定性。需求的个性化、多样化发展导致市场环境快速多变，要求信息在生产与消费过程中发挥更大的引导和黏合作用，减少不确定性。更重要的是，信息和网络技术的发展从根本上改变了信息的形式及传递方式，使信息流的地位和作用得以迅速提升。产业关联也就从以物质流为主导转变为以信息流为主导。服务业与其他产业关联程度的加深主要表现为：

一是技术关联水平提高。产业间技术关联及其水平是产业关联的基础。在工业经济时代，当某一产业技术进步而导致产业间投入产出不均衡时，其他关联产业可以通过粗放型的扩大再生产如增加资本和劳动的投入等来实现投入产出的均衡。在服务经济时代，具有强大渗透力的信息技术发展导致产业生态环境发生重大变化，促使各产业技术水平大幅度提高。如果部分产业因技术进步进入新的产业生态系统，就会强制那些关联产业也采用新技术，否则，就无法进入新的产业生态系统，危及生存和发展，从而有力地促进了产业间技术关联水平的提高。在信息化发展过程中，现代服务业信息化的速率、程度和水平通常要高于其产业，从而会带动其他产业信息化的发展，提高现代服务业与其他产业的技术关联水平。

二是产业关联方式变化。在以信息流为主导的产业关联中，信息和服务成为主要媒介物，支配和主导着产业间的物流关系。信息流不像物流那样按产业链依次传递，而是呈分布式平行传递，形成全方位的网络延伸。这种产业关联方式的转变明显增强了产业间的关联。正如夏皮罗和瓦里安（2000）指出的那样，网络带给我们的新东西是控制信息的能力，而不是可获得的信息的总量。这种控制信息能力的增强消除了时空障碍，使产业关联更加密切，物流更加顺畅和有序，并能通过快速重组及时响应需求变化。

三是产业关联程度深化。在工业经济时代，产业关联程度主要取决于分工深化。但分工越深化，生产迂回路径越长，中间产品交易规模就越大，系统的组织与控制的复杂程度也随之增加，从而有可能导致系统的运行效率下降。在服务经济时代，信息与网络技术的发展使产业环境发生了根本性变化，中间环节作为网络的节点，构成分布式结构，具有很强的自组织能力。这就使得产业关联深化有了新的内涵：一是产业间交易规模扩大主要是信息、服务等无形产品，有形产品交易规模扩大主要是由无形产品交易规模扩大引起的。二是生产与消费能够超越时空直接契合，最直接、快捷地贴近消费者，大幅度降低了中间环节的物耗成本，实现低成本扩张，从而消除了在工业经济条件下时空距离成本。三是服务作为网络控制性活动使得以信息流为基础的产业关联程度深化，不仅表现为对市场变化的适应性增强，而且表现为对产业系统的组织与控制能力提高。

产业关联通常可以用中间产品的交易规模度量。服务产业关联效应增强表现为对服务业消耗系数上升，表2－4显示了美国、日本、英国等发达国家服务业的直接消耗系数明显大于发展中国家的这一水平。这说明这些国家生产的专业化和社会化程度高，服务业的产出作为其他产业的中间投入具有突出的地位，服务业与其他产业的关联效应显著，而且明显地提升了其他产业的竞争力。

表2－4　　　第一、二产业对第三产业的直接消耗系数

产业	美国	日本	英国	澳大利亚	俄罗斯
第一产业	0.14756	0.12517	0.13008	0.13247	0.01703
第二产业	0.16095	0.18557	0.16705	0.15006	0.03251

注：表2－4为第三产业的直接消耗系数截面数据，其中美国、日本、英国均为1990年，澳大利亚为1989年，俄罗斯为1995年。

资料来源：李冠霖：《第三产业投入产出分析》，中国物价出版社2002年版。

3. 弹性效应

产业结构弹性效应指的是供给结构对需求结构变化的适应程度以及对经济增长的影响。对产业结构弹性的分析主要是着眼于长期供给的角度。需求结构通常随人均 GDP 的提高而变化，主要表现为需求结构的多样化、高级化和规模扩大。供给结构变化因素主要取决技术水平、固定资产结构和中间要素投入结构。产业的技术水平和固定资产结构相对稳定，是一种长期变量；中间要素投入结构则比较活跃，能通过要素市场在短期内调整，是一种短期变量。

供给结构变化主要有两种形式：短期供给结构调整主要通过中间要素投入结构的变化；长期供给结构调整主要通过技术水平和固定资产结构的变化。中间要素投入结构与技术水平和固定资产结构有一定的比例关系和弹性。中间投入要素对供给结构调整只能限定在一定范围内，不可能对需求结构变化作出持久的反应。当达到一定临界点时，供给结构会停止变化。由于技术水平和固定资产结构的变化总是滞后于中间要素投入结构变化，潜在供给结构与实际供给结构往往并不完全一致。在经济生产中，当需求结构变化时，产业结构弹性总是首先以中间要素投入结构变化调整供给结构；如果需求结构变化如此强烈和持久，以至于中间要素投入结构变化那么有确定性，就有可能进一步导致供给结构在技术水平、固定资产结构上的变化。显然，供给结构两种变化形式是相互依赖、相互作用和相互演化的，是短期变化与长期变化的统一。

在工业经济条件下，供给结构弹性较低，经常发生资产存量和增量配置失灵的现象。一是由于信息不对称、市场分割与垄断等原因，导致市场信号失灵；二是技术和固定资产专用性程度高，资产存量转移障碍高，在一定程度上限制了资源自由流动；三是在迂回生产条件下，某一产品和生产环节的变化有可能引起整个产业链的变化，导致原有产业供求关系重组，在很大程度上限制了供给结构对需求结构的适应性。因此，具有刚性的工业生产力很难适应需求结构多变的情况，造成社会福利损失。在服务经济时代，信息生产力的发展大大增强了产业结构弹性效应，具体体现在以下几个方面：

一是生产方式转变。信息化的发展使标准化、大批量生产方式向大规模定制生产（mass customization production）方式转变，并有可能成为 21 世纪的产业组织原则（安德森和派恩二世，1999），从而解决了制造业生产中产品个性化、多样化与低成本间的矛盾，提高了对需求变化的响应速度。这种快速变化的生产能力使企业具备了为若干小市场提供产品的能力，能够获得适合分散市场的高额回报，专业化经济①也就成为一种可能。因此，单一产品的大规模生产不再是提高

———————

① 专业化经济是指小型工厂可以为一个或一系列小规模的本地市场和出口市场提供产品。

生产率的主要方式，与之相适应的产品开发"最低变化"战略也显得没有必要。例如，美国通用汽车公司为"别克"轿车提供一种服务系统。顾客可以在经销商的计算机终端选择车身、发动机、轮胎、色彩和车内装饰等，自主设计所喜爱的汽车；数字模拟系统能够形象地显示设计车样，模拟驾驶体验，同步计算价格，为顾客购买抉择提供参考；电子信用分析系统帮助顾客制订付款计划；在线订货单系统能将信息直接输入公司生产计划表，从订货到交货一般不超过 8 周时间，价格也不高于批量生产的标准车型。

二是社会资源的整合。信息化的作用实质上是用知识和信息整合传统的生产要素，用高流动性的知识和信息资源重组低流动性的物质资源，从而大大提高了供给结构对需求结构变化的适应能力，增加了结构弹性效应。这就使得实物资产重要性不断下降，无形资产价值日益上升。企业投资逐步从以有形资产为主转变为以无形资产为主。目前，发达国家跨国公司的有形资产与无形资产的比例已达 1:2 或 1:3。据国际经济合作发展组织的测算，美国 1995 年 1/3 企业的无形资产比例在 50% ~ 60% 。因此，在产业融合和分工深化过程中，主要是以新增信息资源对存量实物资源进行重新整合。这种信息资源由于其再生性、外部性等特点，具有很大的扩张性，能更好地满足原有产业规模扩张和新兴产业发展的要求。显然，在服务经济时代，产业结构弹性效应的增加是建立在对信息资源大规模开发和对存量资源更充分利用的基础上的。

三是产品替代性增强。在工业经济时代，产品创新主要有两种情况：如果技术进步发生在技术边界内，那就表现为对原有产品结构、功能和质量等改良；如果技术进步超越了技术边界，那就有可能创造出全新产品。可见，技术进步无论发生在技术边界内还是技术边界外，其产品概念都是明确的。在服务经济时代，技术融合使不同产品生成共同的技术基础，有可能对不同功能的产品进行集成和融合，创造出大量的新产品和新服务，增强了产品替代性。这不仅使消费者拥有更广泛的选择权，而且明显地提高了产业结构的弹性。

4. 成长效应

产业结构成长效应指的是经济系统中产业间优势地位更迭及对经济增长的影响。这种产业间优势地位的更迭是产业结构与外部环境交互的结果。在经济发展过程中总存在新兴产业、主导产业、成熟产业和衰退产业，形成一个连续的依次更迭过程，一些高增长性的产业形成对另一些低增长性的产业替代，促使产业结构的有序演变，从而带动整个经济的发展。产业结构成长往往是一种非均衡增长，受产业关联的影响。即使是那些高增长性的主导产业，由于它们在产业关联中的地位不同，对经济增长的作用也不同。

在服务经济条件下，产业结构成长主要有三个方面的内容：一是产业结构规模扩大，产业融合和分工深化导致产业规模和数量增加。二是产业结构水平提高，知识和技术密集型产业取代资本和资源密集型产业，新兴产业取代传统产业。三是产业结构关系由松散变为紧密，产业的分化、重组及聚合、创新，使得产业间关联耦合更加密切。

产业结构成长的内在动力是技术进步。由于各产业技术进步速率不同，产业间会出现"生产率上升率不均等增长"现象，推动产业结构变化。从静态角度看，一是当某一产业出现技术进步并带来潜在生产率的提高，如果其需求弹性较大，那将促使社会资源向该产业转移。如果其需求弹性较小，那将促使其资源向其他产业转移。技术进步所引起的生产要素转移会引起产业的扩张和收缩。这是技术进步对产业结构成长的直接影响。二是技术进步有可能通过对生产要素相对收益的影响而促使产业结构变化。希克斯（Hicks，1964）认为，创新会通过改变各种生产要素，尤其是劳动和资本的相对边际生产率，改变其收益间的平衡。也就是说，技术进步通过对劳动和资本相对收益的影响，改变其在国民收入中的相对份额。在通常情况下，资本和劳动边际生产率的非均衡会刺激资本与劳动的相互替代，即边际生产率高的要素替代边际生产率低的要素，进而影响产业结构的变化。这是技术进步对产业结构成长的间接影响。

从动态角度看，一是技术进步决定了个别产业的扩张和收缩。一个产业的扩张和收缩往往与创新的兴衰有密切的关系。重大的技术创新往往导致新兴产业的诞生，技术改良又将导致该产业生产成本的大幅度降低，从而进入一个高速成长期。库兹涅茨（1930）认为，这种高速增长达到一定点之后，便出现减速增长趋势，而技术进步减缓是其中一个重要的因素，并用 Gompertz 曲线拟合了几十条不同部门的产量和价格的长期曲线，证明了产业减速增长是有规律的。二是技术进步决定了优势产业更迭的有序演变。在经济发展中，促使产业结构演变的优势产业更迭是有序的。库兹涅茨认为：（1）最终需求的特定结构倾向于稳定，它限制了任何一定时间内能够被引入的种种革新的相对比例，也限制了一种革新一旦采用后所能保持的较高相对价值的时间长度。（2）技术的总体水平，有待于各方面的不同程度的改进，而这种改进则有赖于一个国家的经济和技术发展的情况（库兹涅茨，1985）。三是技术进步决定了产业结构变化的方向。产业结构高度化本质上是指采用先进技术产业在数量和比重上的增加。因此，只有引入新的生产函数，并对其他部门增长有广泛影响的主导部门的更迭，才是产业结构高度化的演进方向。也就是说，产业结构的变化方向是由技术进步在某一产业内迅速、有效地聚集，并能通过产业间的技术联系进行扩散。

在服务经济时代，信息生产力的发展是经济结构成长的基础。信息技术与一般意义上的新技术不同，具有广泛的渗透性，与其他产业技术融合，形成新的产业技术，对社会经济发展产生重大的影响。因此，信息化的发展不仅极大地推进了信息服务业的发展；而且有力地促使其他产业包括服务业生产率的提高。从总体上看，尽管目前制造业生产率仍高于服务业，资源向服务业转移会出现负配置效应，但以知识和信息为基础的现代服务业尤其是生产性服务业的生产率要明显地高于制造业。从发展趋势看，信息化的发展将迅速提高服务业生产率，资源向服务业转移会产生巨大的正配置效应，促进经济增长。

（二）结构升级：服务产业结构演变的趋势

产业结构演变表现为一种主导产业的顺序替代，一种高增长部门对原先主导部门的替代。产业融合与分工深化的发展使得服务产业结构在新的空间中不断地得以重构，呈现出结构高度化的趋势。

1. 服务业比重不断提高

从 20 世纪 60 年代起，世界主要发达国家的服务业在经济结构中的比重呈不断上升趋势。到 21 世纪初，其服务业增加值占 GDP 比重和就业占全部就业比重，大多超过或接近 70%，这一点从部分 OECD 国家相关指标的变化即可看出，具体见表 2 - 5 和表 2 - 6；中等发达国家这两个指标均在 50% ~ 60% 之间；发展中国家的平均水平为 45%。这些情况表明，发达国家已基本确立了服务经济的产业结构[①]，中等发达国家已大致形成了服务经济的产业结构，发展中国家正在向服务经济转型。

表 2 - 5 　　　　 1994 年、2004 年部分 OECD 国家服务业

增加值占 GDP 的比重 　　　　单位：%

国家	2004 年	1994 年	国家	2004 年	1994 年
美国	76.7	71.7	荷兰	74.0	69.7
英国	74.7	67.7	丹麦	74.0	72.7
法国	76.3	73.1	瑞典	70.5	68.7
德国	69.8	65.9	比利时	74.2	70.5
意大利	70.2	66.6	卢森堡	82.7	76.7
日本	69.4	64.0	葡萄牙	71.7	66.3
希腊	73.1	66.3	墨西哥	70.2	68.4

资料来源：OECD，OECD in Figures 2006 - 2007.

---

① 国际上一般认为，服务经济是指服务业的产值在国内生产总值（GDP）的比重超过 60%，或服务业中就业者在整个国民经济全部就业者中的比重超过 60% 的一种经济形态。

表 2 - 6　　　1994 年、2004 年部分 OECD 国家服务业就业人数
占总就业人数的比重　　　　单位：%

国家	2004 年	1994 年	国家	2004 年	1994 年
美国	78.8	74.5	丹麦	77.9	71.0
英国	79.8	76.6	意大利	62.7	59.5
法国	72.4	68.0	加拿大	74.3	72.5
德国	69.6	62.3	澳大利亚	75.0*	71.9

注：＊为 2003 年数据。

资料来源：OECD, OECD in Figures 2006 - 2007.

服务业比重及增长速率超过制造业只是一种经济结构演变的外在表现，其蕴涵着更为深刻的内涵：信息范式下服务特征及提供方式的改变大大增强了现代服务业的可贸易性。服务已不再仅仅是一种最终产品，而成为一种中间投入品和黏合剂；服务业也不再仅仅是一个最终生产部门，而成为一个中间生产部门，与社会生产的各产业部门存有密切联系与互动，对产业链的扩展、生产率的上升和附加值的提高具有推动作用。因此，服务业正在逐步取代制造业，成为推动经济发展和提升产业结构的主导力量。

2. 新兴服务业大量涌现

随着产业融合和分工深化的发展，涌现出大量新兴服务业，如网络游戏产业、动漫产业、创意产业、数字出版产业、软件服务产业等。

3. 生产性服务业迅速发展

产业融合与分工深化使得原先依附于生产过程中的研发、物流、营销及各种专业服务等大量分离出来，造就了规模巨大的中间服务市场，促使生产性服务业迅速发展。正如塞耶和沃克（Sayer and Walker, 1992）认为的那样，服务活动是生产过程的一部分，是"扩展的劳动过程"。因此，无论是从产值还是从就业情况看，生产性服务业的增长速率都明显地超过了消费性服务业，在经济生产中占有主导和支配地位。格鲁伯（1993）、格林菲尔德（Greenfield, 1996）等人认为，现代服务业的增长是以生产型服务的增长为主要特征。这一过程在西方大致发生在 20 世纪 60 年代后。目前，包括通信、金融、物流、批发、专业服务等在内的生产性服务业在发达国家占全部服务业 50% 以上。美国 2005 年包括运输仓储业、信息服务业、金融及房地产服务业、教育培训业、专业及商务支持产业等在内的生产性服务业总量接近 6 万亿美元，约占美国经济总量的 47.73%，超过美国服务业总量的 70%。显然，在服务经济发展过程中，作为知识、信息密集型产业的典型和现代产业链中的高端，生产性服务业成为经济增长的主导部门，对提升服务产业结构具有决定性的作用。

4. 国际服务贸易增长加快

国际分工深化促进了国际服务贸易迅速增长，拓展了服务经济发展的空间。根据 WTO 的统计，1980～2008 年，全球服务贸易总额从 7 674 亿美元扩大到 72 003 亿美元，其间增长了 9.4 倍。服务贸易总额占全球贸易总额的份额从 1980 年的 15.7% 上升至 2008 年的 18%。特别是 2003 年以来，全球服务贸易加速增长，服务出口与进口均保持了两位数的年均增长率。同时，国际服务贸易结构也正在发生显著变化，逐渐由传统的以自然资源、劳动力密集型为基础的服务贸易转变为以知识、信息和资金密集型为基础的现代贸易。到 2008 年，国际运输服务业比重下降到 23.4%，国际旅游下降到 25.4%，而包括电讯服务、建筑服务、金融服务、保险服务、信息服务、专利或许可、商业服务和文化娱乐等其他服务的比重则上升到 51.2%，比 1990 年上升了 20.4%。显然，国际服务贸易在规模和结构上的发展进一步增强了服务经济发展和服务产业结构升级的趋势。

5. 体验产业初露端倪

如图 2-3 所示，从产业革命的演进逻辑看，体验经济（Experience Economy）有可能成为继服务经济之后又一新的经济形态。美国未来学家托夫勒早在 1970 年《未来的冲击》一书就提出了体验经济，认为服务业最终还是会超过制造业，体验生产又会超过服务业。至今，体验经济已初露端倪，如惠普公司的全面客户体验（Total Customer Experience，TCE）[①]、微软公司的 XP 体验等。

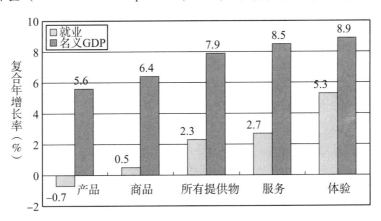

图 2-3　根据经济提供物区分的就业增长与名义 GDP 增长（1959～1996 年）

资料来源：约瑟夫·派恩二世、詹姆斯·H·吉尔摩：《体验经济》，机械工业出版社 2008 年版，第 19 页。

---

① 提出全面客户体验（Total Customer Experience，TCE）的惠普公司对其定义为客户根据自己与企业的互动产生的印象和感觉。

体验经济内生于服务经济之中。这一方面是基于人类需要发展的结果。农业经济和制造业经济满足的是人类生存需要，服务经济满足的是人类发展需要，而体验经济满足的是人类自我实现需要。这种随经济发展而不断升级的人类需要是体验经济发展的社会基础。另一方面是基于信息化发展的缘故。当信息革命把体现个性化的定制成本降低到允许大规模生产的程度，也就意味着体验经济时代的到来。体验经济作为一种新的经济形态有其显著的特征：

一是人的主观感受成为一种经济物品。在服务经济时代，经济物品主要是产品和服务。体验作为一种心理活动早已广泛存在于社会经济活动中，但只是作为一种对产品和服务消费的附属品。成为一种具有价值的经济物品，则是体验经济所特有的。体验的价值来源于顾客的独特感受。它是每个人以个性化的方式参与其中的事件（派恩和吉尔摩，2008）。正如派恩和吉尔摩（2008）指出的那样，当经济提供物变成更加不可触及时，价值却变成更加可触及。更重要的是，体验不仅是一种生活需要，而且是一种学习和创新需要、一种适应变化的工具。随着人们体验的范围越来越广泛，对经济生活中出现的各种变化的适应能力也就有可能越来越强。如通过虚拟环境的"试错"体验，可以使企业增加对当今剧烈动荡的环境的适应力，安全地提高"创造性毁灭"的能力。

二是生产与消费高度的个性化。在不同的经济时代，经济物品的生产方式是不同的。工业经济时代的产品生产具有明显的供给方规模经济，主要采取标准化、大批量的生产方式。服务经济时代的服务提供的需求方规模经济显著，主要采取大规模定制的生产方式。体验经济是一种以人为本的经济。企业提供的不是产品和服务，而是"舞台"。消费者在这一精心制作的"舞台"上，进行自我的、唯一的、值得回忆的表演。劳动不再是一种体力支出，而是一种创造体验的行为。这是一种被高度个性化了的消费中生产的方式。

三是消费者成为价值创造的主体。工业经济的生产与消费过程是分离的，顾客游离于价值创造之外。服务经济的生产与消费过程是合一的，消费者参与到生产过程中，与生产者形成互动，但价值创造的主体仍然是生产者。体验既是一种消费过程，又是一种生产过程，体验经济是生产者与消费者的合一，顾客既是消费者，又是生产者。这实际上意味着消费者成为价值创造的主体。

第三章

服务经济的理论体系：
基于微观与宏观的分析视角

第一节　服务经济的形成与发展规律

一、服务经济的形成

（一）服务是无形的经济物品

广义而言，如果一种物品、要素或资源的使用为相关主体带来不同形式的效用，就可以说它提供了一种服务，如房屋为居住者提供了居住服务、机床为操作者提供加工服务、微波炉为家庭成员提供了饮食服务，等等。但通常只把劳动要素的某种特殊使用过程提供的效用称为"服务"，如医生看病过程、银行职员提供业务过程、咨询人员提供的专业信息、超市员工提供的购物场所和环境，等等。本书正是在这种意义上使用"服务"概念①。值得注意的是，无论何种情

---

① IMF 定义的服务贸易中有"要素服务贸易"，指劳动、资本等各类生产要素在国外取得的收入，所以，把服务仅与劳动要素相联系有点狭隘，但不会影响理论分析的结论。

况，服务总是与效用密切相关。

商品和服务都是给使用者带来效用，它们的提供均需耗费经济资源，所以，服务交易的市场价格同样决定于供求双方的行为。经济学以稀缺性为出发点分析资源的有效配置和利用，稀缺性反映在市场交易中就是价格高低，具有正价格的物品称为"经济物品"，零价格的物品称为"自由物品"，负价格的物品称为"负商品"或"厌恶品"，如垃圾、风险等。这里的物品既包括有形的商品，也包括无形的服务，从这个意义上，我们把服务定义为无形的经济物品。

服务的无形性是指不能直接通过人的感官把握其数量和质量。由此带来相关的其他特性，主要有服务的不可储存性、服务生产和消费的不可分离性。

服务的交易是在提供或消费的当时实现，而且是以活动过程的方式实现。通常给服务购买者带来时间节约和方便，如家政服务人员帮助雇主节约了做家务的时间，中介和咨询机构给客户提供相关信息，使其方便使用；或空间便利，如超市给顾客提供了一种空间；或心理感受，如餐厅、影院等给顾客带来心情的放松和愉悦。对购买者而言，以时间节约和方便、空间便利、心理感受为内容的服务均是无形的，消费之前不存在能感知的形态。

当然，对服务无形性的理解也不能绝对化。现实中，所有商品的制造和销售均是在服务的推进下完成的，购买一辆轿车的同时，也购买了相关的咨询、融资、销售、维修等各种服务，同样，任何一项服务的提供，也都需要有形物品的支持，走进餐厅购买的是烹饪和招待服务，但它是与提供的食品结合在一起的。因此，有人提出商品和服务可以看作是沿着一个从有形主导到无形主导的连续性序列[1]。

服务是一种活动过程，过程结束就意味着服务的完成，也标志着服务效用的实现，如果再次需要该种服务，必须重复这种活动过程，而不可能把一次活动过程储存和积累起来以供以后使用。值得注意的是，服务的结果可能会持续存在并发挥作用，但这与服务作为活动过程的不可储存性并不矛盾，例如，医生提供的医疗服务使病人今后长期受益，教师服务使学生掌握的知识可以长期享用，但诊断和授课活动过程是无法储存的。

服务生产和消费的不可分离性意味着消费者必须参与服务过程，并且服务的数量和质量均与消费者的行为和感受密切相关。没有学生的参与以及服务活动过程中教师与学生的互动，教育服务无法实现，而且教育服务的质量不仅取决于教

---

① W. Sasser, R. Olsen and D. Wyckoff. Management of Service Operations: Text, Cases, and Reading, Boston, Allyn and Bacon, 1978, P. 11.

师的活动，也取决于学生的努力。当然随着通讯、信息技术的发展，服务交易中的双方可以通过不同形式实现互动，但不可分离性没有改变，例如，教师通过电视手段进行远距离教学，医生也可以通过网络给不同地点的病人诊断，银行可以通过电话、网络为客户提供金融服务，但服务消费者的同时参与始终是服务活动过程得以完成的必要条件。

作为经济物品的服务包括两部分：一部分是家庭、企业、非营利组织、政府等单位自我提供的服务，不通过市场交易实现效用①，理论和统计均不包括这些非市场交易的"服务"。另一部分是通过市场为生产提供便利，对产品进行分配，或为个人、家庭提供效用，这些市场化的服务活动是理论研究的对象，也是衡量一国经济服务化水平的依据。经济服务化水平提高的过程，就是随着社会分工和专业化深化，原来的自我服务逐步转变为从市场购买。

（二）服务活动是生产者和消费者共同参与的过程

贝利把服务定义为"一个行动，一次表演，一项努力"②，把服务看作表演是对服务活动的形象化比喻，即把服务（传递）活动想象为一个剧本表演，服务提供者就是演员，服务购买者就是观众。

顾客参与是服务活动的显著特征，例如，在自助餐厅里顾客的自我服务，在美容院、旅馆、医院和学校里服务接受方与提供者的合作，服务活动中，顾客通常是产品的一部分，因为他们决定着服务的实现和质量。

商品生产过程不依赖于需求方的参与，可以根据大小、组成、材料等对商品属性进行确切的描述。但服务不能在购买之前被清晰地展示出来，需要联系购买者相关的各个方面确定服务的内容和质量，以航空运输为例，运输企业提供的服务包括预订机票、到达机场、找到登机口、换登机牌、登机、飞行过程、离开目的地机场等。根据服务活动过程界定的一整套服务称为"服务包"③，服务包中有些服务是主导的，属于核心服务，有些是次要的，属于辅助性服务。服务购买者对服务包的体验和评价决定于两个因素：一是服务包是否包括了他们期望的所有因素——核心服务和辅助性服务；二是每一因素是否满足他们的期望，且其标准和质量等级的情况如何。

服务活动中的消费者参与，导致服务质量直接决定于消费者的主观认知。企业提供的服务包中许多项均达到或超过顾客期望值，但只有极少项甚至一项未达

---

① 企业的自我服务会通过它提供到市场的最终商品或服务得以体现。
② L. Berry. Services Marketing is Different, Business, May-June, 1980.
③ ［美］R. 诺曼著，范秀成等译：《服务管理》，中国人民大学出版社 2006 年版，第 71 页。

教育部哲学社会科学研究
重大课题攻关项目

到期望值，多项达标或超标因素也弥补不了一项未达标因素，因为对顾客来说，总是注意那些未达到期望值的因素，容易忽略达到或超过期望的部分。并且，评价一项服务时，消费者会联系自己的购买习惯，而每个消费者的购买习惯差别很大，所以，服务的主观差异性远大于商品。

(三) 服务业是市场化服务活动的单位集合

如前所述，经济中的服务（活动）包括自我服务和市场交易服务两类。家庭自我服务如做饭、洗衣、养育子女、家庭保健等，通常不计算市场价值；企业的自我服务如运输、会计、保管、销售服务等，则按费用支出计入其最终产品市场价值。

任何企业经济活动均包括生产（制造）和服务活动两部分，但通常依据经营的主营业务类型，把企业归为农业企业、工业企业和服务企业，相应的同类企业集合构成农业部门、工业部门和服务业部门。由于农业部门的劳动对象主要是土地，即直接从自然界获取产品，采掘部门也具有相似特征，故将它们合称为第一次产业；工业部门则以第一次产业产品作为劳动对象，进行不同深度加工，加上具有类似特征的建筑业、电力、煤气、供水等，构成第二次产业；不属于第一、二次产业的所有企业均归入第三次产业，虽然三次产业分类和部门分类的角度有所不同[①]，但把服务业等同于第三次产业不会影响分析结果。

市场化服务活动是由独立单位专业化提供的时间、空间、方式或心理效用。家政服务企业、幼儿园帮助服务购买者节约了时间；商场、仓储企业为服务购买者提供了便利的空间；咨询、中介企业提供的信息给服务购买者提供决策依据，可以看作提供一种方式；歌厅、影院使服务消费者获得心理放松和满足。

相对于其他部门，服务业具有相当的复杂性。既表现在服务提供单位包括规模各异的企业、非营利性机构和政府部门，也表现为服务业内部庞杂的业务类型，参见表3-1。此外，还表现为服务业统计规模与服务活动实际规模的差异。因为许多被统计为农业、制造业和采掘业的企业，均包含一个隐性的服务部门，它们提供大量内部服务，如招聘、法律服务、财务管理、货物运输、客户服务等。

---

① 李琪：《现代服务学导论》，机械工业出版社 2008 年版，第 5 页。

表 3 – 1 服务业业务类型和单位类型

业务类型	单位类型
交通运输、仓储和邮政业	
铁路运输业	企业
道路运输业	企业
城市公共交通业	企业
水上运输业	企业
航空运输业	企业
管道运输业	企业
装卸搬运和其他运输服务业	企业
仓储业	企业
邮政业	政府或企业
信息传输、计算机服务和软件业	
电信和其他信息传输服务业	企业
计算机服务业	企业
软件业	企业
批发和零售业	
批发业	企业
零售业	企业
住宿和餐饮业	
住宿业	企业
餐饮业	企业
金融业	
银行业	企业和政府
证券业	企业和政府
保险业	企业和政府
其他金融活动	企业和政府
房地产业	
房地产业	企业
租赁和商务服务业	
租赁业	企业
商务服务业	企业
科学研究、技术服务和地质勘查业	
研究与试验开发	企业或政府或非营利机构

第三章 服务经济的理论体系：基于微观与宏观的分析视角

续表

业务类型	单位类型
专业技术服务业	企业或政府或非营利机构
科技交流和推广服务业	企业或政府或非营利机构
地质勘查业	企业或政府或非营利机构
水利、环境和公共设施管理业	
水利管理业	企业或政府或非营利机构
环境管理业	企业或政府或非营利机构
公共设施管理业	企业或政府或非营利机构
居民服务和其他服务业	
居民服务业	企业
其他服务业	企业
教育	
教育	企业或政府或非营利机构
卫生、社会保障和社会福利业	
卫生	企业或非营利机构
社会保障业	企业或非营利机构
社会福利业	企业或非营利机构
文化、体育和娱乐业	
新闻出版业	企业或政府或非营利机构
广播、电视、电影和音像业	企业或政府或非营利机构
文化艺术业	企业或政府或非营利机构
体育	企业或非营利机构
娱乐业	企业或非营利机构
公共管理和社会组织	
中国共产党机关	政府
国家机构	政府
人民政协和民主党派	政府
群众团体、社会团体和宗教组织	政府
基层群众自治组织	政府
国际组织	
国际组织	政府

资料来源：根据《国民经济行业分类》（GB/T 4754—2002）整理。

服务业的统计分类取决于不同国家和地区的统计制度①。作为我国国家标准的《国民经济行业分类》，1984年发布实施，经过1994年和2002年两次修订，形成《国民经济行业分类》（GB/T4754—2002），与联合国通过并向各国推荐的《全部经济活动的国际标准产业分类》（ISIC/Rev.3）保持相同的分类原则和分类体系。此外，代表性的统计分类体系还有美国、加拿大和墨西哥1997年联合制定的《北美产业分类体系》（NAICS—97），以及日本的行业分类标准。微小的差别在于第二次产业的供电、煤气、供水和第一次产业的服务活动是否归入服务业，日本分类标准把供电、煤气、供水归入服务业，我国2002年分类标准把农、林、牧、渔服务业归入第一次产业。

理论研究的分类虽然要考虑数据的可获得性和可比较性，但并不受统计分类的硬性约束，不同研究者通常根据各自的目的采取不同分类。比较常用的分类是从服务需求角度，将服务业分为四类：生产者服务，主要包括银行、金融、保险、房地产、建筑服务、工程服务、信息传输、软件、会计与法律服务等；分配性服务，主要包括交通、仓储、通讯、批发零售等；社会服务，主要包括医疗、教育、福利与宗教服务、邮政服务、其他政府服务等；个人服务，主要包括家政服务、维修服务、旅馆、餐饮、娱乐等②。

"现代服务业"是我国政策文件中的概念，之后出现相关的统计研究。大致分为三类：一是改造提升后的传统服务业，包括金融业、房地产业、物流和客运、商业、社会服务业；二是新兴的行业，包括信息服务业、技术服务业、研发设计业、租赁和商务服务业；三是第一、二产业中的某些服务业③。

服务业统计是为了反映行业的总体发展水平和结构状况，其数据基础是企业，但确定一家企业的产业归属时可能存在问题。例如，上海汽车集团无疑属于制造业，但是它的营业收入有相当部分来自服务，其他制造企业也有同样的情况，统计时将它们归入制造业，无疑会低估服务业的实际水平。因此，以市场化服务活动单位的集合定义服务业时，需要考虑企业的行业归属标准④。

（四）服务经济是服务业主导的一种经济形态

1968年，富克斯在《服务经济》中宣称："美国现在正在经济发展方面开创

---

① 刘荣明：《现代服务业统计指标体系及调查方法研究》，上海交通大学出版社2006年版。
② 或者从功能角度分为基础服务业、贸易服务业、商务服务业、公共服务业、个人服务业等；或者以要素密集度为依据分为劳动密集型、知识密集型、资本密集型服务业等。
③ 刘荣明：《现代服务业统计指标体系及调查方法研究》，上海交通大学出版社2006年版。
④ 当然，理论上可以考虑以业务活动进行分类统计，形成服务业产值数据，但这在技术上存在相当困难，经济上也不一定值得。

一个新时期。在第二次世界大战结束以后，这个国家已成为世界上第一个服务经济国家，即第一个一半以上就业人口不从事食物、衣服、房屋、汽车和其他实物生产的国家。"① 20 世纪 70 年代以来，美国服务业比重上升的趋势仍在继续，参见图 3 - 1。

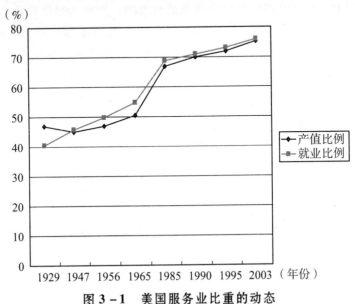

图 3 - 1　美国服务业比重的动态

注：图中 2003 年就业比例数据是 2002 年的。

资料来源：根据富克斯（1968）第 30、224 页，黄少军（2000）第 2、3 页，李相合（2007）第 208、212 页数据绘制。

与美国情况相同，所有发达国家均呈现出服务业比重的提高趋势，图 3 - 2 显示了经合组织国家从 20 世纪 60 年代至 20 世纪末的情况，服务业增加值占 GDP 的比重，由 1960 年的 52.6% 提高到 2004 年的 72.6%，服务业就业占总就业的比重，由 1960 年的 43.1% 提高到 1995 年的 64.6%。服务业上升趋势在落后国家经济发展过程中同样出现，中低收入国家服务业增加值占 GDP 比重由 1980 年的 42% 提高到 1998 年的 52%②。中国台湾作为新型工业化地区，其服务业变动趋势则大致代表了战后成功起飞经济体的情况，参见图 3 - 3。同时，依据不同国家和地区的横截面数据，可以发现，服务业比重与经济发展水平也大致呈正相关关系，参见图 3 - 4，并且，从图 3 - 4 中也可以发现，如果按照富克斯服务业达到 50% 就是服务社会的标准，从世界经济的范围来看，也可以说现代

① ［美］富克斯（1968）著，许微云等译：《服务经济》，商务印书馆 1987 年版，第 9 页。
② 世界银行：《2000 年世界发展指标》，中国财政经济出版社 2000 年版，第 186 页。

经济形态是服务经济①。

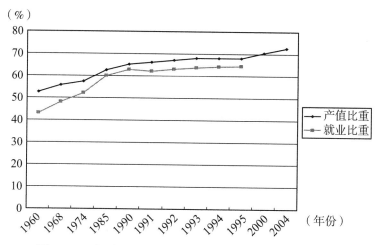

图 3 - 2 经合组织国家总体平均的服务业比重动态

资料来源：根据黄少军（2000）第 2、3 页和国家统计局（http：//www. stats. gov. cn）数据绘制。

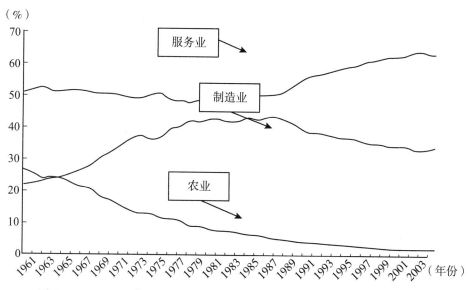

图 3 - 3（a） 中国台湾地区生产总值的产业结构：1961 ~ 2003 年

---

① 当然，正如黄少军（2000）指出的，不能仅看一国经济中服务业的比重，更要考虑服务业的内容，以知识化和信息化为基础的服务比重过半才是名副其实的服务经济，而将传统服务业比重过半的经济称为服务经济可能较为勉强。

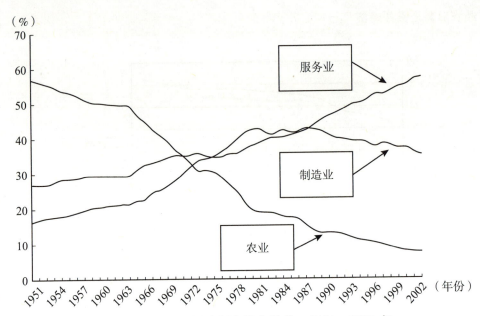

图 3 - 3 （b）　中国台湾就业结构：1951 ~ 2002 年

资料来源：来自管中闵：《服务的 SMILE 和 FAME》，载于《远见》杂志第 220 期（2004 年 10 月）。

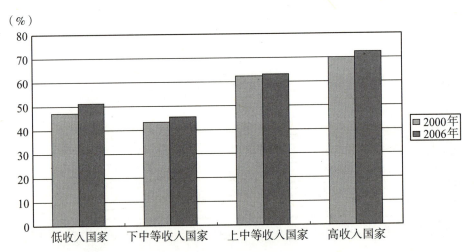

注：高收入国家 2006 年是 2005 年的数据。

图 3 - 4　不同收入水平国家服务业占 GDP 比重

资料来源：根据中国国家统计局（http：//www. stats. gov. cn）数据绘制。

　　从长期的经济变迁角度看，人类经济活动依次经历了农业经济为基础和工业经济为基础的经济形态，目前正处于服务经济为基础的经济形态。服务经济中，经济增加值的主体来自服务业，从而社会财富的主要内容表现为服务的形式，这与农业和工业经济形态中以农产品和制造品为财富主要内容形成鲜明对照。服务具有无形性，所以，公众的财富观念可能需要转变，与财富相关的概念也需要扩展其外延，同时，也意味着增加财富的经济增长方式会发生实质性变化，与服务经济相关的生产率概念可能需要重新认识。

服务经济形态除了服务业在整个经济中的高比例之外，也表现在决定财富创造的主要因素由土地、劳动和资本转变为知识和技术，从而使经济增长理论分析与经验事实的一致性问题初步得到解决。

作为自然资源的土地，其数量总是有限的，即使考虑到可能的土地改良也不会根本改变这种状况，另外，随着工业化、城市化和人口增长，对土地的需求快速增加，所以土地的稀缺程度逐步提高，这种情况下，如果土地始终作为经济增长的主要因素，人类生活水平的提高是无望的。马尔萨斯正是据此断言人类的未来福利改善前景渺茫，李嘉图则据此得出经济增长的最终结果可能是停滞，这样才使人们把经济学称为"沉闷科学"。

所幸的是，随着经济形态过渡到工业经济，资本取代劳动成为经济增长的主要因素，农业土地的经济重要性下降[①]，厂房、设备、工具等资本品是可再生的生产要素，资本积累的资金来源是经济中的储蓄，是收入的一部分，也不存在自然限制。所以，工业经济形态的经济增长与资本积累密切相关，从理论上说，资本边际生产力的递减意味随着资本规模的扩大，投资导致的经济增长速度也将递减，最终会达到稳定的零增长率状态，这正是索洛（1956）模型的结论，这种逻辑结论显然与工业经济形态中长期经济增长经验不吻合，麦迪森（1982）运用人均 GDP 作为度量指标，测算出自 1700 年以来，长期内的经济增长率是上升的，参见图 3 - 5。

服务经济形态增长的主要因素是知识和技术，与土地不同，知识和技术是创造性要素，但与资本品这类创造性要素也是不同的，知识创造的固定成本很高，但重复使用的成本接近于零，就是说，知识生产具有高度的规模经济特性，这意味着以知识和技术为主要因素的经济增长，不再受制于要素报酬递减的制约，有可能实现持续的内生增长，这与 20 世纪 50 年代以来的增长经验十分吻合，参见图 3 - 6。从图中可以发现，除了东欧转轨和非洲自然灾害的特殊情况，世界经济总体和主要区域均呈现稳定的增长趋势。

---

① ［美］T. 舒尔茨著，姚志勇等译：《报酬递增的源泉》，北京大学出版社 2001 年版。

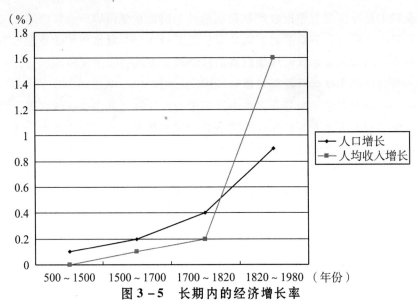

图 3 - 5　长期内的经济增长率

资料来源：根据麦迪森：《资本主义发展阶段》，牛津大学出版社 1982 年版的数据绘制。

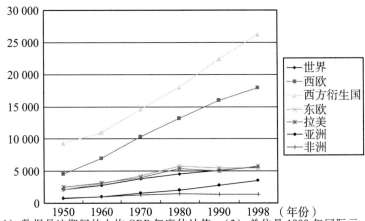

注：（1）数据是这期间的人均 GDP 年度估计值；（2）单位是 1990 年国际元。

图 3 - 6　世界各区域长期经济增长情况

资料来源：根据麦迪森：《世界经济千年史》第 328 页数据绘制。

尽管对服务经济形态考察的角度和目的不同，有人称其为"后工业社会"[①]，或"信息社会"[②]，或"知识价值社会"[③]，等等[④]，但是，不同研究者均把经济服务化作为最基本的特征，把产业结构从制造业为主转变为服务业为主的变化，与两

① D. 贝尔（1973）：《后工业社会的来临》，商务印书馆 1986 年版。
② S. 诺拉，A. 孟克（1978）著，施以方等译：《社会的信息化》，商务印书馆 1985 年版。
③ 堺屋太一（1985）著，黄晓勇等译：《知识价值革命》，生活·读书·新知三联书店 1987 年版。
④ T. 斯托尼尔（1983）著：《信息财富——简论后工业经济》，中国对外翻译出版公司 1987 年版。

个世纪之前从农业经济为主转变为工业经济为主的变化等量齐观。大致可以说，现代经济社会不同方面的新特征，或者是服务业发展所引起的，如贝尔所分析的公众对公司态度的转变、对公共利益的关注、对政治参与态度变化等，或者是服务业本身的内容，如贝尔讨论的知识和技术诸方面，斯托尼尔讨论的信息和知识作用。

以服务业比重作为服务经济形态的标准简单明了，但服务业包括十分庞杂的项目，服务业内部不同类型业务的比例构成服务业结构。基于业务性质和技术水平，大致可以分为传统服务业和现代服务业，前者通常是与日常生活相关的服务业，其需求在任何经济形态均存在，即需求是"传统"的，同时，其生产方式也是"传统"的；后者如前所述，主要包括改造提升的传统服务业和新兴行业。两个具有相同服务业比重的经济体，可能由于传统和现代服务业比例的差别，在经济发展阶段上相差悬殊，这时把它们统称为服务经济可能具有误导的性质。因此，需要综合服务业总体比重和服务业结构状况，才能较准确地理解服务经济。

二、服务经济发展的经验规律

（一）经济的服务化

经济服务化主要表现在两方面：一方面是服务业比重提高导致的产业结构服务化；另一方面是产业和企业的服务化。

从长期的历史观点看，经济结构转换是导致增长的一个重要因素。一国经济结构最基本的方面是第一、二、三次产业的结构，或具体化为农业、工业（制造业）、服务业的结构，经验研究显示，一国经济的发展过程既表现为人均收入的提高，也表现为经济结构依次由农业为主转变为工业为主，再转变为服务业为主，这种结构转换可以用产值比例和就业比例来衡量。由于这种结构转换意味着经济资源的重新配置，即从生产率低的部门向生产率高的部门转移，这会带来总生产率的提高，进而提高经济增长率，所以，结构转换从统计规律上似乎是经济增长过程的伴随现象，实际上也是经济增长的一种源泉。

已经发生的工业化过程，就是资源从农业部门向工业（制造业）部门的转移，表现为农业部门使用的劳动力占总劳动力比例下降，工业就业占总就业的比例上升，从经济成果的角度表现为农业产值占总产值的比例下降，工业产值占总产值的比例上升。20世纪开始，发达国家又出现随收入提高过程中服务业就业和产值比重的上升，工业相应比重的下降，这种经济服务化过程，在20世纪50~60年代开始经济现代化的其他后进国家和经济体同样出现。经济发展过程中出现的最明显趋同趋势，是所有国家或经济体经济增长过程中迟早会出现的经济服务化，参见图 3 - 7、图 3 - 8、图 3 - 9 和前面的图 3 - 3。

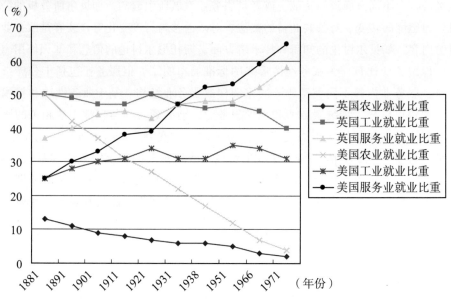

注：美国的年份与英国稍有差异。

图 3 - 7 英国和美国产业结构趋势

资料来源：根据杨治（1985）第 41 页相关数据绘制。

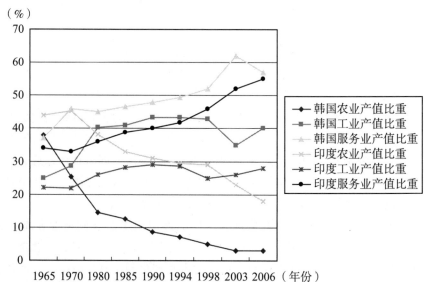

注：韩国 1994 年是 1993 年数据。

图 3 - 8 韩国和印度产业结构趋势

资料来源：根据世界银行（1990，2000，2008）第 182 页，第 185 页，第 340 页和中国国家统计局（http：//www.stats.gov.cn）相关数据绘制。

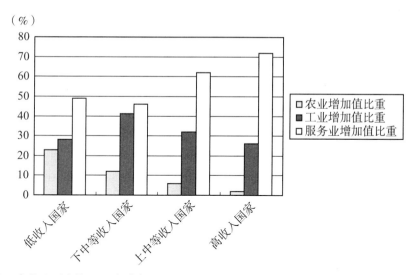

注：高收入国家是 2003 年数据。

图 3 - 9　不同发展水平经济体的产业结构（2004 年）

资料来源：根据世界银行：《2006 年世界发展数据手册》相关数据绘制。

　　经济服务化除了表现为服务业比重的提高直至占主导地位，也表现为农业和工业自身发展过程的服务化。现代经济中，以美国为例，农业的产值和就业比重虽然很低，但其劳动生产率却是很高的，除了机械化、化学化和良种化等方面的技术进步外，主要与农业经营的专业化和社会化有关，专业化除去提高了土地、劳动等资源利用效率外，也使农业服务业越来越大，许多原来属于农业部门的活动，如耕种、土壤化验、施肥、播种、植保、收割、储运等，均由专业的农业服务公司提供，农业的供应业务也由专业的服务部门提供，如农机销售、饲料、种子、肥料、农药等的供应网络①。可以说，发达国家的农业部门已经变成耕种机械化、经营服务化的部门。虽然制造业部门生产经营过程的结果还是有形产品，但产品价值中服务的比重也在提高，因为研发、广告、售前、售中和售后服务的费用，可能接近甚至超过加工制造的费用，这类服务的价值通常并不计入服务业增加值，而是属于制造业增加值，从这个意义上说，统计数据实际上低估了服务的实际比重。不过制造业内的这类服务职能具有独立化的倾向，相关服务活动的自我提供与外购取决于成本—费用的权衡，相关条件变化，内部的服务职能可能转化为外部市场提供。

　　更重要的是，服务经济中的制造企业与服务企业的界限越来越模糊，例如，1980 年美国通用电气公司 85% 的利润来自产品销售，90 年代后期 75% 的利润来

---

①　参考《世界经济》编写组：《世界经济（第一册）》，人民出版社 1980 年版，第 60 ~ 69 页。

自服务提供[①]。同样，IBM 的业务模式已经完全从制造商转变为服务提供商，为客户提供各种解决方案。随着加工技术的日益提高，制造企业越来越多地在做信息处理和内部服务工作，而不是制造工作，它们的经营战略正在从生产导向、营销导向进一步转向服务导向，通过服务环节的绩效改进增加利润。

（二）服务使用的中间化和公共性

服务经济形态的形成不仅表现在服务业比重的提高方面，也体现在服务业自身行业结构的变化方面，后一方面的变化可能具有更重要的意义。如前所述，服务业包括十分庞杂的行业门类，从维修、餐饮等传统生活服务业到广告创意、软件、物流、金融、通讯等现代生产服务业，再到教育、文化、医疗等现代公共服务业，可以说五花八门。从技术手段看，有的门类只能以手工为主的方式提供，许多门类则努力仿照制造业的流程化，通过先进的生产手段和工艺流程标准化地批量提供，或者创新出先进的经营模式批量复制提供，例如商业中的连锁式经营，更有许多门类直接与先进的信息技术和互联网技术融合形成全新的服务业态。

服务业结构是不同门类之间的比例。根据对服务业门类的不同划分方法，可以从不同角度观察和分析服务业的结构变化，从而得到的变化趋势可能也有差别。我们依据前面的生产者服务、分配性服务、社会服务和个人服务四类划分方法，大致分析服务业结构变化的趋势。

依据发达国家已有的发展经验，服务业结构变化大致可分为三个阶段[②]。第一阶段从 18 世纪 50 年代至 19 世纪末，商业、交通和通讯领先发展，例如，英国 1788～1801 年服务业上升的 5 个百分点，基本上全是商业和交通运输业实现的。同样，美国到 19 世纪 70 年代末，商业和交通通讯在经济中的比重上升到 27.6%，构成服务业的主要部分。第二阶段从 20 世纪初至 20 世纪 50 年代初，以金融、保险和商务服务的发展为主导，使生产服务由单纯的供销外部服务转变为生产过程的服务。第三阶段是 20 世纪 50 年代以来，金融、保险和商务服务进一步发展基础上，信息服务业和社会服务业也迅速发展，特别是信息产业的发展和其他产业利用信息产业的改造，使得现代经济成为基于信息化基础的服务经济，所以，也有研究者称为信息经济、知识经济或数字经济时代等，因为信息、资料、数字、知识这些概念有着密切关系。但是，信息服务业是现代服务业的重要组成部门，同时，信息服务业通过改造原有农业、工业和其他服务部门的生产

---

① 转自 R. 诺曼著，范秀成等译：《服务管理》，中国人民大学出版社 2006 年版，第 8 页。

② 参考全国第三产业普查办公室：《第三产业与第三产业普查》，中国统计出版社 1993 年版，第 22～23 页。

经营技术，提高了它们的服务化水平和服务效率，所以，信息化的影响是通过最终产出的服务增加值提高表现出来的，以服务经济称呼经济时代更恰当。

依据上述三个阶段的情况，大致可以发现服务业发展的两种趋势：一是为生产经营活动提供的服务比重逐步提高，表现在生产者服务和分配性服务比例的上升；二是公共服务比例的上升。由于统计数据来源不同，弗朗科斯（J. Francois，1990）的数据和富克斯的数据可以互相补充，大致反映了美国生产者服务和公共服务的变化情况，参见图3-10、图3-11。

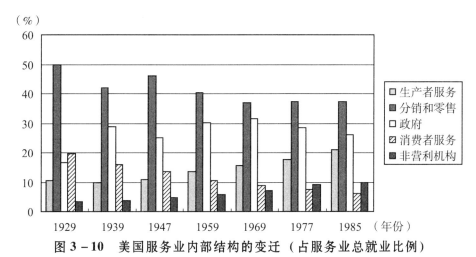

图3-10　美国服务业内部结构的变迁（占服务业总就业比例）

资料来源：根据 J. Francois. Producer Services，Scale，and the Division of Labour［M］．（oxford Economic Papers，1990：715-729）表1相关数据计算和绘制。

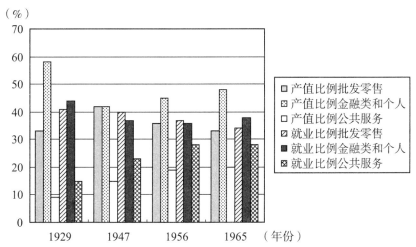

图3-11　美国服务业内部结构的变迁（占服务业总增加值比例）

资料来源：根据富克斯著，许微云等译：《服务经济》，商务印书馆1987年版，第226页相关数据计算和绘制。

51

（三） 服务提供的工业化和国际化

服务经济形态中的服务业与其他经济形态存在的服务业，具有质的不同。一方面表现在服务业的工业化趋势，另一方面表现为服务的可贸易性增强及相应的服务贸易在一国经济中重要性提高。

现在的服务业较多采用制造业中的生产方法，力图实现服务提供标准化，如金融、保险、物流等生产者服务行业，在业务程序方面形成规范的操作流程，餐饮、商业等生活服务业在经营场地、标识、服务内容方面形成统一的风格。尽管与有形产品相比，无形服务的提供数量和质量取决于买卖双方的共同参与，供应商单方面的标准化存在难度，但技术进步和经营方式的创新，使得服务标准化已经逐步取得进展。

服务企业根据行业特点力图模仿制造业的规模经营。人们的传统认识是把服务业与小规模、劳动力密集相联系，难以通过规模化降低经营成本，不过，这种观点已经逐渐发生了变化。物流服务业进行大规模的基础设施和设备投资，使其业务覆盖的市场范围扩大，这种明显的规模经济效应丝毫不亚于制造业。金融、保险类服务业的规模经济是建立在大量顾客基础上，为此，也需要进行大规模的初始投资，这种固定投资下的业务量不断扩大，同样形成规模经济。信息、通讯、公用事业等具有网络性质的产业，更是以规模作为生存的必要条件。即使是传统上不需要较大规模的服务业，如餐饮、住宿、保洁、保安等，也通过连锁、授权经营、特许等多种新型经营方式，构建较大规模的经营单位，努力获得规模经济的利益，它们并不像制造业那样把大量业务或要素集中在同一地点而获得规模经济效应，而是依靠采购、管理、组织、形象、品牌甚至文化这样的软要素获取规模经济。

此外，服务业由传统的消费者服务为主转变为生产者服务为主，特别是信息服务业的发展及其向其他行业渗透，也使得服务业的要素密集度由通常的劳动密集型，转变为人力资本和技术、知识密集型。

服务的无形性和生产与消费同时性，决定了服务的可贸易程度低于有形产品，但随信息、通讯技术的进步，以及政策性规制的放松，服务的可贸易程度在提高，服务贸易规模也较快扩大。据统计，20 世纪 70 年代世界服务贸易的年均增长率为 18.7%，与同期货物贸易增长率大体持平；80 年代发达国家服务贸易年均增长 11%，高于同期货物增长 8% 的速度[①]；90 年代世界服务贸易增长低于货物贸易，服务贸易占货物贸易的比重也有所下降，这可能反映了货物贸易与服

---

① 王立杰：《走向 21 世纪的国际服务贸易》，经济科学出版社 1999 年版，第 30 页。

务贸易自由化进程方面的差异。从结构上看，1996 年，旅游和运输服务在服务贸易中的比重分别为 31.9% 和 27.3%，其他服务为 40.8%①，其他服务大都是资金密集型或技术、知识密集型的服务项目，包括电信、金融、娱乐等八类。可见，目前的服务贸易主体仍是传统的运输和旅游，不过其他类的新型服务贸易增长速度更高，相应地比重也有所提高，参见图 3 - 12。

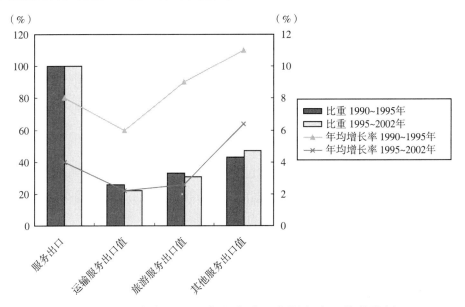

图 3 - 12　服务贸易增长率和比重（占服务出口总值比例）

资料来源：根据 WTO. International Trade Statistics（2003）相关数据绘制。

三、服务经济的理论简史

（一）服务概念和性质的探讨

长期以来，对服务概念的界定一直是经济学分析中的难题。理论上通常根据服务与一般商品区别的性质，从内涵角度进行定义，统计上则通过排除法，从外延角度对服务加以定义。两种定义方法均有不足，服务业发展使得服务与一般商品之间的理论界限越来越模糊，内涵定义必须根据新情况加以调整，这导致定义的不确定。外延定义的服务类别之间不具有统一的经济性质，给理论分析带来逻

---

① WTO：1997 年年报。转自王立杰：《走向 21 世纪的国际服务贸易》，经济科学出版社 1999 年版，第 27 页。

辑难题。

古典经济学家在两种意义上理解服务。一是基于财富、效用和劳动的区分，把服务与非生产性劳动相联系，从重农学派经斯密到约翰·穆勒大致均是这种理解①。服务的增加意味着"用以维持非生产性人手的部分越大，用以维持生产性人手的部分必越小，从而次年生产物亦必越少。"② 约翰·穆勒指出，所有种类的劳动都产生效用，如果效用的产生意味着劳动的生产性，服务劳动的生产性是不言而喻的，因为劳动产生的效用有三种：首先是固定和体现在外界物体中的效用；其次是固定和体现在人身上的效用；最后是未固定或体现在任何物体中，只是存在于提供的服务中，即给予一种快乐，消除不变或痛苦，但不会使人或物的性质得到永久性改善，这里劳动是用于直接产生一种效用。上述第三类体现在服务中的效用不能称为财富，因为财富最重要的性质是可以被积累，如果只把生产"财富"的劳动看作生产性的，意味着生产服务的劳动属于非生产性的。不过在接受斯密财富观和相应劳动观的基础上，穆勒也有所变通，"对不以物质产品作为其直接成果的劳动，只要物质产品的增加是其最终后果，我将不拒绝将其称为生产性的。"③ 并且特别强调非生产性劳动可能和生产性劳动一样有用。

二是把服务理解为非实物形态的经济物品，萨伊把生产和消费同时发生时的物品称为"服务"④，他不同意斯密对财富的定义，认为服务也是财富，"斯密不把这种劳动的结果叫做产品，而把这种劳动称为非生产性劳动。他对财富所下的定义，使他陷入这个错误。他把财富解释为具有可以保存的价值的东西，而不把这个名称推及一切具有交换价值东西。因此，所有一产出便消费掉的东西，都不成为他所谓的财富。"⑤ 萨伊认为，服务的生产与物质产品一样，既需要劳动也需要资本，"因为大部分无形产品都是这种或那种技能的产物，获得一种技能，总须先作一番钻研，而从事钻研就非预付资本不可。"⑥ 西尼尔指出，产品可以分成物质的和非物质的两类，也可以称为商品和服务，人们习惯把生产特定物质产品结果的劳动看作生产性的，而把形成服务或非物质产品的劳动看作非生产性的，这可能并不恰当。商品与服务的区别只是劳动结果与劳动动作的区别，

① 魁奈著，吴斐丹、张草纫译：《关于工商业利益和所谓不生产阶级生产性记录》，载于《魁奈经济著作选集》，商务印书馆1979年版。斯密著，郭大力、王亚南译：《国民财富性质与原因的研究》（第二篇第三章），商务印书馆1972年版。约翰·穆勒著，赵荣潜等译：《政治经济学原理——及其在社会哲学上的若干应用》（第一篇第三章），商务印书馆1991年版。

② 斯密：《国民财富性质与原因的研究（上）》，第305页。

③ 约翰·穆勒：《政治经济学原理——及其在社会哲学上的若干应用》，第65页。

④ 萨伊著，陈福生、陈振骅译：《政治经济学概论》（第一篇第十三章），商务印书馆1963年版。

⑤ 同上，第127页。

⑥ 同上，第129页。

"把服务这个词应用于促使事物现有状态发生变化的动作，把商品这个词应用于所变化的事物，使产品这个词包括商品和服务两者"[1]。

新古典经济学重点探讨均衡价格的决定，既不重视劳动生产性和非生产性的区别，也回避了商品和服务的区别[2]。认为商品有市场价格，服务同样有市场价格，工资、租金、利息、地租就是对相关要素服务支付的价格，商品和服务的价格决定机制是相同的，它们之间的差别仅在于，服务的衡量面临一些特殊困难。因此，对新古典经济学研究目的而言，区别商品和服务概念没有多大必要，后来的经济学原理中，把商品和服务看作经济物品的两种形式，例如，国内（国民）生产总值就是把当年最终产品和服务的市场价值加总，以反映一国的经济福利，国家之间的产品贸易和服务贸易分别构成一国经常项目的两项，通常称其为有形和无形贸易。

但是，随着服务在经济物品中的比例逐渐增大，服务产业在经济体系中的地位不断提高，需要对服务的性质、供给、需求、价格、竞争、创新、规制等进行基础性研究，为服务科学理论体系的建立创造条件[3]，这时必然涉及服务概念的界定。依据生产性和非生产性进行界定明显不科学，但完全不区分服务和商品，也不能科学解释与服务活动相关的经济现象及其规律。

从理论研究角度，我们把服务定义为用于市场交易的无形经济物品。首先，无形性作为服务区别于一般商品的性质，将是理论分析的基础。任何服务的提供都需要一定物质条件，航空企业要有机场、飞机，金融企业要有营业大楼、柜台，家政服务也要有相关的工具、材料等，但这些有形设施、工具均是为了提供无形服务，其价值补偿是通过服务收费实现，与服务无形性没有矛盾。不过，有些服务也部分以有形形式出现，如咨询服务企业提供的建议书、信息服务企业提供的以光盘储存的数据资料等，但这些有形材料价值相对于服务价值微不足道，可以忽略不计。其次，区分自给性服务与市场交易服务，将市场交易的服务作为研究对象，有助于把握服务经济的演进过程和本质特征。市场经济中的自给性商品很少，但自给性服务规模肯定大于商品，虽然其规模无法准确统计。经济体系中家庭或个人的自我服务逐步外部化和市场化，企业、单位内部服务逐步外部化和市场化，是工业经济向服务经济转变的基本途径，也反映了服务经济是分工更加高度化的经济形态。

---

① 西尼尔著，蔡受百译：《政治经济学大纲》，商务印书馆1977年版，第85页。

② 试图重新发展古典经济理论的斯拉法，虽然在其理论中，仍使用生产性和非生产性的含义（斯拉法使用"基本产品"和"非基本产品"的概念），但不再与纯粹的劳动相联系，而是与总体的生产体系相联系，也不与商品和服务的区分相联系，他使用钢铁和谷物这类物质产品讨论价格理论，没有明确提到服务（斯拉法著（1960），巫宝三译：《用商品生产商品》，商务印书馆1963年版）。

③ 参见李琪主编：《现代服务学导论》，机械工业出版社2008年版。

（二）服务业发展趋势的探讨

20 世纪 30 年代，费希尔给出的三次产业划分，为研究服务业发展趋势和产业结构转换提供了有效的理论依据和统计框架，尽管在第三产业与服务业的外延界定方面有所分歧，但并不影响对现代经济中服务业发展规律的探讨。

经济学家的共识是，一国经济发展过程既是总量（人均量）增加过程，也是结构转换过程，并且认识到结构转换的顺序是，随农业比重的下降，继起的先是工业（制造业）发展，接着是服务业的发展，经济发展达到较高收入时，经济结构出现服务化趋势。17 世纪的威廉·配第就观察到了这个现象，1940 年，柯林·克拉克（1940）依据费希尔的三次产业分类框架，使用更丰富的劳动力产业配置统计资料证实了配第的发现，即随着时间推移和人均收入提高，劳动力首先从第一次产业向第二次产业移动，当人均收入进一步提高时，劳动力开始向第三次产业转移，这个经验规律被称为"配第—克拉克定理"。克拉克认为，这种有规律移动的原因，是由于随经济增长不同产业之间出现了收入相对差异。配第—克拉克定理现实的经验规律，不仅与一个国家的时间序列数据吻合，也与多个不同收入水平国家同一时点的横截面数据相一致。

库兹涅茨（1971）把国民经济分为农业、工业和服务业，把结构转换定义为需求、生产、贸易、就业的一组相互关联的变化，每一方面的变化均反映了经济增长过程中资源配置格局转变的不同方面，主要涉及 18 世纪中叶至 20 世纪中叶的现代经济增长时期。在此基础上，把结构转换作为一个整体而非一组分离的现象加以研究，详细考察了总产值部门份额和劳动就业部门份额随增长过程的变化。截面数据和长期趋势均显示出，随时间推移，农业产值份额显著下降，工业产值份额显著上升，服务业的产值份额变动趋势不明显。从劳动就业的长期趋势看，几乎所有发达国家劳动就业的农业份额不同程度下降，而就业的工业和服务部门份额均上升，截面数据显示，与人均产值由低的国家向高的国家变动，劳动就业部门份额变动高于产值的部门份额变动。

可见，库兹涅茨分析的工业化时期，特别是从产值的部门份额变化看，经济的服务化趋势似乎并显著[1]，例如英国 1801 年、1851 年和 1901 年服务业产值份额分别为 38%、38% 和 39%[2]。但 20 世纪 50 年代之后，发达国家农业的产值和就业份额继续下降，工业的产值和就业份额也达到稳定并趋于下降，唯独服务业的产值和就业份额均持续增长，参见图 3－13、图 3－14。这可能是服务部门在

---

[1] 可能有统计分类原因导致的服务业增加值低估。
[2] C. 奇波拉（1973）著，吴良健等译：《欧洲经济史（第三卷）》，商务印书馆 1989 年版，第 298 页。

经济研究中长期被忽视[①]、直到 20 世纪 70 年代之后才逐渐得到关注的原因。

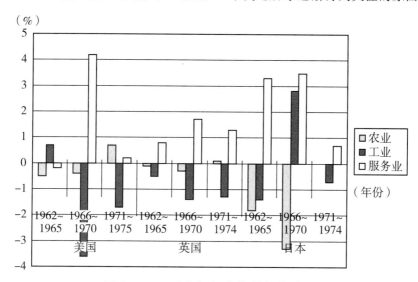

图 3 – 13　三大部门产值份额的变化

资料来源：根据杨治（1985）第 56 页相关数据绘制。

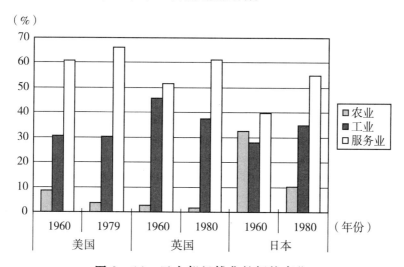

图 3 – 14　三大部门就业份额的变化

资料来源：根据杨治：《产业经济学导论》，中国人民大学出版社 1985 年版，第 57 页相关数据绘制。

对于产业结构转换的上述经验规律，经济学家通常从不同产业产品的需求收入弹性和技术特性方面解释（克拉克，1940；富克斯，1968）。需求收入弹性是

---

① 富克斯（1968）著，许微云等译：《服务经济》，商务印书馆 1987 年版，第 1 页。

指影响需求其他因素不变时，某种物品随收入变动而变化的程度，收入增长1%，某种物品需求增加量超过1%，该物品需求收入弹性大于1，同样收入增长幅度，物品需求增加量小于1%，该物品需求收入弹性小于1。经济增长表现为（人均）收入的提高，如果某类物品收入弹性大于1，意味着随收入增长，该物品需求增长幅度大于收入增长，这会引导社会生产要素的重新配置，更多要素会转移到生产该物品的部门，从而使得该类产品在总产品中的比例提高，或者该部门增加值在 GDP 中的比重提高。一般而言，生活必需品的收入弹性较低，非必需品的收入弹性较高，相对于食品、服装这类基本生活必需品，大多数服务属于非必需品，所以，具有较高的收入弹性，随着收入提高，服务增加值在 GDP 中的比重提高符合上述规律。技术特性主要是指相对于制造业，服务业的资本—劳动比较低，即属于劳动密集型产业，相应地，技术进步率也相对较低，所以，随着需求的增加，会主要通过劳动要素增加的方式扩大供给规模，这是服务业就业比例提高且快于产值比例提高的原因。

伴随现代经济增长过程的城市化，也引起人们需求的改变。由于城市化条件下的非农就业模式和工资水平提高，使得自我服务的机会成本也提高，人们倾向于更多地购买服务，同时，服务的规模化提供也降低了服务成本，所以，城市化彻底改变了人们的生活方式，个人服务、公共服务等快速增长，考虑到这些生活类服务劳动密集的技术性质，服务就业增加更大。

除了收入提高、城市化因素导致上述需求变化进而促进服务业发展之外，经济学家更强调中间性需求对服务业发展的影响（库兹涅茨，1966，1971；富克斯，1968）。一方面，工业化过程中，生产单位规模的扩大和生产区域的集中，产品生产地方化与产品需求分散化的矛盾就是通过运输、贸易、金融等中间性服务加以解决；另一方面，工业化过程的分工深化，使得企业的某些服务性职能或环节从内部分离出来，形成专业化的服务企业，或者企业关闭某些服务职能，从市场的专业化单位购买。因此，企业规模化和专业化均会促进中间性服务业的发展。

孔萨穆特、里贝罗和谢丹阳（Kongsamut, P., Rebelo, S. and Danyang, Xie, 2001）构建了一个能协调平衡增长与结构转换两个程式化事实的简单模型，解释了资源在部门间重新配置过程中出现的服务部门比重提高现象。

模型中有三个部门：农业、制造业和服务业，均有不变比例的生产函数。不考虑土地要素，所以，仅有资本和劳动两种要素。也不考虑对外贸易。

第一，生产和技术。经济体系的生产结构可以表示如下：

$$A_t = B_A F(\phi_t^A K_t \ , \ N_t^A X_t) \tag{3.1}$$

$$M_t + \dot{K}_t + \delta K_t = B_M F(\phi_t^M K_t \ , \ N_t^M X_t) \tag{3.2}$$

$$S_t = B_S F(\phi_t^S K_t,\ N_t^S X_t) \tag{3.3}$$

$$\phi_t^A + \phi_t^M + \phi_t^S = 1 \tag{3.4}$$

$$N_t^A + N_t^M + N_t^S = 1 \tag{3.5}$$

$$\dot{X}_t = X_t g \tag{3.6}$$

$$K_0 > 0,\ X_0 > 0 \tag{3.7}$$

假定生产函数 $F(\cdot)$ 是连续可微、齐次、凹的，变量 ϕ^i 和 N^i（$i=$农业部门 A、制造部门 M 和服务部门 S）分别表示资本和劳动对部门 i 的贡献，资本和劳动可以在部门间自由转移，X_t 表示劳动增强型的技术进步水平，这是保证平衡增长路径存在所要求的技术进步类型。假定农业部门和服务部门的产出（A_t，S_t）仅用于消费，制造部门产出可用于消费（M_t）或投资（$\dot{K}_t + \delta K_t$）。

第二，生产效率。既然资本和劳动可以在部门间自由转移，要素有效配置的条件是三个部门的边际转换率相等，即：

$$\frac{\phi_t^A}{N_t^A} + \frac{\phi_t^M}{N_t^M} + \frac{\phi_t^S}{N_t^S} = 1 \tag{3.8}$$

既然不同部门生产函数是成比例的，以制造产品表示的农业和服务业相对价格可表示为：

$$P_A = B_M / B_A$$

$$P_S = B_M / B_S$$

使用式（3.8）和相对价格，可以重写经济体的资源约束为：

$$M_t + \dot{K}_t + \delta K_t + P_A A_t + P_S S_t = B_M F(K_t,\ X_t) \tag{3.9}$$

第三，偏好。给定经济体系的生产结构，部门比例的变化通常来源于各自产品需求收入弹性的差别。假定消费者偏好是时间可分的，将瞬时效用特性以线性支出体系的简化形式体现在不同收入弹性中，有：

$$U = \int_0^\infty e^{-\rho t} \frac{\left[(A_t - \bar{A})^\beta M_t^\gamma (S_t + \bar{S})^\theta \right]^{1-\sigma} - 1}{1 - \sigma} dt \tag{3.10}$$

假定 σ、β、γ、θ、ρ、$\bar{A}$、$\bar{S}$ 均严格为正，并且 $\beta + \gamma + \theta = 1$，这意味着各部门的需求收入弹性分别为：农产品小于1，制造品等于1，服务大于1。$\bar{A}$ 可看作维持生存的消费水平，$\bar{S}$ 可看作家庭自给服务水平。

第四，竞争均衡。该经济体系的竞争均衡是帕累托最优解，就是在式（3.9）约束下求式（3.10）最大化的解。相应的实际利率为：

$$r = B_M F_1(k,\ 1) - \delta \tag{3.11}$$

这里 $k = K/X$。不同部门的消费最优化要求：

$$\frac{P_A(A - \bar{A})}{\beta} = \frac{M_t}{\gamma} \tag{3.12}$$

$$\frac{P_s(S + \bar{S})}{\theta} = \frac{M_t}{\gamma} \tag{3.13}$$

制造品最优消费路径必须满足：

$$\frac{\dot{M}}{M} = \frac{r - \rho}{\sigma} \tag{3.14}$$

第五，平衡增长路径。假定某一时刻有 $\bar{A} = \bar{S} = 0$，依据式（3.9），存在所有变量以不变比率扩张的唯一路径，要求 A_t、M_t、S_t 和 K_t 均以速率 g 增长。式（3.11）和式（3.14）决定了稳定状态的 k 值：

$$B_M F_1(k, 1) - \delta = \sigma g + \rho \tag{3.15}$$

式（3.15）具有简单的含义，对该经济体系而言，唯一可行的不变增长率是 g，无论何时，资本存量与相应的实际利率将导致家庭选择以速率 g 增加三类物品的消费，经济体系将遵循一种平衡增长路径。

第六，包含结构变化的平衡增长路径。我们仍考虑保持实际利率不变的增长路径，并以此为出发点。依据式（3.11），为保持实际利率不变，k 必须不变，经济体系的资源约束条件可写成：

$$M_t + \dot{K}_t + \delta K_t + P_A A_t + P_S S_t = B_M F(k, 1) X_t \tag{3.16}$$

该方程右边以速率 g 增长，左边的 M_t、$\dot{K}_t$ 和 δK_t 将以速率 g 增长，而 A_t 和 S_t 不会以速率 g 增长，所以，要求实际利率不变显然与描述竞争均衡的方程组不相容。但是假定存在下列限制条件：

$$\bar{A} B_S = \bar{S} B_A \tag{3.17}$$

这意味着 $P_S \bar{S} - P_A \bar{A} = 0$，从而可以重写资源约束条件：

$$M_t + \dot{K}_t + \delta K_t + P_A(A_t - \bar{A}) + P_S(S_t + \bar{S}) = B_M F(k, 1) X_t \tag{3.18}$$

既然 $A_t - \bar{A}$ 和 $S_t + \bar{S}$ 均以速率 g 增长，上式中的所有项均按不变速率增长。因此，有以下命题：只要有 $\bar{A} B_S = \bar{S} B_A$，一般化的平衡增长路径存在。该模型中的一般化平衡增长路径包含下列特征：不变的相对价格，不变的总劳动收入份额，不变的资本和产量增长率，不变的资产—产出比，以及三个部门随时间变化的部门增长率和就业份额，农业部门就业份额下降，服务部门就业上升，制造部门就业稳定，并且，依据式（3.15），存在与一般化平衡增长路径相适应的初始 k 值。

农业和服务部门的增长率分别为：

$$\frac{\dot{A}_t}{A_t} = g \frac{A_t - \bar{A}}{A_t}$$

$$\frac{\dot{S}_t}{S_t} = g \frac{S_t + \bar{S}}{S_t}$$

使用式（3.8）的效率条件，可以得到：

$$\dot{N}_t^A = -g \frac{\overline{A}}{B_A X_t F(k, 1)}$$

$$\dot{N}_t^M = 0$$

$$\dot{N}_t^S = g \frac{\overline{S}}{B_S X_t F(k, 1)}$$

可见，农业部门的就业份额会下降，服务部门的就业份额会上升，并且，在长期内两部门就业份额的变动率会向零收敛。随着经济增长，维持生存消费水平 $\overline{A}$ 和家庭自给服务水平 $\overline{S}$ 的重要性下降时，经济体系会收敛于一种标准形式的平衡增长路径。

（三）服务业结构变化的探讨

经济增长过程中的服务业比重提高是服务经济形态形成的重要标志，但经济史研究显示，发达国家在工业化开始之前，就有过以商业、银行业和运输业为主的服务业快速发展时期。工业化过程中最突出的是农业产值和就业比例的明显下降，以及工业相应比重的上升，服务业比重则比较稳定（库兹涅茨，1971），且各国大致保持与工业相近的比例，参见图 3－15，发达国家整个工业化过程中，即使是工业产值、就业比重高于服务业，也只是短暂时期内的现象（黄少军，2000）。

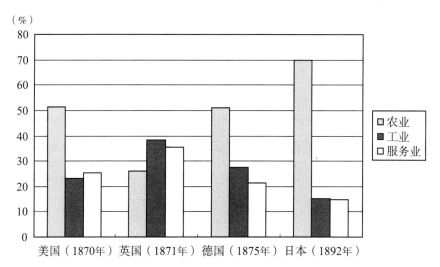

图 3－15　19 世纪相关国家就业结构

资料来源：根据黄少军：《服务与经济增长》，经济科学出版社 2000 年版，第 257 页相关数据绘制。

值得注意的是，不同发展阶段服务业相对较高的比重具有不同的经济含义，主要反映在服务业本身的结构方面。20 世纪 50 年代以前服务业结构是以商业、个人服务为主；50 年代之后则主要以生产者服务为主，表现为金融服务、信息服务、专业服务等门类在服务业中的比重出现较快上升。服务业结构的状况既反映其经济性质差别，也反映其不同的经济地位和作用。以商业、个人服务为主的服务业结构显示了传统服务业的性质，即主要满足最终消费需求，具有小规模、劳动密集的技术特征，以及相应的低工资、低生产率的经济特征。

农业经济和工业经济形态下，服务业大致均具有上述性质，但这两类经济形态下的经济主导部门分别是农业和工业，总体的经济增长速度主要由它们决定，由于服务业对经济总体增长率影响不显著，对现实经济的理论解释不会出现非常显著的不一致。但服务经济形态下的主导部门是服务业，增长率水平及其波动的主要解释变量在于服务业，由于思维惯性的影响，尽管满足中间性需要的生产者服务成为服务业的主体，但受关注的理论研究仍是以传统服务业为对象的分析（J. Francois，1990），由此对服务业性质、作用的解释与经验并不一致，例如，长期而言的经济增长率趋于提高（麦迪森，2001），如果服务业是低生产率部门，这是不可能出现的。再如，如果用服务部门扩展解释美国 20 世纪 70 年代生产率下降，那么又如何解释 90 年代生产率的提高呢？实际上，60 年代后的服务经济形态，最重要的标志并不是服务业在经济总体中的比重，而是服务业自身的结构转变为生产者服务为主。

第二节　服务需求

本部分内容从三个方面讨论服务需求的经济学含义。首先，分析消费者服务需求行为，得到服务需求量与服务价格关系的一般性质；其次，分析生产者服务需求行为，得到服务需求量与服务成本关系的一般性质；最后，拓展服务需求行为的分析，探讨服务需求的时间替代费用和服务需求决策过程。

一、消费者服务需求行为

（一）消费与需求

先对消费、需求、支出这三个相关概念的含义稍加辨析。

消费是通过物品使用获得效用的过程。物品可以是有形的商品，也可以是无形的服务；商品或服务可以直接给消费者带来生理或心理的满足，例如，吃一块蛋糕或听一场音乐会，也可以是给消费者带来时间节约，例如，使用洗衣机洗衣服或使用保姆的家政服务。商品或服务的消费，既可以通过自给方式也可以通过购买方式获取。处于孤岛的鲁宾逊式经济主体就是通过自给方式获取消费的所有东西，生产与消费是合一的。现代经济环境中，个人或家庭依靠来自要素市场的收入，主要从产品市场获取消费的商品或服务，由此形成消费者的需求。

经济学通常侧重研究消费者的市场需求行为，即消费者通过市场获取物品时的"选择"或"决策"，主要是购买物品的种类和数量，至于对选择的物品的消费过程并不涉及。这对有形物品而言是恰当的，但服务的需求和消费是同时进行的，完全不考虑服务本身的消费过程，可能难以对服务需求进行科学分析。

消费者需求是在一定收入约束下的选择，分析消费者需求行为时通常把收入看作外生给定的变量，并假设消费者偏好满足局部非饱和性[1]，这时消费者购买支出等于收入，由此得到物品种类和数量的最优选择是物品价格和收入的函数，依据价格变化导致的最优选择变化，反映了某种物品的需求规律。并且可以证明，在这种条件下，不论是假定收入一定时效用最大化的选择结果，还是假定效用一定时支出最小化的选择结果，两者是等价的。

但是，消费者支出与需求是有区别的，因为消费者是在一个时间序列中决策，不是仅仅追求一次消费的效用最大化，而是跨时效用最大化，即需要权衡一个时间序列内目前消费和未来消费的效用，决定某一时点的收入多少用于目前消费，多少用于未来消费（储蓄）。并且，消费者的支出计划是依据收入来源和标准确定的，为此，消费者需要进一步权衡获取收入付出的代价与获取收入购买物品所带来的效用，决定（劳动）要素供给数量。就是说，某一特定的理性消费主体，首先，选择要素供给获取某种水平的收入；其次，根据生活设计和收入标准，决定消费支出和储蓄（负储蓄是借款）分配；最后，确定以何种比例把消费支出额用于各类商品和服务。

在考虑服务的场合，消费者的效用决定于商品和服务，假定商品全部来自市场购买大致符合实际情况，而服务可以来自市场购买，也可以自己提供，所以，劳动供给与自我服务的权衡内生决定了收入。这就需要把劳动供给、自我提供服务、收入形成、商品和服务购买联系起来，才能准确地分析服务需求的性质。

（二）服务性质与消费者偏好

消费者的目标是通过购买和消费相关的商品、服务，获得不同类型的满足，

---

[1]　指消费者对所有可得到的物品，永远不会满足，简单说，对具有正效用的物品，消费者总是认为"多比少好"。

这种满足是因人、因时而异的，就是说，同样数量的某种商品对不同消费者的满足感是不同的，即使对同一消费者在不同时间或环境下的满足感也是不同的。

理性消费者根据满足感，在不同商品、服务或者组合之间总是存在两两比较的二元关系，无非包括优于、不优于、无差异三种情况，这称为消费者偏好。只要消费者偏好满足完备性、反身性、传递性、连续性和单调性，就可以用连续的效用函数来表示该偏好[1]，我们不加区别地使用偏好和效用的概念。这里结合服务的性质对消费者偏好进行分析。

如前所述，服务是无形物品，但对消费者而言，其购买目标均是为了获得某种满足（或效用），从这个意义上，可以忽略有形与无形的区别，将它们看作不同类型的一般商品。这样，如果用 s 表示服务消费量，消费者的服务效用函数 $u(s)$ 具有一般商品的性质，即该函数的一阶导数大于零（$u'(s) \geqslant 0$），意味着服务消费的总效用随服务消费量的增加而增加，二阶导数小于零（$u''(s) \leqslant 0$），意味着服务消费的边际效用递减。

在考虑商品和市场服务的场合，如果用 g 表示服务之外其他商品消费量，效用函数 $u(s, g)$ 的序数性质则表现为无差异曲线簇的排列次序，在二维空间中，离原点越远的无差异曲线代表越高的效用水平，如图 3-16 所示，或者说表现为效用函数单调变换的不变性。无差异曲线的斜率（$-\Delta g / \Delta s$）是商品和服务的边际替代率，其绝对值递减，反映了边际效用递减的性质。因为如果有下列关系：

$$u(s, g(s)) = 常数 \qquad (3.19)$$

可以有：

$$\frac{\partial u(s, g)}{\partial s} + \frac{\partial u(s, g)}{\partial g} \cdot \frac{\partial g(s)}{\partial s} = 0 \qquad (3.20)$$

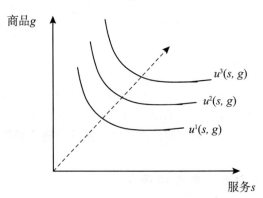

图 3-16　无差异曲线

① 瓦里安（1992）著，周洪等译：《微观经济学（高级教程）》，经济科学出版社 1997 年版，第 102 页。

于是有：

$$-\frac{\partial g(s)}{\partial s}\left(\frac{\Delta g}{\Delta s}\right) = \frac{\partial u(s, g)/\partial s}{\partial u(s, g)/\partial g} \tag{3.21}$$

$\frac{\partial u(s, g)}{\partial s}$ 是服务的边际效用，$\frac{\partial u(s, g)}{\partial g}$ 是商品的边际效用。增加服务消费同时减少商品消费时，服务的边际效用递减而商品的边际效用递增，从而边际替代率必然递减。

除了上述的共性，服务与一般商品的区别之一，是服务不可储存和运输，进而消费与提供同时进行。由于消费之前，服务并不存在，消费者不能确定购买对象带来的效用水平，就是说，描述对服务的偏好需要考虑不确定性。

从理论上说，只要决策与结果之间存在时间差，无论时间差多么短暂，都存在不确定性。一般商品从购买到消费也不同程度存在着不确定性，例如，购买的冰激凌在消费之前可能融化，购买的电器可能无法使用，等等，不过，一般商品在购买之前总是可以感知其物质形态，或者具有确定的保证条款并可以低成本地执行，消费者购买的不确定性可以忽略。但服务消费的不确定性在于，一方面，消费之前服务不存在，无法判断其品质，加上服务的无形性，消费过程也难以有统一的品质标准；另一方面，服务消费过程与买卖双方的状态有关，同一个服务提供者在不同状态下提供同样服务的品质可能存在差异，服务购买者也是如此。可见，服务消费中的不确定性与服务交易过程中人的主观因素密切相关。

处理不确定性的标准方法是用预期效用代替效用，即表示为：

$$u = E\left[\sum_{t}^{T} v_i(s_i)\right] = E\left[\sum_{t}^{T} v_i(s_i) \mid I_t\right] \tag{3.22}$$

或者

$$u = E[v(s)] = Pv(s - \Omega - \pi\Theta + \Theta) + (1 - P)v(s - \pi\Theta) \tag{3.23}$$

P 为出现坏结果的概率，Ω 为出现坏结果的损失额，π 是为了避免坏结果影响的保险费率，Θ 为出现坏结果时的赔付额。虽然消费者选择每一时期的服务消费量，但在消费实现时刻之前，无法对消费量作出最终选择，理性消费者的恰当做法是最大化式（3.22）或式（3.23）表示的预期效用。

服务与一般商品的另一种区别是服务可以自我提供，例如，可以自己烧饭，也可以到餐馆就餐；家务可以自己做，也可以雇家政服务人员代劳；等等。经济学分析一般商品时，通常使用纯消费者和纯生产者严格两分的假定，即家庭只消费不生产，厂商只生产不消费[1]，这种情况下，家庭提供要素获得收入与其对消费品的偏好可以分离。服务存在的场合，假定劳动（时间）是家庭唯一要素，

---

[1]　杨小凯和黄有光（1995）著，张玉纲译：《专业化与经济组织》，经济科学出版社 1999 年版。

并且家庭需要消费商品和服务两类物品，一般商品通过市场购买，服务则可以在市场购买，也可以自我提供，这意味着家庭获得收入的决策与其偏好不能分离。

假定个人的闲暇时间全部提供自我服务，并设 T 为可利用的总时间，$H = T - L$ 为闲暇时间，$L = T - H$ 为工作时间，g 为一般商品消费量。这时的消费者必须作出三个相互依赖的决策：把总时间在工作与自我服务之间进行分配；把工作收入在支出（目前消费）与储蓄（未来消费）之间分配；把支出在一般商品与服务之间分配。这也意味着个人效用取决于自我提供的服务、市场购买的服务以及一般商品，即：

$$u = u(H, g, s) \tag{3.24}$$

除了通常的 $\dfrac{\partial u(\cdot)}{\partial H} > 0$、$\dfrac{\partial u(\cdot)}{\partial g} > 0$、$\dfrac{\partial u(\cdot)}{\partial s} > 0$ 之外，还有 $\dfrac{ds}{dH} < 0$ 表示自我服务增加通常会导致市场购买服务的减少，以及自我服务对市场服务的替代；$\dfrac{dg}{dH} < 0$ 表示自我服务增加会相应减少工作时间从而减少收入，使得对一般商品的购买也减少。

与其他商品消费不同，服务消费中的购买者具有双重身份：既是服务的消费者，也是服务提供过程的参与者。因为服务具有提供（生产）与消费同时性的特点，服务单位提供的服务数量和质量，部分取决于购买者以何种程度、何种方式参与服务的提供，例如，医疗服务的提供，必须有病人在场，并且能准确提供相关的身体状况信息，医生提供的服务才具有效用。同样，音乐会、球赛、旅行社的旅游服务等，均需要服务消费者的同时参与，才能有效提供，并且服务质量很大程度上取决于消费者参与的状况。这种情况下，消费者的偏好会受到消费活动本身的影响，即消费者对服务的偏好具有内生性，这增加了对服务进行经济学分析的难度，因为经济学分析通常是寻求基于约束条件变化的解释，而对基于偏好变化的解释，通常被看成是经济学之外的其他学科任务，"在经济分析中，偏好的既定和稳定决定着经济学的正确预测。社会学家、心理学家都在研究这些偏好，而社会生物学家的研究则尤为成功。偏好如何形成，或者如何进化，对理解和预测行为非常重要。"[①] 所以，不必受经济分析的局限，可以借助其他社会科学的概念和方法，分析偏好的变化。

（三）消费者约束

考虑到服务消费或需求的特点，可以有三种预算约束形式：时间资源分配约

① 贝克尔，G. (1976) 著，王业宇等译：《人类行为的经济分析》，上海三联书店1995年版，第19页。

束、不确定状态的预算约束和普通预算约束。

时间资源分配约束是与劳动供给和自我服务供给决策相联系的约束。假定非劳动财富 m 和工资率 w 给定，w 也是闲暇的价格，家庭消费闲暇和市场商品两类，并假定闲暇时间提供自我服务。总时间资源禀赋 T，如果流量以天度量，可把 T 想象为 24 小时减去睡眠和其他最低维持生存必需的时间，也可以用一年或更长时间流量来度量时间[①]。家庭或个人可支配的总资源 V 由非劳动财富 m 和总时间构成，其中总时间资源使用的价值包括劳动收入 wL 和闲暇价值 $w(T-L)$（L 表示劳动供给时间，$T-L$ 表示闲暇时间），即 $V = m + wL + w(T-L) = m + wT$。如果用 q 表示市场购买的一般商品，s 表示闲暇提供的服务，有以下预算约束方程：

$$pq + ws = m + wT \tag{3.25}$$

式（3.25）与单一时期一般商品预算约束方程的区别在于，w 不仅在方程左边起通常的价格作用，还在等式右边作为计算时间价值的标准从而构成预算的一部分，所以，w 变化的效应将超出一般商品价格变化的效应。预算约束线如图 3-17 所示，$OC = (m+wT)/p$ 代表通过使闲暇时间为零达到的最大消费水平，OB 是闲暇的上限，$AB = m$ 是劳动时间为零时的消费水平，劳动供给量由横轴上从 B 沿负方向移动的距离表示。工资率变化表现为 AC 斜率的转动，意味着家庭预算约束的变化。

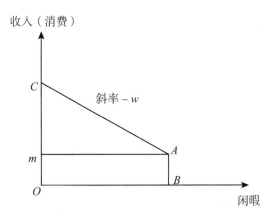

图 3-17 时间资源分配约束

依据上述预算约束可以讨论税收对自我服务的影响效应。假定对所有收入有相同的税率 τ，并且是"负所得税"制度，税收支付为 $\tau(m+wL)-b$，家庭税后收入为 $(1-\tau)(m+wL)+b$，从而税收条件下的预算约束方程为：

[①] 使用长时间流量衡量的好处在于：可以忽略储蓄，假定劳动者通过选择不同工作来选择工作时间变得合理。

$$pq + (1-\tau)ws = (1-\tau)m + (1-\tau)wT + b \qquad (3.26)$$

可见，税率的变化通过闲暇价格对自我服务的数量产生影响，即税率提高，会导致自我服务的减少。

不确定条件下的预算约束，是考虑不同状态下购买同一种服务的各种可能结果的可能性空间，例如，消费者购买的旅游服务，在不同天气情况下是不一样的；购买的航空公司服务，在不同安全状况下也不一样；等等。假定购买某种服务 s（支出额）的两种结果分别是好结果和坏结果，根据不同结果出现的概率（假定出现坏结果的概率为 P）、出现坏结果的损失额 $\Omega(\Omega < s)$ 以及避免坏结果影响的保险费 $\pi\Theta$（π 为赔付率，Θ 为投保额），如果消费者有连续可微效用函数 $u(s)$，就可以得到以下的预算约束方程：

$$P(s - \Omega - \pi\Theta + \Theta) + (1-P)(s - \pi\Theta) = \bar{V} \qquad (3.27)$$

为保证不论何种结果出现时具有同样的服务期望值 $\bar{V}$，消费者以好结果时的 $\pi\Theta$ 支出额，换取坏结果时的 $\Theta - \pi\Theta$ 收入额，所以，两种状态的价格比为 $\pi/(1-\pi)$，它也是该预算线的斜率。

普通预算约束是单一时期内收入 y 给定、价格 p_g、p_s 既定条件下，家庭对一般商品 g 和市场服务 s 的购买约束。可表示为下列方程：

$$p_g g + p_s s = y \qquad (3.28)$$

相应的预算约束线见图 3-18。

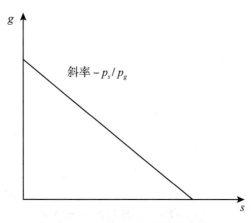

图 3-18　单一时期预算约束

上述的预算约束均是线性的，这隐含着市场有效性假设并忽略交易费用。现实中可能经常出现非线性约束的情况，如普通商品购买情况下的配给、补贴、征税、分段定价等，在涉及闲暇选择和跨时选择时，非线性约束更普遍，非线性约束的存在使得家庭选择受到限制，从而需要附加一些条件才能有效描述家庭或个人需求行为，出于方便性考虑，我们仅依赖线性预算约束的情况。

（四） 消费者最优化选择

消费者目标是追求效用最大化，综合考虑收入和闲暇选择、不确定状态下的选择以及商品和市场服务组合，大致可以说，消费者效用是收入、闲暇、可能损失补偿额、商品和市场服务的函数。

在单一时期预算约束下，家庭依据既定收入和商品、服务价格，选择最优商品和服务购买组合的条件是，商品与服务的边际效用比等于它们的价格比，也就是无差异曲线与单一时期预算约束线的切点，即：

$$\frac{\partial u(s,\ g)/\partial s}{\partial u(s,\ g)/\partial g} = \frac{p_s}{p_g} \tag{3.29}$$

或者

$$\frac{\partial u(s,\ g)/\partial s}{p_s} = \frac{\partial u(s,\ g)/\partial g}{p_g} \tag{3.30}$$

这意味着消费者可以对购买的商品和服务进行细分，并对细分的购买量给出主观评价，在此基础上，将收入的花费按照重要性程度的评价，使得每单位收入购买的不同商品和服务，均带来同样的满足。由于所有商品和服务的边际效用均随其购买量增加而递减，不同重要性程度的商品或服务，最终会在不同的购买量水平上达到各自的边际效用与其价格之比相等。

不确定状态下的预期效用最大化条件，是对预期效用函数式（3.22）求关于 Θ 的一阶导并令其为零，即 $Pv'(s - \Omega - \pi\Theta + \Theta)(1 - \pi) + (1 - P)v'(s - \pi\Theta)\pi = 0$，从而有：

$$\frac{\dfrac{\partial v(s - \Omega - \pi\Theta + \Theta)}{\partial \Theta}}{\dfrac{\partial v(s - \pi\Theta)}{\partial \Theta}} = \frac{1 - P}{P} \cdot \frac{\pi}{1 - \pi} \tag{3.31}$$

假定竞争性保险购买单位以期望利润为零确定赔付率 π，有 $P(\pi\Theta - \Theta) + (1 - P)\pi\Theta = 0$，即 $\pi = P$，这意味着

$$\frac{\partial v(s - \Omega - \pi\Theta + \Theta)}{\partial \Theta} = \frac{\partial v(s - \pi\Theta)}{\partial \Theta} \tag{3.32}$$

即消费者的最优选择在两种结果的边际效用相等时实现。

考虑消费者总时间资源配置时的闲暇（自我服务）选择，需要考虑作为劳动价格或闲暇（影子）价格的工资率因素，假定工资率 w 外生给定，家庭或个人的效用是劳动收入 y（假定全部用于市场消费购买）和闲暇 H 的函数，即 $u = u(y,\ H)$，效用最大化的选择是在总时间资源约束下确定收入与闲暇的最优组合，即在 $y = w(T - H)$ 的约束下，最大化效用函数 $u(y,\ H)$，由此可以得到最

优化的条件为：

$$\frac{\partial(y,\ H)/\partial H}{\partial(y,\ H)/\partial y} = w \qquad (3.33)$$

即自我服务对劳动收入的边际替代率等于工资率。

因为边际效用不可观察，所以，这种最优化原则在现实中也难以观察到，只能依靠内省方式来把握。不过，经济学作为经验科学，其主要功能不在于给出这种最优化原则或条件，而是通过分析可观察因素变化的效应，来检验这类原则或条件的可靠性，并由此推测或解释经济主体的行为。由于价格是可观察的因素，我们通过分析价格变化的效应，就可以把握消费者对服务需求的行为规律。

（五）消费服务的需求定律

消费服务需求定律包含两项内容：服务需求量与其自身价格呈反向关系；市场服务对自我服务的替代呈增加趋势。

在给定消费者收入和商品、服务价格条件下，服务需求量与其价格之间的反向关系，是理性消费者最优化行为的结果，这可以通过服务价格变化导致的理性消费者行为方式得到确认。式（3.30）是消费者实现最大化效用的条件，该等式条件被破坏，理性消费者会主动调整恢复等式条件，正是在此恢复过程中显示出服务需求量与其价格的反向关系。从式（3.30）可以发现，商品价格不变时，服务价格的下降将使得该式等号变为不等号，即商品边际效用与其价格之比的值小于服务边际效用与其价格之比的值，为了恢复最优化条件，消费者将增加服务需求量同时减少商品需求量，相应地服务边际效用减少而商品边际效用增加，直到等号重新恢复。服务价格上升，将出现与上述相反的情况和调整过程。考虑一系列的价格变化，就可以获得某种服务的个人需求曲线和市场需求曲线。

如果不依赖服务边际效用概念，仅根据消费者选择显示的结果，同样可以得到上述的服务需求量与其价格之间反向关系的需求曲线[①]。假定在给定收入和原来价格下，消费者的支付能力既可以购买服务也可以购买商品，而他选择了某种服务，这意味着服务显示性偏好于商品，服务（相对）价格变化后，消费者仍将选择服务，除非新价格下的支付能力买不起服务，这就是理性消费者必须满足的显示性偏好弱公理。根据该公理，服务价格下降，消费者在新价格下的选择一定会增加服务需求，反之，服务价格上升，其选择一定会减少服务需求。

存在不确定时的最优选择决定于规避风险的价格，保险费率就是为避免购买

---

① 参见范里安，H.（2003）著，费方域等译：《微观经济学：现代观点》（第 7 章）上海人民出版社 2005 年版。

服务时的风险所支付的价格，根据式（3.31），当两种可能结果的边际替代率等于保险费率时达到最优。假定消费者是风险规避者，风险概率给定，并且对可能损失全额赔付时，保险费率提高将导致消费者减少服务需求量，反之，则增加服务需求量。服务购买与提供的同时性，使得消费者购买服务时并不知道服务的具体质量，但消费者不可能对日常购买的服务购买保险，实际上，这种风险费用通常包含在服务价格中，从这个意义上说，不确定性条件下服务需求量与其价格之间的关系，包含在上述一般情况之中。

总时间资源约束下的消费服务需求量，包括自我服务和市场服务两部分的综合，也涉及这两类服务之间的替代，由于自我服务与闲暇价格有关，所以涉及劳动收入和工资率因素。假定消费者效用函数由式（3.24）表示，消费者将全部收入用于购买商品和市场服务，如果收入和闲暇均是正常商品，其无差异曲线是良好形状的。假定市场服务需求量是收入的线性函数，闲暇时间全部用于自我服务，从而消费者服务总需求量包括市场服务和自我服务两部分。预算约束由式（3.25）表示，为简便起见，假定 m 为零。

首先，在工资率给定条件下，家庭无差异曲线与预算线的切点给出最优的闲暇（自我服务）和（劳动）收入组合 (H^*, Y^*)；其次，依据市场服务与收入的关系，可以得到市场服务购买量 s 与商品 g 的购买组合；最后，把闲暇和市场服务相加得到家庭服务总需求量。如图 3 - 19 所示，在工资率为 w_1 时，自我服务为 h_1，Y_1^* 的总（劳动）收入中购买市场服务 s_1，其余部分购买商品，家庭服务总需求量为 $S_1 = h_1 + s_1$。

现在假定工资率提高到 w_2，意味着自我服务的价格提高，从而闲暇减少到 H_2^*，劳动时间的增加使得收入增加到 Y_2^*，相应地，自我服务减少到 h_2，市场服务增加到 s_2，服务总需求量 $S_2 = h_2 + s_2 = S_1$ 情况下，反映了自我服务与市场服务之间的替代关系，可见，其他因素不变时，闲暇影子价格的提高，使得消费者更多地从市场购买服务，这可看作工资率提高的替代效应，例如，用工作收入购买家政服务或幼儿园服务。并且，工资率提高还有另一种替代效应，就是使得消费者用商品替代传统的自我服务，增加市场服务的购买，例如，使用吸尘器、洗衣机、微波炉等代替家务劳动这种传统形式的自我服务。

由于工资率提高也有收入效应，即工资率提高导致对闲暇和收入的同时增加，随着工资率的进一步提高，收入效应更大幅度超过替代效应，出现闲暇和市场服务同时增加的情况，如图 3 - 19 中 w_3 和 u_3 的情况，这是收入效应超过替代效应的结果。更重要的是，这时的闲暇增加与市场服务增加某种程度上形成互补，从个人而言，进入劳动市场时间的延迟意味着购买人力投资服务的增加，工作时间的减少会增加旅游、休闲、娱乐、培训等服务的购买。所以，工资率提高的替代效应

71

和收入效应均会增加市场服务的购买，这是服务业比重不断提高的原因之一。

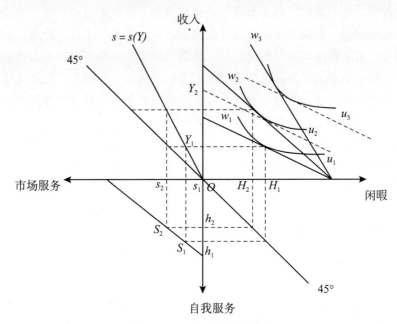

图 3-19　家庭服务需求

资料来源：陈宪主编：《国际服务贸易》，立信会计出版社 2000 年版，第 78 页。

家庭服务的市场需求对自我提供的替代，除了工资率因素之外，还有技术和费用因素的影响。技术上不能自我提供的服务，就不得不在市场购买；既能自我提供又能从市场购买的服务，要选择费用相对低廉的服务获取方式。衣服脏了，可以自己洗，或送到洗衣店，或雇用家政人员来洗，尽管有这些选择，大多数家庭还是选择在家里洗，因为洗衣服不需要特别的技术，在家里洗衣服的费用是洗衣机的折旧费、电费、洗涤剂费用，以及洗衣时间的机会成本等方面。有些服务自我提供在技术上不可行时，会在市场购买，日常就餐可以在家也可去餐馆，但许多时候家庭还是去餐馆，既有技术原因也有费用原因，有些菜肴只有餐馆的厨师可以做出来，有时虽然可以自我提供，但考虑到机会成本的费用，不如到餐馆合算，所以，餐馆的生意总是不错。

二、生产者服务需求行为

（一）生产者需求的类型

消费者需求的对象是商品或服务，其目的是获得效用。而生产者需求的对象是要素或中间投入品，其目的是为了获得利润，这里的生产者包括所有提供商品和服务的经济单位，即所有类型的商务活动单位。生产者的要素需求通过要素市场实现，最优要素需求量是要素边际收益产品与该要素价格相等时的需求量，在要素边际收益产品既定条件下，最优要素需求量与其价格呈反向关系，即劳动、资本、土地等要素的需求，分别与工资率、利率、地租率呈反向关系。

生产者除了要素需求之外，还需要购买中间投入品，如原料、材料、半成品等有形物品，以及无形的服务，经济学分析通常不讨论生产者的这种需求行为，因为企业被作为投入产出转换装置，不需考虑中间品的自制和外购决策，假定中间投入品包括生产性服务均是自制的。因此，生产者的需求仅涉及劳动、资本、资源等要素的需求，其需求量确定原则是，增加一单位要素获得的边际收益等于购买该单位要素的价格（成本）时，要素需求量达到最优，因为给定产品和要素价格条件下，这种要素需求量水平意味着企业实现了最大利润。由于要素的边际收益产品递减，在使用横向表示要素需求量，纵向表示要素价格或边际收益产品的二维坐标系中，随着给定要素价格的提高，要素边际收益与要素价格交点确定的最优要素需求量会向左移动，即要素需求量与其价格呈反向关系。

实际上，企业作为一种组织，也是配置资源的机制之一，与市场机制通过价格配置资源不同，企业是通过权威配置资源（科斯，1937）。企业经营过程包括了复杂的资源流转过程以及相伴随的职能管理过程。前者是从外部市场购入要素和相关投入品，依据技术关系将其组合，生产出相应的商品和服务提供给市场，这个过程中的购买也涉及中间产品的需求；后者是协调和组织资源流转过程的管理活动，如计划和战略、财务、人事、营销、产品和工艺设计等，其目标是实现资源转换过程的高效率，所以，企业具有经营性服务的需求。与经济学中"黑箱"企业的分析框架相联系，传统上把企业仅作为商品的供给者，忽略其购买中间投入品的需求分析和职能性管理服务的需求分析。科斯之后，新制度经济学对企业自制与外购选择的解释，提供了探讨企业中间投入品需求的一条思路，也为分析企业的服务需求提供了借鉴。

（二）生产者服务的自供与外购

企业从获取原料开始到最终产品配送和销售的过程，称为"纵向链条"，企业经营的重要问题之一就是如何组织这种纵向链条。这种纵向链条中不同环节所需的投入品包括物品和支持性服务，如图 3 - 20 描述了家具生产和销售的纵向链条[①]，

---

① 来自贝赞可，D. 等（1996）著，武亚军译：《公司战略经济学》，北京大学出版社 1999 年版，第58 页。

该链条包括从原材料到最终产品的过程中直接相关的加工、处理活动，同时每一加工和处理步骤都要求一系列专业的支持性服务，如会计、财务、人力资源管理等，支持性服务在链条的每个步骤中均发挥作用。

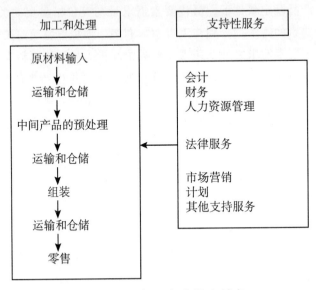

图3-20　家具生产纵向链条

从理论上说，企业经营纵向链条中的每项活动以及所有的支持性服务，可以全部由企业自身完成，这属于企业内的分工协作，也可以从外部购买，这种意味着转变为市场需求。例如，生产家具需要的辅助材料，由自制转为市场购买形成中间品需求，而需要的运输、仓储、零售活动以及所有支持性服务由自供转变为市场购买则形成生产性服务需求，相对于消费服务的最终需求属性，生产性服务购买属于中间需求，从发展趋势看，这种生产性服务需求具有上升趋势，它是导致现代社会经济服务化的主要方面。

企业对生产性服务需求的形成反映了服务"外部化"的趋势。图3-20中的支持性服务是生产链条每个环节都需要的。在经济发展的早期阶段，企业规模较小，内部分工简单，所需的支持性服务数量也较少，这时，企业倾向于自我提供。随着社会分工和专业化程度的提高，大企业在经济中的支配地位逐渐形成（钱德勒，1977），相应地，企业组织形式逐渐由单一职能型向多部门型转变，从而企业对支持性服务的需求数量增加，同时服务的专门化程度也在提高，这时，企业需要权衡在市场购买某些服务与自我提供之间的成本，可能从市场购买更有利，如法律、广告、融资等专业化程度较高的服务，专门机构可以按较低成本向多家企业提供，同时，企业支持性服务的外部化也有助于改善服务社会化提供的条件，如完善信息沟通渠道，促进相关规则和制度的建立，从而进一步降低企业外购服务的交易成本，所以，生产性服务外部化是一个自我强化的过程。

　　企业生产性服务外部化是分工深化和市场交易费用下降共同作用的结果，反过来，它也降低了企业的经营成本，并进一步增加企业服务需求的种类。按波特（1985）的观点，企业纵向链条各环节和相关支持性服务就是一系列的价值增殖活动，可称之为"价值链"，波特认为，价值链的所有活动可以分为基本活动和辅助活动两大类，据此可以分析企业活动的成本分布和优势、劣势分布，确定竞争优势所在，从而制定有效的竞争战略。如果利用价值链的方法，可以将企业价值增值活动过程分为产品提供的"工序"和"服务"两项基本活动，可以发现技术改进的作用通常先在"工序"活动方面发挥作用，使得这类活动的效率提高，表现为分工细化，从而配置的资源减少，支持性服务方面资源的相对比例提高。服务成本在价值链中的比重提高，迫使企业在支持性服务方面进行科学分工以提高效率，企业对支持性服务进行分类的基础上，可以确定某些服务继续自我提供，某些服务则从外部购买。工序活动和支持性服务的分工细化，可能导致某些业务从企业内分离出去，形成独立的市场化活动，从而企业内分工促进了社会分工。独立出去的业务可以向不同企业提供，获得了规模经济利益，同时，这些业务活动的独立化可以避免原先在企业内的核算模糊性，强化了预算约束，降低了提供成本，从而进一步扩大企业对生产性服务的需求，由此形成相互促进的良性循环，这是生产者服务比例和重要性提高的根本原因。

（三）生产者服务的需求定律

　　综上所述，生产性服务需求的决定因素主要可以归纳为两类：第一，企业规模，随企业规模的扩大，服务需求呈非线性增长；第二，社会分工和专业化程度，社会分工的深化导致生产性服务需求同步增长。

　　巴塞特（Barcet，1983）认为，生产者服务需求与企业规模之间存在一种"门槛效应"（threshold effect），即需求起初随企业规模扩大而增加，接着趋于稳定并逐渐下降[①]。实际上，用服务需求增长率更准确。假定企业内分工水平与规模是同步的，企业面对两类成本：内部协调的管理成本和外部的交易成本，它们均随企业规模扩大呈正向变化。如果企业根据利润最大化条件确定支持性服务的外部化程度，我们可以得到相应的最优服务需求量。如图 3－21 所示，c_T、c_M 分别表示交易成本和管理成本，s 表示服务需求。随着规模扩大，在管理成本与交易成本相等的规模水平上，服务需求处于均衡水平。

---

① 转自程大中：《生产者服务论》，文汇出版社 2006 年版，第 43 页。

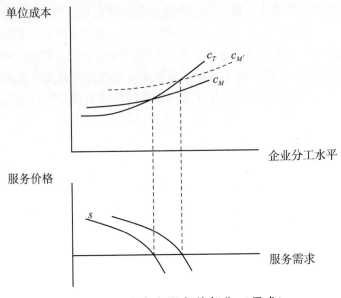

图 3 – 21　生产者服务外部化（需求）

　　影响交易成本和管理成本的任何因素变化，均会导致 c_T 或 c_M 曲线的移动，企业规模和服务外部化程度随之变化。如果劳动市场制度规则的变化或企业组织形式的变化导致管理成本提高时，表现为图中 c_M 曲线移动到 $c_{M'}$，企业将通过调整分工或规模来维持利润最大化，这时企业将更多的支持性服务有自我提供改变为市场购买，一方面企业规模扩大对这些服务的需求增加，从市场的大量购买变得合算；另一方面规模扩大导致的管理成本增加迫使企业通过部分服务外部化以减少管理工作量。同样，如果由于信息技术等的影响使得交易费用下降时，企业的最优化行为必然导致分工调整，使得更多服务外部化，形成扩大的服务需求。

　　以上只是从单个企业行为得出的生产性服务需求效应，整个社会的这种服务总需求，并不是所有单个企业需求的简单加总。因为越多的企业将其支持性服务外部化，生产性服务供给方面的规模经济和范围经济均会不断强化，使得生产性服务的市场价格随需求增加而下降的趋势，这就进一步促进企业内部服务的外部化。更重要的是，市场服务价格的下降使得专业化程度更高的小规模企业也可以分享这种市场利益，进一步扩大生产性服务的市场需求。

　　根据弗兰科斯（Francois，1990）模型的简单扩展和解释，有助于我们把握服务业发展与分工经济之间的关系。假定经济体系由诸多差异化产品的生产企业构成，代表性生产部门 i 的产品 x_i 是最终产品，服务活动提供中间投入品，即为最终产品生产和交易提供支持的通讯、运输、金融、技术服务等。两类活动的技术用专业化水平指数 v 表示，该指数越高意味着分工经济越显著，并假设分工程度高低与产品种类的产量规模正相关。假定使用唯一生产要素劳动 L，社会总劳动分配满足充分就业条件。

$$x_i = v^\delta \prod_{i=1}^{v} L_i^{\frac{1}{i}} \tag{3.34}$$

其中，$\delta > 1$，L_i 表示生产部门所雇用的劳动。

生产部门的直接劳动需要量为：

$$L_i = v^{1-\delta} x_i \tag{3.35}$$

生产部门使用的各类生产性服务总量为：

$$S_i = \gamma_0 v + \gamma_1 x_1 \tag{3.36}$$

γ_0 和 γ_1 分别表示生产部门内部提供服务和市场提供服务的成本。从整个经济来说，有 $S_i = 1 - L_i$。

假定生产部门可以自由确定生产性服务是自给还是外购，从而生产函数为：

$$x_i = \min\left(\frac{S_i - \gamma_0 v}{\gamma_1}, \ v^\delta \prod_{i=1}^{v} L_i^{\frac{1}{v}}\right) \tag{3.37}$$

如果工资率是 w，则生产部门的成本函数为：

$$C(x_i) = (v^{1-\delta} x_i + \gamma_0 v + \gamma_1 x_i) w \tag{3.38}$$

生产者为实现成本最小化的最优专业化水平，可以通过把式（3.38）对 v 求导数得到：

$$v = \left(\frac{\delta-1}{\gamma_0} x_i\right)^{\frac{1}{\delta}} \tag{3.39}$$

这表明专业化程度 v 是产品种类和产量规模 x_i 的增函数，是自我服务成本水平 γ_0 的减函数，将式（3.39）代入式（3.38），有：

$$C^*(x_i) = \left[(\delta-1)^{\frac{1}{\delta}} \gamma_0^{\frac{\delta-1}{\delta}} \frac{\delta}{\delta-1} x_i^{\frac{1}{\delta}} + \gamma_1 x_i\right] w \tag{3.40}$$

由式（3.35）和式（3.39），有：

$$L_i = \left(\frac{\delta-1}{\gamma_0}\right)^{\frac{1-\delta}{\delta}} x_i^{\frac{1}{\delta}} \tag{3.41}$$

可见，随产品种类和产量规模增加，对操作性劳动的需求会增加，但以递减的速度增加。再由式（3.36）和式（3.39），有：

$$S_i = \left[\gamma_0 \left(\frac{\delta-1}{\gamma_0}\right)^{\frac{1}{\delta}} + \gamma_1 x_i^{\frac{\delta-1}{\delta}}\right] x_i^{\frac{1}{\delta}} \tag{3.42}$$

将式（3.41）和式（3.42）结合起来，有：

$$\left(\frac{S}{L}\right)_i = (\delta-1) + \gamma_1 x_i^{\frac{\delta-1}{\delta}} \left(\frac{\delta-1}{\gamma_0}\right)^{\frac{\delta-1}{\delta}} \tag{3.43}$$

上式反映了生产性服务的相对（劳动）量与相关因素之间的关系。生产规模扩大一方面直接导致生产性服务需求的增加；另一方面通过影响专业化程度 v 间接导致生产性服务需求的增加。

三、服务需求的时间和决策过程

（一）服务需求的时间替代费用

普通商品的生产和消费可以在时间、空间上分离，需求的时间因素可以忽略。但绝大多数服务具有不可储存性，所以，服务需求的时间因素有着特殊的重要性。

决定服务需求时间的因素主要是非经济性因素，包括生理规律、制度规范、社会习惯、地理环境，等等。对餐馆的服务需求与人们一日三餐的时间安排密切相关，这种时间特性决定了餐饮行业的服务需求量，早出晚归的上下班时间形成对城市交通服务需求的高峰和低谷，人们工作之余享受闲暇，所以，娱乐服务的需求高峰通常是在晚间，节假日则会形成对旅行社服务、商业服务、交通、旅店服务等的大量需求。

由于服务需求时间的上述特点，经常会出现服务需求的极端不均衡情况。例如，节假日商店、旅店人满为患，而平时则顾客稀少、客房闲置。就餐时间内餐馆里一座难求，其他时间则门可罗雀。这种时间不均衡对需求者而言，面对拥挤时间时，将被迫作出两种选择：或者是把需求时间转移到另外的时间去；或者是放弃对该服务的需求。从服务需求者来看，购买某一时间的服务是有一定条件的，例如，公司职员乘坐早晨的公交车可以按时到达公司，但这个时段正是交通高峰，乘车环境拥挤且紧张，这可看作是服务质量的降低或服务价格的提高。于是，可以设想错开高峰时间乘车以避免服务质量的降低，不过这种行动也是有成本的，如果影响正常上班时间可能导致很大的收入损失，这里把改变服务需求时间而产生的成本称为"时间替代费用"，把高峰需求时拥挤造成的服务质量下降称为"拥挤成本"，现实需求中出现的服务需求状况，就是由于人们对时间替代费用和拥挤成本进行权衡的结果。城市交通中早晚的需求高峰，就是由于通勤人员权衡拥挤时服务质量下降与错开高峰拥挤的时间替代费用之后的综合结果。节假日旅费涨价、旅游服务质量下降，但仍有大量游客在此时间段出游，同样是对拥挤成本和时间替代费用权衡的结果。

服务需求的上述时间特性导致服务实际价格上涨对服务需求量的影响程度，表现为服务的需求价格弹性。通勤者不会因为上下班交通拥挤就放弃上班，因为这种选择的机会成本太高，所以，大城市中对交通服务的需求价格弹性很小。当歌舞厅的顾客过多时，有人可能选择电影院或其他娱乐形式，这意味着娱乐服务的需求价格弹性大于交通服务。服务需求价格弹性主要决定于时间替代费用水平，上班人员的时间替代费用非常昂贵，使得他们不得不接受低质量的服务。

服务需求的时间替代费用高低既取决于所购买服务的必要性，也取决于服务可被相关商品替代的难易程度。某种服务的必要性高，消费者面对需求拥挤时，要么接受低质量服务，要么错开需求时间，这种情况下，服务需求量对其价格变化的敏感性程度低，因为必要性程度高的服务，其时间替代费用也高。有些服务可以不同程度地体现在商品中，这时的需求时间替代单性可能降低。以商业购物为例，商业服务的职能是把商品从生产者转移给消费者，相对于工厂里的商品，商店内摆放的商品对消费者具有更高的价值，是因为商店内商品包含了运输服务和商业服务，如果某种服务可以更容易体现在商品中，该服务的时间替代费用就会较低。没有电视、影碟等商品，想到影院看电影而影院又十分拥挤时，时间替代费用较高，但如果可以通过电视或影碟欣赏同样影片，虽然效果不如影院，但改变服务需求时间而产生的成本不会太高。许多提供有形物品的服务如商业服务，消费者最终效用决定于商品使用而非服务本身，这种情况下，服务需求的时间替代费用就较低，例如，消费者饮酒时间通常是在三餐时间内，需要饮酒时临时购买可能困难，它可以预先通知送货，或者避开购物高峰事先购买，当然为此要花费储存的相关费用，但这种费用很低。可见，购物、送货的商业服务本身不能储存，但商品本身可以储存，这导致商业服务的时间替代费用降低。影院的娱乐服务不能储存，但服务内容在技术上可以储存时，同样可以降低影院服务的时间替代费用。

当然，不是所有能体现在商品中的服务，其需求的时间替代费用都同样低，这与体现服务的物品本身的可储存性有关，就商业服务而言，酒类的储存性高于新鲜蔬菜，他们的商业服务需求时间灵活性就有所差异，从而各自的时间替代费用也会不同。此外，商品本身的储存费用、享用服务需耗费的时间长短等，也影响服务需求的时间替代费用。

服务需求的时间替代费用会直接影响消费者的福利水平，从社会而言，采取相关的降低时间替代费用的政策，可能改善社会福利。假定有 A 和 B 两个人，A 是公司职员，必须按时上下班，按公司规定休假，B 是自由职业者。如果两人名义收入完全相同，由于他们服务需求的时间替代费用不同，他们的实际收入也不同。A 每天只能在拥挤时间乘车，只能接受低质量的交通服务，B 可以错开交通高峰，从而享受到优质的交通服务。午餐时间，A 只能在拥挤的餐馆匆忙地就餐，B 则可以错过高峰时间从容就餐。A 只能在假日到公园休闲，他要为每个娱乐项目排队等候，B 可以在平时人少的时候从容享受。可见，A 经常面对的是低质量的服务，或者说必须以高价购买服务，而 B 经常可以购买优质服务。这样，尽管两个人的名义收入相同，B 的实际收入则高于 A。而且，服务需求结构越高级，这种收入差异会越大。之所以存在上述差异，是由于他们服务需求的时间替代费用不同。如果能够通过改进劳动时间制度，如实行弹性工作制，就能降低服务需求的时间替代费用，使消费者可以较自由地选择购买服务的时间，形成需求时间的平均化，从而提高消费者的福利水平。

如果能够开发出相关商品，使消费者能增加服务需求时间的随意选择性，同样可以降低服务需求的时间替代费用。例如，唱片、磁带、影碟以及相关音响设备的开发和生产，增加了消费者对电影、音乐会这类服务的时间选择性。可以预期，随收入的提高，为增加服务时间选择性的商品和业务开发将越来越多，并成为新商品和新业务开发的重要推动力。

（二）服务需求的决策过程

服务需求量作为需求行为的结果，是可以观察到的经验现象，但需求行为是复杂的，既有经济方面的收入、服务价格、工资率、商品价格等因素，也有非经济的社会因素、文化因素和心理因素，等等。在讨论了经济因素之后，基于消费者决策过程简单了解非经济因素对服务需求的影响。

图 3-22[①] 显示了消费者行为模型的主要方面。消费者生活方式是影响其需求和态度形成的关键因素，生活方式是许多因素共同作用的结果，可以分为外因和内因两大类。外因主要有文化、价值观、人口统计特征、社会地位、消费者相关群体、家庭和营销活动等。文化是一个社会思考和行为的指南，是影响消费行为的最深层因素，它会随时间推移而变化，但变化非常缓慢。价值观是文化的一部分，是一种广为接受的信仰，人们依据这种信仰判别是非。各种统计特征反映了人口方面的重要状况和变化趋势，包括年龄、性别、受教育程度、收入、职业、人口分布等。社会地位是根据一些可确定的人口统计特征衡量一个人的社会阶层。消费者群体是具有相似偏好、价值观的人们的集合。家庭成员是消费的主体，也是相互影响的消费群体。营销活动是企业力图影响消费者购买的一系列行动。以上这些因素构成消费者行为的外因。内因主要包括情绪、个性、动机、感受等主观心理方面。

---

① 根据哈克塞弗，C. 等（2000）著，顾宝炎等译：《服务经营管理学》，中国人民大学出版社 2004 年版，第 53 页图改造而来。

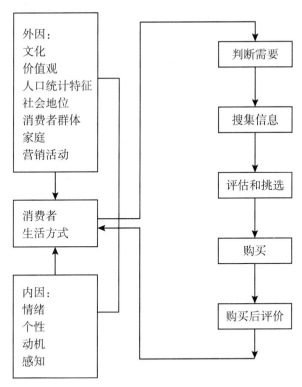

图 3 – 22　消费者行为模型

　　完整的消费者购买决策过程大致可以分为下列环节：第一，需求认知，消费者从意识到一种需要开始，如何满足那种需要成为消费者关注的问题。第二，信息搜集，消费者会搜集与需求相关的信息，即关于服务的种类、质量、供应商等等，搜寻时间的长短取决于需求的性质，一个家庭选择到哪家保险公司为自己的财产投保，需要花费较多时间，而理发店的选择就简单得多。第三，确定评价标准，消费者为满足自己的需求，需要确定一个评价服务的标准，并把选择缩小到可以控制的范围，服务需求常用的选择标准有价格、质量、便捷性、易得性、服务态度和企业声誉等。第四，服务选择和购买场所选择，许多情况下这两种选择是同时进行的，又是消费者需要选择到何处购买既定的品牌。第五，购买后的评价，购买、使用服务之后，可能发生以下的情形：使用效果与消费者期望一致，或者效果超出期望，或者效果低于期望，消费者由此确定以后服务购买时的选择依据之一。

　　由于服务具有无形性、提供与消费同时性等不同于普通商品的特殊性，消费者购买决策过程的每个环节均面临较大的不确定性，使得服务需求中质量、品牌、声誉等因素的作用远远大于普通商品，特别是这些因素是消费者与服务人员面对面的关键时刻直接感知的，只有服务提供人员与服务购买者通过良好的人际互动，才能形成相互支持的关系，使购买者感受到良好的服务，所以，服务需求中人性化和主观化的重要性，可能超过价格和收入这些客观经济因素。与此相关的是，服务需求中购买者具有双重身份，既作为服务市场的消费者，也是服务提供系统的组成部分，这意味着服务需求中购买服务是一个非常主动的过程，因为服务在消费之前并不存在，从而无法被展示，购买者是在不完备信息条件下进行判断，购买者总是想知道哪些顾客曾购买过他打算购买的服务，从而有意无意地受到其他顾客的影响。

第三节 服务供给

本部分内容讨论服务供给的经济学含义。首先，概述服务厂商的组织结构、产权以及行为的性质；其次，分析服务厂商的被动行为和短期供给的决定，得到服务供给量与服务价格关系的一般性质；最后，分析服务厂商的主动性行为，并探讨长期供给行为与服务供给的生产率和质量。

一、概述

（一）服务厂商的性质

服务的形式千差万别，提供服务的厂商在业务类型、规模、组织结构以及与外部环境关系等方面也纷纭繁杂，对厂商性质的理解有助于把握服务供给的相关特点。

从产品市场的角度，企业是市场供给的主体，也称厂商，是使用生产资源从事商品、服务生产的单位，厂商可以是个人经营的杂货店，或几个人经营的作坊，也可以是像海尔集团、通用公司这样的巨型跨国企业，规模较大的厂商通常由多个工厂组成，并具有复杂的内部组织结构。

市场经济中，农业和制造业基本上是民营业务，经营单位的厂商作为市场主体，其目标比较单一，就是追求利润最大化或企业价值最大化，尽管对此有诸多批评，但经济分析中总是明确或暗含的以此为出发点讨论企业行为。服务业中大部分消费者服务和生产者服务是通过民营单位提供，这些供应厂商的经营目标无疑是利润或企业价值最大化。但服务业中公营企业的事例很多，如邮政、电信、教育、文化、公共设施管理等，有些虽是民营企业经营，但通常受到政府的不同规制，以强化其公益性质，如金融、医疗、科研和技术服务等，或者因为上述服务提供均不同程度地涉及规模经济性，为了低成本提供同时又尽可能避免厂商垄断造成的福利损失，需要由公共机构经营或由政府规制，或者因为消费方面的公益性加上需求的不平衡性，需要政府的适度干预。此外，服务业中还有按照公益事业经营的单位，如各类非营利性组织（有时也称非政府组织）、公共管理和社会组织，它们提供的服务一般采取免费形式，相应地，其资金来源和收益核算方法也不同于一般厂商。因此，服务业中厂商的经营目标必然复杂多样，公营企业或受政府规制的企业，不能单纯追求利润目标，还要考虑非经济的目标，所以，它们的供给行为与纯粹的市场主体有所区别。

经营目标是决定厂商行为的关键因素之一，对不同类型服务厂商目标的明确是理论分析准确性的条件。交通运输和仓储业、信息和软件业、批发和零售业、住宿和餐饮业、房地产业、租赁和商务服务业、居民服务业等行业中的厂商属于典型的市场化主体，也是本书的分析对象。关于企业的经营目标，始终存在两种观点：一种观点认为，企业目标不应被局限在利润最大化上，而要考虑其他诸如销售额、企业成长等目标；另一种观点认为，利润最大化是有助于准确预测经济行为的假设，具有方法论和实用性的双重优点，更重要的是，产品市场竞争、经理市场竞争和市场上公司控制权竞争等，使得追求其他非利润目标的经营者始终不会过分偏离利润最大化目标，我们也以利润最大化作为所分析的服务厂商的目标。

以就业、收入额或利润额的任意一项为标准衡量服务厂商的规模，均显示出非常大的差异。绝大多数服务行业中均有大量规模悬殊的厂商并存，它们通过提供差异化的服务维持各自的市场地位，与制造业的有形产品相比，由于无形服务的差异性更显著，从而服务行业的厂商规模离差也较大。由于服务的异质性较大，既限制了服务厂商规模，也使其业务多样化程度较低，但随着制造业的服务化，许多制造厂商逐渐转型为服务厂商，如电脑制造商 IBM 转变为服务提供商，以及服务业中逐渐增加的并购，使得服务厂商的经营多样化水平也在提高。

厂商的组织结构与其规模密切相关，服务业中企业规模相对较小，使得组织结构的复杂性低于制造业。同时，服务业的提供与消费同时性，使其生产链条的长度较短，也为其简化组织结构提供条件。服务业组织结构的一项重要创新是特许经营方式（张永生，2003）的推广，它把小规模经营与规模经济的获取结合起来，特许经营就是特许人通过合约将某种特许权专人给受许人经营，特许人从受许人的经营收益中提取一定比例作为报酬，特许权通常包括品牌、商标、服务标记、经营诀窍等。这种组织结构中的经营单位之间既不是纯粹的市场交易关系，也不是严格的企业内关系，以麦当劳为例，总部没有向分店投资，分店作为受许人在法律、财务上均是独立的，但分店受总部的约束，只能在特定区域和特

83

定年限使用总部的商号和经营方式，必须服从总部制定的统一作业规范和管理规范，保证服务和产品的统一质量标准，并且分店的经营模式必须经过总部的检测认可。这种介于市场交易与企业内关系的组织结构，已经成为服务业中一种非常重要的形式，在餐饮、酒店、商业、信息服务、商务服务等行业逐渐推广。

从财产权关系角度看，服务厂商有独资、合伙和公司制三种形式，现代经济中居于主导地位的是公司制企业。公司制的突出特点是，所有者与企业经营者不是同一主体，所有者作为投资者，不参与企业的日常经营，而是委托专业的管理者经营，同时，厂商要与不同的方面打交道，从而形成复杂的交易关系，如图 3 – 23 所示。

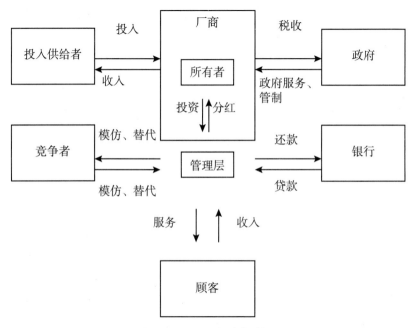

图 3 – 23 厂商外部关系

通常的印象是，与制造业相比，服务业需要的劳动力更多，属于典型的劳动密集型产业。对提供居民消费服务这类传统业务的厂商而言，这是事实，但对大多数生产性服务厂商并非事实，许多属于或正在变为资本密集型厂商，如航空公司一直是以大量固定资产和设备为基础，银行业也越来越多地采用先进的技术和设备，知识要素对信息、软件服务厂商和商务服务厂商越来越重要，有时人们称它们为知识密集型服务企业。所有这些不同要素密集型的厂商在服务业中普遍共存，以致很难概括服务业厂商的共同特征，诺曼（R. Norman，2000）认为，所有服务厂商的共同性在于，人与人之间的高度接触是最基本的服务"元素"，即使有些服务厂商，服务人员并未与顾客面对面地接触，"关键时刻"[①] 的逻辑仍是适用的，所以，把服务厂商归类为"个性密集型"而非其他要素密集类型可能更恰当，由于顾客感知的服务质量取决于特定情况下的服务提供人员表现，他们个人的表现对厂商的日常服务质量影响很大，每位员工的工作好坏均立即影响到顾客感知的服务质量，一旦他在服务提供中表现不佳或缺乏热情，其后果和影响会立即显现出来并且难以弥补，这给服务厂商的经营管理带来了不同于制造业的新课题。

（二）服务厂商的被动行为与主动行为

厂商行为是与一定目标相联系的企业决策过程，主要涉及企业的产量、价格、投资等方面的业务决策，企业长期经营方面的战略决策，以及企业内部组织设置等方面的管理决策（Ansoff，1965）。关于企业行为的性质在理论上有两种观点：一是被动性观点；另一是主动性观点。

如果假定技术、成本、产品和要素价格、外部市场结构等给定条件下，厂商根据利润最大化条件确定最优产量供给水平，这时的厂商行为可称为被动行为，即厂商仅是市场中的一个原子单位，它在接受成本和需求的约束下，被动地追求利润最大化，以及被动地接受这一行为的后果：包括不变的或恶化的利润水平，甚至是从产业中退出，这种情况下，厂商行为表现为一种简单的计算，并不能真正反映现实中厂商的决策，所以只是一种理论抽象，这里的"企业模型不是为了解释和预测真正的企业行为而设计的，相反，它是为了把观察到的价格变化当作特定条件变化的结果来解释和预测而设计的，在这个因果链条中，企业只是一个理论上的环节，一个思维上的构造，用来帮助解释从原因到结果的过程，这与解释企业的实际行为是非常不同的。"[②]

主动性观点认为，现实中的厂商，并不只是消极地对其所面临的环境作出反应，而是具有一定的自由处置权，即使没有任何形式的共谋，或其他形式的寡头相互依赖性，这种自由处置权也会存在。例如，某些市场结构中，厂商可能暂时或持久地获得高于维持其生存所必需的利润，在此情况下，它们就有可能成为一个主动的行动主体，可以尝试调整市场结构，减小竞争压力，扩大可获得的商业机会，所有这些活动及其所产生的结果，某种程度上都是厂商获利能力决定的内生因素，而不单纯是市场条件决定的。更一般地说，出现在不同市场结构中的获

---

① "关键时刻"是服务营销中的重要术语，指服务交易的成功与否，并不是决定于服务提供人员与顾客相互影响的总时间，决定最终结果的是类似于斗牛竞技场上的"最后一剑"，决定顾客感知服务质量并成交的也正是服务厂商在类似"最后一剑"的关键时刻的所作所为。

② Machlup, F., Theories of the Firm: Marginalist, Behavioral, Managerial, American Economic Review. 1967, Vol. 57, No. 9.

利能力，决定着该厂商的可得资金，这些资金又可以通过多种方式被用来改变市场结构背后的成本和需求状况。对工厂设备的投资和工艺过程方面的研发投资决定了成本结构随时间的变化，市场投资（如广告）和产品方面的研发投资会影响消费者偏好，从而影响市场需求。厂商在一定时期进行的各种努力，如工厂设备投资、广告、研究和开发、产品多元化、合谋、兼并以及企业接管等活动，均是为追求利润目标所采取的主动行为。

关于厂商行为性质的不同观点，实际上反映了两种分析思路：一是把厂商作为市场资源配置理论中代表性单元进行推理的方法；二是研究厂商本身经济行为的实证方法。前者更直接关注市场结构的作用，强调市场特征的首要地位，并且暗示单个厂商的自由处置权不可能以不同于市场调节的方式被使用很长时间；后者则注重单个厂商的特征，如规模、成长和战略等，认为厂商具有相当大的力量和自由处置权，可以采取不同的手段规避市场的压力，甚至操纵自身运行的环境。

任何厂商总是在一定环境中经营和发展，被动和主动行为是互补的，是厂商全部行为的不同方面，被动行为一定程度上决定了企业采取"主动"行为的能力，而主动行为则决定了企业作出"被动"反应的背景条件。我们认为服务厂商的供给行为，从短期而言，需要考虑成本和市场需求约束下最优的服务供给量，利润是一种结果，从长期而言，则要考虑最优的服务供给量增长，从而要在改进服务质量、业务创新、设备投资、市场营销等方面采取主动行为，并且利润能赋予厂商自由处置权，为实施前述的主动行为提供条件，所以，我们分别把被动行为和主动行为及其相应的思路对应于服务厂商的短期供给和长期供给。短期供给考察服务厂商在规模不变条件下的产量、成本关系，以及服务供给量与服务市场价格之间的关系；长期供给则是在服务厂商规模变化和成长条件下，结合盈利能力和财务决策、投资决策、研发投资、并购决策等改变市场供求条件的行为，考察厂商服务供给的决定。

二、服务厂商的短期供给

短期是指服务厂商资本设备限定的经营规模不能改变，这种情况下，在服务的市场收费水平与厂商要素投入量、成本水平以及服务提供量之间存在着规律性的关系。

（一）服务厂商的生产函数

生产的概念总是使人们联想到农业和工业生产，或者是传统的头顶烈日的农民、机器轰鸣车间里忙碌的工人，或者是现代工厂规模巨大的电脑控制室、身穿白大褂的研究人员，以及沿流水线排列的操作工人。并且，通常习惯把生产活动与农场、制造企业联系在一起。实际上，上述认识并不全面，物流服务、广告服务、家政服务等所有服务行业的厂商活动也是生产，只是生产过程和产出形态有所差异。更广义地说，家务、教学、科研、营销等均是生产活动，例如，煮饭就是投入米、水、劳动等，经过简单的操作过程，生产出米饭，也是一种投入转变为产出的过程。因此，理论上对生产过程的定义，就是把投入转变为产出的过程，或者说，作为生产单位的厂商是一种转换器，其功能是把各种投入品转换为产出品，如图 3-24 所示。

图 3-24　生产过程

所有类型厂商生产过程的起点均是生产要素投入，生产要素就是劳动、资本、资源、技术等经济资源，劳动之外的资源可以是天然的，如土地、森林、水流等，也可以是过去生产过程的成果，如机器设备、材料、技术成果等。由于服务厂商生产过程一般通过服务人员与客户的互动得以完成，劳动要素具有特殊的重要性，即使是豪华的建筑、先进的技术手段，如果没有合格的服务提供人员，厂商也不可能生产出客户满意的服务。

厂商生产过程的结果是把投入的经济资源转换成有形产品或无形服务，服务厂商生产的结果不是可以运输、储存的有形商品，而是导致服务购买者本身的"状态变化"，或者导致属于经济主体所有的可交易物品的"状态变化"。广为引用的希尔（Hill, 1977）服务定义正是强调服务结果的"状态变化"为特征，不过，严格来说，服务生产的结果不是形成静态的客观对象，而是通过服务提供人员的劳动完成服务购买者所需要的某种要求，如要求商店送货上门、要求电脑维修部人员重装电脑的软件系统、要求广告公司提供一套广告创意，等等，服务购买者消费的是一种劳动过程，"状态变化"是这种劳动过程的结果，如货物从商店转移到消费者房子里、电脑有了新的软件系统，客户获得可以发布的广告。与商品生产过程结果的不同在于，有形商品作为生产过程结果，其完整的所有权归生产者拥有，消费者只有购买这种有形商品并进行消费才获得相应的效用，而服务生产过程结果的"状态变化"，服务厂商已经不可能对其拥有所有权，并且消费者也已经获得了相应的效用了。

参照有形产品概念将服务定义为"状态变化"，并将其作为服务厂商的生产结果有助于对服务进行计量，大多数分析均使用这种定义，我们也是如此。根据黄少军（2000）的分析，服务厂商生产过程结果的状态变化可以分为"客体状态变化"和"主体状态变化"两种，前者如运输服务实现商品在不同地点的转移，其客体状态变化就是物品位置的改变，后者如医疗服务使得病人状态发生变化，包括身体和精神两方面的状态变化。

由于服务的过程与产出常常是同一体，或者两者密切相关，服务过程是厂商各个职能组成部分协同一致的结果，我们可以通过整个体系关键性环节之间的联系描述完整的服务提供体系，如图 3 - 25 所示。

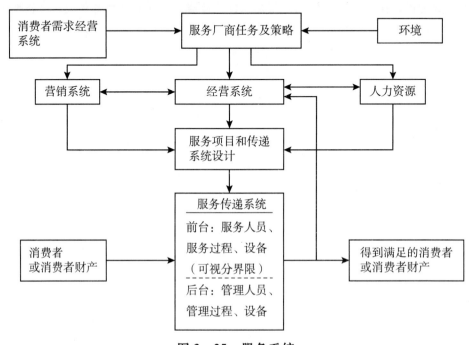

图 3 - 25　服务系统

资料来源：哈克塞弗等著，顾宝炎等译：《服务经营管理学》，中国人民大学出版社 2005 年版，第 23 页。

服务厂商是为顾客提供服务而存在的，以此确立自己的使命和策略。由经营系统来设计服务项目以及与市场营销、资金、人力资源等项目和传递系统，传递系统可分为两部分：前台是顾客看得见的部分，后台是支持前台的各种要素组成。值得注意的是，消费者及其财产也是服务过程的一种投入，服务包括对顾客身体的服务，如看病；对顾客有形物品的服务，如汽车清洗或维修；对顾客意识方面的服务，如电视节目提供或娱乐；对顾客无形资产的服务，如对顾客的投资理财服务。

生产函数表示厂商的投入—产出关系。服务厂商的产出形式与制造厂商有显著区别，前者以过程形式为购买者提供效用，后者则以有形的实物供购买者使用，不过，它们的投入—产出过程是相同的，即按技术要求投入要素，通过要素的组合获得相应的产出。生产函数显示了服务厂商一定要素投入及其组合与其获得的最大可能服务产出之间的关系，产出通常以业务量衡量，如航空公司的旅客运送量，旅店、餐馆的顾客接待量，物流厂商的运输量，等等；投入则以劳动和资本这两种基本要素代表，如一定时期劳动使用小时数和设备使用小时数。将一定时期的要素使用小时数和业务量对应起来，意味着在衡量投入、产出时按照流量来度量，这样可以尽可能避免度量单位不相称或混淆存量与流量的错误。

实际上，并不能简单地把有形产品生产和服务提供分开或对立，制造企业的产出更多时候是有形和无形产品的混合物，例如，一家汽车制造商既要通过加工、组装过程生产出汽车，又要通过市场调查、设计和售后服务持续地与消费者互动，这家企业属于制造商还是服务单位呢？并不能截然区分或对立，IBM从电脑产品制造商向方案解决的服务提供商转变就是典型。一般而言，购买产品时要伴随某些辅助性服务（如安装），在购买服务时也包括辅助产品（如餐厅的食物），对产品和服务严格区分是困难的，每次购买都会包含不同比例的产品和服务。另外，服务企业的某些提供环节也在不断规范化和流程化，具有了制造的特性，即服务业的制造化。因此，可以借用光谱的概念对厂商进行排列，都是具有有形产品和无形产品的不同程度混合，只是所占比例不同，参见图3-26，这意味着常规的生产函数概念同样适用于服务厂商的分析。

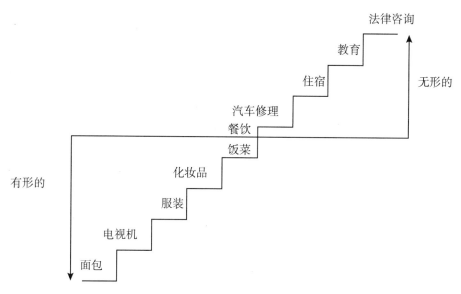

图3-26　有形性与无形性的渐进变化

资料来源：转自哈克塞弗等著，顾宝炎译：《服务经营管理学》，中国人民大学出版社2005年版，第18页。

生产函数中的不同投入之间比例称为技术系数。服务部门的业务类型众多，从技术系数反映的要素密集度和不同要素相互替代性而言，有些服务厂商属于简单劳动密集型的，它们提供的服务通常不能由机器来替代，如居民生活服务、社区服务、租赁和商务服务、餐饮和住宿服务等的提供，需要服务提供人员的直接操作。计算机服务和软件业务、金融服务、科研、教育、文化等服务厂商属于知识密集型或人力资本密集型，需要文化素质较高以及具有相关专业知识水平人员，其服务提供也难以使用机器进行替代。而交通运输、仓储、电信等服务厂商属于资本密集型，需要大量的设备投资，服务提供的标准化比较容易。

根据投入—产出关系可以将服务厂商的业务量与某种要素投入量联系起来，可以计算总量、平均量和边际量。如果服务厂商生产函数表示为 $q_s = f(L, K)$，在厂商设备规模不变时，增加一单位劳动投入所带来的总业务量增加量就是边际业务量（MP_L），即 $MP_L = \Delta q_s / \Delta L$，它是厂商确定要素投入量最优水平的依据。在其他非劳动要素既定条件下，厂商增加劳动投入所能有效提供的服务量达到一定水平后会逐渐递减，当某种要素投入的增加达到边际业务量为零时，意味着总业务量达到最大水平，之后再增加要素投入反而使得服务水平下降。如果每单位服务的市场收费标准 P_s 和服务提供人员工资 w_s 给定，服务人员提供的边际业务量的市场收费等于服务提供人员工资时，劳动投入量达到最优，即 $P_s \cdot MP_L = w_s$ 时的劳动投入量。

与生产函数相联系的厂商是"黑箱"，上述的内部服务系统及其相互联系不能得到分析，实际上厂商单位的内部是有一定的结构，表现为不同的业务部门和职能部门之间的配合，以及投入—产出之间的联系。服务厂商的产出可以是享用了服务（过程）的顾客本人，也可以是通过服务（过程）已经增值的顾客资产。管理人员设计服务流程并监控服务过程，以确保业务人员所提供的服务能够与顾客的需求相符合。

（二）服务厂商的成本函数

生产函数反映了厂商提供服务的技术关系或技术约束，成本函数则反映厂商在既定业务量条件下进行投入决策时的最小支出，它并不是日常支出。对厂商而言，成本在一定程度上决定了价格，价格决定其市场份额，价格和市场份额共同决定了厂商的盈利能力。服务厂商通常把定价直接与成本支出联系在一起，律师事务所使用"费用"表示其服务价格，银行将其服务价格称为"服务费"，电影院、博物馆等得到的是"入场费"，等等。

短期内厂商有固定成本，同时规模不变，在要素价格给定时，成本只是业务量的函数。固定成本是不随业务量水平变化而变化的一项支出，例如，一家房产中介公司租用的门面用房，租期内不论业务如何，都必须按合同规定付费。可变成本是随业务量水平而变化的那部分支出，例如，人员工资、电费、材料费等。

短期的总成本是固定成本和可变成本的加总。与经营决策密切联系的是边际成本，即厂商每增加一单位业务量所导致的总成本增加量，短期中固定成本不随产量变化而变化，增加单位业务量的边际成本等于相应的可变成本增加量，厂商是否增加服务提供，决定于边际成本，例如，飞机起飞前仍有空置的座位，这时如果有一名乘客愿意接受远低于票价的价格乘坐，航空公司是否值得增加服务的提供呢？这是增加一位乘客的边际成本仅等于提供飞机上的茶点，极端地说，只要这位乘客的出价高于茶点的成本，追求利润最大化的航空公司都应该增加该单位的服务。

短期中有三种平均成本：平均固定成本、平均可变成本和平均总成本。平均固定成本随业务量的增加而递减；平均可变成本随业务量增加按不同速率增加；平均总成本随产量增加先递减然后递增，最低平均总成本对应的业务量通常称为最优最小规模，即厂商短期内业务量偏离该规模时，均不能达到最低成本。服务市场的竞争价格给定时，厂商根据边际成本等于服务价格确定了最优产量，这时厂商的结果是盈利还是亏损，则决定于平均总成本水平。

服务厂商的成本函数是假定完全依据市场信号，并且总是在最优选择条件下，提供不同服务量与相应的最低成本之间的关系，这同样是基于"黑箱"假设的关系。实际上，服务厂商作为一种组织，具有层级制特点，是由不同的个人组合而成的，个人行为标准与其集合的厂商行为标准是有区别的，H. 莱宾斯坦（1981）指出，经验资料显示的厂商行为并不符合微观经济学中的成本最小化原则，厂商组织内部并不存在市场，不能简单假定组织内部所有个人会像市场中的厂商那样来处理事务，使得"组织内部因错过了充分利用现有资源机会而造成的某种类型低效率"，称为 X-非效率，由于 X-非效率的存在，厂商并没有采取成本最小化的行为，并且，厂商规模越大，个人行为与其利益的相关性越弱，X-非效率越严重。服务业类型庞杂，厂商规模也是差别极大，生活服务类厂商通常规模较小，市场竞争性程度也高，其 X-非效率不太严重，其经验成本函数比较接近理论成本函数，而生产服务类、公共服务类厂商一般具有较大规模，其经验成本函数可能会偏离理论成本函数。厂商克服 X-非效率的基本途径是改善组织内部的管理控制，即通过不断的组织创新减少 X-非效率，服务行业的经营方式从传统形式到连锁、特许、外包、合约分包等组织创新，不同程度上均是改进激励方式，减少 X-非效率的结果。因此，关于服务厂商的成本函数，不能局限于教科书中的分析，要利用已有的相关理论进展，打开厂商"黑箱"，结合组织结构的特性，对厂商的成本函数给出更符合经验的解释。

（三）服务厂商的供给函数

厂商供给函数反映服务供给量与市场价格之间的正向关系，即其他条件不变时，某种服务的价格越高，服务厂商的提供量就越大，这意味着每一家厂商都要面对两种最基本的决策：选择产量和制定价格，如果一家追求利润最大化的厂商没有任何约束，它就可以制定任意价格，生产任意产量。当然这种完全无约束环境不可能存在，任何厂商总是要面对技术约束，它由生产函数表现出来，也要面对有成本函数表现的经济约束，还要受到市场需求的约束。如果在完全竞争市场中，服务厂商作为利润最大化单位，其服务最优供给量决定于边际收益与边际成本的权衡，边际收益是服务厂商每增加一单位服务提供量所得到的总收益的增加量，完全竞争市场意味着厂商是价格接受者，每增加一单位服务得到的总收益增加量即边际收益总是等于价格，边际成本是服务厂商每增加一单位服务所导致的总成本增加量。服务厂商的决策原则是，将边际成本等于边际收益时的服务提供量作为最优水平，因为如果增加一单位服务提供的边际成本低于边际收益时，继续增加服务提供总会增加净收益，如果增加一单位服务提供的边际成本高于边际收益时，减少服务提供总会减少净损失。

从理论上说，厂商供给函数反映了生产函数、要素需求函数、成本函数和利润函数及其之间的联系，即反映了厂商在技术、成本约束条件下，追求利润最大化目标的行为，需要从厂商行为的上述因素相互联系角度把握其供给函数。

如果一家厂商生产函数具有边际收益递减性质，就可以得到条件要素需求函数，即实现利润最大化的最优要素需求量，给定产品和要素市场价格，将这种最优要素需求量代入生产函数就可以获得厂商的供给函数。例如，有下列生产函数：$q = f(L, K) = AL^{0.25}K^{0.25}F^{0.5}$，$p$、$w_i(i = L, K)$ 分别表示产品价格和要素价格，F 表示某种固定投入，厂商的利润为：

$$\pi = p \cdot f(L, K) - w_L L - w_K K = p \cdot AL^{0.25}K^{0.25}F^{0.5} - w_L L - w_K K$$

利润最大化的一阶条件为：

$$\frac{1}{4}pAL^{1/4}K^{-3/4}F^{1/2} = w_K$$

$$\frac{1}{4}pAK^{1/4}L^{-3/4}F^{1/2} = w_L$$

从而有 $\dfrac{L}{K} = \dfrac{w_K}{w_L}$，结合一阶条件有：

$$K^* = \frac{(pA)^2 F}{16 w_L^{1/2} w_K^{3/2}}, \quad L^* = \frac{(pA)^2 F}{16 w_L^{3/2} w_K^{1/2}}$$

将 K^* 和 L^* 代入生产函数得到厂商的短期供给函数为：$q = \dfrac{A^2 F}{4 w_L^{1/2} w_K^{1/2}} \cdot p$。

如果厂商生产函数具有规模报酬不变或递增的特征，利润最大化的解可能不存在（如没有等成本线约束时），这时可以从求解成本最小化得到要素需求函数和成本函数，再依据成本函数得到供给函数。如果得到一家竞争市场中厂商的短期成本函数为 $C = 16 + q^2/100$，其边际成本为 $MC = q/50$，依据价格等于边际成本的条件（$p = MC$）得到供给函数为 $q = 50p$。这时也可以利用霍推林引理直接从利润函数求出供给函数，例如，生产函数为 $q = L^\alpha \bar{K}^{1-\alpha}$，$p$、$w_i (i = L, \bar{K})$ 分别表示产品价格和要素价格，厂商利润函数为：

$$\pi = p \cdot f(L, \bar{K}) - w_L L - w_{\bar{K}} K = p \cdot L^\alpha \bar{K}^{1-\alpha} - w_L L - w_{\bar{K}} K$$

利润最大化的一阶条件为：

$$\alpha \cdot p L^{\alpha-1} \bar{K}^{1-\alpha} = w_L$$

所以

$$L^* = \alpha^{\frac{1}{1-\alpha}} p^{\frac{1}{1-\alpha}} w_L^{\frac{1}{\alpha-1}} \bar{K}$$

由此得到短期利润函数为：

$$\pi(p, w_L, w_{\bar{K}}, \bar{K}) = (1-\alpha) \alpha^{\frac{1}{1-\alpha}} p^{\frac{1}{1-\alpha}} w_L^{\frac{1}{\alpha-1}} \bar{K} - w_{\bar{K}} \bar{K}$$

由霍推林引理得到供给函数为：

$$q = \frac{\partial \pi(p, w_L, w_{\bar{K}}, \bar{K})}{\partial p} = \alpha^{\frac{1}{1-\alpha}} p^{\frac{1}{1-\alpha}} w_L^{\frac{1}{\alpha-1}} \bar{K}$$

由于服务的提供与需求具有同时性，加上服务不能储藏和运输，服务厂商供给的明显特征是：服务提供与服务消费在时间上相一致，并由需求决定，从而导致厂商业务经常处于供给不足和供给过剩的不平衡状态。因此，服务厂商的供给函数除了上述的一般性质之外，还要考虑自身的供给特征。

旅游旺季的旅馆，或者假日的游乐场、公园、购物商场等，通常是人满为患，而平时的旅馆和这些场所却顾客稀少。绝大多数的服务厂商均面临这种客户需求在时间分布上的不平衡性，服务厂商通常不是通过增加供给能力来应付临时性需求增加，而是通过服务质量降低来平衡供求。例如，一家旅馆每周平时的潜在顾客平均 10 人，星期六会增加到 50 人，如果旅馆提供容纳 50 人的客房，星期六晚上就可以正常安排所有顾客。但从旅馆经营角度看，在一周内将使得 40 人的住宿设备闲置 6 天，由于固定设备的极低利用率，提供 50 人住宿的服务量可能是不合算的。那么，这家旅馆最合适的服务接待规模是多少呢？理论上说，厂商根据增加一个顾客住宿的边际收益与相应的边际成本对比，就可以确定最优的服务供给量，尽管实际经营中的边际量可能难以确定，但如果能够确定每周旅馆的固定费用，就可以把变动费用作为边际成本，这样就可以估算出最优的旅客接待量。如果旅馆净收益最大的旅客接待量为 10 人，按星期六需求高峰来确定接待量，每周将出现亏损，按合理规模确定接待量，星期六就必须谢绝 40 名客人入住。

为了增加旅馆有利可图的服务提供量，可以通过提高住宿费标准或降低经营费用达到。因为由前述的供给函数可知，给定 $0 < \alpha < 1$ 时，必然有 $\dfrac{\partial q}{\partial p}$ =

$\dfrac{\partial \pi^2 (p, w_L, w_{\bar{K}}, \bar{K})}{\partial p^2} = \dfrac{1}{1-\alpha} \alpha^{\frac{\alpha}{1-\alpha}} p^{\frac{1}{1-\alpha}} w_{\bar{L}}^{-1} \bar{K} > 0$，所以，提高住宿费，可以促使旅
馆增加有利可图的顾客接待量。同时，住宿费不变时，也可以通过旅馆经营中的
固定和变动费用支出变动，增加有利可图的接待量，因为给定 $0 < \alpha < 1$ 时，必
然存在下列关系：

$$\frac{\partial q}{\partial w_L} = \frac{1}{\alpha - 1} \alpha^{\frac{\alpha}{1-\alpha}} p^{\frac{1}{1-\alpha}} w_{\bar{L}}^{\frac{2-\alpha}{\alpha-1}} \bar{K} < 0。$$

经营中常见的方法是在增加服务提供量与降低服务质量之间加以权衡折中，
这取决于服务消费者的偏好。例如，普通旅馆是常年接待客人，而某些度假区旅
馆只在某些季节接待顾客，假定两类旅馆的收费标准相同，如果度假区旅馆不在
某些方面降低服务质量，以节约某些变动和固定费用，它就无法持续经营。假定
饮食质量和住宿质量均以普通旅馆为标准，度假区旅馆可以降低两类服务的质量，
但在不同服务质量的结构方面有所调整，如图 3 - 27 所示[①]。两类旅馆顾客的偏好
线是 u_1 和 u_2，B 点表示普通旅馆顾客满意的服务质量组合，A 点表示度假区旅馆顾
客满意的服务质量组合，可以看出，伙食质量方面两类旅馆的差别较小，但在住宿
质量方面差别较大，这意味着服务厂商可以根据顾客的偏好确定相应的服务质量结
构，在降低服务质量增加服务提供量的同时，也尽可能满足顾客的最优化选择。

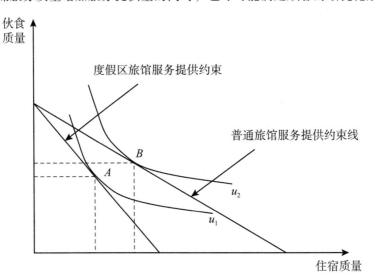

图 3 - 27　顾客偏好与服务质量

① 井哲原夫著，李桂山等译：《服务经济学》，中国展望出版社 1986 年版，第 33 页。

短期中，服务厂商面对供求不平衡时，通常采用差别收费的方法加以解决。例如，游乐场在节假日高峰时提高收费，抑制过度需求，而平时收费较低，实现需求的部分转移，以达到总体上供求平衡化的目标。但是这种方法有相关的制约条件，首先，取决于需求对费用的弹性，如果弹性较低，平时降低收费并不能大幅度增加顾客就会导致亏损；其次，高峰时收取较高费用可以限制需求，但如果与平时相比给顾客造成收费过高的感觉，就会影响平时的顾客数量。因此，服务厂商通过差别收费来平衡供求不平衡需要谨慎权衡。

三、服务厂商的长期供给行为

（一）厂商短期和长期决策

短期是厂商在生产规模给定的期间，只能通过可变投入的变动来实现最优决策，包括最优要素投入和最优供给量决策，由最优投入确定的最低成本框定了价格决策。短期意味着厂商仅是被动地在市场需求和技术、成本条件下进行计算，而非真正的经营决策，所以，厂商短期供给分析很大程度上是提供最优化决策的相关理论概念，并不是真正的厂商行为分析。

长期是厂商生产规模可变的期间，所有要素的数量均可以变动，从而可以调整要素的组合比例，以低于短期的最低成本生产相同的产量。根据等产量线，同一个产量水平可以通过两种要素投入的不同组合来实现，但无法确定厂商最终会选择哪一种组合，只有加上生产既定产量的成本最小化约束，才可以确定企业如何选择合理的要素投入组合。如图 3 - 28 所示，假定厂商想得到 q_1 的产量，成本最低的要素组合点，正好是等产量线与等成本线的切点 u。现在厂商试图扩大产量到 q_2，如果是长期，意味着所有要素均可变化，且要素在一定范围内能够互相替代，这时厂商将以 K_2、L_2 的要素组合来生产该产量，这种组合正好是 q_2 与等成本线 C_2 的切点 v，是成本最小化的组合点。但如果是短期，意味着一种要素不变，假定资本固定在 K_1，要生产 q_2 的产量，厂商必须以 K_1 的资本和 L_3 的劳动在 w 点进行生产，而 w 点位于等成本线 C_3 上，高于等成本线 C_2。可见，长期内要素组合可变且能够互相替代的条件下，厂商经营规模扩大时，为了实现成本最小化，必须对生产要素的组合进行决策。

长期内，要素价格变化时，厂商也可以通过调整要素组合比例，始终保持最低成本。如图 3 - 29 所示，假定厂商想得到 q_1 的产量，原有要素价格表现为等成本线 C_1 的斜率，如果劳动价格上升，表现为等成本线 C_2 的斜率，短期要素组合比例不能变动条件下，厂商只能在 A 点生产 q_1 的产量，但长期内厂商可以变动要素组合比例，在 B 点生产 q_1 的产量，这时 A 点的成本在 C_2 线之外，意味着生产同样产量在 B 点的成本低于 A 点。

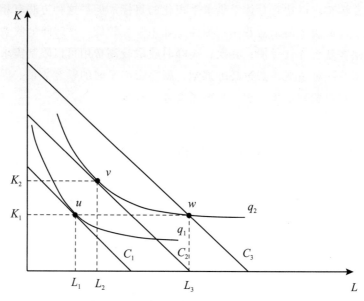

图 3-28　短期和长期的成本差异

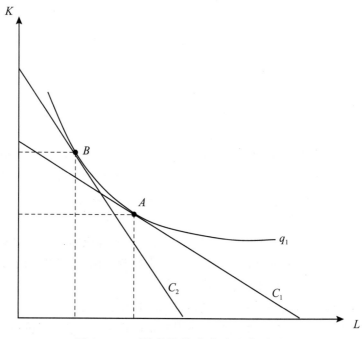

图 3-29　要素价格变化和最低成本

上述情况意味着，长期内，当产量变化或要素价格变化时，厂商改变要素投入组合比例是有利可图的，即厂商可以获得规模经济的好处。如果所有要素同比例增加，即保持要素投入组合比例不变，可能导致产量增加的比例大于、等于或小于要素增加比例，这称为规模报酬递增、不变和递减。可见，规模经济概念除了包括规模报酬递增的情况，还包括规模扩大、产量增加时通过要素比例调整导致节约的情况。

规模经济既包括工厂层次规模经济，也包括企业层次规模经济，前者是企业内的某个操作单位，由于劳动分工、设备不可分割性等导致的规模经济；后者是多工厂企业整体在经营过程中由于规模因素导致的成本节约，包括市场地理分散条件下的运输成本节约，新生产能力补充的经济性、不同工厂之间产品专业化的利益、经营中的更大灵活性以及一定范围管理费用节约等多种形式。

范围经济是厂商联合生产条件下的成本节约，即不同产品或服务如果分别由两家厂商提供，它们的成本将高于由一家企业提供的成本，形式上可定义为 $C(q_1 q_2) < C(q_1 0) + C(0\ q_2)$，例如，电信厂商提供的通讯和互联网服务，由于部分设施可以共同使用，两种服务联合提供的成本，将低于分别由两家厂商提供它们时的成本。范围经济的来源主要包括：第一，某些生产要素的公共品性质，即某种要素被用于一种产品生产，就可以同时无成本地用于其他产品的生产；第二，成本的互补性，即生产一种产品的边际成本随着另一种产品产量增加而降低，例如，旅馆提供住宿服务的同时经营票务代理业务，后者业务收入的提高也会降低前一项业务的边际成本。

长期内，厂商决策的目标仍然是利润最大化，但需要考虑要素组合比例的变化、规模经济、范围经济等因素，这意味着平均成本和边际成本均会低于短期水平。如果在竞争市场中，厂商作为价格接受者，其边际收益等于市场价格，它将根据价格等于边际成本的原则确定最优产量，由此可得到厂商供给量与市场价格之间正向关系的供给曲线，并且长期内厂商的停产点将在市场价格等于平均成本最低点处，即价格低于最低平均成本时，厂商将停止生产，如图 3－30 所示。

以上关于厂商决策的分析，还是基于这样的假设，代表性厂商在既定的市场环境下选择最优产量、要素投入组合、生产规模等，最终获得利润。这一方面意味着厂商的经营行为属于一种被动适应市场环境的性质；另一方面意味着厂商获得利润后的行为似乎与经营无关。实际上，厂商经营行为是一个完整的过程，通过这个过程它试图改变市场环境，从这个意义上说，获得利润只是这个过程的一个环节，厂商通过利润分配从两个方面影响厂商的资金获取：一是通过留利形成内部融资来源；二是通过红利分配影响其在股市上的市场价值，为获得外部资金来源创造条件。厂商再利用获得的资金进行资本投资、研发投资、市场投资、并购投资等影响其经营环境，改变其面临的市场约束条件，使其追求的目标能获得更好结果。这体现了厂商行为的主动性方面，如图 3 – 31 所示[①]。

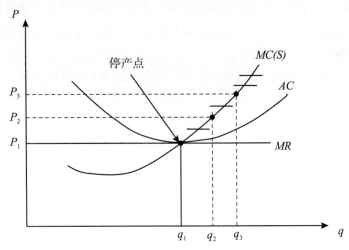

图 3 – 30　长期内的厂商供给

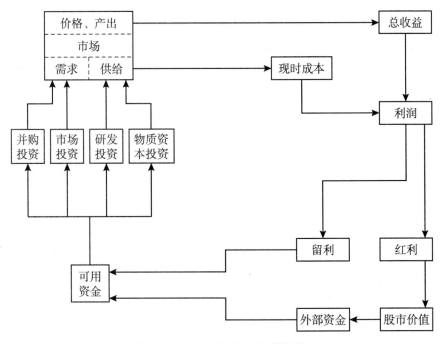

图 3 – 31　厂商行为完整模型

---

①　海，D. 和 D. 莫瑞斯（1991）著，钟鸿钧等译：《产业经济学与组织》，经济科学出版社 2000
年版。

（二） 服务厂商规模经济和范围经济

厂商水平的规模经济可以是业务量扩大的规模报酬递增所带来的，也可以是随业务量扩大的要素组合比例调整所致。范围经济与厂商的相关业务多元化相联系，通常在经营业务的阶段性分工比较明显的行业中才会出现。传统的认识是，服务厂商的业务难以像制造业厂商那样达到充分的规模经济和范围经济，因为服务的不可储存性使得生产规模受到需求的严格限制，同时服务过程供求双方直接接触的性质使得操作难以机械化和自动化，服务厂商业务的阶段性分工程度很低或不存在。

上述的传统认识是基于传统服务业的经验，传统的服务业主要集中在生活服务方面，如餐饮、修理、美容、旅馆、中介、商业、运输、银行存贷等，这些传统服务业的经营半径受到公众日常生活的局限，市场范围有限，同时服务提供技术上具有高度接触性，从而规模扩大导致的平均成本下降十分有限，也难以通过业务的多元化获得联合经营的较低平均成本好处。

但是，现代经济中的服务业出现了重大的变化。一方面，随经济信息化程度的不断提高，信息产业的规模以及其在经济中的比重均呈现上升趋势，以中国为例，1992～2000年，信息技术产业占名义GDP的份额从1.84%上升到6.08%，增长了2.3倍，信息技术产业的名义产出从489亿元增加到5 438亿元，增长了10倍多，年均增长率达到35%，而同一时期名义GDP规模只增长2.5倍，年均仅为17%[1]。由于信息属于"无形"产品，信息的生产、传输和处理等均被作为服务提供过程，并被计入服务业，应该说符合服务业的性质界定[2]，所以，信息技术产业构成现代经济中的服务业主要部分。另一方面，信息技术对物质产品生产、市场服务和公共服务的提供过程均产生了革命性影响，表现为现代经济的"信息化"，即组织结构和生产、管理过程在信息技术基础上建立和运行，就服务业而言，几乎所有的传统服务业都基于信息技术得到重构，相应地出现了许多新的经营方式，也衍生出许多新兴的服务业态，特别是伴随信息技术应用而来的分工深化和管理方式变革，导致对中间性服务需求快速扩展，使得服务业结构由传统的最终消费性服务为主转变为中间生产性服务为主。因此，有人认为，现代经济服务化的实质是"信息化"，即生产过程的信息化、服务本身的信息化和服务生产技术的信息化[3]。

① 北京师范大学经济与资源管理研究所课题组：《信息技术产业对国民经济影响程度的分析》，载于《经济研究》，2001年第12期。

② 中国《国民经济行业分类》（GB/T4757—2002）中，第三产业中的门类G就是信息传输、计算机服务和软件业。

③ 黄少军：《服务业与经济增长》，经济科学出版社2000年版，第7、9页。

现代经济中基于信息化的服务业，其经营厂商的组织结构可以像制造业厂商一样实行多工厂形式，从而实现规模经济。这里有必要区分工厂层次和厂商层次规模经济。单工厂厂商的规模经济取决于设备体现的固定成本水平和操作过程中的专业化分工水平，这与工厂规模大小密切相关，因为工厂规模越大，设备部分的固定成本越大，而平均固定成本总是随业务量的扩大而下降，同时，操作过程中的劳动分工也可以越细致，从而劳动效率可以越高。多工厂厂商的规模经济主要取决于管理资源共享、运输成本节约、不同工厂的专业化和较大经营弹性等①。多工厂经营的方式也越来越多地在服务业中盛行，除了传统的银行分支行组织形式之外，现代经济中出现的各种新型多工厂式经营形式，如特许经营、连锁经营、业务外包、战略联盟、合约出让、贴牌生产等，也在服务厂商经营中被广泛采用，例如，旅馆、餐饮、零售、中介服务、软件、信息传输、运输等行业，服务厂商的多工厂经营具有了更灵活的方式，这些方式使得服务厂商也可以实现规模经济。例如，特许、连锁经营下，一家服务厂商可以将其标准化的服务程序、操作规程、管理经验向其本地或异地的分支机构②提供，借助信息技术可以有效地实施管理控制，既降低了管理协调成本，也有效地控制了分支机构的代理成本，并且分摊了管理成本。服务业厂商的多工厂式经营之所以得到普及，与信息技术的发展密切相关，因为通信、互联网等信息传输技术提供了服务厂商分支机构之间的沟通、协调的手段，软件业的发展更提供了对过程管理的技术手段，对比而言，制造厂商提供有形产品，相应的生产、运输、储存、销售管理，长期依靠传统的会计和统计信息处理技术，多工厂经营下的管理虽然相对复杂，仍然可以应付。而服务是一种过程，多工厂经营下的管理没有现代信息技术支持，就无法对动态过程实现有效的协调。

一家厂商提供多种服务时，有可能获得范围经济，例如，大学同时提供教学和科研，一方面学校人员和设备同时用于两类服务提供时，可以合理平衡使用时间从而使要素的利用率更高；另一方面教学和科研两者可以互相促进，使得同样要素可以获得更好的效果，所以，大学同时提供两类服务的平均成本将低于单独提供教学或科研时两类服务的成本，这就属于范围经济。大学提供的教学和科研服务可称为关联服务，有时，服务厂商提供的不同服务可能没有关联性，可称为联合服务（联合产品），厂商提供关联服务或联合服务时具有成本优势，来源于投入要素的联合运用、管理资源的联合使用等。

---

① 海，D. 和 D. 莫瑞斯（1991）著，钟鸿钧等译：《产业经济学与组织》，经济科学出版社 2000 年版，第 63～69 页。

② 当然，特许和连锁经营下不同经营单位之间的关系，与制造业中母—子公司或总公司—分支机构之间关系有所不同，但产生规模经济的机制是相同的。

规模经济与范围经济之间并无直接联系。一家提供多种服务的厂商可以在其规模不经济时获得范围经济，例如，电信服务厂商联合提供固定电话和移动通话业务可能比两家独立厂商各自提供时相对便宜，但两项业务均涉及大规模投资的固定成本，如果一家同时提供时两项业务的规模均较小，可能导致规模不经济。同样，一家提供联合服务的厂商在单项服务方面具有规模经济，但可能无法获得范围经济，可以设想一家旅馆连锁集团拥有许多家独立管理的旅店，可能获得规模经济却没有范围经济的利益。

（三）服务厂商的长期供给及相关决策

厂商长期供给分析，通常在假定可以改变经营规模、调整要素投入组合比例以及自由进出行业条件下，厂商的最优产量选择与产品价格的关系。如前所述，竞争性市场中，一家厂商为了使长期利润最大化，会将产量确定在长期边际成本等于价格时的水平，如果价格高于厂商该产量时的长期平均成本，它将获得经济利润。但由于长期内规模可以调整、行业可以自由进出，竞争将使得该产品市场价格下降，直到长期平均成本最低点时的产量，使得厂商的经济利润为零，这意味着厂商仅获得竞争性收益。当然，厂商都希望获得正的经济利润，这正是激励厂商采取诸多主动性行为的动力所在，也是经济学分析所缺少的。

经济学分析关注的是厂商被动行为，强调成本和需求结构对厂商选择构成的约束，不考虑厂商对投入的自由处置能力，只通过有限的决策变量讨论厂商对约束作出的反应，并且，把利润仅作为厂商行为的结果，所以，厂商供给量只是对经营约束反应过程的副产品。但是，现实中的厂商行为并非如此，可能涉及多样化的经营目标、更复杂的过程和更广泛的因素，如图3-32所示[①]。

作为一种组织，厂商需要确定何种组织结构，这取决于其经营战略及相应的经营规模、非利润目标以及管理监督和控制的需要，后者又取决于组织中个人的效用函数以及人们解决问题局限性带来的问题，厂商的市场行为取决于内部组织结构、报酬制度和资本市场约束。因此，厂商决策不仅仅是价格—产量决策，经营利润分配的财务决策和可用资金使用的投资支出决策也必须包括在长期供给行为分析中，从而包括了厂商行为中的相互影响关系，如供给和市场需求条件通过价格、成本和产出决定利润水平，反过来，利润水平及其分配和使用也影响供给和需求条件，这意味着厂商能够在某种程度上影响和操纵其外部市场环境，而不仅仅是一个依赖于市场结构特征的被动单位。财务决策涉及留存收益比率和负债

[①] 海，D. 和 D. 莫瑞斯（1991）著，钟鸿钧等译：《产业经济学与组织》，经济科学出版社2000年版，第588页。

经营比率的决策，这两者分别决定着厂商的内部资金来源和外部资金来源。投资支出决策包括实物资本投资、研发投资、市场（开发）投资、并购投资等，这些投资决定着厂商的经营规模、业务增长、市场份额、业务创新、成本水平和竞争能力等。只有把财务决策、投资支出决策与产量—价格决策联系起来，才能完整把握厂商的供给行为。

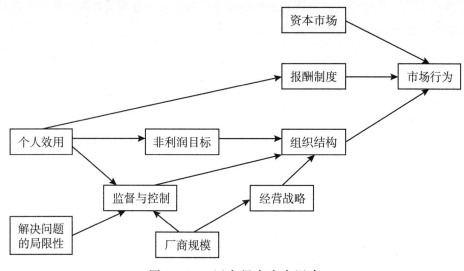

图 3 - 32　厂商行为决定因素

　　如果服务厂商长期供给的目标是利润最大化，竞争市场中，其边际收益等于市场价格，边际成本等于价格的最优决策原则决定了它的供给行为，厂商将没有经济利润，获得正常利润。但服务与有形产品相比，具有更大程度上的差异性，这意味着每家厂商，无论其规模大小，均可不同程度地被看作是有一定垄断势力的经营单位，这时将存在三种情况：第一，如果厂商所在行业具有自由进入的特征，厂商在长期的最优产量水平上也是经济利润为零，但是，价格会高于完全竞争市场的水平，并且在价格与产量之间没有一一对应关系；第二，如果厂商所在行业存在进入壁垒，提供差异化服务的厂商将采取垄断厂商的行为，或者提供单一价格和较低业务量，或者实施价格歧视和较多业务量，不过，即使存在进入壁垒，在位厂商也将面临其他潜在进入厂商的威胁，不可能制定过高价格，因为这属于可竞争市场[①]；第三，如果行业中仅存在几家支配型寡头厂商，寡头厂商之间将业务量或价格作为决策变量进行竞争，会实现纳什均衡下的各自最优化。

　　服务厂商的长期供给行为同样是一系列经营决策的结果，既要考虑最优业务

---

　　①　W. Baumol, J. Panzar and R. Willing, Contestable Markets and the Theory of Industry Structure ［M］. New York：Harcourt Brace Jovanovich, 1982.

量和经营规模，也涉及经营结果利润的分配决策，它直接影响经营循环过程中的内部和外部资金来源，并且投资支出决策需要对市场投资给予更多关注。市场投资是产品或服务营销方面的支出，包括两方面：一是广告支出；二是投资于顾客。广告的目的是吸引更多的客户购买自己的服务，或者通过提供产品性质、功能、价格等方面的信息，促使消费者作出购买选择，或者是影响消费者对服务特征空间中不同维度的认识，强化消费者对本厂商产品的偏好，并提高消费者购买其他替代性服务的转换成本。投资于顾客的支出是服务厂商为使顾客更有效地参与服务过程、提供顾客满意度而进行的投资，包括改善经营的空间环境、使用方便顾客的技术手段、提高服务人员与顾客接触的效率等。

由改进的多夫曼—斯坦纳模型可以得到服务厂商广告支出的最优决策。假定广告的单位成本为 t，在服务需求函数中加入广告变量 a，有：

$$q_s = f(a, p), \quad \frac{\partial q_s}{\partial a} > 0, \quad \frac{\partial q_s}{\partial p} < 0$$

其中，q_s 表示服务需求量，p 表示价格。假定成本是服务提供量的函数 $c(q)$。厂商的利润函数为：

$$\pi = pq_s(a, p) - c(q(a, p)) - at$$

对 a 求导并令其等于零，得到利润最大化的广告支出条件，有：

$$\frac{\partial \pi}{\partial a} = \left(p - \frac{\partial c}{\partial q_s} \right) \frac{\partial q_s}{\partial a} - t = 0$$

所以

$$\frac{at}{pq} = \left(\frac{p - \partial c/\partial q_s}{p} \right) \frac{a}{q_s} \frac{\partial q_s}{\partial a}$$

即广告支出占总收入的比例由价格—成本差额（用价格比例表示，即勒纳指数）和服务销售收入对广告支出的反应弹性 $\left(\alpha = \frac{a}{q_s} \frac{\partial q_s}{\partial a} \right)$ 所决定。如果服务的需求价格弹性为 e，由于 $\left(\frac{p - \partial c/\partial q_s}{p} \right) = \frac{1}{e}$，所以有 $\frac{at}{pq} = \frac{\alpha}{e}$，即广告支出—总收入比例广告弹性和服务需求价格弹性之比决定。因此，一方面，服务厂商市场投资方面的广告支出决策，需要考虑自身提供的服务的价格弹性，如果价格弹性无穷大，意味着该厂商所在行业属于完全竞争市场，这时最优广告支出为零，因为竞争市场中的厂商可以按市场价格销售其能提供的任意数量服务，无论是否做广告，只要价格高于市场价格，其服务销售量将为零，这意味着广告投资是一种与不完全竞争市场相联系的行为。另一方面，如果广告弹性越大，意味着服务销售量增长大于广告支出增长，厂商的最优广告支出也将越大。

服务厂商对顾客投资的重要性与服务的性质有关，服务对购买者的效果一般是通过其自身变化或其拥有的物品（财产）的形态变化表现出来①，例如，美容服务使得消费者自身变化，并从这种变化中得到效用，教育、娱乐服务也是使消费者从自身变化中得到效用；物流服务通过物品的位置移动为其所有者带来效用，银行、保险等金融服务和商务服务导致所有者的财产状态变化，由此给所有者带来效用。可见，服务提供过程中，顾客参与是服务完成的必要条件，不同类型服务只是顾客参与程度有所差别，对人的服务过程中，顾客必须亲自进入服务提供系统，作为服务提供过程中的要素，对物的服务过程中，顾客参与通常局限于提出服务要求、解释问题和支付费用。所以，顾客作为厂商服务提供过程的参与者，属于重要的投入要素，顾客的感受及其满意程度是服务过程产出水平与质量的一种衡量。服务作为一种过程，顾客在该过程中的地位使得服务厂商经营有别于制造厂商，生产有形产品的工厂作业控制技术是按照机器速度设计的过程，并根据是否符合规格来评价产出，这些对服务厂商是不适合的，相反，由于服务的主观差异性明显，有必要采用多个指标评价服务厂商的产出业绩，服务人员直接与顾客接触，管理者没有多少机会进行干预，为了保证在缺乏直接监控的条件下行为恰当，需要对员工进行广泛的培训和授权。从顾客参与的意义上，需要以开放系统的观点理解服务提供过程，把顾客看作是合伙生产者，让顾客参与到服务过程中来（如餐厅里的自助服务），也有利于提高厂商的生产效率，进而改善企业的竞争地位，所以，越来越多的服务厂商重视对顾客的投资，参见图3－33②。服务厂商与客户形成了一种新型的互动关系，对这种关系的投资将成为服务厂商的一种重要资产，并从这种关系管理中取得回报。

服务厂商对顾客的投资不仅是改善提供服务的环境，更重要的是规范直接与顾客接触的业务人员的服务标准，激励这些业务人员主动改善服务质量，提高顾客的满意度。正是基于投资顾客的行为，赫斯克特（1994）等人突出服务利润链的概念，展示了顾客满意度及其决定因素与服务厂商利润之间的关系，如图3－34所示③，服务厂商利润增长来自忠诚的顾客，顾客忠诚又源于顾客满意，而顾客满意受感知服务价值的影响，服务价值是由那些满意的、投入的、生产性的员工创造，员工满意产生于对信息技术和培训的投资以及员工授权的企业策略。

---

① H. 洛夫洛克（1996）根据服务的直接接受者不同，将服务区分为对人的服务和对物（财产）的服务，根据服务行为的形态，将服务分为有形服务和无形服务。将上述两种维度结合，将服务分为四类：对人的有形服务、对人的无形服务、对物的有形服务、对物的无形服务。

② J. 菲茨西蒙斯、M. 菲茨西蒙斯著，张金城等译：《服务管理：运作、战略和信息技术》，机械工业出版社2007年版，第22页。

③ J. Heskett, T. Jones, G. Loveman, W. Sasser, Jr., and L. Schlesinger. Putting the Service-Profit Chain to Work. Harvard Business Review, March-April 1994, P. 166.

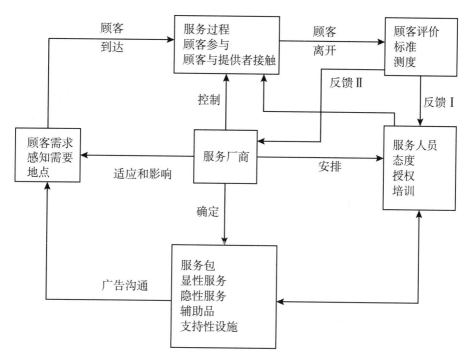

图 3 - 33　服务厂商开放的经营系统

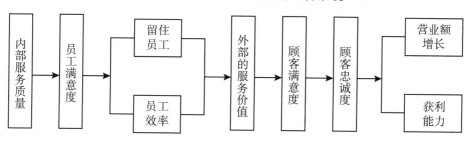

图 3 - 34　服务厂商利润

　　服务厂商供给中总是存在不平衡的情况，因为服务不能储存，既定的服务提供能力下，如果顾客过少，会产生过剩供给能力，它不能像物质产品生产中将过剩供给能力的产品储存起来，在需求过大时平抑缺口，服务厂商的这种过剩供给能力只能在闲置中丧失其价值，例如，剧院在开场后还有空位，只能是闲置，中介机构一天没有业务，也意味着其服务提供能力未能形成价值；另外，顾客的服务需求集中到来时，服务厂商也只能面对顾客离开而无能为力，例如，旅馆在旅游高峰季节无法充分接待乘兴而来的旅游者。服务厂商的供给能力利用不平衡一直是其最大困扰，现代技术条件下，厂商正力图通过服务创新来克服这种困扰。

　　服务创新包括流程创新和产品创新两类。前者是对服务提供过程进行改进或重组，使得服务提供的准确性提高，例如，通过互联网方式把传统的旅游服务从交通、住宿、餐饮、景点游览等分散的活动，统一成周密计划的"服务包"，有效地平衡了服务供求。后者是开发新的服务品种，或者对已有服务进行重组，通过服务多样化来实现厂商经营的平衡，例如，医疗服务机构通过信息技术提供远程医疗、保健服务，或者提供专门的预约服务，有效平衡医院的服务供求。

人们通常将服务厂商创新与制造厂商创新相对比，认为服务厂商的创新似乎太微不足道，一项飞机发动机的发明会使人们惊叹，而制定一家餐饮企业的服务标准和操作流程似乎与创新无关。实际上，设计一项为一幢商务大楼员工供应午餐的服务系统，并不比制造一辆汽车简单，只是制造厂商的创新更多涉及技术、工艺问题，而服务厂商的创新更多涉及人员协调、时间安排和服务人员表现等。随着经济服务化的发展，新的服务观念不断出现，由此促进了服务提供系统的创新，例如，长期以来，医疗部门只是为顾客提供医疗服务，并不提供相关的知识和技能，但人们逐渐认识到，向顾客传授医疗知识并培养他们的自我保健能力，可以提高医疗服务质量，也可以降低医疗保健系统的服务成本。同时，社会发展使得消费者的自由选择期望越来越高，由庞大的垄断性国营机构提供单一性服务的状况日益不能满足消费者的需要，大众市场的细分使得专业化服务逐渐取代单一性垄断服务，这为服务创新提供了强大的动力，例如，航空公司的服务面对其他运输方式的竞争压力不断增强，迫使它们也要改善服务态度，在服务提供中进行相应环节的改进和创新。

服务厂商与顾客的特殊关系导致了相应的特有创新方式。诺曼（2000）将服务厂商与客户之间的互动关系，同制造厂商与客户关系加以对比，将其称为"援助（relieving）与驱动（enabling）的对比"，制造厂商提供产品是"援助"顾客，使他们不用再亲手做某些事情，可以将这些事情交给具有规模经济优势的专业化厂商完成，而服务厂商则是使顾客有机会去做他们以前无法做到的事情，厂商不再替顾客包办一切，是让他们做自己想做的事情，这称为驱动逻辑，"驱动"的重要特征是服务厂商将更多的知识传授给顾客。某种程度上可以说，现代服务厂商正努力把援助和驱动有效结合起来，并在服务提供过程中权衡这两类因素，这种结合和权衡反映了服务厂商的创新行为，例如，医疗机构逐渐将传统的援助型医疗服务，与家庭保健、预防保健和自我保健等驱动型医疗服务相结合，有可能创新出新的医疗服务品种，这既涉及过程创新也涉及产品创新。

服务厂商的创新可以通过经营中的干中学实现，但现代经济中更多的创新是通过有意识的研究与发展（R&D）方面投资实现的。首先，研发投资是厂商的一种投资支出，与物质资本投资、市场投资等支出之间存在竞争关系，对研发投资的决策既涉及不同投资支出之间的权衡，也涉及风险、收益的预期，并最终接受市场利润的检验。其次，研发投资支出必须在厂商成长的环境中考察，利润是研发资金的源泉，但研发投资支出也会影响市场结构进而影响利润，这种关系是双向的。

四、服务供给的生产率

（一）分析服务厂商生产率的不同视角

服务厂商投入与产出之间的对比关系具有技术和经济两方面的含义。从技术上说，同样要素投入带来的服务量越多，或者同样数量服务所投入的要素越少，意味着技术效率越高；从经济上说，要素投入和要素价格决定着服务成本，服务价格和服务提供量决定了厂商收益，收益与服务成本之间的差额越大，意味着服务厂商效益越高。

生产率表现了产出与创造这些产出的投入之间的关系，显示了一个机构将投入转化为产出的能力，这种机构可以属于提供服务的不同层次，所以，生产率概念可以适用于一个国家、一种产业、一家厂商或者某一项具体活动。生产率可以用单个产出和单项投入来计算，也可以用整体产出和整体投入来计算，大多数机构有多种产出，也有多种投入，这样，产出和投入需要转换成共同单位，实际计算中，产出和投入通常使用加权指数来计算。只计算一种投入的生产率被称为单项生产率，如劳动生产率表示每一工时的产出量，当然不能把整个产出结果都归因于劳动，因为生产一单位产出同样需要其他要素投入。总生产率给出了更多的相关信息，显示了所使用的所有相关投入要素中获得的结果，总生产率提高表示提供既定产出时一种或多种投入的减少。

这里有必要区分生产率与效率的概念，有时人们不加区别地使用它们。一个单位的生产率是产出与创造这些产出的投入之间的比较，效率则表示达到最佳结果、预定目标或最好运作状态，它测量的是实际产出与所有投入应得的最大产出之间的比较。即使某一机构使用了不同的技术，生产率还是可以比较的，但对效率而言，只能对使用同样技术和投入的机构进行对比。

经济学关于服务生产率的研究通常是从行业水平上进行的。富克斯（1968）根据当时可得到的美国服务业产值、就业、生产要素总投入的数据，分析了美国服务业的生产率水平及其与其他产业的比较，也对服务业内部不同行业的生产率差异进行了统计分析，得出了服务产业生产率相对较低的结论，这种分析方法和结论是后来许多研究的基础，不同的只是对生产率的界定和表示有所不同。

对于统计资料显示的服务业生产率较低的原因，学术界有两种不同观点：一种观点认为，是由于统计计量的误差所致。格瑞利切斯（Griliches，1994）认为，服务产业是不可直接测度的，特别是计算服务产出时存在难以克服的困难，服务的无形性导致对服务产出的计量单位很难确定，从而对测度服务生产率产生致命的影响。计量服务产出时，通常会遇到下列的困难：难以列出服务包的组成部分，服务作为一个过程，服务包含一整套的服务，称为服务包，有核心服务和一系列外围辅助性服务，两者之间的界限并不清晰；消费者在服务提供中具有特殊且重要的作用，作为服务过程的参与者，他们也对服务供给产生了作用，并直接影响服务提供的效率，但服务产出计量无法明确区分消费者的影响程度；服务是按收费计算其产值，所以难以区分总产值和增加值；服务本身质量的提高，以及服务对其他产业效率提高的溢出效应，均难以在计量服务产出时反映出来。因此，统计数据显示的服务业低生产率可能是低估的结果，但如果避免这种低估，至今也没有很好的解决办法。

另一种观点认为，是服务本身的性质导致其生产率相对较低。富克斯（1968）指出，服务业人均产值增长缓慢的原因主要有三个，均与服务的性质有关：第一，服务的需求容易波动，实际投入的工作时间少于制造业；第二，多数服务行业的劳动密集程度高于工业，所以，服务业的人均资本低于工业；第三，服务提供的定制化程度较高，使其难以大规模利用先进生产技术，使得服务业的技术进步速度、规模经济均落后于工业。鲍莫尔（Baumol，1967）认为，造成服务业与制造业生产率差异的原因在于劳动力的作用不同，在制造业部门，劳动力只是生产最终产品的工具，最终产品购买者不会在意生产中的资本—劳动比，所以，随着技术进步，制造产品中的劳动投入逐渐减少，同时还伴随着产品质量的提高。但服务通常就是直接以劳动体现的，劳动投入的多少是判断服务质量好坏的直接标准，即使许多服务行业中出现机械化的趋势，但始终需要服务人员与顾客的接触，才能得到顾客的满意，所以技术进步总是有限的。迄今为止，关于服务业生产率的衡量和高低，仍然是争论很大的问题，也没有一致的结论，这可能要随着服务的投入、产出计量技术的进步才能逐步取得共识。

关于服务厂商生产率的研究，主要集中在管理学领域，侧重研究如何通过服务体系构建、服务系统运营的业务和职能管理、服务经营管理技术和方法的运用，实现服务厂商经营的效益最大化。服务业中存在停滞的个人服务、逐渐停滞的非个人服务以及不断进步的非个人服务（鲍莫尔，1985），不断进步的个人服务可以随着技术进步不断用资本替代劳动实现生产率的不断增长，而如何提高前两类服务的生产率是管理者面临的最大挑战。通常认为，与制造业相比，虽然停滞的个人服务和逐渐停滞的非个人服务也能从技术进步中获益，如利用计算机和互联网改进旅馆、餐饮、银行等服务业，但这种效应是相对有限的，所以，服务生产率提高的主要源泉在于管理，拜玛和格林沃德（Biema and Greenwald, 1997）指出，美国服务业生产率增长缓慢，主要原因在于服务业本身的复杂性以及管理效率不高，证据在于：第一，制造业激烈的外部竞争对管理者的压力，使得生产率和产品质量均有明显增长；第二，成功的服务厂商与其竞争对手之间表现出广泛而明显的差距；第三，许多厂商生产率增长均显示出较大幅度的波动，这种短期内的波动很难使用技术、资本和劳动这些要素的变化解释，只能归因于管理者对效率的关注；第四，对于大多数通过杠杆收购获得成功的厂商，主要是因为管理者集中精力去提高经营活动的效率。

德鲁克（P. Drucker, 1991）根据服务厂商的特点，认为不能仅仅依赖资本投入和技术去提高服务提供的生产率，重要的是在管理方面学会有效率地工作。第一，明确任务。这样可能发现许多任务可以简化，或是可以与其他任务合并完成，而不会影响顾客的满意度。第二，把工作集中于主要任务。服务员工经常被要求去做各种各样的工作，但有些工作与厂商的主要功能关系并不密切，这会导致员工积极性的减弱，影响其本身专业的工作效率，如果这些与个人专业无关的工作由专门人员完成，可以提高两类员工的效率，表面看虽然增加了人员和工资支付，但效率提高的收益可能远大于增加的工资支出。第三，分类评估绩效。服务的范围十分广泛，对技能、技术的要求也大相径庭，每种服务的标准各异，试图使用同样方法提高生产率，不可能在所有服务厂商中得到同样结果，某些服务的衡量标准不是数量而是质量，例如，研发服务的关键是能否产生出具有创意的新产品或新工艺；有些服务的主要指标是数量，如清洁服务主要看一定时间内完成了多少面积或多少单位的清洁任务，还有些服务的衡量标准包括质量和数量两方面，例如衡量一个银行职员的标准，既要考察其处理的业务量，也要看由顾客满意度反映的工作质量。只有区分不同服务的绩效考核标准，才能有针对性地采取相应措施提高生产率。第四，建立管理者与员工之间的良好合作关系。服务厂商的业务主要依靠前台员工直接与顾客接触完成的，不是简单的管理者指挥和监督、员工被动操作的模式，而是要有员工的积极、主动的创造性工作，才能保证服务提供的数量和质量，所以，建立管理者与员工的合作关系是达到目的的最好途径。

管理学对服务厂商的生产率分析侧重于内部管理的改进途径和方案，缺乏从主体行为角度的探讨，经济学的传统理论在这方面也少有建树，因为经济学侧重研究社会范围的资源配置效率，厂商只是这种研究中的一个因素，总是假定厂商内部的资源利用处于生产函数前沿，并作为市场上的价格接受者，按照生存技术标准，生产率低的厂商会退出市场，留下来的均是处于生产率前沿的厂商，实际上是把厂商作为"黑箱",所以,也没有从主体行为角度对厂商生产率进行研究。幸运的是,新制度经济学打开企业"黑箱"之后,提供了分析厂商生产率的理论工具,厂商之所以在市场中存在,一定有其功能和效率方面的基础,按照科斯(1937)的观点,厂商作为一种资源配置工具,是市场机制的一种替代物,厂商边际管理费用低于市场边际交易费用时,意味着厂商具有相对于市场的较高效率,这时厂商替代市场进行资源配置,两者的区别在于,市场依靠自由交易而厂商依靠行政权威。科斯没有进一步探讨交易费用的内涵,也没有探讨厂商内部管理费用的决定因素,所以,对厂商生产率的决定因素仍然不清楚。随后的经济学家对厂商内部的激励—协调机制、委托—代理关系等进行了研究,为理解厂商生产率的决定因素提供了条件。

服务厂商生产率关键取决于分工水平,斯密曾以制针工厂的例子显示了分工的巨大效率,并把劳动者技巧随分工而熟练、减少工作转换时间和简化劳动操作以利机械发明,作为分工提高生产率的三个主要原因。要真正获得分工提高生产率的利益,需要员工具有专业化技能,使用专业化的设备和工具,去做专业化的工作,而专业化程度的提高,需要协调机制来保证用正确的方法提供消费者需要的服务。

厂商之间的分工协调机制是价格体系,厂商内部分工则通过管理体系协调。由于厂商内部分工的具有设计属性(P. 米尔格罗姆和 J. 罗伯茨,1992),即分工的各部分必须以一种可预知的方式相互配合,从而缩小寻找有效决策的范围,最基本的方面涉及工作同步性和工作分派,前者是不同员工分工合作完成一项工作时,需要保持互相协调,后者是一项工作由不同任务组合完成,一个人或一个单位只承担一项任务时,必须确保每一任务都能得到完成并且没有努力的浪费。这些情况下,管理者需要设计一种信息传递顺畅、能对个人有效激励的制度,保证统一指挥的有效,并能使每个人的努力变得有效。例如,规模化旅行社承接一个旅游团需要推销、洽谈、收款、行程安排、导游服务等许多方面的人员分工配合,最终的客户满意程度不是取决于哪一个员工,而是他们总体的配合,相似地,餐馆里从点菜、下单、配料、厨师操作、上菜等不同任务,必须对相关员工进行明确的任务分配,才不至于引起混乱。当然可以设想通过价格体系对上述过程中的任务进行协调,但决策的紧迫性、最优行动对环境的依赖性以及管理者与员工各方对决策的知识等,决定了计划协调是比市场分散协调更有效率的形式,这意味着管理因素对厂商的生产率具有决定性的作用。

这里也要认识到的是,厂商层次生产率的提高是国家层面生产率提高的基础,提高厂商生产率的新技术引进和创新,最终对国家水平的生产率产生长期影响;厂商经营规模的扩大,其内部分工水平会提高,同量资源在这类厂商中的使用具有较高生产率，也意味着国家水平生产率的提高；厂商内部有效人力资源开发、管理水平提高自身生产率的同时，等于增加了经济总体的资源供给。

（二）服务供给的质量

服务质量是服务差异性的一种形式，服务厂商在竞争中，除了价格因素之外，服务质量是最重要的因素。由于服务提供与消费的同步性，不存在事后纠正的可能性，所以，相对于制造厂商，服务质量对服务厂商而言具有特别重要的意义。首先，高服务质量才能使顾客产生高满意度，高满意度才能形成顾客高忠诚度，而顾客忠诚度是厂商收益提高和增长的源泉。其次，高忠诚度的顾客为厂商提供稳定的客户基础，创造了厂商的市场份额。再次，顾客的高满意度也会使服务提供人员从工作中获得较高的满意度，满意度高的员工带来高的生产率。最后，高服务质量意味厂商不必在纠正错误或补偿顾客不满意方面的花费，有利于降低成本。此外，优质服务也是厂商抵御价格竞争的有力手段。

服务质量通常是以顾客的满意度反映出来，这种满意度可定义为：将所接受服务的感受与对服务的期望相比较所作出的评价。当感受超出期望时，服务被认为是优质的，顾客表示出高兴和惊讶；当没有达到期望时，服务注定是不可接受的；当期望与感受一致时，服务质量是满意的。期望可描述为顾客的要求、需要、希望，可以被市场推销、厂商形象、顾客口头相传等所影响，如图 3-35 所示[1]，服务期望受到口碑、个人需要和过去经历的影响，图中也给出了服务质量的要素，它们是在对几类服务进行充分研究的基础上总结出来的，顾客按相对重要性由高到低判断服务质量包括五个基本方面：可靠性、响应性、保证性、移情性和有形性[2]。可靠性是可靠、准确地履行服务承诺的能力；响应性是指帮助顾客并迅速提供服务的愿望；保证性是指员工所具有的知识、礼节以及表达出自信与可信的能力；移情性是设身处地为顾客着想和对顾客给予特别的关注；有形性是指有形的设施、设备、人员和沟通材料的外表，有形的环境条件是服务人员对顾客更细致的照顾和关心的有形表现。顾客从这五个方面将预期的服务和接受到的服务相比较，最终形成自己对服务质量的判断和评价。期望与感受之间的差距是服务质量的量度，从这个意义上说，满意度既可能是正面的也可能是负面的。

---

[1] Parasuraman, A., V. Zeithaml and L. Berry. A Conceptual Model of Service Quality and Its Implications for Future Research [J]. Journal of Marketing, Vol. 49, Fall, 1985, P. 48.

[2] Parasuraman, A. V. Zeithaml and L. Berry. Servqual：A Multiple-Item Scale for Measuring Consumer Perceptions of Service Quality [J]. Journal of Retailing, Vol. 64, No. 1, Spring, 1988, pp. 12–40.

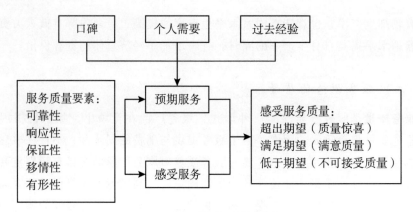

图 3 – 35　服务质量要素

制造业中，产出的质量与厂商在设计产品时所确定的内部标准有关，产出的测量只包括所生产出来的、符合厂商内部标准的产出数量，这种场合的厂商生产率侧重内部效率。但是服务厂商的产出测量与其质量密切相关，服务的价值决定于顾客的观念和评价，为此，服务厂商必须依据顾客的满意度审视服务产出，以测量所提供服务的外部效率，这意味着服务厂商的生产率测量与质量密切相关，也意味着仅从服务厂商内部出发，以内部技术标准来定义服务质量是不够的，服务质量是一个比内部技术规格更为宽泛的概念。因为产品生产过程是在内部封闭系统进行的，消费者只是在意购买的最终产品本身质量特征，而服务过程是在顾客直接参与下进行的，他不仅重视接受到什么样的服务结果，也会在意如何接受服务的过程，包括顾客与服务人员及技术设备之间的相互作用，以及不同自我服务活动与其他顾客的影响。从竞争的观点看，服务的结果不是一个关键问题，这一过程本身的质量是关键。

服务质量是产品差异化的一种形式，经济学中通常把产品或服务的差异分为水平差异和垂直差异两种。当同一类产品的属性，从种类维度加以区分时，就形成水平差异，如颜色、式样、规格、口味等差异，对服装颜色的偏好，有人喜欢红色，有人喜欢蓝色，这时就从颜色的维度形成产品差异，考虑消费者在式样方面的不同偏好，就形成另一维度的产品差异。当同一类产品的属性从品质维度加以区分时，就形成垂直差异，如同种产品的不同耐用性、档次、功能等。这些产品差异对厂商行为的影响是应用经济学分析中的重要课题①。

从购买者角度，可以分析个人收入水平如何影响不同收入消费者购买服务的质量。假定一个行业中有两家厂商提供不同质量的服务，质量水平分别 H 和 $L(H > L > 0)$，有两个消费者 1 和 2，收入分别为 M_1 和 $M_2(M_1 > M_2 > 0)$，即消费

---

① 夏伊，O.（1995）著，周战强等译：《产业组织：理论与应用》，清华大学出版社 2005 年版。

者 1 是高收入者，消费者 2 是低收入者，每个消费者仅购买以单位服务，消费者 $i(i=1,2)$ 的效用为：

$$U_i = \begin{cases} H(M_i - p_H)，如果购买高质量服务 \\ L(M_i - p_L)，如果购买低质量服务 \end{cases}$$

该函数具有下列性质，对于给定的价格，服务质量的效用随收入的上升而增加。在上述函数中，不同收入消费者购买不同质量服务有以下的规律：如果低收入消费者购买高质量服务，那么，高收入消费者必然购买高质量服务。设 $U_i(k)$ 表示消费者 i 购买质量 k 服务所获得的效用，我们要证明：

$$U_1(H) = H(M_1 - p_H) > L(M_1 - p_L) = U_1(L)$$

有效用函数可以得到，如果消费者 2 购买高质量服务必然有：

$$U_2(H) = H(M_2 - p_H) > L(M_2 - p_L) = U_2(L)$$

因此有：

$$(H - L)M_2 > H\,p_H - L\,p_L$$

因为 $M_1 > M_2$，可以得到：

$$(H - L)M_1 > (H - L)M_2 > H\,p_H - L\,p_L$$

所以有 $H(M_1 - p_H) > L(M_1 - p_L)$，证毕。

同样可以证明：如果高收入者购买低质量服务，那么，低收入者必然购买低质量服务。

从厂商角度，可以利用修改的霍特林纵向差异模型讨论厂商的供给行为。假定消费者和厂商均是均匀分布在区间 $[0,1]$ 上，有两家厂商 A 和 B 位于离原点 a 和 b 的位置（$0 \leqslant a \leqslant b \leqslant 1$），$A$ 提供低质量服务，B 提供高质量服务，如图 3 - 36 所示。

图 3 - 36 霍特林模型中的纵向差异

位于 x 点（$x \in [0,1]$）且购买服务 $i(i=A,B)$ 的消费者效用可定义为：

$$U_x(i) = \begin{cases} ax - p_A, & i = A \\ bx - p_B, & i = B \end{cases}$$

其中，p_A、p_B 分别为厂商 A 和厂商 B 所索取的价格。尝试定义一个两时期博弈，厂商在第一期选择位置，然后在第二期选择价格，假定厂商位置由图 3 - 36 给出。

设 $\hat{x}$ 代表一个从厂商 A 或厂商 B 购买服务的顾客，假设该顾客位于两厂商之间，即 $a \leqslant \hat{x} \leqslant b$，无差异顾客的位置由下式决定：

$$U_{\hat{x}}(A) = a\hat{x} - p_A = b\,\hat{x} - p_B = U_{\hat{x}}(B)$$

由 $a \le \hat{x} \le b$，从厂商 A 购买服务的消费者数量为 $\hat{x}$，从厂商 B 购买服务的消费者数量为 $1 - \hat{x}$，从上式求解 $\hat{x}$，可以得到：

$$\hat{x} = \frac{p_B - p_A}{b - a} \quad 和 \quad 1 - \hat{x} = 1 - \frac{p_B - p_A}{b - a}$$

如果 $p_A > p_B$，所有消费者将购买厂商 B 的高质量服务。

给定厂商位置 a、b，在第二期，每家厂商将对方价格视为给定，选择自身价格以实现利润最大化，即厂商 A、B 分别求解：

$$\max_{p_A} \pi_A(a,\ b,\ p_A,\ p_B) = p_A\hat{x} = p_A\left[\frac{p_B - p_A}{b - a}\right]$$

$$\max_{p_B} \pi_B(a,\ b,\ p_A,\ p_B) = p_B(1 - \hat{x}) = p_A\left[1 - \frac{p_B - p_A}{b - a}\right]$$

如果第二期对各厂商任何给定位置（a 和 b），$p_1^e(a,\ b)$ 和 $p_2^e(a,\ b)$ 构成一个纳什均衡；第一期在给定第二期价格关于位置的函数 $p_A^e(a,\ b)$、$p_B^e(a,\ b)$ 和 $\hat{x}[p_A^e(a,\ b),\ p_B^e(a,\ b)]$，$(a^e,\ b^e)$ 是一个位置上的纳什均衡。那么，四元数组 $[a^e,\ b^e,\ p_A^e(a,\ b),\ p_B^e(a,\ b)]$ 被称为一个纵向差异行业的均衡。

从第二期开始求解利润最大化，得到一阶条件为：

$$\frac{\partial \pi_A}{\partial p_A} = \frac{p_B - 2p_A}{b - a} = 0 \ 和 \ \frac{\partial \pi_B}{\partial p_B} = 1 - \frac{2p_B - p_A}{b - a} = 0$$

所以有：

$$p_A^e(a,\ b) = \frac{b - a}{3} 和 p_B^e(a,\ b) = \frac{2(b - a)}{3}$$

可见，即使低质量服务厂商的成本和高质量服务厂商的成本相同，提供较高质量服务的厂商也会收取较高价格。

将第二期均衡价格代入利润函数，有：

$$\pi_A(a,\ b) = \frac{1}{b - a}\left[\frac{2(b - a)^2}{9} - \frac{(b - a)^2}{9}\right] = \frac{b - a}{9}$$

$$\pi_B(a,\ b) = \frac{1}{b - a}\left[\frac{2(b - a)^2}{3} - \frac{4(b - a)^2}{9} + \frac{2(b - a)^2}{9}\right] = \frac{4(b - a)}{9}$$

逆推到第一期，厂商 A 视 b^e 为给定且最大化利润给出 $\pi_A(a,\ b^e)$，厂商 B 视 a^e 为给定且最大化利润给出 $\pi_B(a^e,\ b)$。可以看出，厂商 A 将选择提供尽可能低质量的服务，并处于 $a^e = 0$，厂商 B 将选择提供尽可能高质量的服务，并处于 $b^e = 1$，所以，在一个纵向质量差异模型中，每一厂商将选择提供与竞争对手质量差异最大的服务，这意味着厂商可以提高对目前顾客群体的市场势力。

第四节　服务均衡价格

服务在经济总产品中的比重日益提高，既反映了经济结构的变化，也意味着人们的经济福利越来越取决于服务的数量和质量。但是，服务相对于一般商品的特殊性，使得它的衡量至今仍是理论和实证研究的难题，对其价值和市场价格的理解也存在诸多疑问。关于服务厂商经营管理方面的研究，虽然可以避开这些难题，但从理论研究的角度却无法绕开，对于政策层面的研究也是基础性的问题。本章利用经济学的概念和原理，基于对服务本身性质的把握，对服务的价值和价格进行基础性探讨，首先对服务价值论进行全面分析；其次分析服务价格的动态趋势；最后讨论服务厂商的价格策略。

一、服务价值论

（一）商品—服务两分法与服务价值

斯密总结之前的经济学思想，将经济学定义为财富性质与原因的研究，财富的形态、性质和源泉一直是研究的主题，这些均与财富内在价值的探讨有关。对财富的最原始理解可以有两种角度：一是生产角度；二是消费角度。前者侧重投入品、生产过程和成果，关注生产效率，这就需要投入品和生产成果的数量容易衡量，有形产品最容易满足这种条件；后者侧重消费者使用生产成果带来的满足，同样有形产品对不同消费者具有不同的满足程度，同样有形产品的不同数量对同一消费者也具有不同的满足程度，这给财富衡量带来困难。更重要的是，现代经济的早期，经济发展水平较低，人类社会满足于基本生活需要，消费方面的差异较小，对生产方面的重视程度远大于消费方面。因此，对有形产品的重视就成为理解财富问题的传统。随着市场经济的发展，分工和交换的范围日益扩大，对财富的理解需要扩展到交换和分配方面。不同财富形态之间的交换，自然涉及它们之间交换比例确定的基础，使得理论兴趣进一步扩展到寻找财富共性因素，这就是古典经济学把有形产品价值探讨作为核心的缘由，可见，从生产角度研究财富的生产和交换，决定了以有形产品为对象分析价值的古典经济学传统。

服务自古有之，但长期以内部提供为主、以生活服务为主。20世纪50年代之前，生产过程内部分工形成的协调等管理活动，如财务、人事、营销等职能部门提供的服务，属于内部提供方式，服务价值体现在所生产的产品中，这类生产者服务的内部提供，很容易使人们忽略服务的独立功能，并且不是通过市场定价，从而不可能对这类服务的价值给予关注。市场化的服务提供主要以生活服务为主，这类服务大多属于家庭内部活动的外部化，而长期以来，通常把家务活动作为消费的内容，由于古典经济学是从生产成本角度界定产品价值，生活类服务的价值问题自然在他们的视野之外。

正是由于上述对财富和服务的理解，形成了古典经济学的商品—服务二分法，只有可储存的有形商品才构成财富的基础，而不可储存的无形服务不构成财富的内容。这种基于物品形态的财富观，显然与经济发展水平和科学认知水平密切相关。工业化之前的传统社会中，土地和劳动结合生产的农产品既是人们的基本生活资料，也是主要的财富形式，工业化社会中，生活资料包括了大量的制造品，且储存性高于农产品，特别是生产中物质资本比重的日益提高，更强化了人们把财富与有形产品相联系的经验基础。这期间经济思想经历的重商主义、重农主义和古典经济学，其基本的区分就在于对财富形式的认识差异，重商主义认为，有形的金银才是财富，重农主义认为，农产品才是真正的财富，古典经济学则把财富范围扩大到所有有形产品，它们共同的观点是，有形性和可储存性是财富的基础，这种性质的产品才能构成财富的内容。

基于财富形式的商品—服务二分法，其理论基础在于生产性劳动与非生产性劳动二分法。斯密（1776）对生产性劳动与非生产性劳动作出经典的区分，他提出两种标准：一是与价值创造有关的标准，即创造价值的劳动属于生产性劳动，不创造价值的劳动属于非生产性劳动；二是与交换相联系的标准，即与资本交换的劳动属于生产性劳动，与收入交换的劳动属于非生产性劳动。实际上，这两种标准是统一的，都与区分物品的物质形态相联系，财富化价值总是与有形物品联系，无形的服务不能储存从而不能成为财富。由于价值与生产性劳动、可储存的有形产品相联系，从这个意义上说，服务没有价值。

服务不生产价值，但服务劳动者要得到报酬，这种报酬只能来源于利润或地租收入。斯密指出，一国总产品生产出来后就自然分成两部分：一部分用来补偿资本；另一部分以利润或地租形式成为资本所有者和土地所有者的收入。用来补偿资本的那部分总产品只是为了维持生产性劳动者，利润或地租形式的收入，既可以用来维持生产劳动者，也可以用来维持非生产劳动者，而用来维持非生产劳动者的那部分总产品，意味着从资本中撤出，转化为直接消费的资财，不再对财富生产发挥作用。因此，不仅服务劳动本身不创造财富和价值，而且用于支付服务劳动的报酬，也可能占用生产性劳动的资本，从而损害经济增长。

古典经济学基于二分法对服务性质和服务价值的认识产生了长远影响，特别是将服务劳动等同于非生产性劳动，使得对服务和服务业在经济中地位的认识，一直无法与经验事实相一致，表现为服务业已经在经济中处于绝对支配地位的条件下，仍然把服务业作为制约经济增长的因素，即使在理论上已经舍弃掉二分法和非生产性劳动概念的情况下，仍然具有潜在的影响。

首先，商品—服务二分法是基于劳动成果的物理形态差别直接界定其内在性质差别，这种区分方法在逻辑上有问题。商品和服务作为经济物品，它们的共同特征是，其取得过程需要耗费资源，同时能够满足不同的需要，所以，无论是按照古典劳动（成本）价值论，还是按照后来的（边际）效用价值论或者均衡价格论，服务与有形产品一样具有价值，只是价值形成和最终实现方式的不同，服务的价值形成与其最终实现是同一过程，而有形产品的这两方面可以分离，与此相关的是服务不可储存和运输，似乎与物质财富的性质相去甚远，这是二分法观点认为服务没有价值的更直接原因，从斯密的思想看，对服务是否有价值实际上有些自相矛盾，他一方面指出"家仆的劳动，亦有它本身的价值，像工人的劳动一样，应得到报酬"①；另一方面又指出"家仆的劳动，却不固定亦不实现在特殊物品或可卖商品上。家仆的劳动，随生随灭，要把它的价值保存起来，供日后雇佣等量劳动之用，是很困难的。"② 可见，从服务提供过程来看，对其有无价值，斯密并不十分确定，但从服务不可储存的特性看，他毫不犹豫地认定服务没有价值，因为可储存性正是财富的最直观特性。

实际上，服务的可储存性只是形式不同于有形产品，主要体现在其效用的持续性上，例如，教育服务提供的知识和技能，转化为学习者的永久性能力，也就是人力资本，运输服务提供的位置移动，体现为物品效用的实现，或者旅客效用的获得，金融服务体现为客户金融资产的价值或形式变化，等等，这些均是服务的储存。有形产品的储存虽然表现为产品形态的持续性，但实质上仍然是其效用的可持续性。

其次，生产性劳动和非生产性劳动的区分在经济学中一直存在争论。斯密是从资本积累的角度讨论生产性和非生产性劳动，一方面，如果一定时期总产品"用以维持非生产性人手的部分越大，用以维持生产性人手的部分必越小，从而次年生产物亦必越小。……，除了土地上天然出产的物品，一切年产物都是生产性劳动的结果。"③ 另一方面，"资本增加的直接原因，是节俭，不是勤劳。诚然，未有节俭以前，须先有勤劳，节俭所积蓄的物，都是由勤劳得来。但是若只

---

① 斯密（1776）著，郭大力、王亚南译：《国民财富的性质和原因的研究》，商务印书馆1972年版，第303页。

② 同上，第304页。

③ 同上，第305页。

有勤劳，无节俭，有所得而无所贮，资本绝不能加大。"① 因为节俭下来的收入通常用于雇佣生产性劳动者，他们不仅再生产他们消费掉的价值，而且提供利润。总收入中用于雇用家仆消费掉的部分，是维持非生产性劳动，不能再生产出消费掉的价值，一切的奢侈性消费均是如此，这类消费越大，意味着节俭动机越弱，资本积累越小，财富增长必然越慢，而非生产性劳动规模是决定奢侈性消费的原因。

可见，斯密的推理中，总收入中用于生活性消费的部分都会影响资本积累，生产这类物品均是非生产性劳动，无论是有形产品还是无形服务，只是他特别强调基本生活消费之外的所谓奢侈性消费，在经济发展水平较低阶段，这类消费通常是由佣人和相关专业人员如牧师、厨师、理发师等提供，属于消费类服务，这类服务对资本积累没有作用，并且花费在这类服务上的收入越多，可用于资本积累的收入就越少，提供这类服务的劳动者不能对资本积累有所贡献，正是从这个意义上说，提供这类服务的劳动属于非生产性劳动，不创造价值。

后来的经济学家对斯密的非生产性劳动界定有不同看法，但对其非生产性劳动不创造价值的观点基本上都是接受的，不过，均忽视了斯密是从资本积累角度来界定非生产性劳动的②，只是把提供消费服务的劳动作为非生产性劳动的代表，斯密从来没有把所有服务提供均作为非生产性劳动，他在讨论资本的各种用途时，把农业投资、工业投资、批发商业投资、零售商业投资作为并列的四种资本用途，"这四种投资方法，有相互密切的联系，少了一种，其他不能独存，即使独存，亦不能发展。"③ 可见，商业作为当时主要服务业，其中的劳动一定属于生产性劳动。同时，斯密也把货币作为社会资本的一部分，经营货币业务的银行等金融服务方面的劳动，自然也属于生产性劳动。因此，把服务与非生产性劳动相联系，证明服务不创造价值是对斯密的误解，遗憾的是，这种误解一直延续至今。

最后，关于价值形成（创造）阶段的理解，马克思作了最明确的区分。他认为购买阶段是为价值形成作准备，销售阶段是价值的实现，只有生产阶段才形成价值。购买和销售阶段合称流通过程，流通过程中处理商品使用价值的劳动是生产在流通过程的延续，如产品包装、运输、保管等活动，这些劳动也形成价值，流通过程中单纯为实现商品价值形态变化的劳动，如商业店员的劳

---

① 斯密（1776）著，郭大力、王亚南译：《国民财富的性质和原因的研究》，商务印书馆1972年版，第310页。

② 斯密的《国民财富的性质和原因的研究》中是在分析资本积累和资本用途的第二篇中讨论非生产性劳动的，标题就是"论资本积累并论生产性和非生产性劳动"。

③ 斯密（1776）著，郭大力、王亚南译：《国民财富的性质和原因的研究》，商务印书馆1972年版，第330页。

动是不创造价值的。实际上，对价值的上述理解过于狭隘，应该说，整个过程的所有阶段协同劳动形成（创造）了价值，只是不同阶段的劳动成果形式不同，在企业内分工条件下，不同阶段协同劳动形成的价值体现在最终产品上，如果不同阶段的分工实现了社会化，即不同阶段独立为市场交易单位，它们劳动成果有的表现为无形的服务，有的表现为有形产品，但所有劳动均是创造价值的劳动。

（二）基于劳动价值论的服务价值

劳动价值论是古典经济学的理论基础，通过马克思的逻辑化，其科学性质得到提高。马克思从区分商品使用价值和交换价值出发，探讨不同商品按一定数量比例进行交换的内在基础，指出生产商品的不同类型、不同复杂程度的具体劳动，通过一定的抽象和折算，可以通约成同样的劳动时间（抽象劳动），构成商品交换的基础和基准，正是这种同质的抽象劳动决定了商品的内在价值，通过区分具体劳动和抽象劳动，从逻辑上有效解释了商品使用价值和价值的二重性，这就是马克思的劳动价值论思想。

由于时代的特征，将商品的形态唯一化为实物形态，而将服务这种商品的非实物形态与商品分离开来，形成所谓的商品—服务二分法，并与生产性劳动和非生产性劳动相联系，将生产性劳动与实物形态商品相联系，进而与价值形成相联系的狭隘劳动价值论。实际上，商品可以表现为实物和非实物两种形态，服务是商品的非实物形态，提供服务的劳动与生产实物商品的劳动一样，均是具体劳动和抽象劳动二重属性的统一，具体劳动创造出具有特定用途的服务，即使用价值，如餐饮服务、运输服务、信息服务、中介服务等，抽象劳动是凝结在这些服务之中的同质无差别劳动，形成服务的价值。因此，根据时代发展的特征，对商品形态的概念稍加扩展，就可以将劳动价值论的原理扩展到服务的价值形成和决定。

从理论上将劳动价值论向服务品扩展，关键是要对生产性和非生产性劳动的区分进行重新认识。对生产性和非生产性劳动的理解，古典经济学家之间存在差别，斯密从商品形态上，将生产有形和可以储存的实物形态商品的劳动称为生产性劳动，将提供无形和不可储存的服务的劳动称为非生产性劳动。马克思从价值增值角度，将生产与资本交换的商品的劳动称为生产性劳动，将与收入交换的商品的劳动称为非生产性劳动。可见，对劳动的生产性与非生产性区分在逻辑上存在混乱，其原因在于这种区分并不能反映现实的内在必然性。生产性和非生产性的区分仅仅适用于使用价值的区分，如果具体形态的物品或服务作为再生产过程的资本品，包括固定资本、原料和工资等，生产这类物品或服务的劳动属于生产性劳动；如果具体形态的物品或服务用于最终的生活消费，生产这类物品或服务的劳动属于非生产性劳动。而不论生产性或非生产性劳动，在抽象劳动的意义上均是同质的，都凝结为物品或服务的价值。由于在逻辑上没有将具体劳动和抽象劳动二重性与生产性和非生产性劳动两方面的关系界定清楚，导致长期以来在服务价值决定上的认识偏差。

服务具有使用价值和价值二重属性。实物形态的物品和非实物形态的服务均是商品的范畴：第一，均具有物理上的具体用途；第二，均是由劳动者使用具体的生产投入品，通过相关的工艺过程生产出来；第三，均构成社会财富的内容。值得说明的是第三点，斯密将社会财富等同于有形的、可储存的物品，而将无形的、不可储存的服务排除在财富之外，并认为如果一个社会的总资源配置在服务生产上的比例越大，意味着其财富规模将越小。实际上，这里斯密对财富的理解过于狭隘，对社会而言，建造一幢大楼或生产出大米，意味着形成财富，同样，教育服务提升了学生能力也是形成财富，即使是生产和消费同步的生活服务，也满足了服务购买者的需要，尽管无形且不能储存，同样是财富的增加。因为不论何种类型的财富，最终必须在满足需要的意义上才构成财富，实物形态的物品和非实物形态的服务只是在满足需要的方式上有所区别，在财富的性质上并无差别。有形且可储存的实物形态物品，如果最终不能满足某种需要，也不是真正的财富，而是废品或资源浪费。

从劳动价值论的逻辑来说，服务的价值属性来自生产或提供服务品的抽象劳动，这种劳动是一种同质的劳动，即不同复杂程度劳动经过折算后的劳动者体力和脑力消耗，相应地，价值量的核算基准就是劳动时间，但决定价值量的不是个别劳动时间，而是社会必要劳动时间，即在正常技术条件下、在社会平均劳动强度下，生产某种服务品所耗费的劳动时间。个别生产者的平均劳动时间与社会必要劳动时间的偏离，意味着个别生产者技术水平、劳动强度和生产效率的差别，由此形成的竞争导致服务提供者在市场中的进入和退出，也意味着资源的重新配置，这就是价值规律的作用。

凝结在服务价值中的抽象劳动包括劳动者体力和脑力的形式，不同时代的差别在于，生产同种服务的体力和脑力劳动比例的变化。发展趋势是所有服务价值中脑力劳动的比重逐渐提高，同时，脑力劳动密集型服务品在经济中的比重逐渐提高，知识型经济一方面体现为服务相对于实物形态物品的比例越来越高；另一方面也表现为脑力劳动在商品价值中的比重提高。

随着社会分工的扩展和深化，凝结在服务价值中的抽象劳动越来越多地体现为"局部工人"的组合。一种完整服务的提供经过不同环节完成，意味着不同环节抽象劳动的组合，服务价值可能越来越多地是位于不同区位的不同个人联合劳动的结果，这样既提高了服务劳动的效率，从而构成服务价值和价格降低的条件，也提高了服务的质量。

（三）效用论与服务价值

效用价值论大致是与劳动（成本）价值论同时出现的观点，甚至更早。大致可分为两个阶段：客观效用价值论和主观效用价值论。前者从商品的物质用途界定效用，即商品的使用价值决定效用；后者依据消费者对商品的主观评价界定效用，即人们对商品的评价决定价值。

萨伊（1815）较早将客观效用价值论系统化，他把效用等同于物品的客观用途，产品价值与其效用有关，"人们所给予物品的价值，是由物品的用途而产生的。……当人们承认某种东西有价值时，所根据的总是它的有用性。……现在让我把物品满足人类需要的内在力量叫做效用。我还要接下去说，创造具有任何效用的物品，就等于创造财富。这是因为物品的效用就是物品价值的基础，而物品的价值就是由财富所构成的。"[①] 物品的效用也是人们愿意进行交换的原因，如果一种无形的服务，虽然一经提供就被使用者立即消费，如果该使用者愿意以有价值的有形产品与之交换，意味着这种无形服务也具有效用，从而具有价值，所以，基于效用价值论，不存在服务是否有价值的疑问。

但是，效用价值论内含一个价值悖论，即效用大的物品其（交换）价值可能较小，反之，效用小的物品其（交换）价值可能较大，这就是经济学史上著名水和钻石比较的"价值之谜"，水的效用大而其（交换）价值小，钻石的效用小其（交换）价值大。面对这个"价值之谜"，斯密认为，使用价值或效用不能决定价值，只能由生产商品耗费的劳动或商品交换中购得的劳动决定价值，从而放弃效用价值论，之后的李嘉图、马克思均沿着这种劳动价值论对经济学作出自己的贡献。

19世纪70年代，边际效用理论解决了上述的价值悖论，发展了效用价值论。与以前的效用论不同在于，边际效用论将商品效用与使用者的主观评价相联系，对某种商品的效用评价，随着拥有该商品数量的增加而递减，这称为边际效用递减规律。边际效用的大小决定了某种商品的价值，所以，商品价值的高低与其稀少性相关，即需要量一定的条件下，某种商品的稀少性越高，边际效用也越高，从而其价值越高。正是由于水的稀少性远小于钻石，其边际效用自然远低于钻石，其价值也就较低。

与劳动（成本）价值论从生产和供给角度探讨价值决定不同，效用价值论侧重从需求角度讨论价值的决定，丰富了对价值的理解。价值是与商品交换相联

---

① 萨伊著，陈福生等译：《政治经济学概论》，商务印书馆1963年版，第59页。

系的社会现象（马克思，1867），必然涉及交换双方的行为，仅从生产或供给方的资源耗费确定价值，只是简单的投入—产出技术关系，如果某种商品不为消费者需要，对其效用评价为零，它不可能购得相应的商品，虽然耗费了劳动却不可能有价值。

给定生产或提供过程中的劳动耗费，商品或服务只有在满足消费者需求或使消费者受益时才有价值，从这个意义上说，价值就是商品或服务用于满足消费者需求的能力，由于边际效用的大小取决于主观评价，对同一种商品，不同的人评价不同，同一个人对同一种商品的不同数量也有不同评价，这似乎意味着商品价值是不确定的。但是，第一，这种评价标准是客观的，就是个人增加这种服务消费而放弃的其他消费的最大可能收益，即依据机会成本作出的评价；第二，不同人的评价反映了他们的保留价格，即相应需求量水平上的最高出价，不同消费者的保留价格恰好给出该商品或服务的市场需求曲线，这种需求曲线综合了消费者收入、偏好、服务价格、其他替代品价格等所有影响需求的因素的作用。

服务①概念的经济学含义是指经济活动主体为获取收益而提供的、用于市场交易的、给接受者带来效用的活动，它与一般商品一样，均能满足消费者的不同效用，均需要通过市场实现其价值，因此也可以称之为"服务商品"。从理论上说，任何能够满足需要的客观对象均有两种形态：一是静态的使用价值，消费者通过消费产品本身获得效用，它通常就使用"商品"这个名称；一是运动状态的使用价值，消费者通过消费劳动过程获得效用，它通常就使用"服务"这个名称。从国民经济的层次看，商品和服务均作为国民总产值或总收入的组成部分，区别在于，服务通常具有非实物性、生产和消费过程的同一性、不可储存性等特点②，服务作为劳动过程具有客观的使用价值，但不表现为静态的物品，服务消费者所消费的不是服务提供者的有形劳动成果，而是整个劳动过程，一般商品交换是所有权的让渡，而服务却包括使用权让渡引起的使用价值转移所产生的效用，这种增加的效用就作为服务的收入。因此，效用论可以对商品和服务的价值给出统一的解释，它从消费者角度可以进行进一步的深化理解，哈克塞弗等人据此归纳出服务价值模型③，将感知质量、内在属性、外部属性、时间、货币价

---

① 我国在理论和日常使用中常常称为"劳务"（如王慎之：《劳务经济学》，劳动人事出版社 1985 年版），突出服务生产和消费过程同一性的特点，但从服务形成来看，需要各种要素，使用"劳务"概念不甚恰当。并且经济学中有时广义地使用"服务"概念，把各种要素对产品价值增值作出的贡献均称为服务。

② 当然，服务的这些特点随着技术的进步可能有所变化，如现代的信息服务就不完全具有这种特点，因此有人对服务特点的这种概括提出质疑。但从服务与一般商品主要差别的角度来看，这种概括还是可以的。

③ 哈克塞弗等（2000）著，顾宝炎等译：《服务经营管理学》，中国人民大学出版社 2005 年版，第 105 页。

格以及非货币价格等作为服务价值的组成部分，如图 3 - 37 示。

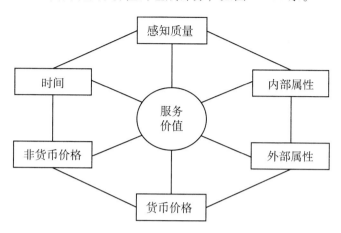

图 3 - 37　服务价值模型

感知质量强调满意度对服务是最重要的，并且只有消费者感觉到了，服务质量才能存在，即服务质量的核心是质量存在于消费者的感觉中。内部属性是服务向消费者提供收益，包括核心服务和补充服务。外部服务是与服务相关的所有心理上的收益。货币价格是消费者为获取服务所要支付的全部费用，服务的价格较低而不影响服务质量，就意味着给消费者创造了更大价值。非货币价格是消费者为获得服务必须付出的其他代价。时间包括获得服务需要的时间、服务使消费者节约的时间和服务效益的持续时间。从服务厂商看，依据这种服务价值模型，可以有效地设计和开发服务，并建立适当的服务传递体系，为消费者创造价值，这是厂商经营战略的核心。

（四）供求论与服务价值

服务可以分为两类：一类是传统的自我服务，包括家庭内部和厂商内部的服务提供，它们有时作为生活的一部分，或者作为整个经营过程的具体职能，由于这类服务不通过市场交易实现，不须考虑其价值决定和价格问题；另一类是通过市场交易完成的服务过程，这类服务的价值决定既涉及供求关系，也涉及资源配置和收入分配，在服务经济理论研究中具有基础性作用。

服务的提供者和需求者对同一服务过程具有不同的评价，并依据各自的评价确定相应的服务提供量和服务需求量。对提供者而言，需要考虑提供该项服务所使用的资源用于其他方面可能得到的收益，也就是提供该项服务的机会成本，决定这种机会成本高低的因素很多，根据机会成本与服务销售价格的比较，决定不同水平的最优提供量。对需求者而言，需要考虑购买该项服务时，每单位支出的边际效用，是否等于购买其他商品的单位支出边际效用，这是效用最大化的等边际条件，为保持该条件始终成立，消费者会根据服务价格的变化调整其最优购买量。

供求论从买卖双方的相互作用角度研究价格（价值）决定，以均衡价格代表价值：第一，综合了成本和效用两方面的因素，真正反映了价值作为一种交换关系的概念；第二，需求和供给均基于相应主体的最优化行为，这种均衡价格也反映了交易结果的福利性质；第三，与均衡价格形成相联系的竞争行为，在不同市场结构下具有不同的性质，为分析实践中不同价格策略提供了逻辑一致的工具。因此，供求均衡价格论是一种比较完善的价值理论，利用它来讨论服务价值是较好的选择。服务作为买卖双方交易的对象，尽管具有不同于有形产品的诸多特殊性，但提供方需要耗费资源并通过服务提供获得收益，购买方需要支付费用并通过服务消费获得效用，这是相同的。因此，市场上的服务需求量由客户的评价和为获得该服务愿意付出的代价决定，服务供给量则取决于厂商能获得多少收益以及相应的供应成本。

首先分析服务市场的需求方。假定服务市场上有 n 个顾客，顾客 i 购买的服务量为 y，由购买获得的效用为 $u(y)$，随 y 购买量增加而增加的边际效用 $\partial u(y)/\partial y$，可看作是顾客为得到 y 单位服务而愿意支付的价格，通常假定 $u(y)$ 是严格递增的凹函数，顾客实际支付的价格为 $p(y)$，这时顾客将在收入 m 约束下实现效用最大化，即：

$$\max u(y)，受约束于 py \leqslant m$$

在效用函数性质给定和预算集属于非空、闭的、有界的条件下，在预算集上 $u(y)$ 的极大值存在，并且由于预算集是凸的，效用函数是凹的，$u(y)$ 的极大值唯一。对上述规划问题构建拉格朗日函数，有：

$$L(y, \lambda) = u(y) + \lambda(m - py)$$

$$\frac{\partial L}{\partial y} = \frac{\partial u(y^*)}{\partial y} - \lambda^* p = 0$$

$$\frac{\partial L}{\partial \lambda} = m - py = 0$$

这样可以获得单个顾客的最优服务需求量 y^*，它是价格和收入的函数，即 $y^* = f(p, m)$，这个最优解一定满足等边际条件，即不同服务的边际效用与各自价格之比一定相等，这意味着某种服务的这种比值大于（或小于）其他服务时，通过增加（减少）该种服务的需求量，可以在收入不变条件下增加效用。

假定等边际条件满足，这时顾客对不同服务需求处于最优水平，现在如果某种服务的价格下降，该种服务边际效用与其价格的比值必然大于其他服务的比值，等边际条件被破坏，收入和其他因素保持固定时，通过增加价格下降的服务的购买量，可以增加效用，直到等边际条件重新恢复，所以，服务需求量必然与其自身价格呈反向关系，这就是标准的需求曲线。在每个可能价格水平上，将 n 个顾客的需求曲线横向加总，就可以获得某种服务的市场需求曲线，如图 3 - 38 所示。

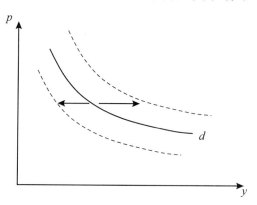

图 3 - 38　服务需求曲线

某种服务的市场需求曲线反映了其他因素不变时，该种服务需求量变化与自身价格变化的反向关系。对需求曲线可以从两方面理解：一方面，需求曲线上的每个购买量，均是某个价格上使顾客效用最大化的购买量；另一方面，需求曲线上的每个价格，均是某个购买量上顾客的意愿支付价格，也就是他对服务评估的价值。

当然，决定服务需求量的因素有很多，除了自身价格之外，还有消费者的收入水平、顾客的偏好、其他相关商品和服务的价格，等等。需求曲线是在假定价格之外其他因素给定条件下得到的，但并不意味着其他因素不重要，更不能在实际分析中忽略价格之外的因素。价格变化导致的需求量变化表现为沿着需求曲线移动，价格之外其他任一因素的变化，则表现为需求曲线位置的移动，如图 3 - 38 中的虚线所示。

其次，分析服务市场的供给方。假设一个厂商提供某种服务的量为 y，在市场上销售的收入为 $r(y)$，其经营成本为 $c(y)$，收入与成本的差额为该厂商获得的利润，且厂商经营目标是力图实现利润 π 最大化，所以，服务厂商的问题是：

$$\max\ py - wx,\ 受约束于\ f(x) \geqslant y$$

其中 $f(x)$ 是连续、严格递增且严格拟凹的生产函数，并且 $f(0) = 0$。由于生产函数严格递增，可以用等式替代约束条件的不等式，最大化问题可改写为：

$$\max\ pf(x) - wx$$

求解该无约束最优化时，要求一阶条件等于零，即：

$$p\frac{\partial f(x^*)}{\partial x_i} = w_i,\ 对于每个\ i = 1,\ \cdots,\ n$$

最优点的要素投入量要满足边际收益产品等于要素价格，它也是厂商成本最小化的投入条件，这意味着利润最大化要求生产中的成本最小化。求解以下的最大化问题，可以得到厂商的供给函数，即：

$$\max py - c(w, y)$$

如果 $y^* > 0$ 是最优产量，其内解的一阶和二阶条件分别是：

$$p - c'(y^*) = 0, \quad \text{或} \quad p = c'(y^*),$$

$$c''(y^*) \geq 0$$

供给函数给出每一价格下的利润最大化产量，所以，$y(p)$ 必须满足一阶条件 $p = c'(y(p))$ 和二阶条件 $c''(y(p)) \geq 0$。相应地，以 $p(y)$ 表示反供给函数，表示厂商为获利地供给一定产量的价格，即 $p(y) = c'(y)$，只要 $c''(y) \geq 0$。供给函数和反供给函数反映了相同的关系，产出价格与利润最大化供给量之间的关系，只是以不同的方式来描述。竞争厂商的供给如何对产出价格变化作出反应？通过对 $p = c'(y(p))$ 求关于 p 的导数，有：

$$1 = c''(y(p))y'(p)$$

由于 $c''(y) > 0$，所以 $y'(p) > 0$，即竞争厂商的供给曲线具有正斜率。将行业内所有厂商的供给曲线横向加总，就可以得到市场供给曲线，如图 3 – 39 所示。同样，某种服务市场供给曲线也是在假定价格之外其他因素如成本、技术等给定条件下得到的，价格变化导致的供给量变化表现为沿着供给曲线移动，价格之外其他任一因素的变化，则表现为供给曲线位置的移动，如图 3 – 39 中的虚线所示。

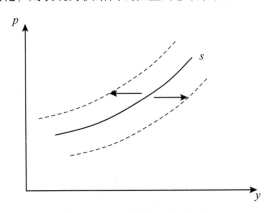

图 3 – 39　服务供给曲线

最后，分析服务市场的均衡。市场供给函数反映任何价格下某种服务的总供应量，市场需求函数反映任何价格下某种服务的总需求量，均衡价格是需求量等于供给量时的价格，如图 3 – 40 所示。p^* 之所以是均衡价格，是因为任何不等于 p^* 的价格上，供求量不相等，经济主体会发现改变行为有利可图，这意味着该价格是不稳定的，随着经济主体行为调整和价格调整的不断反馈，最终在 p^* 的水平上达到稳定。在均衡价格水平上，买者和卖者均达到最优，这时也意味着买卖双方各自福利和共同福利达到最大化，就是均衡供求量 y^* 时，实现了需求曲线以下消费者剩余和供给曲线以上生产者剩余之和的总剩余最大化。

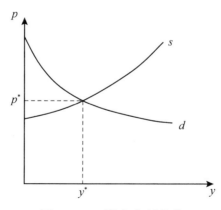

图 3 - 40　服务市场均衡

可见，基于供求论的价值决定，既考虑到服务提供过程的成本因素，也考虑到服务消费的效用评价，充分反映了价值体现的社会交换关系，并且均衡价格对应供求相等的市场结清状况，所以，这时的市场价格既反映了某种服务提供过程的效率性，也反映了该服务在总资源配置中的效率性，即综合了服务提供和消费中的技术效率与配置效率，从这个意义上说，服务的供求均衡价格论是一种恰当的价值理论，既能准确反映服务内在价值的值和量，又能给服务的市场定价提供合适的基准。

根据均衡价格论，可以使用比较静态方法讨论某种服务的市场价格变化原因。既可以定性地预期影响需求或供给的价格之外某种因素变化，如何影响均衡价格、市场价格和均衡供求量，也可以根据供求弹性预期影响程度。例如，某项因素变化导致需求曲线向右移动，在供给不变的条件下，将使得均衡价格上升和均衡供求量增加；反之，如果某项因素变化导致需求曲线向左移动，在供给不变的条件下，将使得均衡价格下降和均衡供求量减少。如果某项因素变化导致供给曲线向右移动，在需求不变的条件下，将使得均衡价格下降和均衡供求量增加；反之，如果某项因素变化导致供给曲线向左移动，在需求不变的条件下，将使得均衡价格上升和均衡供求量减少。预期或分析某种服务的价格变化趋势，单纯从成本或单纯从需求某一个方面看，往往显示出与经验不符合的情况，只有结合供求两方面的综合考虑，才能给出合理的解释和判断，古典劳动（成本）价值论和（边际）效用价值论正是由于这方面的缺陷而被均衡价格论所代替。

二、服务厂商定价策略

（一）服务竞争

农产品和工业产品的市场竞争在理论上得到了较深入的分析，但服务的特殊性使其市场竞争有着不同有形产品的特点。具有公共性质的服务业，如城市公交、公共设施管理、金融、教育等，较多受到公共规制，竞争程度有限；电信和其他信息传输、交通运输等具有网络性质的服务业，则具有自然垄断的特征，尽管随着技术进步有所弱化，其竞争程度也十分有限；文化类服务业除了具有经济性之外，还具有政治性，其市场竞争更多受到相关法规的制约；即使是一般的服务经营，由于服务不能运输和储存，需求者距离在竞争中具有重要作用，其市场竞争程度也受到约束。

但这并不意味着服务市场缺乏竞争，只是竞争的侧重点有所区别。价格和质量是有形产品和服务竞争中的两项最重要因素，通常质量水平通过价格反映出来，即质量高的同类产品或服务售价较高，但其他条件一定下价格总是与其需求量成反比关系，在顾客对服务质量难以有效区分时，质优价高的服务可能销售有限，这当然可以通过广告方式加以弥补，但服务提供受到距离的限制较大，广告的投入—产出的效益不如有形产品，顾客口头相传式的宣传可能更有效果，服务厂商如何根据服务的特殊性以及经营的市场半径，采取适当经营方式，对其竞争结果至关重要。如果一家厂商的服务质量得到顾客认可，为了利用该优势扩大市场，但会受到距离的限制，例如，一家旅馆即使具有较好口碑，受到距离限制，也不能超出一定范围对旅客形成吸引力，这种情况下，有效的经营方式是实施连锁经营或特许经营，使其高质量的品牌形象能够突破距离局限，形成特有竞争能力。这种经营方式在餐饮、旅馆、中介、零售、医疗、银行等许多服务业均可实行，连锁或特许经营的实施，服务提供的区域范围可以扩大，此时能获得经营规模经济的利益，通过广告宣传的方式也具有更大的效益。成功实施连锁或特许经营的服务厂商，就能够采用有效的价格竞争策略，由于获得规模经济，可在降低价格时，使总收益不受影响，甚至增加，在保持相同质量的前提下，降低价格就能吸引更多消费者。这里很容易出现的问题是，连锁经营的分支机构分散在不同地区，新客户可能不知道质量状况，把低价格等同于低质量，也可能出现加盟机构不能保证服务质量统一标准的问题，损坏服务品牌的总体形象。

与制造业名牌商品厂商一般通过高价销售高质量产品增加盈利不同，高质量服务的厂商则通过低价增加盈利。这与两类产业的固定设备利用率差别有关，与制造业的单纯机械化、流水线生产过程不同，服务业经营过程需要消费者的参与，不可能机械地、均匀地实现服务提供，固定设备利用率相对较低，包括设备费用和劳动费用在内的固定费用占总费用比例较大，所以，通过低价格吸引更多顾客，可以提高设备利用率，使平均费用下降增加盈利。当然，随设备利用率提高，增加服务提供需要增加费用，这种价格竞争方式具有一定限度。

距离是约束服务厂商竞争的因素，它对成本较高和服务质量较差的厂商，有一种保护的作用，而有形产品生产中则不会出现这种情况，因为一家厂商某种产品的质量较差，距离较远的另一厂商质量较好的产品将在市场竞争中胜出，出现这种差别的原因在于服务的不可运输。同时，需求时间替代费用也是约束服务厂商竞争的因素，例如，在距离较近的区域，假定两家服务厂商的服务质量相同，一家厂商的服务价格较低，另一家厂商的服务价格较高，后者也可能在竞争中生存下来，这不是距离因素作用，而是时间替代费用的作用所致，服务价格较低厂商的顾客等待时间较长，可能使部分顾客选择价格较高而等候时间较短的厂商。

服务厂商竞争的上述特点，并不意味着服务业竞争对供求关系不起作用，特别是随着服务业在现代经济生活中的比重越来越大，服务提供技术不断创新，市场竞争要求服务厂商不断关注客户日益复杂的需求，把客户的服务价值认知作为自己着力提升的重要指标，作为改善运营并获取利润的重要竞争因素，服务厂商可以通过提供高价值认知的服务而获得竞争优势，客户对服务的价值含量也日益重视[①]。

与有形产品的比较，有助于理解服务价值认知的概念。服务大多属于无形产品，具有需认知、不可回复、需求不确定和人格化等特点，服务质量不是取决于定量化的效果，而是客户评价，而客户评价是一个主观判断的心理活动，以经验和形象的认识和总结为主，不是以用途和观察的结果、效能为主。有两个关键性因素影响着服务价值认知的复杂性，第一是服务的全过程需要服务人员和客户的共同参与，最终结果的连续性和可靠性较难保持；第二是服务价值由客户心理判断以及行为认可予以体现，所以，服务缺陷的发现和更正十分困难。

为了获得市场竞争中的优势，服务厂商自始至终关心的问题是如何把服务的价值因素让顾客感受并充分认知，构建客户忠诚度，吸引客户重复购买服务，以便保持客户资源。在服务价值的认知过程中，客户认为服务质量极其重要，对服务质量的高度评价一般会使客户正面认知服务价值。在使用服务过程中的付出或风险直接影响其对服务价值的认知，其中，付出包括货币付出（即成本）、非货币付出（时间和努力等）和风险，客户认为付出少且风险小的服务，其内在价值相应较高。

（二）服务质量与服务价格

从有形产品来看，优质优价的原因在于，高质量通常需要较高的成本，不同质量的同类产品形成垂直型差异化，而产品差异化是形成垄断竞争厂商的基础，这时每家厂商具有一定垄断势力，但行业自由进入使得长期内厂商价格确定在经济利润为零的水平上。

服务厂商提供的同样服务，其质量差别可能相差悬殊。因为服务提供是通过

---

① 刘珺：《服务价值认知及相关因素的关联性：中外资银行客户的比较实证分析》，载于《经济研究》，2004 年第 1 期，第 16～24 页。

人与人的接触实现的，与有形产品生产的机械化过程不同，即使服务提供过程有完备的操作手册，人的情绪也不可能像机械一样稳定，从而服务提供的质量波动性较大，并且顾客的参与使得这个过程更显复杂，服务质量最终总是以顾客满意程度衡量，顾客接受服务过程的情绪也会反馈性地影响提供者。顾客体验到的服务质量是在提供过程的"关键时刻"创造出来的，这一时刻是提供者和顾客直接接触的互动，及时服务提供系统设计得非常完美，如果关键时刻的互动出现失误，其他方面的所有努力均没有效益。

每个员工的服务质量均会影响服务厂商的总体满意度，从这个意义上说，服务厂商的每个员工均是"关键者"。但是，服务厂商作为层级制的组织，服务提供者处于前台，管理者处于后台，两者在对顾客知识和自身能力了解方面均处于信息不对称的状况，需要在内部建立恰当的激励机制，以有效方式影响员工，使他们对客户的需求进行设身处地的考虑，并想办法满足顾客的需求。服务系统的设计需要加强服务提供者的地位，创造并丰富与顾客的互动，既能强化对前台员工的激励，又能提高顾客的满意度，这是服务厂商进行质量管理的重要内容。

服务质量并不是孤立的，它与服务组织的效率和盈利能力密切相关，如图 3-41 所示[①]。质量可以帮助厂商进行战略定位，从而提高盈利能力，有助于制定适当的价格策略。服务质量的准确性和一致性是提高员工士气与生产力的一种工具，这会促进微观环境的良性循环，这是导致质量上升时成本反而可能下降的原因。稳定的质量水平也会产生令人满意的服务提供，从而产生忠诚顾客。

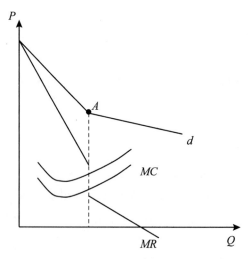

图 3-41　服务质量与价格

---

① 诺曼，R.（2000）著，范秀成等译：《服务管理》，中国人民大学出版社 2006 年版，第 208 页。

一般认为，提高服务质量就必然增加成本，所以，决定提供何种水平的服务质量时，自然要考虑成本。这里的基本原则是，提高服务质量的边际收益等于其边际成本时，是服务质量的最优水平，投入过高成本提升的质量，如果不能得到顾客的认同，就不可能通过提高服务价格收回成本，这种提高是无法持续的。服务价格通常包含了服务质量的信息，顾客可能会把高价格与服务高质量相联系（见表3-2）。

表3-2 服务质量与盈利能力之间的联系

质量目标	效果举例
确定战略定位	细分市场 是服务概念精确 定价策略 形象
增加员工对组织的贡献	有针对性招聘 激励工具 较低员工流失率
提高服务提供过程准确性（关键时刻）	满意、忠诚的顾客 较低客户流失率

在厂商的服务质量差别形成其垄断势力条件下，可以通过提高服务质量，形成折弯的需求曲线，如图3-41所示，在A点之上，该厂商提高服务价格，由于其服务质量显著，其需求的价格弹性较小，相反，在A点之下，则由于其服务具有较高客户满意度，厂商需求的价格弹性越大，这种情况下，可能形成服务价格的刚性，也意味着该厂商具有更大的价格选择空间。

（三）服务定价策略

服务厂商对其价格有不同的名称，律师、会计师事务所使用"费用"，银行称为"服务费"，经纪人得到的是"佣金"，博物馆的参观价格是"入场费"，电信、旅馆使用的是"费率"，等等，它们均是服务厂商提供服务的价格。从理论上说，在同质的完全竞争市场中，服务价格对单个厂商是给定的，当然不存在定价策略的问题。但现实中，不同服务厂商总是提供差别化服务，处于垄断竞争型的市场中，具有不同程度的价格决定权。

服务厂商的定价策略主要依据三个因素：服务成本、竞争者和服务对顾客的价值，补偿成本为某种服务定价设定了底线，顾客满意度表现的服务价值给定了价格的最高限，竞争者同类服务或替代性服务的要价，决定了在最低与最高价格范围内的实际定价。

服务对顾客而言的净价值，是所有被感知的效用减去所有被感知的成本，两者之间的差额越大，服务的净价值越大，这相当于消费者剩余的概念，即顾客为获得预期效用愿意支付的最高价格与其实际支付价格之间的差额，如果一项服务被感知的成本高于被感知的效用，它将有负的净价值，即对于顾客而言，该服务没有价值，从而不愿购买它。顾客的感知成本除了支付的服务价格之外，还包括服务消费者耗费的时间、获取服务过程中的不便和心理成本等。顾客对服务净价值的评价，在消费前后可能完全不同，当他发现购买某种服务的感知成本不仅超出预期，而且得到的效用也低于预期时，会认为该服务没有价值。

服务成本是厂商提供服务的所有耗费，成本的确定和分摊是一项难度较大的工作，因为服务提供是一个连续的过程，每个阶段均对最终的"关键时刻"作出了贡献，但分摊管理费用的不同方法可能对不同阶段的活动产生重大影响。在确定成本以及成本与价格对应关系时，通常强调三类不同的成本：固定成本、半变动成本和变动成本。固定成本是厂商不提供服务也要继续承受的成本，如建筑物租金、折旧、保险费、管理人员工资等；半变动成本是与厂商所服务的顾客数量或提供的服务数量相关的成本，主要是生产费用部分；变动成本是与多提供一单位服务相关的成本，如银行增加一笔新贷款增加的成本，大多数服务提供中，这部分成本较低。

服务定价比有形产品的定价复杂得多。对于有形产品而言，在生产成本与价格之间通常存在一种较为清晰的对应关系，而服务的无形性使得人们很难清晰"服务包"中复杂内容及其成本分摊，以及服务定价的标准。如果要求服务厂商提供一份详细的服务过程及其成本清单，并清除解释服务如何完成，成本如何构成，服务提供者和消费者均会感到困惑，服务提供过程中的无形部分比例越高，成本与价格之间的关系就越不紧密。

相对而言，服务定价受到顾客感知水平及其满意度的影响较大，而受到成本的影响却较小。实际定价中，通过与顾客感知价值相匹配的方式，结合竞争厂商的价格确定自己的定价，为此需要把握顾客的满意度。服务交易很少有完全相同的情况，因为服务很难像有形产品那样标准化，在同样价格下，提出较多要求的顾客会得到更多的服务，这相当于一些顾客资助了另一些顾客，这位竞争者的市场细分和其他定价策略使用创造了条件。

服务厂商对不同消费者实施价格歧视方法，是普遍应用的价格策略。假定两类不同顾客对电信服务的逆需求函数分别是 $p_1 = 12 - 2q_1$，$p_2 = 6 - q_2/2$ 给出，假定电信服务的边际成本为零，这时，服务厂商如果在两个分隔市场上提供服务，将会按下列条件来设定每个市场的产量：

$$MR_1(q_1) = MR_2(q_2) = MC(q_1 + q_2) = 0$$

因此，在两个市场收取的价格分别为 $p_1 = 6$，$p_2 = 3$，产量分别为 $q_1 = 3$，$q_2 = 6$，服务厂商可以实施价格歧视，对价格弹性较大的客户收取较低的价格，对价格弹性较小的客户收取较高的价格。

设想航空公司面临两类顾客：一类是商务乘客；另一类是旅游休假乘客。这两类乘客的价格弹性是不同的。对商务乘客来说，业务活动不能随意更改，他们最关心的是按时到达目的地，并且，飞机票的费用仅占其业务费用的很小比例。因此，他们对机票的价格弹性较小。

对旅游休假的乘客而言，对不同航线的票价比较敏感，飞往海南三亚的机票降价，不可能使原先准备去东北出差的商务人员改道去海南，但是，却可能使原先准备去东北旅游休假的乘客，改变旅游的地点，并且，机票价格通常占旅游费用的很大部分，旅游乘客比较在意机票价格的高低。

在明确乘客对机票价格弹性存在差异的条件下，航空公司就可以通过价格歧视的定价策略，增加自己的利润。假设原先对所有乘客收取同样的票价，现在改变定价方式，对商务乘客提高价格，而对旅游休假乘客降低票价，这样，对航空公司的收益会有什么样的影响呢？

由于商务乘客的价格弹性低（假定低于1），提高价格所增加的收益，会大于乘客减少所损失的收益，净收益为正。另外，由于旅游休假乘客的价格弹性高（假定高于1），降低价格所减少的收益，会小于乘客增加所增加的收益，净收益也为正。因此，航空公司实施价格歧视定价策略的结果，是使其总利润增加。这种差别定价策略的有效实施，需要航空公司采取相应的措施，对商务乘客和旅游休假乘客加以识别。通常用提前买票时间、取消旅行计划时退款的百分比，以及在目的地的停留时间等，加以间接估计。

两部收费制不是为每单位服务设定价格，它要求消费者为购买一单位产品的权利，预先支付一定的费用，然后，消费者再为他们希望消费的每单位产品支付额外的费用。典型的情况是游乐场，进入时，你需要付门票费，以后需要为你所玩的每一个项目支付一定的费用，游乐场的经营者必须决定：是收取较高的门票费而对每个游玩项目收低价，还是相反。两部收费制被用于许多产品的定价，例如，网球或高尔夫球俱乐部，需要首先支付年度会员费，以后使用场地时还要付费；租用大型计算机、电话服务等均是如此。

这种情况下，服务厂商的问题是：如何确定入门费（T）和使用费（P）。设想市场中只有一个消费者，服务厂商知道该消费者的需求曲线。这时，服务厂商的定价策略是，使使用费 P 等于边际成本，入门费 T 等于消费者剩余总量，这时，服务厂商可以将全部消费者剩余转变为自己的利润，如图3-42所示。

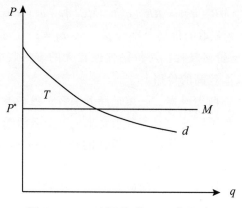

图 3 - 42　两部收费：一个顾客

如果有两个不同的消费者，服务厂商只能制定一个门票价和一个使用价。这时，厂商如果把使用费定为等于边际成本，就只能让入门费小于或等于较小需求弹性消费者的消费者剩余，否则就会失去该消费者。但这样并不能实现利润最大化。服务厂商的最优定价策略是，将使用费定得高于边际成本，而将入门费定在等于需求较小消费者仍有消费者剩余的水平。如图 3 - 43 所示，有了大于 MC 的使用费，厂商的利润为：$2T^* + (P^* - MC) \times (q_1 + q_2)$，该利润大于三角形 ABC 面积的 2 倍。

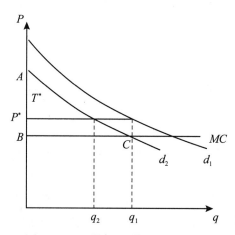

图 3 - 43　两部收费：两个顾客

时期间价格歧视也是服务厂商常用的定价策略，它采用对不同时间消费制定不同价格的方法，将消费者分成不同的组别。实际中，某些消费者群体对服务的新颖性偏好较高，而对价格高低不太在意，即他们的需求价格弹性较小；有些消费者则更看重服务的性能—价格比，他们的价格弹性较大。这种情况下，服务厂商可以在不同时期制定不同的价格，以增加自己的利润。如图 3 - 44 所示，某种新服务刚上市时，对需求为 d_1 的消费者制定 p_1 的价格；以后，对需求为 d_2 的消

费者制定 p_2 的价格以大量销售。

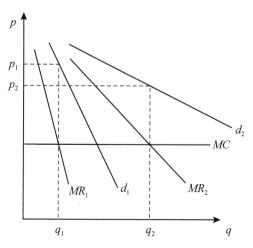

图 3 - 44　时期间价格歧视

例如，电影公司对首轮放映定高价，以后再降低价格。出版商对初次出版的畅销书精装本定高价，以后再以较低的价格发行平装本。人们通常认为，平装本价格低是由于生产成本低，这是不正确的。一本书一旦完成编辑和排版，不管是精装本还是平装本，多印一本的边际成本都是相当低的，两种版本的价格差异，实际上是出版商的一种价格歧视。

高峰价格也是一种时期间价格歧视。某些服务在特定时间内会出现需求高峰，如城市上下班时间的交通、周末的游乐场。由于提供能力的限制，在高峰时间的边际成本也较高，因而价格也应相应高一些，结果各时间段的价格和销售，可以通过各自的边际成本等于边际收益而独立决定，如图 3 - 45 所示。

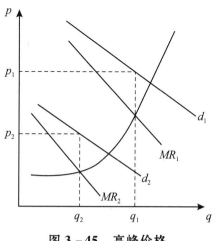

图 3 - 45　高峰价格

第五节　服务业与经济增长的内生关系：
理论及来自中国的证据

本部分内容通过构造一个一般均衡模型，讨论在经济增长过程中服务经济兴起的内在机理，对"服务业之谜"做出较为系统的理论解释。本章的讨论涉及影响服务相对价格和服务相对产出、服务业就业、人力资本积累以及总体经济增长的相关因素。在理论分析的基础上，我们采用 1991～2006 年中国总体数据以及 1996～2005 年中国省级面板数据，通过经验分析和数值模拟两步实证研究，探讨中国服务业发展的"特征性事实"以及服务业与经济增长的内生关系。

一、引言

服务业的快速增长和服务经济（service economy）社会的来临是 20 世纪中期以来世界经济尤其发达经济体经济发展中呈现出的重要特征[①]，这一特征也日渐显现在包括中国在内的发展中国家的经济图景中。研究者们对服务业本身及其与经济增长之间关系的理论与经验研究为我们揭示出了许多"谜"一般的问题，本章沿用已有的文献术语将之称为"服务业之谜"（service paradox）。"服务业之谜"是指，尽管总体服务相对价格不断上涨（不排除不同服务价格的结构性升降），但以实际值衡量，相对于工业品需求，对服务的需求在长期并没有下降；尽管总体服务业劳动生产率增长相对滞后（不排除不同服务部门劳动生产率增长的差异性），但总体经济增长并未因服务业的不断扩张而下降或停滞。"服务业之谜"不仅显示出服务业本身在供需方面（包括就业、产出、价格和需求等）的特征性事实（stylized facts），更蕴涵着服务业与经济增长之间的内在关系。

对于"服务业之谜"所蕴涵的服务业特征性事实及其与经济增长之间关系的已有研究大致可以分为三类："需求论"、"供给论"和"供需结合论"。克拉克（Clark，1940）最早从最终需求角度系统地解释服务业就业份额的扩张，他

---

① 目前，世界服务业增加值占 GDP 比重超过 60%（发达经济体平均在 70% 左右；中等收入经济体在 50% 以上）；从服务业就业比看，发达经济体已高达 70% 左右，中等收入经济体为 50%～60%；低收入经济体的这两项指标为 45% 左右。而且，收入水平越高的经济体，其服务业增加值与就业比重也就越高。

的"需求层级"假设（"hierarchy of need" hypothesis）与恩格尔定理和马斯洛（Maslow，1970）需求理论如出一辙。随后出现的需求论者认为：（1）服务需求的收入弹性大于1，从而服务需求随着收入水平的提高而增长。比如富克斯（1968）、萨默斯（Summers，1985）、博格斯特兰德（Bergstrand，1991）、法尔维和盖梅尔（Falvey and Gemmell，1991）、柯蒂斯和默西（Curtis and Murthy，1998）、穆勒（Moeller，2001）等人。（2）服务价格上涨对整个经济的影响主要取决于对服务需求比重的假设。如果以实际值表示的服务需求比重保持不变，则服务价格上涨使服务的名义支出份额上升，就业将从工业转向服务业，从而导致备受关注的"非工业化"（deindustrialization）问题，于是总生产率增长将下降。相反，如果假定服务的名义支出份额不变，那么服务价格上涨将导致实际服务需求比重趋于零（Pugno，2006）。但一些截面和历史证据显示，总体服务产出比重趋于上升或基本保持不变（Baumol，2001；Baumol et al.，1989；Echevarria，1997；Kongsamut et al.，2001）。

鲍莫尔（Baumol）的"非均衡增长理论"（unbalanced productivity growth）〔又被称为"成本病"（cost disease）理论〕和卡尔多（Kaldor，1966）的"增长引擎论"（the engine of growth hypothesis）可以说是"供给论"的代表。前者认为，服务价格上涨是由于服务部门的生产率增长滞后于制造业部门，这一解释为许多研究所证实（Fuchs，1968；Baumol，2001；Baumol et al.，1989；Huther，2000；Fase and Winder，1999；Duo Qin，2003）；在生产率增长非均衡的经济中，停滞部门即服务部门的相对成本（因而是相对价格）将无限上升，如果两个部门的产出份额保持不变，则停滞部门占用的资源（劳动力）比重将达到100%，结果整个经济的劳动生产率增长率将趋近于停滞部门。后者则认为，制造业是经济增长的"引擎"，因为大量的促进生产率增长的创新都发生在制造业，而其他产业则较少，因此，服务业扩张会降低整体技术进步率，从而降低长期经济增长率。两者的共同之处是都认为服务部门扩张与经济增长是负相关的。但威尔伯（Wilber，2002）在内生技术进步模型的框架证明，服务部门扩张与经济增长的关系，取决于制造业部门与服务部门的相对资本密集度。如果制造业部门的资本密集度高于服务部门，则服务部门的扩张将降低长期增长率；反之，如果服务部门的资本密集度高于制造业部门，则服务部门的扩张将提高长期增长率。奥尔顿（Oulton，1999）通过引入作为中间投入的服务，拓展了仅考虑最终服务的鲍莫尔模型，认为即使作为中间投入的服务部门是停滞的，资源流向这些部门也将促进整体生产率的增长。细谷（Hosoya，2002）在内生增长模型的分析框架下，探讨了公共卫生服务对于健康资本积累、生产率及长期经济增长的影响。江小涓和李辉（2004）、程大中（2004）、刘培林和宋湛（2007）等人则从

137

供给方面讨论了中国服务业及其对经济增长的影响。

"供需结合论"的代表性研究是普格诺（Pugno，2006），它综合考虑供需两方面，使服务消费不仅进入效用函数，还进入人力资本积累函数，从而基于服务消费偏好、人力资本积累，来分析服务业与经济增长之间的关系，进而解释"服务业之谜"的产生。

本部分要做的工作是：沿着"供需结合论"的前进方向，通过构造一个一般均衡模型，从以下两大层面探讨"服务业之谜"所蕴涵的服务业特征性事实及其与经济增长的关系；然后基于中国的数据进行经验分析和数值模拟。第一层面的分析思路是：假定随着经济增长和收入水平的提高，家庭（消费者）对服务的消费偏好（精神、健康与人力资本投资需求等）会增强，从而将服务最终需求偏好或服务消费偏好内生于收入水平或经济发展水平的提高。同时，由于服务消费最能够有效地增进人力资本积累，进而促进经济增长，从而使收入增长或经济增长内生化。这一层面研究所揭示的关系可总结为：经济增长改变家庭行为，而家庭行为又会影响经济增长。第二层面的分析思路是：假定随着经济增长、分工深化、产业关联度增强，企业的服务投入（或生产性服务，producer services）会增加，从而将企业对服务的投入偏好（即服务中间需求偏好）内生于收入水平或经济发展水平的提高。同时，基于专业化分工效率的中间服务投入或生产性服务对最终产品生产率的提升，将推动产业协同演进、促进经济增长，从而使收入增长或经济增长内生化。这一层面研究所揭示的关系可总结为：经济增长改变企业行为，而企业行为又会影响经济增长。

本部分第一层面的研究类似于普格诺（2006），但不同的是，我们对普格诺模型作了进一步拓展，而普格诺模型本身也是对鲍莫尔模型（Baumol，1967，1985）的修正。我们的拓展工作主要体现在以下几个方面：第一，鲍莫尔于1967年提出的简单模型以及普格诺模型都假定停滞部门（服务部门）的劳动生产率增长率为零（即 $r_s = 0$）。而英曼（Inman，1985）则指出，事先假定 $r_s = 0$ 是不切实际的，因为停滞部门的劳动生产率增长落后于进步部门，并不仅仅意味着 $r_s = 0$，也可能表现为 $r_s < 0$，甚至 $r_s > 0$。所以，应该将停滞部门的劳动生产率增长率与进步部门进行相对比较。本章根据英曼的这一思路，并不事先假定停滞部门的劳动生产率增长率为零。第二，普格诺模型和鲍莫尔模型隐含着"部门间就业相对比重不变"的假定。这不仅不切实际，而且还导致模型本身前后矛盾。凯伦（Keren，1972）很快指出这一点。本章的拓展解决了这一问题。第三，在鲍莫尔的理论模型中，并没有专门指明农业部门是停滞部门还是进步部门。但在经验分析中，鲍莫尔则将农业部门划归进步部门，这显然是基于美国农业发展的实际。中国的农业部门无法与美国的农业部门相比，特别是在劳动生产率方面，即中国的农业部门积存了大量的剩余劳动力，但其增加值占 GDP 比重却是很低的①。我们将考虑中国的实情。

本部分第二层面的研究也不同于格鲁伯和沃克（1993）、奥尔顿（1999）和细谷（2002）等关于生产性服务业的研究。格鲁伯和沃克（1993）提出的仅仅是一种思想，即认为"在一切生产性服务中，大部分都以人力资本和知识资本作为主要投入。生产性服务部门乃是把日益专业化的人力资本和知识资本引进货物生产部门的飞轮。在生产过程中，它们为劳动与物质资本带来更高的生产率并改进了货品与其他服务的质量。""通过生产者服务业这一途径，人力资本和知识资本的积累、日益专业化与迂回生产表现为一个不断发展的经济"。本章则将他们的思想进行了形式化处理。与奥尔顿（1999）和细谷（2002）不同的是，我们采用代表性代理人模型，从家庭进行跨期最优化决策开始，逐渐由最终服务消费推导而来。也就是说，假定由服务消费转化而来的人力资本进入生产过程（或生产函数），不仅体现为劳动力本身技能的提高，同时也体现为生产性服务的投入即发挥着生产性服务（即人力资本化的服务）的作用。这一思路使得本章对服务业与经济增长之间内生关系的两个层面分析融为一体。

二、模型设定

假定在一个经济中，作为经济需求方的家庭消费服务和货物，并向作为经济供给方的两个部门（即服务生产部门和货物生产部门）中的企业提供劳动。家庭进行跨期最优化决策，以最大化预期的终生效用。两个部门中的企业通过雇用劳动按照各自既定的生产技术提供服务和货物。劳动力市场和产品市场完全竞争。

（一）经济的需求方

家庭及个人的需求或消费既包括物质性消费，也包括服务性消费。虽然物质性消费也有助于人力资本的形成，但对服务（如文化娱乐服务、教育服务、健康服务等）的消费则是人力资本形成的最有效途径。由于服务具有独特的性质以及与人际关系密切相关，所以服务在促进人力资本积累方面的作用几乎是不可

---

① 根据 2004 年中国第一次全国经济普查，第一产业增加值占 GDP 比重为 13.1%，就业比重为 46.9%；第二产业增加值占 GDP 比重为 46.2%，就业比重为 22.5%；第三产业增加值占 GDP 比重为 40.7%，就业比重为 30.6%。根据该普查，中国的服务业增加值一直被低估。2006 年，中国第一、二、三产业增加值占 GDP 比重分别为 11.7%、48.9%、39.4%，就业比重分别为 42.6%、25.2%、32.2%。

替代的。而且，诸如教育、健康医疗与文化服务的公共提供与规制，还可以被当作是出于福利目的和为了增强经济的长期效率而进行政策干预的渠道（Pugno，2006）。另外，从服务消费的目的性来看，正如普格诺（2006）所指出的，在分析服务消费对人力资本的影响时，有一个常被忽略的重要问题：这种影响或效应是否应事先融进消费者或家庭决策问题之中。由此，服务消费对人力资本的影响就可以分为两类："无意识效应"（unintentional effects）和"有意识效应"（intentional effects）。比如，正规教育通常被看作是一种有意识的人力资本投资，而不是一种无意识的或随意性的一般服务消费，这意味着正规教育服务消费是被慎重地融进消费者或家庭决策问题之中即要进行跨期最优化选择的。但对于有些类型的服务，情况则大不相同，消费的随意性很大。

基于服务消费的独特功能及目的性差异，我们假定经济中的代表性家庭的最优化问题为：

$$\max U_{t=0} = \int_0^\infty \left[\lambda \ln Q_s + (1-\lambda) \ln Q_m \right] e^{-\rho t} dt \tag{3.44}$$

约束条件为：

$$L_m + L_s = L = 1 \tag{3.45}$$

$$wl \geqslant pQ_s + Q_m \tag{3.46}$$

$$\dot{h}_t = \delta d Q_{s,t} \tag{3.47}$$

$$h_{t=0} = h_0 \tag{3.48}$$

$$\lim_{t \to \infty} \varphi_t h_t L = 0 \quad （横截性条件） \tag{3.49}$$

L_m 和 L_s 分别表示家庭所提供的用于生产货物和服务的劳动力份额，令总劳动力为 L，L 也可以看作是总就业份额即为 1。假定货物为计价产品即 $p_m = 1$，则服务相对价格为：$p = p_s / p_m$。Q_m 和 Q_s 分别表示家庭所消费的货物和服务量（等于各自的产出）。wl 表示家庭收入（w 为工资，l 为劳动）。λ 表示对服务的偏好（$0 \leqslant \lambda < 1$）。参数 ρ 为时间偏好率，φ_t 为以现期效用表示的（新增的）单位人力资本的影子价格。

为了反映服务消费的目的性差异，我们引入参数 d 来表示有意识地用于增加人力资本的服务份额，而 $(1-d)$ 则表示无意识地用于增加人力资本的服务份额。参数 δ 是用来衡量服务在促进人力资本增加方面的平均效率。服务消费提高了劳动力的技能指数（skill index）（以 h 表示）。特别地，如果 $d = 0$，则消费服务并不是为了有意识地进行人力资本投资的目的，这样的服务消费是无意识的，但在这种情况下，无意识服务消费要影响未来经济增长，就必须要求 $\lambda > 0$。

于是，汉密尔顿函数为：

$$H = \left[\lambda \ln Q_s + (1-\lambda) \ln Q_m \right] e^{-\rho t} + \varphi \delta d Q_{s,t} \tag{3.50}$$

(二) 经济的供给方

假定经济中有两个部门——货物生产部门（m）和服务生产部门（s），通过雇用劳动力生产两种产品——货物（goods）（Q_m）和服务（services）（Q_s）。前面已经假定服务消费增进人力资本，从而提高劳动力的技能指数 h，因此对劳动力具有增强作用，这是人力资本化的消费者服务（consumer services）（这正是普格诺模型的基本思想）。但同时，当这种由服务消费转化而来的人力资本进入两个部门的生产过程（或生产函数）时，它实际上发挥着生产性服务的作用，即充当人力资本化的生产者服务（producer services）（这正是格鲁伯和沃克的基本思想）。由此，两个部门的生产技术分别为：[①]

$$Q_m = a(L_m h)\, \mathrm{e}^{r_m t} = ah\, \mathrm{e}^{r_m t}(1 - L_s) \tag{3.51}$$

$$Q_s = b(L_s h)\, \mathrm{e}^{r_s t} = bh\, \mathrm{e}^{r_s t} L_s \tag{3.52}$$

两种产出 Q_m 和 Q_s 取决于各自的劳动投入 L_m 和 L_s，劳动生产率增长率 r_m 和 r_s，技术参数 a 和 b，以及劳动力的技能指数（或称为人力资本化的生产性服务）h。

注意，只有在流量变量 Q_s 为正的情况下，式（3.47）中的存量变量 h 才会发生变化。然而，服务的生产也需要使用一部分现存的人力资本存量，于是 Lucas 式的人力资本积累函数就可以从公式 $\dot{h}_t = \delta Q_{s,t}$ ［假定式（3.47）中的 $d = 1$］和式（3.52）中推出：

$$\gamma_h = \dot{h}/h = \delta b\, \mathrm{e}^{r_s t} L_s \tag{3.53}$$

于是，经过调整的两种产出的劳动生产率增长率分别为：

$$\gamma_{\frac{Q_m}{L_m}} = r_m + \delta b\, \mathrm{e}^{r_s t} L_s \tag{3.54}$$

$$\gamma_{\frac{Q_s}{L_s}} = r_s + \delta b\, \mathrm{e}^{r_s t} L_s \tag{3.55}$$

由式（3.54）和式（3.55）可知，由于服务消费增进人力资本、提高劳动力技能，或者说由于引入人力资本化的生产者服务，两个部门的劳动生产率都得到了提升。这正是奥尔顿（1999）所阐述的基本思想。

三、均衡分析

基于前面的供求两方面，我们可以推导出以下一般均衡结果及其均衡条件：

---

① 这里模型的不足之处可能在于它仅考虑单要素（即劳动力）生产率，忽略了资本等其他要素的结构变化，因此从全要素生产率（TFP）的角度，该模型有待进一步的扩展。但从有效性方面，鲍莫尔在1985 年的经验检验中也根据 TFP 进行了部门分类，但分类结果与根据劳动生产率进行的部门分类没有区别。

（一）服务相对价格

基于式 (3.44) 和式 (3.46)，运用 Kuhn-Tucker 定理，我们得到家庭消费的一阶条件 (FOCs) 为：

$$p = [\lambda/(1-\lambda)](Q_s/Q_m)^{-1} \tag{3.56} ①$$

将式 (3.51)、式 (3.52) 和式 (3.46) 代入式 (3.56)，可得

$$p = [\lambda/(1-\lambda)](Q_s/Q_m)^{-1} = \{[\lambda/(1-\lambda)][(1-L_s)/L_s]\}(a/b)e^{(r_m-r_s)t} \tag{3.57}$$

由式 (3.57) 可知，服务相对价格受以下因素的影响：

第一，两个部门的相对技术水平，即式 (3.57) 右边的 a/b 项，它反映的是一种技术效应，且 $dp/db < 0$，即在其他因素不变的情况下，服务生产技术水平的上升会导致服务相对价格的下降。

第二，就业结构，即式 (3.57) 右边的 $(1-L_s)/L_s$ 项，它反映的是一种产业结构效应，且 $dp/dL_s < 0$，即在其他因素不变的情况下，服务就业份额（进而服务产出份额）的上升会导致服务相对价格的下降。

第三，两个部门劳动生产率增长率的相对水平，即式 (3.57) 右边的指数项 $r_m - r_s$，它反映的是一种"要素—产出效应"，且 $dp/dr_s < 0$，即在其他因素不变的情况下，服务部门劳动生产率增长率的上升会导致服务相对价格的下降。

第四，需求因素，即式 (3.57) 右边的 $\lambda/(1-\lambda)$ 项，它反映的是一种恩格尔效应，且 $dp/d\lambda > 0$，即在其他因素不变的情况下，服务消费偏好的增强（λ 值变大）会导致服务相对价格的上升。为什么服务消费偏好会增强？将 Engel 定理运用于服务，可能对 λ 的变化做出解释，即随着收入水平的提高，消费者偏好逐渐转向服务（服务被看作是奢侈品）。这一假定可以用下列等式来表示：

$$\lambda = 1 - 1/(1 + \mu wL) \tag{3.58}$$

其中，$\mu > 0$。式 (3.58) 确保 λ 是 w 的增函数，并且对于正的和趋于无穷大的 w，$0 < \lambda < 1$。参数 μ 控制了函数的斜率。当然，对服务的需求，除了受到收入弹性的影响外，还会受到价格弹性的影响。比如，根据鲍莫尔早期的分析，需求富有价格弹性的服务部门（如表演和文化服务）将因其价格的不断上升而趋于萎缩。②

---

① 由式 (3.56) 可得出鲍莫尔模型的第二个结论，即如果服务相对价格趋于无穷大，则当 λ 保持不变时，Q_s/Q_m 渐进趋于零。如果按照鲍莫尔基准模型的设定，即 Q_s（$= wL_s/p = bL_s$）保持不变，则 Q_m 将无限上升。

② 但为了研究需求富有收入弹性而缺乏价格弹性的服务（如教育、健康服务）的变化，鲍莫尔则假定产出比重即 Q_s/Q_m 不变 (Baumol, 1967)。可是经验研究并不能将这两种情形下的服务区分开来，这主要是由于服务价格弹性的模糊性 (Falvey and Gemmell, 1995; Moeller, 2001; Summers, 1985)。

（二）产出结构与经济增长

我们将经济增长率（γ_T）定义为两个部门劳动生产率增长率的加权平均，即

$$\gamma_T = \gamma_{\frac{Q_s}{L_s}}^{}L_s + \gamma_{\frac{Q_m}{L_m}}^{}(1 - L_s) = (r_s - r_m)L_s + r_m + \delta b e^{r_s t}L_s$$

$$= r_s L_s + r_m(1 - L_s) + \delta b e^{r_s t}L_s \qquad (3.59)$$

由式（3.59）可以得出一些比较直观的结论：

首先，如果服务业就业份额 L_s、货物部门的劳动生产率增长率 r_m 以及生产服务的技术参数值（b）（即服务产出效率）和服务消费在提高技能方面的效率（或服务被人力资本化的效率）（δ）（即服务投入效率）保持不变时，经济增长率主要取决于服务业劳动生产率增长率 r_s，并呈现出三种情形：其一，当 $r_s = 0$ 时，式（3.59）就变成了普格诺（2006）的结论，即经济将以超过鲍莫尔模型的速度增长，达到 $\delta b L_s$；其二，当 $r_s < 0$ 时，经济增长速度将低于普格诺模型的速度；其三，当 $r_s > 0$ 时，经济增长速度将超过普格诺模型的速度。

其次，在其他条件不变的情况下，服务产出效率（b）越大和/或服务投入效率（δ）越高，经济增长率就越高。

联立式（3.45）、式（3.51）、式（3.52）、式（3.56）和式（3.58），可得：

$$Q_s / Q_m = \mu b h \, e^{r_s t} \qquad (3.60)$$

式（3.60）表明，鲍莫尔设想的 Q_s/Q_m 保持不变，只是一种特殊情形，即 $r_s = 0$。而且，由该式可知，Q_s/Q_m 的大小主要取决于四个因素，即如果生产服务的效率越高即 b 值越大，或服务偏好对收入的敏感度越大即 μ 值越大，或服务部门的劳动生产率增长率为正即 $r_s > 0$，或服务消费提高劳动力的技能指数（或人力资本化的生产者服务规模）h 越大，则服务的相对产出份额就越大。

由式（3.57）和式（3.59）可知：如果 Q_s/Q_m 保持不变，允许 λ 充分地变化，那么服务相对价格 p 的不断上升将导致经济增长率收敛于 $r_s + \delta b \, e^{r_s t}$，但偏离 r_m。如果 $r_s + \delta b \, e^{r_s t} < r_m$，经济增长率趋于下降，这种情形下的经济增长率的高低与正负仍然主要取决于服务业劳动生产率增长率 r_s，即当 $r_s \geq 0$ 时，增长率为正，而不是鲍莫尔模型中的零；当 $r_s < 0$ 时，增长率的符号则很难确定。[1] 同样在这种情况下，如果两个部门的增长率都趋于上升，那么总体经济增长将因为

---

① 当 $r_s < 0$ 时，判断 $r_s + \delta b \, e^{r_s t}$ 符号的正负。令 $f(r_s) = r_s + \delta b e^{r_s t}$，求该函数的一阶导数 $f^{(1)}(r_s) = 1 + t\delta b \, \varepsilon^{r_s t} > 0$，则函数为关于 r_s 的递增函数。当 $r_s \to -\infty$ 时，$f(r_s) \to -\infty$；而当 $r_s = 0$ 时，$f(r_s) > 0$。由此可见，当 $r_s < 0$ 时，$f(r_s)$ 有可能大于零，也有可能小于零，这取决于 r_s 和 δb 的大小。

综合效应（composition effect）而减速。但如果 $r_s + \delta b \ e^{r_s t} > r_m$，经济增长将加速，尽管部门之间增长率的差异仍然存在。

由此可以推出，服务产出份额的增长不仅与人力资本的增长是正相关的，而且还正向地取决于服务业劳动生产率增长率 r_s 的高低，即：

$$\gamma_{\frac{Q_s}{Q_m}} = \delta b \ e^{r_s t} L_s + r_s = \gamma_h + r_s \qquad (3.61)$$

（三）服务业就业

由式（3.50）、式（3.51）、式（3.52）推出下列一阶条件：

$$H_{L_s} = \partial H / \partial L_s = 0 \Rightarrow \varphi_t = \left[e^{-\rho t} / (\delta d b h_t \ e^{r_s t}) \right] \cdot \left\{ (L_s - \lambda) / [L_s(1 - L_s)] \right\} \qquad (3.62)$$

$$H_h = -\dot{\varphi}_t \Rightarrow e^{-\rho t} / h_t + \varphi_t \delta d b \ e^{r_s t} L_s = -\dot{\varphi}_t \qquad (3.63)$$

对式（3.62）取对数并对时间求微分，通过转换并与式（3.63）联立，从而推导出下列非线性动态等式：

$$\gamma_{L_s} = \frac{-\rho - r_s - \delta b e^{r_s t} L_s \left(1 + \dfrac{d(1 - \lambda)}{\lambda - L_s} \right)}{1 - L_s \left(\dfrac{1}{L_s - \lambda} + \dfrac{1}{1 - L_s} \right)} \qquad (3.64)$$

在 $\gamma_{L_s} = 0$ 时，可得到稳态均衡值：

$$L_s = (-\rho - r_s + \delta b \ e^{r_s t} \lambda + \delta d b \ e^{r_s t} - \delta d b \ e^{r_s t} \lambda + \sqrt{\Delta}) / (2 \delta b \ e^{r_s t}) \qquad (3.65)$$

其中，$\Delta = \left[(\rho + r_s)^2 + 2 \delta b \ e^{r_s t} (\rho + r_s)(\lambda - d + d\lambda) \right] + (\delta b \ e^{r_s t})^2 \left[(\lambda + d)^2 - \lambda d(2\lambda + 2 d - \lambda d) \right]$。在 λ 给定甚至被内生化的情况下，每个家庭求解动态最优化问题。根据式（3.64）和式（3.65）可以得出以下结论（关于均衡值 L_s 与有关参数和变量的关系的证明，请参见附录）：

第一，对于 λ 和 d 的任一给定值，即 $\lambda \in [0, 1]$ 和 $d \in [0, 1]$，就会得到相应的均衡值 $L_s \in [0, 1]$，即式（3.65），且这一均衡值是 λ 和 d 的单调递增函数。现实的情况常常是 $0 < \lambda < 1$ 和 $0 < d < 1$，这样在其他参数与变量不变的情况下，对服务消费的偏好（λ）越强或有意识地用于增加人力资本的服务份额（d）越大，服务业就业份额就越高。在其他情况既定时，较小的时间偏好率（ρ）或较低的服务业劳动生产率增长率（r_s）会导致较高的服务业就业份额。

第二，如果 $d = 1$ 和 $\lambda = 0$，则均衡值 $L_s = 1 - (\rho + r_s) / (\delta b \ e^{r_s t})$。这一结论接近"供给论"的观点，即不考虑服务消费偏好。由均衡值等式可知，在其他参数不变时，较小的时间偏好率（ρ）或较低的服务业劳动生产率增长率，会导致较高的服务业就业份额。

第三，生产服务的技术参数值（b）（即服务产出效率）越大或服务消费在提高技能方面的效率（δ）（即服务投入效率）越高，服务业就业份额就越大。

第四，一旦确定均衡值 L_s，式（3.59）表示的总体经济增长率就被确定，式（3.53）刻画的人力资本（服务消费的人力资本化或人力资本化的生产者服务）积累率（γ_h）以及式（3.61）描述的服务产出份额的增长率（$\gamma_{(Q_s/Q_m)}$）也将被确定，同时也会影响服务相对价格。

将 λ 和收入水平联系起来的家庭偏好的内生化，使得均衡值 L_s 随着收入水平或经济发展水平的提高而提高。但收入或经济增长率还取决于人力资本积累水平，因而也取决于均衡值 L_s 的大小，均衡值 L_s 有一个上限即不能超过 1。以上所有均衡结果及其均衡条件总结如表 3－3：

表 3－3　　　　　　　　一般均衡结果及其均衡条件

相关参数与变量 ＼ 均衡值	服务相对价格（p）	服务相对产出份额（Q_s/Q_m）	服务相对产出增长率（$\gamma_{(Q_s/Q_m)}$）	服务业就业份额（L_s）	人力资本（服务消费的人力资本化或人力资本化的生产者服务）积累率（γ_h）	经济增长率（γ_T）
货物部门技术参数（a）	+					
服务部门技术参数（b）	－	+	+	+	+	+
服务消费偏好（λ）	+			+		
有意识用于增加人力资本的服务份额（d）				+		
服务增进人力资本的效率（δ）			+	+	+	+
时间偏好率（ρ）				－		
服务偏好对收入的敏感度（μ）		+				
服务部门劳动生产率增长率（r_s）	－	+	+	－	+	+
货物部门劳动生产率增长率（r_m）	+					+

续表

均衡值 相关参数与变量	服务相对价格 （p）	服务相对产出份额 （Q_s/Q_m）	服务相对产出增长率 （$\gamma_{(Q_s/Q_m)}$）	服务业就业份额 （L_s）	人力资本（服务消费的人力资本化或人力资本化的生产者服务）积累率（γ_h）	经济增长率 （γ_T）
服务消费提高劳动力技能指数（或人力资本化的生产者服务规模）（h）		+				
服务业就业份额（L_s）	−		+		+	+
人力资本积累率（γ_h）			+			+

注：（1）"＋"、"－"分别表示相关参数与变量对均衡值的影响为正、负。后面的实证分析还将揭示其他关系。

（2）服务业就业份额（L_s）既是要求解的均衡值，其本身也会对服务相对价格（p）、服务相对产出增长率（$\gamma_{(Q_s/Q_m)}$）、人力资本（服务消费的人力资本化或人力资本化的生产者服务）积累率（γ_h）以及经济增长率（γ_T）产生影响；同样，人力资本积累率（γ_h）既是要求解的均衡值，其本身也会对服务相对产出增长率（$\gamma_{(Q_s/Q_m)}$）和经济增长率（γ_T）产生影响。

四、实证分析

我们用 1991～2006 年中国总体数据以及 1996～2005 年中国省级面板数据来进行实证分析，以探讨基于第三节一般均衡结果及其均衡条件（见表 3-1）的中国服务业发展特点以及服务业与经济增长的关系。我们的实证研究包括两个步骤：首先根据前面的理论模型以及有关变量和参数的现实数据可得性，设定经验模型并进行经验分析；其次利用经验模型估算出来的、但从现实统计中无法获得的参数值，再结合经验数据进行数值模拟，包括对第一步经验模型和无法进行经验分析的理论模型进行模拟。在此基础上，我们将数值模拟的结果与中国现实情况进行比较分析。为便于下面的经验分析和数值模拟，现对主要变量和参数的定义及数据处理做出说明，如表 3-4 所示。

（一）经验分析

根据第三节的理论模型以及有关变量和参数的现实数据可得性，我们设定以下五个经验模型（见表3-5），但由式（3.53）描述的人力资本积累模型因无法获得确切的关于人力资本积累率的现实数据，只能放到后面进行数值模拟。

表3-4　　　　　　　　　　　主要变量和参数的定义及数据处理

变量和参数	变量和参数的名称	数据处理 （全国总体数据为1991~2006年，省级面板数据为1996~2005年）
p	服务相对价格	用分别以基比方法计算的服务项目价格指数（代替服务价格）与商品零售价格指数（代替货物部门价格）之比表示。2001年及以前的服务项目价格指数可直接从统计年鉴上查到计算而得，2002年以后的服务项目价格指数由作者基于以下10个分项服务价格指数的平均值计算而得：家庭服务及加工维修服务费、医疗保健服务、个人服务、市内公共交通费、城市间交通费、通信服务、学杂托幼费、文娱费、旅游及外出、租房
Q_s/Q_m	服务部门相对产出份额	全国总体数据为：分别按照第三产业（代替服务部门）和第二产业（代替货物部门）1991年不变价格指数对两个部门进行折实换算，求出各自的实际产出（实际增加值）。中国的第二产业包括工业（又分为采掘业、制造业以及电力、煤气及水的生产和供应业）和建筑业。省级面板数据为：分别按照2000年不变价格指数对两个部门进行折实换算，求出各自的实际产出（实际增加值）
$\gamma_{(Q_s/Q_m)}$	服务部门相对产出增长率	求出环比增长率
L_s	服务业就业份额	分别列出两种服务业就业份额：（1）服务业占第二、三产业合计就业的份额（本章模型定义）；（2）服务业占第一、二、三产业合计就业的份额
r_s	服务部门劳动生产率增长率	劳动生产率以实际劳均增加值指标表示，求出环比增长率
r_m	货物部门劳动生产率增长率	劳动生产率以实际劳均增加值指标表示，求出环比增长率
γ_h	人力资本（服务消费的人力资本化或人力资本化的生产者服务）积累率	无法得到现实数据，下面通过数值模拟求出

续表

变量和参数	变量和参数的名称	数据处理 （全国总体数据为 1991 ~ 2006 年，省级面板数据为 1996 ~ 2005 年）
γ_T	经济增长率	全国总体数据为：按照 1991 年不变价格指数计算出两种经济增长率：（1）基于第一、二、三产业的 GDP 增长率；（2）基于第二、三产业的经济增长率（本章模型定义）；省级面板数据为：按照 2000 年不变价格指数计算出两种经济增长率
a/b	货物—服务部门相对技术水平	无法得到现实数据，在数值模拟时设定三种情形：（1）$a/b > 1$；（2）$a/b = 1$；（3）$a/b < 1$。但通常情形是第（1）种，我们将在随后的经验分析中验证这一点
λ	服务消费偏好	以居民家庭平均每人消费性支出中的服务性消费支出所占比重表示；城镇和农村比重的平均值为总体比重。城市居民服务支出有 4 项：家庭服务、医疗保健、交通和通信、教育文化娱乐；农村居民服务支出有 4 项：医疗保健、交通和通信、教育文化娱乐、其他服务。农村居民服务支出的统计口径较粗，"家庭服务"未从"家庭设备用品及服务"中单独列出来
d	有意识用于增加人力资本的服务份额	以居民家庭平均每人服务性消费支出中有意识用于增加人力资本的服务性消费支出所占比重表示；城镇和农村比重的平均值为总体比重。城市居民有意识用于增加人力资本的服务有 2 项：医疗保健和"教育文教娱乐服务"中的"教育"；农村居民有意识用于增加人力资本的服务有 2 项：医疗保健和"教育文教娱乐服务"（"教育"未从中单独列出）
δb	服务增进人力资本的效率参数与服务产出效率（技术）参数的相互作用项	无法得到现实数据，下面在数值模拟时设定三种情形：3%、4% 和 5%。从较低数值向较高数值的变化，刻画了经济发展过程中效率的不断提高
ρ	时间偏好率	无法得到现实数据，下面在数值模拟时设定三种情形：0.5%、1.5% 和 3%。时间偏好率越大，意味着越晚获得的效用的价值就越低

变量和参数	变量和参数的名称	数据处理 （全国总体数据为 1991～2006 年，省级面板数据为 1996～2005 年）
μ	服务偏好对收入的敏感度	在下面经验分析中可根据式（3.60）推算出
h	服务消费提高劳动力技能指数（或人力资本化的生产者服务规模）	在下面经验分析中可根据式（3.60）推算出

注：省级面板数据涉及全国除了中国台湾地区、香港特区和澳门特区之外的所有 31 个省区市。

资料来源：国家统计局出版的《新中国五十五年统计资料汇编》和《中国统计年鉴》有关年份以及《中经网统计数据库》。

表 3 – 5   **经验模型设定及其理论基础**

模型名称	经验模型设定	理论基础
服务相对价格决定模型	$\ln p = \theta_1 \ln[\lambda/(1-\lambda)] + \theta_2 \ln[(1-L_s)/l_s] + \theta_3 \ln(a/b) + \theta_4(r_m - r_s) + \tau$	基于公式（3.57）
服务业就业份额决定模型	$l_s = \alpha_0 + \alpha_1 r_s + \alpha_2 \lambda + \alpha_3 d + \varepsilon$	基于公式（3.65）
服务业相对产出水平决定模型	$\ln(Q_s/Q_m) = \psi_0 + \psi_1 r_s + \bar{\omega}$	基于公式（3.60）
服务业相对产出增长决定模型	$\gamma_{(Q_s/Q_m)} = \varphi_0 + \varphi_1 e^{r_s t} L_s + \varphi_2 r_s + \zeta$	基于公式（3.61）
经济增长率决定模型	$\gamma_T = \beta_0 + \beta_1(r_s - r_m)L_s + \beta_2 r_m + \beta_3 e^{r_s t} L_s + \sigma$	基于公式（3.59）

注：ln 表示对相应的变量取常用对数；假定 $t = 1$；τ、ε、$\bar{\omega}$、ζ、σ 分别为对应模型的随机干扰项。

    我们引入中国数据并基于表 3 – 5 的模型进行回归分析，结果如表 3 – 6 和表 3 – 7 所示。为了缓和残差项序列自相关问题，在实际计量设定中加上相关因变量的 1 期滞后项，因为这一前定变量可能包含那些遗漏的变量对本期因变量的影响，这意味着滞后项的系数大于零。另外，为了顾及地区性因素可能对相关因变量的影响，我们选择固定效应模型（基于 Hausman 检验）。

表 3 – 6　　　　　　　　基于中国总体的经验分析：1991 ~ 2006 年

自变量 ＼ 因变量	$\ln(p)$	$\ln(Q_s/Q_m)$	$\gamma_{(Q_s/Q_m)}$	L_s	γ_T （Ⅰ）	γ_T （Ⅱ）
常数项	1.974* (0.346)	– 0.130* (0.017)	– 0.205** (0.089)	– 0.045 (0.086)	0.079 (0.076)	0.151 (0.093)
因变量 1 期滞后项	0.081 (0.161)	0.808* (0.038)	0.355 (0.276)	0.706* (0.147)	0.539* (0.162)	0.414** (0.148)
λ				0.270** (0.102)		
$\ln[\lambda/(1-\lambda)]$	0.929* (0.180)					
d				0.289** (0.108)		
r_s		0.534** (0.183)	0.036 (0.307)	– 0.329* (0.092)		
$e^{r_s t} L_s$			0.336** (0.152)		– 0.116 (0.117)	– 0.226 (0.146)
r_m					0.473*** (0.242)	0.612*** (0.291)
$r_m - r_s$	– 0.162 (0.197)					
$(r_s - r_m) L_s$					0.508 (0.409)	0.649 (0.501)
$\ln[(1-L_s)/L_s]$	0.222 (0.194)					
Adj. R^2	0.996	0.968	0.613	0.980	0.592	0.640

注：（1）括号内的数字为标准差，＊、＊＊、＊＊＊分别表示在 1%、5% 和 10% 水平上显著。

（2）表中的经济增长率（γ_T）（Ⅰ）和（γ_T）（Ⅱ）分别是基于 GDP 实际增长率和第二、三产业合计实际增长率而估算出来的。

表 3 – 7　　　　　　基于中国各省区市的面板数据分析：1996 ~ 2005 年

自变量 ＼ 因变量	$\ln(p)$	$\ln(Q_s/Q_m)$	$\gamma_{(Q_s/Q_m)}$	L_s	γ_T（Ⅰ）	γ_T（Ⅱ）
因变量 1 期滞后项	0.772 * (0.033)	0.880 * (0.038)	– 0.055 (0.049)	0.887 * (0.038)	0.150 * (0.020)	0.107 * (0.020)
λ				– 0.073 ** (0.034)		
$\ln[\lambda/(1-\gamma)]$	0.047 *** (0.028)					
d				0.084 * (0.029)		
r_s		0.199 * (0.042)	0.257 * (0.062)	– 0.110 * (0.016)		
$e^{r_s t} L_s$			– 0.062 (0.072)		0.143 * (0.030)	0.142 * (0.035)
r_m					– 0.149 * (0.026)	– 0.113 * (0.030)
$r_m - r_s$	– 0.066 *** (0.039)					
$(r_s - r_m)\,L_s$					– 0.205 * (0.038)	– 0.178 * (0.044)
$\ln[(1-L_s)/L_s]$	– 0.100 * (0.031)					
Adj. R^2	0.962	0.983	0.092	0.972	0.378	0.336
观测值	306	308	308	306	308	308

注：括号内的数字为标准差，*、**、*** 分别表示在 1%、5% 和 10% 水平上显著。根据 Hausman 检验选择固定效应模型。

1. 服务价格的变化及其影响因素

基于对价格指数的统计分析，我们发现，在样本时期内中国总体以及各省区市的总体服务相对价格都是趋于上升的（见附录图 3 – 4 和附录表 3 – 4）。但导致服务相对价格上涨的内在驱动因素各不相同。表 3 – 6 和表 3 – 7 的分析结果表明，需求因素即以服务消费支出比例提高（1991 年服务消费支出比例为

12.70%，2006 年则达到 32.30%，见附录图 3 - 2）刻画的服务消费偏好的增强 [λ 变大，从而 $λ/(1-λ)$ 变大] 对服务相对价格上涨具有显著的正效应，符合理论预期。在总体数据分析中（见表 3 - 6），服务消费偏好 [以 $λ/(1-λ)$ 表示] 增强 10% 会导致服务相对价格上涨 9.29%；在面板数据分析中（见表 3 - 7），服务消费偏好增强 10% 会导致服务相对价格上涨 4.7%。表 3 - 6 显示，$\ln[(1-L_s)/L_s]$ 前面的系数为正，表明服务业就业份额（进而服务产出份额）上升 [L_s 变大，从而 $(1-L_s)/L_s$ 变小] 确实会导致服务相对价格的下降，尽管并不显著（即产业结构效应符合理论预期但不明显）；但在表 3 - 7 中，该变量前面的系数却显著为负，与理论预期相左。两次分析所得到的 $(r_m - r_s)$ 前面的系数均为负，表明影响服务相对价格变化的"要素—产出效应"与理论预期相反，即服务部门劳动生产率增长率的提升并不能导致服务相对价格的下降，不过这一影响在表 3 - 6 中是不显著的，而在表 3 - 7 中则是显著的。因此，无论从绝对弹性系数，还是从标准化弹性系数即 $β$ 系数[①]（对于以上三个变量，表 3 - 6 的计算结果依次为：0.976、0.078 和 - 0.020；表 3 - 5 的计算结果依次为：0.051、- 0.134 和 - 0.021）来看，以服务消费偏好反映的需求因素是推动中国服务价格上升的首要因素。但另外两大因素所起作用的不显著性或与理论预期相反则折射出中国服务业供给层面上的问题，即服务供给存在短缺和垄断。

由于无法获得服务部门和货物部门的相对技术水平（即 a/b）数据，所以实际计量模型分析略去了该变量。但根据式（3.57）和表 3 - 6 第 1 列的常数项（等于 1.974），我们可以大致确定 a/b 的取值上限，即 $a/b < e^{1.974} \approx 7.2$。如果用省级面板数据作混合 OLS 回归分析（表 3 - 7 未列出），我们计算出的 a/b 取值上限为 1.1（$\approx e^{0.095}$）。这就为后面的数值模拟提供了数据参考。

2. 服务业产出水平和增长率的变化及其影响因素

由于服务业与第二产业价格指数的近乎反方向变动，所以以名义值衡量，服务部门的产出份额（服务业产出与第二产业产出之比）基本保持不变（1991 年为 80.61%，2006 年为 80.43%）；但如果以实际值衡量，则服务业的产出份额趋于下降（1991 年为 80.61%，2006 年为 59.73%）[②]。正因为如此，以实际值衡量的服务部门相对产出增长率明显低于以名义值衡量的数值（见附录图 3 - 3）。我们的发现与秦（Qin）的研究一致[③]。

---

① 标准化系数等于原系数乘以该解释变量的标准差与被解释变量的标准差之比，用以衡量解释变量对于被解释变量变异的解释程度。

② 第二产业则相反，其名义值产出份额保持相对不变，但实际值份额却在上升。第一产业的产出份额无论以名义值还是以实际值衡量均处于下降态势。这种现象表明，各部门的价格变化很不一致。

③ Duo Qin. Is China's Rising Service Sector Leading to Cost Disease? *www. SSRN. com*, 2003.

无论是总体数据还是面板数据都显示，服务部门劳动生产率增长率的提高有助于扩大服务部门产出，这符合理论预期和常理。在表 3 - 6 中，服务部门劳动生产率增长率提高 10% 会导致服务部门相对产出提高 105.49% （ $\approx e^{0.0534}$ ）；在表 3 - 7 中，服务部门劳动生产率增长率提高 10% 会导致服务相对部门产出提高 102.01% （ $\approx e^{0.0199}$ ）。

在总体数据分析中，服务部门劳动生产率增长率对服务部门相对产出增长率产生正面影响，但不显著，而其与服务业就业份额的相互作用项的影响则是显著的。面板数据的分析则表明，服务部门劳动生产率增长率对服务部门相对产出增长率产生显著的正面影响，但其与服务业就业份额的相互作用项的影响则是不显著的。这一发现似乎证明，如果要增加服务产出和服务供给，则提高服务劳动生产率及其增长率 ［这体现为服务效率 （efficiency） 的提升］ 和增加服务业就业 ［增加服务人员体现为服务效果 （effectiveness） 的提升］ 同等重要！

由式 （3.60） 和表 3 - 6 第 2 列的常数项 （等于 - 0.130），我们可以大致确定 μbh 的取值上限，即 $\mu bh < e^{-0.130} \approx 0.878$。用省级面板数据作混合 OLS 回归分析 （表 3 - 7 未列出） 可得 μbh 的取值上限为 0.979 （ $\approx e^{-0.021}$ ）。由式 （3.60） 和表 3 - 6 第 3 列 $e^{rt} L_s$ 前面的系数，则可确定 δb 的取值上限为 0.336，而表 3 - 7 的相应系数为 - 0.062 （不显著），因此 δb 的取值范围为 0 ~ 0.336。

3. 服务业就业及其影响因素

20 世纪 90 年代以来，无论是基于国民总就业 （第一、二、三产业合计） 还是基于第二、三产业合计总就业 （不考虑第一产业），中国服务业就业份额都是不断上升的。1991 年中国服务业就业占全部就业和第二、三产业合计总就业的比重分别为 18.9%、46.89%，到 2006 年则分别达到 32.2%、56.15% （见附录图 3 - 3）。

表 3 - 6 显示，服务消费偏好 （λ） 的增强以及有意识地用于增加人力资本的服务消费支出 （d） 的增加会显著提高服务业就业份额，而且从标准化弹性系数即 β 系数来看，服务消费偏好的影响更大一些 （0.550 > 0.273），尽管其绝对弹性系数较小 （0.270 < 0.289）。表 3 - 7 的分省数据分析则显示，有意识地用于增加人力资本的服务消费支出 （d） 的增加会显著提高服务业就业份额，而服务消费偏好 （λ） 的增强却显著降低服务业就业份额。但基于绝对弹性系数 （ - 0.073 和 0.084） 和标准化弹性系数 （ - 0.046 和 0.054），两个需求因素综合起来的净影响则是正的。最后，正如理论预期，两种数据分析中的服务业劳动生产率增长率的提高会显著降低服务业就业份额。

4. 经济增长与服务业的关系

20 世纪 90 年代以来，无论以实际 GDP 还是以第二、三产业合计实际增加值 （按照本部分模型的设定） 来衡量，中国的经济增长率平均在 10% 以上，两种衡量结果的变化趋势相同，后者略高，其原因在于第一产业的增长略低（见附录图 3-6）。表 3-6 和表 3-7 都列出了决定以上两种经济增长率的计量分析结果。但由于二者十分相似，我们仅对本章理论模型所设定的第二种经济增长率进行分析。

总体数据分析显示，第二产业劳动生产率增长率与实际经济增长率之间呈显著的正相关关系，但分省数据则显示二者之间是显著的负相关关系。表 3-7 的分省数据分析表明：第一，服务业的劳动生产率增长率与就业份额的相互作用项对经济增长率的影响显著为正。第二，由于服务业劳动生产率增长率通常滞后于第二产业劳动生产率增长率（从全国总体来看，1991~2006 年这一滞后程度平均为 5%，见附录图 3-7；分省来看，1996~2005 年这一滞后程度平均为 4.16%），因此，$(r_s - r_m)L_s$ 中的服务业就业份额与经济增长率是显著的正相关关系。上述两个方面的影响在表 3-6 中的表现正好相反，但都不显著。总之，基于分省数据的分析，我们可以认为，服务业的发展（无论是就业的扩张还是劳动生产率的提高）不是阻碍实际经济增长，而是促进了实际经济增长。

由式（3.59）和表 3-7 最后 1 列 $e^{r_s t}L_s$ 前面的系数（等于 0.142），可以确定 δb 的取值上限为 0.142，而表 3-6 的相应系数为 -0.226（不显著），因此 δb 的取值范围为 0~0.142。这一取值范围小于上面由式（3.61）和表 3-7 第 3 列 $e^{r_s t}L_s$ 前面的系数而导出的取值范围。

至此，我们已经将表 3-5 设定的用来检验理论模型的经验模型分析完毕。下面进行数值分析。

（二）数值模拟

关于服务相对价格（p）、服务相对产出（Q_s/Q_m）及其增长率（$\gamma_{(Q_s/Q_m)}$）、服务业就业份额（L_s）、人力资本（服务消费的人力资本化或人力资本化的生产者服务）积累率（γ_h）以及总体经济增长率（γ_T）的均衡值与每一个相关参数和变量的关系，是在假定其他参数和变量不变的情况下得出的。为了考察所有参数和变量的同时变化对特定均衡值以及相关增长动态的影响，我们引入表 3-2 和前面经验分析所确定的相关变量和参数值，对中国服务业的增长及其与总体经济增长的关系进行数值模拟，并比较数值模拟结果与实际情形的差异。

我们以 2005 年为模拟的起始时间。2005 年，以服务消费支出份额表示的中国总体服务消费偏好参数 λ 约等于 32%。现实经济中的产业结构和消费结构演变的历史表明，λ 不是固定不变的，而是存在着不断提高的长期趋势。即随着收入水平的提高，家庭的消费偏好会转向服务产品。为此，数值模拟还将引入大于 32% 的 λ 值，比如 50% 和 70%（70% 大约是美国等高收入经济体的情形）。该年有意识地用于增加人力资本的服务份额 $d = 51\%$。由于 d 也会上升，所以引入其他 d 值（$d = 55\%$；$d = 60\%$）。

同年，服务业实际劳动生产率增长率 $r_s = 7\%$，货物生产部门即第二产业的实际劳动生产率增长率 $r_m = 4.5\%$，该年的这一数据与服务业劳动生产率增长滞后的事实有些出入。由附录图 3 – 5 可知，在大多数年份，服务业实际劳动生产率增长率均低于第二产业。鉴于这一事实，同时考虑随着服务业乃至整个经济发展的成熟度和总量的不断提高，劳动生产率增长率和经济增长率都有可能下降，所以，我们对 r_s 和 r_m 还给出了另外的数值（$r_s = 3\%$，$r_m = 8\%$；或者 $r_s = 2\%$，$r_m = 4\%$）。根据上面的计量分析，两个部门的相对技术水平参数 a/b 是大于 1 的。由于它会直接对服务相对价格产生影响，所以我们设定三种情形：1.5、1.0 和 0.8。

前面的计量分析确定 δb 的取值范围为 0 ~ 0.143，据此我们设定三种情形：3%、4% 和 5%。相互作用项 δb 从较低数值向较高数值的变化，刻画了经济发展过程中效率的不断提高。时间偏好率 $\rho（>0）$ 取三种情形即 0.5%、1.5% 和 3%。数值模拟的具体结果见表 3 – 8。

第一，对于给定参数的三种模拟情形，即使服务业劳动生产率增长是滞后的，但存在着一个基本趋势，即服务业均衡就业份额、服务业产出份额增长率、人力资本积累率和总体经济增长率都在缓慢上升，而不是像鲍莫尔模型所预测的那样，趋于下降或等于零。比如，在第（1）种情形下，若时间偏好率 $\rho = 1.5$，则从 $t = 0$ 到 $t = 10$，服务业均衡就业份额从 35.90% 提升到 39.62%、服务业产出份额增长率从 8.08% 提高到 9.39%、人力资本积累率从 1.08% 提高到 2.39%、总体经济增长率从 6.47% 提高到 7.88%。2005 年，中国服务业就业份额若以服务业就业占第二、三产业合计总就业比重衡量为 56.79%，高于模拟值；若以服务业就业占国民总就业比重衡量则为 31.4%，低于模拟值；实际经济增长率若以第二、三产业合计增长率衡量为 11.27%，若以 GDP 增长率衡量则为 10.43%，均高于模拟值；服务相对产出份额（Q_s/Q_m）为 60.92%，低于模拟值的上限（表 3 – 6 的计量分析确定了 μbh 的取值上限即 $\mu bh < e^{-0.130} \approx 0.878$，因此表 3 – 8 中的服务相对产出份额都应低于列出的数值）；服务相对产出份额增长率为 – 0.011，也低于模拟值。

第二，服务相对价格受服务部门和货物部门的相对技术水平（即 a/b）的影响很大，随着 a/b 变小即服务部门相对技术水平的提高（b 变大），服务相对价格趋于下降。这是对表 3 – 4 经验分析的补充。2005 年中国服务相对价格为 3.61，跟第（1）种情形下的 $\rho = 3\%$、$t = 10$ 和 $a/b = 1.5$ 状态中的模拟服务相对价格相当，但明显高于其他模拟情形。

表 3 - 8　　数值模拟：中国总体视角

变量	ρ=0.5				ρ=1.5				ρ=3			
	t=0	t=1	t=5	t=10	t=0	t=1	t=5	t=10	t=0	t=1	t=5	t=10
(1) 基于 2005 年 (λ=32, d=51, δb=3, r_s=7, r_m=4.5)												
p_1	1.41	1.52	2.03	2.86	1.44	1.56	2.09	2.97	1.48	1.60	2.16	3.10
p_2	0.94	1.01	1.35	1.90	0.96	1.04	1.39	1.98	0.99	1.07	1.44	2.07
p_3	0.75	0.81	1.08	1.52	0.77	0.83	1.12	1.58	0.79	0.85	1.15	1.66
Q_s/Q_m	87.80	94.17	124.59	176.81	87.80	94.17	124.59	176.81	87.80	94.17	124.59	176.81
$\gamma_{(Q_s/Q_m)}$	8.09	8.18	8.63	9.45	8.08	8.16	8.60	9.39	8.06	8.14	8.56	9.33
L_s	36.41	36.72	38.18	40.54	35.90	36.18	37.48	39.62	35.32	35.56	36.68	38.55
γ_h	1.09	1.18	1.63	2.45	1.08	1.16	1.60	2.39	1.06	1.14	1.56	2.33
γ_T	6.50	6.60	7.08	7.96	6.47	6.57	7.03	7.88	6.44	6.53	6.98	7.79
(2) 基于未来某年 (λ=50, d=55, δb=4, r_s=3, r_m=8)												
p_1	0.95	0.98	1.16	1.41	1.02	1.06	1.25	1.54	1.10	1.15	1.36	1.68
p_2	0.63	0.66	0.77	0.94	0.68	0.71	0.84	1.02	0.74	0.77	0.91	1.12
p_3	0.50	0.53	0.62	0.75	0.54	0.57	0.67	0.82	0.59	0.61	0.73	0.89
Q_s/Q_m	87.80	90.47	102.01	118.52	87.80	90.47	102.01	118.52	87.80	90.47	102.01	118.52
$\gamma_{(Q_s/Q_m)}$	5.45	5.54	5.90	6.44	5.38	5.46	5.82	6.33	5.31	5.38	5.72	6.22
L_s	61.33	61.56	62.47	63.62	59.51	59.72	60.58	61.70	57.63	57.82	58.58	59.60
γ_h	2.45	2.54	2.90	3.44	2.38	2.46	2.82	3.33	2.31	2.38	2.72	3.22
γ_T	7.39	7.46	7.78	8.25	7.40	7.48	7.79	8.25	7.42	7.49	7.79	8.24

变　量		$\rho = 0.5$				$\rho = 1.5$				$\rho = 3$			
		$t=0$	$t=1$	$t=5$	$t=10$	$t=0$	$t=1$	$t=5$	$t=10$	$t=0$	$t=1$	$t=5$	$t=10$
(3) 基于未来某年（$\lambda=70$, $d=60$, $\delta b=5$, $r_s=2$, $r_m=4$）	p_1	0.81	0.83	0.87	0.94	0.90	0.91	0.96	1.03	0.99	1.01	1.07	1.15
	p_2	0.54	0.55	0.58	0.63	0.60	0.61	0.64	0.69	0.66	0.67	0.71	0.77
	p_3	0.43	0.44	0.47	0.50	0.48	0.49	0.51	0.55	0.53	0.54	0.57	0.61
	Q_s / Q_m	87.80	89.57	97.03	107.24	87.80	89.57	97.03	107.24	87.80	89.57	97.03	107.24
	$\gamma_{(Q_s/Q_m)}$	6.06	6.14	6.51	7.01	5.98	6.06	6.42	6.92	5.89	5.98	6.33	6.81
	L_s	81.14	81.23	81.58	82.01	79.58	79.67	80.05	80.52	77.88	77.97	78.35	78.83
	γ_h	4.06	4.14	4.51	5.01	3.98	4.06	4.42	4.92	3.89	3.98	4.33	4.81
	γ_T	6.43	6.52	6.88	7.37	6.39	6.47	6.82	7.31	6.34	6.42	6.76	7.24

注：（1）除时间 t 和服务相对价格 p 外，其他数值的单位均为%。

（2）p_1、p_2 和 p_3 分别表示在 $a/b=1.5$，$a/b=1.0$ 和 $a/b=0.8$ 三种情形下的服务相对价格。

（3）表 3－4 的计量分析确定了 μbh 的取值上限，即 $\mu bh < e^{-0.130} \approx 0.878$，因此本表中的服务相对产出份额（$Q_s/Q_m$）都应低于列出的数值。

第三，比较三种模拟结果，我们可以发现，服务消费偏好的增强、有意识地用于增加人力资本的服务份额的提高、服务产出效率和服务增进人力资本效率的提升，使得服务业均衡就业份额和人力资本（服务消费的人力资本化或人力资本化的生产性服务）积累率都有较大幅度的提高。比如，在第（2）、（3）种情形下，服务业均衡就业份额分别达到57%和77%以上，第（3）种情形是第（1）种情形下的两倍多。第（3）种情形下的人力资本积累率是第（1）种情形下的两倍多。[①] 值得指出的是，我们模拟出了不同情形下中国人力资本积累率的大小：第（1）种情形为1.06% ~ 2.45%、第（2）种情形为2.31% ~ 3.44%、第（3）种情形为3.89% ~ 7.37%。

第四，时间偏好率（ρ）与服务业均衡就业份额、进而与服务产出份额增长率及人力资本积累率呈负相关关系（这是前面的经验分析所无法验证的）。比如在第（1）种情形下 $t = 1$ 时，如果 $\rho = 1.5$，则服务业均衡就业份额、服务产出份额增长率和人力资本积累率分别为36.18%、8.16%和1.16%；如果 $\rho = 3$，则这三项指标分别降为35.56%、8.14%和1.14%。由于时间偏好率越大，意味着越晚获得的效用的价值就越低。因此，使服务消费者增强对服务消费或增加服务支出所带来的未来收益的稳定预期，即降低服务消费者的时间偏好率，对于促进服务部门的发展和增加人力资本，进而推动经济增长很有意义。

五、结论与启示

（一）基本结论

本部分内容在理论上沿着"供需结合论"的前进方向，构造了一个一般均衡模型，把服务消费引进效用函数和人力资本积累函数、把含有服务消费的人力资本积累（即服务消费的人力资本化或人力资本化的生产者服务）引进生产函数。通过假定随着经济增长和收入水平的提高，服务消费偏好将不断增强，而使服务消费偏好内生化；通过假定服务消费对人力资本形成与积累的促进作用，而使经济增长或收入增长内生化，即经济主体行为影响经济增长，而经济增长又会改变经济主体行为。在这一基本思路下，本章模型全面讨论了影响服务相对价格

---

① 如果关键参数值和变量值保持不变的话，仅仅靠时间的流逝，相关均衡值的变化幅度是很有限的。但如果参数值和变量值发生了根本的变化［即出现所谓的超边际变化（inframarginal change），比如从第（1）种情形到第（2）种情形再到第（3）种情形］，那么相关均衡值的变化幅度将是巨大的。这其中隐含着很强的政策调控含义。

和服务相对产出（反映部门间相互关系）、服务业就业水平、人力资本积累以及总体经济增长的相关因素，从而较为系统地诠释了"服务业之谜"所蕴涵的服务业本身在供需两方面的"特征性事实"，以及服务业与经济增长之间的内在关系。

在此基础上，本部分内容采用 1991～2006 年中国总体数据以及 1996～2005 年中国省级面板数据进行实证研究，探讨基于理论模型一般均衡结果及其均衡条件的中国服务业发展"特征性事实"，以及服务业与经济增长的关系。基于实证研究的第一步——经验分析，本章发现：（1）在样本时期内中国总体以及各省区市的总体服务相对价格都是趋于上升的，以服务消费支出比例提高刻画的服务消费偏好的增强对服务相对价格上涨具有显著的正效应。（2）服务部门的产出份额以名义值衡量基本保持不变，但以实际值衡量则趋于下降。提高服务劳动生产率及其增长率（这体现为服务效率的提升）和增加服务业就业（增加服务人员体现为服务效果的提升），对于增加服务产出和服务供给来说同等重要。（3）服务消费偏好的增强以及有意识地用于增加人力资本的服务消费支出的增加会显著提高服务业就业份额，而服务业劳动生产率增长率的提高会显著降低服务业就业份额。（4）服务业的发展（无论是就业的扩张还是劳动生产率的提高）不是阻碍而是促进了实际经济增长。

基于实证研究的第二步——数值模拟，本部分发现：（1）服务相对价格受服务部门和货物部门的相对技术水平的影响很大，随着服务部门相对技术水平的提高，服务相对价格趋于下降。这是对经验分析的补充。（2）对于给定的参数值，即使服务业劳动生产率增长相对于货物部门是滞后的，服务业均衡就业份额、服务业产出份额及其增长率、人力资本（即服务消费的人力资本化或人力资本化的生产者服务）积累率和总体经济增长率都会随着时间的推移而缓慢上升。（3）服务消费偏好的增强、有意识地用于增加人力资本的服务份额的提高、服务产出效率和服务增进人力资本效率的提升，使得服务业均衡就业份额和人力资本（服务消费的人力资本化或人力资本化的生产者服务）积累率都有较大幅度的提高。（4）时间偏好率与服务业均衡就业份额，因而与服务产出份额增长率及人力资本积累率呈负相关关系。这是前面的经验分析所无法验证的。

（二）主要启示

当前及未来，加快发展服务业、提高服务业比重和水平，既是中国"十二五"规划的重要内容，更是中国推进产业结构优化升级、实现整体经济可持续增长的战略要求。本章通过理论、经验和模拟分析而得到的一系列基本结论，对于系统把握中国服务业发展的基本规律及其与经济增长的关系具有重要意义。由基本结论而得出的政策建议是供需两个层面上的。

第一，既然服务价格的不断上升在供给方面导源于服务业劳动生产率增长滞后和服务业技术水平相对落后，那么提高服务业生产效率（b）的政策将是可取的。这种政策在这些服务有助于人力资本（即服务消费的人力资本化或人力资本化的生产者服务）的形成和积累时将特别有效。而且更为重要的是，服务生产效率的一次性提升，会通过提高人力资本积累率，而对货物部门和服务部门的增长，进而对总体经济增长产生永久性的影响。

第二，提高服务增进人力资本形成和积累的效率（δ）也会产生与提高服务业生产效率（b）同样的效果。所不同的是，在提高服务产出效率的情况下，服务被看作是一种产出；而在提高人力资本形成和积累效率的情况下，服务则被看作是一种投入。教育服务和健康服务是增进人力资本形成和积累的最重要服务，应该成为政策特别是公共政策关注的重点。

第三，虽然参数 d 不直接对部门增长产生影响（不过它与服务业就业份额存在正相关关系），但如果 d 的上升不仅仅是由于家庭意识到一些服务会有助于增进人力资本，而且还导致这些服务（比如高等教育服务、健康医疗服务等）产出的扩大，那么 δ 将上升，从而对部门增长和总体经济增长产生积极的影响。

第四，积极引导服务消费、增强对服务消费或服务支出所带来的未来收益的稳定预期，将有助于提高服务消费偏好（λ）和有意识地用于增加人力资本的服务份额（d）、降低时间偏好率（ρ），从而对于促进服务业健康发展、增进人力资本和推动整体经济长期增长意义深远。在中国当前内需不足的情况下，服务性消费问题应该引起高度重视。比如，随着高等教育的扩招，越来越多的人有机会、有能力消费高等教育服务。为了保证接受高等教育的人对未来有一个良好的预期（即花在教育上的支出能够在未来产生应有的收益），唯一有效的办法就是确保国民经济与就业持续增长的良好前景。

第五，考虑到总体经济增长与服务相对价格不仅取决于货物部门（r_m），还取决于服务部门（r_s），以及服务业内部劳动生产率增长的差异性，那么，优化服务业内部结构、积极发展具有较高生产率的现代服务业，对于调整产业结构和促进长期增长具有重要作用。

第六节　服务业与制造业的互动发展：基于世界制造中心历史演变的考察

服务经济的兴起和发展是一个比较漫长的历史过程。我们可以从多个角度考察服务经济兴起和发展的内在机理，产业结构的调整与演变尤其是制造业的发展，在客观上为服务业尤其是生产者服务业提供了重要基础。本节首先从理论上分析制造业与生产者服务业的互动发展与区域集聚的基本原理；然后借鉴新经济史学的研究方法，从一个较长的历史视角探讨世界制造中心的演变过程，以及在这一过程中，与制造业息息相关的服务业特别是生产者服务业的发展、转移和集聚现象；在此基础上，我们将探讨在当前及未来世界制造业与服务业"双转移"趋势下中国所处的基本方位。

一、制造业与生产性服务业互动与集聚的理论分析

对于产业的区位分布与专业化集聚问题的系统讨论，最早可以追溯到马歇尔（A. Marshall，1890）。在马歇尔"外部经济"思想的背后，正是他关于产业地方化的洞察。马歇尔认为，产业地方化有三种不同的原因：首先，通过将一个产业一定数量的厂商集中在一个地方，产业集中形成了一个专业技术工人共享的劳动市场，这个市场对工人和厂商都有利；其次，一个产业中心可以提供该产业专用的多种类、低成本的非贸易投入品，而这非贸易投入品绝大多数是生产性服务；最后，由于信息在当地流动比远距离流动更容易，一个产业中心可以产生技术外溢效应。这三种原因中的第二种原因则与生产性服务业的区位集聚密切相关。

20 世纪 60 年代，有关城市经济学和区域经济学的文献，比如，格林菲尔德（1966）、雅各布（Jacobs，1969，1984）、奇尼兹（Chinitz，1961）、斯坦伯克（Stanback，1979）等人，也认识到不可贸易中间品（主要是指在规模报酬递增条件下生产的生产者服务）的重要性，将之看作是导致城市和产业复合体或产业集群（industrial complexes）形成的集聚外部性（agglomeration externalities）的重要源泉，并以此来解释地区间经济绩效的差异性。最近的经济地理学文献，比如克鲁格曼（Krugman，1991）、波特（Porter，1992）、藤田、克鲁格曼和维纳布尔斯（Fujita，Krugman and Venables，1999）等人，也关注这一事实，即由于集聚外部性，相关联的经济活动趋于集中在一起，比如，美国硅谷（Silicon Valley）的计算机产业、意大利萨索罗（Sassuolo）的瓷砖等。西科恩和霍尔（Ciccone and Hall，1996）的研究表明，在经济密度（economically dense）高的地区经营的企业比在相对隔离的地区经营的企业更有生产力。卡巴雷多和里昂（Caballero and Lyons，1992）表明，在提供投入的产业的产出提高的情况下，下游产业的生产力也会随之提高。胡梅尔斯（Hummels，1995）表明，世界上大多数最富有的国家均集中在相对狭小的欧洲、北美洲和东亚地区，而贫穷的国家在分布于世界的其他地方。胡梅尔斯认为，这可以部分地由投入的交通运输成本来解

释，因为从遥远的国家购买专业化投入，是非常昂贵的。

然而，探讨集聚外部性之源的最为重要的着眼点则是生产性服务。低运输成本的中间品不可能起到城市经济学和经济地理理论所要求的作用，因为，如果运输成本很低，那么靠近投入提供者将不具多少优势。但是，很多商业性服务要么是不可贸易的（non-tradable）（即一般商品贸易意义上的不可贸易性），要么远距离提供需要高昂的成本。[①] 这样，对于这些服务的使用者来说，远离这些服务活动的核心区，将会对其造成极大的劣势。马歇尔（1988）研究表明，在英国的伯明翰（Birmingham）、里兹（Leeds）和曼彻斯特（Manchester）三地，制造商购买的生产者服务中 80% 来自于同一地区的服务提供者，而且，公司的绩效因生产者服务的当地可得性而得以增强。麦基（Mckee，1988）也认为，在发展中国家，生产者服务的当地可得性对于主导产业部门的发展非常重要。

正如克鲁格曼（1991）所言："在当今的世界，最突出的地方化的例子事实上是基于服务业的，而不是制造业的"。有些服务行业的区位基尼系数接近于零。生产者服务业具有很强的区域集聚特征。如美国的哈特福德是保险城；芝加哥是期货交易中心；伦敦和东京云集的基本上不是制造商；在英格兰东南部，服务业正向那里集中，而制造业正在移向别的地方。就连美国的硅谷和 128 号公路事实上也更接近于为制造业提供服务的中心，即提供生产者服务的中心，而不仅仅是实物的生产地。

实际上，制造业与服务业的关系主要表现在制造业与生产者服务业的关系，它们之间正在加深着相互依赖的关系，制造业服务化，服务业机械化、自动化，是两大产业互相渗透的革新。这种制造业和服务业的相互依存与平衡发展关系具体表现为，在制造业争取提高产品附加价值等的活动过程中，服务化取得了进展，随之而来的是服务需求的增大。这种状况加强了从中间需求方面对服务产业的刺激。另外，服务产业在争取提高质量的活动过程中实行着硬件技术化，这将给予制造业以诱发生产的刺激，同时也刺激着制造业进行技术革新，研制出符合服务产业需求的产品（公文俊平，1985）。

制造业与生产者服务业的互动发展关系，在两类产业（群）都集聚在一定区域的情况下表现得尤为显著（如图 3 – 46 所示）。这一基本规律将为下面的历史与现实事实所证明（见表 3 – 9）。

---

① 这两者之间是相互联系的，因为在非贸易品内生决定模型中，交易成本（包括运输成本、贸易保护等）的引入使得某些商品或服务转变为非贸易品。很显然，具有很高运输成本的中间品可能成为集聚经济的原因之一，其可能成为非贸易品。

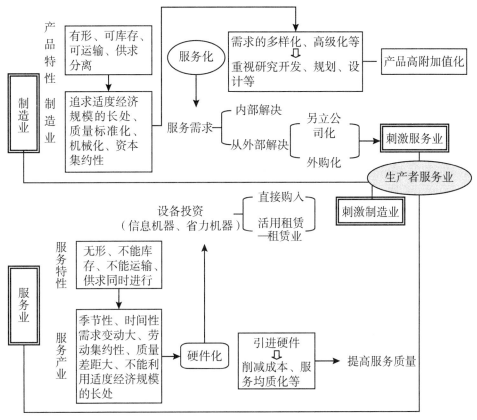

图 3 - 46　制造业与服务业的互动发展与集聚：生产者服务业的作用

资料来源：根据公文俊平（1985）改制而成。

表 3 - 9　　　　　　　　　　三大制造中心与生产者服务业的发展

时　　间	世界制造中心	代表性生产者服务业
1820～1860 年 （第一次产业革命）	英国	交通运输业
		商业
		金融业
19 世纪末～20 世纪 50 年代 （第二次产业革命）	美国	交通运输业
		通讯业
		商业
		金融业
20 世纪 60～80 年代 （第三次产业革命）	日本	交通运输业
		商业
		金融业

二、制造中心演变与生产者服务业区位转移和集聚的历史考察

从 18 世纪的"产业革命"到 20 世纪 70～80 年代，英国、美国和日本先后作为这一时期世界经济中最具影响力的经济体，对全球产业结构变化产生了巨大而深远的影响。英国是产业革命的首发地。借助殖民掠夺以及经济、技术、文化等方面的势力，英国在 19 世纪 70 年代盛极一时，成为自由资本主义时代的最大殖民帝国，号称"日不落国"。但由于资本主义制度的固有矛盾，以及两次世界大战的重创，英国经济备受打击，并趋于衰落。而作为新兴移民国家的美国却在战争中大获其利，一跃而成为世界经济的"领头羊"。20 世纪中叶，在战争中接受教训的日本开始专注于国家经济的发展，探索适合本国国情的经济发展模式，在许多新兴领域取得了巨大成功，成为建立在废墟之上的经济强国。到 20 世纪 80 年代，日本崛起成为新的全球制造中心，并在一些重点行业和重点技术领域超过美国。随着世界制造中心由英国转移至美国，进而转移至日本，制造中心的形成和转移带来了与之密切相关的生产者服务业的区位转移和集聚，形成了一大批在服务业发展方面各具特色的中心区域和中心城市群。

（一）1820～1860 年的英国：世界制造中心与生产者服务业发展

经过 17 世纪资产阶级革命和 18 世纪产业革命，英国经济实力迅速膨胀，成为当时的"世界工厂"和最大的殖民帝国。18 世纪 60 年代，英国各主要工业部门先后出现了从手工生产过渡到机器生产的趋势，英国的经济发展进入产业革命时期。19 世纪 40 年代，产业革命基本完成，标志着英国成为当时世界上第一个由工场手工业占统治地位转变为机器大工业占统治地位的国家。于是，英国成为当时世界上最先进的国家，在世界工业和世界贸易中取得垄断地位，享有"世界工厂"之称。1870 年，英国的经济实力达到鼎盛时期，约占世界工业生产的 1/3、世界铁和煤产量的 1/2 和世界贸易总额的 1/4。工业的飞速发展带动了相关产业的形成和发展，与制造业休戚相关的生产者服务业在当时的英国初见端倪，随即迅速发展起来。英国是铁路运输的首创国家，远洋航运业长期居于世界前列，商船的吨位高居各国首位；1851 年在伦敦举行的世界博览会上，英国展品种类繁多，几乎都首屈一指；伦敦成为当时世界唯一的国际金融中心。在英国成为世界制造中心的这段时期，与之相随发展的生产者服务业主要体现在交通运输业、商业、金融业等方面的发展上。

1. 交通运输业

产业革命后的英国工业飞速发展，制造业成为英国经济发展的支柱。然而，新的问题也随之产生。一方面，原材料短缺和供给滞后成为制约工业发展的一个"瓶颈"，许多制造工厂急需要把重要的原料投入生产。但囿于交通不够便捷，当时的英国有半数企业因不能得到及时和足够的原料供应而面临生产中断。另一方面，种类繁多的制造业产品在国内部分市场中出现极大剩余，这就需要开拓新的、更加广泛的产品销售渠道，将这些制造业产品带往全国乃至世界各地。国内不同地区之间的许多商品和服务交换，以及英国与其他国家之间的贸易都要求加速发展交通运输业，而原有的交通工具和繁忙的运输已不能满足需要。与此同时，农业和工业的大力发展为社会积累了大量的国民财富，使得国家有能力投资交通运输业；钢铁制造业的进步使架设铁路和建造大型船只成为可能；机械工程和机器制造业的发展促使新的交通运输工具的产生，并被广泛接受和使用。在这样的背景下，英国的交通运输业革命就拉开了序幕。①

首先，在铁路运输方面。1825 年，从斯托克顿至达林顿铁路的建成和通车，掀开了英国铁路运输的纪年，也是世界运输业现代化的起点。随后，人们逐渐地认识到，铁路是运送物资和旅客的普通手段，而且高速机车的出现将为火车扩大服务创造条件。于是投资者和善于经营的经理们开始对铁路发生了兴趣。1836 年，英国铁路建设蓬勃开展起来了。19 世纪 40 年代初英国经济出现几年的萧条，在此期间银行贷款利率较低，结果第二次规模更大的建设铁路的热潮来到了。1846 年，英国铁路建设达到了高潮，1847 年才开始告终。1848 年英国共有铁路干线 7 800 公里，1863 年进一步扩大为 17 000 公里。伦敦早在 1863 年就建成世界上第一条地下铁路。

英国在铁路建设方面所做出的巨大努力使它的铁路设施时居各国之首。根据地区性铁路里程的对比，19 世纪 50 年代英国的铁路里程数为比利时的 3 倍，为美国纽约州和宾夕法尼亚州的 3 倍，分别比法国和德国高出 6 倍。② 国内铁路建设高潮后不久，英国在国外也开展了修筑铁路的工程。设备、管理，有时甚至连劳动力都由英国提供。而早在 18 世纪 40 年代，英国人开始在法国和比利时帮助修筑铁路，以后铁路修筑到了欧洲以外的地区。可以说铁路部门成为了英国 19 世纪中叶经济领域里的一种具有相当能量的扩张性力量。19 世纪 70 年代，其他国家纷纷仿效英国，建设了完整的铁路网，世界新的经济体系在铁路部门的带动

---

① 马歇尔在《经济学原理》（第 286 ~ 290 页）中以英国近代史为例，详细分析了以交通工具改良、运费下降为主要表现的交通运输业的发展，对于工业的地理分布所产生的深刻影响。

② 直到第二次世界大战期间，铁路始终在英国国内运输中居于优势地位。战后，随着私人轿车拥有量剧增、公路运输迅速发展，适宜铁路承运的煤炭、钢铁等数量减少，铁路运输在下降。

下开始形成了，而英国多年来始终位于这个体系的中心。

铁路运输业的发展对英国经济和社会产生了深远的影响。第一，铁路部门提供了更多的获取利润的机会和多方面投资收益，因而，大批尚未确定投资方向的闲散资金被吸纳到铁路部门中去。第二，铁路部门直接或间接地为社会提供了更多的就业机会。1847～1848年，参加铁路建设的人员，连同加工材料的铁路工人家属和挖土工的家属在内大约100万人，他们依靠建筑铁路的工资为生。在1846～1850年的5年中，每年靠铁路谋生的约有60万人，这几乎相当于当时英国的工厂从业人员。1848～1851年，欧洲发生了经济和政治危机，大陆国家都遭到严重冲击，但英国却比较顺利地渡过了这一难关，铁路部门能提供这样规模的工资额和就业机会是帮助渡过难关的重要原因。第三，铁路建设的蓬勃发展迫使运费不断下降，市场分割和市场垄断受到遏制，生产的竞争程度空前提高。

其次，在内河运输方面。英国的内河（包括运河）航运曾盛极一时。一些工业中心如曼彻斯特、伯明翰、谢菲尔德在很大程度上都是靠内河运输发展起来的。运河可以降低内陆运输的费用，把内陆的发展与港口沿海贸易和对外贸易联结起来。但英国开始修筑运河的主要起因则是为了煤炭运输的需要。早在18世纪，英国高效率的运输系统是运河，并在1780～1800年出现了一股运河热。英国目前运河系统的相当大部分是在这20年中形成的。

内河运输业发展所带来的经济利益是无法衡量的。因为最明显的方面是，运河运输费用仅为公路运输费用的1/4～1/2。虽然内河运输存在一些问题，比如，运河规格不统一，甚至像水道宽窄、闸门大小等必须的规格都不一致，等等，但在铁路出现以前，运河在英国的工业发展史上起了重要的作用。分量较轻、容易变质的农产品不能为运河提供足够的货运量，因此在农业地区，运河运输往往亏本。但运河对工业如煤、铁、建筑业等的帮助很大。在米德兰和北英格兰的新兴工业中心区，运河运费因为存在垄断而并不便宜，但铁路出现后，这种局面就被打破了。可以说，如果没有内河运输业的发展，当时的城市和工业就很难得到很大的发展。运河本身不仅吸引了大量投资，而且在运河两岸还涌现出了很多工厂和造船厂。虽然在现代铁路运输和公路运输迅速发展之后，内河航运的作用逐渐降低，但其在沿岸给水、排水和旅游等方面的作用仍然十分重要。

最后，在航运和港口建设方面。英国是岛国，仅大不列颠沿岸就有大小港口300多个。这给英国发展海运业带来了得天独厚的有利条件。海运业是与英国海上贸易和对外侵略扩张一起发展起来的。在较长的时期内，英国海运业居于世界前列，如果以蒸汽动力的使用作为船舶现代化的标志，则它起始于19世纪40年代。当时，英国在港口、航运和沿海灯塔方面的进步都与远距离贸易息息相关。在19世纪中叶以前，伦敦不仅是远距离贸易的中心，而且也是沿海贸易和短距离海上贸易的中心，这迫使伦敦不断扩建港口。1800～1830 年间，大大小小具有不同重要性的港口设备都有了改进，沿海地区在架设灯塔和浮标方面也取得了进展。1840 年英国登记的以蒸汽为动力的商船有 771 艘，平均每艘吨位 110 吨，随后不断扩大。1844 年，在英国各港口报关进出的船舶吨位（不包括沿海贸易和不列颠与爱尔兰之间的贸易在内）是 1 030 万吨，1847 年达到 1 430 万吨，1860 年为 2 470 万吨，1870 年达 3 660 万吨，1880 年是 5 870 万吨。

如果说 19 世纪以前世界经济的领导地位落到了那些沿海小国身上的话，那么，这主要由于在铁路建设之前这些国家拥有了强大的海上运输力量，并从远距离运输中获得了很多好处。[①] 直到目前，海上运输仍是远距离运输中最便宜的。因此，海运业的发展对当时英国的商业运输和对外贸易极为重要，它极大地促进了沿海地区经济的发展。

2. 商业

商业分批发商业和零售商业，它在英国国民经济各部门中的地位仅次于制造业。英国的商业伴随着工业的发展、交易的广泛、市场的扩大应运而生。

18 世纪以前，那些早已专业化和地方化的，但大部分掌握在小生产者手里的工业，由于缺乏迅捷的交通和迅速的信息，只能靠由很多人构成的交易连锁联结起来。很多制成品零售商或小店主由于缺乏稳定的供应渠道而不得不求助于具有垄断性的大型制造工厂来供应商品。这成为经济繁荣的一大障碍。到了 18 世纪，一些个人顺应这些需要，开始在制造业区域买进普遍需要的廉价货物，用他们的马队或骡队从一个城镇运到另一个城镇。这就是英国早期的"负贩商人"（chapman）。随着商品供需的进一步扩大，负贩商人的零散性已经不能满足各类制造商的需要。

1825 年左右，英国开始出现从事整批货物分销的"代理商"。他们雇用推销员，将工厂货物的样品直接带到小店主的面前，从事大规模的专门商品销售。这种强有力的批发商几乎囊括了当时英国所有的商品种类。当时的伦敦批发市场就是英国最大的食品批发中心。随着这种代理范围的扩大，出现了部分从事多种商品销售的代理商。他们不拘泥于商品的类型，从食品到布匹，再到机械设备，哪里有货源、哪里有需求，他们就涌向哪里。他们甚至直接面向个别消费者，他们的活动实际形成了早期英国零售商业的雏形。这些商人渐成气候，他们选择人口

---

① 1500 年被历史学家普遍看作是中世纪社会和近代社会之间的分水岭。这一时代的最初两个世纪在历史上非常重要，发生了一系列不同的事件，如价格革命、商业革命、宗教改革、文艺复兴、地理大发现、新大陆殖民、世界贸易发展以及作为欧洲政治组织最高形式的民族国家的出现。15～17 世纪是西方世界开始兴起的时代。然而，在这一兴起故事的背后，西欧各国却有着不同的结局。到 17 世纪末，荷兰和英国成为优胜者，法国、西班牙、意大利和德国则沦为失败者（诺思和托马斯，1973）。

密集的市镇集中进行销售。在伦敦、伯明翰、曼彻斯特的大街小巷、庭院、教堂到处都举办过这种类型的集中销售。19 世纪 30 年代，这些卖场在全国范围内推广开来。随着人们生活水平的提高和商品生产的更加精细化，一些资金雄厚的商人将举办卖场的空间、时间和环境加以创新和改进，这一举动在随后的半个世纪中推动了英国大型商场和超级市场的形成，英国的商业出现空前的繁荣。这不仅方便了消费者，而且极大地促进了制造业的发展和城市的繁荣。①

3. 金融业

早在 17 世纪 40 年代，英国的金匠就开始经营某些银行业务，由此而发展成为私人银行，经营存款、贴现和发行等正规的银行业务。18 世纪中期，英国在农业、工业和贸易方面的大量投资从当时总的数值来看是非常可观的，许多大型项目和私人投资的运转都需要大量的货币资金。同时，居民储蓄收入不断提高。这些加速了英国金融体系的发展。当时，英镑是最主要的世界货币，而英国依靠它从贸易中获得的巨大金融资本成为向世界各地提供资金的主要国家。由于英国金融资本的发展，伦敦很早就因适应资金借贷的需要而形成了金融市场。18 世纪起，伦敦逐渐从国内金融中心发展成为国际金融中心。这得益于伦敦在国际金融方面长期的经营历史、大量的金融机构、经验丰富的从业人员、完备的通讯网络、适宜的金融管制以及金融机构集聚带来的规模效应等。虽然"一战"后纽约开始成为主要的国际金融中心，但伦敦依然保持其作为世界最大的国际金融中心之一的地位。

伦敦金融市场以"伦敦城（伦敦市的古城）"为中心，英格兰银行和国内外各种银行，以及其他主要金融机构皆云集于此。"伦敦城"通讯设备完善，消息灵通，办事效率极高。伦敦金融市场包括经营短期资金的货币市场和经营中长期资金的资本市场。

经营短期资金的货币市场由英格兰银行、交换银行、贴现行、商人银行和外国银行组成。伦敦金融业以英格兰银行为中心，它创立于 1694 年，是世界上最早的银行。英格兰银行于 1844 年改组后，分设发行部和银行部，后逐渐放弃商业银行业务，成为中央银行，但保留私股。英格兰银行是银行系统最后可要求援助的贷款者。交换银行就是伦敦几家大商业银行，它们都是伦敦银行票据交换所成员，故称交换银行。贴现行是英国特有的机构，通常以国库券和其他票据作担保向交换银行借入短期资金，并对商业票据给予贴现，当交换银行不愿展期，要收回借款而银根紧迫时，可求助于英格兰银行。商人银行亦称承兑行，其业务广

---

① 正如亚当·斯密在《国富论》（第 370～372 页）中指出，工商业都市的增加和富裕，对所属农村的改良与开发，有所贡献，其贡献的途径有三条：一是提供了一个巨大而便易的市场；二是使得尚未开垦的土地得以开发；三是为工商业的发达创造了好的社会环境。

泛，承兑商业票据，甚至还对工业公司的合并和改组提供咨询和金融服务。外国银行在伦敦的家数多于其他任何国际金融中心，主要经营非英镑业务。上述所有金融机构都为政府和贸易提供短期资金，为工商企业提供流通资金。

经营中长期资金的资本市场主要由保险公司、投资信托公司、单位信托公司、金融股份公司、金融事务所、养老金基金组织、国民储蓄银行、信托储蓄银行、房屋互助协会、发行事务所和证券交易所组成。其中保险公司是资本市场中最重要的金融机构。伦敦保险市场是世界的主要保险中心，其经营的业务约占世界保险市场的1/5。伦敦证券交易所设在卡普尔大院，于1801年开始使用，上市证券居世界同行业之首，它是已发行证券的市场，成交量约等于整个欧洲大陆的总和。

（二）1910～1950年的美国：世界制造中心与生产者服务业发展

自19世纪末以来，美国的工业生产一直居于世界第一的地位。尤其是20世纪上半叶，美国经济依托国内辽阔的市场、丰富的资源、先进的科学技术，以两次世界大战为契机取得了飞跃性的发展。其间，美国经济经历了20世纪20年代的高度繁荣时期、1929～1933年的"大萧条"（great depression），随后在罗斯福"新政"（new deal）的影响下摆脱了危机的阴影，走上复苏和繁荣之路。美国从欧洲工业的边区和模仿者发展成为工业领头人，为世界其他地方树立了典范。到"一战"前夕，美国工业产值是其三个最大竞争对手英、法、德的总和，工业部门出现了加速发展的趋向：日用消费品的大量生产和标准化、生产单位规模的扩大化、能源的改进和便利化、新机器和新工具的采用、劳动生产率的提高、生产进一步集中于少数大公司以及一些对国民经济具有重大意义的新工业部门的出现和扩展。制造业中的汽车工业、航空航天工业、钢铁工业、机器制造工业、化学制品工业和石油工业等都得到了长足发展，成为带动美国经济腾飞的龙头部门，美国成为新的世界制造中心。[①] 这些部门的高度繁荣客观上带动了美国生产者服务业的进步，并在此基础上引发了区域产业集聚和城市群的扩张。

1. 交通运输业

美国的交通运输业是具有现代化、自动化水平的部门，运输网络分布很广，运输线路四通八达，包括陆路运输、水路运输和航空运输。

首先，在陆路运输（包括铁路运输、公路运输和管道运输）方面。在历史

---

① 在1910～1950年的大部分年间，美国工业产量占世界工业生产的35%～49%。见库钦斯基：《资本主义世界经济史研究》，三联书店1955年版，第41～42页。

上，创办铁路是包括美国在内的国家起飞阶段一个最强有力的发动力量。① 对于当时的美国而言，许多经济学家认为，铁路实际上吸引经济向西推进：正是走在需求前面并且穿越了中西部、大平原和落基山脉的铁路导致了美国的经济增长。②

20世纪20年代是美国铁路运输的全盛时期，自此以后逐年衰落。铁路投资的纯收益率在1921～1928年平均也不过4.3%，只有1926年的利润率超过了5%。铁路的主要困难在于运输设备过剩，得不到很好的利用。然而，铁路在提供就业机会和职工收入方面起了重大作用。1929年，全国铁路工人约有170万，其工资总额约为30亿美元。战争期间，美国的客运量和货运量都翻了一番多，大大加重了全国交通运输业的负担。这种沉重负担大部分是由铁路来承担的。在1939～1944年，铁路货运量增加了1.2倍，客运量增加了3.2倍。

美国铁路网的分布很不平衡，北部和东部密度大，拥有全国营运里程的1/2。全国最大的铁路枢纽大多在北部，其中芝加哥是30多条铁路的枢纽，为美国最大的铁路中心。其次有圣路易斯、纽约、匹兹堡和堪萨斯城等，全国有31个州的铁路里程是在5 000公里以上。此外，还有几条横贯大陆的铁路干线，其中主要是由纽约经芝加哥分别到西雅图、旧金山和洛杉矶；由费城经匹兹堡、圣路易斯、堪萨斯城至洛杉矶；从新奥尔良沿南部边境至洛杉矶等地。③ 美国铁路业主要为私人经营。在几百家铁路公司中，由政府经营的寥寥无几。

在公路运输方面，第一次世界大战爆发时，美国汽车工业刚刚通过试验阶段，汽车的使用仅限于富有的和中上层阶级的人们。第一次世界大战后，交通运输业中最引人注目的是小汽车的迅速普及以及随之而来的改良道路的扩展。当时，由于城市规模日益扩大，市中心地价越来越贵，迫使人们寻找一些更加廉价的交通运输方式。汽车是这一过程中的必然产物。虽然汽车每英里运费比老的交通运输工具贵一些，但随着劳动价值的增加，时间这种资源就变得更加宝贵，汽车便利了人们的工作、生活，节约了时间，将拥挤的城市范围扩大到郊区，避开了城市地价昂贵的问题。此外，汽车工业的发展使驾驶和乘坐更加舒适、安全；更先进的驱动装置节省了燃油，提高了车速。1919～1929年，随着汽车装配厂实行流水操作，以及流水线的日臻完善，汽车工业人均年产量每年递增7%以上。这个时期，由于汽车价格的下降，越来越多的人开始购置汽车。汽车销售量

① 罗斯托著，郭熙保、王松茂译：《经济增长的阶段》，中国社会科学出版社2001年版，第56～57页。

② 杰里米·阿塔克、彼得·帕塞尔著，罗涛等译：《新美国经济史》（第2版）（下卷），中国社会科学出版社2000年版，第429页。

③ 正如克鲁格曼（1991）指出，制造带的部分优势来源于连接该地区各城市密集的铁路网络。密集的网络本身就是该地区制造业居于支配地位的产物。这尤其表现在美国东部地区。

因此几乎增加了两倍，而火车的产量却下降了 50%。到 1929 年，美国小汽车共有 2 300 多辆，平均每四家就有一辆小汽车。

与此同时，全国公路网的建成也使汽车使用率大大提高。美国改建公路的费用大大增加，从 1918 年的 7 000 美元增加到 1930 年的 7.5 亿美元。1921~1929 年，各州公路系统在联邦政府援助下均有所发展，各州分别建成了成千上万英里公路，使美国公路总里程从 38.8 万英里增加到 66.2 万英里。①

汽车与道路的改善，对于消除农村与城市之间的相互孤立状态、加速生活和工作的节奏、促进美国经济的繁荣，都起到了非常巨大的作用。

对于管道运输而言，则是美国战后新兴的一种经济、有效的运输行业。自 1859 年美国钻探出第一口油井以后，经过 100 多年的发展，美国石油工业形成了一个包括勘探、钻井、采油、运输、炼油和销售在内的完整的工业体系。原油生产的大幅提升迫切要求快捷、便利的运输方式的出现。在石油运输方面，石油管道起了非常重要的作用。为了把南部油田（主要是得克萨斯州、路易斯安那州及其浅海地区和内陆的俄克拉荷马州）和西部油田（加利福尼亚油田，主要分布在洛杉矶附近）生产的石油和天然气运送到北部的主要消费区，修筑了数条石油大管道。美国油管运输技术是世界上较先进的，除了热油管系统外，还有先进的低温输油系统。虽然这些管道的长度和数量在 20 世纪中叶以前还非常小，但却为美国管道运输业的发展奠定了坚实基础。

其次，在水路运输（包括内河运输和海上运输）方面。内河运输是美国早期主要的运输方式，但从 19 世纪中叶开始，水运不断受到铁路运输的排挤和竞争。自 20 世纪 40 年代起，内陆水运在技术革新的基础上，又逐渐恢复和发展起来，尤其是在货运方面的地位在不断上升，内陆水运货运量占全国货运总量的份额近 1/5。美国内陆水运是以密西西比河和五大湖为中心的，占全国内陆水运量的 2/3 以上，是美国煤铁产区、西部农业区、南部新兴地区以及东部工业区之间进行经济联系的重要交通线。密西西比河水系是联系美国南北货运的大动脉。1950 年，它的货运周转量为 336 亿吨公里，占全国内陆水运货物总周转量的 1/5 强。五大湖区水系的货运量直到 20 世纪 60 年代仍居全国内陆水运的首位。1950 年，五大湖区货运周转量达 1 203 亿吨公里，占全国内陆水系货物周转量的 73.7%。

美国的海洋运输由两大部分组成：国外贸易（或国际贸易）和国内贸易。一般说来，国外贸易使用的船只不能用于国内贸易。因而，美国的海运船只也有

---

① 杰里米·阿塔克、彼得·帕塞尔著，罗涛等译：《新美国经济史》（第 2 版）（下卷），中国社会科学出版社 2000 年版，第 566 页。

两大类：悬挂美国旗的船只和悬挂外国旗的船只。在第一次世界大战期间，美国着手执行的一个规模宏大的造船计划一直延续到战后。因此，美国的航运能力1921年比1915年增加了1倍左右。在美国商船总吨位中，国有船舶约占800万吨。战争结束后不久，社会上出现了强烈要求政府退出航运界的动向。1920年，国会通过了《琼斯法》，允许政府廉价出售国有船舶。到1930年，外国货船载运美国进出口货物的比重越来越大。由于外国船只造价较低，船员工资较低，它们的经营开支低于美国商船。造船业如此膨胀，再加上外国造船业的竞争，使美国造船业因生产能力过剩而走下坡路。

美国不仅是世界上对外贸易海运装货量最多的国家，也是世界上沿海航运量最大的国家。美国的沿海航运主要是由墨西哥湾沿岸，向东北沿海运送石油及化工产品、原料等。美国的海港大多分布在大西洋沿岸，主要有纽约、费城、巴尔的摩和波士顿等；在墨西哥湾有新奥尔良和休斯敦；在太平洋沿岸有洛杉矶、旧金山和西雅图。纽约是世界上货物吞吐量最大的海港之一，港内有深9.14~12.8米的深水泊位400多个，全港区岸线码头（包括哈德逊海岸）总长达1 234公里。

最后，在航空运输业方面。航空运输与其他几种运输方式相比是最年轻的。早期美国航空运输业的发展是比较缓慢的，在全国客货运输中占极小的比例。1917年以前，美国的航空业处于技术研发阶段。那时，它的重要性主要是在于军事方面，飞机制造业在战后头几年内几乎只制造军用飞机。20世纪20年代，美国空运业务仍然处于幼年时期。1916年，整个美国只有民航机2 740架。到1926年，美国民航机的年产量已达700架左右。1929~1931年，航空业出现了突然的发展，30年代中叶出现了第二次的迅速发展，第二次世界大战结束时，出现了第三次繁荣。这个时期，美国商用与军用航空事业的迅速发展主要是因为：首先，技术进步为飞机的制造和相对安全的驾驶操作奠定了基础；其次，在繁荣的20年代，许多惊人的飞行引起了人们对航空事业的极大兴趣。当时，这项工业的资本容易获得，而且有了飞机的交易；最后，联邦与州政府也进行了协助。政府对航空事业的兴趣，首先是在军事方面，以后才是商用方面。

美国最早的航空货运开始于1925年在芝加哥和底特律之间建立的定期航空货运业务。1926年，美国航空运输业第一个正式的法律文件——《航空商业法案》签署。接着，在1930年，第一条从纽约到洛杉矶的东西海岸间的航线直接通航。1936年，泛美航空公司开辟了横跨太平洋的航线，随之进行了美国—新西兰的最早的航空邮政业务。1939年，泛美航空公司又首先开始经办飞跃大西洋的客运业务。美国的机场建设实现了大型化、现代化。"一战"结束后，美国不仅对旧机场进行改造和扩建，而且陆续兴建了一些现代化的大型机场。其中包括几处以货运业务为重点的大机场。这些机场在国际航空运输业中居于十分重要的地位。

2. 通讯业

通讯业主要包括邮政和电信两大类业务。出于军事需要，美国在军事通讯领域投资巨大，致使美国通讯技术和通讯服务业有了很大发展。美国所有的电信业务都是私营的，但由联邦通讯委员会和一些政府调节机构统一管理。邮局是国营的，经营通常的邮递业务，但私人公司也允许经营信件和包裹的特快专递。通讯业的兴起和发展为信息的交换和传递提供了非常便利的渠道，从而为美国经济的快速、长远发展奠定了良好基础。

在邮政业方面，美国的邮局随着技术进步和规模扩大，其数量是逐渐减少的，而邮政收入及职工人数则是逐渐上升的（见表 3 - 10）。邮件处理和投递是美国战后主要的邮政业务。在 20 世纪上半叶，政府一直垄断着邮政业务，因此收费较高，给邮政业的竞争发展造成了一定的不利影响。

表 3 - 10　　　　　　　美国邮政业发展情况：1910 ~ 1950 年

项　　目	1910 年	1920 年	1930 年	1940 年	1950 年
邮局（个）	59 580	52 641	49 063	44 024	41 464
收入（百万美元）	224	437	705	767	1 677
职工（千人）	—	329 *	339	353	501

注：＊系 1926 年数。

资料来源：［美］《美国历史统计》、《美国统计摘要》，1988 年版。

在电信业方面，美国的电话与电报业十分发达，在灵敏便利、传递及时以及准确安全等方面十分出色，位于世界先进行列。电报不仅对美国单一铁轨系统的安全有效操作起重要作用，而且提供了生产者和消费者之间的实时联系。长期以来，美国电话电报公司一直垄断着美国全国的长途电话业务，它是美国电信领域中的巨头。贝尔电话系统这一高效网络就是由美国电话电报公司掌握的。在大多数美国人和来访的外国人心目中，"贝尔"就是美国电话的代名词。但在美国经营电话和经营电传的公司一直是有区别的。电传业务同时又被称为"国际记录传送业务"，相对于"国际话声传送业务"，它只经营全部的国际电报和电传。"二战"后，随着计算机系统的应用和发展，通讯业借助于这一良好平台，逐步向数据化、电子化、规模化、高效化的方向发展。基于通讯业的信息服务业在美国的发展异军突起。

3. 商业

美国的商业是一个高度发达和现代化的部门，它的产值一直仅次于制造业，居第二位。20 世纪上半叶美国经济的发展，引起商业经营外部条件的变化。如新型经济活动和新型文化意识的出现；人们活动的空间和时间的扩大；可支配收入的上升；公众对生活的讲究、审美观点的变化和审美要求的提高；信息传播工具和渠道的发达，等等。更重要的是，铁路和电报提供了市场协调的方法，制造商首次可以根据市场需求情况，确保从原料到制成品的顺利持续流转，存货大幅减少，现金流上升。现代运输——铁路和现代通信——电报，加上五大湖和海洋汽船，以及邮政系统的协助，提供了买卖协调的途径。这些新运输和通信系统导致了信息几乎瞬时的流动，增加了货物流动的速度和规则性，减少了商品转运与交易次数，提高了生产率。

在批发商业方面，美国批发商业处于商品流通的中间环节，它包括了除进入最终消费的零售交易之外的全部交易。它的经营特点是：集中并靠近大工业中心、人口密集地区以及码头、机场等。运输和通讯新方法使工业品的配送发生了根本变化。规模化生产和配送从根本上改变了美国的工业结构和公司性质，一种新公司——现代工商企业产生了。现代工商企业拥有许多不同经营单位，并由不同等级的带薪职员管理，公司内部行政协调比市场协调更有效率，利润也更高。管理人员看得见的手代替了市场看不见的手。在罗斯福"新政"时期，工商业在很大程度上解决了失业问题。1933 年 6 月国会通过的《全国工商业复兴法》是援助工商业的最重要的计划。

在零售商业方面，美国零售商业十分发达，结构多样，这种状况与美国工农业生产的现代化以及美国社会消费的多元化密切相关。不同的经营方式、组织形式在不同场合、不同时间适应了不同层次消费者的需求。美国商业在解决就业、缓冲经济危机、减轻危机期间工业生产下降的幅度起到了积极作用。在历史上，危机发生时，首先受到冲击的是工业部门，其次是商业，但其受影响的程度远比工业低。尽管危机期间，商业增长率较低，但总的来说，产值仍处于继续上升的态势。

4. 金融业

美国的金融业高度发达，有"金元王国"之称，金融业约占国民生产总值的 15%。早在 19 世纪，美国的货币和银行体系则十分混乱，使贸易和资金的自由流动受到严重阻碍。虽然后来美国政府对银行体系进行重组，开始货币供给的合理化过程即用统一的足额货币代替打折钞票和硬币的无序组合。但这种重组反而增加了美国银行体系的复杂性，并使美国金融机构更加脆弱。尤其在美国经济高度发达的 20 世纪初，大宗交易不断发生，资金流动异常频繁，构成了对美国金融业的巨大挑战。1929 年，美国一些主要产品的产量开始下降。无论是制造业还是建筑业都在大幅度减产。这种趋势对美国本来就很脆弱的金融领域产生了巨大影响，一场大的经济危机从美国股市蔓延开来。由金融创新的变型和无管制金融市场运作方式的变化所导致的美国股市的大崩溃，给美国的金融系统造成了重创。接着，由于挤兑的发生和银行体系的多米诺骨牌效应，导致了一连串的银行危机。1930~1933 年间，有 9 000 多家银行倒闭，占 1929 年年底美国全部银行的比重超过 1/3。有三次银行危机最为突出，即 1930 年 10 月~1931 年 2 月的第一次银行危机、1931 年 3~8 月第二次银行危机和 1932 年 10 月~1933 年 3 月的最后一次银行危机。[①] 危机所产生的影响使美国政府不得不对金融管制加以重视。罗斯福上台后积极实行"新政"，迅速出台了一系列严格的金融和货币政策，管理信贷、通货、黄金、白银和外汇的交易。在"新政"的金融计划中，明确了有关通货和信贷方面的三个目的，即实行通货膨胀、改革银行制度和加强对证券与商品交易的督导。通过新政一系列措施的实行，有效地规范了美国的金融体系，改善了美国金融业的状况。[②]

美国金融机构可分为银行机构和非银行金融机构两大类。银行机构主要包括联邦储备系统、联邦专业信贷机构、商业银行；非银行金融机构主要包括储蓄组织、保险公司、投资组织、金融公司等。成立于 1913 年的联邦储备系统相当于美国的中央银行，负责监督全国的私营银行、调节信用贷款量和货币流通量、代理国库发行债券、在外汇市场上干预美元比价、提高或降低贴现率等。联邦储备银行在美国共有 12 家，其中以美国金融中心纽约的联邦储备银行最为重要。美国银行业的资本集中过程开始于 20 世纪初，具体表现在银行数量的减少和资产总额的增加。20 世纪 50 年代，美国银行在世界银行业中处于绝对优势地位，世界最大的 3 家银行都是美国的。花旗银行、美洲银行、大通曼哈顿银行等成为影响遍布世界的巨型金融机构。

美国的金融市场主要包括货币市场和资本市场。货币市场作为融通临时性货币的场所，有利于农业、工商业的所有者为他们的产品生产和分配进行资源配置。资本市场是指长期的债券或股票的买卖，主要用于对厂房、设备等项目的投资。美国资本市场上使用的信用工具，主要是股票和各种债券，其交易通过证券交易市场进行。美国拥有 10 余家联邦注册的证券交易所，分别位于纽约、芝加哥、洛杉矶等大城市，但以纽约的规模为最大。在纽约一地，就有纽约证券交易所和美国证券交易所两个证券市场，它们都是世界性的，其交易活动与世界经济

---

① 杰里米·阿塔克、彼得·帕塞尔著，罗涛等译：《新美国经济史》（第 2 版）（下卷），中国社会科学出版社 2000 年版，第 590 页。

② 从 1933 年 3 月 9 日~6 月 16 日，即罗斯福政府的第 1 个 100 天里提出的立法倡议就达 12 个，包括《紧急银行救援法》、《联邦证券法》、《1933 年银行法》（即《格拉斯—斯蒂格尔法》）、《农场信贷法》等。见杰里米·阿塔克、彼得·帕塞尔著，罗涛等译：《新美国经济史》（第 2 版）（下卷），中国社会科学出版社 2000 年版，第 654 页。

息息相关，是世界经济的"晴雨表"。在美国众多的金融市场中，以纽约金融市场为最大。它是世界最主要的国际金融市场之一，包括证券市场、黄金市场、外汇市场、货币市场和资本市场。

（三）20世纪60~80年代的日本：世界制造中心与生产者服务业发展

第二次世界大战结束后的20多年里，世界经济政治形势发生了深刻的变化。而在资本主义世界中，日本的变化最令人瞩目，它一跃成为新的世界制造中心。1937年，日本工业生产只占资本主义世界的4%，而经过第二次世界大战的打击和破坏，到1948年，其工业生产下降到只占资本主义世界的1%。战后，日本在战争废墟上迅速发展起来，到20世纪60年代末，在工业和整个国民生产总值上超过了西欧所有国家，成为资本主义世界中仅次于美国的经济大国。日本国民生产总值的实际年均增长率50年代为9.1%，60年代为11.2%，70年代为4.8%，80年代前半期为4.5%，在主要资本主义国家里，这一经济增长率一直是最高的。特别是20世纪60年代，日本的经济增长率是美国（3.8%）的2.9倍，英国（2.9%）的3.9倍。结果，日本在资本主义世界工业生产中的比重迅猛上升，从1950年的1.6%上升为1960年的4.8%和1970年的9.5%。[①] 伴随着工业和整个国民经济的飞跃式发展，日本的生产者服务业发展也十分迅速。[②]

1. 交通运输业

在第三次产业和科学技术革命以及工业现代化的推动下，日本的交通运输业迅速发展，并实现了现代化。战后日本运输量的增长同经济增长是成正比的。国内货物运输量，从1950年的648亿吨公里增加到1979年的4 420亿公里，增加了5.8倍。这一时期，国民生产总值也保持着高速增长。日本以设备投资和出口为主导的经济增长，以进口资源和重化工业为中心的工业现代化，使设备、资源等这些体积大和重量大的物资的运输量不断增大，造成了货物运输的大量需求。日本经济进入低增长时期以后，国内货物运输的发展也开始放慢，有些年份的货

---

① 1950年，日本的国民生产总值按美元折算仅为110亿美元，人均产值132.6美元；而当时美国的数字分别是2 868亿美元和1 883美元，日本分别仅为美国的3.8%和7%。但到1985年，日本国民生产总值达12 950亿美元，人均产值为10 698美元；美国当年的国民生产总值和人均数分别是29 570亿美元和12 424美元，日本分别达到美国的43.8%和86.1%。

② 如果说20世纪80年代以前，日本现代生产性服务业的发展主要是由于制造业的发展所推动的话，那么随后生产者服务业甚至整个服务业的发展，则主要是由于日本大力推行建基于新自由主义经济思想之上的"危机管理型经济政策"以及在服务领域"导入民间活力"的结果。见［日］饭盛信男著，王名等译：《经济政策与第三产业》，经济管理出版社1988年版。

运量甚至出现下降。这一方面是由于经济发展速度减慢，对货物运输的需求相对缩小；另一方面也是由于在新技术革命的推动下，日本政府推行了产业结构改革政策，第二产业从资本和资源密集型向技术和知识密集型发展，产品日益轻、薄、短小化，在整个经济中服务业的比重迅速增大，国民经济日益走向软件化和服务化，从而对资源的需求量和货物运输的需求量相对减少。

现代运输业主要由铁路运输、公路运输、水上运输和航空运输组成。战后日本运输结构的变化突出地表现为铁路运输的分担率急速下降，公路运输、水上运输和航空运输的分担率上升，公路运输和水上运输成了运输业的主力。造成这种情况主要原因是：首先，铁路运输的相对落后性。铁路运输线路固定，机动灵活性较差，运输时间长，建设成本高，装卸安全性较差。其次，产业结构的变化。战后，日本的能源结构从以煤炭为主转为以石油为主，工业结构日益从以金属、化学等材料工业为主转为以石油知识密集型的机械加工为主，整个产业结构以第二产业为主转为以信息服务为中心的服务业为主。产品的轻薄短小化和整个经济的软件化、服务化，要求运输业更加机动、迅速和方便，而铁路日益不能适应这种要求。再次，生产力分布的变化。日本适应资源和能源靠进口和"出口第一"的路线，战后的工商业发展主要集中在沿海城市。这里的工厂企业主要依靠海上运输和短途的陆上运输，对铁路的依赖性较小。最后，在战后科技革命和工业现代化的影响下，日本大力发展汽车工业和造船工业，公路运输和海上运输得到了大力发展，并在竞争中不断排挤和代替铁路运输。

第一，在铁路运输方面。战前日本的铁路建设一贯被政府所重视，发展也很快。战后，日本铁路增加有限，到1970年，铁路营业里程为27 104公里，仅比1945年增加6.8%。在1970年以后，由于公路和航空运输的大发展，铁路营业里程不但没有增长，反而在减少。1981年，铁路营业里程为27 029公里。但战后日本在铁路发展上还是取得了一定成就：复线率从1960年的71%提高到1981年的91%，从而提高了运输能力；淘汰了蒸汽机车，实现了机车的电力化和柴油机化；整备了线路，改善了铁路电气化水平；集装箱货运增加，提高了运输效率和安全性，便利了铁路和公路运输、海上运输的联运；建造了时速在210公里以上的高速铁路，即"新干线"。日本铁路分为国营铁路和民营铁路。国营铁路所经营的是所有的铁路干线，在铁路运输中起主导作用。民营铁路集中在地方和大城市市区里，起辅助作用。由于经营管理及政府政策导向等多方面原因，民营铁路的经营状况普遍好于国营铁路。

第二，在公路运输方面。公路运输的大发展或国内运输"汽车化"，是战后日本交通运输业发展的突出特点。1950～1983年，日本公路货物运输增加了34.8倍，年均增长11.5%。战后日本公路运输的发展过程是以汽车运输代替人力、畜力运输的过程。战后初期，日本的公路运输还主要靠马车、牛车、人力板车和手推车等落后的运输工具。但从 1950 年开始，汽车运输迅速发展起来，在不到 10 年里完全代替了畜力和人力运输工具。1950 年卡车保有量为 28 万辆，1982 年达到 856 万辆，增加 29.6 倍。同时，作为运输主力的卡车实现了大型化、专业化和节能化。与此同时，为实现公路现代化，1954 ~ 1982 年的 28 年间，日本政府制定和实施了 8 次"公路整备五年计划"，使日本公路总长度由 1956 年的 943 430 公里增加到 1982 年的 1 176 685 公里，增加了 24.7%。公路质量和面貌大为改观：柏油水泥铺装率大大提高、高速公路迅猛增加、环行公路和复线公路不断增加。总之，经过战后几十年的建设，在日本国土上已经形成了以沿海城市为支点，以高速公路为干线，国道、都道府县道、市町村道并举的现代化公路网。公路条件的改善提高了汽车运输能力，加快了运输速度，降低了运输油耗，减少了运输事故，从而节省了运费。据计算，1960 ~ 1973 年的 13 年间，由于汽车运输成本的降低，使日本各经济部门的运输费用支出降低了 21.9%。

第三，在航运和港口建设方面。日本是四面临海的加工贸易国，海上运输是日本的生命线。日本国内运输总量的一半是由海运来承担的。1950 ~ 1979 年，日本国内海运由 255 亿吨公里增加到 2 259 亿吨公里，增加了 7.9 倍。战后，日本政府本着"维持日本最低经济活动所必需的物资运输，确保基干产业发展所必需的资源供应，促使运输成本稳定、国际收支平衡和本国船员就业"的原则，大力扶植本国商船队的发展，制定了一系列政策措施。于是以造船业和对外贸易大发展为基础，日本的商船队迅速发展起来。载重量从 1950 年的 171.1 万总吨增加到 1970 年的 2 664.7 万总吨，1976 年达到 3 949.6 万总吨。1969 年，日本的商船队赶上了几十年来一直居于世界航运首位的英国，成为最大的商船拥有国，而且就技术水平来说也是世界一流的。1973 年以后，由于石油危机，日本商船数量的增长开始缓慢下来。

港口是海运的基地，也是水陆交通的枢纽，因而对于依靠对外贸易生存的日本十分重要。日本有建设港口、发展海运业得天独厚的自然地理条件。日本海岸线达 3 万多公里，而且太平洋沿岸港湾水深，海底多由花岗岩的分解砂构成，适合修筑深水港。随着战后日本经济的恢复和对外贸易的发展，港口泊位不足，疏运能力低下，装卸设备落后，严重影响了经济发展。为了整顿和恢复港口，日本政府出台一系列政策，给予港口建设大力支持。1961 ~ 1980 年，日本港口吞吐量提高了 5.6 倍。1984 年，日本共有港口 1 039 个（不含渔港），成为"千港之国"。世界最大的 30 个大港中日本占 16 个，位列前 10 位的大港口中，日本占了 5 个。神户、千叶、横滨、名古屋 4 个港口的吞吐能力都在 1 亿吨以上。

第四，在航空运输方面。在日本的交通运输中，空运所占比重最小。到1983 年，日本空运货物量为 4 亿吨公里，仅占货运总量的 0.1% 。但是，空运又是交通运输中发展最快的部门。1950 年以前，日本没有自己的航空业，日本的航空运输由泛美航空公司等 11 家外国航空公司承担。1951 年，美国占领当局放宽限制，允许日本在国内经营一家航空公司，从而诞生了日本航空公司。1952 年与美国签订和约后，日本恢复了航空主权，日本政府颁布了各种切实有效的措施，航空业开始大发展。1955 ~ 1983 年，空运货物从 100 万吨公里增长到 4 亿吨公里，增加了 400 倍。航空运输业的发展与机场建设密切相关。随着航线的增加和大型喷气飞机的使用，对机场的数量和质量都提出了新要求。1956 年 4 月，日本政府制定了《机场整备法》，规定了机场的设置、管理和费用负担等事项，并从 1967 年起制订了 4 个"机场整备 5 年计划"。经过几个 5 年计划的实施，日本的机场面貌大为改观。公用机场从 1966 年的 52 个增加到 1983 年的 77 个，实现了"一县一机场"。

2. 商业

战后日本的产业结构发生了较大的变化，第一、二产业比重日益缩小，服务业比重日益增大。在服务业中，最大和最主要的部门是商业（包括批发商业和零售商业）。比如，1980 年服务业就业人口占全国就业人口 55.3% ，其中商业就占 22.8% ；同年，服务业产值占国内总产值的 59.9% ，其中商业占 12.4% 。

首先，在批发商业方面。日本战后初期，由于物资匮乏和对基本生活品实行政府统制，商品的自由交易受到限制，批发商业也受到很大限制。从 1948 年以后，特别是 1950 年朝鲜战争以后，经济恢复和发展的步伐加快，经济统制和产品分配制度被废除，商业迅速发展起来。从表 3 - 11 可以看出，战后日本的批发商业，不论从商店数量、从业人员数量上，还是从销售额上看，都是不断增加的。而且销售额增长最快，从业人员增长次之。批发商业不仅在经济高速增长的20 世纪 50 ~ 60 年代有很大发展，就是在经济进入低速增长的 20 世纪 70 年代以后，批发商业仍然不断发展。日本批发商业的机构多种多样，结构复杂。从商店的规模来看，日本批发商业的规模是比较小的。据对饮料食品、衣料品、耐用消费资料、日用杂品和文教用品等 5 个批发行业的统计，在从 1968 年到 1982 年的14 年中，除饮料食品外，在其余 4 个行业中，5 人以下的小型商店在不断增加，大中型商店的比重在缩小。造成这种趋势的原因，除了为减少纳税而故意缩小经营单位外，主要是由于专业分工的发展和新产业的蓬勃兴起，促使批发商店的经营日益专业化。

表 3－11 日本批发和零售商业的发展

年份	批发商业			零售商业		
	商店数（千）	经常从业人员（千人）	销售额（10 亿日元）	商店数（千）	经常从业人员（千人）	销售额（10 亿日元）
1952	145	869	556	1 076	2 290	141
1956	180	1 294	987	1 201	3 005	250
1958	193	1 551	13 987	1 245	3 273	3 549
1960	226	1 928	18 468	1 288	3 489	4 315
1962	223	2 129	27 474	1 272	3 550	6 149
1964	229	2 524	38 830	1 305	3 811	8 350
1966	287	3 062	52 082	1 375	4 193	10 684
1968	240	2 697	62 817	1 432	4 646	16 507
1970	256	2 861	88 331	1 471	4 926	21 773
1972	259	3 008	107 780	1 496	5 141	28 293
1974	292	3 290	173 113	1 548	5 303	40 300
1976	340	3 513	222 315	1 614	5 580	56 029
1979	396	3 688	277 369	1 673	5 960	73 596
1982	429	4 090	398 573	1 722	6 376	94 175

资料来源：［日］矢野恒太记念会编：《从数字看日本一百年》，载于《日本国势图会》1983 年版。

20 世纪 60 年代初，日本学术界曾提出"批发无用论"，否定批发商业的必要性和对经济发展的积极作用。[1] 他们认为，在大量厂家直接向零售者和消费者供货的情况下，不具备大批量流通能力的一般批发商业被淘汰；超级市场从工厂直接批量进货，可以取得更好的效益；众多批发业的存在只能增加流通费用，造成社会浪费。但是，日本批发商业的大发展否定了上述看法，它给日本经济的发展带来了多方面的积极作用。其主要表现是：促进了商品交易，加速了商品周转；加速了生产和销售的联系，为其提供了商品信息；为生产厂商和零售商提供了运输和保管服务、承担了风险和融通了资金；根据大量零售商向其采购商品提供的信息，向生产厂商发出新规格、新式样、新用途的商品订货，从而推动了生产厂商革新产品。

其次，在零售商业方面。由表 3－11 可以看出，战后日本零售商业的商店数

---

[1] 有关讨论见饭盛信男著，王名等译：《经济政策与第三产业》，经济管理出版社 1988 年版。

和从业人员数的增加都不是太多，但是销售额增加非常大。这是因为，战后日本在工业生产实现现代化、合理化、大批量化的过程中，零售商业通过技术设备革新和从美国引进自选商场、商店街、连锁商店等先进的商店组织形式，大大提高了劳动生产率，零售商业服务也实现了现代化、合理化和大批量化。但与欧美发达国家相比，日本零售商店的主要特点是数量多、规模小。从商店数量来看，1972 年，日本有零售商店为 149.6 万个，美国为 155 万个，英国（1971 年）为51 万个，但当时日本人口为美国的约一半，因此日本是当时世界上商业网点密度最大的国家。从商店的规模看，1972 年，日本每个零售商店的从业人员平均为 3.4 人，美国为 5.5 人，英国（1971 年）为 5.2 人。日本零售商店多而小的情况，是由日本的历史状况造成的。日本人口众多，一些城市失业者或缺乏专门技术者，往往以开设小零售店为生。战后，日本政府为了解决就业问题，对这类小商店仍然采取扶植政策，它们的经营方式和经营手段虽有很大变化，但仍然是"夫妻店"。它们在市场中每年大量破产，又每年大量产生。

从总体看，日本批发商业的发展快于零售商业，这主要是因为战后日本经济的较快发展，特别是新技术革命的发展，使商品的种类空前增多，零售商业越过批发商，同众多的制造商打交道日益不方便和不经济；从制造商方面来说，战后越来越多的厂商实行多样化的经营方针，产品的种类也越来越多，从而也不便于就每种商品直接同众多的零售商打交道，而成批地卖给批发商对加速资金周转则更为有利。

3. 金融业

第二次世界大战结束以后，日本经济陷入破产边缘，在恶性通货膨胀中，银行纷纷倒闭。1947 年以后，随着国际形势的急剧变化，美国对日政策的改变，日本政府开始着手建立以城市银行为中心的金融体系，在以后的经济高速发展中，金融体系日趋健全和完善。到 20 世纪 70 年代初，全国共有各种金融机构12 700 多家，分支机构 54 600 多个（平均每 2 000 人或 500 户就有一个）。全国从事金融业的职员达 100 余万人，其中银行职员为 65 万余人。在金融业大发展中，形成了部门繁多、结构复杂的金融体系。

日本的金融系统由三大部分组成，即中央银行、民间金融机构和政府金融机构。日本银行是日本的中央银行，也是日本最老的银行之一，设立于 1882 年。日本民间金融机构是日本金融业的主体。如果假定信贷资金总量为 100，那么民间金融机构提供的贷款在 1960 年年末为 80.9%，在 1970 年年末为 82%。随着科技革命的发展，社会经济生活的变化，民间金融机构不仅在数量上不断增加，而且在组织形式上也日益复杂和多样化。战后日本在由统制经济转向市场经济的过程中，先后建立了一批政府金融机构，以促进和保证这一转变。后来，在经济转入高速增长时期以后，政府为了发挥干预和调节经济的作用，针对社会需求和经济发展中的薄弱环节，又设立了一些政府经营的金融机构，最后形成了由2家银行、10家公库和1家基金组织为主体的政府系统的金融机构。政府金融机构的贷款量约占全国金融机构总贷款量的30%左右，因而是一支举足轻重的金融力量。

总的来说，日本是个企业自有资金率最低的国家，企业的发展和整个国民经济的运行对金融业的依赖性非常大。但长期以来，为阻止外部因素的冲击，保持国内经济的稳定，日本实行严格的外汇管制政策，抵制欧美的资本自由化的要求，金融市场与外界隔绝，利用外资很少，主要靠国内金融解决。为此，日本的民间和政府金融机构都千方百计地发展个人储蓄业，致使平均每1 800人左右就有一个储蓄营业点，居民储蓄成为日本企业外部资金的主要来源。同时，日本政府为了促进国民经济的发展，实行低利率政策，不仅一直把官定利率（再贴现率）定得较低，而且还严格限制利率上限。金融业的发展及其相关金融制度对战后日本制造业，乃至整个国民经济的恢复和增长起了重要作用。

三、制造业与服务业"双转移"趋势与中国的基本方位

在过去的一个多世纪里，制造业乃至制造中心的国际转移一直是人们关注的有关国际产业转移问题的主要焦点，但到了20世纪末21世纪初，在世界经济发展图景中，国际产业转移已不再是制造业一枝独秀，服务业的国际转移正在凸显，制造业与服务业的"双转移"趋势日渐明显。

从20世纪70年代开始，跨国公司对金融、保险等服务业部门的投资比重趋于上升，从而使金融服务业和制造业并驾齐驱，成为对外直接投资的重点部门。到20世纪80年代中期，在世界对外直接投资约7 000亿美元总存量中，投在服务业的占40%左右（约3 000亿美元）。到了1990年，西方发达国家跨国公司对服务业投资的存量高达7 200亿美元，而同年对制造业的投资总额为5 560亿美元，两者相比，对服务业的投资多了1 640亿美元。20世纪90年代初，服务业已占了国际直接投资总额的1/2，制造业只占1/3，农业只占1/6。由此可见，服务业的对外直接投资已经成为对外直接投资增长中最有活力的部分。[①]

---

① 联合国跨国公司中心编（1989），叶刚等译：《服务业的对外直接投资与跨国公司》（中译本），上海财经大学出版社1996年版，第一章。陈宪、程大中：《黏合剂：全球产业与市场整合中的服务贸易》，上海社会科学院出版社、高等教育出版社2001年版，第90~93页。联合国贸发会议（United Nations Conference on Trade and Development）：《2004年世界投资报告：向服务业转移》（World Investment Report 2004：The Shift Towards Services）。

进入 21 世纪，以美国为代表的发达国家的知识密集型服务业，包括技术性服务、软件开发、芯片设计、建筑设计、数据录入、金融分析及各类研发性工作等，开始出现成规模地向具有智力人才优势的发展中国家转移的新浪潮。服务业的大规模转移引发了新的世界性产业结构调整，成为经济全球化的一个新的显著特征，其态势备受关注。根据国务院发展研究中心产经部李志能博士的统计，国际项目外包市场从 1998 年起步，2000 年扩大到 1 万亿美元，2003 年已达到 5.1 万亿美元，估计到 2010 年将达到 20 万亿美元。全球 IT 服务项目外包是服务业国际转移的热点，仅软件项目外包每年就有 1 300 亿美元的规模。到 2007 年，美国整个 IT 行业 23% 的就业将设在海外，远高于 2003 年的 5%。发达国家金融服务业目前的 1 300 个工作岗位，在今后 5 年里将有 200 万个转移到新兴市场国家。世界最大的 100 家金融服务公司向外转移的业务金额将约 3 600 亿美元。

从服务业国际转移的主体看，跨国公司是国际服务业转移潮流的发轫者和主体，如微软、花旗集团、美国在线、Intel、IBM、GE、CISCO、美国运通公司（American Express）等。此外，国际服务业转移涉及的行业越来越多，并且日益深入到企业内部核心环节和过程。同时，服务业国际转移形式趋于多样化。具体的形式有项目外包、业务离岸化、跨国直接投资和收购兼并等。最近跨国公司的收购外包服务企业的举动，标志着服务业国际转移已经迈上新台阶。

改革开放 30 多年，特别是加入 WTO 以后，中国已经并将继续由世界经济的边缘地带，走向全球分工体系之中。于是，近些年关于中国能否成为世界制造中心的问题，正在成为中国理论界、政府以及各种媒体，甚至国际社会密切关注的焦点。①

鲍威尔（Powell，2002）指出，在工业革命时期，英格兰东北部的兰开夏郡被誉为世界工厂，以 19 世纪 30 年代的眼光看，这个城市拥有的机器的数量超过了世界其他地方的总和。今天，在我们眼前，另一个世界工厂被创造了。它分布在中国东部的沿海省份，从北方的大连到上海、广东以及福建，跨过台湾海峡。中国制造的产品当然没有欧洲多，但 10 年以后就很难说了。美国"美中贸易全国委员会"的 2003 年预测报告指出，2002 年，中国制造业出口只占全球总值约 5%，但增长却占全球的 29%。未来中国制造业在世界的地位将会大大提升。

吕政（2001）对"世界工厂"作了界定，认为一个国家在制造业领域，不只是少数产品和少数企业在世界市场上占有重要地位，而是有一批企业和一系列

---

① 如 2002 年中国工程院、中国科学院 25 位院士和 40 多位专家对中国制造业的现状、作用、地位、发展趋势和对策进行了调查研究，写出了《新世纪如何提高和发展我国制造业的研究报告》，受到国务院各部委和社会各界的重视，并在此基础上编写出《全球化时代的中国制造》蓝皮书（社会科学文献出版社 2003 年版）。另有国家经贸委经济研究中心的研究报告《"世界工厂"与中国经济展望》（2002 年版）。

产品在世界市场上占有重要地位。这些企业和产业的生产能力、新产品开发能力、技术创新能力、经营管理水平、市场份额已成为世界同类企业和同类产业的排头兵，并在世界市场结构中处于相对垄断地位。因此，可以认为中国离"世界工厂"还有相当的距离。经叔平在 2002 年 7 月的"世界制造业发展与中国经济展望论坛"上指出，从制造业占全球市场排名来看，1999 年中国的排名为第四位（5%），与美国（20%）和日本（15%）相比，还有差距。因此，从各方面标准看，中国目前还不能成为"世界工厂"或"世界制造中心"，但存在着这方面的可能与发展态势。

目前及未来相当一段时期内，中国之所以还不可能成为新的世界制造业中心，主要是因为：一方面中国制造业发展在质量和水平方面仍然存在很大问题和差距；① 另一方面在 21 世纪新的世界经济背景下，制造业或制造中心的转移已经有别于以前的三次世界制造中心的转移，这一次转移则是基于"双转移"趋势下的转移，因此，中国要成为新的世界制造中心，没有服务业尤其是生产者服务业的发展和成熟几乎是不可能的。而服务业的国际转移将有助于促进国内服务业的发展和国际竞争力的提高。中国仍处于工业化发展阶段，尚未进入服务经济时代。因此，在"双转移"趋势下，未来中国将面临提高制造业水平和服务业尤其生产者服务业水平的双重任务。

附录：

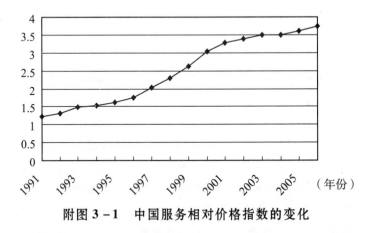

附图 3-1　中国服务相对价格指数的变化

----

① 比如中国制造业总规模以及重要工业品产量和出口占世界比重还很低；制造业生产和出口的层次较低，劳动生产率和经济效益较低；制造业没有核心技术，中国目前只是非技术和非创新类工业制造品的组装加工中心；中国目前是由相当数量外资企业支撑的"世界工厂"等。

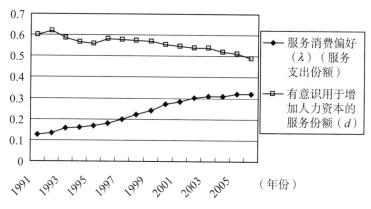

附图 3-2 中国服务消费的变化

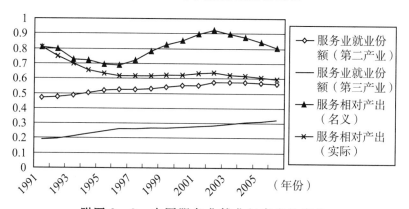

附图 3-3 中国服务业就业与产出的变化

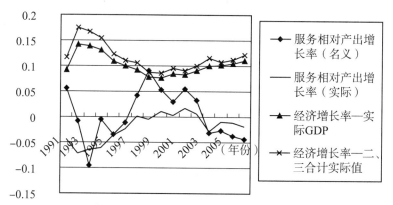

附图 3-4 中国服务业产出增长与经济增长

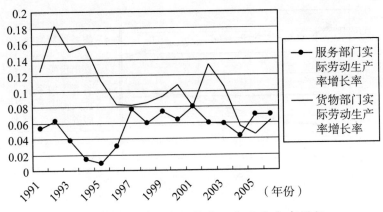

附图 3 - 5　中国服务业实际劳动生产率增长

附表 3 - 1　　中国各地区服务相对价格指数（服务价格
指数／商品零售价格指数）的变化（基比计算）

地区	1995年	1996年	1997年	1998年	1999年	2000年	2001年	2002年	2003年	2004年	2005年	2006年
北京	1.139	1.274	1.442	1.780	1.944	2.284	2.561	2.601	2.686	2.785	2.823	2.883
天津	1.020	1.139	1.189	1.385	1.633	1.849	2.003	2.139	2.355	2.319	2.377	2.463
河北	0.952	0.984	1.157	1.291	1.396	1.552	1.596	1.639	1.742	1.729	1.733	1.755
山西	1.006	1.084	1.232	1.400	1.953	3.294	3.392	3.457	3.468	3.469	3.623	3.743
内蒙古	1.018	1.200	1.445	1.582	1.878	2.296	2.383	2.467	2.564	2.553	2.677	2.682
辽宁	0.999	1.083	1.223	1.353	1.607	1.746	1.826	1.907	2.000	2.032	2.073	2.089
吉林	0.995	1.059	1.207	1.330	1.499	1.648	1.740	1.813	1.827	1.764	1.770	1.781
黑龙江	1.003	1.137	1.326	1.604	1.784	1.921	1.984	2.077	2.124	2.077	2.078	2.126
上海	1.104	1.250	1.554	1.870	2.343	3.169	3.359	3.484	3.515	3.541	3.666	3.735
江苏	1.063	1.118	1.314	1.453	1.655	1.830	1.946	2.027	2.078	2.078	2.124	2.181
浙江	1.070	1.164	1.379	1.498	1.641	1.890	1.961	1.989	2.042	2.034	2.078	2.145
安徽	1.065	1.190	1.389	1.620	1.809	2.169	2.281	2.345	2.330	2.328	2.350	2.396
福建	1.033	1.073	1.279	1.367	1.749	2.297	2.421	2.489	2.545	2.502	2.537	2.557
江西	1.026	1.130	1.407	1.597	1.881	2.219	2.357	2.426	2.461	2.422	2.539	2.618
山东	1.055	1.152	1.304	1.599	1.948	2.264	2.387	2.453	2.470	2.462	2.507	2.562
河南	1.007	1.135	1.407	1.522	1.688	1.865	1.955	2.081	2.082	2.000	2.007	2.041
湖北	1.161	1.295	1.390	1.544	1.747	1.883	2.001	2.049	2.059	2.009	2.004	2.056
湖南	1.081	1.154	1.295	1.500	1.790	2.048	2.109	2.197	2.290	2.268	2.268	2.320
广东	1.062	1.215	1.394	1.522	1.675	1.895	1.978	2.044	2.051	1.996	1.984	1.995

续表

地区	1995年	1996年	1997年	1998年	1999年	2000年	2001年	2002年	2003年	2004年	2005年	2006年
广西	1.012	1.091	1.175	1.274	1.348	1.553	1.685	1.758	1.816	1.777	1.836	1.948
海南	1.082	1.138	1.283	1.358	1.523	1.729	1.785	1.882	1.849	1.798	1.835	1.831
重庆	1.018	1.071	1.110	1.231	1.467	1.725	1.878	1.974	1.996	2.026	2.081	2.106
四川	1.065	1.128	1.261	1.414	1.563	1.910	1.989	2.037	2.084	2.117	2.162	2.189
贵州	1.016	1.107	1.281	1.398	1.525	1.836	2.060	2.117	2.267	2.252	2.265	2.305
云南	1.019	1.063	1.193	1.424	1.571	1.671	1.864	1.912	1.956	1.935	2.050	2.187
西藏	1.014	1.108	1.267	1.368	1.463	1.569	1.600	1.621	1.645	1.650	1.674	1.748
陕西	0.985	1.068	1.333	1.459	1.531	1.728	1.817	1.873	1.915	1.944	2.015	2.038
甘肃	0.972	1.205	1.333	1.435	1.549	1.650	1.817	1.870	1.927	1.947	2.022	2.048
青海	1.004	1.210	1.363	1.537	1.721	1.804	1.944	2.257	2.339	2.368	2.382	2.416
宁夏	0.986	0.985	1.086	1.307	1.425	1.607	1.739	1.814	1.886	1.936	2.025	2.060
新疆	1.027	1.109	1.332	1.425	1.631	1.890	2.126	2.212	2.231	2.265	2.431	2.427

关于式（3.65）均衡值 L_s^* 与有关参数和变量的关系的证明：

（1） L_s^* 分别对 λ 和 d 求导：

$$\partial L_s^* / \partial \lambda = (\delta b \, e^{r_s t} - \delta db \, e^{r_s t} + \partial \sqrt{\Delta} / \partial \lambda) / (2\delta b \, e^{r_s t})$$

$$\partial L_s^* / \partial d = [\delta b \, e^{r_s t} (1 - \lambda) + \partial \sqrt{\Delta} / \partial \lambda] / (2\delta b \, e^{r_s t})$$

又因为 $\partial \Delta / \partial \lambda = 2\delta b \, e^{r_s t} (\rho + r_s)(1 + d) + 2(\delta b \, e^{r_s t})^2 [d(1 - d) + \lambda(1 - d)^2] > 0$，

$$\partial \Delta / \partial d = 2\delta b \, e^{r_s t} (1 - \lambda) [\delta b \, e^{r_s t} (\lambda + d(1 - \lambda) - \rho - r_s)] > 0$$

所以，$\partial L_s^* / \partial \lambda > 0$，$\partial L_s^* / \partial d > 0$。

（2） L_s^* 对 ρ 求导：

$$\partial L_s^* / \partial \rho = [(\partial \sqrt{\Delta} / \partial \rho - 2\sqrt{\Delta}) / (2\sqrt{\Delta})] / (2\delta b \, e^{r_s t})$$

又因为 $\partial \sqrt{\Delta} / \partial \rho - 2\sqrt{\Delta} = 2[(\rho + r_s)] + 2\delta b \, e^{r_s t}(\lambda - d + d\lambda) - 2\sqrt{\Delta} < 0$，

所以，$\partial L_s^* / \partial \rho < 0$。

（3） L_s^* 对 r_s 求导：

将式（3.65）作一适当变换，即：

$$L_s^* = [(-\rho - r_s + \sqrt{\Delta}) / e^{r_s t} + \delta b\lambda + \delta db(1 - \lambda)] / (2\delta b)$$

对 $\ln(\sqrt{\Delta} - \rho - r_s) - r_s t$ 关于 r_s 求导：

$$\frac{\dfrac{\partial \Delta}{\partial r_s} \dfrac{1}{2\sqrt{\Delta}} - 1}{\sqrt{\Delta} - \rho - r_s} - t = \frac{\dfrac{\partial \Delta}{\partial r_s} - 2\sqrt{\Delta} - 2\Delta t + 2\sqrt{\Delta}\rho t + 2r_s t \sqrt{\Delta}}{(\sqrt{\Delta} - \rho - r_s) 2\sqrt{\Delta}} < 0$$

因此，$\partial L_s^* / \partial r_s < 0$。

（4）L_s^* 对 b 求导：

将式（3.65）作一适当变换，即：

$$L_s^* = [(-\rho - r_s + \sqrt{\Delta})/b + \delta\, e^{r_s t}\lambda + \delta d\, e^{r_s t}(1-\lambda)]/(2\delta\, e^{r_s t})$$

对 $\ln(-\rho - r_s + \sqrt{\Delta}) - \ln b$ 关于 b 求导，得：

$$\frac{\dfrac{\partial\Delta}{\partial b}b + (\rho + r_s)2\sqrt{\Delta} - 2\Delta}{2\sqrt{\Delta}(\sqrt{\Delta} - \rho - r_s)} > 0$$

因此，$\partial L_s^* / \partial b > 0$。

（5）L_s^* 对 δ 求导：

将式（3.65）作一适当变换，即：

$$L_s^* = ((-\rho - r_s + \sqrt{\Delta})/\delta + b\, e^{r_s t}\lambda + b\, e^{r_s t}d - b\, e^{r_s t}\lambda d)/(2b\, e^{r_s t})$$

对 $\ln(-\rho - r_s + \sqrt{\Delta}) - \ln\delta$ 关于 δ 求导，得：

$$\frac{1}{\delta(\sqrt{\Delta} - \rho - r_s)}\; \frac{\dfrac{\partial\Delta}{\partial\delta}\delta + (\rho + r_s)2\sqrt{\Delta} - 2\Delta}{2\sqrt{\Delta}} > 0$$

因此，$\partial L_s^* / \partial\delta > 0$。

第四章

服务经济发展的国际比较及中国的战略选择

第一节　服务经济发展的国际比较

在现实经济中，各国服务业乃至整个服务经济的发展水平不尽相同。本章从服务业供给与需求、服务贸易与服务领域 FDI 以及服务领域体制改革三大方面，详细比较主要经济体的服务经济发展状况和基本规律。

一、服务业供给与需求

（一）服务业就业与产出

服务经济的发展，在供给方面主要表现为服务业就业人数和服务业增加值的不断增加。[①] 根据富克斯的研究，美国是在第二次世界大战结束以后第一个成为"服务经济"（the service economy）的国家，"即第一个一半以上就业人口不从事

---

① 当然，还表现在其他方面，比如服务产品本身质与量的变化。

食物、衣着、房屋、汽车或其他实物生产的国家"[①]。服务经济来临的首要标志是服务业就业比重的上升,并逐渐超过国民总就业的50%[②]。

表4-1（a）描绘出了20世纪中叶前后（20世纪初~20世纪60年代）世界上重要的发达经济体和欠发达经济体的就业结构演变趋势。从中可以看出:首先,在这段时期,第一产业的就业份额趋于下降,第二产业的就业份额趋于上升（印度则略有下降）,服务业的就业份额无一例外地都在上升,而且上升的幅度远高于第二产业（1930~1964年的日本以及菲律宾是例外）。其次,1911年前后只有英国的第二产业就业比重超过50%,而1950年前后似乎只有美国的服务业就业比重超过50%,随后则有很多发达国家比如英国、澳大利亚、加拿大等超过了这一比重。但欠发达国家的服务业就业比重则很低,这些国家仍然是以农业生产为主（第一产业的就业比重超过50%）。最后,服务业的就业相对吸收能力［表4-1（a）的最后一栏］在不同的国家表现不一,但在大多数国家是趋于上升的。就美国情况而言,其I_S指数不仅都大于100,而且一直在上升,1970年比1910年上升了69[③]。

表4-1（a）　　　20世纪中叶前后世界重要经济体国民经济中的
就业结构演变:服务业与其他产业的比较

经济体	年份	$L_A(\%)$	$L_I(\%)$	$L_S(\%)$	$I_S = (L_S/L_I) \times 100$
澳大利亚	1911	24.4	33.7	41.9	124
	1933	20.5	32.6	46.9	144
	1947	15.4	35.2	49.4	140
	1954	13.5	40.5	46.0	113
	1966	9.4	39.0	51.6	132
	1911~1966年的变化	-15.0	5.3	9.7	8
比利时	1910	23.2	45.5	31.3	69
	1930	17.3	47.6	35.1	74

---

① Fuchs, V. The Service Economy, National Bureau of Economic Research, 1968, P.1.

② 但服务经济的外延是很丰富的,除了产业结构以服务业为主以外,还有其他的产业比如先进制造业、现代农业等,微观经济运行、宏观经济运行和管理、社会管理以及对外开放等方面都将出现新特点与新气象。

③ 萨伯罗（Sabolo, 1975）发现:在20世纪初,对于发达经济体来说,以I_S表示的服务业的就业相对吸收能力独立于第一产业的就业份额,两者的相关性仅为0.07。这说明,这一时期来自第一产业的劳动力供给并没有影响第二产业和服务业之间的就业分配格局。而对于这一时期的欠发达国家来说,情况则大不相同:以I_S表示的服务业的就业相对吸收能力与第一产业的就业份额存在很高的负相关性（$R = -0.94$）,说明服务业就业的增长主要源于第一产业的就业转移。

续表

经济体	年份	L_A(%)	L_I(%)	L_S(%)	$I_S = (L_S/L_I) \times 100$
	1947	12.5	48.6	38.9	80
	1961	7.4	47.0	45.6	97
	1970	4.6	42.9	52.5	122
	1911~1970 年的变化	-18.6	2.6	21.2	53
加拿大	1911	37.1	29.4	33.5	114
	1931	31.2	18.8	50.0	266
	1951	19.1	35.6	45.3	127
	1961	12.1	33.2	54.7	164
	1971	7.8	30.9	61.3	200
	1911~1971 年的变化	-27.2	2.4	24.8	72
丹麦	1911	41.7	24.2	34.1	141
	1930	35.3	27.1	37.6	138
	1950	25.1	33.3	41.6	125
	1960	17.5	36.5	46.0	126
	1970	11.5	37.9	51.0	145
	1911~1970 年的变化	-30.6	13.7	16.9	4
法国	1911	41.0	33.0	26.0	79
	1931	35.6	30.5	33.9	111
	1946	36.0	29.7	34.3	115
	1962	20.0	38.1	41.9	110
	1970	13.9	38.3	47.8	125
	1911~1970 年的变化	-27.1	5.3	21.8	46
德国[①]	1907	36.8	41.0	22.2	54
	1933	28.9	40.5	30.6	76
	1946	29.2	38.5	32.3	84
	1961	13.9	47.8	38.3	80
	1970	8.9	49.2	41.9	85
	1907~1970 年的变化	-27.9	8.2	19.7	31
意大利	1911	55.2	26.9	17.9	67
	1931	46.8	30.8	22.4	73
	1951	42.2	32.1	25.7	80

经济体	年份	L_A（%）	L_I（%）	L_S（%）	$I_S = (L_S/L_I) \times 100$
	1961	25.2	41.2	33.6	82
	1970	19.0	42.6	38.4	90
	1911～1970 年的变化	−36.2	15.7	20.5	23
英国	1911	8.8	51.5	39.7	77
	1931	6.0	46.1	47.9	104
	1951	5.1	49.1	45.8	93
	1961	3.6	47.4	49.0	103
	1966	3.1	46.6	50.3	108
	1911～1966 年的变化	−5.7	4.9	10.6	31
美国[②]	1910	31.6	31.6	36.8	116
	1930	22.0	31.1	46.9	151
	1950	11.9	34.5	53.6	155
	1960	6.5	35.1	58.4	166
	1970	4.3	33.6	62.1	185
	1910～1970 年的变化	−27.3	2.0	25.3	69
阿根廷	1895	36.9	28.0	32.4	116
	1919	16.8	26.6	56.6	212
	1947	25.9	29.2	44.9	153
	1960	17.8	32.4	49.8	153
	1895～1960 年的变化	−21.8	4.4	17.4	37
巴西	1920	70.5	13.0	16.5	127
	1940	67.4	12.8	19.8	155
	1950	58.0	15.6	26.4	169
	1960	51.6	14.9	33.5	225
	1970	44.2	17.8	38.0	213
	1920～1970 年的变化	−26.3	4.8	21.5	86
智利	1920	36.7	28.5	34.8	122
	1940	35.6	25.9	38.5	149
	1952	30.1	29.4	40.5	138
	1960	27.7	28.3	44.0	156

经济体	年份	$L_A(\%)$	$L_I(\%)$	$L_S(\%)$	$I_S = (L_S/L_I) \times 100$
	1970	21.2	33.4	45.4	136
	1920~1970 年的变化	−15.5	4.9	10.6	14
埃及	1907	69.1	10.8	20.1	186
	1927	60.3	9.5	30.2	318
	1937	70.7	10.0	19.3	193
	1947	63.7	12.2	24.1	122
	1960	58.0	12.2	29.8	244
	1907~1960 年的变化	−11.2	3.8	7.4	58
印度	1881	74.4	14.6	11.0	75
	1921	72.5	11.4	16.1	141
	1931	67.2	10.5	22.3	212
	1951	73.6	8.1	18.3	226
	1961	72.9	11.4	15.7	138
	1881~1961 年的变化	−1.5	−3.2	4.7	63
日本[③]	1872	85.8	5.6	8.6	154
	1910	63.0	17.6	19.4	110
	1920	53.5	21.1	25.4	120
	1930	49.4	20.8	29.8	143
	1964	27.6	37.4	35.0	94
	1872~1930 年的变化	−36.4	15.2	21.2	−10
	1930~1964 年的变化	−11.8	16.6	5.2	−49
墨西哥	1910	63.7	13.3	23.0	173
	1930	67.8	13.9	18.3	132
	1950	58.3	16.0	25.7	161
	1960	54.2	18.9	26.9	142
	1910~1960 年的变化	−9.5	5.6	3.9	−31
菲律宾	1939	72.9	10.6	16.5	156
	1948	71.3	8.8	19.9	226
	1960	60.5	12.3	27.2	221
	1965	52.7	13.6	33.7	248

续表

经济体	年份	L_A（%）	L_I（%）	L_S（%）	$I_S = (L_S/L_I) \times 100$
	1939～1965 年的变化	−20.2	3.0	17.2	92
土耳其	1927	81.6	5.6	12.8	228
	1945	75.9	11.5	12.6	109
	1955	77.4	8.2	14.4	176
	1965	71.8	10.5	17.7	169
	1927～1965 年的变化	−9.8	4.9	4.9	−59

注：（1）L_A、L_I、L_S 分别表示第一产业、第二产业和第三产业（"第三产业"近似地等同于"服务业"，后面章节将讨论两者之间的关系）在国民总就业中的相对比重。$I_S[=(L_S/L_I) \times 100]$ 表示服务业与第二产业的就业增长差异，反映服务业的就业相对吸收能力。

（2）按照萨伯罗（Sabolo，1975）的划分，表中所反映的样本时期的澳大利亚、比利时、加拿大、丹麦、法国、德国、意大利、英国和美国是发达国家，而其余的国家则为欠发达国家（1930 年及以前日本被看作是欠发达国家，以后则被看作是具有发达国家的特点）。

①为德国 1946 年及以后的数据为联邦德国（the Federal Republic of Germany）的数据。②为美国 1950～1964 年的数据包括阿拉斯加和夏威夷。③为 1930 年及以前日本被看作是欠发达国家，以后则被看作是具有发达国家的特点。

资料来源：日本 1964 年的数据来自库兹涅茨（1971）：《各国的经济增长——总产值和生产结构》（中译本），商务印书馆 1999 年版，第 287 页。其他数据来自 Sabolo，Y. The Service Industries. International Labor Office，1975，pp. 6 − 9，16 − 18.

与就业统计相比，产出（或增加值）统计似乎显得较为缺乏，这一问题在 20 世纪初期的各国国民经济统计核算中表现得尤为突出。不过，从现有的统计数据［表 4 − 1（b）］，我们仍然可以领略到产业结构演变中服务业地位的变化。表 4 − 1（b）描绘出了 20 世纪中叶前后（20 世纪初～20 世纪 60 年代）世界上重要的发达经济体和欠发达经济体的产出结构演变趋势。从中可以看出：在这段时期，无论以当年价格还是以不变价格计算，第一产业在国内生产总值中的比重无一例外地大幅度下降，第二产业的比重趋于上升，而服务业的比重则有升有降。表中除法国外的其他国家的以不变价格计算的服务业比重上升幅度均低于第二产业比重的上升幅度（个别国家比如比利时、美国、阿根廷的服务业比重不升反降）。但表 4 − 1（a）则显示，在这段时期，服务业的就业份额无一例外地都在上升，而且上升的幅度远高于第二产业。这似乎表明，服务业与第二产业的价格水平变化趋势存在很大差异：服务业价格水平上涨相对较快。

表 4 - 1（b）　20 世纪中叶前后世界重要经济体国民经济中的产出结构演变：服务业占 GDP 比重与其他产业的比较

经济体	年份	按当年价格计算的份额（%）			按不变价格计算的份额（%）		
		O_A	O_I	O_S	O_A	O_I	O_S
澳大利亚（GDP，1910~1911 年价格）	1861~1980	25.1	31.0	43.9	22.5	30.7	46.8
	1963~1966	11.9	49.8	38.3	—	—	—
	1861~1980 年至 1963~1966 年的变化	-13.2	18.8	-5.6	—	—	—
比利时（GDP，1963 年价格）	1910	—	—	—	8.9	45.9	45.2
	1963~1967	—	—	—	6.2	49.8	44.0
	1910 年至 1963~1967 年的变化	—	—	—	-2.7	3.9	-1.2
加拿大（GDP，1949 年价格）	1919~1923	20.8	42.4	36.8	—	—	—
	1963~1967	6.6	47.8	45.6	9.7	54.6	35.7
	1919~1923 年至 1963~1967 年的变化	-14.2	5.4	8.8	—	—	—
丹麦（GDP，1955 年价格）	1950~1951	20.4	45.0	34.6	19.5	45.4	35.1
	1963~1967	10.9	49.5	39.6	14.0	50.1	35.9
	1950~1951 年至 1963~1967 年的变化	-9.5	4.5	5.0	-5.5	4.7	0.8
法国（GDP，1954 年价格）	1896	—	—	—	25.0	46.2	28.8
	1963	—	—	—	8.4	51.0	40.6
	1896~1963 年的变化	—	—	—	-16.6	4.8	11.8
德国*（GDP，1954 年价格）	1950	10.4	56.6	33.0	10.3	54.5	35.2
	1963~1967	4.5	57.8	37.7	5.4	62.4	32.2
	1950 年至 1963~1967 年的变化	-5.9	1.2	4.7	-4.9	8.1	3.0

续表

经济体	年份	按当年价格计算的份额（%）			按不变价格计算的份额（%）		
		O_A	O_I	O_S	O_A	O_I	O_S
意大利（GDP，1938 年价格）	1891～1900	47.4	22.0	30.6	41.7	23.4	34.9
	1963～1967	13.1	47.1	39.8	13.7	47.9	38.4
	1891～1900 年至 1963～1967 年的变化	-34.3	25.1	9.2	-28.0	24.5	3.5
英国	1907	6.4	48.9	44.7	—	—	—
	1963～1967	3.4	54.6	42.0	—	—	—
	1907 年至 1963～1967 年的变化	-3.0	5.7	-2.7	—	—	—
美国（GNP，1958 年价格）	1929	9.2	43.9	46.9	8.4	43.2	48.4
	1965	3.7	45.7	50.5	4.1	47.6	48.3
	1929～1965 年的变化	-5.5	1.8	3.6	-4.3	4.4	-0.1
阿根廷（GDP，1960 年价格）	1935～1939	—	—	—	26.2	37.9	35.9
	1963～1967	16.4	49.3	34.3	16.9	48.4	34.7
	1935～1939 年至 1963～1967 年的变化	—	—	—	-9.3	10.5	-1.2
日本（国内生产净值）	1952～1953	22.4	39.4	38.2	—	—	—
	1963～1967	11.9	45.3	42.8	—	—	—
	1952～1953 年至 1963～1967 年的变化	-10.5	5.9	4.6	—	—	—

注：O_A、O_I、O_S 分别表示第一产业、第二产业和第三产业（"第一产业""第三产业"近似地等同于"服务业"，后面章节将讨论两者之间的关系）在国民总产出的相对比重。* 德国 1946 年及以后的数据为联邦德国（the Federal Republic of Germany）的数据。其他国家数据来自库涅茨

资料来源：美国的数据来自富克斯（1968）：《服务经济》（中译本），商务印书馆 1987 年版，第 49 页。其他国家数据来自库涅茨（1971）：《各国的经济增长——总产值和生产结构》（中译本），商务印书馆 1999 年版，第 162～167 页。

196

目前，从服务业增加值占 GDP 的比重看，世界平均比重为 68%。其中，发达经济体平均在 70% 左右，美国已高达 75% 以上；中等收入经济体在 50% 以上。从服务业就业比重看，发达经济体已高达 70% 左右；中等收入经济体为 50% ~ 60%；低收入发展中经济体的这两项指标横向比都较低（45% 左右），但纵向比却有一定提高。特别值得一提的是，中国香港特区的服务业发展可以说是独一无二的：2004 年服务业就业比重为 86%，服务业增加值占 GDP 比重则高达 89%。2004 年中国的人均 GNI 为 1 500 美元（属于下中等收入经济体），服务业增加值比重为 41%。与同一收入水平的其他经济体相比，中国服务业增加值比重明显偏低。[①] 关于中国服务业的发展情况，后面章节还将进行深入讨论。

图 4 - 1（a）（图中仅标出几个代表性经济体）描绘的是 2004 年全球 136 个经济体的服务业增加值比重与人均 GNI 之间的相关关系，两者具有正相关性。这意味着，收入水平越高的经济体，其服务业增加值比重也就越高。这一基本规律还更为清楚地反映在图 4 - 1（b）之中。

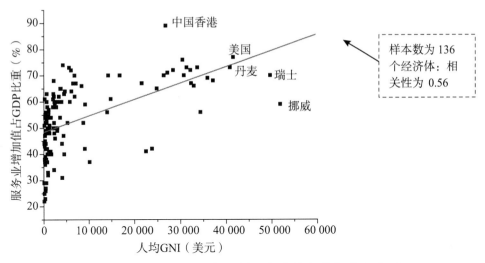

图 4 - 1（a）　　2004 年世界服务业增加值与收入水平

资料来源：www.worldbank.org。

---

①　选择 2004 年进行比较，主要是因为在这一年，中国进行了首次全国经济普查。通过经济普查，确实发现原来对服务业（第三产业）的增加值低估了。比如，以经济普查资料为基础进行核算，2004 年全国国内生产总值按现价计算接近 16 万亿元，比修正前数增加了 2.3 万亿元；其中，第三产业增加了 2.13 万亿元，弥补了常规统计尤其是第三产业统计中的一些遗漏和不足。第一、二、三产业增加值的构成，由原来的 15.2%、52.9%、31.9%，变为 13.1%、46.2%、40.7%，第一、二产业的比重下降，第三产业的比重上升。

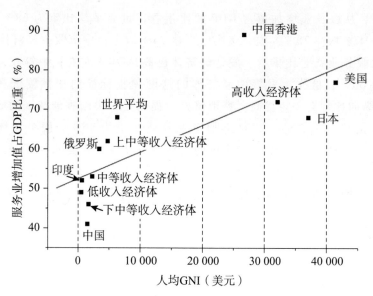

注：发达经济体指高收入经济体，发展中经济体指中低收入经济体。世界银行 2004 年人均 GNI 统计（Atlas Method，现值美元）［注意：GNI（Gross National Income）与 GDP 只相差国外要素净收入，对于绝大多数国家和地区来说，两者相差不大］，将全球经济体划分为 4 类：高收入经济体（人均 GNI 为 10 726 美元及以上）56 个、上中等收入经济体（人均 GNI 为 3 466～10 725 美元）40 个、下中等收入经济体（人均 GNI 为 876～3 465 美元）58 个、低收入经济体（人均 GNI 为 875 美元及以下）54 个。

图 4-1（b） 2004 年的人均 GNI 与服务业增加值：
不同经济体和经济体集团的比较

资料来源：www. worldbank. org。

图 4-2（a）描绘的是 2004 年全球 81 个经济体的服务业就业比重与人均 GNI 之间的相关关系。无论从男性在服务业就业占男性总就业的比重［％，即图 4-2（a）的下半部分］，还是从女性在服务业就业占女性总就业的比重［％，即图 4-2（a）的上半部分］来看，服务业就业比重与人均 GNI 之间具有显著的正相关关系。这意味着，收入水平越高的经济体，其服务业就业比重也就越高。这一基本规律反映在图 4-2（b）（图中仅标出几个代表性经济体）之中。另外，需要指出的是，男性在服务业就业占男性总就业的比重（均值为 48.98%）明显比女性在服务业就业占女性总就业的比重（均值为 66.85%）低将近 18 个百分点。

前面的数据已经表明，服务业增加值比重与人均收入水平是正相关的。这也是增长与发展经济学所揭示的基本规律。然而，对于二者之间这一关系的基本特征则并没有形成一致的观点。钱纳里和赛尔昆（Chenery and Syrquin，1975）用服务部门的产出份额对人均收入及其平方项进行回归分析，发现二者之间的关系

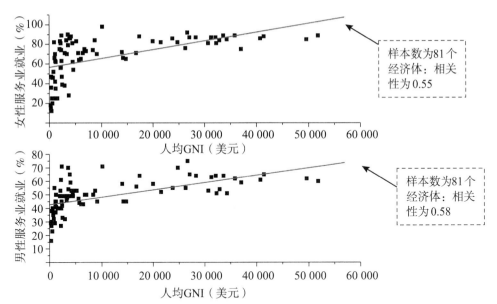

注：（1）世界银行《世界发展指数（2006）》将服务业就业比重分为男性在服务业就业占男性总就业的比重［％，即图4－2（a）的下半部分，均值为48.98％］以及女性在服务业就业占女性总就业的比重［％，即图4－2（a）的上半部分，均值为66.85％］两块。

（2）就业比重为2000～2004年的数据，人均GNI则为2004年的数据。

图4－2（a）　世界服务业就业与收入水平的关系

资料来源：www.worldbank.org。

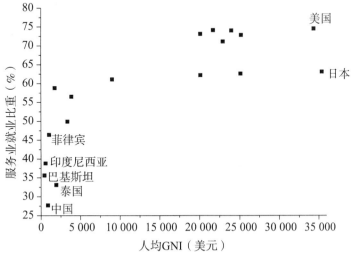

注：中国、菲律宾为2001年的数据，印度尼西亚、泰国、巴基斯坦为1999年数据，其余国家为2000年数据。

图4－2（b）　世界服务业就业与收入水平：代表性经济体的比较

资料来源：www.stats.gov.cn。

是凹向原点的，即服务业增加值比重随着人均收入水平的提高而以递减的速度上升。空沙穆特、雷贝洛和谢（Kongsamut, Rebelo and Xie, 1999）则发现服务产出份额与人均收入水平的关系线性的。布拉和卡博斯基（Buera and Kaboski, 2008, 2009）也发现服务业占 GDP 的比重与人均收入对数值是线性关系，他们还发现在人均收入水平 7 100 美元和 9 200 美元存在一种"临界效应"（threshold effects）即在此之上服务业占 GDP 的比重与人均收入对数值的线性关系较为陡峭。但这里特别值得一提是艾肯格林和古普塔（Eichengreen and Gupta, 2009）的研究，我们将在这一研究的基础上加上中国的比较分析。

艾肯格林和古普塔（2009）基于对 1950～2005 年超过半个世纪的跨国数据的计量分析发现：（1）服务部门出现两波（two waves）增长态势（见表 4－2）。第一波发生在人均收入 1 800 美元（以 2000 年的购买力平价换算）以下，即服务部门产出份额在不太高的收入水平时开始上升，但上升速度是递减的，在达到大约 1 800 美元时则趋于稳定。第二波出现在人均收入 4 000 美元，即在这一收入水平上服务部门产出份额又开始上升。（2）1990 年以后服务业增长的第二波出现了上移（见图 4－3）。也就是说，与以前相比，1990 年以后服务业增长的第二波开始于相对较低的收入水平。（3）这种服务业两波增长态势，特别是上中等收入经济体的服务业第二波增长，在民主化程度较高、靠近主要金融中心以及开放程度较高的经济体尤其显著（见表 4－2 和表 4－3）。这意味着，各种收入水平上的服务部门产出份额的上升，特别是较高收入水平上服务业的第二波增长，反映相关经济体拥有日益增长的空间来生产和出口现代服务（金融、通信、计算机、法律、技术与商务服务），而这些服务正是上中等收入经济体所擅长的。民主化程度越高（比如较少抑制信息和通信技术的传播）、越靠近主要金融中心（易于金融业的发展）以及开放程度越高（易于服务贸易的发展）的经济体就越容易利用这些服务部门提供的机遇。这表明，在开放经济情况下发展服务经济，不仅仅涉及经济方面的政策措施，还要有相应的政治、意识形态和社会方面的良好条件。（4）工业占 GDP 比重先是上升，在达到一定水平（人均收入在 5 000～10 000 美元之间）后开始下降；农业比重则持续下降。

再观察中国的情况。2007 年中国人均 GDP 为 18 934 元，合计约 2 830 美元（按 6.7 的汇率换算）。而由表 4－2 和表 4－3 可知，在这样的收入水平阶段（1 800～4 000 美元），服务业占 GDP 的比重往往处在一种相对稳定或者说徘徊不前的状态。而现实恰恰证明了这一点：2000 年以来，中国服务业占 GDP 比重始终处在 40% 左右。未来中国服务业要往更高的比重迈进，服务领域的改革开放至关重要，并且可能涉及政治、意识形态和社会等方面的变革。

表 4 - 2　　　　在不同收入水平上服务产出份额相对于人均收入的斜率

人均收入对数值 [log(PCY)]	人均收入 (PCY)	引入不同时期虚拟变量		引入贸易开放度、靠近金融中心、民主化程度解释变量		
		1990 年以前	1990 年以后	最低四分位数值（bottom quartile values）	中值（median values）	最高四分位数值（top quartile values）
6.5	665.14	12.7***	10.6***			
6.75	854.06	7.8***	7.0***	5.9***	13***	17.2***
7	1 096.63	4.1***	4.8***	5.6***	7.6**	7.6***
7.25	1 408.10	1.6***	3.6***	3.46*	3.1***	1.8
7.5	1 808.04	0.1	3***	0.29	0.14	-0.9
7.75	2 321.57	-0.4	3.1***	-3.2	-1.5	-1.2
8	2 980.96	-0.07	3.6***	-6.4**	-1.8	0.37
8.25	3 827.63	1.1**	4.5***	-8.5***	-1	3.2
8.5	4 914.77	3.0***	5.6***	-8.8***	-7.7	6.5*
8.75	6 310.69	5.6***	6.7***	-6.7**	3.4**	9.8***
9	8 103.08	8.7***	7.9***	-1.4	6.8***	12.3***
9.25	10 404.57	12.3***	8.8***			

注：***、**、* 表示斜率在1%、5%和10%的水平上显著异于零。

资料来源：根据艾肯格林和古普塔（2009）整理而得。

表 4 - 3　　　　在不同收入水平上影响服务产出份额的因素

人均收入对数值 [log(PCY)]	人均收入 (PCY)	引入贸易开放度、靠近金融中心、民主化程度解释变量：方法 1				引入贸易开放度、靠近金融中心、民主化程度解释变量：方法 2			
		最低四分位数值		最高四分位数值		最低四分位数值		最高四分位数值	
		1990 年以前	1990 年以后	1990 年以前	1990 年以后	1990 年以前	1990 年以后	1990 年以前	1990 年以后
6.5	665.14	2.5***	0.36	23.9***	21.9***	0.78	1.4	22.3***	25***
7	1 096.63	4***	5.2***	1.8	2.9	2.8	3.6	2.1	7.4*
7.5	1 808.04	-2.2*	1.2	-6.3**	-2.9	-2.5	-1.0	-5.3	1.3
8	2 980.96	-9.9**	-5.5***	-4.9*	0.64	-10.2**	-7.0**	-4.1	2.6
8.5	4 914.77	-12.9***	-9.2**	1.3	5.0	-15.2***	-9.2**	1.6	6.9*
9	10 404.57	-5.3	-3.9	7.9**	9.3**	-12.5**	-2.0	7.7	9.6**

注：***、**、* 表示斜率在1%、5%和10%的水平上显著异于零。

资料来源：根据艾肯格林和古普塔（2009）整理而得。

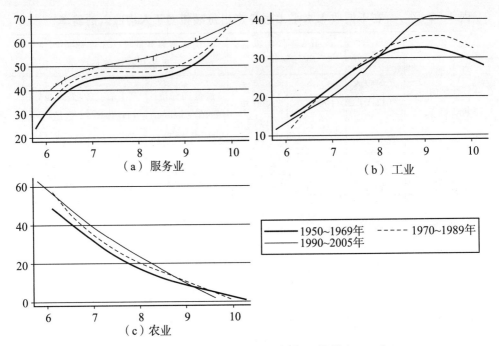

**图4-3 不同产业占GDP比重（纵轴：%）与
人均收入水平（横轴：对数值）的关系**

资料来源：根据艾肯格林和古普塔（2009）整理而得。

就服务业的内部构成而言，其在不同时期呈现出不同的特点和变化趋势。如表4-4和图4-4所示，第一组服务部门主要包括一些传统服务项目，如零售与批发贸易、运输与仓储、公共管理与国防，其占GDP的比重随着时间的推移而显著下降。第二组服务部门主要包括一些消费性服务，如教育、健康与社会服务、旅馆与餐饮以及社区、社会和个人服务，这些服务是传统服务与现代服务的混合体，其占GDP比重随着时间的推移而缓慢上升。第三组服务部门主要包括一些既面向家庭也面向企业的现代服务，如金融中介服务、计算机服务、商务服务、通讯服务、法律和技术服务，这些服务在1970年只占GDP的7%，而到了2005年则上升至15%。对此类服务的需求表现出较大的收入弹性，同时该类服务具有较高的可贸易性（tradability）。

比较三组服务部门的生产率可以看到，第一、三组中的大部分服务部门由于使用ICT技术，其生产率增长是十分显著的；但与第三组不同，第一组服务部门的比重持续下降，这主要是由于对后者需求的收入弹性相对较低。第二组服务部门的生产率增长甚微，显露出"成本病"（cost disease）的迹象，这主要是因为ICT技术对这些服务部门的渗透相对较弱、这些服务的可贸易性较低进而导致其国际竞争与专业化能力存在较大局限。

表4-4 服务分部门的规模及特点比较

部门	占GDP比重（%）：中国与其他经济体的比较						不同服务部门的特征			
	1970年	1980年	1990年	2000年	2005年	中国2006年	年均生产率增长（20世纪90年代）	年均生产率增长（1990~2005年）	ICT（生产或使用）	可贸易性
第一组服务部门（总体）	22.30	22.40	21.60	20.80	20.70	16.78				
公共管理与国防（public administration and defense）	6.24 (1.70)	6.90 (1.70)	6.50 (1.40)	6.10 (1.30)	6.10 (1.40)	3.59（公共管理和社会组织）	0.11	0.31	0	NT
批发贸易（wholesale trade）	5.60 (1.60)	5.50 (1.30)	5.60 (1.40)	5.40 (1.40)	5.40 (1.50)	7.30	1.54	1.88	1	?
零售贸易（retail trade）	5.00 (0.95)	4.80 (0.90)	4.60 (1.06)	4.50 (0.88)	4.40 (0.92)		1.71	1.17	1	NT
运输与仓储（transport and storage）	5.50 (1.20)	5.20 (0.99)	4.90 (0.93)	4.80 (1.10)	4.80 (1.20)	5.89（含邮政业）	1.85	1.01	0	?
第二组服务部门（总体）	13.00	15.20	16.80	17.90	19.20	8.36				
健康与社会工作（health and social work）	4.20 (1.80)	5.30 (2.40)	5.90 (2.10)	6.40 (1.90)	7.30 (2.00)	1.51（卫生、社会保障和社会福利业）	-0.01	-0.53	0	NT

续表

部门	占 GDP 比重（%）：中国与其他经济体的比较						不同服务部门的特征			
	1970 年	1980 年	1990 年	2000 年	2005 年	中国 2006 年	年均生产率增长（20 世纪 90 年代）	年均生产率增长（1990 ~ 2005 年）	ICT（生产或使用）	可贸易性
教育（education）	4.10 (0.92)	4.80 (1.15)	4.97 (0.71)	4.96 (0.75)	5.10 (0.72)	2.92	0.13	-0.50	0	NT
社区、社会和个人服务（community, social, personal）	2.40 (0.53)	2.70 (0.59)	3.30 (0.72)	3.50 (0.71)	3.70 (0.70)	1.67（居民服务和其他服务业）	-0.71	-0.86	0	NT
旅馆与餐饮服务（hotels and restaurants）	2.30 (1.10)	2.40 (1.30)	2.60 (1.40)	3.00 (1.90)	3.10 (2.10)	2.26（住宿和餐饮业）	-0.14	-1.00	0	NT
第三组服务部门（总体）	7.30	9.60	12.00	14.60	15.10	9.21				
金融中介服务（financial intermediation）	2.40 (0.81)	3.30 (0.83)	3.90 (0.82)	3.90 (0.97)	4.10 (1.20)	4.01（金融业）			1	T
法律、技术与广告服务（legal, technical and advertising）	2.00 (0.83)	2.40 (1.20)	3.38 (1.50)	3.80 (1.90)	4.00 (1.90)	1.14（科学研究、技术服务和地质勘察业）			1	T

续表

部门	占GDP比重（%）：中国与其他经济体的比较						不同服务部门的特征			
	1970年	1980年	1990年	2000年	2005年	中国2006年	年均生产率增长（20世纪90年代）	年均生产率增长（1990～2005年）	ICT（生产或使用）	可贸易性
邮政与通信服务（post and communication）	1.80（0.57）	1.98（0.43）	2.20（0.46）	2.46（0.47）	2.40（0.37）	2.51（信息传输、计算机服务和软件业）	3.13	7.17	1	T
计算机服务（computer services）	0.32（0.27）	0.53（0.43）	0.79（0.45）	1.70（0.68）	1.80（0.69）				1	T
其他商务服务（other business services）	0.90（0.55）	1.40（0.99）	1.70（0.96）	2.70（1.20）	2.80（1.20）	1.55（租赁和商务服务业）			0/1	T

注：（1）关于服务部门占GDP比重数据，中国的数据来自于中国国家统计局的《中国统计年鉴（2008）》。其他数据来自于艾肯格林和古普塔（2009），其计算基于下列17个经济体：澳大利亚、奥地利、比利时、丹麦、芬兰、法国、德国、希腊、爱尔兰、意大利、日本、韩国、荷兰、西班牙、瑞典、英国和美国；这17个经济体的平均值下面括号中的数据为标准差。由于房地产的特殊性，表中的所有经济体均未将之包括在内。如表所示，中国服务部门的分类与其他经济体存在一些差异。

（2）生产率是指全要素生产率（TFP），其数据来自于艾肯格林和古普塔（2009）。ICT（information and communication technology）为信息通信技术，其数据转引自凡·亚克、因克拉尔和麦古肯（Van Ark，Inklaar and McGucken，2003）。ICT等于0表示该服务部门既不生产也不使用信息通信技术，ICT等于1表示该服务部门生产或使用信息通信技术。可贸易性数据转引自詹森和克莱策（Jensen and Kletzer，2005），NT表示不可贸易，T表示可贸易，? 表示不确定。

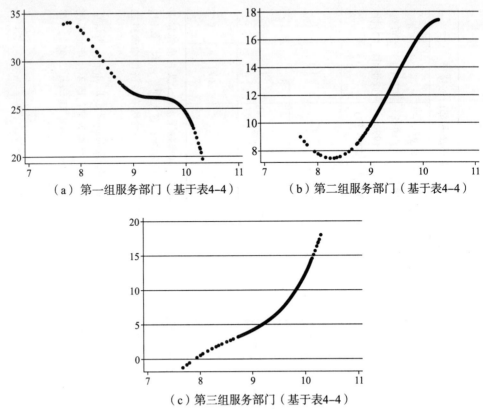

（a）第一组服务部门（基于表4-4）　　　　（b）第二组服务部门（基于表4-4）

（c）第三组服务部门（基于表4-4）

图4-4　不同组别服务部门占 GDP 比重（纵轴:%）与
人均收入水平（横轴：对数值）的关系

资料来源：根据艾肯格林和古普塔（2009）整理而得。

在 1970 年，国际上第一、二、三组服务部门的比为 1∶0.58∶0.33；到了 2005 年，该比重变为 1∶0.93∶0.73。与之相对照，2006 年中国第一、二、三组服务部门的比约为 1∶0.50∶0.55。不难看出，中国服务业中的传统服务部门所占比重过高，而现代服务部门所占份额则相对较低。

（二）最终服务消费：消费者服务业的发展

服务业地位的上升，在需求方面则主要表现为经济发展水平和收入水平提高而导致的人们对服务最终消费的增加，以及由专业化分工和产业分工深化引起的对中间服务投入需求的增加。前者反映的是服务业中面向最终消费者的消费者服务（consumer services），而后者则反映的是服务业中面向生产者（或企业）的生产者服务（producer services）。

首先看最终服务消费。表4-5描绘出 20 世纪 90 年代初到 21 世纪初大约 10 年时间里，样本经济体的家庭最终消费支出构成变化趋势，这些国家除墨西哥以

表 4 - 5 家庭最终消费支出构成的国际比较

单位：%

经济体	年份	食品、非酒精饮料	酒精饮料、烟草和麻醉品	服装和鞋类	住房、水、电力、气和其他燃料	家具、家用设备及住房日常维护支出	医疗保健	交通	通信	休闲与文化	教育	饭店和旅馆	其他
韩国	1994	29.7		4	12.3	6.9	6.3	13.2		12.5			15.1
	2003	15.23	2.39	4.31	16.97	4.05	4.51	11.17	5.47	7.68	5.9	7.62	14.7
	1994~2003年的变化	-12.08		0.31	4.67	-2.85	-1.78	3.44		1.08		7.22	
日本	1992	20.1		6.2	20.2	6.1	11	9.8		10.3			16.3
	2002	14.54	3.19	4.97	26.42	4.18	3.71	10.66	2.53	9.65	2.27	7.49	10.38
	1992~2002年的变化	-2.37		-1.23	6.22	-1.92	-7.29	3.39		1.62		1.57	
法国	1992	18.6		6.1	20	7.7	9.8	16.1		7.6			14.1
	2003	14.42	3.29	4.5	24.08	5.93	3.73	14.68	2.42	9.03	0.63	7.56	9.75
	1992~2003年的变化	-0.89		-1.6	4.08	-1.77	-6.07	1.00		2.06		3.21	
英国	1992	21.6		5.7	19.4	6.5	1.6	16.8		10.2			18.2
	2002	9.23	3.98	6.56	17.18	6.73	1.48	15.14	2.5	12.7	1.19	11.14	12.17
	1992~2002年的变化	-8.39		0.86	-2.22	0.23	-0.12	0.84		3.69			-5.11

续表

经济体	年份	食品、非酒精饮料	酒精饮料、烟草和麻醉品	服装和鞋类	住房、水、电力、气和其他燃料	家具、家用设备及住房日常维护支出	医疗保健	交通	通信	休闲与文化	教育	饭店和旅馆	其他
意大利	1992	19.9		9.8	15.9	9.3	6.8	12.1		8.9			17.2
	2003	14.63	2.4	8.96	20.31	9.02	3.02	12.01	3.04	7.3	0.95	9.73	8.62
	1992~2003年的变化	-2.87		-0.84	4.41	-0.28	-3.78		2.95		-0.65	1.15	
荷兰	1992	14.9		6.7	18.5	7	13.1	13.4		10.1			16.3
	2002	11.17	3.2	6.07	20.71	7.19	4.28	11.98	3.97	11.04	0.54	5.77	14.06
	1992~2002年的变化	-0.53		-0.63	2.21	0.19	-8.82		2.55		1.48	3.53	
美国	1992	12		6.1	18.3	5.9	17.5	13.6		10.2			16.5
	2002	6.92	2.08	5.03	17.13	5.08	17.58	12.01	2	9.62	2.41	5.87	14.29
	1992~2002年的变化	-3.0		-1.07	-1.17	-0.82	0.08		0.41		1.83	3.66	
加拿大	1992	15.8		5.3	24.5	8.8	4.7	14.4		11.1			15.5
	2002	9.91	3.97	5.24	23.4	6.67	4.55	15.01	2.28	10.87	1.26	7.55	9.28
	1992~2002年的变化	-1.92		-0.06	-1.1	-2.13	-0.15		2.89		1.03	1.33	

续表

经济体	年份	食品、非酒精饮料	酒精饮料、烟草和麻醉品	服装和鞋类	住房、水、电力、气和其他燃料	家具、家用设备及住房日常维护支出	医疗保健	交通	通信	休闲与文化	教育	饭店和旅馆	其他
墨西哥	1992	33.6		7.1	12.8	10.4	4.2	12.2		5.2			14.6
	2002	24.71	2.33	3.14	13.63	8.25	4.12	17.38	1.85	2.73	3.33	7.32	10.84
	1992～2002年的变化	-6.56		-3.96	0.83	-2.15	-0.08		7.03		0.86	3.56	
澳大利亚	1992	15.5		20.3	6.6	7.3	14.8	9.8		15			10.7
	2002	9.96	4	4.04	20.57	5.73	5.06	11.71	2.84	12.26	2.27	7.47	14.1
	1992～2002年的变化	-1.54		-16.26	13.97	-1.57	-9.74		4.75		-0.47	10.87	

注：表中各国起始年的家庭最终消费支出各构成部分依次为"食品和饮料"，"服装和鞋类"，"住房、燃料"以及"其他"8项。各国终止年份的家庭最终消费支出各构成部分依次为"食品"，"酒精饮料、烟草和麻醉品"，"服装和鞋类"，"住房、水、电力、气和其他燃料"，"家具、家用设备及住房日常维护支出"，"医疗保健"，"交通"，"通信"，"休闲与文化"，"教育"，"饭店和旅馆"以及"其他"12项。其中终止年份的"住房、水、电力、气和其他燃料"以及"家具、家用设备及住房日常维护支出"2项与起始年份的"住房、燃料"2项可能存在交叉。其他项目的归并与起始年份的"住房、燃料"2项则较为清楚。

资料来源：www.stats.gov.cn。

外都是高收入国家。从中可以发现：

第一，尽管起始年份各国的食品等支出比重（大致反映恩格尔系数）不尽相同（墨西哥最高：33.6%，美国最低：12%），但都无一例外地趋于下降。但墨西哥该项支出的比重在所有经济体中仍然是最高的。

第二，"服装和鞋类"和"家具、家用设备及住房日常维护支出"的支出比重相对较低，而且变化不大（澳大利亚除外）。

第三，服务消费中的"医疗保健"支出比重的变化有两个重要特点：一是各国都呈现出不同程度的下降（美国略有上升），这似乎反映出有关国家在医疗保健服务方面的"福利化"趋势；二是各国的"医疗保健"支出比重存在很大差异：英国是最低的（不足2%），美国是最高的（超过17%），这似乎反映出各国医疗保健服务体制与制度方面的巨大差异。

第四，各国在"交通和通信"、"教育、休闲与文化"方面的支出比重十分相近（墨西哥的"教育、休闲与文化"支出最低，大约6%）。

第五，总体上看，在这些国家的家庭最终消费支出中，食品等物质性消费支出比重趋于下降，而服务总消费支出所占比重则随着时间的推移而不断上升。

（三）中间服务投入：生产者服务业的发展

关于生产者服务业发展及其在经济增长和结构调整中的作用问题，引起了国内外学术界的高度关注。但专门针对生产者服务业的经验研究通常存在一个缺陷或难点，即均按照人为的划分方法，从特定服务部门出发进行分析。这无法全面反映生产者服务业发展状况及其在国民经济中的地位及影响。但如果采用投入—产出方法，则可以克服因为服务部门的人为划分而导致的片面性。我们这里的分析涉及包括中国以及澳大利亚、丹麦、芬兰、法国、德国、希腊、意大利、日本、爱尔兰、挪威、西班牙、英国、美国 14 个经济体。这些经济体除中国外都是 OECD 成员方。另外，考虑到 13 个 OECD 成员方与中国在经济发展阶段上的差异性，我们还特地选择印度、巴西和俄罗斯 3 国作为参照。[①] 13 个 OECD 成员

---

① 如果把 OECD 国家和地区历史上与中国类似发展阶段的投入—产出表和中国进行比较，效果可能会更好。但我们发现，如果以人均 GDP 来衡量发展阶段的话，OECD 国家和地区历史上与中国目前发展阶段类似的时期基本上都是在 20 世纪 50~60 年代，甚至更早。这个时期的大多数国家和地区是没有投入—产出表统计数据的；即使有（比如美国 1947 年的投入—产出表），也与今天的投入—产出表相去甚远。1950 年前后美国成为世界上第一个"服务经济"（the service economy）国家和地区即服务业就业比重超过 50%（见 Fuchs，V. The Service Economy，National Bureau of Economic Research，1968，P.1）。随后则有很多发达国家主要是 OECD 国家和地区超过了这一比重。虽然 OECD 经济体在随后的时期大多都编制了投入—产出表，但这一时期的这些经济体至少在发展阶段和产业结构（特别是服务业比重超过 50%）两方面与今天的中国存在根本性的差异。因此，采用这个时期（也是最早）的投入—产出表和中国比较与这里已经进行的分析不会有根本性的区别。有鉴于此，我们认为，选择比中国略微落后的印度，以及与中国同样处于经济转型期的俄罗斯和巴西来进行对照，会更合适一些。

方的投入—产出表均来自"OECD 投入—产出数据库"（The OECD input-output batabase）。我们对此进行了调整和处理。

1. 生产者服务业总体水平比较

由表 4-6 可以看出：13 个 OECD 经济体的服务投入（即生产者服务）占国民总产出的比重介于 14.9% ~ 29.5% 之间，平均为 21.7%，其中英国最高（29.5%）、希腊最低（14.9%）；但中国的相应比重仅为 12.2%。OECD 经济体的物质性投入占国民总产出的比重平均为 26.86%，其中芬兰最高（33.7%）、美国最低（22.8%）；而中国的相应比重则高达 52%。OECD 经济体的生产者服务投入与物质性投入占总中间投入的比重较为接近，后者的平均比重（55.4%）略高于前者（44.6%），比重最高的是英国（55.9%），最低的是西班牙（34.9%）；但中国的相应比重仅为 19.0%。就生产性服务投入占服务总产出的比重而言，13 个 OECD 经济体平均为 38.3%，其中英国最高（45.6%）、希腊最低（26.4%），中国的该项指标与之接近，为 36.4%。这些发现表明，与 OECD 经济体相比，中国生产者服务业的发展水平因为整体服务业的发展水平较低而相对较低；中国国民经济中的物质性投入消耗相对较大，而服务性投入消耗相对较小；中国国民经济的增加值比率为 35.9%，而 13 个 OECD 经济体的相应比率平均为 51.4%（最低的芬兰为 47.1%、最高的希腊为 58.3%），说明发达经济体在整个国民经济方面表现出高附加值特征。

如果以人均 GDP 来衡量，中国与这些 OECD 经济体相比无疑处于相对较低的经济发展阶段，那么现在的问题是：处于类似中国发展阶段的国家的生产者服务业发展水平是否也像中国一样呢？为此，我们选择比中国略微落后的印度以及与中国同样处于经济转型期的俄罗斯和巴西来进行总体对照（见表 4-6）。可以看出，即使与印度相比，中国生产者服务业的发展水平仍是较低的；中国国民经济中的物质性投入消耗较大，而服务性投入消耗较小；中国国民经济的增加值率比印度低 17 个百分点，比巴西和俄罗斯低 15 个百分点。这就证明，即使考虑到发展阶段的因素，中国生产者服务业乃至整体服务业的发展水平仍相对较低。以下将集中于中国与 13 个 OECD 经济体的比较分析。

2. 生产者服务的部门构成

这需要考察生产者服务到底是由哪些部门提供的。13 个 OECD 经济体生产者服务的部门构成具有惊人的相似性，从表 4-7 给出的均值可以看出：在整个服务业提供的生产性服务中，"房地产、租赁和其他商务活动"所占比重最高，平均达 30.82%，而美国的这一比重又是最高的，达 40.3%。接下来依次为"批发零售贸易与修理"、"金融保险业"、"运输与仓储"、"邮政与电信"等。就中国而言，"商业饮食业"所占比重最高（35%），其次是"运输邮电业"

表4-6 服务业、生产者服务业及相关经济指标的总体比较

单位：%

指标 \ 国别（年份）	澳大利亚 1994~1995	丹麦 1995	芬兰 1995	法国 1995	德国 1995	希腊 1994	意大利 1992	日本 1995~1997	爱尔兰 1995~1998	挪威 1997	西班牙 1995	英国 1998	美国 1997	13国均值	中国 2000	俄罗斯 2000	巴西 2000	印度 1998~1999
国民经济的增加值率	48.8	52.4	47.1	52.3	50.0	58.3	52.3	55.2	48.1	50.1	50.5	47.2	56.5	51.45	35.9	51.5	49.1	53.3
国民经济的中间投入率	51.2	47.6	52.9	47.7	50.0	41.7	47.7	44.8	51.9	49.9	49.5	52.8	43.5	48.55	64.1	48.5	50.9	46.7
国民经济中的服务投入占总中间投入比重	51.3	48.4	36.3	44.8	50.7	35.6	43.7	43.2	44.2	43.1	34.9	55.9	47.6	44.59	19.0	32.5	30.9	29.5
国民经济中的物质性投入占总中间投入比重	48.7	51.6	63.7	55.2	49.3	64.4	56.3	56.8	55.8	56.9	65.1	44.1	52.4	55.41	81.0	67.5	69.1	70.5
生产者服务占服务总产出比重	43.0	38.0	38.5	37.9	44.8	26.4	39.2	37.0	40.6	38.7	34.1	45.6	33.9	38.28	36.4	27.2	22.8	26.8
生产者服务占国民总产出比重	26.3	23.0	19.2	21.4	25.3	14.9	20.8	19.4	22.9	21.5	17.2	29.5	20.7	21.70	12.2	17.5	17.8	15.4
物质性投入占国民总产出比重	24.9	24.6	33.7	26.3	24.7	26.9	26.9	25.5	29.0	28.4	32.2	23.3	22.8	26.86	52.0	31.0	33.1	31.3
服务业增加值占GDP比重	71.5	72.0	66.0	72.6	68.7	65.0	67.2	60.5	55.6	66	67.2	72.9	71.4	67.4	33.4	55.6	64.8	48.8

注：国民经济的增加值率＝增加值/国民总产出，国民经济的中间投入率＝中间投入/国民总产出。OECD经济体的服务业增加值比重数据来自OECD（2000，p.41）。印度、巴西和俄罗斯的数据根据山野和艾哈迈德（Yamano and Ahmad，2006，P.54，57，60）计算而得。

表4-7 生产者服务的部门构成、投入结构与三次产业的服务投入率

单位：%

类别	产业	澳大利亚	丹麦	芬兰	法国	德国	希腊	意大利	日本	爱尔兰	挪威	西班牙	英国	美国	13国均值	中国
生产者服务的部门构成	批发零售贸易与修理	16.9	16.4	16.4	10.7	13.0	27.0	14.5	19.6	18.0	22.4	16.3	8.1	18.6	16.76	35.0
	旅馆和餐饮业	2.9	2.8	2.8	2.1	1.0	1.5	2.2	—	2.3	1.6	3.4	1.6	2.8	2.08	
	运输与仓储	16.9	21.2	21.2	10.9	8.3	8.9	14.1	12.5	4.7	23.4	19.0	14.0	9.6	14.21	27.3
	邮政与电信	6.6	5.5	5.5	5.3	3.8	6.0	4.0	4.4	5.4	6.2	5.5	6.5	5.1	5.37	
	金融保险业	11.5	13.0	13.0	18.7	14.5	17.2	20.9	16.8	13.8	12.2	20.1	15.5	15.0	15.55	12.6
	房地产、租赁和其他商务活动	31.4	26.5	26.5	39.3	35.7	29.4	29.5	25.8	33.7	23.1	27.4	32.0	40.3	30.82	
	计算机及其相关活动	5.9	2.7	2.7	4.8	1.8	0.5	3.2	5.3	3.4	3.6	0.8	5.2	4.0	3.38	
	研究与开发	—	0.2	0.2	4.1	0.5	0.2	0.6	5.9	1.4	1.0	0.2	1.2	—	1.19	
	教育	0.8	0.5	0.5	1.2	0.4	0.3	—	0.2	0.5	0.8	0.3	1.9	0.9	0.64	
	公共管理及国防、社会安全	2.9	4.2	4.2	—	1.7	0.4	—	0.1	2.2	1.7	1.3	0.5	—	1.48	19.3
	卫生及社会服务	0.4	0.5	0.5	0.1	12.8	1.1	4.1	0.5	1.2	0.5	1.3	9.5	0.6	2.55	
	其他团体、社会和私人服务等	3.9	6.5	6.5	2.8	6.5	7.5	6.9	9.0	13.2	3.5	4.4	4.0	3.2	5.99	

续表

类别	国别/产业	澳大利亚	丹麦	芬兰	法国	德国	希腊	意大利	日本	爱尔兰	挪威	西班牙	英国	美国	13国均值	中国
生产者服务的投入结构	第一产业	5.8	3.0	3.0	1.9	1.8	3.6	1.5	1.4	2.7	6.4	3.4	1.4	3.1	3.0	7.3
	第二产业	21.7	28.2	28.2	34.4	30.9	28.7	32.8	43.1	32.0	27.2	41.6	21.5	28.7	30.69	54.7
	服务业	72.5	68.8	68.8	63.6	67.3	67.7	65.7	55.5	65.4	66.4	55.0	77.1	68.2	66.31	37.9
生产者服务投入率	第一产业	20.8	15.0	13.9	11.0	22.8	5.9	10.3	14.6	12.0	10.2	12.5	15.2	19.8	14.15	6.5
	第二产业	18.1	18.7	14.2	18.4	18.9	12.3	15.6	18.2	19.1	19.0	16.0	19.5	16.6	17.28	10.4
	服务业	31.2	26.2	24.2	24.1	30.2	17.9	25.8	20.5	26.5	25.7	18.7	35.2	23.1	25.33	20.4

注：（1）中国的部门划分较粗，即包括"商业零售业"（占27.3%，大致对应13个OECD经济体的"批发零售贸易与修理"和"旅馆和餐饮业"），"运输邮电业"（占19.3%，大致对应其他经济体的"运输与仓储"和"邮政与电信"），"金融保险业"（占12.6%，对应其他经济体的"金融保险业"），"公用事业及居民服务业"（占5.9%，可能近似地对应其他经济体其余的部门）以及"其他团体、社会和私人服务等"中的一部分）。

（2）澳大利亚的"研究与开发"，法国的"公共管理及国防，社会安全"，意大利的"公共管理及国防，社会安全"，日本的"公共管理及国防，社会安全"和"公共管理及国防，社会安全"的比重很小（用一表示）。这可能存在统计口径上的问题，比如，"旅馆和餐饮业"在生产者服务中的比重应该很高。因此，这一服务项目很可能被划归在"房地产，租赁和其他商务活动"之中。根据直觉，美国的"研究与开发"在生产者服务中的比重很高。

214

（27.3%），"公用事业及居民服务业"为19.3%，"金融保险业"仅占12.6%，包含专业服务、综合科技服务等的未分类的"其他服务业"只占5.9%。这说明，目前中国的生产者服务投入大多是由像商业饮食业这样的劳动密集型产业部门提供的，而带有较高技术、知识与人力资本含量的生产者服务投入规模则相对较小。但对于OECD经济体，其资金、技术和人力资本含量较高的生产者服务投入（比如"房地产、租赁和其他商务活动"、"计算机及其相关活动"等）所占比重最高。

3. 生产者服务的投入结构

这要分析生产者服务具体都投入到哪些部门或产业（见表4-7）。13个OECD经济体生产者服务的将近70%都投入到了服务业自身（日本和西班牙虽较低，但也达到55%）；其次是第二产业，大约占30%；第一产业最少，仅为3%。对于中国来说，生产者服务的一半以上都投入到第二产业（64.7%）；其次才是服务业自身，占37.9%；第一产业最少，不到10%。

4. 以服务资本品比率衡量服务部门的生产者服务特性

比较资本品比率有助于辨别服务部门的生产者服务性质，即资本品比率越高，则该服务部门就越具有生产者服务的性质，相反则越具有消费者服务的性质。13个OECD经济体的生产者服务平均比重超过50%的部门从高到低依次为"金融保险业"、"邮政与电信"、"计算机及其相关活动"、"运输与仓储"、"房地产、租赁和其他商务活动"。中国的生产者服务比重超过50%的部门从高到低依次为"运输邮电业"、"金融保险业"、"商业饮食业"、"公用事业及居民服务业"，而可能对应其他经济体其余服务部门的"其他服务业"则仅占12.9%（见表4-8）。①

5. 生产者服务业对国民经济及三次产业的影响

服务业通过生产者服务的中间投入而对整体经济及相关产业产生作用，通过分析服务投入率，可以看出各产业对生产者服务投入的依赖程度以及不同生产性服务对于相应产业的重要性；分析服务业的产业关联效应有助于理清生产者服务在国民经济中的影响。

（1）基于服务投入率的分析

首先，关于三次产业的总体生产者服务投入情况。前面指出，中国国民经济的总体生产者服务投入率远低于13个OECD经济体。分产业看（见表4-7），中国与其他经济体的共性是：一是服务业的生产者服务投入率最高；二是第二产

---

① 虽然中国与13个OECD经济体在生产者服务的部门构成方面存在相似之处（比如金融保险业和邮电运输业），但由于统计方面的差异，后者的生产者服务部门范围更为广泛，结构也更加清晰。

表4-8 基于资本品比率的服务业及相关部门的生产者服务比重

单位：%

类别	澳大利亚	丹麦	芬兰	法国	德国	希腊	意大利	日本	爱尔兰	挪威	西班牙	英国	美国	13国均值	中国
服务业	43.0	38.0	38.0	37.9	44.8	26.4	39.2	37.0	40.6	38.7	34.1	45.6	33.9	38.25	53.9
批发零售贸易与修理	34.4	31.4	31.4	27.9	37.2	29.8	27.1	34.0	37.9	38.7	31.4	22.4	30.7	31.87	
旅馆和餐饮业	26.1	34.5	34.5	18.0	15.5	3.0	15.3	—	27.8	20.9	8.8	15.0	19.4	18.37	64.6
运输与仓储	68.1	67.1	67.1	58.0	53.9	35.1	57.7	54.8	21.2	51.7	67.6	75.4	56.7	56.49	
邮政与电信	74.7	77.0	77.0	69.0	59.8	63.2	66.4	56.5	65.8	70.4	60.1	79.0	48.0	66.68	80.8
金融保险业	64.2	76.5	76.5	82.1	78.9	85.2	87.7	80.5	65.1	86.7	83.1	67.7	43.5	75.21	76.1
房地产、租赁和其他商务活动	56.6	49.6	49.6	56.2	60.9	38.1	58.0	43.2	59.5	50.4	52.5	63.0	53.7	53.18	
计算机及其相关活动	67.9	49.6	49.6	81.1	58.7	77.1	78.9	69.0	70.4	93.7	29.9	86.4	39.4	65.52	
研究与开发	—	—	—	—	—	—	—	—	—	—	—	—	—	—	
教育	7.3	3.4	3.4	8.1	3.6	1.7	0.0	1.5	5.2	5.8	2.0	16.1	8.5	5.12	
公共管理及国防、社会安全	17.8	16.7	16.7	—	4.9	1.0	0.1	0.7	8.2	7.8	4.8	3.4	—	6.32	
卫生及社会服务	2.9	1.5	1.5	0.3	69.9	3.7	17.4	2.5	5.7	1.8	5.4	38.4	2.3	11.79	
其他团体、社会和私人服务等	23.6	42.3	42.3	19.0	44.1	45.7	41.7	37.2	76.6	28.9	23.1	32.0	40.0	38.19	54.7

注：中国的部门划分与13个OECD经济体的比照参见表4-7的注释。

业，第一产业最低（但在相应的年份里，美国、德国、澳大利亚的第二产业的生产者服务投入率最低）。所不同的是：中国三次产业的生产者服务投入率均比其他经济体的平均水平（甚至大部分经济体）要低。这表明 13 个 OECD 经济体的服务经济发展水平高于中国，而中国目前仍处于工业化发展阶段，尚未进入服务经济时代或后工业化社会。[①]

其次，分析三次产业的分类服务投入率（见表 4-9 和图 4-5），可知：（1）对于 13 个 OECD 经济体来说，"批发零售贸易与修理"、"运输与仓储"、"金融保险业"、"房地产、租赁和其他商务活动" 4 大类部门对国民经济及三次产业的服务投入比重最高。对于大多数经济体来说，"批发零售贸易与修理" 对三次产业的投入比重由高到低依次为：第一产业、第二产业和服务业；"运输与仓储" 和 "房地产、租赁和其他商务活动" 的投入比重由高到低依次为：服务业、第二产业和第一产业；"金融保险业" 的投入比重由高到低依次为：服务业、第一产业和第二产业。（2）对中国而言，基于有限的部门划分，第一产业的服务投入率由高到低依次为 "商业饮食业"、"运输邮电业"、"其他服务业"、"金融保险业" 和 "公用事业及居民服务业"；对于第二产业，依次为 "商业饮食业"、"运输邮电业"、"公用事业及居民服务业"、"金融保险业" 和 "其他服务业"；对于服务业，则依次为 "公用事业及居民服务业"、"运输邮电业"、"商业饮食业"、"公用事业及居民服务业" 和 "其他服务业"。横向比较，"运输邮电业"、"商业饮食业"、"公用事业及居民服务业"、"金融保险业" 的服务投入率在三次产业上的表现由高到低依次为：服务业、第二产业和第一产业。但 "其他服务业" 的服务投入率则依次为第一产业、服务业和第二产业。这说明，各类服务部门的发展经由生产者服务投入而对相关产业的影响不同；服务业内部结构的调整无疑将对三次产业产生不同程度的影响。

最后，关于第二产业和服务业分行业的服务投入率。尽管 13 个 OECD 经济体的第二产业和服务业各部门的服务投入率差别很大，但平均来说比中国相应产业及部门的服务投入率要高。

（2）基于产业关联系数的分析

从整体服务业的经济关联效应看（见表 4-10），13 个 OECD 经济体呈现显著的一致性：反映前向联系的影响力系数相对较小，平均为 0.805（丹麦最高为 0.887、西班牙最小为 0.754）；反映后向联系的感应力系数较大，平均为 1.12（除希腊和芬兰分别为 0.996 和 0.982 外，其余国家均大于 1；最高的英国为 1.243）。中国服务业的影响力系数与 OECD 经济体的情况基本相似（小于 1），但中国服务业的感应力系数（0.766）则明显低于后者。

---

① 贝尔（1984）描述了后工业化社会的基本特征，认为服务业的高度发展是其重要特征之一。

表4-9　13个OECD经济体三次产业的分类服务投入率

单位：%

类别	国别	澳大利亚	丹麦	芬兰	法国	德国	希腊	意大利	日本	爱尔兰	挪威	西班牙	英国	美国	13国均值
批发零售贸易与修理	第一产业	5.66	4.47	5.45	3.86	5.42	2.63	3.54	4.72	3.26	1.80	3.66	3.84	4.08	4.03
	第二产业	5.80	7.63	1.75	3.31	4.18	5.48	4.27	5.22	6.29	7.63	3.58	4.21	6.62	5.07
	服务业	3.60	1.51	4.43	1.46	2.57	3.33	1.97	2.52	2.77	3.99	2.06	1.41	2.20	2.60
	国民经济整体	4.45	3.78	3.23	2.28	3.30	4.01	3.03	3.80	4.14	4.82	2.82	2.39	3.84	3.53
旅馆和餐饮业	第一产业	0.53	0.04	0.30	0.10	0.12	0.00	0.04	0.00	0.05	0.22	0.12	0.36	0.25	0.16
	第二产业	0.52	0.37	0.63	0.07	0.18	0.04	0.34	0.00	0.24	0.40	0.43	0.28	0.50	0.31
	服务业	0.90	0.84	0.81	0.75	0.32	0.36	0.59	0.00	0.78	0.34	0.78	0.58	0.65	0.59
	国民经济整体	0.76	0.64	0.71	0.45	0.26	0.22	0.46	0.00	0.53	0.34	0.59	0.48	0.58	0.46
运输与仓储	第一产业	5.77	1.90	2.28	1.15	1.82	0.48	1.25	3.19	1.08	1.06	3.70	2.19	2.33	2.17
	第二产业	4.33	1.67	3.96	1.53	1.72	0.35	2.88	2.53	0.25	1.97	3.89	2.03	2.46	2.27
	服务业	4.33	6.96	2.81	2.98	2.42	2.05	3.06	2.30	1.65	7.72	2.70	5.26	1.68	3.53
	国民经济整体	4.43	4.89	3.32	2.33	2.12	1.32	2.93	2.42	1.09	5.05	3.28	4.12	1.98	3.02
邮政与电信	第一产业	0.92	0.26	0.67	0.05	0.35	0.03	0.06	0.13	0.39	0.45	0.22	0.50	0.25	0.33
	第二产业	0.44	0.52	0.54	0.54	0.64	0.34	0.42	0.37	0.49	1.40	0.66	0.53	0.32	0.55
	服务业	2.49	1.77	1.83	1.61	1.24	1.38	1.22	1.28	1.81	1.53	1.29	2.67	1.53	1.67
	国民经济整体	1.73	1.27	1.19	1.13	0.97	0.90	0.83	0.84	1.23	1.34	0.96	1.91	1.06	1.18

续表

类别	国别	澳大利亚	丹麦	芬兰	法国	德国	希腊	意大利	日本	爱尔兰	挪威	西班牙	英国	美国	13国均值
金融保险业	第一产业	3.15	3.11	2.18	2.99	2.36	2.04	4.28	3.66	2.44	2.59	3.12	3.84	1.21	2.84
	第二产业	1.11	1.62	1.19	2.60	1.94	2.39	2.87	1.59	1.43	1.82	2.20	3.19	1.21	1.94
	服务业	3.98	3.77	3.02	5.04	4.97	2.73	5.59	4.70	4.41	3.09	4.60	5.28	4.30	4.27
	国民经济整体	3.02	2.99	2.14	3.99	3.66	2.55	4.36	3.26	3.17	2.63	3.46	4.56	3.10	3.30
房地产、租赁和其他商务活动	第一产业	2.06	3.32	1.88	2.20	9.25	0.52	0.76	0.83	2.59	2.75	0.88	2.97	10.98	3.15
	第二产业	3.71	5.17	4.52	7.58	8.44	3.53	3.86	3.97	5.80	3.67	4.41	7.33	4.83	5.14
	服务业	11.36	6.85	6.97	9.37	9.48	5.50	8.31	6.02	9.50	6.23	5.36	10.80	10.24	8.15
	国民经济整体	8.26	6.10	5.64	8.39	9.04	4.37	6.13	4.99	7.73	4.97	4.72	9.46	8.34	6.78
计算机及其相关活动	第一产业	1.66	0.16	0.00	0.04	0.08	0.04	0.03	0.80	0.21	0.26	0.02	0.15	0.04	0.27
	第二产业	1.20	0.33	0.00	0.89	0.27	0.00	0.23	1.12	0.59	0.47	0.08	0.73	0.34	0.48
	服务业	1.70	0.83	0.00	1.20	0.59	0.12	1.08	0.95	0.96	1.07	0.19	1.98	1.15	0.91
	国民经济整体	1.54	0.63	0.00	1.03	0.45	0.07	0.68	1.03	0.78	0.77	0.13	1.52	0.83	0.73
研究与开发	第一产业	0.00	0.01	0.00	0.16	0.02	0.04	0.00	0.12	0.10	0.07	0.00	0.10	0.00	0.05
	第二产业	0.00	0.02	0.00	1.45	0.13	0.00	0.16	2.35	0.35	0.18	0.05	0.24	0.00	0.38
	服务业	0.00	0.07	0.00	0.52	0.14	0.05	0.08	0.12	0.34	0.26	0.02	0.42	0.00	0.16
	国民经济整体	0.00	0.05	0.00	0.88	0.13	0.03	0.12	1.14	0.33	0.21	0.03	0.35	0.00	0.25
公共管理及国防、社会安全	第一产业	0.33	0.48	0.04	0.00	0.59	0.08	0.00	0.00	0.14	0.44	0.11	0.05	0.00	0.17
	第二产业	0.35	0.46	0.29	0.00	0.49	0.09	0.00	0.00	0.17	0.55	0.26	0.06	0.00	0.21
	服务业	1.05	1.29	1.35	0.00	0.39	0.04	0.00	0.04	0.76	0.23	0.20	0.20	0.00	0.43
	国民经济整体	0.77	0.97	0.81	0.00	0.44	0.06	0.00	0.02	0.51	0.36	0.22	0.15	0.00	0.33

219

续表

类别	国别	澳大利亚	丹麦	芬兰	法国	德国	希腊	意大利	日本	爱尔兰	挪威	西班牙	英国	美国	13国均值
教育	第一产业	0.06	0.07	0.02	0.14	0.02	0.00	0.00	0.00	0.02	0.14	0.02	0.04	0.09	0.05
	第二产业	0.11	0.08	0.19	0.25	0.02	0.04	0.00	0.03	0.22	0.14	0.08	0.16	0.15	0.11
	服务业	0.28	0.15	0.56	0.27	0.15	0.07	0.00	0.04	0.07	0.20	0.05	0.79	0.20	0.22
	国民经济整体	0.21	0.13	0.37	0.26	0.09	0.05	0.00	0.03	0.12	0.17	0.06	0.56	0.18	0.17
卫生及社会服务	第一产业	0.13	0.76	1.05	0.28	1.29	0.03	0.14	0.12	0.69	0.21	0.43	0.41	0.45	0.46
	第二产业	0.01	0.02	0.21	0.00	0.01	0.00	0.02	0.00	0.07	0.12	0.15	0.14	0.00	0.06
	服务业	0.14	0.10	0.97	0.01	5.67	0.27	1.58	0.17	0.38	0.07	0.26	4.27	0.16	1.08
	国民经济整体	0.10	0.10	0.62	0.01	3.23	0.16	0.86	0.09	0.28	0.10	0.22	2.81	0.11	0.67
其他团体、社会和私人服务等	第一产业	0.49	0.42	0.03	0.09	1.46	0.01	0.21	1.02	1.07	0.25	0.17	0.79	0.14	0.47
	第二产业	0.53	0.77	0.94	0.21	0.84	0.06	0.50	1.03	3.24	0.62	0.27	0.56	0.21	0.75
	服务业	1.34	2.01	1.45	0.90	2.24	1.95	2.27	2.39	3.08	0.96	1.25	1.52	0.96	1.72
	国民经济整体	1.02	1.51	1.16	0.60	1.65	1.12	1.43	1.74	3.04	0.76	0.76	1.19	0.67	1.28

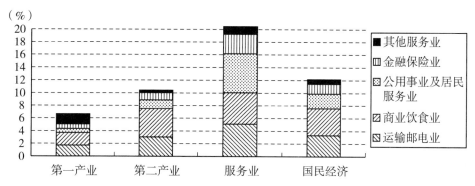

图 4-5　中国国民经济及三次产业的分类服务投入率

若分行业比较，则可以发现：13 个 OECD 经济体的服务部门中影响力系数较大的是"旅馆和餐饮业"、"运输与仓储"、"计算机及其相关活动"、"批发零售贸易与修理"等，但大多数经济体的服务部门的影响力系数都小于 1；感应力系数大于 1 的服务部门是："房地产、租赁和其他商务活动"（2.754）、"批发零售贸易与修理"（2.010）、"运输与仓储"（1.590）、"金融保险业"（1.582）。中国影响力系数最大的服务部门是"公用事业及居民服务业"，最低的是"金融保险业"，而所有服务部门的影响力系数都未超过 1；只有"商业饮食业"的感应力系数大于 1，其他均小于 1，感应力系数最小的是"金融保险业"和"其他服务业"。

中国与 OECD 经济体相似的方面是：服务业及其分部门的影响力系数都较小，说明它们对其他各部门产出的拉动作用较低，即其与各后续生产部门的关联程度较低。不同的方面是：13 个 OECD 经济体的整体服务业及上面提到的 4 个分部门的影响力系数都是大于 1 的，而中国相应部门的影响力系数则小于 1（"商业饮食业"除外），表明中国服务业受到的需求压力也相对较小，其生产者服务的功能相对较弱。对中国来说，通常被认为是国民经济重要基础性产业或关键性产业的金融业和运输邮电业的影响力系数和感应力系数并不像想象得那么大。

因此，可以认为中国服务业及其有关分部门与国民经济其他产业或部门的前后向联系效应均相对较弱、联系水平相对较低。这似乎表明，中国服务业的发展具有相对"独立性"：一方面，服务业的较快增长并不能对国民经济产生应有的推动作用；另一方面，服务业受其他部门的需求拉动作用也不大，即服务业增长主要依靠其自身的自我增强作用。这与前面得出的关于第一、二产业的服务投入率远低于服务业自身的服务投入率的结论相一致。

表4-10　服务业及其分部门的影响力和感应力：生产者服务的产业关联效应比较

		澳大利亚	丹麦	芬兰	法国	德国	希腊	意大利	日本	爱尔兰	挪威	西班牙	英国	美国	13国均值	中国
影响力系数	整体服务业	0.801	0.887	0.753	0.770	0.870	0.850	0.809	0.773	0.755	0.806	0.754	0.828	0.811	0.805	0.852
	批发零售贸易与修理	0.938	0.929	0.835	0.718	0.848	0.871	0.843	0.730	0.764	0.937	0.788	0.847	0.806	0.835	
	旅馆和餐饮业	1.035	1.087	1.076	0.901	1.108	1.051	0.975	0.942	0.899	0.973	0.947	0.705	0.989	0.976	0.921
	运输与仓储	0.941	1.160	0.871	0.905	1.060	0.926	1.038	0.805	0.842	0.818	0.831	0.942	0.948	0.930	
	邮政与电信	0.850	0.855	0.748	0.665	0.694	0.622	0.748	0.692	0.734	0.832	0.668	0.863	0.884	0.758	0.895
	金融保险业	0.721	0.832	0.725	0.795	0.913	0.768	0.770	0.720	0.710	0.725	0.710	0.998	0.874	0.789	0.611
	房地产、租赁和其他商务活动	0.811	0.801	0.840	0.675	0.748	0.709	0.744	0.665	0.698	0.754	0.735	0.690	0.706	0.736	
	计算机及其相关活动	0.833	0.911	0.456	0.824	0.775	0.935	0.811	0.909	0.727	0.940	0.739	0.807	0.883	0.812	
	研究与开发	0.456	0.858	0.456	0.870	0.975	1.167	0.502	0.777	0.912	0.744	0.805	0.701	0.508	0.749	
	教育	0.597	0.752	0.741	0.611	0.681	0.664	0.634	0.617	0.580	0.643	0.619	0.690	0.897	0.671	
	公共管理及国防、社会安全	0.921	0.824	0.775	0.715	1.016	0.889	0.793	0.762	0.707	0.822	0.684	0.881	0.508	0.792	
	卫生及社会服务	0.635	0.768	0.694	0.741	0.800	0.781	1.033	0.857	0.639	0.667	0.752	1.003	0.838	0.785	0.926
	其他团体、社会和私人服务等	0.874	0.863	0.821	0.814	0.821	0.819	0.810	0.803	0.849	0.820	0.769	0.812	0.889	0.828	

续表

感应力系数		澳大利亚	丹麦	芬兰	法国	德国	希腊	意大利	日本	爱尔兰	挪威	西班牙	英国	美国	13国均值	中国
	整体服务业	1.166	1.150	0.982	1.093	1.205	0.996	1.093	1.101	1.198	1.170	1.036	1.243	1.126	1.120	0.766
	批发零售贸易与修理	2.455	2.355	1.308	1.478	1.753	2.229	1.736	1.998	2.369	2.870	1.534	1.725	2.316	2.010	1.061
	旅馆和餐饮业	0.691	0.716	0.704	0.551	0.587	0.627	0.662	0.490	0.585	0.613	0.693	0.578	0.731	0.633	
	运输与仓储	2.141	2.000	1.844	1.337	1.330	0.899	1.679	1.512	0.669	1.932	2.014	1.829	1.483	1.590	0.892
	邮政与电信	0.949	0.904	0.762	0.840	0.856	0.852	0.765	0.774	0.845	1.096	0.842	1.038	0.837	0.874	
	金融保险业	1.261	1.481	1.133	1.709	1.798	1.559	1.972	1.613	1.479	1.436	1.735	2.079	1.315	1.582	0.657
	房地产、租赁和其他商务活动	2.581	2.340	2.557	3.300	3.734	2.080	2.497	2.163	3.164	2.351	2.268	3.606	3.160	2.754	
	计算机及其相关活动	1.041	0.708	0.456	0.906	0.767	0.583	0.766	0.930	0.789	0.799	0.532	0.925	0.784	0.768	
	研究与开发	0.456	0.512	0.456	0.957	0.563	0.574	0.554	1.159	0.807	0.549	0.499	0.552	0.508	0.627	
	教育	0.523	0.542	0.556	0.555	0.583	0.583	0.502	0.505	0.484	0.528	0.507	0.582	0.577	0.540	
	公共管理及国防、社会安全	0.654	0.730	0.661	0.443	0.677	0.577	0.503	0.493	0.576	0.614	0.588	0.474	0.508	0.577	
	卫生及社会服务	0.474	0.528	0.588	0.447	0.775	0.575	0.617	0.504	0.490	0.501	0.538	0.761	0.528	0.564	0.752
	其他团体、社会和私人服务等	0.765	0.981	0.753	0.601	1.040	0.819	0.866	1.074	2.121	0.748	0.683	0.772	0.763	0.922	

注：中国的部门划分与13个OECD经济体的比照参见表4－7的注释。中国"其他服务业"未列在表中，该类服务的影响力系数和感应力系数分别是0.905和0.467。

223

二、国际服务贸易与服务领域 FDI

在开放经济下，各国服务业的大发展，推动着服务贸易的快速增长。对于国际服务贸易的发展状况，我们需要从两个方面去观察：一是基于国际收支平衡表（balance of payment，BOP）统计；二是基于"外国附属机构贸易统计"（foreign affiliates trade in services，FATS）。由于后者与 FDI 关系密切，因此我们还要考察一下服务领域 FDI 情况，它反映了服务业的国际转移。

（一）BOP 统计口径的服务贸易

根据世界贸易组织（WTO）的《世界贸易报告》，1981～2002 年，国际服务贸易的年均增长率为 6.26%，比同期的货物贸易增长率 5.53% 高 0.73 个百分点。尤其是自 1986 年 10 月 "乌拉圭回合" 正式开始服务贸易谈判以来，国际服务贸易的发展更是日新月异。20 世纪 70 年代，全球服务贸易规模与货物贸易相比，尚显微不足道；到了 20 世纪 80 年代，两者比例已由过去的 1∶10 变为 1∶6（1981 年的世界服务贸易额为 8 250 亿美元，世界货物贸易额为 40 124 亿美元）；进入 20 世纪 90 年代后，这一比例则提升至 1∶5～1∶4（1991 年和 1999 年，世界服务贸易额分别为 16 686 亿美元和 27 788 亿美元，同期的世界货物贸易额分别为 69 816.51 亿美元和 114 850 亿美元）。进入 21 世纪，2000～2007 年，全球商业性服务（commercial services）进出口的年均增长率与货物贸易旗鼓相当，双双达到 12%。[①] 2007 年，世界服务贸易额与货物贸易额之比为 1∶4。

BOP 统计的国际服务贸易发展具有明显的部门结构不平衡性。20 世纪 90 年代以来，传统的运输服务和旅游服务的贸易占全球商业性服务贸易的比重逐渐下降，包含很多新兴服务的 "其他商业性服务" 的比重逐渐上升。到 2007 年，"其他商业性服务" 的比重将近 50%（出口已经超过 50%，达到 51.2%）（如表 4 - 11 所示）。

国际服务贸易发展除了具有部门结构不平衡性外，还具有地区结构的不平衡性。发达经济体在服务贸易中占据主导地位。如表 4 - 12 所示，2007 年，位于服务贸易出口和进口前 40 位的经济体大多数为发达经济体和高收入经济体。这 40 个经济体占世界服务贸易出口总额的 90.3%、占世界进口总额的 88.5%。美国是头号服务贸易大国，占世界服务贸易出口和进口的比重分别为 13.9% 和 10.9%，服务贸易存在巨额顺差，达到 1 205 亿美元。中国的服务贸易出口列第

---

① 根据 WTO，International Trade Statistics 2008，P. 123。

7 位（比重为 3.7%）、进口列第 5 位（比重为 4.2%），服务贸易逆差额为 76 亿美元。

表 4 – 11　　　　　　　　世界商业性服务贸易的结构变化

类　别		价值（10 亿美元）	比重（%）				
		2007 年	2000 年	2004 年	2005 年	2006 年	2007 年
出口	所有商业性服务	3 290	100.0	100.0	100.0	100.0	100.0
	运输服务	750	23.5	23.1	23.3	22.6	22.8
	旅游	855	32.0	28.8	27.7	27.0	26.0
	其他商业性服务	1 685	44.5	48.1	49.0	50.4	51.2
进口	所有商业性服务	3 085	100.0	100.0	100.0	100.0	100.0
	运输服务	890	28.8	28.3	29.1	28.9	28.9
	旅游	775	29.7	27.7	26.9	25.9	25.2
	其他商业性服务	1 415	41.5	44.0	44.1	45.1	45.9

注："其他商业性服务"对应国际货币基金组织（IMF）"第五版国际收支手册"（Balance of Payments Manual 5th edition）界定的服务项目，包括通信服务、建筑服务、保险服务、金融服务、计算机和信息服务、版权和特许费、其他商务服务以及个人、文化和娱乐服务，但不包括政府服务。

资料来源：WTO，International Trade Statistics 2008，P. 123。

表 4 – 12　　　　　　2007 年全球主要商业性服务出口经济体和进口经济体

排名	出口经济体	价值（10 亿美元）	占世界份额（%）	排名	进口经济体	价值（10 亿美元）	占世界份额（%）
1	美国	456.4	13.9	1	美国	335.9	10.9
2	英国	273.0	8.3	2	德国	250.5	8.1
3	德国	205.8	6.3	3	英国	194.1	6.3
4	法国	136.7	4.2	4	日本	148.7	4.8
5	西班牙	128.3	3.9	5	中国	129.3	4.2
6	日本	127.1	3.9	6	法国	124.1	4.0
7	中国	121.7	3.7	7	意大利	118.3	3.8
8	意大利	110.5	3.4	8	西班牙	98.4	3.2
9	印度	89.7	2.7	9	爱尔兰	94.5	3.1
10	爱尔兰	89.0	2.7	10	荷兰	86.8	2.8
11	荷兰	87.5	2.7	11	韩国	82.5	2.7
12	中国香港	82.7	2.5	12	加拿大	80.3	2.6

续表

排名	出口经济体	价值（10亿美元）	占世界份额（%）	排名	进口经济体	价值（10亿美元）	占世界份额（%）
13	比利时	75.5	2.3	13	印度	77.2	2.5
14	新加坡	67.3	2.0	14	比利时	70.6	2.3
15	瑞典	63.8	1.9	15	新加坡	70.1	2.3
16	卢森堡	62.3	1.9	16	俄罗斯	57.8	1.9
17	丹麦	61.8	1.9	17	丹麦	54.0	1.7
18	韩国	61.5	1.9	18	瑞典	47.8	1.5
19	瑞士	61.5	1.9	19	中国香港	41.0	1.3
20	加拿大	61.4	1.9	20	奥地利	38.9	1.3
21	奥地利	55.2	1.7	21	挪威	38.6	1.3
22	希腊	43.1	1.3	22	澳大利亚	38.2	1.2
23	挪威	40.7	1.2	23	泰国	38.0	1.2
24	澳大利亚	39.7	1.2	24	卢森堡	36.0	1.2
25	俄罗斯	39.1	1.2	25	中国台湾	35.3	1.1
26	中国台湾	30.9	0.9	26	巴西	34.8	1.1
27	泰国	28.8	0.9	27	瑞士	33.9	1.1
28	波兰	28.6	0.9	28	沙特阿拉伯	30.6	1.0
29	土耳其	28.2	0.9	29	阿联酋	28.1	0.9
30	马来西亚	28.2	0.9	30	马来西亚	27.8	0.9
31	巴西	22.6	0.7	31	波兰	24.3	0.8
32	葡萄牙	22.1	0.7	32	墨西哥	24.0	0.8
33	以色列	21.1	0.6	33	印度尼西亚	23.3	0.8
34	芬兰	20.7	0.6	34	芬兰	20.8	0.7
35	埃及	19.7	0.6	35	希腊	19.5	0.6
36	墨西哥	17.8	0.5	36	以色列	17.8	0.6
37	匈牙利	16.6	0.5	37	南非	16.3	0.5
38	捷克	16.3	0.5	38	匈牙利	15.0	0.5
39	中国澳门	14.5	0.4	39	土耳其	14.1	0.5
40	乌克兰	13.6	0.4	40	捷克	13.9	0.5
以上40个经济体总计		2 970.0	90.3	以上40个经济体总计		2 730.0	88.5
世界总计		3 290.0	100.0	世界总计		3 085.0	100.0

资料来源：WTO, International Trade Statistics 2008, P. 14。

（二）FATS 统计口径的服务贸易

根据 WTO 的估计结果，目前全球通过"外国附属机构"或"商业存在"模式交易的服务贸易额是传统贸易模式（即跨境交付）的 1.5 倍，占全部服务贸易的 50%（见表 4 – 13）。[①] 但这项统计工作对于很多经济体来说也刚刚起步，因此无法获得各国准确的数据。相对而言，美国的 FATS 服务贸易统计数据较为完整（见表 4 – 14）。比较表 4 – 12 和表 4 – 14，可以看出：美国 FATS 统计口径的服务贸易额甚至比 BOP 统计口径的服务贸易额还要大。

表 4 – 13　　　　　　　"外国附属机构"或"商业存在"
模式在全球服务贸易中的重要性

服务贸易模式	相对比重（%）
模式 1：跨境交付	35
模式 2：境外消费	10 ~ 15
模式 3：商业存在	50
模式 4：自然人流动（或自然人存在）	1 ~ 2

资料来源：WTO，International Trade Statistics 2005，P. 8。

表 4 – 14　　　　　　　　　美国 FATS 统计口径的服务贸易

类别	价值（10 亿美元）			年变化率（%）		
	2003 年	2004 年	2005 年	2000 ~ 2003 年	2004 年	2005 年
外向（outward）FATS（美国公司在国外的附属机构销售即主要从事服务活动）	521.8	583.5	653.3	6	12	12
内向（inward）FATS（外国公司在美国的附属机构销售即主要从事服务活动）	416.0	425.7	456.3	1	2	7

资料来源：WTO，International Trade Statistics 2008，pp. 34 – 35。

（三）FDI 与服务业国际转移

20 世纪末以来，经济全球化趋势进一步加强，全球产业转移速度及产业关

---

① 根据 WTO，International trade statistics 2005，P. 8。

联程度进一步提升，对外直接投资（FDI）和跨国公司（MNCs）进一步发展。服务业的国际转移正在凸显并逐渐居于主导地位。早在2004年9月，联合国贸发会议（UNCTAD）发表了题为《2004年世界投资报告：向服务业转移》（*World Investment Report 2004：The Shift Towards Services*）的权威报告。该报告以"向服务业转移"为副标题，指出全球对外投资已经转向服务业。服务业对外投资（包括对外直接投资）在历史上早已有之。但与以前相比，当前国际服务业转移与对外投资呈现出以下基本特点与趋势：

第一，规模巨大，潜力惊人。20世纪70年代初，服务业占世界FDI存量（stock）的比重仅为1/4；20世纪90年代，这一份额不到1/2；到2002年，这一比重已升至3/5，约4万亿美元。另外，据联合国贸发会议的这一报告统计，2001～2002年间，全球服务业占全部FDI流入量（inflow）的2/3，约为5 000亿美元（见图4-6）。由于服务部门在母国与东道国的"跨国化程度"（transnationalization）落后于制造业部门，因此，服务业进一步国际转移与对外投资的空间与潜力十分巨大。

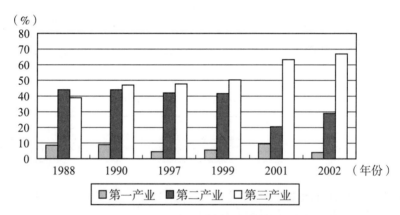

图4-6 1988～2002年世界对外直接投资产业分布

资料来源：World Investment Report 2004。

第二，从服务业的外向FDI和内向FDI看，发达国家处于主导地位，但地区结构也在发生变化。几十年前，几乎所有服务业外向FDI都是由美国公司完成的，而到2002年，日本和欧盟已经发展成为服务业外向FDI的主要来源地。自20世纪90年代以来，发展中国家的服务业外向FDI开始明显增加，占全球服务业外向FDI存量的份额从1990年的1%上升至2002年的10%，上升速度高于发展中国家的其他部门或行业。贸易以及制造业跨国公司的贸易支持服务（trade-supporting services）增加尤为迅速，商务服务、旅馆服务、金融服务的增长也十分显著。就服务业内向FDI而言，西欧和美国的增长最为迅速，这反映出大多数服务业 FDI 是市场追求型的（market-seeking）。目前，发达国家的服务业内向 FDI 存量占全球的份额大约为 72%，发展中经济体占 25%，其余的为中东欧国家（CEE）。2002 年，以服务业内向 FDI 存量的规模来衡量，美国是最大的东道国。

第三，服务业 FDI 的部门与行业结构在发生变化。到目前为止，服务业 FDI 集中于贸易与金融，两者合计占服务业内向 FDI 存量的 47%，占 2002 年流量的 35%。但电力、供水、电信及商务服务（包括 IT 支持的公司服务）的地位越来越显著。1990～2002 年期间，全球电力生产与调度的 FDI 存量增加了 14 倍，电信、仓储与运输增加了 16 倍，商务服务则增加了 9 倍。以美国为代表的发达国家的知识密集型服务业，包括技术性服务、软件开发、芯片设计、建筑设计、数据录入、金融分析及各类研发性工作等，开始成规模地向具有智力人才优势的发展中国家转移（见表 4-15 和表 4-16）。

表 4-15　　按行业列出的服务业外商直接投资存量的分布情况　　单位：%

部门/行业	1990 年			2002 年			
	发达国家	发展中国家	全世界	发达国家	发展中国家	中东欧	全世界
外商直接投资内流存量							
全部服务业	100	100	100	100	100	100	100
供电气水	1	2	1	3	4	6	3
建筑	2	3	2	1	3	5	2
贸易	27	15	25	20	14	21	18
旅馆餐饮	3	2	3	2	2	2	2
运输仓储交通	2	8	3	11	10	24	11
金融	37	57	40	31	22	29	29
商务活动	15	5	13	23	40	10	26
公共行政国防	0	0	0	0	0	0	0
教育	0	0	0	0	0	0	0
医疗社会服务	0	0	0	0	0	0	0
社区个人服务	2	0	2	2	1	1	2
其他服务	10	8	9	2	4	2	2
未注明产业	2	1	2	6	2	0	5
外商直接投资外流存量							
全部服务业	100	100	100	100	100	100	100

续表

部门/行业	1990 年			2002 年			
	发达国家	发展中国家	全世界	发达国家	发展中国家	中东欧	全世界
供电气水	1	0	1	2	0	2	1
建筑	2	2	2	1	2	2	1
贸易	17	16	17	10	12	17	10
旅馆餐饮	1	0	1	2	2	0	2
运输仓储交通	5	4	5	11	7	19	11
金融	48	62	48	35	22	39	34
商务活动	6	11	7	34	54	19	36
公共行政国防	0	0	0	0	0	0	0
教育	0	0	0	0	0	0	0
医疗社会服务	0	0	0	0	0	0	0
社区个人服务	0	0	0	0	0	0	0
其他服务	13	5	13	2	2	2	2
未注明产业	6	0	6	3	0	0	3

资料来源：同图 4-6。

表 4-16　　　按经济体类别列出的外商直接投资存量分布情况　　　单位：%

部门/行业	1990 年			2002 年			
	发达国家	发展中国家	全世界	发达国家	发展中国家	中东欧	全世界
外商直接投资内流存量							
全部服务业	83	17	100	72	25	3	100
供电气水	70	30	100	63	32	6	100
建筑	77	23	100	47	45	8	100
贸易	90	10	100	78	19	4	100
旅馆餐饮	87	13	100	70	26	3	100
运输仓储交通	58	43	100	71	22	7	100
金融	76	24	100	77	20	3	100
商务活动	93	7	100	61	38	1	100
公共行政国防	0		100	99	1		100
教育	100		100	92	4	4	100
医疗社会服务	100		100	67	32	1	100

部门/行业	1990 年			2002 年			
	发达国家	发展中国家	全世界	发达国家	发展中国家	中东欧	全世界
社区个人服务	100		100	91	8	2	100
其他服务	85	15	100	61	36	3	100
外商直接投资外流存量							
全部服务业	99	1	100	90	10		100
供电气水	100		100	100	0		1
建筑	99	1	100	80	20		1
贸易	99	1	100	88	12		10
旅馆餐饮	100		100	90	10		2
运输仓储交通	99	1	100	93	7		11
金融	98	2	100	93	7		34
商务活动	98	2	100	84	16		36
公共行政国防			100	100			0
教育	100		100	100			0
医疗社会服务	100		100	100			0
社区个人服务	100		100	99	1		0
其他服务	100	1	100	90	10		2

资料来源：同图 4 - 4。

第四，从服务业国际转移的微观主体看，跨国公司是国际服务业转移的主要载体。根据 2006 年《财富》公布的全球 500 强公司名单（见表 4 - 17），位于前 50 位的公司有 24 个都是属于服务业公司，主要涉及的服务行业为批发、零售、保险、银行等。其中，主要从事一般商品零售业的沃尔玛公司排名全球第二。此外，国际服务业转移涉及的行业越来越多，且日益深入到企业内部核心环节和过程。

表 4 - 17　　　　2006 年《财富》全球 50 强公司所涉入的行业

排名	中文常用名称	英文名称	总部所在地	主要业务	营业收入（百万美元）
1	埃克森美孚	Exxon Mobil	美国	炼油	339 938.0
2	沃尔玛	Wal-Mart Stores	美国	一般商品零售	315 654.0
3	皇家壳牌石油	Royal Dutch Shell	英国/荷兰	炼油	306 731.0

排名	中文常用名称	英文名称	总部所在地	主要业务	营业收入（百万美元）
4	英国石油	BP	英国	炼油	267 600.0
5	通用汽车	General Motors	美国	汽车	192 604.0
6	雪佛龙	Chevron	美国	炼油	189 481.0
7	戴姆勒克莱斯勒	DaimlerChrysler	美国	汽车	186 106.3
8	丰田汽车	Toyota Motor	日本	汽车	185 805.0
9	福特汽车	Ford Motor	美国	汽车	177 210.0
10	康菲	ConocoPhillips	美国	炼油	166 683.0
11	通用电气	General Electric	美国	多元化	157 153.0
12	道达尔	Total	法国	炼油	152 360.7
13	荷兰国际集团	ING Group	荷兰	保险	138 235.3
14	花旗集团	Citigroup	美国	银行	131 045.0
15	安盛	AXA	法国	保险	129 839.2
16	安联	Allianz	德国	保险	121 406.0
17	大众汽车	Volkswagen	德国	汽车	118 376.6
18	富通	Fortis	比利时/荷兰	银行	112 351.4
19	农业信贷银行	Credit Agricole	法国	银行	110 764.6
20	美国国际集团	American Intl. Group	美国	保险	108 905.0
21	忠利保险	Assicurazioni Generali	意大利	保险	101 403.8
22	西门子	Siemens	德国	电子、电气设备	100 098.7
23	中国石化	Sinopec	中国	炼油	98 784.9
24	日本电报电话	Nippon Telegraph & Telephone	日本	电信	94 869.3
25	家乐福	Carrefour	法国	食品、药品店	94 454.5
26	汇丰控股	HSBC Holdings	英国	银行	93 494.0
27	埃尼	ENI	意大利	炼油	92 603.3
28	英杰华	Aviva	英国	保险	92 579.4
29	国际商用机器	Intl. Business Machines	美国	计算机办公设备	91 134.0

续表

排名	中文常用名称	英文名称	总部所在地	主要业务	营业收入（百万美元）
30	麦克森	McKesson	美国	保健品批发	88 050.0
31	本田汽车	Honda Motor	日本	汽车	87 510.7
32	国家电网	State Grid	中国	电力	86 984.3
33	惠普	Hewlett-Packard	美国	计算机办公设备	86 696.0
34	法国巴黎银行	BNP Paribas	法国	银行	85 687.2
35	委内瑞拉石油	PDVSA	委内瑞拉	炼油	85 618.0
36	瑞银集团	UBS	瑞士	银行	84 707.6
37	美国银行	Bank of America Corp.	美国	银行	83 980.0
38	日立	Hitachi	日本	电子、电气设备	83 596.3
39	中国石油天然气	China National Petroleum	中国	炼油	83 556.5
40	墨西哥石油	Pemex	墨西哥	原油生产	83 381.7
41	日产汽车	Nissan Motor	日本	汽车	83 273.8
42	伯克希尔哈撒韦	Berkshire Hathaway	美国	保险	81 663.0
43	家得宝	Home Depot	美国	专业零售	81 511.0
44	瓦莱罗能源	Valero Energy	美国	炼油	81 362.0
45	摩根大通	J. P. Morgan Chase & Co.	美国	银行	79 902.0
46	三星电子	Samsung Electronics	韩国	电子、电气设备	78 716.6
47	松下电器	Matsushita Electric Industrial	日本	电子、电气设备	78 557.7
48	德意志银行	Deutsche Bank	德国	银行	76 227.6
49	哈利法克斯苏格兰银行	HBOS	英国	银行	75 798.8
50	韦里孙通讯	Verizon Communications	美国	电信	75 111.9

资料来源：http://www.fortune.com。

第五，服务业国际转移与对外投资的形式趋于多样化，包括项目外包（out-sourcing）、业务离岸化（offshoring）、跨国直接投资（FDI）以及收购兼并（M&A）等。其中，跨境收购兼并与非股权安排成为服务业对外投资最常见的进入模式。20 世纪 80 年代末，服务业占全球跨境收购兼并的比重大约为 40%，到 20 世纪 90 年代末，这一比重达到 60% 以上。到 20 世纪 80 年代，全球服务业跨境收购兼并几乎都是由美国的跨国公司完成的。随后，欧盟的跨国公司开始成为主角：2001~2003 年占全球服务业跨境收购兼并的 61%。服务业跨境收购兼并突出地表现在银行、电信、供水等行业。另外，特许经营、管理合同、合作伙伴等非股权安排在旅馆、汽车租赁、快餐、零售、专业服务（会计、律师等）等服务行业中十分流行，其原因在于，这些行业都是主要以软技术和基于知识的无形资产（如管理和组织技能），而不是主要以有形资产为其竞争优势的基础。

第六，服务业国际转移与对外投资日益触及到包括中国在内的发展中国家的国内敏感领域。有些服务业部门如交通运输、邮电通讯、电力、金融等属于一国经济的要害或关键部门；教育、新闻、出版、娱乐、影视、音像制品等服务部门虽非一国的国民经济命脉，但属于国家上层建筑的一部分——意识形态领域。随着服务领域的不断开放，发展中国家面临的来自经济与非经济方面的挑战与压力将越来越大。这些压力将会促使发展中国家对服务领域进行机制、体制与制度改革。因为实际情况是，在许多国家尤其是发展中国家，服务部门受到政府管制或干预得最多，也最严。这种管制或干预往往与国家所有和市场垄断密不可分。服务领域垄断与管制的普遍结果是：服务供给不足、服务价格（费用）高昂、服务质量低下。

三、服务领域体制改革与多边框架

（一）服务领域改革

前面已经提到，在许多国家尤其是发展中国家，服务部门受到政府管制或干预得最多，也最严。正如世界银行《2004 年世界发展报告：让服务惠及穷人》指出，在很多情况下，服务无法惠及穷人，不论是从服务的获得、服务的质量，还是服务价格的可承受性上。这尤其反映在直接有助于改善人类卫生保健和教育状况的服务上，包括医疗保健服务、教育服务、供水供电和排污等基础设施服务。在包括中国在内的许多发展中国家，因为接受教育、治疗疾病而导致贫困的家庭不计其数，而免于疾病、摆脱文盲，又是穷人得以摆脱贫困的两条重要途径。

2000 年 10 月，180 个国家元首签署了《千年宣言》，保证在 2015 年之前实现"千年发展目标"①。为实现"千年发展目标"，经济增长和财政资源是必须的，但这还不够。在服务领域进行改革，确保将基本的医疗卫生和教育服务作为国家的责任，提高服务供给水平和服务质量，让服务惠及穷人。2004 年世界发展报告指出：第一，公共服务存在较强的外部性，所以仅靠私营部门，将不能实现社会所期望达到的健康和教育水平；第二，基本的健康和教育被看作是基本的人权。正如《世界人权宣言》认为个人有获得"为维持他本人和家属的健康和福利所需的生活水准，包括……医疗保健……受教育的权利……教育应当免费，至少在初级和基本阶段。"公共部门不能放任健康和教育不管。问题在于，政府如何通过与私营部门、社区和外部合作者的合作而尽到这个基本的责任。

如何实现服务的有效供给，让服务惠及穷人？这要取决于实际情况。在不明确的并且难以监督的环境中，政府失灵可能会超过市场失灵，所以出于效率和公平理由的公共提供服务可能不会惠及穷人。此时，应该利用需求方补贴、共同支付、客户监督、服务提供者的互相监督和提供信息等，来引导公共支出用于增强客户权利；通过分权、产生更多信息的服务提供安排、参与制预算分析，引导公共支出用于增强客户的表达，支持利他主义的服务提供者，以及遏制服务提供中的腐败。②

从各国的现实情况看，在供水、环卫、医疗卫生、教育以及供电等基础服务方面也的确存在让穷人受惠的一些例子。比如，古巴、哥斯达黎加等。这说明政府和公民可以在提供服务方面做得更好。

《2004 年世界发展报告：让服务惠及穷人》向各国提供了一个可操作的框架，使有助于人类发展的服务能够惠及穷人。在此框架下，将穷人摆在提供服务的中心位置，能改善对穷人的服务质量。如何来做到这一点，方式就是让穷人来监督和约束服务提供者，并在决策中更多地体现穷人的意愿，加强对服务提供者向穷人提供服务的激励措施。公民、政府和捐助者可以朝着"千年发展目标"中所明确的消除贫困的共同目标采取措施，并加快这一进程。

（二）服务领域多边框架

随着服务经济的兴起，国际服务贸易占国际贸易和国际投资的比重逐渐提

① "千年发展目标"包括：彻底消灭极端贫困和饥饿；普及初级教育；促进性别平等并赋予女性权利；降低儿童死亡率；改善母亲健康；与艾滋病、疟疾和其他疾病作斗争；确保环境的可持续性；建立全球范围内的发展伙伴关系。

② 世界银行：《2004 年世界发展报告：让服务惠及穷人》（中译本）中国财政经济出版社 2003 年版，第 182、195 页。

升、影响日益增大，这也是其成为 1986 年开始的"乌拉圭回合"多边贸易谈判新议题的重要原因。作为该轮谈判的重要成果之一，《服务贸易总协定》（即 *General Agreement on Trade in Services*，简称 GATS）首次将服务贸易纳入国际多边体制，使国际贸易和投资多边框架从货物领域（commodities）延伸至服务领域（services）。

GATS 作为服务领域最基本的多边框架，涵盖多个方面。它不仅对一般的私人服务（private services）影响巨大，而且对公共服务（public services）的提供也具有重要的潜在政策影响。其中的原因在于一半以上的外国直接投资都投向服务领域，而其中的大部分又投向公共服务部门。由于基本社会服务的谈判还未结束，许多发展中国家在健康和教育等领域没有做出承诺，在这些领域的服务，传统上都由政府提供并存在大量补贴。因此，发展中国家在放开公共服务市场和使这些服务商业化方面面临压力。

首先，GATS 规则并不适用于行使政府职权而提供的服务。但是，行使政府职权的标准并不一定能够阻止协定进入对穷人至关重要的基础服务部门。很难找到哪一个发展中国家的政府是所有公共服务的唯一提供者。健康和教育服务是由一个不断变化的公共教育与私营企业的混合体提供的。这意味着提供服务的政府实体将潜在地与私营企业"竞争"。GATS 限制对公共和私营服务的垄断和专营服务提供者。但许多发展中国家政府继续依靠公共垄断来提供教育、健康、铁路、邮政、健康保险、水的分销和电力生产及传输等基础服务。

其次，GATS 并不强迫政府私有化，但它推动了基础公共服务的商业化。但在一些发展中国家，如拉美，公共服务的私有化导致公共垄断被私有垄断所替代。在未考虑公平、可获得性和可承受力的前提下，将健康服务快速私有化和商业化，对人类发展极为有害。这一点无疑对当下的中国具有重要的启示和借鉴意义。

第二节　中国经济的服务化趋势

中国既没有赶上 18 世纪中叶开始的工业革命，从而错过了经济工业化的历史机遇，也未能及时跟上 20 世纪中叶开始的服务业革命的步伐，延迟了经济服务化的历史进程。但自改革开放以来，中国的服务业发展问题逐渐受到重视。在关键政策层面上，早在 1992 年 6 月 16 日，国务院就颁布了《关于加快发展第三产业的决定》。2001 年 12 月 20 日，国务院又颁布了《关于"十五"期间加快发展服务业若干政策措施的意见》。当前，中国已经进入一个新的历史机遇期。加快发展服务业，提高服务业比重和水平，既是中国"十一五"规划的重要内容（"十一五"时期要使"服务业增加值占 GDP 比重和就业比重分别提高 3 个和 4 个百分点"），更是推进产业结构优化升级、走新型工业化道路、落实科学发展观、构建和谐社会与节约型社会、全面建设小康社会以及建设创新型国家的战略要求。然而，近些年来，中国产业结构调整的努力是否真正促进了中国经济朝着服务化的方向迈进呢？本章准备按照程大中（2010）第 1 章附录给出的分析思路系统性地探讨这一问题。

一、服务业增加值变化

（一）全国总体情况

如果以名义值衡量［见图 4 - 7（a）］，1985～2006 年中国服务业增加值占 GDP 比重缓慢上升，由 1985 年的 28.7% 上升至 2006 年的 39.4%，上升了近 11 个百分点；第二产业比重基本保持不变，仅上升了 6 个百分点，即由 1985 年的 42.9% 上升至 2006 年的 48.9%；第一产业比重持续下降，由 1985 年的 28.4% 下降至 2006 年的 11.7%，下降了近 17 个百分点。

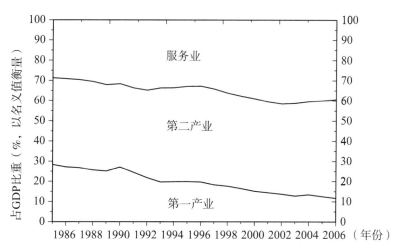

**图 4 - 7（a）　1985～2006 年中国服务业占 GDP
比重的变化：三次产业比较**

237

　　我们按照 1991 年的增加值指数进行折实换算，求出各年份的实际值［见图 4-7（b）］①。可以看出，在此期间中国服务业增加值占 GDP 比重基本维持不变，20 多年上升了不到 3 个百分点，即由 1985 年的 31.3% 上升至 2006 年的 33.6%；第二产业比重则不断上升，由 1985 年的 37.8% 上升至 2006 年的 56.2%，上升了 18 个百分点；第一产业比重仍然持续下降，由 1985 年的 30.9% 下降至 2006 年的 10.2%，下降了近 20 个百分点，这一下降幅度几乎全部由第二产业的上升幅度所抵补。

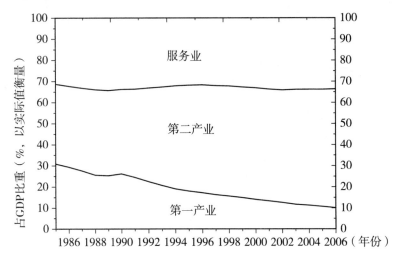

**图 4-7（b）　1985～2006 年中国服务业占 GDP
比重的变化：三次产业比较**

　　由此，我们可以得出结论：在过去的 20 多年时间里，中国总体经济的服务化程度以实际值衡量并未出现显著的提高，而通常观察到的较为明显的变化仅仅是基于名义值的度量。相反，中国总体经济的工业化程度（第二产业比重，industrialization）在不断加深。第一产业比重如预期的那样显著下降。

　　如果撇开第一产业，仅仅比较服务业与第二产业的相对比重变化（见图 4-8），那么可以看到：以名义值衡量，服务业的增加值份额（即占服务业增加值与第二产业增加值之和的比重）基本保持不变（1985 年为 40.1%，2006 年为 44.6%，只上升了 4.6 个百分点）；但如果以实际值衡量，则服务业的增加值份额趋于下降（1985 年为 45.3%，2006 年为 37.4%，下降了 8 个百

----

　　① 按照 1991 年的增加值指数进行折实换算，即某年实际增加值 = 1991 年增加值 ×（某年增加值指数/1991 年增加值指数）。

分点）①。这就进一步证明，中国经济趋向工业化的程度远远高于趋向服务化的程度。②

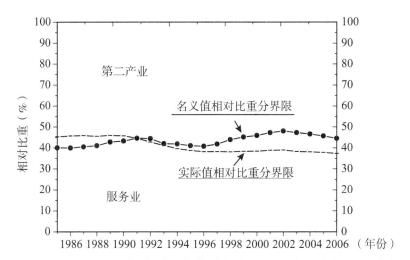

图 4 - 8　1985 ~ 2006 年中国服务业增加值与第二产业的相对比重变化

各部门尤其服务业与第二产业的实际增加值比重和名义增加值比重变化趋势的差异也反映出各部门的价格变化很不一致。而事实是否如此呢？我们把反映生产、消费与投资等环节价格变动趋势和变动幅度的各主要价格指数放在一起进行比较。这些指数包括居民消费价格指数，商品零售价格指数，工业品出厂价格指数（生产者价格指数），原材料、燃料和动力购进价格指数，固定资产投资价格指数和服务项目价格指数。首先将这些指数转换成以 1991 年（ = 100）为基点的定基指数，如图 4 - 9 所示。可以看出，虽然所有价格指数都在上升，但服务价格指数的上升速度明显领先于其他任何一种指数；而且至少在 1991 年以后，服务项目价格指数大大高于其他任何一种指数（1991 年以前服务项目价格指数则低于其他指数）。这从另一个侧面佐证以增加值指数折算的服务业实际增加值比重为何会趋于下降。

---

①　第二产业则相反，其名义值产出份额保持相对不变，但实际值份额却在上升。第一产业的产出份额无论以名义值还是以实际值衡量均处于下降态势。这种现象表明，各部门的价格变化很不一致。

②　鲍莫尔、布莱克曼和沃尔夫（Baumol，Blackman and Wolff，1989）曾指出，美国服务业就业比重和名义 GDP 比重确实是在不断增加，但服务业占实际国民产出（real national output）的比重，特别是相对于制造业所占份额，并没有上升。因此，至少从产出角度来看，"服务份额不断上升"（the "rising share of services"）的结论是 "虚幻的"（illusory）。

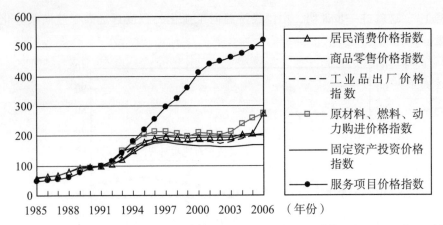

注：2001 年及以前的服务项目价格指数可直接从统计年鉴上计算而得，2002 年以后的服务项目价格指数由笔者基于以下 10 个分项服务价格指数的平均值计算而得：家庭服务及加工维修服务费、医疗保健服务、个人服务、市内公共交通费、城市间交通费、通信服务、学杂托幼费、文娱费、旅游及外出、租房。

图 4 - 9　中国主要物价总指数（1991 = 100）

那么，接下来的问题是：为什么中国服务价格指数会出现以上这种变化态势呢？这需要在中国价格改革的基本历程中寻找答案。服务价格的改革与变化，是中国整体价格改革和演变的一个侧面。1979～1984 年，价格改革表现为以有计划的调整价格为主，兼有放开价格；1984～1989 年则表现为以放开价格为主，同时继续调整价格，其中的一项重大措施就是实行价格双轨制。[1] 但 1978～1989 年的整个阶段，由于价格改革的关注点仍主要放在物质产品领域[2]，而服务领域则主要是采取了下放定价权限、调整不合理价格等措施[3]，结果就造成了这样的局面，即居民消费价格指数和商品零售价格指数上涨略快于服务项目价格指数的上涨。[4]

---

① 张卓元：《论中国价格改革与物价问题》，经济管理出版社 1995 年版，第 64～66 页。

② 当然，在经济发展阶段或人均收入水平很低的情况下，短缺经济所带来的"短缺"将首先并主要体现在物质产品领域，因此一旦价格体制出现松动，物质产品领域必然会首先做出反应。

③ 胡邦定主编：《当代中国的物价》，中国社会科学出版社 1989 年版，第 244～268 页。

④ 这一期间，服务价格调整的基本情况是：在铁路运价方面，铁路基准票价率由每人公里 1.755 分提高到 3.861 分，提高了 1.2 倍；在民航运价方面，1984 年实行统一票价，平均每人公里由 1971 年的 0.06 元左右调到 0.13 元；在公有住房房租方面，1988 年开始对公有住房按五因素（折旧费、维修费、管理费、投资利息和房产税）计算房租并发放补贴；在教育收费方面，从 1989 学年度开始，对新入学的本、专科学生实行收取学杂费制度，一般地区为每学年 100 元，收取住宿费，一般每学年 20 元左右；在医疗服务收费方面，1985 年和 1989 年先后两次调整了医疗服务中技术劳动性医疗收费标准；此外，1980 年开始收取电话初装费，每部收 400 元。根据温桂芳、刘喜梅、马千脉著：《服务价格与中国服务业发展》，载于江小涓主编《中国服务业的增长与结构》，社会科学文献出版社 2004 年版，第 53 页。国家物价局物价研究所著：《物价文件选编》（1989 年），中国物价出版社 1990 年版。

1989 年 11 月 9 日，党的十三届五中全会通过的《中共中央关于进一步治理整顿和深化改革的决定》提出，要逐步解决生产资料价格"双轨制"问题，变"双轨"为"单轨"，价格改革坚持市场取向。1992 年 6 月 16 日，中共中央、国务院颁布了《关于加快发展第三产业的决定》（中发［1992］5 号），对服务业发展提出了明确方针和具体要求，强调要遵循价值规律，改革价格体系，解决第三产业长期存在的价值补偿不足问题。除少数确实需要由国家制定价格和收费标准的以外，第三产业的大部分价格和服务收费标准要放开，分别情况实行浮动定价、同行议价或自行定价，以形成合理的比价关系。由此，服务业价格改革开始迈出重要步伐。长期以来，服务价格过低以及服务供需方面的尖锐矛盾完全暴露，在价格方面突出地表现为服务价格指数快速上升，大大超过了同期居民消费价格指数、商品零售价格指数等的上涨速度。

服务价格指数的变化除了受体制变革的制约外，无疑还要受到供需两方面因素的影响。第一，从 20 世纪 90 年代初开始，物质产品领域的"短缺"状况出现根本转变，在很多产品的生产上出现大量过剩，供过于求的形势日趋严重，市场竞争导致产品价格持续走低，相对地提升了服务项目的价格。第二，随着人们收入水平的提高，消费结构发生了变化，对服务的需求与消费开始增加。第三，服务部门劳动生产率增长相对滞后[1]。这后两点是我们在后面将要继续探讨的问题。

（二）各省区市情况

中国是一个幅员辽阔的发展中国家，各地区情况殊异，是否存在服务化的一致趋势或差异呢？我们重点关注 1994～2006 年全国 31 个省区市的服务业增加值比重的实际值变化（我们按照 2000 年的增加值指数进行折实换算），为便于比较，表 4－18 也列出名义值。

以实际值衡量，1994 年只有北京的服务业增加值比重超过 50%，达到 57.8%，其他均低于 50%，黑龙江最低（30.16%）；2006 年仍只有北京超过 50%（67.51%），其他均低于 50%，河南最低（30.22%）；2006 年与 1994 年

---

[1] 一方面，20 世纪 80 年代末 90 年代初的改革措施在服务领域产生的积极效应渐渐耗尽，致使服务业自身的生产率增长出现滞缓；另一方面，20 世纪 90 年代，第二产业（主要是工业）的改革力度在加大，改革步伐在加快，以"下岗分流、减员增效"为核心的工业企业微观经济改革所产生的积极效应逐渐显现，从而提高了第二产业的劳动生产率及其增长率，进而拉大了与服务业的距离。另外，从 20 世纪 90 年代开始，服务业就业面临着来自农业剩余劳动力转移和第二产业下岗人员分流的双重压力，从而极大地制约了服务业劳动生产率的提高。

表 4 - 18　　　　　　1994～2006 年中国各省区市三次产业增加值
比重变化：名义值与实际值比较　　　单位：%

省区市	名义值								
	服务业			第二产业			第一产业		
	1994 年	2006 年	变化率	1994 年	2006 年	变化率	1994 年	2006 年	变化率
北京	48.98	70.91	44.77	45.19	27.84	-38.39	5.83	1.25	-78.56
天津	37.03	40.21	8.59	56.62	57.08	0.81	6.35	2.71	-57.32
河北	31.20	33.78	8.27	48.14	52.44	8.93	20.66	13.78	-33.30
山西	37.05	36.35	-1.89	47.97	57.83	20.55	14.98	5.82	-61.15
内蒙古	33.38	37.87	13.45	36.62	48.57	32.63	30.00	13.56	-54.80
辽宁	35.90	38.32	6.74	51.14	51.12	-0.04	12.96	10.55	-18.60
吉林	30.01	39.46	31.49	42.33	44.80	5.84	27.66	15.74	-43.09
黑龙江	28.00	33.71	20.39	52.99	54.38	2.62	19.02	11.92	-37.33
上海	39.92	50.59	26.73	57.69	48.51	-15.91	2.39	0.90	-62.34
江苏	29.25	36.26	23.97	53.90	56.60	5.01	16.86	7.14	-57.65
浙江	31.70	40.07	26.40	51.99	54.05	3.96	16.31	5.88	-63.95
安徽	33.26	40.20	20.87	41.04	43.07	4.95	25.69	16.73	-34.88
福建	34.09	39.07	14.61	43.84	49.17	12.16	22.07	11.77	-46.67
江西	31.17	33.48	7.41	35.67	49.69	39.30	33.15	16.83	-49.23
山东	30.64	32.55	6.23	49.20	57.76	17.40	20.16	9.69	-51.93
河南	27.57	29.78	8.02	47.77	53.81	12.64	24.66	16.40	-33.50
湖北	31.86	40.57	27.34	38.66	44.39	14.82	29.48	15.04	-48.98
湖南	31.96	40.76	27.53	35.74	41.64	16.51	32.30	17.60	-45.51
广东	36.23	42.72	17.91	48.78	51.26	5.08	14.99	6.02	-59.84
广西	33.26	39.71	19.39	39.21	38.91	-0.77	27.54	21.38	-22.37
海南	42.94	39.94	-6.99	25.10	27.34	8.92	31.97	32.72	2.35
重庆	32.18	44.82	39.28	41.87	42.99	2.67	25.95	12.20	-52.99
四川	31.04	37.82	21.84	39.11	43.71	11.76	29.85	18.47	-38.12
贵州	27.86	39.79	42.82	37.14	42.98	15.72	35.00	17.23	-50.77
云南	32.41	38.54	18.91	43.57	42.74	-1.90	24.01	18.71	-22.07
西藏	36.90	54.98	49.00	17.13	27.52	60.65	45.97	17.49	-61.95
陕西	36.09	35.25	-2.33	43.43	53.95	24.22	20.48	10.80	-47.27

续表

省区市	名义值								
	服务业			第二产业			第一产业		
	1994 年	2006 年	变化率	1994 年	2006 年	变化率	1994 年	2006 年	变化率
甘肃	33.30	39.54	18.74	43.80	45.82	4.61	22.90	14.64	-36.07
青海	34.84	37.53	7.72	41.75	51.62	23.64	23.41	10.85	-53.65
宁夏	36.92	39.59	7.23	41.11	49.22	19.73	21.97	11.19	-49.07
新疆	34.05	34.75	2.06	37.61	47.92	27.41	28.34	17.33	-38.85
均值	33.90	39.97	17.95	43.10	47.06	11.15	23.00	12.98	-45.47

省区市	实际值								
	服务业			第二产业			第一产业		
	1994 年	2006 年	变化率	1994 年	2006 年	变化率	1994 年	2006 年	变化率
北京	57.80	67.51	16.80	36.91	31.08	-15.80	5.29	1.40	-73.53
天津	41.87	39.34	-6.04	51.35	58.00	12.95	6.78	2.66	-60.77
河北	33.38	34.28	2.70	43.97	53.87	22.52	22.65	11.85	-47.68
山西	40.52	42.07	3.83	43.40	52.25	20.39	16.08	5.68	-64.68
内蒙古	32.00	38.17	19.28	36.08	49.23	36.45	31.92	12.61	-60.49
辽宁	38.37	36.51	-4.85	48.06	54.96	14.36	13.56	8.53	-37.09
吉林	36.92	40.86	10.67	35.25	43.53	23.49	27.83	15.60	-43.95
黑龙江	30.16	31.84	5.57	53.09	57.99	9.23	16.75	10.17	-39.28
上海	45.01	49.82	10.69	52.07	49.40	-5.13	2.92	0.77	-73.63
江苏	35.07	35.77	2.00	46.51	57.19	22.96	18.42	7.03	-61.83
浙江	36.71	38.07	3.70	45.76	55.90	22.16	17.53	6.02	-65.66
安徽	31.31	41.58	32.80	35.19	42.72	21.40	33.49	15.70	-53.12
福建	40.72	39.29	-3.51	34.96	49.81	42.48	24.31	10.89	-55.20
江西	32.51	34.71	6.77	35.52	48.27	35.90	31.97	17.03	-46.73
山东	31.36	33.07	5.45	45.39	57.43	26.53	23.25	9.50	-59.14
河南	31.37	30.22	-3.67	39.20	53.39	36.20	29.43	16.38	-44.34
湖北	37.44	42.51	13.54	34.60	44.45	28.47	27.95	13.04	-53.35
湖南	37.99	42.57	12.06	30.54	41.55	36.05	31.48	15.88	-49.56
广东	43.61	41.98	-3.74	40.40	52.70	30.45	15.99	5.33	-66.67
广西	38.19	38.93	1.94	32.27	42.18	30.71	29.53	18.88	-36.07

省区市	实际值								
	服务业			第二产业			第一产业		
	1994 年	2006 年	变化率	1994 年	2006 年	变化率	1994 年	2006 年	变化率
海南	46.13	41.40	-10.25	21.74	25.90	19.14	32.13	32.70	1.77
重庆	35.47	42.37	19.45	35.61	46.80	31.42	28.92	10.83	-62.55
四川	33.05	38.19	15.55	34.37	45.02	30.99	32.58	16.79	-48.47
贵州	32.18	38.61	19.98	31.10	43.20	38.91	36.72	18.19	-50.46
云南	31.02	40.16	29.46	38.80	42.90	10.57	30.17	16.94	-43.85
西藏	31.71	49.42	55.85	13.73	31.03	126.00	54.57	19.56	-64.16
陕西	41.05	39.83	-2.97	35.42	50.07	41.36	23.53	10.10	-57.08
甘肃	31.60	43.77	38.51	40.06	42.16	5.24	28.34	14.07	-50.35
青海	38.49	39.47	2.55	37.32	50.64	35.69	24.18	9.89	-59.10
宁夏	39.74	39.33	-1.03	39.33	49.93	26.95	20.93	10.74	-48.69
新疆	33.91	42.34	24.86	41.48	41.29	-0.46	24.61	16.37	-33.48
均值	36.99	40.45	10.26	38.37	47.25	26.37	24.64	12.29	-51.91

注：变化率为 2006 年相对于 1994 年的变化。

相比，服务业增加值比重趋于下降的地区有 8 个即天津、辽宁、福建、河南、广东、海南、陕西和宁夏，明显多于以名义值衡量的下降地区数量（只有山西、海南、陕西三地），其中海南下降程度最大（10.25%）；其他省区市则趋于上升，其中西藏、甘肃和安徽三地的服务业增加值比重上升幅度最大，分别上升了55.85%、38.51%、32.8%。2006 年与 1994 年相比，以实际值衡量的第二产业增加值比重趋于下降的地区只有北京、上海和新疆，其他地区均趋于上升，上升幅度最大的三地依次是西藏（126%）、福建（42.48%）和陕西（41.36%）。就第一产业变化而言，无论以名义值还是以实际值来衡量，除海南以外，其他地区均出现很大幅度的下降［在 -33.48%（新疆）~ -73.63%（上海）之间］，平均下降 51.91%。海南在农、林等方面的自然禀赋优势在很大程度上导致其第一产业比重趋于上升。

如果比较 1994 ~ 2006 年期间服务业比重与第二产业比重的相对变化，则可以发现（如表 4 - 19 所示）：以名义值衡量，全国有 61% 的地区的服务业比重上升幅度大于第二产业比重上升幅度（北京、天津、辽宁、吉林、黑龙江、上海、江苏、浙江、安徽、福建、湖北、湖南、广东、广西、重庆、四川、贵州、云南和甘肃 19 个）。若以实际值衡量，则服务业比重上升幅度大于第二产业比重上升幅度的地区只有北京、上海、安徽、云南、甘肃和新疆 6 个地区，占全国不到 20%。也就是说，全国只有这 6 个地区的经济服务化趋势显著强于其工业化趋势，其中北京、上海和新疆则出现了纯粹的经济服务化趋势（即在服务业比重上升的同时，第二产业比重趋于下降）。而其他 25 个地区的经济工业化趋势则显著强于其服务化趋势，其中天津、辽宁、福建、河南、广东、海南、陕西和宁夏 8 个地区则出现了纯粹的经济工业化趋势（即在第二产业比重上升的同时，服务业比重趋于下降）。

表 4 - 19　　　　　　　1994 ~ 2006 年中国各省区市服务业增加值与第二

产业增加值之比及其变化：名义值与实际值比较　　单位：%

省区市	名义值			实际值		
	1994 年	2006 年	变化率	1994 年	2006 年	变化率
北京	1.08	2.55	134.95	1.57	2.17	38.70
天津	0.65	0.70	7.69	0.82	0.68	- 16.83
河北	0.65	0.64	- 0.60	0.76	0.64	- 16.16
山西	0.77	0.63	- 18.61	0.93	0.81	- 13.75
内蒙古	0.91	0.78	- 14.48	0.89	0.78	- 12.59
辽宁	0.70	0.75	6.79	0.80	0.66	- 16.78
吉林	0.71	0.88	24.23	1.05	0.94	- 10.37
黑龙江	0.53	0.62	17.32	0.57	0.55	- 3.35
上海	0.69	1.04	50.70	0.86	1.01	16.66
江苏	0.54	0.64	18.07	0.75	0.63	- 17.06
浙江	0.61	0.74	21.57	0.80	0.68	- 15.13
安徽	0.81	0.93	15.17	0.89	0.97	9.41
福建	0.78	0.79	2.20	1.16	0.79	- 32.28
江西	0.87	0.67	- 22.90	0.92	0.72	- 21.43
山东	0.62	0.56	- 9.50	0.69	0.58	- 16.64
河南	0.58	0.55	- 4.13	0.80	0.57	- 29.28
湖北	0.82	0.91	10.94	1.08	0.96	- 11.63
湖南	0.89	0.98	9.45	1.24	1.02	- 17.63
广东	0.74	0.83	12.22	1.08	0.80	- 26.20
广西	0.85	1.02	20.33	1.18	0.92	- 22.01
海南	1.71	1.46	- 14.61	2.12	1.60	- 24.67

续表

省区市	名义值			实际值		
	1994 年	2006 年	变化率	1994 年	2006 年	变化率
重庆	0.77	1.04	35.63	1.00	0.91	-9.11
四川	0.79	0.87	9.04	0.96	0.85	-11.78
贵州	0.75	0.93	23.45	1.03	0.89	-13.64
云南	0.74	0.90	21.23	0.80	0.94	17.07
西藏	2.15	2.00	-7.24	2.31	1.59	-31.05
陕西	0.83	0.65	-21.37	1.16	0.80	-31.36
甘肃	0.76	0.86	13.48	0.79	1.04	31.59
青海	0.83	0.73	-12.88	1.03	0.78	-24.44
宁夏	0.90	0.80	-10.45	1.01	0.79	-22.04
新疆	0.91	0.73	-19.90	0.82	1.03	25.41
均值	0.84	0.91	8.61	1.03	0.91	-11.98

各省区市服务业与第二产业的实际增加值比重和名义增加值比重变化趋势的差异也同样反映出其各自价格变化的不一致性。由表 4 - 20 可见，各地服务项目价格指数越来越高于商品零售价格指数。

二、服务业就业变化

(一) 特征事实

由图 4 - 10 可知，1985 ~ 2006 年，全国服务业就业比重由 16.76% 上升至 32.22%，上升了将近 16 个百分点；第二产业就业比重由 20.82% 上升至 25.16%，上升了近 5 个百分点；从 1994 年开始，服务业就业比重超过第二产业就业比重 (见图 4 - 11)；第一产业就业比重则由 62.42% 下降至 42.62%，下降了 20 个百分点。可以看出，服务业就业比重的增加幅度最大，而且抵补了第一产业就业比重下降幅度的 80%。也就是说，服务业就业增加的部分几乎等于第一产业就业减少的部分。因此，以就业来衡量，中国整体经济的服务化程度在提高。

接下来观察中国各地区的情况。如表 4 - 21 所示，1994 年全国各地服务业就业比重在 13.67% (云南) ~ 48.67% (北京)，到了 2005 年各地的这一比重在 20.67% (云南) ~ 68.64% (北京)。1994 ~ 2005 年，全国 31 个省区市的服

表4-20 中国各地区服务项目价格指数与商品零售价格指数之比

省区市	1995年	1996年	1997年	1998年	1999年	2000年	2001年	2002年	2003年	2004年	2005年	2006年
北京	1.139	1.274	1.442	1.780	1.944	2.284	2.561	2.601	2.686	2.785	2.823	2.883
天津	1.020	1.139	1.189	1.385	1.633	1.849	2.003	2.139	2.355	2.319	2.377	2.463
河北	0.952	0.984	1.157	1.291	1.396	1.552	1.596	1.639	1.742	1.729	1.733	1.755
山西	1.006	1.084	1.232	1.400	1.953	3.294	3.392	3.457	3.468	3.469	3.623	3.743
内蒙古	1.018	1.200	1.445	1.582	1.878	2.296	2.383	2.467	2.564	2.553	2.677	2.682
辽宁	0.999	1.083	1.223	1.353	1.607	1.746	1.826	1.907	2.000	2.032	2.073	2.089
吉林	0.995	1.059	1.207	1.330	1.499	1.648	1.740	1.813	1.827	1.764	1.770	1.781
黑龙江	1.003	1.137	1.326	1.604	1.784	1.921	1.984	2.077	2.124	2.077	2.078	2.126
上海	1.104	1.250	1.554	1.870	2.343	3.169	3.359	3.484	3.515	3.541	3.666	3.735
江苏	1.063	1.118	1.314	1.453	1.655	1.830	1.946	2.027	2.078	2.078	2.124	2.181
浙江	1.070	1.164	1.379	1.498	1.641	1.890	1.961	1.989	2.042	2.034	2.078	2.145
安徽	1.065	1.190	1.389	1.620	1.809	2.169	2.281	2.345	2.330	2.328	2.350	2.396
福建	1.033	1.073	1.279	1.367	1.749	2.297	2.421	2.489	2.545	2.502	2.537	2.557
江西	1.026	1.130	1.407	1.597	1.881	2.219	2.357	2.426	2.461	2.422	2.539	2.618
山东	1.055	1.152	1.304	1.599	1.948	2.264	2.387	2.453	2.470	2.462	2.507	2.562
河南	1.007	1.135	1.407	1.522	1.688	1.865	1.955	2.081	2.082	2.000	2.007	2.041

第四章　服务经济发展的国际比较及中国的战略选择

续表

省区市	1995年	1996年	1997年	1998年	1999年	2000年	2001年	2002年	2003年	2004年	2005年	2006年
湖北	1.161	1.295	1.390	1.544	1.747	1.883	2.001	2.049	2.059	2.009	2.004	2.056
湖南	1.081	1.154	1.295	1.500	1.790	2.048	2.109	2.197	2.290	2.268	2.268	2.320
广东	1.062	1.215	1.394	1.522	1.675	1.895	1.978	2.044	2.051	1.996	1.984	1.995
广西	1.012	1.091	1.175	1.274	1.348	1.553	1.685	1.758	1.816	1.777	1.836	1.948
海南	1.082	1.138	1.283	1.358	1.523	1.729	1.785	1.882	1.849	1.798	1.835	1.831
重庆	1.018	1.071	1.110	1.231	1.467	1.725	1.878	1.974	1.996	2.026	2.081	2.106
四川	1.065	1.128	1.261	1.414	1.563	1.910	1.989	2.037	2.084	2.117	2.162	2.189
贵州	1.016	1.107	1.281	1.398	1.525	1.836	2.060	2.117	2.267	2.252	2.265	2.305
云南	1.019	1.063	1.193	1.424	1.571	1.671	1.864	1.912	1.956	1.935	2.050	2.187
西藏	1.014	1.108	1.267	1.368	1.463	1.569	1.600	1.621	1.645	1.650	1.674	1.748
陕西	0.985	1.068	1.333	1.459	1.531	1.728	1.817	1.873	1.915	1.944	2.015	2.038
甘肃	0.972	1.205	1.333	1.435	1.549	1.650	1.817	1.870	1.927	1.947	2.022	2.048
青海	1.004	1.210	1.363	1.537	1.721	1.804	1.944	2.257	2.339	2.368	2.382	2.416
宁夏	0.986	0.985	1.086	1.307	1.425	1.607	1.739	1.814	1.886	1.936	2.025	2.060
新疆	1.027	1.109	1.332	1.425	1.631	1.890	2.126	2.212	2.231	2.265	2.431	2.427

中国现代服务经济理论与发展战略研究

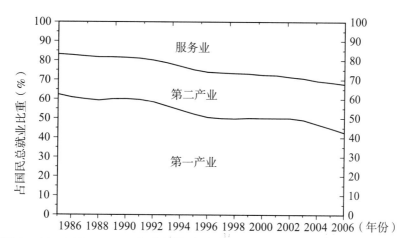

图4-10　1985~2006年中国服务业就业比重的变化：三次产业比较

资料来源：中经网数据中心。

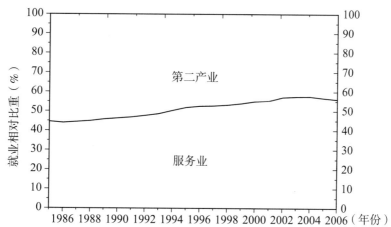

图4-11　1985~2006年中国服务业就业相对于第二产业就业的变化

资料来源：同图4-10。

务业就业比重都在上升，上升幅度差异巨大，在 9.70%（黑龙江）~111.39%（贵州），平均上升幅度约为 37%。

1994 年，全国各地第二产业就业比重在 4.35%（西藏）~53.12%（上海），到了 2005 年，各地的这一比重在 9.19%（西藏）~41.83%（浙江）。1994~2005 年，全国 31 个省区市的第二产业就业比重有升有降，上升的地区有 16 个 [介于 1.22%（云南）~111.26%（西藏）]，下降的地区有 15 个 [介于 -2.61%（广西）~ -40.57%（黑龙江）]，平均上升 2.3%。

1994 年，全国各地第一产业就业比重在 8.98%（上海）~77.99%（西藏），到了 2005 年，各地的这一比重在 6.76%（北京）~69.44%（云南）。1994~2005 年，除了天津、内蒙古、辽宁、吉林、黑龙江 [出现不同程度的上升，介于 2.18%

表4-21　　1994~2005年中国各省区市三次产业就业比重变化

省区市	服务业（%）			第二产业（%）			服务业就业与第二产业就业之比：服务化 VS 工业化			第一产业（%）		
	1994年	2005年	变化率	1994年	2005年	变化率	1994年	2005年	变化率（%）	1994年	2005年	变化率（%）
北京	48.67	68.64	41.03	40.47	24.6	-39.21	1.20	2.79	132.05	10.84	6.76	-37.64
天津	34.07	40.55	19.02	48.46	40.59	-16.24	0.70	1.00	42.09	17.45	18.86	8.08
河北	20.90	24.71	18.23	25.2	30.24	20.00	0.83	0.82	-1.47	53.89	45.06	-16.39
山西	25.58	30.39	18.80	30.38	26.13	-13.99	0.84	1.16	38.13	44.02	43.47	-1.25
内蒙古	25.27	30.54	20.85	22.01	15.64	-28.94	1.15	1.95	70.08	52.69	53.84	2.18
辽宁	30.26	38.17	26.14	38.49	25.49	-33.78	0.79	1.50	90.43	31.25	36.33	16.26
吉林	26.51	34.00	28.25	27.44	18.36	-33.09	0.97	1.85	91.77	46.05	47.65	3.47
黑龙江	27.95	30.66	9.70	35.15	20.89	-40.57	0.80	1.47	84.49	36.89	48.45	31.34
上海	37.89	54.15	42.91	53.12	38.71	-27.13	0.71	1.40	96.12	8.98	7.14	-20.49
江苏	23.56	33.72	43.12	33.28	38.51	15.72	0.71	0.88	23.70	43.16	27.77	-35.66
浙江	24.76	33.46	35.14	30.85	41.83	35.59	0.80	0.80	-0.31	44.38	24.7	-44.34
安徽	20.86	27.08	29.82	17.51	21.89	25.01	1.19	1.24	3.88	61.62	51.03	-17.19
福建	24.72	31.24	26.38	23.92	31.16	30.27	1.03	1.00	-3.00	51.35	37.6	-26.78
江西	25.71	32.07	24.74	18.17	22.03	21.24	1.41	1.46	2.88	56.12	45.9	-18.21
山东	19.89	29.26	47.11	24.16	30.5	26.24	0.82	0.96	16.58	55.94	40.24	-28.07
河南	18.99	22.46	18.27	18.76	22.11	17.86	1.01	1.02	0.42	62.26	55.43	-10.97
湖北	24.87	38.13	53.32	21.5	19.5	-9.30	1.16	1.96	69.07	53.63	42.37	-21.00

续表

省区市	服务业（%）			第二产业（%）			服务业就业与第二产业就业之比：服务化 VS 工业化			第一产业（%）		
	1994 年	2005 年	变化率	1994 年	2005 年	变化率	1994 年	2005 年	变化率（%）	1994 年	2005 年	变化率
湖南	21.25	28.89	35.95	15.98	17.48	9.39	1.33	1.65	24.32	62.77	53.63	-14.56
广东	30.90	36.37	17.70	28.09	30.69	9.26	1.10	1.19	7.72	41.02	32.94	-19.70
广西	20.49	32.64	59.30	11.48	11.18	-2.61	1.78	2.92	63.64	68.01	56.18	-17.39
海南	27.12	32.43	19.58	11.92	10.62	-10.91	2.28	3.05	34.28	60.95	56.95	-6.56
重庆*	25.58	33.16	29.63	17.21	21.54	25.16	1.49	1.54	3.66	57.21	45.3	-20.82
四川	19.62	31.02	58.10	15.81	18.37	16.19	1.24	1.69	35.98	64.56	50.61	-21.61
贵州	15.27	32.28	111.39	9.93	10.31	3.83	1.54	3.13	103.57	74.76	57.41	-23.21
云南	13.67	20.60	50.69	9.84	9.96	1.22	1.39	2.07	48.94	76.47	69.44	-9.19
西藏	17.66	29.34	66.14	4.35	9.19	111.26	4.06	3.19	-21.36	77.99	61.47	-21.18
陕西	20.50	30.71	49.80	19.07	18.5	-2.99	1.07	1.66	54.46	60.42	50.79	-15.94
甘肃	23.30	29.11	24.94	17.65	13.71	-22.32	1.32	2.12	60.84	59.04	57.18	-3.15
青海	22.12	33.48	51.36	17.86	17.38	-2.69	1.24	1.93	55.56	59.98	49.18	-18.01
宁夏	20.85	29.31	40.58	19.19	22.26	16.00	1.09	1.32	21.18	59.96	48.43	-19.23
新疆	24.20	33.42	38.10	18.79	13.31	-29.16	1.29	2.51	95.06	57.07	53.26	-6.68
均值	24.61	33.29	37.29	23.42	22.34	2.30	1.23	1.72	43.38	51.96	44.37	-14.00

注：*重庆的起始年份为 1997 年，变化率为 2005 年相对于 1997 年的变化。其他地区则是 2005 年相对于 1994 年的变化。

（内蒙古）~31.34%（黑龙江）］之外，其他26个省区市的第一产业就业比重都趋于下降［介于 -1.25%（山西）~ -44.34%（浙江）］。

如果以服务业就业与第二产业就业之比来表示基于就业的经济服务化与经济工业化的相对变化程度，则可以发现，河北、浙江、福建、西藏的经济服务化趋势弱于其经济工业化趋势，而其他地区则出现显著的经济服务化趋势［介于0.42%（河南）~132.05%（北京）］。但这一服务化差异在扩大，而工业化差异在缩小。

（二）服务业就业变化的原因：基于"成本病"（cost disease）模型

对于全国总体及其大多数地区来说，在服务业就业比重大幅增加的同时，服务业实际增加值比重却上升缓慢，或保持相对稳定，或趋于下降，这至少意味着服务业的劳动生产率及其增长率在下降。是否还存在其他原因呢？我们采用"成本病"模型进行计量分析。本章后面的附录仅给出技术推导及拓展。基于附录的推导得到的关于服务部门就业份额变化的经验分析公式如下：

$$(\mathrm{d}l_s/\mathrm{d}t)/l_s \equiv i_s = \Delta + (\alpha - 1)r_m + (1 + \beta)(r_m - r_s) \qquad (4-1)$$

其中，货物部门（m）和服务部门（s）的劳动投入分别为 L_m 和 L_s、劳动生产率增长率分别为 r_m 和 r_s，$l_s = L_s/(L_s + L_m)$，β 和 α 分别表示服务需求的价格弹性和收入弹性，Δ 为外在性冲击（external shocks）（随时间而变动的速率为 Δ）。

式（4-1）表明，在服务业就业份额的增长、服务业劳动生产率的增长、服务需求弹性以及货物部门劳动生产率的增长等因素之间，存在着内在联系。在生产率增长非均衡的两部门（货物部门和服务部门）经济当中，如果劳动力工资以 r_m 比率增长，工资收入增长 r_m，使得对服务的需求增长 $r_m\alpha$，所有产出必须以 r_m 速率增长。只有当服务产出增长成比例地大于总体增长即当 $r_m\alpha > r_m$ 或 $r_m(\alpha - 1) > 0$ 时，服务就业份额才会上升；相反，若 $r_m(\alpha - 1) < 0$，服务就业份额则下降。因此，$(\alpha - 1)r_m$ 这一部分可以用来检验"成本病"模型的第三个观点以及富克斯（1968）提出的第一个原因[①]。Δ 衡量了由家庭生活结构变化（比

---

① 富克斯从考察美国经济中日益重要的服务业就业开始，探究了可能引起服务业就业较快增长的三个原因：（1）服务需求的收入弹性大于1，即当实际人均可支配收入增加时，实际人均服务消费将以大于收入增长率的速率增长。因此，服务不仅消耗了国民收入越来越大的份额，而且吸纳了国民就业越来越大的份额。（2）随着经济增长与分工深化，原先在公司或家庭内部提供服务转变为从市场上购买服务。服务的提供量可能与以前没有什么两样，但不同的是，这些服务变得市场化了，而且，专业化程度的提高还导致了服务的较高质量和（或）较低的平均成本，进而导致对这些服务的需求和生产的增加。（3）服务业相对于其他产业尤其是制造业的较低的劳动生产率增长率，说明了国民经济中服务业就业的日益重要性。低于平均水平的服务业生产率增长率意味着服务业平均成本高于整体平均水平。如果服务需求对于价格上升相对不敏感，那么，随着国民经济的进一步扩张，服务业就业在总就业中的比重将不断增加。富克斯基于美国 1929 ~ 1965 年服务业数据进行了宏观计量分析，得出结论：虽然上述每一种原因都是有根据的，并且都解释了服务业增长的一部分，但对于美国经济中日益重要的服务业就业的最主要解释，则是服务业的劳动生产率增长滞后。

如女性就业增加）或商业实践变化（比如"外包"，即服务提供的外部化、市场化）而引起的对服务需求的外在性冲击。这实际上可以解释富克斯提出的第二个原因。等式右边的第三部分 $(1+\beta)(r_m-r_s)$ 表示服务部门生产率增长滞后的效应，这恰恰可以用来检验"成本病"模型以及富克斯提出的第三个原因。如果货物部门劳动生产率增长率大于服务业，即 $r_m > r_s$，则随着时间推移，生产服务将变得相对昂贵，这将会增加服务业的就业份额。然而，服务价格的相对上升将使服务需求以 β 比率减少，需求的下降将减少总就业中的服务业比重，其净效应是 $(1+\beta)(r_m-r_s)$。

我们用第三产业表示服务部门，用第二产业表示货物部门，不考虑第一产业。全国整体的服务业与第二产业的增加值按照 1991 年的不变价格指数进行折实换算，各省区市的服务业与第二产业的增加值按照 2000 年的不变价格指数进行折实换算，服务业就业份额等于服务业就业总数除以其与第二产业就业总数之和，劳动生产率以实际劳均增加值指标表示。有关统计信息列在表 4 - 22 和表 4 - 23 中。就全国总体而言，1986～2006 年服务业劳动生产率增长率平均为 4.6%，几乎是第二产业的一半，平均滞后 4.1%；服务业就业份额平均增长率为 1.1%。就各省区市而言，1995～2005 年服务业劳动生产率增长率平均滞后 4.5%（安徽是个例外）；服务业就业份额平均增长率为 1.3%（河北、西藏则出现了负增长）。

表 4 - 22　　　　　**全国服务业的就业份额增长率、劳动生产率增长率及其滞后程度**　　单位：%

年份	服务业就业份额增长率（i_s）	第二产业劳动生产率增长率（r_m）	服务业劳动生产率增长率（r_s）	服务业劳动生产率增长滞后程度（r_m-r_s）
1985	—	—	—	—
1986	- 1.3507	2.0788	6.2938	- 4.2149
1987	1.1051	8.7577	7.2229	1.5348
1988	1.1115	10.4960	7.0440	3.4520
1989	1.8810	5.2912	3.3200	1.9712
1990	1.1896	- 10.8415	- 13.4845	2.6430
1991	1.1462	12.5851	5.3825	7.2026
1992	1.7310	18.2686	6.2469	12.0216
1993	1.9130	14.9714	3.7666	11.2047

年份	服务业就业份额增长率（i_s）	第二产业劳动生产率增长率（r_m）	服务业劳动生产率增长率（r_s）	服务业劳动生产率增长滞后程度（$r_m - r_s$）
1994	3.5085	15.6944	1.3981	14.2963
1995	3.0863	11.3662	0.9635	10.4028
1996	1.2394	8.3227	3.0341	5.2885
1997	0.3214	8.1797	7.6877	0.4920
1998	0.9341	8.5634	5.9048	2.6586
1999	1.3548	9.3170	7.3732	1.9438
2000	2.0266	10.7903	6.3238	4.4666
2001	0.7295	8.0068	8.0528	− 0.0460
2002	3.2491	13.3365	5.9207	7.4158
2003	0.6360	10.5931	5.8984	4.6947
2004	0.1079	5.5753	4.3068	1.2684
2005	− 1.4459	4.5033	6.9654	− 2.4621
2006	− 1.1398	6.2617	6.9714	− 0.7097
均值	1.1112	8.6723	4.5997	4.0726
标准差	1.3502	5.9440	4.5984	4.8650

注：由于表中的计算采用四舍五入方法，所以关于"服务业劳动生产率增长滞后程度"（$r_m - r_s$）的计算数值有点出入。

表 4 – 23　　　　　全国 31 个省区市服务业的就业份额增长率、
　　　　　　　劳动生产率增长率及其滞后程度　　　单位：%

省区市	1995～2005 年服务业就业份额增长率（i_s）均值	1995～2005 年第二产业劳动生产率增长率（r_m）均值	1995～2005 年服务业劳动生产率增长率（r_s）均值	1995～2005 年服务业劳动生产率增长滞后程度（$r_m - r_s$）均值
北京	2.8154	14.1846	8.7897	5.3949
天津	1.7978	18.8998	13.8841	5.0158
河北	− 0.0320	12.3752	10.7608	1.6144
山西	1.5113	15.4494	11.2891	4.1603
内蒙古	1.9774	20.9342	14.7055	6.2288
辽宁	2.9110	16.5619	8.5249	8.0370
吉林	2.6238	19.8699	11.6197	8.2502

续表

省区市	1995~2005 年服务业就业份额增长率（i_s）均值	1995~2005 年第二产业劳动生产率增长率（r_m）均值	1995~2005 年服务业劳动生产率增长率（r_s）均值	1995~2005 年服务业劳动生产率增长滞后程度（$r_m - r_s$）均值
黑龙江	2.8006	16.5430	9.5989	6.9441
上海	3.1425	15.5721	10.4306	5.1414
江苏	1.1165	14.3883	10.0581	4.3302
浙江	0.0155	11.9072	9.7966	2.1106
安徽	0.1893	10.3055	11.4546	-1.1492
福建	0.0428	12.9735	8.6704	4.3030
江西	0.1759	11.7908	9.4996	2.2912
山东	0.7578	12.4227	9.3897	3.0329
河南	0.0300	11.5869	8.4242	3.1627
湖北	1.9461	15.0696	8.4586	6.6110
湖南	0.8223	12.5622	8.6929	3.8693
广东	0.3294	13.3363	9.4982	3.8381
广西	1.3852	12.4119	5.5642	6.8477
海南	0.7511	10.6663	5.6134	5.0529
重庆*	0.2217	9.1082	6.5219	2.5863
四川	1.1675	15.9453	11.9582	3.9870
贵州	2.0895	10.7732	2.7676	8.0056
云南	1.3603	9.5736	7.7622	1.8113
西藏	-0.4214	14.8021	11.3013	3.5008
陕西	1.7497	15.0169	6.9336	8.0833
甘肃	1.6414	12.5519	10.8199	1.7320
青海	1.6294	12.3592	5.6671	6.6921
宁夏	0.8323	9.3756	5.7876	3.5880
新疆	2.2131	12.0599	7.5027	4.5572
均值	1.2772	13.5928	9.0886	4.5042
标准差	1.0102	2.9481	2.5716	2.2632

注：由于表中的计算采用四舍五入方法，所以关于"服务业劳动生产率增长滞后程度"（$r_m - r_s$）的计算数值有点出入。

*重庆的起始年份为 1997 年。

基于式（4-1）而进行的关于中国及其各地服务业就业份额增长原因的计量分析列在表 4-24 中。

表 4 – 24　　服务业就业份额增长的原因：基于"成本病"模型的计量分析

省区市	计量结果				三种因素对就业份额增长的解释程度（或相对重要性）		
	常数项	$\alpha-1$	$1+\beta$	$Adj-R^2$	收入率提高效应 $[(\alpha-1)r_m/i_s]$（%）	生产率增长滞后效应 $[(1+\beta)(r_m-r_s)/i_s]$（%）	外在性冲击效应 $[\Delta\sqrt{i_s}]$（%）
全国总体（仅指中国内地）							
OLS	0.317	−0.025	0.249*	0.651	−19.51	91.26	28.25
	(0.314)	(0.040)	(0.048)				
Random Effects-GLS	0.411**	−0.012	0.231*	0.531	−12.77	81.46	31.31
	(0.208)	(0.015)	(0.018)				
31 个省区市							
北京	1.338	0.021	0.220*	0.795	10.58	42.16	47.26
	(0.783)	(0.048)	(0.042)				
天津	−3.596**	0.175**	0.415*	0.714	183.97	115.78	−199.76
	(1.401)	(0.070)	(0.110)				
河北	−0.234	−0.043	0.454*	0.883	1 662.92	−2 290.43	727.51
	(0.881)	(0.073)	(0.068)				
山西	0.126	−0.033	0.455*	0.805	−33.73	125.25	8.48
	(1.082)	(0.080)	(0.087)				
内蒙古	2.446	−0.074	0.172	0.041	−78.34	54.18	124.16
	(2.458)	(0.128)	(0.113)				
辽宁	−0.356	−0.005	0.416**	0.848	−2.84	114.85	−12.01
	(1.034)	(0.122)	(0.158)				

续表

省区市	计量结果				三种因素对就业份额增长的解释程度（或相对重要性）		
	常数项	$\alpha-1$	$1+\beta$	Adj-R^2	收入提高效应 $[(\alpha-1)r_m/i_s]$（%）	生产率增长滞后效应 $[(1+\beta)(r_m-r_s)/i_s]$（%）	外在性冲击效应 $[\Delta/i_s]$（%）
吉林	0.854 (1.758)	0.002 (0.106)	0.209*** (0.111)	0.381	1.51	65.72	32.77
黑龙江	−0.890 (1.123)	0.077 (0.107)	0.348** (0.108)	0.950	45.48	86.29	−31.77
上海	0.306 (1.222)	0.093 (0.065)	0.271** (0.090)	0.498	46.08	44.34	9.58
江苏	0.955 (1.790)	−0.144 (0.222)	0.517 (0.380)	0.351	−185.57	200.51	85.06
浙江	1.023 (0.576)	−0.184* (0.054)	0.561* (0.093)	0.841	−14 135.00	7 639.01	6 595.99
安徽	−1.130 (0.751)	0.156** (0.061)	0.248* (0.056)	0.785	849.26	−150.56	−598.71
福建	1.385 (0.885)	−0.289* (0.074)	0.559* (0.070)	0.924	−8 760.14	5 620.04	3 240.10
江西	−3.240*** (1.818)	0.277*** (0.158)	0.064 (0.149)	0.484	1 856.77	83.36	−1 840.13
山东	−2.432** (0.734)	0.180* (0.050)	0.316* (0.058)	0.768	295.08	126.47	−321.55

续表

省区市	计量结果				三种因素对就业份额增长的解释程度（或相对重要性）		
	常数项	$\alpha-1$	$1+\beta$	$\mathrm{Adj\text{-}R}^2$	收入提高效应 $[(\alpha-1)r_m/i_s]$ （%）	生产率增长滞后效应 $[(1+\beta)(r_m-r_s)/i_s]$ （%）	外在性冲击效应 $[\Delta/i_s]$ （%）
河南	0.160 (0.756)	-0.075 (0.069)	0.234** (0.091)	0.339	-2 896.73	2 466.91	529.82
湖北	0.746 (0.980)	-0.069 (0.112)	0.339** (0.146)	0.629	-53.43	115.16	38.27
湖南	-0.272 (0.626)	0.009 (0.059)	0.254* (0.061)	0.848	13.75	119.52	-33.27
广东	-0.796 (0.720)	0.049 (0.076)	0.124 (0.116)	0.579	198.38	144.48	-242.87
广西	1.663** (0.673)	-0.178*** (0.080)	0.282** (0.098)	0.389	-159.49	139.41	120.09
海南	-0.778 (0.735)	0.097 (0.101)	0.099 (0.102)	0.565	137.75	66.60	-104.35
重庆*	-2.595** (0.850)	0.238*** (0.113)	0.249*** (0.125)	0.895	977.79	290.48	-1 168.26
四川	-0.082 (0.656)	0.027 (0.038)	0.206*** (0.095)	0.480	36.88	70.35	-7.22
贵州	0.484 (0.829)	-0.138*** (0.074)	0.386* (0.054)	0.835	-71.15	147.89	23.26

续表

省区市	计量结果				三种因素对就业份额增长的解释程度（或相对重要性）		
	常数项	$\alpha-1$	$1+\beta$	$Adj-R^2$	收入提高效应 $[(\alpha-1)r_m/i_s]$（%）	生产率增长滞后效应 $[((1+\beta)(r_m-r_s)/i_s]$（%）	外在性冲击效应 $[\Delta\sqrt{i_s}]$（%）
云南	1.077** (0.394)	-0.014 (0.042)	0.228** (0.076)	0.568	-9.85	30.36	79.49
西藏	0.529 (1.163)	-0.105 (0.071)	0.172*** (0.080)	0.316	368.82	-142.89	-125.93
陕西	1.477 (1.487)	-0.195 (0.133)	0.396* (0.107)	0.648	-167.36	182.94	84.41
甘肃	-0.808 (0.517)	0.165* (0.039)	0.222* (0.051)	0.818	126.18	23.43	-49.60
青海	-1.563*** (0.690)	0.124*** (0.060)	0.248* (0.054)	0.845	94.06	101.86	-95.91
宁夏	-1.469 (1.119)	0.126 (0.132)	0.312** (0.116)	0.654	141.94	134.50	-176.44
新疆	0.364 (1.042)	0.062 (0.078)	0.242** (0.085)	0.422	33.79	49.83	16.38

注：系数下面的括号内数据为标准差，*、**、***分别表示在1%、5%和10%的水平上显著。全国总体的样本时间为1986～2006年；各省区市及面板数据数据的样本时间为1995～2005年（重庆则为1998～2005年）。面板数据分析的总观察数为338个。

第一，除了内蒙古、江苏、江西、广东、海南外，其他所有地区以及基于全国总体的服务业劳动生产率增长滞后的系数均符合理论预期（$1+\beta>0$）。

第二，服务需求的恩格尔效应（服务需求的收入弹性大于1）只是在天津、安徽、江西、山东、重庆、甘肃和青海7地的服务业就业份额增长中发挥显著的正面作用，但在其他地区要么发挥负面作用（浙江、福建、广西、贵州），要么作用不显著（除以上地区外的所有其他地区）。

第三，比较样本时期内三个因素对服务就业份额增长的解释程度或相对重要性，我们发现：（1）就全国总体而言，服务业劳动生产率增长相对滞后是最重要的因素，其次是外在性冲击，而收入的提高不但不能促进服务业就业增长，反而使其下降。（2）分地区看，对于山西、辽宁、吉林、黑龙江、江苏、浙江、福建、河南、湖北、湖南、广西、四川、贵州、陕西、青海、新疆16地来说，服务业劳动生产率增长相对滞后是解释服务就业份额增长的最重要因素；对于天津、河北、上海、安徽、江西、山东、广东、海南、重庆、西藏、甘肃、宁夏12地来说，收入的提高是解释服务就业份额增长的首要因素；而对于北京、内蒙古、云南3地来说，外在性冲击则是解释服务就业份额增长的第一因素。比较奇特的是，河北、安徽、西藏三地的服务业劳动生产率增长滞后效应为负，其原因在于，要么服务业就业份额平均增长率为负（河北、西藏），要么服务业劳动生产率增长并不滞后（安徽）（见表4－23）。

总之，基于全国总体及大多数省区市的分析结果支持如下结论：服务业就业份额增长相对较快的主因是服务业劳动生产率增长相对滞后。[①]

由表4－24并基于式（4－1）可以计算出服务需求的收入弹性（α）和价格弹性（β），见表4－25。可以看出：第一，在收入弹性方面，除了天津、安徽、江西、山东、重庆、甘肃和青海7地的弹性值大于1外，其他地区要么小于1（比如浙江、福建、广西、贵州），要么不显著（=1）[②]。这说明随着收入水平的提高，对服务的消费需求是增加的，但实际增加的相对幅度在各地则表现不同。

[①] 除了生产率效应外，需求因素对服务业就业份额的增长也起到重要作用（可以参见库兹涅茨：《现代经济增长》（中译本）北京经济学院出版社1989年版，第88～93页），这从而也说明了在我国农业部门虽然劳动生产率增长也是滞后于工业的，但它的就业份额反而是下降的（当然这一下降主要是因为农业"隐蔽失业"的存在而发生的"补偿性"下降），这与服务业极为不同。

[②] 富克斯（1968）估算美国20世纪60年代整体服务的收入弹性为1.12；霍撒克和泰勒（Houthakker and Taylor, 1966）估计个人服务（a wide variety of individual services）的收入弹性为0.5～2.2，大多数服务的收入弹性接近1；英曼（Inman, 1978）估算政府服务收入弹性为0.6～1.2；萨默斯（1985）对1975年34个国家的各类服务的收入弹性进行估算，结果的数值为0.912～1.458，总体服务收入弹性为0.977；格鲁贝尔和沃克（Grubel and Walker, 1989）认为，服务需求的收入弹性并不高，平均说来大约等于1；伯格斯特兰（Bergstrand, 1991）以及法尔维和盖梅尔（Falvey and Gemmell, 1991）估计的服务收入弹性大于1。

第二，在价格弹性方面，除了内蒙古、江苏、江西、广东、海南（均不显著，约等于 -1）外，其他所有地区的弹性绝对值均小于 1。这说明中国大多数地区的服务需求几乎都是缺乏价格弹性的。第三，比较服务需求的收入弹性与价格弹性，在正常情况下，存在表 4 - 26 所显示的各种组合，这些组合与服务业劳动生产率变化情况一起对服务业就业和实际产出产生不同的经济影响。比如江西对应第（3）种情形。

表 4 - 25　　　　　　　　　　服务需求的收入弹性和价格弹性

省区市	收入弹性（α）	价格弹性（β）
全国总体（仅指中国内地）		
OLS	0.975	-0.751^{*}
Random Effects-GLS	0.988	-0.769^{*}
31 个省区市		
北京	1.021	-0.78^{*}
天津	1.175^{**}	-0.585^{*}
河北	0.957	-0.546^{*}
山西	0.967	-0.545^{*}
内蒙古	0.926	-0.828
辽宁	0.995	-0.584^{**}
吉林	1.002	-0.791^{***}
黑龙江	1.077	-0.652^{**}
上海	1.093	-0.729^{**}
江苏	0.856	-0.483
浙江	0.816^{*}	-0.439^{*}
安徽	1.156^{**}	-0.752^{*}
福建	0.711^{*}	-0.441^{*}
江西	1.277^{***}	-0.936
山东	1.18^{*}	-0.684^{*}
河南	0.925	-0.766^{**}
湖北	0.931	-0.661^{**}
湖南	1.009	-0.746^{*}
广东	1.049	-0.876
广西	0.822^{***}	-0.718^{**}

续表

省区市	收入弹性（α）	价格弹性（β）
海南	1.097	-0.901
重庆*	1.238***	-0.751***
四川	1.027	-0.794***
贵州	0.862***	-0.614*
云南	0.986	-0.772*
西藏	0.895	-0.828***
陕西	0.805	-0.604*
甘肃	1.165*	-0.778*
青海	1.124***	-0.752*
宁夏	1.126	-0.688**
新疆	1.062	-0.758**

注：由于 α（收入弹性）和 β（价格弹性）是根据表 4-24 的估计值计算得出，所以 *、** 和 *** 分别表示 α 在 1%、5% 和 10% 的水平上显著异于 1，β 在 1%、5% 和 10% 的水平上显著异于 -1。

三、国内服务消费和服务的进出口

（一）国内服务消费

我们在第三、四节主要从供给方面（增加值与就业）讨论了中国产业结构转换是否存在"服务化"趋势，已经触及产业结构转换过程中的需求因素，也就是所谓的需求层级假说，即对食品和住所的需求是基本的，然后是对其他物质资料的需求，比较高级的需求是对非物质产品包括服务的需求。[①] 根据该理论，随着人们收入水平的提高，消费结构会发生变化，对服务的需求与消费开始增加。

如图 4-12 所示，从全国总体情况看，1990 年城市居民家庭平均每人消费性支出中的服务性消费支出所占比重将近 14%，其中医疗保健和教育服务消费

---

① Maslow, A. H. Motivation and Personality. New York: Harper and Row, 1970.

表 4－26　服务需求的收入弹性和价格弹性及服务部门生产率增长相对滞后对服务部门实际产出和就业份额变化的影响

服务需求弹性组合	对实际产出份额的影响：收入提高效应	对实际产出份额的影响：价格变化效应	对实际产出份额的影响：净效应	对就业份额的影响：净效应	对应的地区
(1) $\alpha > 1$ 和 $\beta < -1$	↑ 大于比例地趋于上升	↑ 若服务价格上升，则大于比例地趋于下降	若 $\alpha > |\beta|$，则趋于上升 ↑	？（如果 $r_s < r_m$）	
			若 $\alpha < |\beta|$，则趋于下降 ↓	↑（如果 $r_s < r_m$）	
			若 $\alpha = |\beta|$，则保持不变 0	↑（如果 $r_s < r_m$）	
(2) $\alpha > 1$ 和 $\beta > -1$	↑ 大于比例地趋于上升	↓ 若服务价格上升，则趋于下降	趋于上升 ↑	？（如果 $r_s < r_m$）	天津、安徽、山东、青海、重庆、甘肃
		↑ 若服务价格下降，则小于比例地趋于上升	趋于上升 ↑	？（如果 $r_s < r_m$）	

263

续表

服务需求弹性组合	对实际产出份额的影响：收入提高效应	对实际产出份额的影响：价格变化效应	对实际产出份额的影响：净效应	对就业份额的影响：净效应	对应的地区
(3) α > 1 和 β = -1	大于比例地趋于上升 ↑	若服务价格上升，则成比例地趋于下降 ↓	趋于上升 ↑	?（如果 $r_s < r_m$）	江西
		若服务价格下降，则成比例地趋于上升 ↑	趋于上升 ↑	?（如果 $r_s < r_m$）	
(4) α < 1 和 β < -1	小于比例地趋于上升 ↑	若服务价格上升，则大于比例地趋于下降 ↓	趋于下降 ↓	↑（如果 $r_s < r_m$）	
		若服务价格下降，则大于比例地趋于上升 ↑	趋于上升 ↑	?（如果 $r_s < r_m$）	

264

续表

服务需求弹性组合	对实际产出份额的影响：收入提高效应	对实际产出份额的影响：价格变化效应	对实际产出份额的影响：净效应	对就业份额的影响：净效应	对应的地区
(5) $\alpha<1$ 和 $\beta>-1$	↑ 小于比例地趋于上升	↓ 若服务价格上升，则小于比例地趋于下降	若 $\alpha>|\beta|$，则趋于上升 ↑	?（如果 $r_s<r_m$）	浙江*、福建*、广西*、贵州*
		↑ 若服务价格下降，则小于比例地趋于上升	若 $\alpha<|\beta|$，则趋于下降 ↓	↑（如果 $r_s<r_m$）	
			若 $\alpha=|\beta|$，则保持不变 0	↑（如果 $r_s<r_m$）	
(6) $\alpha<1$ 和 $\beta=-1$	↑ 小于比例地趋于上升	↓ 若服务价格上升，则成比例地趋于下降	趋于上升 ↑	?（如果 $r_s<r_m$）	
		↑ 若服务价格下降，则成比例地趋于上升	趋于下降 ↓	↑（如果 $r_s<r_m$）	
			趋于上升 ↑	?（如果 $r_s<r_m$）	

教育部哲学社会科学研究
重大课题攻关项目

续表

服务需求弹性组合	对实际产出份额的影响：收入提高效应	对实际产出份额的影响：价格变化效应	对实际产出份额的影响：净效应	对就业份额的影响：净效应	对应的地区
(7) α = 1 和 β < -1	↑ 成比例地趋于上升	↓ 若服务价格上升，则大于比例地趋于下降	↓ 趋于下降	↑ （如果 $r_s < r_m$）	北京、吉林、黑龙江、上海、湖南、四川、宁夏、新疆、河南、河北、山西、辽宁、云南、西藏、陕西、湖北
(8) α = 1 和 β > -1	↑ 成比例地趋于上升	↑ 若服务价格下降，则大于比例地趋于上升	↑ 趋于上升	？ （如果 $r_s < r_m$）	
		↓ 若服务价格上升，则小于比例地趋于下降	↑ 趋于上升	？ （如果 $r_s < r_m$）	
		↑ 若服务价格下降，则小于比例地趋于上升	↑ 趋于上升	？ （如果 $r_s < r_m$）	
(9) α = 1 和 β = -1	↑ 成比例地趋于上升	↓ 若服务价格上升，则成比例地趋于下降	0 保持不变	↑ （如果 $r_s < r_m$）	内蒙古、江苏、广东、海南
		↑ 若服务价格下降，则成比例地趋于上升	↑ 趋于上升	？ （如果 $r_s < r_m$）	

支出所占比重为5%①；农村居民家庭的上述两个比重分别为10%和8.6%。到了2006年，城市的相应比重分别上升为34.6%和14.2%；农村的相应比重分别上升为30%和17.5%。可以看出，无论是城市还是农村，居民的服务消费支出都在趋于上升，提高幅度均在100%以上；不同的是，农村居民家庭用于医疗保健和教育服务的支出比例明显高于城市居民。在此期间，中国实际人均GDP从1990年的1 757元提高到2006年的7 205元，增长了3倍多。

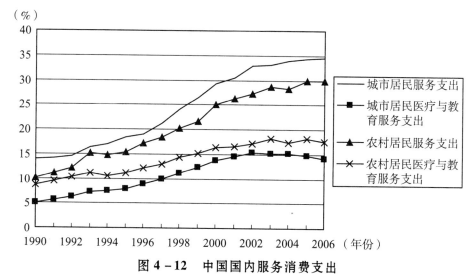

图4－12　中国国内服务消费支出

注：（1）"服务支出"用居民家庭平均每人消费性支出中的服务性消费支出所占比重表示。"城市居民服务支出"有4项：家庭服务、医疗保健、交通和通信、教育文化娱乐；"农村居民服务支出"有4项：医疗保健、交通和通信、教育文化娱乐、其他服务。农村居民服务支出的统计口径较粗，"家庭服务"未从"家庭设备用品及服务"中单独列出来。下同。

（2）"医疗与教育服务支出"用居民家庭平均每人消费性支出中的医疗保健和教育服务消费支出所占比重表示。"城市居民医疗与教育服务支出"包括医疗保健和"教育文教娱乐服务"中的"教育"；"农村居民医疗与教育服务支出"包括医疗保健和"教育文教娱乐服务"（"教育"未从中单独列出）。下同。

分地区看（见表4－27），1996年城市居民服务支出比重在11.37%（西藏）～21.9%（宁夏），其中城市居民医疗与教育服务支出比重在5.09%（福建）～12.18%（山西）；农村居民服务支出比重在7.67%（西藏）～25.25%（北京），其中农村居民医疗与教育服务支出比重在3.47%（西藏）～16.09%（北京）。到了2006年，城市居民服务支出比重在20.71%（西藏）～41.01%（北京），其中城市居民医疗与教育服务支出比重在7.97%（西藏）～18.35%（陕西）；农村居

---

① 我们专门把医疗保健服务和教育服务单独列出来，主要是基于这两大类服务消费的人力资本积累特性，同时，这两大类服务支出占据了居民家庭服务消费支出的绝对比重。

表 4－27　　各地区服务消费支出与实际人均 GDP 的变化

省市区	1996年城市(%) 服务总支出	1996年城市(%) 医疗和教育服务支出	1996年农村(%) 服务总支出	1996年农村(%) 医疗和教育服务支出	1996年实际人均GDP(元)	2006年城市(%) 服务总支出	2006年城市(%) 医疗和教育服务支出	2006年农村(%) 服务总支出	2006年农村(%) 医疗和教育服务支出	2006年实际人均GDP(元)	城市2006年比1996年增长(%) 服务总支出	城市2006年比1996年增长(%) 医疗和教育服务支出	农村2006年比1996年增长(%) 服务总支出	农村2006年比1996年增长(%) 医疗和教育服务支出	2006年实际人均GDP比1996年增长(%)
北京	20.78	8.63	25.25	16.09	15 026	41.01	15.49	38.97	24.80	44 678	97.30	79.46	54.33	54.17	197.35
天津	18.35	7.93	17.57	12.21	12 049	34.53	17.05	32.21	17.32	39 652	88.17	115.02	83.31	41.95	229.09
河北	20.09	9.98	17.65	11.92	5 151	33.49	15.71	30.64	17.30	14 792	66.71	57.37	73.53	45.09	187.19
山西	20.56	12.18	16.21	11.81	3 578	34.27	15.76	33.49	21.41	10 640	66.66	29.33	106.66	81.22	197.40
内蒙古	20.30	11.24	18.27	12.66	3 971	33.35	13.97	38.04	22.77	15 374	64.25	24.23	108.22	79.85	287.13
辽宁	17.25	9.69	16.98	12.23	8 078	30.60	16.00	33.89	20.30	21 674	77.37	65.16	99.66	65.89	168.30
吉林	17.41	9.31	20.17	13.90	4 873	32.58	15.82	36.22	22.33	13 062	87.14	69.85	79.56	60.66	168.05
黑龙江	18.46	10.16	16.72	12.49	6 179	32.54	16.81	32.70	20.38	15 881	76.31	65.40	95.56	63.10	157.02
上海	21.59	6.33	20.09	11.76	22 659	38.07	13.47	30.30	18.35	67 803	76.30	112.66	50.85	56.05	199.23
江苏	17.10	6.87	17.63	11.13	7 777	34.58	13.73	32.46	18.78	24 864	102.17	99.99	84.16	68.75	219.72
浙江	20.57	8.62	19.15	11.95	9 005	40.12	14.27	32.68	19.66	28 286	95.08	65.64	70.66	64.60	214.13
安徽	16.42	7.67	15.95	12.08	3 405	29.03	13.50	30.65	18.83	9 064	76.80	75.96	92.18	55.87	166.19
福建	12.75	5.09	17.20	10.64	7 646	31.80	11.69	28.54	13.81	22 194	149.36	129.87	65.90	29.73	190.27
江西	15.36	7.31	14.97	10.83	3 464	28.28	11.70	28.18	16.69	9 450	84.10	60.16	88.26	54.04	172.78
山东	19.18	9.31	17.35	12.56	6 397	35.68	14.84	33.32	20.06	20 318	85.99	59.39	92.04	59.68	217.60
河南	16.28	8.14	15.38	11.56	3 829	32.16	14.12	27.33	15.21	10 685	97.56	73.51	77.78	31.62	179.05

续表

省市区	1996年城市(%)		1996年农村(%)		1996年实际人均GDP(元)	2006年城市(%)		2006年农村(%)		2006年实际人均GDP(元)	城市2006年比1996年增长(%)		农村2006年比1996年增长(%)		2006年实际人均GDP比1996年增长(%)
	服务总支出	医疗和教育服务支出	服务总支出	医疗和教育服务支出		服务总支出	医疗和教育服务支出	服务总支出	医疗和教育服务支出		服务总支出	医疗和教育服务支出	服务总支出	医疗和教育服务支出	
湖北	19.95	10.69	17.91	13.49	5 052	31.22	14.52	29.06	17.01	13 232	56.49	35.80	62.25	26.12	161.89
湖南	20.89	11.33	17.32	13.57	3 977	34.51	14.76	28.59	17.86	10 307	65.19	30.28	65.04	31.66	159.16
广东	21.68	9.11	21.18	14.76	8 519	40.25	12.16	27.41	12.88	27 506	85.66	33.51	29.43	-12.77	222.88
广西	21.13	9.79	19.37	15.18	3 120	30.36	11.77	24.98	13.34	8 196	43.69	20.25	28.95	-12.10	162.72
海南	17.50	11.00	15.40	11.90	5 031	32.90	11.34	28.03	15.65	12 512	88.00	3.10	82.02	31.56	148.73
重庆*	23.09	9.37	12.79	10.34	3 671	33.91	16.20	25.79	15.84	9 695	46.83	72.81	101.69	53.20	164.08
四川	18.25	8.89	13.32	10.56	3 412	32.92	12.36	25.17	14.90	9 204	80.39	39.01	89.02	41.17	169.74
贵州	16.21	6.22	10.07	7.36	1 909	30.25	11.01	22.72	13.21	4 827	86.57	76.88	125.49	79.38	152.91
云南	19.22	9.04	13.23	9.55	3 390	33.22	12.49	23.28	14.39	7 973	72.81	38.10	76.03	50.76	135.19
西藏	11.37	6.64	7.67	3.47	2 934	20.71	7.97	12.92	5.93	9 250	82.20	19.97	68.41	70.59	215.26
陕西	20.03	9.65	17.38	13.87	3 024	36.23	18.35	34.70	22.54	8 896	80.89	90.10	99.64	62.49	194.21
甘肃	18.08	9.27	13.69	10.78	2 682	33.24	15.88	30.28	19.17	7 126	83.88	71.31	121.15	77.88	165.71
青海	19.24	11.01	11.05	7.31	3 640	32.27	13.47	27.93	14.29	10 077	67.77	22.38	152.79	95.59	176.80
宁夏	21.90	10.16	15.31	11.32	3 428	30.83	12.56	28.47	15.86	9 196	40.75	23.68	85.94	40.17	168.23
新疆	20.10	9.43	20.55	12.28	5 491	30.94	13.88	29.03	17.06	13 385	53.95	47.21	41.28	38.86	143.77

注：实际人均GDP是按照2000年的价格指数进行折实换算得来的。其他省指标说明见图4-12。重庆的起始年份为1997年。

269

民服务支出比重在 12.92%（西藏）~38.04%（内蒙古），其中农村居民医疗与教育服务支出比重在 5.93%（西藏）~24.8%（北京）。与城市居民服务支出相比，农村居民服务支出的地区差异程度明显较高。2006 年与 1996 年相比，几乎所有地区的服务支出比重都出现不同程度的上升（广东和广西除外，这两地的农村居民医疗与教育服务支出比重在下降，均下降了 12%多）。在此期间，各地的实际人均 GDP 都在增长，增长幅度在 135.19%（云南）~287.19%（内蒙古）。

由图 4-9 和图 4-13 可知，无论是从全国总体的角度还是从各地区的角度看，在相应的时期内服务价格都是趋于上升的。那么，现在的问题是：服务消费支出的上升到底是由于收入的上升，还是由于服务价格的上升，抑或二者的同时上升所导致的呢？为了回答这一问题，我们以服务消费支出（分别为城市居民服务支出比重、城市居民医疗与教育服务支出比重、农村居民服务支出比重、农村居民医疗与教育服务支出比重）为被解释变量，以居民服务消费价格指数和实际人均 GDP 为解释变量，从而得出四类服务支出的回归结果列在附表 4-1 和表 4-28 中。

由附表 4-1 和表 4-28 可以知道：第一，从全国总体来看，服务价格和实际人均 GDP 的上升都对城市居民和农村居民服务支出比重的提高产生显著的正面影响，但标准化系数（亦称 β 系数）显示服务价格的影响要大于实际人均 GDP 的影响，这对于农村居民来说更加显著。就医疗与教育服务支出而言，服务价格仍然具有显著的正面效应，但人均 GDP 的影响并不显著。因此，就全国总体来说，导致居民家庭服务支出比重上升的首要因素是服务价格的上升，其次才是实际收入水平的上升。

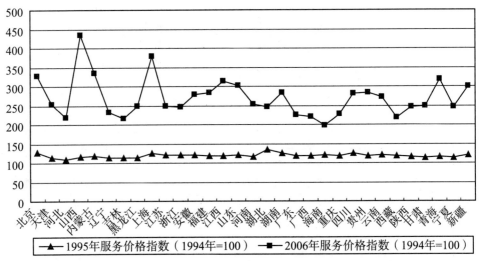

图 4-13　1995~2006 年各地服务价格指数的变化（1994 年=100）

表4-28　　　　　　　　影响服务支出的价格因素与收入因素分析

			城市居民服务支出	农村居民服务支出	城市居民医疗与教育服务支出	农村居民医疗与教育服务支出
服务价格效应	显著正效应	*>1	河北、辽宁、吉林、河南、广西、海南、贵州、西藏、甘肃、青海、宁夏	天津、江苏、浙江、湖北、重庆、四川、陕西、甘肃、青海、宁夏	北京、天津、河北、辽宁、吉林、黑龙江、江苏、浙江、江西、河南、湖北、海南、重庆、四川、贵州、陕西、甘肃、青海、宁夏	天津、江苏、湖北、重庆、四川、陕西、甘肃、青海、宁夏
		1 > * > 0	全国总体、北京、天津、山西、内蒙古、黑龙江、上海、江苏、浙江、安徽、福建、江西、山东、湖北、湖南、广东、重庆、四川、陕西、新疆	全国总体、北京、河北、山西、内蒙古、辽宁、上海、安徽、福建、江西、山东、河南、湖南、广东、广西、贵州、云南	全国总体、山西、内蒙古、上海、安徽、福建、山东、湖南、广东、新疆	全国总体、北京、河北、山西、内蒙古、辽宁、上海、浙江、安徽、福建、江西、山东、河南、贵州、云南
	显著负效应	-1 < * < 0				
		* < -1		西藏		
	不显著	0	云南	吉林、黑龙江、海南、新疆	广西、云南、西藏	吉林、黑龙江、湖南、广东、广西、海南、西藏、新疆
收入效应	显著正效应	*>1		西藏		
		1 > * > 0	全国总体、北京、山西、上海、江苏、浙江、福建、山东、广东	全国总体、北京、山西、吉林、黑龙江、安徽、江西、山东、河南、海南、贵州、新疆		山西、吉林、黑龙江、安徽、西藏、新疆
	显著负效应	-1 < * < 0	贵州、甘肃、青海、宁夏	天津、四川、甘肃	河北、内蒙古、辽宁、江苏、浙江、海南、重庆、四川、贵州、甘肃、青海、宁夏	天津、内蒙古、江苏、湖北、广东、四川
		* < -1				甘肃

		城市居民服务支出	农村居民服务支出	城市居民医疗与教育服务支出	农村居民医疗与教育服务支出
收入效应	不显著 0	天津、河北、内蒙古、辽宁、吉林、黑龙江、安徽、江西、河南、湖北、湖南、广西、海南、重庆、四川、云南、西藏、陕西、新疆	河北、内蒙古、辽宁、上海、江苏、浙江、福建、湖北、湖南、广东、广西、重庆、云南、陕西、青海、宁夏	全国总体、北京、天津、山西、吉林、黑龙江、上海、安徽、福建、江西、山东、河南、湖北、湖南、广东、广西、云南、西藏、陕西、新疆	全国总体、北京、河北、辽宁、上海、浙江、福建、江西、山东、河南、湖南、广西、海南、重庆、贵州、云南、陕西、青海、宁夏
服务价格效应小于收入效应#		上海、广东	吉林、黑龙江、安徽、海南		吉林、黑龙江、安徽、新疆
服务价格效应大于收入效应		全国总体、除上面以外的其他省区市	全国总体、除上面以外的其他省区市	全国总体、所有省区市	全国总体、除上面以外的其他省区市

注：＊为服务价格效应与收入效应的比较是基于标准化系数（亦称 β 系数）。#为云南的城市居民服务支出和城市居民医疗与教育服务支出的价格效应和收入效应均不显著。

第二，就各地情况而言。首先看城市居民服务支出，除云南以外，其他所有地区的服务价格上升均对服务支出比重的提高产生正的效应，其中河北、辽宁、吉林、河南、广西、海南、贵州、西藏、甘肃、青海、宁夏 11 地的服务价格效应显著大于 1。但除了北京、山西、上海、江苏、浙江、福建、山东、广东 8 地的收入效应显著大于 0 以外，其他地区要么显著为负（包括贵州、甘肃、青海、宁夏 4 地），要么不显著（包括天津、河北、内蒙古、辽宁、吉林、黑龙江、安徽、江西、河南、湖北、湖南、广西、海南、重庆、四川、云南、西藏、陕西、新疆 19 地）。因此，在全国除了上海和广东以外的所有地区（云南的两种效应均不显著），服务价格的上升是导致城市居民家庭服务支出比重上升的首要因素。而对于城市居民医疗与教育服务支出而言，全国几乎所有地区（云南除外）的服务价格效应也大于收入效应。其次看农村居民服务支出，除西藏（显著为负）以及吉林、黑龙江、海南、新疆（这 4 地不显著）以外，其他所有地区的服务价格上升均对服务支出比重的提高产生正的效应，其中天津、江苏、浙江、湖北、重庆、四川、陕西、甘肃、青海、宁夏 10 地的服务价格效应显著大于 1。西藏的收入效应显著大于 1，北京、山西、吉林、黑龙江、安徽、江西、山东、河南、海南、贵州、新疆 11 地的收入效应显著大于 0，天津、四川、甘肃 3 地的收入效应显著小于 0，其他地区的收入效应则不显著。在除吉林、黑龙江、安徽、海南 4 地以外的其他所有地区，影响农村居民服务支出的服务价格效应大于收入效应。在除吉林、黑龙江、安徽、新疆 4 地以外的其他所有地区，影响农村居民医疗与教育服务支出的服务价格效应也大于收入效应。

总而言之，对于全国绝大多地区来说，服务价格而非收入水平的上升是导致居民家庭服务支出比重上升的首要因素。第三节的分析结果表明，服务业的实际供给（实际增加值）比重基本保持不变或提高不大。在这种情况下，消费者服务消费支出的扩大不是基于实际供给的增加，而是由于服务价格的上升。根据附表 4-1 的"成本病"模型以及前面的分析结果，服务部门的劳动生产率增长相对滞后、服务需求的价格弹性（绝对值）较低，同时服务价格又在不断上涨，服务的支出比重在扩大。[①] 综合起来，我们认为，中国及其绝大多数地区在服务消费方面已经显露出"成本病"的迹象。

（二）服务的进出口

服务贸易进出口既可以反映一国服务领域的国内外供需状况，也可以反映一国服务领域的比较优势状况。它是从开放的角度显示一国经济的服务化态势。从国际收支平衡表（BOP）的统计口径看，中国从 1997 年开始记录比较详细的服务贸易，因此这里的分析也从 1997 年开始。

就总体服务贸易而言（见图 4-14），1997 年中国服务出口为 245.83 亿美元，占当年货物和服务贸易总出口的 13.46%；服务进口为 303.08 亿美元，占当年货物和服务贸易总出口的 22.21%；逆差额为 57.25 亿美元，占当年服务贸易总额的 10.43%。到了 2006 年，中国服务出口达 919.99 亿美元，占当年货物和服务贸易总出口的 8.67%；服务进口达 1 008.33 亿美元，占当年货物和服务贸易总出口的 11.82%；逆差额为 88.34 亿美元，占当年服务贸易总额的 4.58%。可以看出，中国服务贸易进出口的绝对数额在持续增长，但相对比重在不断下降，显示出对外贸易进出口结构的"逆服务化"倾向。

[①] 当人们无力承受这一增加的消费成本时，政府将不得不提供财政支持，如果这一支持持续累积下去，将很可能给政府带来严重的财政困难。因此，对中国来说，当前应该警惕"成本病"问题。目前的当务之急是，应该紧紧抓住加入 WTO 给中国服务业发展带来的契机，采取有效措施，促进市场竞争，增加服务供给，提高服务质量与劳动生产率，遏制服务价格上涨，防止由此引起的整个经济的通货膨胀倾向与财政拖累。

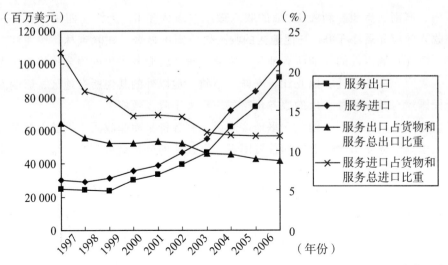

注：图 4-14 中的左边纵坐标衡量进出口金额，右边纵坐标衡量服务进出口占货物与服务总进出口的比重。

图 4-14　1997~2006 年中国总体服务贸易进出口状况

分部门看，1997 年旅游是第一大服务出口部门，占服务总出口近 50%，其次是其他商业服务（占 31.24%）、运输（占 12.08%）；2006 年旅游仍是第一大服务出口部门，但其占服务总出口比重降为 36.9%，运输升至第二位（占 22.84%），接下来是其他商业服务（占 21.41%）。1997 年相对比重在不足 1% 的部门有 7 个，从大到小依次为：广告和宣传、保险服务、计算机和信息服务、别处未提及的政府服务、专有权利使用费和特许费、金融服务、电影和音像；2006 年相对比重在不足 1% 的部门降为 6 个，从大到小依次为：通信服务、别处未提及的政府服务、保险服务、专有权利使用费和特许费、金融服务、电影和音像。2006 年与 1997 年相比，虽然绝对数额显示的各部门出口均出现不同程度的上升，但相对比重的变化相去甚远；出口上升幅度最大的服务部门是计算机和信息服务（绝对数增长了 34 倍多，相对比重提高了 8 倍多），其次是咨询、电影和音像，别处未提及的政府服务、运输、广告和宣传、金融服务、建筑服务的相对比重也在提升，但旅游、通信服务、保险服务、其他商业服务、专有权利使用费和特许费的相对比重则趋于下降。

在进口方面，无论是 1997 年还是 2006 年，运输、旅游和其他商业服务始终是中国服务进口的三大部门，不同的是，运输的相对比重在缓慢上升，而旅游和其他商业服务的比重趋于下降。进口比重上升幅度最大的部门是咨询（绝对数额提高近 17 倍，相对比重上升 4 倍多），其次是专有权利使用费和特许费，保险服务、计算机和信息服务、广告和宣传的比重也在上升；进口相对比重下降幅度最大的部门是建筑服务，别处未提及的政府服务、其他商业服务、电影和音像、金融服务的进口比重也趋于下降（见表 4-29）。

表4-29　　中国 BOP 服务进出口的部门特征

部门	出口						进口					
	1997年出口（百万美元）	2006年出口（百万美元）	2006年比1997年增长（%）	1997年占服务总出口比重（%）	2006年占服务总出口比重（%）	2006年比1997年增长（%）	1997年进口（百万美元）	2006年进口（百万美元）	2006年比1997年增长（%）	1997年占服务总进口比重（%）	2006年占服务总进口比重（%）	2006年比1997年增长（%）
服务	24 583.11	91 999.24	274.24	100.00	100.00	0.00	30 308.32	100 833.15	232.69	100.00	100.00	0.00
运输	2 968.49	21 015.29	607.95	12.08	22.84	89.17	10 248.31	34 369.03	235.36	33.81	34.09	0.80
旅游	12 074.14	33 949.00	181.17	49.12	36.90	-24.87	10 166.64	24 321.70	139.23	33.54	24.12	-28.09
通信服务	271.66	737.87	171.62	1.11	0.80	-27.42	289.93	764.07	163.54	0.96	0.76	-20.79
建筑服务	590.13	2 752.64	366.45	2.40	2.99	24.64	1 209.10	2 049.72	69.52	3.99	2.03	-49.04
保险服务	174.31	548.18	214.48	0.71	0.60	-15.97	1 045.67	8 831.09	744.54	3.45	8.76	153.85
金融服务	27.33	145.43	432.11	0.11	0.16	42.18	324.88	891.47	174.40	1.07	0.88	-17.52
计算机和信息服务	83.59	2 957.71	3 438.36	0.34	3.21	845.48	231.23	1 738.85	652.00	0.76	1.72	126.04
专有权利使用费和特许费	54.85	204.50	272.84	0.22	0.22	-0.37	543.43	6 634.08	1 120.78	1.79	6.58	266.94

续表

部门	出口						进口						2006 年比 1997 年增长（%）
	1997 年出口（百万美元）	2006 年出口（百万美元）	2006 年比 1997 年增长（%）	1997 年占服务总出口比重（%）	2006 年占服务总出口比重（%）	2006 年比 1997 年增长（%）	1997 年进口（百万美元）	2006 年进口（百万美元）	2006 年比 1997 年增长（%）	1997 年占服务总进口比重（%）	2006 年占服务总进口比重（%）		
咨询	346.41	7 834.14	2 161.52	1.41	8.52	504.30	468.07	8 389.21	1 692.30	1.54	8.32	438.73
广告、宣传	238.20	1 445.03	506.65	0.97	1.57	62.10	241.43	954.96	295.54	0.80	0.95	18.89
电影、音像	10.04	137.43	1 268.85	0.04	0.15	265.77	43.91	121.48	176.66	0.14	0.12	-16.84
其他商业服务	7 678.87	19 693.33	156.46	31.24	21.41	-31.47	5 252.79	11 261.11	114.38	17.33	11.17	-35.56
别处未提及的政府服务	65.09	578.69	789.05	0.26	0.63	137.56	242.93	506.38	108.45	0.80	0.50	-37.35

注：由于计算采取"四舍五入"方法并保留小数点后面两位数，所以最终的数值结果有些出入。

　　下面分析服务贸易差额状况，因为服务贸易差额（顺差或逆差）可以在一定程度上反映本国服务领域的过剩或短缺状况。上面已经看到，中国总体服务贸易的逆差额是在不断上升的，但根据图 4 - 15 则可知各服务部门的情况差异很大。比较显著的是，旅游和其他商业服务基本处于顺差状态，而且还在不断扩大；运输、保险、专利权利使用费和特许费、咨询总体处于逆差状态，尤其前三项的逆差趋于增加；其他服务的逆差或顺差额较小，或时而顺差时而逆差，波动不定。

（百万美元）

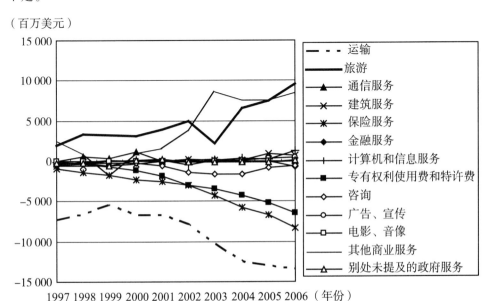

图 4 - 15　中国 BOP 各服务项目的贸易差额比较

四、各地经济存在"服务化"的收敛趋势吗

　　到此为止，我们已经从产出、就业、消费、进出口的角度讨论了中国经济是否正在趋向服务化这一问题，但中国总体经济的基本走向归根到底取决于各地的经济走向。那么，接下来的问题是：各地虽然存在差异，但是否存在"服务化"的收敛趋势呢？

　　为了从计量上证明各地区经济是否存在"服务化"的收敛趋势（β 收敛），我们基于巴罗和萨拉 - 伊 - 马丁（Barro and Sala-I-Martin，1995）的方法构造以下基本经验公式：

$$\ln(Y_{it}/Y_{i0}) = a - (1 - e^{-\beta})\ln Y_{i0} + \mu_{it} \tag{4-2}$$

　　其中，t 表示年份；i 表示中国各省区市；Y_{it} 为期末变量值；Y_{i0} 为期初变量

277

值。β（>0）则是需要估计的收敛系数（衡量收敛速度）。截距 $a = x + (1 - e^{-\beta})[\log(Y_i^*) + x(t-1)]$，$x$ 为稳态增长率、Y_i^* 为 Y_i 的稳态值。设随机变量 μ_{it} 具有零期望、方差为 $\sigma_{\mu t}^2$ 以及独立于 $\ln Y_{i0}$、$\mu_{jt}(j \neq i)$ 和滞后的扰动项。如果假设截距 a 为一常数，则意味着稳态值 Y_i^* 和时间趋势项 $x(t-1)$ 对于所有省区市是相同的。随机扰动项可以反映技术和偏好的差异和变动，但这对于一国之内的不同地区要比不同国家则更为近似。

表 4-30 列出了针对 31 个省区市在服务业相对比重和服务消费支出比重的收敛情况的计量分析结果（散点图见附图 4-1）。同时，我们还列出了人均 GDP 和另外两大产业的分析结果，以便进行比较。首先看以人均 GDP 衡量的基本经济面的收敛态势，名义人均 GDP 的增长率虽然与初始值（初始位置）负相关，但并不显著，因而拒绝绝对收敛假说（即使按照不显著的 β 系数值计算，如果存在收敛的话，那么收敛的半衰期也将长达 26 年[①]）；实际人均 GDP 与初始位置显著正相关，这意味着起初更富有的地区有着更快的增长趋势，从而再次拒绝绝对收敛假说。

表 4-30　　　　　　　　　　　中国各省区市经济结构的收敛趋势

	截距项	期初变量	R^2	Adj. - R^2	β 系数
人均 GDP（元）					
名义值（1994~2006 年）	1.6888* (0.5307)	-0.0260 (0.065)	0.006	-0.030	0.02634
实际值（1994~2006 年）	0.5444 (0.4314)	0.1014*** (0.0527)	0.113	0.083	-0.09658***
服务业比重（%）					
名义增加值 （1994~2006 年）	0.522 (0.616)	-0.103 (0.175)	0.012	-0.022	0.10870
实际增加值（1994~2006 年）	1.454* (0.511)	-0.379** (0.142)	0.198	0.170	0.47642**
就业（1994~2005 年）	1.122* (0.280)	-0.257* (0.088)	0.227	0.201	0.29706*
第二产业比重（%）					
名义增加值 （1994~2006 年）	1.481* (0.398)	-0.371* (0.106)	0.296	0.271	0.46362*

---

① 需要满足条件 $e^{-\beta t} = 1/2$，因而其半衰期为 $\ln 2/\beta = 0.693/\beta$，又由于 $\beta = 0.02634$，所以收敛的半衰期为 26 年。

续表

	截距项	期初变量	R^2	Adj. $- R^2$	β 系数
实际增加值（1994~2006 年）	1.781* (0.311)	- 0.431* (0.086)	0.465	0.447	0.56387*
就业（1994~2005 年）	0.902* (0.260)	- 0.302* (0.084)	0.307	0.284	0.35954*
第一产业比重（%）					
名义增加值 (1994~2006 年)	- 1.361* (0.255)	0.237* (0.083)	0.218	0.191	- 0.21269*
实际增加值 (1994~2006 年)	- 1.524* (0.233)	0.245* (0.074)	0.271	0.246	- 0.21914*
就业（1994~2005 年）	- 0.190 (0.006)	0.006 (0.064)	0.0003	- 0.034	- 0.00598
服务消费支出比重（%）（1996~2006 年）#					
城市居民服务支出	1.862* (0.315)	- 0.442* (0.108)	0.367	0.345	0.58340*
农村居民服务支出	1.540* (0.279)	- 0.341* (0.100)	0.287	0.262	0.41703*
城市居民医疗与 教育服务支出	1.830* (0.303)	- 0.637* (0.138)	0.422	0.402	1.01335*
农村居民医疗与 教育服务支出	1.051* (0.268)	- 0.269** (0.110)	0.171	0.143	0.31334**

注：系数下面的括号内数据为标准差，*、**、***分别表示在1%、5%和10%的水平上显著。#重庆为2006年与1997年相比。

在以人均 GDP 衡量的基本经济面不存在收敛趋势的背景下，各地的服务业实际增加值比重、就业比重以及服务消费支出比重等反映经济服务化的数据却支持绝对收敛假说。服务业名义增加值比重与初始值负相关，但不显著，这暗示服务价格的地区差异性在扩大。服务业实际增加值比重的 β 系数大于服务业就业比重的 β 系数，表明服务业产出的收敛速度大于其就业。无论以总服务支出比重还是以医疗与教育服务支出比重衡量，城市的 β 系数都要大于农村的 β 系数，说明城市地区的收敛速度大于农村地区（城市居民医疗与教育服务支出比重的 β 系数等于 1，意味着各地城市的该项指标基本趋同）。

第二产业与第一产业的情形正好相反，前者存在显著的收敛趋势。对于各自相对应的比重指标，第二产业的 β 系数明显大于服务业，说明在样本时期内各地以第二产业衡量的工业化收敛速度大于以服务业衡量的服务化收敛速度。这进一步表明，中国目前所处的基本阶段仍然是工业化阶段。

五、小结

本章首先基于服务业产出、就业、消费和贸易四大视角，详细探讨了中国总体经济以及 31 个省区市经济是否存在服务化趋势及其内在原因。然后分析具有差异性的各省区市经济是否存在"服务化"的收敛趋势。由此得出的基本结论是：

（一）关于中国总体经济的服务化

第一，在过去的 20 多年时间里，中国总体经济的服务化程度以名义增加值衡量出现显著的提高，但以实际增加值衡量并未出现明显的变化。相反，中国总体经济的工业化程度在不断加深。也就是说，中国经济趋向工业化的程度远远高于趋向服务化的程度。服务业与第二产业的实际增加值比重和名义增加值比重变化趋势的差异反映出各部门的价格变化很不一致。至少在 1991 年以后，服务项目价格指数大大高于其他任何一种价格指数。服务价格指数的变化是体制变革、供给和需求诸多因素共同作用的结果。

第二，无论是三次产业比较，还是服务业与第二产业进行比较，全国服务业就业比重的增加幅度都是最大的。因此，以就业来衡量，中国总体经济的服务化趋势十分明显。但基于全国总体的计量分析表明，服务业就业份额增长相对较快的主因是服务业劳动生产率增长相对滞后（和服务需求缺乏价格弹性的相互作用），其次是外在性冲击效应，而服务需求的恩格尔效应则并不显著。

第三，无论是城市还是农村，居民的服务消费支出都在趋于上升，而且农村居民家庭用于医疗保健和教育服务的支出比例明显高于城市居民。服务价格和实际人均 GDP 的上升都对城市居民和农村居民服务支出比重的提高产生显著的正面影响，但前者的影响要大于后者。因此，导致全国居民家庭服务支出比重上升的首要因素是服务价格的上升，其次才是实际收入水平的提高。结合以上结论，可以认为中国在服务消费方面已经显露出"成本病"的迹象。

第四，中国经常项目下服务贸易进出口的绝对数额在持续增长，但相对比重在不断下降，显示出对外贸易进出口结构的"逆服务化"倾向。中国总体服务贸易出现不断增长的逆差，表明国内服务领域供给的相对短缺状态。

（二）关于 31 个省区市经济的服务化

第一，由于除海南以外的其他所有地区的第一产业增加值比重（包括名义值和实际值）均出现大幅下降，因此仅就服务业与第二产业比重的相对变化而言，以名义值衡量，全国有 61% 的地区的服务业比重上升幅度大于第二产业；若以实际值衡量，则服务业比重上升幅度大于第二产业的地区占全国不到 20%，只有这些地区的经济服务化趋势显著强于其工业化趋势，其中北京、上海和新疆则出现了纯粹的经济服务化趋势（即在服务业比重上升的同时，第二产业比重趋于下降）。而其他地区的经济工业化趋势则显著强于其服务化趋势，其中天津、辽宁、福建、河南、广东、海南、陕西和宁夏 8 个地区则出现了纯粹的经济工业化趋势（即在第二产业比重上升的同时，服务业比重趋于下降）。各省区市服务业与第二产业的实际增加值比重和名义增加值比重变化趋势的差异也同样反映出其各自价格变化的不一致性，即服务项目价格指数相对走高。

第二，如果以服务业就业与第二产业就业之比来表示基于就业的经济服务化与经济工业化的相对变化程度，则河北、浙江、福建和西藏的经济服务化趋势弱于其经济工业化趋势，而其他地区则出现显著的经济服务化趋势。对于 52% 的地区来说，服务业就业份额增长相对较快的主因是服务业劳动生产率增长相对滞后（并且 80% 多的地区的服务需求都是缺乏价格弹性的）；对于 38% 的地区来说，收入的提高是解释服务就业份额增长的首要因素，而对于其余地区，外在性冲击则是导致服务就业份额增长的第一因素。

第三，在样本时期内，全国几乎所有地区的服务支出比重都出现不同程度的上升。在全国除了上海和广东以外的所有地区，服务价格的上升是导致城市居民家庭服务支出比重上升的首要因素（云南的两种效应均不显著）；而对于城市居民医疗与教育服务支出而言，全国几乎所有地区（云南除外）的服务价格效应也大于收入效应。在除吉林、黑龙江、安徽、海南 4 地以外的其他所有地区，影响农村居民服务支出的服务价格效应大于收入效应。在除吉林、黑龙江、安徽、新疆 4 地以外的其他所有地区，影响农村居民医疗与教育服务支出的服务价格效应也大于收入效应。总而言之，对于全国绝大多地区来说，服务价格而非收入水平的上升是导致居民家庭服务支出比重上升的首要因素。结合以上结论，可以认为，中国大多数省区市在服务消费方面已出现"成本病"问题。

第四，在以人均 GDP 衡量的基本经济面不存在收敛趋势的背景下，各省区市的服务业实际增加值比重、就业比重以及服务消费支出比重等反映经济服务化的数据却支持绝对收敛假说。服务业实际增加值比重的收敛速度大于其就业。无论以总服务支出比重还是以医疗与教育服务支出比重衡量，城市地区的收敛速度大于农村地区。在样本时期内，各地以第二产业衡量的工业化收敛速度大于以服务业衡量的服务化收敛速度。

第三节 中国发展服务经济的战略选择

长期以来，受制于"工业优先"的发展战略以及对"农业大国"的基本认识，中国的宏观和微观决策者们的思维模式和政策思路往往囿于传统的工业经济和农业经济形态，这势必影响到国民经济的服务化转型。要顺利实现这一转型，最终形成全新的服务经济形态，就必须认清形势，突破传统观念和思维模式的束缚，形成一整套崭新的、适应服务经济发展客观要求的思想理念和政策思路。

一、中国发展服务经济的逻辑起点

前面已提到，在新中国成立后的很长一段时间里，由于认识和经济发展战略等方面的系统性偏误，中国服务业在整体经济中始终处于被抑制的状态，服务业的发展远远滞后于整体经济的发展。

在思想观念与理论认识方面，受意识形态的深刻影响，服务与服务业通常被看作是"非生产性"的、不创造价值的，因此，也是不受重视的；另外，在新中国诞生之时，国力贫弱，百废待兴，迫切需要加快发展，特别是物质领域要加快发展，从而迅速实现强国富民的理想。

这些思想观念与理论认识体现在国家经济发展战略方面，就是优先发展工业尤其是重工业，迅速实现国家工业化。[①] 这一经济发展战略具有很强的外生性，而要确保这一发展战略的顺利实现，就必须有相应的配套体制做保障，于是一套三位一体的经济体制就逐渐确立了：扭曲要素、产品与服务价格的宏观政策环境、以计划为基本手段的资源配置制度，以及以国有化和人民公社化为特征的微观经营机制。

在这样的发展战略以及由此而形成的传统经济体制下，服务领域呈现出以下几方面鲜明特征：

---

① 林毅夫、蔡昉和李周（2003）详细论述了中国的赶超战略和传统经济体制形成的逻辑，认为重工业优先发展战略是外生的，由此形成了内生的经济体制。

第一，服务价格偏低，服务消费的"国家福利主义"现象较为普遍。低服务价格或免费服务是与低劳动报酬相一致的。这些服务包括住房、医疗、教育及各种生活服务等。服务的低价政策降低了劳动力再生产的费用，从而既保持了社会稳定，又为工业优先的发展战略提供源源不断的廉价劳动力。

第二，城市与农村在服务消费方面存在严重的不公平性，这种不公平性源于国家优惠政策的城市偏向。尽管工业布局是沿着"三线"展开的，但主要集中于城市地区。国家的低生活费用的优惠政策因地区而有所区别，农村人口不享受在医疗、教育、住房以及城市公用设施收费方面的优惠待遇。截止到目前，这种城乡服务消费的不公平现象仍不同程度地存在着。

第三，企业"办社会"意义上的服务"外部化或市场化"严重不足。国有经济占绝对控制地位的工业所有制结构的形成，以及农业经营的人民公社化，使得工业经济和农业经济被分割成无数个"孤岛"——国有企业与人民公社。这些"孤岛"在传统体制下相互联系薄弱，一个个"孤岛"就是一个个独立的经济王国，万事不求人，学校教育、医院、后勤等服务样样俱全。几乎所有的服务都被企业和人民公社"内部化"了，服务"外部化或市场化"严重不足，市场上交易的服务微乎其微。

第四，由于服务交易的市场规模较小、市场化程度不高，服务提供缺乏足够的市场竞争，使得服务提供缺乏应有的标准与规范，提高服务质量的激励与约束严重不足，致使服务的消费与提供之间缺乏应有的信任机制。服务的标准化、规范化与诚信度严重不足，大大增加了服务的市场交易成本。这样，我们也就不难理解为什么中国的金融服务业企业更愿意为大型企业而不愿为中小企业提供服务。

第五，服务领域的国有化与国家高度垄断。交通运输、电信服务、邮政服务、教育服务、医疗服务、商业等都是国家所有，国家对此进行绝对控制与垄断。市场垄断和国家所有并存，在一定程度上抑制了服务市场竞争，降低了服务生产效率。

第六，产业结构中服务业的比重偏低。在改革前 1952～1978 年的 27 年里，农业占国民收入的份额持续下降，工业所占份额持续上升，但建筑业和服务业（主要是交通运输和商业）占国民收入的份额从 1952 年的 22.75% 上升到 1957 年的 24.5% 以后，一直处于下降和徘徊状态，到 1978 年，仍比 1957 年低 6.7 个百分点。这样的产业结构及其变化显然不符合经济发展的一般规律。[①]

① 林毅夫、蔡昉、李周：《中国的奇迹：发展战略与经济改革》（增订版），上海三联书店、上海人民出版社 2003 年版，第 73 页。

第七，在国民经济统计核算方面，采用物质产品平衡表体系（MPS），这种国民收入核算方法只包括交通运输业和商业饮食业，但不包括其他服务部门。这在客观上影响了对服务业的正确评价。

传统经济体制下服务领域所表现出来的各种问题的核心在于：重视有形产品、忽视无形产品，缺乏服务理念；服务的市场化程度低下，缺乏竞争；服务的提供效率和效果低下，缺乏创新。因此，服务领域改革的关键就在于，大力增强服务观念、促进市场竞争和消除垄断、推进服务创新以提高服务效率和服务效果。

始于 1978 年年末的经济改革，在农村表现为家庭联产承包责任制的实行，在城市则表现为以放权让利为中心的国有企业改革。然而，如果从三次产业的改革顺序来看，服务业改革在整体上则大大滞后于农业改革（家庭联产承包责任制的推行）和工业改革（城市国有工业企业改革），而且服务业改革的复杂程度要远远超过后者。由此看来，服务领域里的改革任重而道远。

二、中国发展服务经济的战略思路

目前及未来，中国发展服务经济将面临着许多良好的机遇，概括起来主要包括以下五个方面：（1）当今世界几乎所有高度发达的国家都已成为"服务经济"（见第三章的分析）。这为中国提供了可以借鉴的努力目标、发展模式与经验。（2）国际贸易多边谈判、GATS 的达成与逐步完善为各国服务业和服务贸易的发展以及多边合作提供了契机。（3）2001 年 12 月 11 日，中国正式加入 WTO，中国的"入世"承诺在许多方面都涉及服务经济的对外开放，这是推动中国服务领域发展的外在压力和动力。（4）中国服务业与服务贸易发展已经具备了一定基础（见本章第二节的讨论）。（5）近些年来，各级政府不断推出新的政策措施，良好的政策环境正在逐渐形成。

然而，中国发展服务经济仍然面临不少挑战和问题。这些挑战和问题在历史上或者在今天，在其他国家和地区也曾经遇到过或正在经历着，但对于中国来说则有着不同的历史渊源和现实影响。根据本书前面的分析，概括起来主要包括以下几个方面：

第一，计划经济体制下服务领域里的传统思想和实践仍然不同程度地残留着。第二，与其他经济体相比，中国服务业比重偏低系统性地表现在服务业就业、服务业产出、服务最终消费、中间性服务投入以及 BOP 统计口径的服务贸易与 FAT 统计意义上的服务业 FDI 等方面。第三，面向老百姓的消费性服务业显露"成本病"的迹象，影响民众的福祉与和谐社会的构建。第四，面向企业的生产性服务业发展相对滞后，影响制造业的转型与新兴工业化战略的推进。第五，服务业及其他产业发展所依存的基础性服务业以及体制改革所要求的政府服务仍需进一步改善。第六，服务贸易存在着总量和结构性问题：货物贸易顺差，服务贸易逆差；目前中国服务业利用 FDI 在外资总额中所占比例较低，远低于全球服务业利用 FDI 比重（60%）；中国服务外包市场面临着不利因素。第七，服务领域的统计核算问题十分突出，给学术研究与政府科学决策带来巨大挑战。第八，服务领域中的经济与非经济因素交织在一起，使得服务领域改革开放变得十分艰难和复杂。第九，服务经济发展中的人的因素（服务理念、服务态度、职业精神等）越来越突出。[①] 第十，在国内政策和规制方面存在一些扭曲。[②]

展望未来，随着中国总体经济发展战略与对外开放的推进，中国服务领域的发展将迎来一个大好时期。这是因为，在决策制定方面，大力发展服务业被放在国家经济战略规划的突出位置。在思想观念上，"经济服务化"已经普遍看作是发展中经济体迈向发达经济或后工业化经济所要经历的一个自然过程。这一过程对于中国这样的发展中大国来说意义重大，因为它意味着中国将要完成经济工业化和服务化的双重任务，最终赶上全球经济结构调整的步伐，顺利实现国内经济结构特别是产业结构的战略性转型，确保国民经济的可持续发展。[③]

中国发展服务经济的战略目标是：以服务经济的全面发展，推进产业结构、消费结构、贸易和投资结构转型与升级，实现国民经济的持续、均衡、健康发展。为了实现这一目标，就必须抓住机遇、应对挑战。但必须指出的是，中国在服务领域发展方面的差距不只是由经济发展阶段决定的，而是在很大程度上源于社会诚信、体制机制和政策规制的约束。因此，打破市场垄断、理顺市场机制、

---

① "人"的因素之所以特别重要，主要是因为"服务"本身以及"服务"的生产和消费所具有的不同于有形商品的独特特征。与有形商品相比，服务一般是无形的；服务的生产与消费通常是同时发生的（服务消费者参与服务的生产过程）；服务是难以储存的；服务具有很强的异质性；服务产品的经验特征与信任特征较强（程大中，2007）。

② 比如，多年来，在国内有些地区特别是城市，地方政府仍然过分强调制造业的发展，对服务业的发展重视不够，在用地、税收、供水、供电等方面给予制造业的优惠往往多于服务业。这不仅相对抑制了服务业的发展，还带来统计核算的偏差问题，即为了得到政策优惠，一些本来是从事服务业的企业在工商注册时登记为制造业。还比如，有些生产者服务如社会审计、质量检测等按照法律规定必须外购。政府在生产者服务外购方面的硬性规定的意义在于，为增强企业之间的信任提供制度保证，这必然会促进生产者服务的外部化和服务业发展。但有些地方、有些部门对此问题却重视不够，政府缺位和政府不作为使得必须外购的生产者服务仍然由企业自己说了算。比如近年来出现的医药质量和安全检验、食品安全检验、生产安全检查等领域的问题都与此有关。但规制也会产生相反的作用。当政府规章侵犯企业经营自主权，限制服务提供的自由时，企业设立自己的服务部门而不去外购服务，在成本上可能更有利。另外，由于国内规制和贸易障碍的存在，外国服务提供者的市场进入会变得更加困难。这些势必影响国内服务的市场化和外部化发展。

③ 程大中：《中国经济正在趋向服务化吗？——基于服务业产出、就业、消费和贸易的统计分析》，载于《统计研究》，2008年第9期。

规范市场运行秩序和政府行为以及打造诚信经济、树立服务理念和服务精神，应该成为政策制定的着力点。这要胜过出台各式各样的所谓产业政策和扶持政策。①

第一，世界上大多数经济体尤其发达经济体的发展历程表明，工业化阶段既是专业化分工加速深化的阶段，也是服务业加速发展的时期。因此，应从战略的高度认识，服务经济的发展对于推进中国制造业转型、切实落实新型工业化战略、最终实现产业发展与产业结构调整目标的重大意义。

第二，在规制、体制和机制方面，应适应服务业产业化、市场化和国际化发展大趋势，积极推进相关改革和开放，减少和消除扭曲，以改革和开放促发展，增强服务业发展的活力与动力。加快服务业发展，核心是体制、机制与政策创新②，关键是打破垄断、放宽准入领域以及建立公开、平等、规范的行业准入制度、促进有序竞争，中心环节是国有与集体服务性企业的产权改革与管理变革，特别关注点是要始终把体制、机制和政策创新与调整、优化服务业结构有机结合起来。

第三，在市场环境建设方面，应倡导"规范诚信服务"，整顿和规范市场运行秩序，打造诚信经济，为服务经济发展营造良好的社会信用环境。健全服务业标准体系，推进服务业标准化和规范化。鼓励服务业行业协会建设和市场化运作，发挥其在市场规范、行业自律、企业与政府沟通等方面的积极作用。

第四，重视服务领域的人才和科技支撑、组织创新和管理创新，夯实服务经济的微观基础以及推动微观企业（主要是制造业企业）的服务化进程③。依托高新技术、推进技术创新，实现传统服务业的现代化；依托现代经营方式和组织形式、推进管理创新和组织创新，是实现服务业现代化的组织与管理条件。

第五，在地区发展方面，城市是服务业的主要空间载体。尤其是大城市更应该把发展服务业放在优先战略位置，要让市场发挥基础性作用，逐步形成服务经济为主的产业结构，增强服务业的区域集聚与辐射效应，提升中心城市的服务能级，带动周边地区实现产业调整与升级。

---

① 正如刘培林和宋湛（2007）指出："经济学家的职责根本就不在于推荐此种或彼种具体的产业政策；而在于鼓呼'让价格起作用'；在于鼓呼理顺政府职能、规范政府行为、严格社会性管制标准。因为只有在具备这些条件之后，产业结构的'升级'和全要素生产率占经济增长的份额才能够达到潜在的最优水平。"

② 比如，目前中国过分依赖间接税（主要是增值税），也就是说，在产品生产的每一个阶段（从一个企业到另一个企业）都要征收增值税。这显然不利于分工深化与产业链延长，而分工深化与产业链延长则是服务经济形态的基本特征。在服务经济比较发达的美国，其税收主要来源于公司所得税和个人收入税。因此，这方面的政策需要做出调整。

③ 根据《财富》统计的全球前50强公司所涉入的行业看，有50%的公司是直接从事服务业的，且集中于批发、零售、保险和银行等几大领域（见第三章）。就一些制造业企业如 GM 来说，其营业收入中有超过50%的比例是由服务创造的。也就是说，一些制造企业也逐渐重视服务的价值，正在慢慢地服务化。

附录：对式（4－1）的推导

我们在这里对基本的鲍莫尔"成本病"模型进行一点扩展，以便于对中国的经验分析。假定考虑两个部门——货物部门（m）和服务部门（s），各自生产技术分别为：

$$Q_m = aL_m e^{r_m t} \qquad\qquad (4-1')$$

$$Q_s = bL_s e^{r_s t} \qquad\qquad (4-2')$$

两部门在 t 时的产出 Q_m 和 Q_s 取决于劳动投入 L_m 和 L_s，劳动生产率增长率 r_m 和 r_s，以及技术参数 a 和 b。两部门总劳动为 $L_m + L_s = L$。对两种产出的需求受预算约束（等于每个劳动力的工资 W），则每个劳动力的服务需求取决于服务对货物的相对价格 p_s/p_m，每个劳动力的工资收入 W，以及外在性冲击（随时间而变动的速率为 Δ），即：

$$Q_s/L = c(p_s/p_m)^\beta W^\alpha e^{\Delta t} \qquad\qquad (4-3')$$

式（4－3'）中的 β 和 α 分别表示服务需求的价格弹性和收入弹性。对货物的需求为：

$$p_m(Q_m/L) = W - p_s(Q_s/L) \qquad\qquad (4-4')$$

若假定货物为计价产品即 $p_m = 1$；工资由竞争性劳动力市场的供求均衡决定；利润极大化企业对劳动的需求基于单位劳动的边际产品价值等于其工资。于是，两个部门的劳动力边际产品分别为：

$$\partial Q_m/\partial L_m = mp_m = a\ e^{r_m t} \qquad\qquad (4-5')$$

$$\partial Q_s/\partial L_s = mp_s = b\ e^{r_s t} \qquad\qquad (4-6')$$

根据利润极大化条件，则

$$W = p_m a\ e^{r_m t} = a\ e^{r_m t} \qquad\qquad (4-7')$$

市场竞争的结果是价格等于边际成本。单位投入的边际成本在货物部门为 $W/(mp_m)$，在服务部门为 $W/(mp_s)$。于是两个部门的相对价格为：

$$p_s/p_m = (a/b)e^{(r_m - r_s)t} \qquad\qquad (4-8')$$

如果货物部门劳动生产率高于服务部门即 $r_m > r_s$，则服务相对价格随时间而上升即 $\partial(p_s/p_m)/\partial t > 0$。服务部门就业份额（占两个部门总就业的比重）为 $L_s/(L_s + L_m) = L_s/L = l_s$。则

$$L_s = (Q_s/b)e^{-r_s t}, L_s/L = [Q_s/(bL)]e^{-r_s t} \qquad\qquad (4-9')$$

在均衡状态下即均衡的相对价格和工资，每个劳动力的服务产出等于其服务需求。

$$Q_s/L = c[(a/b)e^{(r_m - r_s)t}]^\beta (a\ e^{r_m t})^\alpha e^{\Delta t} = A\ e^{[(r_m - r_s)\beta + r_m \alpha + \Delta]t} \qquad (4-10')$$

其中 $A = (c/b^\beta)\alpha^{\alpha+\beta}$。将该式代入式（4－9'）并求微分，从而推出式（4－1'）。

附表 4 - 1 中国各地服务消费支出与服务价格、收入水平的关系

省市区	城市居民服务支出			农村居民服务支出			城市居民医疗与教育服务支出			农村居民医疗与教育服务支出		
	服务价格	人均GDP	Adj.-R²	服务价格	人均GDP	Adj.-R²	服务价格	人均GDP	Adj.-R²	服务价格	人均GDP	Adj.-R²
全国总体（仅指中国内地，1990~2006年）	0.300**	0.367***	0.952	0.339*	0.366**	0.973	0.621*	0.007	0.960	0.257**	0.211	0.941
	0.527	0.459		0.562	0.433		0.975	0.008		0.618	0.363	
面板（固定效应GLS）（1996~2006年）	0.570*	0.232*	0.996	0.576*	0.243*	0.999	0.914*	-0.084*	0.989	0.531*	0.065	0.997
	0.644	0.239		0.388	0.445		0.604	0.030		0.313	0.304	
北京（1996~2006年，下同）	0.539**	0.313**	0.930	0.381**	0.195***	0.931	1.116*	-0.132	0.938	0.587*	0.040	0.887
	0.548	0.448		0.579	0.418		1.142	-0.190		0.878	0.083	
天津	0.807*	0.096	0.971	1.477**	-0.375**	0.909	1.172*	0.047	0.939	2.033*	-0.837*	0.755
	0.831	0.168		1.553	-0.668		0.918	0.062		2.067	-1.442	
河北	1.025*	-0.054	0.948	0.729*	0.125	0.967	1.716*	-0.468**	0.868	0.792*	-0.108	0.854
	1.076	-0.104		0.761	0.238		1.680	0.837		1.216	-0.302	
山西	0.336*	0.157**	0.963	0.294*	0.315*	0.950	0.438*	-0.106	0.856	0.227**	0.275**	0.892
	0.737	0.277		0.545	0.470		1.122	-0.219		0.502	0.489	
内蒙古	0.654*	-0.007	0.968	0.738*	0.126	0.964	0.641*	-0.182*	0.915	0.918*	-0.135***	0.952
	1.003	-0.018		0.786	0.220		1.536	-0.716		1.233	-0.297	
辽宁	1.276*	-0.091	0.967	0.892*	0.229*	0.954	1.446*	-0.266*	0.977	0.643*	0.187	0.903
	1.110	-0.136		0.694	0.305		1.373	-0.434		0.653	0.326	
吉林	1.197*	0.086	0.967	0.281	0.610**	0.884	1.507*	-0.141	0.938	0.349	0.349**	0.885
	0.881	0.117		0.194	0.775		1.147	-0.197		0.344	0.632	

续表

省市区	城市居民服务支出			农村居民服务支出			城市居民医疗与教育服务支出			农村居民医疗与教育服务支出		
	服务价格	人均GDP	Adj.-R^2	服务价格	人均GDP	Adj.-R^2	服务价格	人均GDP	Adj.-R^2	服务价格	人均GDP	Adj.-R^2
黑龙江	0.907*	0.117	0.955	0.489*	0.535**	0.867	1.161*	-0.092	0.926	0.315	0.429**	0.810
	0.828	0.175		0.350	0.628		1.089	-0.142		0.294	0.656	
上海	0.261**	0.410*	0.946	0.358*	0.144	0.925	0.942*	-0.060	0.962	0.551*	-0.063	0.905
	0.370	0.634		0.691	0.302		1.049	-0.073		1.079	-0.135	
江苏	0.864*	0.210**	0.981	1.040*	0.011	0.975	1.758*	-0.222*	0.959	1.211*	-0.148***	0.971
	0.682	0.327		0.971	0.021		1.267	-0.316		1.263	-0.305	
浙江	0.684*	0.269*	0.983	1.053*	0.033	0.933	1.580*	-0.261***	0.908	0.719*	0.158	0.934
	0.551	0.466		0.917	0.061		1.386	-0.492		0.674	0.319	
安徽	0.748*	0.027	0.949	0.485*	0.346*	0.993	0.997*	-0.229	0.776	0.265***	0.221**	0.910
	0.936	0.048		0.509	0.515		1.255	-0.408		0.453	0.536	
福建	0.613*	0.316***	0.926	0.683*	-0.027	0.963	0.780*	0.080	0.898	0.388**	-0.056	0.695
	0.625	0.373		1.026	-0.047		0.866	0.103		1.016	-0.170	
江西	0.714**	0.101	0.876	0.689*	0.136***	0.980	1.004*	-0.299	0.794	0.564*	-0.022	0.951
	0.816	0.146		0.808	0.201		1.336	-0.503		1.026	-0.051	
山东	0.525*	0.203**	0.959	0.537*	0.256*	0.979	0.853*	-0.112	0.945	0.544*	0.069	0.962
	0.652	0.361		0.607	0.416		1.165	-0.219		0.847	0.154	
河南	1.171*	0.096	0.939	0.717***	0.207***	0.944	1.405*	-0.148	0.940	0.565*	0.020	0.808
	0.857	0.129		0.654	0.345		1.175	-0.226		0.868	0.057	

续表

省市区	城市居民服务支出			农村居民服务支出			城市居民医疗与教育服务支出			农村居民医疗与教育服务支出		
	服务价格	人均 GDP	Adj. – R^2	服务价格	人均 GDP	Adj. – R^2	服务价格	人均 GDP	Adj. – R^2	服务价格	人均 GDP	Adj. – R^2
湖北	0.800***	0.198	0.876	1.450*	-0.087	0.946	1.457*	-0.226	0.867	1.454*	-0.422*	0.955
	0.620	0.345		1.115	-0.150		1.371	-0.478		2.113	-1.377	
湖南	0.478**	0.203	0.916	0.520**	0.208	0.913	0.630*	-0.131	0.864	0.232	0.169	0.854
	0.634	0.348		0.647	0.334		1.244	-0.333		0.494	0.464	
广东	0.563*	0.352*	0.977	0.686*	-0.0003	0.943	0.687**	0.001	0.746	0.320	-0.210**	0.481
	0.397	0.623		0.978	-0.001		0.889	0.004		0.841	-1.391	
广西	1.131**	-0.138	0.864	0.740**	-0.081	0.866	1.057	-0.201	0.602	0.314	-0.296	0.473
	1.209	-0.276		1.175	-0.240		1.248	-0.444		0.916	-1.613	
海南	1.152*	0.141	0.942	0.430	0.429**	0.847	1.470*	-0.462**	0.595	0.312	0.052	0.312
	0.789	0.205		0.308	0.651		1.634	-1.085		0.507	0.178	
重庆	0.622*	0.135	0.944	1.557*	-0.084	0.927	1.522*	-0.248***	0.955	1.315*	-0.195	0.875
	0.735	0.262		1.055	-0.094		1.280	-0.342		1.207	-0.294	
四川	0.788*	0.113	0.948	1.213*	-0.158**	0.990	1.466*	-0.553**	0.861	1.207*	-0.426*	0.942
	0.823	0.166		1.197	-0.220		1.740	-0.928		1.722	-0.859	
贵州	1.239*	-0.246***	0.970	0.955*	0.191**	0.993	2.126*	-0.969*	0.971	0.995*	-0.054	0.942
	1.280	-0.315		0.806	0.200		1.974	-1.115		1.043	-0.070	
云南	0.468	0.392	0.842	0.564*	0.345	0.935	0.803	-0.038	0.627	0.653***	0.111	0.821
	0.458	0.490		0.555	0.433		0.888	-0.054		0.767	0.167	

续表

省市区	城市居民服务支出			农村居民服务支出			城市居民医疗与教育服务支出			农村居民医疗与教育服务支出		
	服务价格	人均 GDP	Adj.-R²	服务价格	人均 GDP	Adj.-R²	服务价格	人均 GDP	Adj.-R²	服务价格	人均 GDP	Adj.-R²
西藏	1.788***	0.013	0.739	-2.853*	1.627**	0.885	0.766	-0.066	0.394	-1.085	0.907***	0.432
	0.881	0.018		-1.128	1.832		0.919	-0.213		-0.478	1.139	
陕西	0.761**	0.187	0.943	1.105*	0.106	0.935	1.157**	0.086	0.894	1.180**	-0.108	0.843
	0.667	0.325		0.825	0.157		0.840	0.124		1.122	-0.204	
甘肃	2.064*	0.416***	0.957	3.222**	-0.753**	0.942	2.318*	-0.663*	0.936	3.343*	-1.042**	0.899
	1.578	-0.625		1.729	-0.795		2.055	-1.156		2.223	-1.362	
青海	1.028*	-0.268**	0.972	1.612**	-0.144	0.905	1.333*	-0.827*	0.655	1.867*	-0.632	0.855
	1.484	-0.528		1.088	-0.132		2.805	-2.376		1.645	-0.760	
宁夏	1.198*	-0.478*	0.919	1.154**	-0.060	0.891	1.548*	-0.834*	0.718	1.227**	-0.375	0.771
	1.966	-1.112		1.028	-0.076		2.464	-1.881		1.501	-0.650	
新疆	0.788*	-0.127	0.911	-0.137	0.492*	0.922	0.896*	-0.243	0.844	0.034	0.364**	0.837
	1.162	-0.219		-0.294	1.233		1.305	-0.414		0.069	0.868	

注：(1) 自变量系数下面的数字为标准化系数（亦称 β 系数）。标准化系数等于原系数乘以该解释变量与被解释变量的标准差之比，用以衡量解释变量对于被解释变量差异的解释程度。

(2) 限于篇幅，表中未列出自变量系数的标准差或 t 统计值，仅列出显著性水平；*、**、***分别表示在 1%、5% 和 10% 水平上显著。

(3) 四类服务消费支出比例（%）、服务价格指数（1994 年 =100）和人均 GDP（元）均采用对数形式。

291

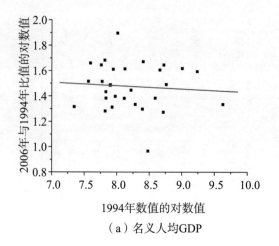

（a）名义人均GDP

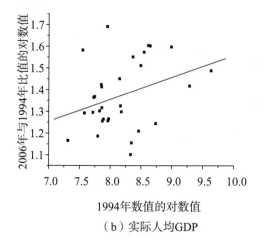

（b）实际人均GDP

附图 4－1（1）　中国各省区市人均 GDP（元）的
收敛情况（1994～2006 年）

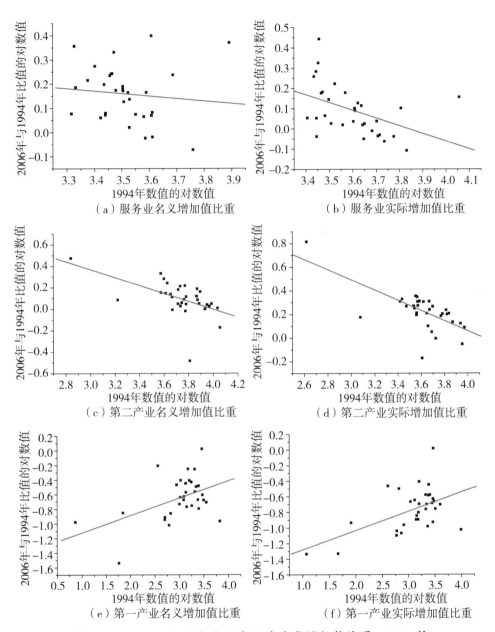

附图 4 - 1 （2） 中国各省区市三次产业增加值比重 （％） 的

收敛情况 （1994 ~ 2006 年）

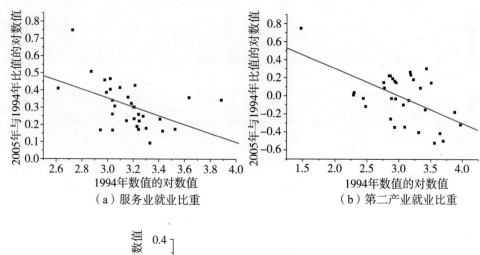

（a）服务业就业比重　　　　　（b）第二产业就业比重

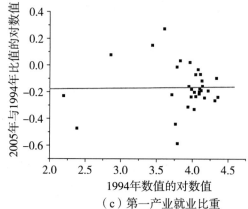

（c）第一产业就业比重

附图 4 - 1（3）　中国各省区市三次产业就业比重（%）的
收敛情况（1994～2005 年）

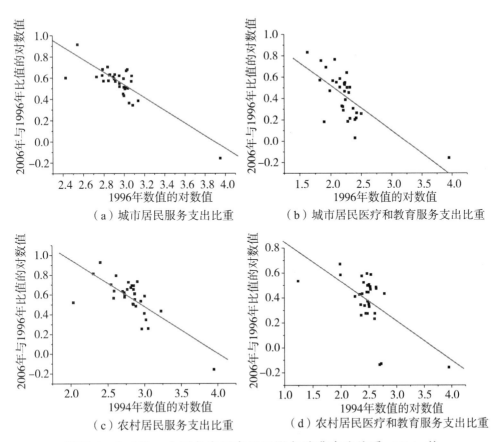

（a）城市居民服务支出比重　　　（b）城市居民医疗和教育服务支出比重

（c）农村居民服务支出比重　　　（d）农村居民医疗和教育服务支出比重

附图 4 – 1（4）　中国各省区市居民服务消费支出比重（％）的
收敛情况（1996～2006 年）

服务创新的发展战略：
基于创新型国家视角

第一节 服务创新的战略意义

20 世纪特别是"二战"之后，全球产业发展出现崭新的迹象，富克斯（Fuchs，1968）将之称为"服务经济"（the service economy），贝尔（bell，1973）称之为"后工业化社会"（post-industrialization），在美国商务部和 OECD 近年来的研究报告中又被称之为"数字经济"（the digital economy）、"新经济"（the new economy）和"知识经济"（the knowledge-based economy）等①。尽管名称不同，但其反映的现实经济变化的实质则基本一致，其中最重要的一点就是服务业在各国经济发展中的地位不断上升。服务业地位的上升在供给方面主要表现为服务业增加值和服务业就业人数的不断增加。目前，从服务业增加值占 GDP 的比重看，发达国家在 60% ~ 70%，其中美国已高达 75% 以上，中等收入国家

---

① "从农业经济向工业经济演进，最先开始于英国，随后在大多数西方国家重复着。这曾经被看作是一种'革命'。就业从工业转至服务业，这在美国以及所有发达经济体是很明显的，但这是在悄悄地进行着，并对社会以及经济分析具有'革命'成分（'revolutionary' proportions）的涵义"（Fuchs，1968）。参见 Fuchs, V. The Service Economy. National Bureau of Economic Research, 1968。贝尔（1973）：《后工业社会的来临——对社会预测的一项探索》（中译本），商务印书馆 1984 年版。

在 50% ~ 60% ；从服务业就业比重看，发达国家已高达 70% 左右，中等收入国家为 50% ~ 60% ；低收入发展中国家的这两项指标横向比都较低，但纵向比却有一定提高。因此，在国际范围内，服务业在国民经济中的地位再也不像以前那样"微不足道"了。

改革开放 30 多年来，中国服务经济发展已经有了良好的基础。从国内三次产业发展的比较看，1978 ~ 2004 年，中国服务业的增加值占 GDP 的比重由 23.7% 上升至 31.9% ,[①] 26 年间上升了近 10 个百分点；服务业从业人员比重由 12.2% 上升至 30.6% ，上升了 18 个百分点。服务业几乎吸纳了由第一产业转移出来的全部劳动力。从最终服务消费看，伴随着人均收入水平的提高，中国居民的恩格尔系数逐年下降，私人服务消费趋于上升。

从服务贸易的角度看，1994 ~ 2004 年，中国货物贸易从 2 366 亿美元，增至 11 545 亿美元，增长了将近 4 倍；BOP 统计口径的服务贸易由 321 亿美元增加到 1 337 亿美元，增长了 3 倍。服务业 FDI 总量随着中国 FDI 总量的增加而增加。[②]

但必须清醒地看到，与国际一般水平相比，中国服务经济的发展水平仍然是很低的，与中国经济的总体发展水平不太相称。然而，理论与现实已经证明，服务经济（服务业与服务贸易）的增长成为促进整体经济增长的重要动力，服务经济的发展水平已经成为衡量一个经济体经济现代化程度和社会文明进步程度的重要标志。因此，大力促进服务经济发展，对于中国实现经济结构的战略性调整、全面建设小康社会、构建和谐社会和节约型社会、建设创新型国家、加快推进社会主义现代化进程具有十分重要的战略性意义。

尽管服务经济已经变得越来越重要，但我们似乎对服务经济条件下的服务创新问题知之甚少。尤其在中国目前服务经济发展水平相对落后的情况下，如何研究服务创新问题，从而推动服务创新，尽快提高服务经济发展水平，就变得十分紧迫。这里，首先提出有关服务创新的一般分析框架，然后逐一讨论服务创新的各构成要件，最后是结论性评论。

---

① 中国第一次全国经济普查（2004 年）发现原来对服务业（第三产业）的增加值低估了。以经济普查资料为基础进行核算，2004 年全国国内生产总值按现价计算接近 16 万亿元，比修正前数增加了 2.3 万亿元；其中，第三产业增加了 2.13 万亿元，弥补了常规统计尤其是第三产业统计中的一些遗漏和不足。第一、二、三产业增加值的构成，由原来的 15.2% 、52.9% 、31.9% ，变为 13.1% 、46.2% 、40.7% 。

② 程大中：《中国服务业与服务贸易发展：机遇、挑战与战略》，在复旦大学"985"中国经济国际竞争力创新基地 2006 年科研活动"全球化经济下的中国崛起"报告会上的报告，2006 年 12 月 27 日。

第二节　关于服务创新的一般分析框架

创新（innovation）是经济增长和经济发展的核心。但对创新的研究大多是基于制造业而非服务业。[①] 这其中的原因很多，既有微观层面的因素，也有宏观层面的因素，还有一些非经济因素。正因为如此，对服务创新的研究就显得比较困难。

我们认为，与其他产业领域中的创新相比，服务领域的创新更具系统性和复杂性。系统性是指服务创新是多层次、宽领域的，而且彼此相互联系。复杂性是指服务创新涉及的经济与非经济因素相互交织在一起。有鉴于此，服务创新的一般分析框架构成应该包括以下四个方面：

一、微观服务创新。这主要是针对市场微观企业主体而提出的。它主要包括服务产品的创新、服务生产流程的创新、服务市场战略的创新等方面。这一层面的创新与服务产品本身的独特性质，以及服务生产中"人"的因素密切相关。

二、服务产业创新。这是服务创新的中观层面，主要强调知识服务业（knowledge-based services）在产业结构调整中的作用、服务业内部以及服务业与其他产业乃至经济增长之间的关联效应等方面。

三、服务宏观管理创新。服务宏观管理创新主要强调服务领域中的制度改革与市场化建设。

四、服务创新的国际扩散与国际合作。服务创新的国际扩散与国际合作则强调国际社会如何在多边、双边框架下进行知识产权、技术创新等方面的交流与合作。

这四个方面的基本关系是：服务微观创新是基础和核心，服务产业创新是方向，服务宏观管理创新是条件，服务创新的国际扩散与国际合作是动力。如图 5-1 所示。

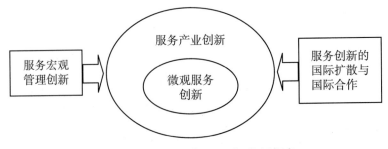

图 5-1　服务创新的一般分析框架

---

①　OECD. Innovation and Productivity in Services. OECD Report, 2001.

第三节 微观服务创新

通常认为，微观服务创新包括四个方面：服务产品创新（product innovations）、服务生产流程创新（process innovations）、组织创新（organizational innovations）和市场创新（market innovations）。[①] 其中，服务产品创新强调提高服务产品的质量、扩展服务产品的范围以及对过时服务产品的更新换代。服务生产流程创新则关注如何促进服务生产的灵活性、缩短时滞、改善工作条件和降低劳动成本。组织创新则建基于生产流程创新之上，是生产或业务流程决定组织结构和管理流程，而不是相反。市场创新则强调如何开辟新的国内外市场，或如何保持现有的市场份额。这四个层面的创新又可以归类为技术创新（主要表现为信息化或信息技术的采用）和非技术创新（包括管理创新、组织创新、功能创新等方面）。

在微观服务创新中，服务产品创新是最基本的。这是因为与有形产品相比，服务具有十分不同的特征：[②]

第一，服务一般是无形的。商品的空间形态是确定的、直接可视的、有形的；商品的生产、供应和消费伴随着它的空间形态而产生、转移和消失；人们通常还可以根据商品的空间形态直接判断它的价值或价格。服务的空间形态基本上是不固定的、不直接可视的、无形的。一方面，服务提供者通常无法向顾客介绍空间形态确定的服务样品；另一方面，服务消费者在购买服务之前，往往不能感知服务，在购买之后也只能觉察到服务的结果而不是服务本身。

第二，服务的生产和消费通常是同时发生的。商品一旦进入市场体系或流通过程便成为感性上独立的交易对象，生产过程在时间上和空间上同它分割开来。相反，服务要么同其提供来源不可分，要么同其消费者不可分。这种不可分性要求服务提供者或（和）服务购买者不能与服务在时间或（和）空间上分割开来。毫无疑问，买了电影票又想看电影的消费者，不会不到电影院；做手术的医生不可能远离他的病人。

第三，服务是难以储存的。商品可以在被生产出来之后和进入消费之前这一段时间处于库存状态，而且这不一定会给商品所有者造成损失。而服务一旦被生

[①]　Sundbo，J. and F. Gallouj. Innovation in Services-SI4S Project Synthesis，STEP Group，1998. Tidd，J. and Hull，M. Service Innovation：Organizational Responses to Technological Opportunities and Market Imperatives，Imperial College Press，2003.

[②]　程大中：《生产者服务论》，文汇出版社 2006 年版，第 25～27 页。

产出来，一般不能长久搁置，也就是不可能处于库存状态。如果服务不被使用，则既不会给购买者带来效用，也不会给提供者带来收益。列车、飞机、电影院里的空位不会产生服务收入；医院、商店、餐馆和银行等行业如果没有顾客光顾，就会带来巨大的经济损失。

第四，服务具有很强的异质性。商品的消费效果和品质通常是均质的，同一品牌的家电或服装，只要不是假冒，其消费效果和品质基本上没有差异。同一种服务的消费效果和品质往往存在显著差别。这种差别来自供求两方面：其一，服务提供者的技术水平和服务态度，往往因人、因时、因地而异，他们的服务随之发生差异；其二，服务消费者对服务也时常提出特殊要求。所以，同一种服务的一般与特殊的差异是经常存在的。统一的服务质量标准只能规定一般要求，难以确定特殊的、个别的需要。这样，服务质量就具有很大的弹性。服务质量的差异或者弹性，既为服务行业创造优质服务开辟了广阔的空间，也给劣质服务留下了活动的余地。因此，与能够执行统一标准的商品质量管理相比，服务质量的管理要困难得多，也灵活得多。

第五，服务具有较强的经验特征和信任特征。购买商品所能得到的品质和效果是能够事先预期的，是相对稳定的，购买服务所可能得到的品质和效果则是难以事先预期的。有形产品具有较强的寻找特征；服务的经验特征较强；其他一些技术性、专业性较强的服务则表现出较强的信任特征。从有形产品到服务再到专业性服务，存在着一种从较强的寻找特征向经验特征和信任特征的过渡。伴随这一过渡，消费者的评价由易变难，其在购买或消费时所承担的风险也逐渐加大。

第六，服务消费者支付的价格通常并不是与真实产出相联系的。这一点十分重要。比如医疗服务，医疗服务提供者（医院和医生等）本质上是提供健康维护服务的，但具体效果则部分地取决于病人的特征，医疗服务提供者不是基于成功的结果（即真实产出）收费，而是将费用收取与中间提供的服务相挂钩（有时病没治好，医院照样收钱）。对于律师服务，服务的结果也是部分地取决于顾客案件的特点，但收费并不是基于成功的结果，而是基于中间提供的服务。还比如教育服务，学校并不是针对其实际提供的人力资本产出进行明确地收费，而是将费用收取与学生身份注册联系在一起（如果学生在学校学不到东西，得不到任何人力资本，学校仍然要收费）。在这些例子中，缺乏与真实产出相联系的定价与定价机制是可以理解的，因为真实产出很难衡量而且不可控（往往受消费者道德风险的影响），消费者本身同时又是生产中的投入要素。①

---

① 程大中：《高等教育服务的定价逻辑及其对我国的启示》，载于《中国服务经济报告 2005 年》（陈宪、程大中主编），经济管理出版社 2006 年版，第 114～122 页。

以上这些特点具有极其重要的经济含义，它们决定了在微观服务创新过程中以下因素的极端重要性：一是人的因素，不仅包括服务生产者，也包括服务消费者；二是服务消费的外部性问题，即如何将服务消费者纳入服务创新的全过程；三是服务产品以及服务生产的标准化与质量问题。

第四节　服务产业创新

虽然对创新的研究大多是基于制造业而非服务业，但要清楚地界定服务业创新与制造业创新之间的差别是很困难的，这不仅因为越来越多的服务业尤其是知识服务业（KBS）本身正在发生着创新，而且服务业的创新也越来越多地融入到整个经济当中，从而对其他产业乃至整个国民经济产生重要而深远的影响。而且，服务业创新在国家、地区及城市创新体系中也发挥着越来越重要的作用。

首先，就服务业本身的创新而言，格拉特利和彼得斯（Gellatly and Peters）专门针对通信业（communications）、金融服务业（financial services）和技术性商务服务业（technical business services）的研究表明[1]，这三大服务部门正在发生着十分广泛的创新，丝毫不低于制造业部门。表5-1中显示，大约62%的金融服务业企业、45%的通信服务业企业和43%的技术性商务服务业企业，要么引进服务产品创新，或者流程创新，要么引进组织创新。而且，OECD的报告还表明，服务行业的创新甚至要比其他行业来得频繁。[2] 当然，不同服务行业的创新率以及创新的侧重点（产品创新、流程创新、组织创新等）无疑会存在一些差异。比如，格拉特利和彼得斯的研究表明，在这三大服务行业中，产品创新要比流程创新或组织创新更加常见。这就再次证明了服务产品创新在整个服务创新中的基础性作用。

其次，就服务业对其他产业以及整个国民经济的作用而言，我们则更能体会出服务业创新的意义。经济理论以及现实已经证明，随着经济的发展，市场容量不断扩大，分工与专业化逐渐深化。在这一趋势下，"（经济）效率（efficiency）……越来越取决于在不同生产活动之间建立起来的互相联系，而不仅仅取决于生产活

---

[1]　Gellatly, G. and Peters, V. Understanding the Innovation Process: Innovation in Dynamic Service Industries. Analytical Studies Branch-Research Paper Series, Statistics Canada No. 11F0019MPE No. 127, Dec. 1999.

[2]　OECD. Innovation and Productivity in Services, OECD Report, 2001, P. 27.

表 5 - 1　产业创新率：三大重要服务行业与五大重要制造行业的比较

产业与行业		引进创新的企业（Businesses）所占的百分比
服务业	通信服务	45.0
	金融服务	61.8
	技术性商务服务	42.6（1.3）
制造业	机器制造（machinery）	43.5（5.5）
	电力设备（electric equipment）	52.5（6.7）
	炼油与煤矿（petroleum refining and coal）	53.7（9.9）
	化工（chemicals）	41.4（6.9）
	医药（pharmaceuticals）	56.8（15.1）

注：括号内的数字为标准差。创新率用引进创新的企业占全部企业的百分比来表示。表中列举的制造业部门是制造业中核心行业，具有一定的代表性。

资料来源：Gellatly, G. and Peters, V. Understanding the Innovation Process: Innovation in Dynamic Service Industries. Analytical Studies Branch-Research Paper Series, Statistics Canada No. 11F0019MPE No. 127, Dec. 1999.

动本身的生产率状况。"[1] 正如谢尔普（Shelp, 1984）指出，"农业、采掘业和制造业是经济发展的砖块（bricks），而服务业则是把它们黏合起来的灰泥（mortar）。"[2] 里多（Riddle, 1986）也认为，"服务业是促进其他部门增长的过程产业（process industries）……服务业是经济的黏合剂（glue），是便于一切经济交易的产业，是刺激商品生产的推动力。"[3] 里多还通过构造一个"经济部门相互作用模型"（an interactive model of the economic sectors）向我们描绘了服务业在分工经济中的独特作用：服务不是"边缘化的或奢侈的经济活动"（peripheral or luxury

---

[1]　United Nations Conference on Trade and Development Secretariat. Services and the Development Process（No. T/B1008）, P. 2. Geneva: UNCTAD, 1984.

[2]　Shelp, R. The Role of Service Technology in Development, in Service Industries and Economic Development—Case Studies in Technology Transfer, NY: Praeger Publishers, 1984. 上面一句话的英文原文为："Agriculture, mining, and manufacturing are the bricks of economic development. The mortar that binds them together is the service industry."

[3]　Riddle, D. Service-led Growth: The Role of the Service Sector in the World Development, Praeger Publishers, 1986. 上面一句话的英文原文为："Services are process industries that stimulate and facilitate growth in the other sectors, both domestically and internationally. …Services are the glue that holds any economy together, the industries that facilitate all economic transactions, and the driving force that stimulates the production of goods." 目前已有很多文献对服务部门放松管制进行过深入的探讨。WTO 服务贸易理事会（Council for Trade in Services）在题为 *Economic Effects of Services Liberalization: Overview of Empirical Studies* 的报告中，详细列举并评析了有关服务领域自由化和非国有化的理论研究与经验研究文献（WTO, 1998）。

economic activities），而是位于经济的核心地带。里多详细考察了20世纪50年代末至80年代美国私人部门经济中，服务、高科技与信息部门之间相互关系的变化，强调新兴服务业（图5-2中以B和C表示的大部分）是这一关系的核心。

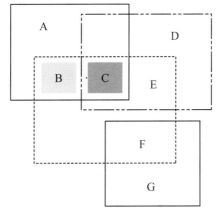

1. 服务：
1960年占GNP47%
1980年占GNP53%

2. 高科技：
1961年占GDP4%
1980年占GDP7%

3. 信息经济：
1958年占GNP30%
1980年占GNP34%

4. 非服务非高科技：
1960年占GNP31%
1980年占GNP24%

注：A 表示汽车交易、航运、维修与保养、旅游、零售与批发贸易、航空服务、特许经营、健康服务、保险、租赁等；

B 表示会计、广告、银行、教育、娱乐、投资管理、法律与管理咨询、出版、房地产、证券等；

C 表示电信、计算机与信息服务、研发；

D 表示医药、电器设备、航天；

E 表示电信与计算机设备、光学与科学设备；

F 表示电视、广播、办公设备、印刷、胶卷、磁带等；

G 表示非信息制造业、农业、采掘业、建筑业等。

图5-2 美国私人部门经济中服务、高科技与信息部门之间的相互关系

服务业本身的创新及其产生的溢出效应，很大程度上导因于以计算机与互联网为基础的信息技术（IT）革命（见图5-3）。信息技术革命极大地影响经济结构的变革，影响着产品与服务的生产，而经济变革的现实结果是服务活动的增加。产品的定制化生产（customized production）和模块化生产（modulized production）越来越重要，并有逐渐取代大规模生产（mass production）的趋势；商品与服务的互补性在增强；服务功能的实现方式在发生变化。服务业的竞争力水平正对一国经济的增长产生越来越大的影响。竞争力的提升将导致服务出口，进而商品出口（由于商品与服务的互补性）的增加，从而促进了制造业和服务业的增长。制造业特别是中小型企业将因使用到低成本、高灵活性和具有竞争力的外部化服务而受益匪浅。外部化的服务则可以充分利用规模经济的潜力和专业化优势，从而实现效率的提高与成本的节约。所有这些都引起服务在需求与供给两方面的微妙变化。

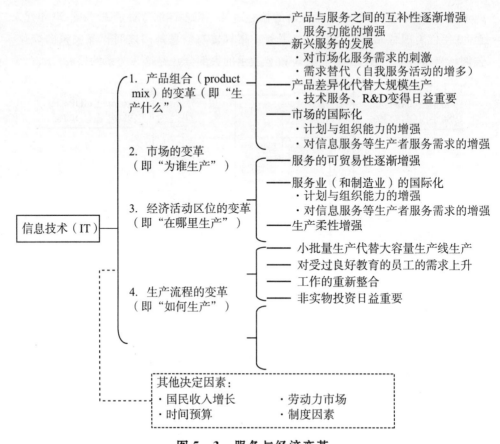

图 5 - 3　服务与经济变革

资料来源：根据奥赫尔和瓦格纳（Ochel and Wegner, 1987）整理而成。Ochel, W. and Wegner, M. Service Economy in Europe：Opportunities for Growth. Westview Press, 1987。

第五节　服务宏观管理创新

在农业和工业发展的宏观管理方面，我们已经拥有丰富的经验，但在服务业发展的宏观管理方面，我们却往往准备不足。这不仅因为服务业涉及的行业和部门众多，各行业、各部门相互交叉，头绪繁杂，而且更重要的是，由于在许多国家尤其是发展中国家，服务部门受到政府管制或干预最多，也最严。这种管制或干预往往与国家所有和市场垄断密不可分。服务领域垄断与管制的普遍结果是，服务供给严重不足，服务价格居高不下，人们尤其是穷人发现越来越支付不起日渐上涨的服务消费支出。

正如世界银行《2004 年世界发展报告：让服务惠及穷人》指出，在很多情况下，服务无法惠及穷人，不论是从服务的获得、服务的质量，还是服务价格的可承受性上。这尤其反映在直接有助于改善人类卫生保健和教育状况的服务上，包括医疗保健服务、教育服务、供水供电和排污等基础设施服务。在包括中国在内的许多发展中国家，因为接受教育、治疗疾病而导致贫困的家庭不计其数，而免于疾病、摆脱文盲，又是穷人得以摆脱贫困的两条重要途径。

2000 年 10 月，180 个国家元首签署了《千年宣言》，保证在 2015 年之前实现 "千年发展目标"。[①] 为实现 "千年发展目标"，经济增长和财政资源是必需的，但这还不够。在服务领域进行改革，确保将基本的医疗卫生和教育服务作为国家的责任，提高服务供给水平和服务质量，让服务惠及穷人。《2004 年世界发展报告》指出：第一，公共服务存在较强的外部性，所以仅靠私营部门，将不能实现社会所期望达到的健康和教育水平；第二，基本的健康和教育被看作是基本的人权。正如《世界人权宣言》认为个人有获得 "为维持他本人和家属的健康和福利所需的生活水准，包括……医疗保健……受教育的权利……教育应当免费，至少在初级和基本阶段"。公共部门不能放任健康和教育不管。问题在于，政府如何通过与私营部门、社区和外部合作者合作而尽到这个基本的责任。

如何实现服务的有效供给，让服务惠及穷人？这要取决于实际情况。在不明确的并且难以监督的环境中，政府失灵可能会超过市场失灵，所以出于效率和公平理由的公共提供服务可能不会惠及穷人。此时，应该利用需求方补贴、共同支付、客户监督、服务提供者的互相监督和提供信息等，来引导公共支出用于增强客户权力；通过分权、产生更多信息的服务提供安排、参与制预算分析，引导公共支出用于增强客户的表达，支持利他主义的服务提供者，以及遏制服务提供中的腐败。[②]

从各国的现实情况看，在供水、环卫、医疗卫生、教育以及供电等基础服务方面也的确存在让穷人受惠的一些例子。比如古巴、哥斯达黎加等。这说明政府和公民可以在提供服务方面做得更好。

《2004 年世界发展报告：让服务惠及穷人》向各国提供了一个可操作的框架，使有助于人类发展的服务能够惠及穷人。在此框架下，将穷人摆在提供服务的中心位置，能改善对穷人的服务质量。如何来做到这一点，方式就是让穷人来

---

① "千年发展目标" 包括：彻底消灭极端贫困和饥饿；普及初级教育；促进性别平等并赋予女性权利；降低儿童死亡率；改善母亲健康；与艾滋病、疟疾和其他疾病做斗争；确保环境的可持续性；建立全球范围内的发展伙伴关系。

② 世界银行：《2004 年世界发展报告：让服务惠及穷人》（中译本），中国财政经济出版社 2003 年版，第 182、195 页。

监督和约束服务提供者，并在决策中更多地体现穷人的意愿，加强对服务提供者向穷人提供服务的激励措施。公民、政府和捐助者可以朝着"千年发展目标"中所明确的消除贫困的共同目标采取措施，并加快这一进程。

第六节　服务创新的国际扩散与国际合作

随着经济全球化的深入发展，服务业的对外开放日益重要。经济全球化是在现代高新技术条件下经济社会化和国际化的历史新阶段，是世界经济发展的客观进程。服务业的对外开放涉及"跨境交付"、"境外消费"、"商业存在"和"自然人流动"四种贸易方式。与商品贸易不同，在服务贸易领域，对外直接投资（FDI）也是其中的一种贸易形式。所以，发展服务贸易必然要求并导致国家的对外开放。服务贸易的飞速发展既是世界经济发展不平衡规律的客观要求，也是经济全球化的结果。

如今，服务业已经超越一国经济的狭隘界限，在全球产业与市场整合中发挥着越来越大的作用，日益成为经济全球化的"黏合剂"。服务业在经济全球化过程中的黏合作用的发挥，主要是通过两种机制：技术扩散机制和制度扩散机制。服务创新以及知识技术密集型服务业在其中扮演关键角色的"新"经济是以经济全球化为背景的，其基本运行机制是信息化和网络化。由此不难看出，服务业的对外开放、服务创新的国际扩散和经济全球化之间天然地存在着内在的联系机理。应该说，服务创新的技术扩散机制几乎是不存在任何障碍的。服务创新的制度扩散机制则不同，它涉及服务贸易的双边与多边协议或机制，比如《服务贸易总协定》、《北美自由贸易协定》等，还具体涉及各国服务领域的敏感性问题——伦理道德和国家主权即制度因素问题。这是服务创新有别于有形商品创新的一个非常重要的方面。教育、新闻、出版、娱乐、影视、音像制品等服务部门虽非一国的国民经济命脉，但基本上属于国家上层建筑的一部分——意识形态领域。任何国家的政府都希望保持本国在政治、文化上的独立性，抵御外国在以服务贸易表现得意识形态方面的大量入侵。这种愿望在发展中国家表现得更加强烈。不仅如此，在宏观经济层次上，一国之内，有些服务业部门，如交通运输、邮电通信、电力、金融等属于一国经济的要害或关键部门或幼稚部门。政府对这些部门进行干预，主要是为了维护本国经济的独立性，避免使本国沦为他国的"经济附庸"。因此，服务创新的制度扩散机制存在着很大障碍。

第七节 结 语

现实经济中服务业与服务贸易的迅猛发展，促使我们认真思考与把握它们在国民经济中的重要地位，以及这一背景下的服务创新问题。2006 年 1 月 9 日，胡锦涛总书记在全国科学技术大会上发表《坚持走中国特色自主创新道路，为建设创新型国家而努力奋斗》的重要讲话，指出，进入 21 世纪，世界新科技革命发展的势头更加迅猛，正孕育着新的重大突破。在世界新科技革命推动下，知识在经济社会发展中的作用日益突出，国民财富的增长和人类生活的改善越来越有赖于知识的积累和创新。

建设创新型国家、提高国家整体竞争力，关键在于知识的生产与创造，而这与知识服务业的发展和服务创新息息相关。只有大力发展服务经济，推进服务创新，才能切实提高我国服务业的经济牵引力、产业整合力与国际竞争力，才能实现以信息化带动工业化、以工业化促进信息化这一新型工业化发展战略，才能更好地推进我国的产业结构优化升级，真正实现从"制造"向"创造"的转型，促进我国国民经济持续快速健康协调发展。

第六章

生产者服务业的发展战略：
基于新型工业化视角

党的十六大报告提出：21 世纪头 20 年经济建设和改革的主要任务是，完善社会主义市场经济体制，推动经济结构战略性调整，基本实现工业化，大力推进信息化，加快建设现代化，保持国民经济持续快速健康发展，不断提高人民生活水平，并进一步提出走新型工业化道路，大力实施科教兴国战略和可持续发展战略。坚持以信息化带动工业化，以工业化促进信息化，走出一条科技含量高、经济效益好、资源消耗低、环境污染少、人力资源优势得到充分发挥的新型工业化路子。推进产业结构优化升级，形成以高新技术产业为先导、基础产业和制造业为支撑、服务业全面发展的产业格局。

这表明，未来 10~15 年，是中国全面贯彻落实科学发展观、构建和谐社会、实现经济体制转型和增长方式根本转变的关键时期，加快新型工业化进程，大力发展服务业尤其是生产者服务业，并实现与制造业的协调、互动发展则成为题中应有之义。因此，深入研究生产者服务业发展的基本理论问题，把握其与制造业的互动发展关系，大力发展生产者服务业，切实培育与发挥生产者服务业的经济牵引力、产业整合力与国际竞争力，形成中国生产者服务业与制造业互动发展的产业格局，对于推动中国产业结构的优化与升级，提高自主创新能力，早日实现新型工业化战略目标等具有重要理论和实践价值。

本章内容将在已有相关研究的基础上，针对中国新型工业化的特定历史阶段和背景，重点讨论今后一段时期中国生产者服务业的发展战略问题，包括：影响中国生产者服务业发展的主要因素有哪些；生产者服务业与制造业的关系如何；

中国生产者服务业发展的历史、现状及存在的主要问题；中国生产者服务业的发展目标、思路及政策措施。

第一节 生产者服务业概述

一、"生产者服务业"概念界定及相关说明

生产者服务业是指由企业提供的作为其他商品或服务生产中间投入品的市场化服务活动和组织的集合。伴随着经济全球化的迅速推进和信息通信技术的广泛应用，生产者服务业对一国（或地区）经济发展日益重要。从先进国家和地区的发展经验看，生产者服务业除了具有增加值与就业方面的直接经济效应之外，还发挥着促进创新（如对知识本身的积累与创新、企业的行为创新等）、降低企业的交易成本、提高经济增长效率的间接经济效应，由于发达的生产者服务业本身就是产业高级化的标志，且具有自我强化机制，因此其发展不仅有利于优化产业结构，还能实现与制造业的良性互动发展。另外，需要强调的是，在已有的文献中，经常出现将"生产者服务"与"生产者服务业"混淆或等同。事实上，两者既有联系又有区别，须加以明确，重点在于区分服务活动与服务业的关系。前者是一个泛化的概念，包含了后者。关键在于区别是企业内部提供的生产者服务活动，还是企业外部购买的服务活动（即市场化的生产者服务）。只有独立核算的经济组织提供的市场化生产者服务才归属于生产者服务业，是统计意义上的服务业范畴。

由于统计和研究的需要，生产者服务业的确认和计量显得十分重要，由于对生产者服务业的外延不清，计量和统计口径很难统一。许多通常被认为是生产者服务业的部门，其产出用于满足最终需求的比重却很大（如超过 40% ~ 50%）。也就是说，实践中几乎没有一个服务业部门是完全意义上的生产者服务业部门。譬如，以通常被认为属于生产者服务业范畴的运输和仓储业为例，1990 年美国和日本运输及仓储业的中间需求率分别仅为 56.28%、59.15% （李冠林，2002）。目前，我国对"生产者服务业"外延的界定存在两类不同的理解：一是基于部门分类，将服务业中的某些部门划归生产者服务业部门，如我国《国民经济和社会发展第十一五规划纲要》中提出的生产者服务业包括交通运输业、现代物流业、金融服务业、信息服务业和商务服务业五大类；二是基于生产者服

务业的内涵和本质，利用投入产出表，认为服务业产出的中间需求部分才构成真正内涵意义上的生产者服务业。显然，第二种理解更为合理，与生产者服务业的内涵相一致。我们认为，合理划分生产者服务业与消费者服务业，可以考虑以下标准：如果某服务业部门产出的中间需求率超过50%，表明具有明显的生产者服务性质，因此建议在计量和研究时划归生产者服务业；相反，则属于消费者服务业（前提是在将服务业总体划分为生产者服务业和消费者服务业两大类的二分法条件下）。然而，需要说明的是，根据上述标准，同一个服务业部门在不同的国家（或地区）、不同的时期可能会分属于不同的大类，原因是：随着经济发展水平的提高，服务业的中间需求率会呈现不断下降的态势（本章后面将对这一现象展开详细分析）。因此，这种划分方法通常会给跨国或跨地区的横向比较研究带来困难。本章的研究主要是遵循生产者服务业的第二类理解，基于投入产出表数据展开的。

二、生产者服务业的功能和特征

（一）生产者服务业的功能及其演变

关于生产者服务业的功能，陶纪明（2006）在总结了以往经济学家从不同侧面对生产者服务业功能研究的基础上，作了较为深入、系统的分析。格鲁伯（1993）认为生产者服务的核心功能包括：积累人力资本和知识资本；深化生产的迂回过程；将人力资本和知识资本引入生产过程。另外，卡托吉安（Katouzian，1970）强调了生产者服务业对于扩大国内国际市场的重要作用，弗朗斯瓦（Francois，1990）强调了生产者服务业对专业化生产的协调和控制功能，斯瓦兰和克特威（Eswaran and Kotwal，2002）则指出生产者服务能够有效地降低企业的制造成本。

理解生产者服务业功能的另一个视角来自新增长理论，即生产者服务业是市场外部性和市场网络功能发挥作用的重要媒介。新增长理论从技术和知识的外溢效应入手，认为正是这种外部性导致经济产生报酬递增式的增长的。而外部效应的主要创造和传导部门恰恰是由生产者服务部门来承担的。生产者服务业一方面是技术和知识创新的主体，另一方面它也是这一创新向外溢出的主要媒介，也就是我们通常所说的市场网络功能。这样，生产者服务业的发展同时在三个方面——即一方面通过人力资本和知识资本的积累提高了专业化的效率（比如研发、设计、咨询、培训、信息服务等）；另一方面通过信息技术的应用降低了交易成本（比如金融保险、批发、物流、交通、通信、会计、律师等）；同时更为重要的是，生产者服务业的发展扩大了市场的网络效用和知识的溢出效应，即各种信息、技术、物质资源和劳动力的联系更加紧密且从整体而言构成了一个更加有机的大系统而发挥作用，从而对经济增长模式产生了重要的影响。

需要注意的是，上述研究均认为生产者服务业是从属于商品生产的，其本质是为商品生产服务的。无论是深化分工、降低交易成本还是知识创新和外溢，都不过是生产体系越来越精细化、系统化因而更加高效化的反应。在这样一种逻辑分析框架内，生产者服务业发展的深度和广度要受到商品生产的深度和广度的制约，生产者服务业（包括服务业整体）的发展从属于整个工业化过程。

以上分别从生产者服务业与制造业、生产者服务业与经济增长两个方面对生产者服务业的功能作了说明。事实上，立足于产业融合和服务经济的视角，还可以挖掘出生产者服务业的另一个重要功能，即生产者服务业的兴起将对生产方式产生革命性的变革，促进服务业与制造业的互动与融合，使经济发展从工业化模式进入到服务化模式中去。与工业化模式相比，生产的服务化模式的主要特征表现为：第一，生产的目的是为了满足消费者个体千差万别的个性化需求，而工业化阶段主要满足的是消费者标准化需求；第二，生产效率通过单位时间内对单位资源的利用效率来表征，而工业化的生产效率主要表现为单位时间内可利用的资源数量；第三，产品是服务的物质载体，服务不再是产品的附属物；第四，企业与企业之间的关联靠的是功能匹配而不是产品链条。

具体而言，从微观企业的生产层面来说，在现有的资源和技术条件的约束下，如何最大可能地获得消费者的需求信息以及与生产相关的知识和技术信息，对这一信息进行处理和加工并将这种信息转变为实际产品，越来越成为生产的关键环节，而具体的生产过程则变得越来越无足轻重；从宏观社会生产层面来说，新的技术及思想的创造及其低成本地扩散和传播成为经济持续增长的重要环节，而具体的物质产品存量则变得越来越不重要。从中观的产业技术层面来说，产品的技术特征及其相应的产业边界的独特性将日趋模糊和消失，代之而起的是一个新的更为广泛和一般的信息—知识—技术平台。随着信息技术的发展和生产力的提高，这一新的平台的普适性和包容性将越来越强：它不仅在具体的个别的商品生产中居于主导和支配地位，更为重要的是，它能够将大量不同种类不同性质的具体的个别的商品的传统边界打碎并整合在一个统一的生产体系内，以前由不同厂商生产并被划分为不同产业的商品现在可以由一家企业来提供。由此，企业的生产将变得更加灵活和富有弹性，商品的种类将趋于多元化，商品的效用将趋于个性化和人性化。这样一种生产体系的目标是为了更好地满足个体千差万别的个性化需求。当企业的产品同消费者独特的个性化需求建立直接的联系后，这一商品的经济性质已经发生了质的转变，成为服务集合中的一个元素，也就是生产的

311

服务化。事实上这一理论绝不是一种"乌托邦"式的幻想，它是对目前已经在发达国家萌芽并迅速蔓延开来的经济现实的一种前瞻性的理论抽象。这种生产的服务化现象不仅大量发生在 IT 行业内部，而且已经扩散到家电、汽车甚至是钢铁领域。

因此，生产者服务业所具有的收集、加工、处理、分配信息的能力以及控制、协调和支配生产过程的能力保证了它是完成上述使命的唯一人选，是促使生产方式由工业化模式向服务化模式转变的组织载体。可以认为，生产者服务业在信息技术广泛应用和经济全球化的背景下，正日益发展成为一种主导和支配经济增长的力量，成为产业融合现象继续拓展和深化的重要支撑。

需要注意的是，在经济发展过程中，生产者服务业的功能并非静止不变，而是经历了不断强化的过程，如表 6-1 所示。在工业化时期，由于生产者服务业越来越广泛地被动参与到生产制造的过程中，它的角色逐渐从具有润滑剂效果的管理功能，转变成一种有助于工业生产各阶段高效运营以及提升产出价值的中间投入。进入后工业时期，经济发展不仅依赖于工业生产，还依赖于其他经济部门，生产者服务更全面地参与到经济发展的各个层面而成为新型技术和创新的主要提供者和传播者，发挥了更多的战略功能和"推进器"效果。

表 6-1　　　　　　　　　　生产者服务业的功能演变

I（20 世纪 50~70 年代） 管理功能（"润滑剂"作用）	II（20 世纪 70~90 年代） 促进功能（"生产力"作用）	III（20 世纪 90 年代至今） 战略功能（"推进器"作用）
财务 总量控制 存货管理 证券交易	管理咨询 市场营销咨询 咨询工程（咨询业） 商业银行 房地产	信息和信息技术 创新和设计 科技合作 全球金融中介 国际大项目融资

资料来源：转引自李江帆、毕斗斗：《国外生产服务业研究述评》，载于《外国经济与管理》，2004 年第 11 期。

（二）生产者服务业的特征

关于生产者服务业的特征，不同学者的看法不尽相同，其中高春亮（2006）的研究具有一定的代表性。他总结认为，生产者服务业具有三个显著特征：知识密集，空间可分，集聚经济。

第一，知识密集。在生产的每一过程中，都需要具有专业知识的专家学者来进行规划、整合、控制、评估等工作，生产者服务业所提供的正是专业性服务，因此生产者服务业是知识密集型的。OECD（1999）认为，知识经济是建立在信息科技基础上的服务型经济，包括制造业中的高科技工业以及知识密集型的服务业。知识密集型产业意味着较多的人力资本存量，这也表明生产者服务业与传统服务业的区别。由于生产者服务业具有知识密集型特征，因此其产品往往具有专利，以体现其专业化。若从就业角度来看，生产者服务业并不能有效解决就业问题。安德森（Andersen，1999）指出，技术密集的服务业工作虽然增加速率很快，但仍占较少的比例。大部分新增服务业工作，是以低技能需求的服务性工作为主，而且易于造成结构性失业。另一项研究表明，高科技人才向生产者转移正在成为常态。萨克瑟尼安（Saxenian，1994）指出，硅谷有诸多的高科技从业人员离开高科技产业，会转往如创业投资公司、科技管理顾问公司、金融等位于硅谷周边的生产者服务业。这表明生产者服务业从业人员常具有较高的人力资本，而缺乏技能的劳动者很难从事专业性活动。因此，由要素密集特征区分生产者服务业与传统服务业十分必要，这意味着如果试图通过服务业扩大就业，所指的应是扩大传统服务业的就业。

第二，空间可分。空间可分性包含两层含义：一是与传统服务业相区别；二是生产者服务业与制造业空间上可以分离。尼古拉德斯（Nicolaides，1990）提出生产者服务业并不受限制于空间因素，服务本身跨越国界、服务消费者跨越国界以及服务业生产者跨越国界是生产者服务业的三种形态。生产者服务业可在世界任何空间区位，通过信息技术很容易向生产者提供所需的各种服务，信息技术进步使得可分性得以实现。

生产者服务业与制造业空间的可分离意义重大。德雷南等（Drennan et al.，1989）指出，在跨国企业分散化生产布局过程中，产生对分散化生产统筹规划、管理的需求，因而对生产者专业服务需求日益增加。萨森（Sassen，2002）也指出在世界大城市中生产者服务业取代传统制造业成为主导性产业，促进地方发展。生产者服务业的空间上可分性改变了世界城市产业结构。发达国家的城市通过集聚生产者服务业避免了制造业转移而产生的所谓空心化。这也为发展中国家经济发展预设了一幅图景：不但要完成制造业产业升级，也要实现生产者服务业的发展。

第三，集聚经济。生产者服务业与制造业类似，都具有集聚经济特征，并且生产者服务业更倾向于具有城市化经济特征，即城市规模增加，生产者服务业成本相应下降。艾伯斯和兰德尔（Eberts and Randal，1998）研究发现，生产者服务业大都集中于大都市地区，形成整个地区产业活动的核心代表，马库森（Markusen，1989）说明生产者服务业本身具有规模报酬递增的特性。韦纳赫姆和夏普（Wernerheim and Sharpe，2001）研究结果显示生产者服务业发展与聚集经济是密切相关的。生产者服务业除了城市化经济之外，也存在较强的溢出效应。这种溢出效应往往通过生产者服务业企业之间产品的相互购买得以实现。戴维斯（Davis，2004）的研究表明，城市服务产品投入多样性和总部之间具有较强的正相关关系。他认为服务业供给替代弹性大约为 2，这说明服务业替代弹性较低，且地方服务产品多样性对城市经济发展极为重要。

第二节　生产者服务业增长：理论与模型

近几十年来，服务业获得了迅速发展，引起了国外许多经济学家对服务业相关理论（如服务业增长的原因）的研究。该节主要分析和介绍生产者服务业增长的有关理论解释和相关模型。

一、生产者服务业增长的一般解释：社会分工视角

在人类历史上，服务活动早已有之。然而，服务业作为一个完整概念被提出并作系统的理论研究，以及服务业作为一个产业在整体上的迅速发展，则是 20 世纪才发生的。伴随着技术进步、收入水平、消费习惯以及生产规模和流通规模等因素的变动，世界上各发达市场经济国家的经济结构在 20 世纪发生了很大变化。其突出特点是，服务业在经济结构中的地位迅速上升，主要表现在服务业产值和就业人数不断增加。自 20 世纪 30 年代，经济学家们开始关注和研究这一现象。"配第 – 克拉克定理"是这一时期经济发展同产业结构变动关系的经典理论，揭示了一个国家内从事三个产业的劳动力比重，会随着国民经济的发展，人均国民收入的提高而变动，农业劳动力急剧下降，从事制造业的劳动力比重与经济增长同步，但通常在接近 40% 时便稳定下来，而服务业的劳动力比例则不断增长。

到 20 世纪 50 年代，尤其是 70 年代以来，服务业更是以前所未有的规模和速度迅速发展。服务业在世界各国经济发展中的地位逐年提高，不仅表现在服务业增加值占 GDP 的比重上，还表现在服务业就业人数占全部就业人数的比重上。那么，服务业增长的原因在哪里呢？关于服务业增长原因，许多学者作了大量的研究，其中包括：费舍（Fisher，1935），克拉克（Clark，1940），富拉斯蒂埃（Fourastie，1949），富克斯（1968），巴格沃蒂（Bhagwati，1984），里多（1986），弗朗斯瓦（1990，1993），舒甘（Shugan，1994），李江帆（1996），黄

少军（2000），江小涓（2004），程大中（2004），等等。多数文献集中认为，有以下因素导致了服务业的增长，如人均国民收入水平、城市化水平、妇女参工率、政府规制、技术进步水平、人口密度、服务业劳动生产率增长相对滞后以及服务外包（Outsourcing）的兴起等。

不难发现，上述各种因素，分别从某一方面解释了服务业的增长，或解释了服务业的部分增长，而不能解释服务业增长的全部，而服务业增长的背后，真正起决定作用并能作出一般解释的应该是"社会分工"因素。弗朗斯瓦（1990）指出，在经济全球化、企业国际化过程中，企业的规模得以扩大，有利于劳动分工进一步深化，使企业获得了规模经济和专业化经济。舒甘（1994）从分工的角度详细论述了服务业增长的深刻原因，指出了以往经济学家认为的各种用于解释服务业增长各项指标或因素的不足。例如，一般认为，由于服务产品往往具有较高的需求收入弹性，随着人均国民收入水平的提高，人们消费结构将逐步向服务转移，对服务需求的增加导致了服务业的增长。然而，这一解释只能适用于解释消费者服务业（如教育、医疗、体育、娱乐等）的增长，并不能适用于生产者服务业（如金融、电信、各类专业服务）部门，而生产者服务业却是现代经济中最具活力、增长最快的服务业部门。黄少军（2000）和江小涓（2004）的研究均表明，人均 GDP 和服务业增加值之间尽管存在正相关关系，但同时也表现出相关关系的阶段性特征。[①] 舒甘（1994）指出，信息技术的飞速发展引起的劳动在一国国内、国际两个层面的分工深化是服务业迅速发展的主要原因。

早在 200 多年以前，斯密（中文版，1972）就指出：劳动生产力最大的增进，以及运用劳动时所表现的更大的熟练、技巧和判断力，似乎都是分工的结果。斯密认为，分工是经济增长的源泉。追溯到原始社会中后期，人类历史上经历的三次社会大分工，分别导致游牧部落从野蛮人群中分离出来、手工业与农业的分离以及商人阶级的出现。由此可见，三次社会大分工的结果分别产生了农业、制造业和服务业的雏形。在狩猎采集社会，劳动分工比较简单。狩猎通常由男人来干，而采集则由女人来干。到公元前 2000 年，手工艺的专业化分工已很发达，陶工、金属工、防止工、泥瓦匠、木匠、造船匠、铜匠和金匠都是迈锡尼文化铭文中所列出的专门职业（诺思，1994）。18 世纪后期发生的产业革命，导致了越来越多的企业专门进行从生产商到消费者之间的交易，这些交易包括融资、银行业、保险、审计和会计等（菲吕博顿和瑞切特，1998）。另据历史统计（诺思，1994），1860～1960 年间，美国从事贸易的就业人数增加了 2 倍。专门

---

① 如黄少军（2000）对 1995 年 114 个国家人均 GNP 和服务业增加值之间的关系进行了研究，发现两者之间的关系具有阶段性，在 210～1 000 美元阶段，两者显著正相关；而在 1 000～3 000 美元阶段则不存在正相关关系；在 3 500～10 000 美元，这种正相关重新出现。

从事于监察、会计和审计的人数从 1900 年的 2 300 人增加到 1970 年的 712 000
人。历史表明，随着社会分工与专业化程度的加深，分工导致的劳动生产率的提
高，使得劳动力不断地从农业部门释放出来，依次向制造业、服务业部门转移。
从分工的角度看，目前所谓的三次产业，无非是社会分工不断深化的结果。

劳动分工促进了服务业的增长，主要表现在两个方面：其一，促进了消费者
服务业的发展。譬如，现代社会中，家政服务的快速发展，其实质是市场服务取
代了家庭服务，即家庭将原本由家庭自我提供服务发展成为向市场购买家庭服
务；其二，促进了生产者服务业的发展。生产者服务业的发展大致会经历由种子
期到成长期再到成熟期的过程（如图 6 - 1 所示）。20 世纪 70 年代以后，生产者
服务业的迅速发展则是原先作为企业内部的研发、设计、会计、营销、咨询等服
务职能部门分离出来，成为独立市场主体的结果。专业化而不是规模经济，是企
业面临多样化需求竞争环境下的一个重要的战略性选择（波特，1985）。服务业
这种由"内在化"向"外在化"的演进趋势，是专业化分工逐步细化、市场化
水平不断提高的必然结果。这一演进趋势得以实现的内在机制，就是因为分工产
生的收益大于因分工产生的交易费用。我们知道，随着分工与专业化的发展，必
然引起交易部门的膨胀和交易费用的增加，根据制度经济学的分析框架，只有在
分工收益大于因分工而产生的交易费用时，这种分工才能实现并延续下去。[①] 家
庭生产的特点是完全垂直一体化，每个人根据各自的需要生产（或提供）家庭

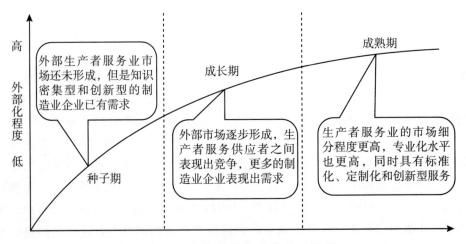

图 6 - 1　生产者服务业的发展阶段

资料来源：转引自吕政等：《中国生产性服务业发展的战略选择——基于产业互动的研究
视角》，载于《中国工业经济》，2006 年第 8 期。

---

　　① 　关于制度经济学的相关内容，可参阅科斯、诺思、威廉姆森、张五常、杨小凯等的论著。

服务，其代价分工引起的专业化生产所能获得的收益。在激烈的市场竞争条件下，各制造业公司则更加专注于自身核心竞争力的培育上，而把许多与产品有关的服务活动外包给相应的专业化公司。

二、影响生产者服务业发展的因素分析

毋庸置疑，从社会分工的层面来解释服务业的发展属于总的抽象层面的分析。抛开社会分工研究视角，基于现代经济学理论的分析框架，我们还可以从中观层面来分析，即通过服务业的供给和需求两个方面加以剖析。众所周知，任何产业的发展，都是供给和需求两方面因素共同作用的结果，没有需求的供给和没有供给的需求，以及需求和供给的长期不协调，任何产业的发展都将难以持续下去。

从需求方面的因素看（具体如图6-2所示），服务业的发展主要受到经济发展水平、城市化水平、产业结构（重点是产业基础如制造业发展状况）、人口密度，以上因素一般通过影响对服务业的需求从而拉动服务业的增长，属于拉动因素，拉动因素是服务业发展的决定性因素。

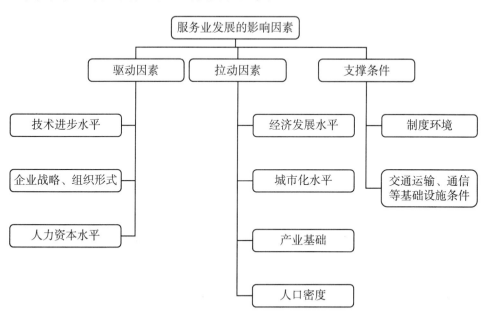

图6-2 服务业发展的影响因素

经济发展水平是关键因素。经济发展水平通常可以用人均 GDP 衡量，它是一个综合考量指标，反映了一个国家和地区的总体经济发展程度。人均 GDP 越

高，表明社会创造财富的平均能力越强，生产效率越高，同时意味着社会分工越发达，人均可支配收入越多，这样，不仅可以为服务业的发展提供充足的劳动力保证，更重要的是产生了大量对服务产品的需求（包括生产者服务和消费者服务），从而促进了服务业的发展。

城市化水平是影响服务业发展的又一重要因素。城市通常是人才、信息、资本、技术等要素的集散地。对于消费者服务行业，城市大量的人口规模和人口密度是需求的主要来源，可以使其充分发挥网络化服务和规模经济的特点，因此消费者服务类企业通常乐于在城市集聚。对于生产者服务业企业来说，由于有关市场的、技术的以及其他与竞争有关的各种知识与信息会在城市内大量聚集，使得企业生产经营的前、后向联系机会较多，城市内企业更容易获取所需的生产者服务，从而导致生产者服务活动如企业管理、控制和空间协调等职能和价值链环节逐渐向城市集聚，集聚的结果是形成了显著的外部规模经济，使这些服务的生产和经营的交易成本降低，通过正反馈机制又会促进生产者服务业在城市集聚的效应。

产业基础尤其是制造业的发展程度，是影响服务业特别是生产者服务业发展的重要指标。已有研究表明，在工业化时期，制造业是服务业产出需求的主要来源，而生产者服务业的发展也正是伴随着工业化的推进，制造业企业许多内部生产者服务活动"外在化"演进的结果，服务业和制造业是相互影响、相互作用、唇齿相依的互动发展关系。直到进入后工业化时期，服务业的自我发展和依赖、自我增强的机制才能发挥重要的作用，服务业可以部分地替代对制造业的依赖。因此，对于广大处于工业化时期的发展中国家来说，其制造业的产业基础对服务业具有深刻的影响。

供给层面的因素，也就是影响服务业生产函数的因素，包括国家或地区的技术进步状况、人力资本水平、企业的发展战略和组织架构设计等，从某种意义上说属于驱动因素。驱动因素是促进生产者服务业发展的必要条件，有利于实现生产者服务活动由"内部化"向"外部化"的转变。一方面，随着科学技术的不断进步，企业的生产条件得到逐步改善，使得整个社会生产越来越复杂，生产的迂回程度加深，企业的组织机构因此变得更加庞大。企业出于自身发展战略考虑，提升其核心竞争力，降低企业运营成本，通常倾向于将一些非核心的服务活动外包给专业性服务公司，进而实现了生产者服务活动由"内部化"向"外部化"转变。另一方面，生产者服务业企业的服务生产由于技术进步和人力资本水平的提高，大大改善了服务的生产函数，在降低服务生产成本、提高服务质量的同时，也提高了下游企业的生产效率，从而为自身的发展打开了广阔的市场空间，逐渐形成了良性发展的局面。

另外，不能忽视的是关于生产者服务业发展的平台和支撑因素，包括制度环境，交通运输、通信等基础设施条件等。其中，服务业发展的制度环境包括国内体制、服务业对外开放度、市场化程度等；交通运输、通信等基础设施条件直接关乎企业之间交易成本的大小，影响到生产者服务的可贸易性。需要说明的是，上述各类因素中有些彼此相关，联系十分紧密。

由此可知，服务业的发展受到驱动因素、拉动因素和支撑因素三大类因素的共同影响和作用，其中，驱动因素是必要条件，拉动因素是服务业发展的决定性因素，而支撑因素是服务业发展的平台和基础，只有三类因素的协调发展和共同推进，服务业才有可能驶入快车道。这已经由世界各国的发展实践所证明。

三、生产者服务业增长的模型分析

前文从社会分工的角度对（生产者）服务业的增长作了详细论述，而连远强（2009）采用新兴古典经济学的超边际分析方法，构建了生产者服务业增长的数理模型，同样可以用来解释分析生产者服务业增长的有关经济学原理，具有较强的学术价值。具体数理模型如下：

（一）生产型企业职能分工经济的模型描述

1. 模型假设

设有两个生产型企业，在决策前禀赋完全相同，既是生产者又是相关生产服务的经营者，有同样的生产函数和时间约束。分别用 X_i、Y_i 代表第 i 个企业的生产能力与相关生产服务的经营能力，都是资源投入水平（I_t）的局部（即在各自总劳动资源限度内 $0 \leqslant l_i \leqslant 1$）单调递增函数，可表示为：

$$X_1 = l_{1x}^{\alpha}, \quad Y_1 = l_{1y}^{\alpha} \qquad (6-1)$$

$$X_2 = l_{2x}^{\alpha}, \quad Y_2 = l_{2y}^{\alpha} \qquad (6-2)$$

其中，l_{ix} 和 l_{iy} 表示第 i 个企业投入 X 和 Y 的资源份额，即生产 X 和 Y 的专业化水平。设 $\alpha > 1$，表示专业化经济程度参数。

设每个企业的总劳动份额或总劳动时间为 1，则

$$l_{1x} + l_{1y} = 1, \quad l_{2x} + l_{2y} = 1 \qquad (6-3)$$

2. 企业职能专业化与分工经济

根据上述假定，如果每个企业都自己来解决内部的生产服务需求，把生产函数代入时间约束，可得企业的生产—服务转换函数：

$$Y_i = [1 - (X_i)^{\frac{1}{\alpha}}]^{\alpha} X_i, \quad Y_i \in (0, 1) \qquad (6-4)$$

用 Y_i 对 X_i 求一阶导数，则

$$\frac{\mathrm{d}Y_i}{\mathrm{d}X_i} = -[(X_i)^{-\frac{1}{\alpha}} - 1]^{\alpha-1} < 0 \qquad (6-5)$$

式（6-5）是 Y_i 和 X_i 之间的边际转换率，是以 Y_i 表示的 X_i 的机会成本，也就是 X_i 增加 1 单位时，Y_i 必须减少的量。转换函数的一阶导数为小于零，表明它在 X - Y 平面上是一条斜率为负的曲线。

用 Y_i 对 X_i 求二阶导数，则

$$\frac{\mathrm{d}^2 Y_i}{\mathrm{d}(X_i)^2} = \frac{\alpha-1}{\alpha}[(X_i)^{-\frac{1}{\alpha}} - 1]^{\alpha-2}(X_i)^{-\frac{1}{\alpha}-1} > 0 \qquad (6-6)$$

式（6-6）是边际转换率的导数，此导数大于零，表明转换函数在 X - Y 平面上是凸向原点的曲线，说明每多增加 1 单位 X，需要减少的 Y 越来越小，即边际转换率递增，这正是专业化提高生产经营能力的结果。

根据生产函数、时间约束及转换函数的导数特性，可以在 X - Y 平面上刻画出单独及加总的转换曲线，如图 6-3 所示。

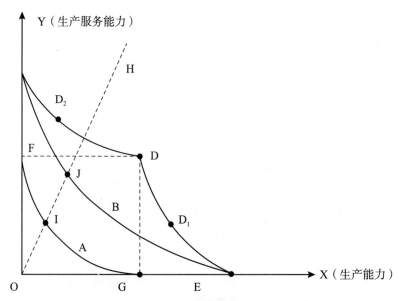

图 6-3　单个企业或加总的转换曲线

其中，A 曲线是单个企业相关生产服务自营的生产转换曲线。当企业的资源全部用于制造生产（X）时，其最大生产能力为 1；全部用于生产服务活动经营（Y）时，其最大经营能力为 1。B 曲线是两个企业都选择相关生产服务自营的总合转换曲线，从 O 点出发，作无数条类似于 OH 的射线，并取 IJ = OI，可得无数类似于 J 的点，并把它们连起来就构成 B 曲线。GDE 是有分工的总合转换曲线

（不含 G、E 两点），D 点是完全分工状态，一部分资源专于制造生产，另一部分资源专于生产服务经营；D_2 点是部分分工状态，一部分资源专于制造生产，另一部分资源既从事制造生产，又从事相关生产服务经营；D_1 点也是部分分工状态，一部分资源专业于相关生产服务经营，另一部分资源既从事制造生产，又从事生产服务经营。

从图 6-3 中可以直观看出，有分工的总合转换曲线高于自给自足的总合转换曲线，它们之间的差距就构成分工经济。我们认为正是这种分工经济产生了生产服务产业化发展的基本动力。在生产服务产业化实践中，就是要把企业在传统生产方式下承担的但在市场经济环境中又难以承担（或承担起来不经济）的经营职能部门或全部剥离出来，由生产服务企业来承担，使双方都能获取因专业化而产生的递增报酬。从职能分工来看，生产服务产业化的本质是企业生产职能与生产服务职能的分工与组织。

（二）生产性企业职能分工的均衡分析

1. 假设

（1）在一个经济体中有 M 个企业，它们既是生产制造者又是相关生产服务的自营者。

（2）可以认为这些企业生产两类产品，一类是必须在本企业内加工制造的最终产品，如汽车、电脑等；另一类是可以委托第三方进行生产或采购的相关配套产品，以及生产过程中需要的研究与试验、质量检测、物流等相关生产服务性过渡产品或服务，我们在这里把第一类统称为中间产品。

（3）有一种针对中间厂成品和最终厂成品的交易服务。根据我们对生产服务业的界定，我们可以认为提供中间产品和交易服务都属于生产服务业的经营活动，而生产最终产品则是生产装配制造过程。

设中间产品和最终产品的自给量分别为 x 和 y，其售卖量分别为 x_s 和 y_s，购买量分别为 x_d 和 y_d。k 为交易的服务系数。这种服务可以自给自足，也可以购买，设：r 为自给自足的交易服务，r_d 为购买的交易服务，$k = r + r_d$。每个企业也可以向别人提供交易服务，其售卖量为 r_s，因此，每个企业两类产品及一种服务的生产函数为：

$$x + x_s = l_x^\alpha, \quad y + y_s = l_y^a, \quad r + r_s = l_y^a$$

其中，l_i 为生产 i 种产品及服务的专业化水平，a，b，t 为三种活动的专业化经济程度参数。在本模型中，设它们程度一致，a = b = t。每个企业的时间约束是：

$$l_x + l_y + l_r = 1, \quad l_i \in [0, 1] \, i = x, \, y, \, r$$

假定交易服务系数只与交易量有关，而交易服务本身又受到贸易伙伴之间相关服务水平要求、中间产品难易程度、进行协调优化、相互距离远近的影响而产生交易费用，这种费用系数用 $1-K$ 表示，K 定义为交易效率系数。所以，对于产品而言，购买 x_d 时实际得到的是 Kkx_d，$(1-K)kx_d$ 因有各种交易费用在交易中消失掉了。其中，$1-K=s\sqrt{N}$，$N=n-1$。$n-1$ 为每个企业所需要的中间产品种类数。是一对相邻企业间的平均服务水平，可以把其理解为因物质条件、技术条件、制度条件、政策条件、管理水平等所形成的交易难度。

这时，每个企业的效用函数可设为：

$$u=\left[x+K(r+r_d)x_d\right]^A\left[y+K(r+r_d)y_d\right]^B,\ A,\ B\in(0,\ 1)$$

其中，A、B 代表企业对中间产品和最终产品这两种产品的需求程度，在这里设需求水平一致，$A+B=1$。此外，设 P_x、P_y、P_r 分别为的市场价格。

2. 职能分工的结构模式与均衡分析

根据以上假设和说明，设 A 与 B 一致，即 $A=B$。运用新兴古典经济学中的定理，可以分析如下三种结构模式，并求角点均衡和全部均衡。

（1）两种产品全部自给自足模式，记为 AT。

在 AT 模式中，$x_s=x_d=y_s=y_d=r_s=r_d=r=l_r=0$，企业的最优化决策问题是：

$$\max\ U=(xy)^{\frac{1}{2}}$$
$$s.\,t.\ x=l_x^a,\ y=l_y^b$$
$$l_x+l_y=1$$

（2）买一种产品的生产专业化模式，记为 PT。对企业来说，此模式主要有两大组合：

①生产 x，买 y 且交易服务自给自足的最优决策 $(x,\ y)$，在此决策中，$x_d=y=y_s=r_s=r_d=l_y=0$，企业的决策问题是：

$$\max\ U=(K,\ x,\ r,\ y_d)^{\frac{1}{2}}$$
$$s.\,t.\ x+x_s=l_x^a,\ r=l_r^a$$
$$l_x+l_r=1$$
$$P_xx_s=P_yy_d\ （此式为预算约束，以下同）$$

②生产 y、买 x 且交易服务自给自足的最优决策 $(y,\ x)$，在此决策中，企业的决策问题是：

$$\max\ U=(K,\ x,\ r,\ y_d)^{\frac{1}{2}}$$
$$s.\,t.\ x+x_s=l_y^a,\ r=l_r^a$$
$$l_y+l_r=1$$
$$P_yx_s=P_xx_d$$

（3）生产与交换的完全专业化模式，记为 CT。

对企业来说，此模式有三大组合：

①生产 x，买 y 和 r，即（x，yr）的决策

在此决策中，$x_d = y = y_s = r = l_y = l_r = 0$，企业的决策问题是：

$$\max U = (K，x，r，y_d)^{\frac{1}{2}}$$

$$s.t. \ x + x_s = l_y^a，r = l_r^a$$

$$l_y + l_r = 1$$

$$P_y x_s = P_x x_d$$

②生产 y，买 x 和 r，即（y，xr）的决策

在此决策中，$x_d = y = y_s = r = l_y = l_r = 0$，企业的决策问题是：

$$\max U = (K，x，r，y_d)^{\frac{1}{2}}$$

$$s.t. \ y + y_s = l_y^a，$$

$$l_y = 1$$

$$P_y x_s = P_x x_d + P_r r_d$$

③生产 r，买 x 和 y，即（r，xy）的决策

在此决策中，$x_d = x = x_s = y = y_s = l_x = l_y = 0$，企业的决策问题是：

$$\max U = (K_1，r_2，x_d)^{\frac{1}{2}}(K_1，r_1，y_d)^{\frac{1}{2}}$$

$$s.t. \ r + r_s = l_y^a，$$

$$l_y = 1$$

$$P_y x_s = P_x x_d + P_y r_d$$

上面分别给出了三种结构模式的效用函数和约束条件，首先可以求出每种结构模式中每种决策的最优解，然后根据效用均等和供求均等的均衡条件，得到每种结构的角点均衡，如表 6-2 所示。

表 6-2 三个角点均衡的信息

结构	AT	PT	CT
相对价格	—	$\dfrac{P_x}{P_y} = 1$	$\dfrac{P_r}{P_y} = \dfrac{P_r}{P_x} = \dfrac{4}{3}K^{\frac{1}{3}}$
相对资源量	—	$\dfrac{M_x}{M_y} = 1$	$\dfrac{M_r}{M_y} = \dfrac{M_r}{M_y} = \sqrt[3]{K}$
实际收入	1	$\dfrac{\sqrt{1-s} \cdot 2^{n-1}}{3^{\frac{3}{2^n}}}$	$\dfrac{(1-s)2^{\frac{1}{3}}}{6}$

将表6-2中真实收入在三个角点均衡之间进行比较，可以得到全部均衡（即在一定的参数空间下，所有角点均衡中的最优者为全部均衡）及其新兴古典比较静态分析结构，如表6-3所示，全部均衡及比较静态特性显示：

表6-3 全部均衡及比较静态特性

s	>0.7071	0 < s < 0.7071	
a		$a < a_0 = \dfrac{\ln 6 - \dfrac{2}{3}\ln(1 - s\sqrt{2})}{\ln 2}$	$a > a_0 = \dfrac{\ln 6 - \dfrac{2}{3}\ln(1 - s\sqrt{2})}{\ln 2}$
均衡结构	AT	PT	CT

第一，当代表两企业间相关服务水平要求、中间产品难易程度、进行协调优化、相互距离远近的影响等条件时的 s > 0.7071，均衡是自给自足。也就是说在这种状况下，企业的生产服务活动适合自营。

第二，当 0 < s < 0.7071 时，若专业化经济程度参数，$a > a_0$ 均衡是完全专业化分工，即企业适合将相关生产服务业务外包给专业的第三方生产服务企业；若专业化经济程度参数 $a < a_0$，均衡是自给自足，企业同样也适合自营生产服务业。

第三，PT 结构的真实收入始终是小于 AT 结构的，PT 不是全部均衡，说明没有一定的交易专业化服务，生产的专业化也难以实现，反映了生产服务业对生产的制约作用，同时也说明了生产服务产业形成的大势所趋。

总之，生产者服务业的形成是专业化分工、报酬递增的结果，新兴古典经济学以专业化分工理论为源泉的报酬递增思想和超边际分析对生产者服务业的发展机理具有一定的解释力。分工的深化促进了企业的发展，而企业为了减少交易成本，就越来越多地将相关生产者服务业务外包给专业的第三方服务业公司，从而促进了生产者服务业的形成和发展。同时，生产者服务业公司以其企业规模、降低成本、协作创新的功能，通过纵向专业化分工和横向经济协作，提高了交易效率，降低了交易费用，促进了分工的发展。

第三节 生产者服务业与制造业的关系、演化规律及趋势

一、生产者服务业与制造业关系的若干观点及评述

在三次产业出现结构性变化的同时，服务业内部结构也在不断地发生着变

化。具体表现为，服务业从传统的以劳动密集型为主转向以资本密集型为主，并正在进一步向知识技术密集型为主的服务业转变。20 世纪 70 年代以来，生产者服务业作为服务业中最具活力的部门，其发展速度已超过了制造业的发展速度，在制造业增加值比重和就业比重不断下降的同时，生产者服务业部门（部门法分类下）的增加值和就业比重呈现逐年上升趋势。经济越发达，这一现象越是明显。服务业的迅速发展引起了经济学家的广泛关注，开始重新思考服务业在国民经济中的地位，以及服务业与制造业的关系问题。关于服务业与制造业的关系，学术界主要存在以下观点：

其一，认为制造业是服务业发展的前提和基础，服务业则是制造业的补充，如科恩和齐斯曼（Cohen and Zysman，1987）、罗松和拉马斯瓦米（Rowthorn and Ramaswamy，1999）、克洛特（Klodt，2000）、格里尔里和梅利恰尼（Guerrieri and Meliciani，2003）等。科恩和齐斯曼（1987）强调，许多服务业部门的发展必须依靠制造业的发展，因为制造业是服务业产出的重要需求部门，没有制造业，社会就几乎没有对这些服务的需求。

其二，认为服务业尤其是生产者服务业是制造业生产率得以提高的前提和基础，没有发达的生产者服务业，就不可能形成具有较强竞争力的制造业部门（Pappas and Sheehan，1998；Karaomerlio and Carlsson，1999；Eswaran and Kotwal，2001）。如斯瓦兰和克特威（2001）指出，服务业部门的扩张有两条途径可以使制造业部门收益：首先是能够引起进一步的专业化和劳动分工；其次是降低了投入到制造业部门的中间服务的成本。而专业化水平的不断提高，正是促进劳动生产率提高的驱动力（杨小凯、张永生，2000）。

其三，认为服务业和制造业部门表现为相互作用、相互依赖、共同发展的互补性关系（Park and Chan，1989；Shugan，1994；Bathla，2003）。他们认为，随着经济规模特别是制造业部门的扩大，对服务业的需求，如贸易、宾馆、金融、交通、社会服务，以及教育、医疗服务等，会迅速增加，同时也提高了制造业部门的生产率；反之，服务业部门的增长依靠制造业部门中间投入的增加。而且，随着经济发展程度的提高，服务业与制造业之间彼此依赖的程度逐渐加深。

其四，近年来出现了更新颖的观点，认为服务业与制造业呈现融合的趋势。一些学者认为，随着信息通信技术的发展和广泛应用，传统意义上的服务业与制造业之间的边界越来越模糊，两者出现了融合趋势，如伦德瓦尔和博拉斯（Lundvall and Borras，1998）、植草益（2001）、周振华（2003），随着"制造服务化"现象的日益突出，"融合论"也已得到广泛认可。

可以看出，前两个观点都过于偏激，只看到问题的一面，缺乏对问题全面、深入的剖析。正如制造业与农业的关系一样，制造业从农业中分离出来以后，却仍然与农业保持着紧密的联系，制造业的发展离不开农业，农业劳动生产率的提高同样依赖于制造业的发展水平。服务业的发展是随着劳动分工深化、社会经济发展到一定阶段的产物，服务业尤其是生产者服务业与制造业的关系并非是一种简单的分工关系，二者之间更多地表现为你中有我、我中有你的相互作用、相互依赖、共同发展的一种动态的内在联系。以计算机硬件和软件业关系为例，一方面计算机硬件技术的升级需要相应的软件系统支持，另一方面软件的发展反过来又推动着计算机硬件功能不断提升，任何一方得不到发展或发展滞后都将使另一方受到制约。如果说消费者服务业发展的背景是分工及其深化，这代表着服务业与制造业关系演进的第一阶段的话，那么，生产者服务业的迅速发展则是制造业对服务业的依赖加深，进而形成服务业与制造业融合发展的第二阶段。在第一阶段，两者之间主要是分工关系，关系比较松散，彼此相对独立发展；在第二阶段，尽管依然是社会分工进一步深化，但更多地表现为相互依赖、相互作用、良性互动的互补性关系。最后，需要说明的是，"融合论"实质上并不是一种服务业与制造业关系的新型关系，而仅仅说明了服务业与制造业在互动发展过程中，服务业的相对地位在不断提升，同样是分工深化的结果。

二、生产者服务业与制造业的互动关系及理论依据

生产者服务业提供的服务范围很广，金融、保险、电信和其他商业服务，如广告和市场研究，以及专业和科技服务，如会计服务、法律服务、R&D服务等，都属于典型的生产者服务业活动。生产者服务业作为商品生产或其他服务的投入，其重要性在于其极大地提高了劳动生产率和经济增长的效率。

（一）生产者服务业与制造业的互动关系表现

一方面，生产者服务业依赖制造业的发展而发展。生产者服务业的活动大多数是产品生产的辅助性活动，其产出的相当比例是用于制造业部门生产的中间需求，没有制造业的发展，它就失去了需求的来源。世界各国发展的现实表明，凡是制造业发达的国家（地区），其生产者服务业也就比较兴旺。卡拉梅里奥根和卡尔森（Karaomerliogln and Carlsson，1999）通过对美国投入产出数据的分析表明，用于制造业部门的生产者服务在 1987～1994 年间增加了 1 倍，约占了整个生产者服务产出的 48%。

另一方面，制造业的良性发展离不开生产者服务业的有力支撑。许多生产者服务部门，如金融、保险、电信、会计、法律、技术服务、咨询、R&D、物流等，都是支持制造业发展的重要部门。生产者服务能够提高制造业劳动生产率和

产品的附加值（Hansen，1994）。生产的社会化、专业化发展，使企业在生产经营中的纵向和横向联系加强，相互依赖程度加深，引起对商业、金融、保险、运输、通信、广告、咨询、情报、检验、维修等服务需求量迅速上升（李江帆，1996）。有资料表明，产品价值构成中，有高达75%～85%与生产者服务活动有关。计算机市场上增值部分的60%～70%来自软件和维护服务。如图6－4所示生产者服务业提升制造业的路径及机理包括：

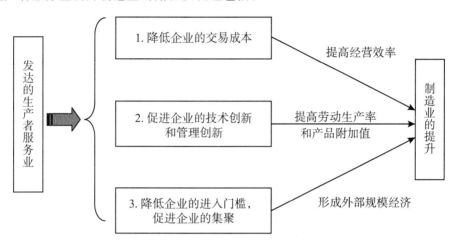

图6－4　生产者服务业提升制造业的机理

机理一：能够降低制造业企业的交易成本，提高经营效率。

随着世界经济一体化和区域经济集团化的发展，以及生产经营活动、生产链和价值链的全球化（跨国公司是其中的主要角色），相关的微观主体越来越需要生产者服务为全球性投资和生产活动配套，从而扩展了一系列诸如协调、管理、物流运输和金融保险等服务链的投入，导致分散化经营方式对生产者服务及其贸易所发挥的"黏合剂"作用的依赖（程大中、陈福炯，2005）。生产者服务业的发展主要体现为生产者服务活动由制造业企业"内部化"向"外部化"的不断演进，是专业化分工逐步细化、市场化水平不断提高的必然结果。这一演进趋势得以发展的原因，一方面是在激烈的市场竞争条件下，各制造业公司出于专注于自身核心竞争力的培育，只能把许多与产品有关的服务活动外包给相应的专业化服务公司；另一方面，是因为分工产生的收益大于因分工产生的交易费用。我们知道，随着分工与专业化的发展，必然引起交易部门的膨胀和交易费用的增加，根据制度经济学的分析框架，只有在分工收益大于因分工而产生的交易费用时，这种分工才能实现并延续下去。由于分工与专业化的结果，使得专业生产者服务业公司在市场充分竞争条件下，提供服务的成本和价格相对制造业企业内部提供的服务要便宜得多。因此，生产者服务业越发达，越有利于降低制造业企业的服务投入成本，从而提高经营效率。

机理二：能够促进企业的技术创新和管理创新，提高劳动生产率和产品的附加值，从而增强产品的竞争力。

实践表明，在经济发展的起飞阶段，主要靠大量要素投入驱动经济增长，但当经济发展到一定阶段，这种粗放型增长模式往往与较低的企业管理水平和创新能力并存，必将受到资源、市场、需求等因素的制约而变得难以为继，要实现经济的可持续发展必须转变经济增长方式，大力发展集约型经济，想方设法提高企业的自主创新能力和技术进步水平，尽其所能地改变落后的管理方式，提高企业管理水平。与发达国家相比，当前发展中国家众多领域的产品国际竞争力不强，正是企业技术创新能力和管理水平双重低下的集中体现。格鲁伯和沃克（1989）认为，在生产者服务中，大部分以人力资本和知识资本作为主要投入，生产者服务部门乃是把日益专业化的人力资本和知识资本引进商品生产部门的载体。生产者服务业的许多部门，如管理咨询、研究与开发服务，以及其他技术服务等各类专业服务的发展，有利于改善和解决企业管理水平低下、技术创新能力不足的问题，能够改善产品的结构和质量，提高产品科技含量，从而有利于提高工业企业的劳动生产率和产品附加值，增强产品国际竞争力。

机理三：有利于降低企业的进入门槛，促进制造业企业的集聚，从而提升制造业的竞争力。

实践证明，制造业竞争力的提升离不开产业的集群式发展，从产业集群的特点来看，多数产业集群主要体现为大量的中小企业在空间地理上的集聚。一个成熟的产业集群至少由众多的生产企业和服务支持系统包括教育培训机构、研究与开发机构、金融机构、物流服务体系等有机构成，而后者正是产业集群能否持续发展壮大的关键支撑。高度发达的生产者服务业，一方面可以使中小制造业企业减少和节约关于生产者服务部门的人力资本和知识资本的专用性投资，降低了企业的创设门槛，有利于企业的集聚；另一方面，可以使中小企业充分发挥灵活生产的比较优势，同时形成整体规模经济效应，借以与规模、实力雄厚的同行业跨国公司相抗衡，从而有助于提高制造业的竞争力水平。实际经济活动表明，没有生产者服务的充分有效供给，就没有大量中小企业的空间集聚，更谈不上产业集聚的大发展。大量制造业企业在长三角的集聚发展，正是由于以上海为龙头，包括江苏、浙江若干城市的生产者服务业相对国内其他地区比较发达，保证了与产品生产有关的产前—产中—产后的各类服务的充分供给，降低了中小企业的创设门槛，从而吸引了企业的大量集聚。

1. 生产者服务业与制造业互动发展的相关理论依据

目前，关于生产者服务业与制造业的互动发展关系的理论基础，学术界主要基于分工理论、价值链理论和生态群落理论对其进行解释。

（1）分工理论

依据古典经济学派的分工理论，生产者服务活动外包是分工深化、专业化程度提高的表现。新制度经济学派的某些学者依据交易成本理论分析了生产者服务外包问题。科菲和德罗莱（Coffey and Drolet，1996）认为，每一个企业都将面对"做或买"的重要战略性决定，它影响到成本结构、生产和组织模式、可能的区位直至经济的结构。企业需要取得多种资源与能力才能生产产品或提供服务，而企业总是希望能够以最低廉的成本来取得所需要的资源与能力，在市场中才会具有竞争力。生产者服务的外包，指的是企业通过与生产者服务业领域企业之间的市场交易来满足其对生产者服务功能的需求，既发生在制造业企业中，也发生在服务业企业中。制造业企业曾经是一系列生产者服务的重要生产者，包括企业内部的 R&D 部门、批发和零售部门、内部运输设施等，而且这些服务多由企业的总部来提供（Coffey and Polese，1987）。通过垂直分解，它们把一些以前由内部来提供的生产者服务活动实施外部化，进行外包。

（2）价值链理论

价值链是美国的迈克尔·波特于 1985 年首先提出的。他描述了顾客价值是如何通过一系列可以形成一个最终产品或服务的作业而形成的，并将企业的作业分为两大类：基础作业和支持作业。后来对价值链进行重新定义：一系列连续的价值创造作业，从基本的原材料到供应商、到生产者、直到消费者使用的和在运输途中的最终产品。

波特（1998）证实，在其价值链分析过程中，生产者服务业渗透到每一个制造业企业的价值链环节，通过生产者服务业在制造环节中的渗透，其在整个生产过程中提供 5 个相互关联的投入：生产什么，怎样生产，空间协作，其他"促进性"服务，分销。他认为，企业创造价值的过程可以分解为一系列互不相同，但又互相联系的增值活动，如设计、生产、销售等，其总和构成企业的价值链。实际上，并非每个环节都能创造价值，价值创造来自于某些特定的活动，即战略环节，企业的竞争优势实际上就是企业在价值链上某个特定战略环节上的优势。从国际经济竞争的现实看，随着市场竞争的加剧，企业竞争优势对加工制造环节的依赖性在减少，生产者服务活动越来越具有战略环节的性质。

中国台湾宏碁创办人施振荣基于产品价值链提出的"微笑曲线"形象地展示生产者服务对制造业竞争优势的贡献。如图 6-5 所示，在产品的附加价值链中，由研发创新、设计到制造加工，直至销售等的各项活动，其附加价值曲线形成两头高中间低的"微笑曲线"，左端是上游的材料、设备、研发、创新等，基本上属于高科技产业活动，其附加价值较高，右端是下游的品牌、渠道、促销、物流、金融等，多属于高附加价值的服务业活动；中间是需要大量劳动力的加工、组装工序，其附加价值较低，制造企业只有选择向附加价值较高的两端发展，才能创造持久的竞争优势。进入 20 世纪 90 年代以后，生产者服务活动的重要性日益显著。

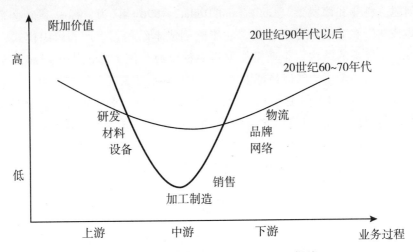

图 6 - 5　基于产品价值链的微笑曲线

从企业价值链角度看生产者服务的作用，主要体现如下方面：其一，生产者服务实际上是人力资本、知识资本和技术资本进入生产过程的"桥梁"。技术和知识在制造部门中的实际应用，大多是通过科技开发、管理咨询等生产者服务的投入来完成的。其二，生产者服务是产品价值增值的主要源泉。现代社会化的大生产中，企业利润的主要价值链已经不在加工制造，而在产品的研究设计、市场开发等生产者服务链条上。其三，生产者服务是形成产品差异性和企业之间进行非价格竞争的重要手段。

（3）生态群落理论

群落最初是生物群落的简称，它是指在一定时间内居住在一定空间范围内的生命种群的集合。生物群落的构成有以下一些特点：一是群落内的各种生物并不是偶然散布的一些孤立的东西，而是相互之间存在物质循环和能量转移的复杂联系，因而群落具有一定的组成和营养结构；二是在时间过程中，生物群落经常改变其外貌，并具有一定的顺序状态，即具有发展和演变的动态特征；三是群落的特征并不是其组成物种的特征的简单总和。

基于生态学的启示，经济群落是经济生态系统中一种特定的组织，各种群落之间的关系也不是简单的堆砌，而是具有内在联系的。群落组成有农业群落、工业群落和现代服务业群落，还有不可缺少的制造业亚群落、生产者服务业亚群落，如图 6 - 6 所示。

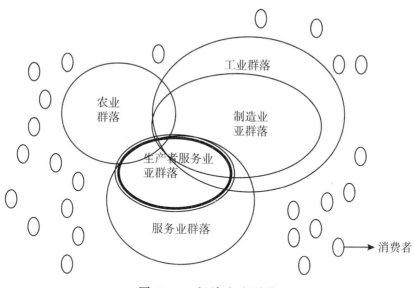

图 6 - 6　经济生态群落

资料来源：孔德洋、徐希燕：《生产性服务业与制造业互动关系研究》，载于《经济管理》，2008 年第 12 期。

农业群落、工业群落以及服务业群落三个基本群落是互动的关系，尤其是服务业群落更多地交融在其他群落当中。谢尔普（1984）指出："农业、采掘业和制造业是经济发展的砖块，而服务业则是把它们钻合起来的灰泥。"里多（1986）也认为："服务业是促进其他部门增长的过程产业……服务业是经济的黏合剂，是便于一切经济交易的产业，是刺激商品生产的推动力。""服务不是边缘化的或奢侈的经济活动"，而是位于经济的核心地带。生产者服务业又是黏合剂的最主要成分，正是生产者服务业亚群落的存在，使得服务业群落与其他两个群落互动共生融合，形成一个有机的经济群落。

在国民经济生态群落中，制造业的社会分工、服务外包、产业链的衍生致使生产者服务业的产生。制造业自身的升级要求大量的知识投入，拉动生产者服务业的发展。而生产者服务业通过知识投入促进制造业竞争力的提升。两者共存共进：制造业拉动生产者服务业发展，生产者服务业推动制造业升级。

制造业亚群落和生产者服务业亚群落之间是相互交融的。制造业亚群落为生产者服务业提供了生存的环境：其一，生产者服务业是从制造业中衍生出来；其二，制造业亚群落是生产者服务业亚群落的主导消费者。生产者服务业亚群落为制造业亚群落提供营养和赖以升级的知识流。

三、生产者服务业与制造业关系演化的规律及趋势

值得注意的是，服务业与制造业的互动关系不是一成不变的，而是动态发展和不断演化的。已有研究显示，发达市场经济国家的服务业整体和许多具体服务业部门的中间需求率明显低于发展中国家（李冠林，2002），目前许多经济合作与发展组织（OECD）成员方生产者服务业产出的近70%投入到服务业部门自身（程大中，2008）。这些经验事实似乎表明：随着分工的深化、经济发展水平的提高，服务业与制造业的结构关联将发生重要的变化，服务业对制造业的依存度在下降，同时，服务业的发展可能具有自我发展和强化机制。基于此，我们有理由认为，生产者服务业与制造业的互动关系不是一成不变的，而是动态发展和不断演化的。理解和把握两者关系的演化规律和趋势，对我国新一轮产业政策的制定和实施具有重要的指导意义和实践价值。遗憾的是，已有的研究文献忽略了对生产者服务业和制造业的关系演化规律和趋势的关注。

实际上，透过世界产业发展的历史和目前许多发达国家产业结构与关联的演进历史，我们不难发现：在工业化前期，服务业与制造业关系比较松散，彼此相对独立发展；进入工业化中期，两者之间关系较为密切，呈现互补互动、唇齿相依的内在联系；进入工业化后期，尤其是到后工业化时期，服务业则表现出强大的生命力，服务业的发展对制造业的依存度明显降低，逐步形成了自我发展和强化机制，相反制造业对服务业的依存度则不断提高，主要表现为：服务业的中间需求率呈下降趋势，中间需求中用于制造业部门的比重不断下降，同时服务业产出中用于最终需求的比率逐渐提高。

导致这一现象的原因，主要在于：首先，工业化完成以后，制造业劳动生产率大幅提高，一是使得劳动力逐步向服务业转移，从而促进了服务业的发展；二是导致制造业部门劳动者工资水平的提高扩大了对服务业部门的服务消费需求；三是随着制造业企业组织形式的变迁以及原先"内在化"的生产者服务活动"外包"的推进，生产者服务业得到迅速发展。其次，伴随着工业化而迅速发展起来的各类服务业部门之间也产生了千丝万缕的联系，且服务业内部的产业关联日益加强，这不仅体现在服务业整体和诸多服务业部门中间需求率的日益下降而最终使用率呈现逐步上升的趋势，还表现在许多服务业产出的中间需求中用于服务业自身的比重越来越大。所有这些原因最直接的反映就是，工业化后期特别是后工业化时期，服务业增加值占GDP的比重和服务业就业人数占全部就业人数的比重呈现不断上升的趋势。

当服务业发展到一定阶段后，对制造业的依赖程度显著下降，并表现出强大

的自我发展和增强机制，这一现象从许多发达国家的投入产出数据容易得到部分验证。例如，目前许多 OECD 成员方服务业中间需求率仅在 35% ~ 40% ，而生产者服务业产出的近 70% 投入到服务业部门自身。

了解和把握生产者服务业和制造业关系演化的规律及趋势对中国及其地区产业结构的优化和升级，以及新一轮产业政策的制定具有重要的指导意义。一方面，我们要坚持走新型工业化道路，积极开展体制和机制创新，努力实现服务业尤其是生产者服务业和制造业的协调、互动发展，以生产者服务业的大发展促进制造业的转型和升级，不断提高制造业部门的国际竞争力；另一方面，在加快发展服务业的过程中，需要纠正"服务业似乎只有依赖制造业才能得以发展"的传统认识偏差，对发达国家的相关实证研究已经表明，服务业有其自身的发展规律，随着社会分工的深化、经济发展水平的提高，服务业与制造业关系的演变趋势将朝着更有利于服务业的方向发展，服务业越来越趋向于占据主导地位，其自我依赖、自我发展和强化的效果将更为突出。本章第四节将对服务业与制造业的关系演化进行相关经验分析。

四、经验实证

截至目前，学术界对生产者服务业与制造业关系的经验研究较多，总结起来，主要有两类方法：一是基于增加值的分析，即利用不同层面的生产者服务业和制造业的增加值数据，建立计量模型进行经验研究。多数研究表明，生产者服务业对制造业具有重要的促进作用，制造业也是服务业发展的重要基础。二是利用投入产出表数据，研究分析两者的关系。这类研究近几年较为多见。尽管从理论层面看，生产者服务业与制造业存在互动发展的关系，但采用不同的方法，基于不同主体的研究，通常会得出不一致的结果，其中的原因就在于两者关系的具体表现受到多种因素的影响，且具有阶段性特征。

为了对改革开放以来中国服务业与制造业关系的情况进行经验考察，我们采用动态计量方法——向量自回归（VAR）。VAR 模型的优点是以数据优先为原则，无须事先确定内生变量和外生变量，而是将模型包含的变量都视作内生变量，有利于客观地分析模型系统包含的变量之间的长期动态关系。数据资料来自《中国统计年鉴（2008）》，由于数据的可得性问题，用工业增加值代替制造业增加值，服务业和工业增加值都采用以 1978 年为基期的不变价增加值指数，具体情况见表 6 - 4。

表6-4　　改革开放以来中国服务业和工业增加值指数（1978～2007 年）

年份	工业	服务业	年份	工业	服务业
1978	100. 0	100. 0	1993	507. 5	497. 4
1979	108. 7	107. 9	1994	603. 5	552. 5
1980	122. 4	114. 3	1995	688. 2	606. 9
1981	124. 5	126. 2	1996	774. 3	664. 1
1982	131. 7	142. 6	1997	861. 9	735. 3
1983	144. 5	164. 3	1998	938. 6	796. 8
1984	166. 0	196. 0	1999	1 018. 6	871. 2
1985	196. 2	231. 7	2000	1 118. 3	956. 1
1986	215. 2	259. 6	2001	1 215. 2	1 054. 2
1987	243. 6	296. 8	2002	1 336. 4	1 164. 2
1988	280. 8	335. 9	2003	1 506. 8	1 274. 9
1989	295. 0	353. 9	2004	1 680. 2	1 403. 1
1990	304. 9	362. 1	2005	1 874. 7	1 550. 4
1991	348. 8	394. 3	2006	2 116. 1	1 738. 1
1992	422. 6	443. 3	2007	2 401. 7	1 956. 3

注：表中数据是按不变价格（1978 = 100）计算的增加值指数。

资料来源：《中国统计年鉴（2008）》。

　　计算过程中，本书依据 AIC 和 SC 准则以及 LR 统计量来确定模型的最优滞后阶数。运用 Eviews3. 1 分析软件，经过计算，当滞后阶数为 3 时，系统方程最优，此时方程的 AIC、SC 统计量的值分别为 15. 38 和 16. 05。具体方程如下：

$$M = -14.749 + 1.611 \cdot M(-1) - 0.721 \cdot M(-2) + 0.007 \cdot M(-3)$$
$$\quad (-1.61) \quad (5.78) \qquad (-1.54) \qquad\quad (0.03)$$
$$+ 0.786 \cdot S(-1) - 1.45 \cdot S(-2) + 0.87 \cdot S(-3)$$
$$\quad (1.92) \qquad\quad (-2.08) \qquad (1.99)$$

调整的 $R^2 = 0.9995$

$$S = 6.090 + 0.204 \cdot M(-1) - 0.242 \cdot M(-2) + 0.115 \cdot M(-3)$$
$$\quad (0.94) \quad (1.03) \qquad (-0.73) \qquad\quad (0.60)$$
$$+ 1.759 \cdot S(-1) - 1.212 \cdot S(-2) + 0.422 \cdot S(-3)$$
$$\quad (6.04) \qquad\quad (-2.45) \qquad (1.36)$$

调整的 $R^2 = 0.9996$

方程中括号内为各变量前系数的 t 统计值。从计算结果可以看出，VAR 系统各方程的总体拟合度很好，几乎接近 1。分具体方程看，在以工业为因变量的回归方程中，服务业增加值对工业增加值的影响系数分别为 0.786、－1.45、0.87，其中滞后 2 期和 3 期的服务业增加值变量能基本满足显著性要求，表明样本期间服务业对工业生产具有一定的影响。在服务业为被解释变量的方程中，工业增加值滞后各期的系数分别是 0.204、－0.73、0.6，系数较小，且 t 统计值均不显著，这表明改革开放以来，我国工业对服务业生产的影响十分有限，统计上并不显著。

为了进一步考察服务业与工业的相互影响，分析两者之间的因果联系，我们采用格兰杰因果检验法。检验结果表明，1978～2007 年间，服务业和工业之间不存在因果关系，也就是说，服务业增加值的变动不是工业增加值变动的格兰杰原因，而后者也不是前者变动的原因。这一结果和上述 VAR 模型的计算结果基本吻合，表明改革开放以来，尽管中国服务业生产与工业生产存在长期动态联系，但彼此联系较为松散，互动格局尚未形成，尤其体现在工业对服务业的拉动作用不强。关于我国服务业与制造业的产业关联情况，将在本章第四节做更为详细的论述。

第四节　中国生产者服务业的实证研究

一、中国生产者服务业的发展背景与环境

（一）加快发展生产者服务业是实现新型工业化目标的客观要求

根据党的十六大报告精神，未来 10～15 年，是中国全面贯彻落实科学发展观、构建和谐社会、实现经济体制转型和增长方式根本转变的关键时期，加快新型工业化进程，大力发展服务业尤其是生产者服务业，并实现与工业的协调、互动发展则成为题中应有之义。新型工业化道路要求我们的工业化具有"科技含量高、经济效益好、资源消耗低、环境污染少、人力资源优势得到充分发挥"的基本特征，坚持以信息化带动工业化，以工业化促进信息化，推进产业结构优化升级，形成以高新技术产业为先导、基础产业和制造业为支撑、服务业全面发展的产业格局，这是我国加快实现工业化和现代化的必然选择。

生产者服务业与制造业之间具有天然的内在联系，生产者服务在经济发展中的作用，不仅体现在其作为利润源泉的价值，更体现在其作为各个专业化生产环节的纽带而产生的"黏合剂"功能。通过生产者服务业这一纽带，制造业逐渐"服务化"，两大产业相互融合、互动发展。在这一趋势下，经济效率越来越取决于在不同生产活动之间建立起来的相互联系，而不仅仅取决于生产活动本身的生产率状况（程大中，2008）。检视当前，我国服务业发展明显滞后，现代服务业不发达，导致制造业企业难以获得高效且质优价廉的金融保险、电信、房地产、研发设计、分销、物流、科技服务、管理咨询、计算机软件及信息服务、会计审计等一系列的生产者服务业的支持，已成为制约工业经济效益和国际市场竞争力的关键因素。因此，新型工业化离不开生产者服务业的发展和强有力支撑，中国生产者服务业的大发展是实现新型工业化目标的前提和基础。

（二）当前中国的宏观经济环境使生产者服务业迎来发展契机

毋庸置疑，改革开放以来中国经济取得了举世瞩目的成就。从经济总量和增速看，以当年价计算，中国经济总量从 1978 年的 3 645.2 亿元增长到 2007 年的 251 483.2 亿元，按不变价计算，期间平均增速达到 9.82%；从经济发展水平看，以人均 GDP 衡量，1978 年人均 GDP 为 381 元，而 2007 年达到 18 934 元，年均增长速度为 8.58%（按不变价计算）。

从产业结构的演变看，1978 年三次产业增加值结构比例为 28.2%：47.9%：23.9%，就业结构为 70.5%：17.3%：12.2%；到 2007 年，增加值和就业结构比例分别为 11.3%：48.6%：40.1% 和 40.8%：26.8%：32.4%。可以看出，改革开放以来，伴随着中国经济总量的迅速扩大，产业结构也逐渐得到优化，突出表现在：从增加值看，农业比重显著下降，服务业的比重大幅度提高，而第二产业比重几乎没变；就业方面，农业人口迅速下降，而第二产业和服务业就业比重都明显上升。

改革开放尤其是 20 世纪 90 年代以来，服务业取得了长足发展，呈现出良好的发展态势，尽管服务业发展的总体水平还较低，但服务业对经济增长的贡献率和拉动能力在不断提高。1978 年以来，服务业总量和增加值比重迅速增长的同时，服务业内部结构逐步优化（见表 6－5），交通运输、仓储和邮政业，批发和零售业等传统服务业部门的比重在不断下降，其他服务业的比重则明显提高，而其他服务业包括许多知识密集性服务行业如"租赁与商务服务"、"信息传输、计算机服务和软件业"等，这些服务部门比重增长相对较快。

表6-5　　　　**服务业增加值总量与构成变化情况（1978~2007年）**

单位：现价、亿元、%

年份	服务业增加值	服务业占比	服务业构成（%）					
			交通运输、仓储邮政业	批发和零售业	住宿和餐饮业	金融业	房地产业	其他服务业
1978	872.5	23.9	20.86	27.77	5.11	7.81	9.15	29.29
1979	878.9	21.6	22.04	22.85	5.01	7.62	9.82	32.66
1980	982.0	21.6	21.73	19.73	4.83	7.64	9.82	36.26
1981	1 076.6	22.0	20.50	21.47	5.03	7.41	9.28	36.31
1982	1 163.0	21.8	21.23	14.74	5.36	9.87	9.53	39.28
1983	1 338.1	22.4	20.55	14.85	5.42	11.13	9.10	38.95
1984	1 786.3	24.8	18.95	20.35	5.42	11.42	9.09	34.78
1985	2 585.0	28.7	16.31	31.04	5.35	10.05	8.33	28.92
1986	2 993.8	29.1	16.66	28.48	5.45	11.90	9.96	27.55
1987	3 574.0	29.6	15.90	29.65	5.23	12.59	10.71	25.92
1988	4 590.3	30.5	14.94	32.32	5.26	12.75	10.32	24.41
1989	5 448.4	32.1	14.92	28.19	5.09	17.70	10.39	23.71
1990	5 888.4	31.6	19.82	21.55	5.13	17.28	11.25	24.98
1991	7 337.1	33.7	19.36	25.00	6.03	14.40	10.41	24.80
1992	9 357.4	34.8	18.05	25.70	6.25	13.96	11.77	24.27
1993	11 915.7	33.7	18.24	23.64	5.98	14.01	11.58	26.55
1994	16 179.8	33.6	17.23	23.32	6.23	13.81	11.80	27.60
1995	19 978.5	32.9	16.24	23.92	6.01	14.01	11.78	28.04
1996	23 326.2	32.8	16.21	24.01	5.73	13.77	11.22	29.06
1997	26 988.1	34.2	15.37	23.45	5.79	13.36	10.82	31.21
1998	30 580.5	36.2	15.24	22.61	5.84	12.09	11.23	32.99
1999	33 873.4	37.7	15.28	22.11	5.73	11.27	10.87	34.74
2000	38 714.0	39.0	15.91	21.07	5.54	10.56	10.72	36.19
2001	44 361.6	40.5	15.49	20.56	5.41	9.81	10.63	38.10
2002	49 898.9	41.5	15.02	20.03	5.46	9.24	10.71	39.53

续表

年份	服务业增加值	服务业占比	服务业构成（%）					
			交通运输、仓储邮政业	批发和零售业	住宿和餐饮业	金融业	房地产业	其他服务业
2003	56 004.7	41.2	14.13	19.94	5.58	8.91	11.02	40.41
2004	64 561.3	40.4	14.41	19.29	5.68	8.35	11.11	41.16
2005	73 432.9	40.1	14.76	18.43	5.71	8.59	11.23	41.29
2006	84 721.4	40.0	14.73	18.26	5.66	10.02	11.41	39.92
2007	100 053.5	40.1	14.60	18.16	5.70	11.05	11.85	38.64

注：表中服务业占比是指服务业增加值占 GDP 的比重；服务业构成中均是按现价计算的比重。

资料来源：根据《中国统计年鉴（2008）》计算得出。

另外，以 2001 年加入 WTO 为标志，中国对外开放进入了一个全新的时期，在商品贸易快速发展的同时，服务贸易也获得了较快发展，且中国已经成为引进外资最多的发展中国家。我们认为，在当前中国政治、经济环境下，在新型工业化过程中，生产者服务业将迎来新的发展契机。

二、中国生产者服务业的历史与现状

近年来，许多学者对我国生产者服务业进行了实证研究（程大中，2005，2006，2008；刘志彪，2006；高传胜，2007；等等）。需要特别强调的是，程大中（2005，2006，2008）系统分析了我国生产者服务业的发展状况，并进行国际比较分析，提出了许多可行的政策建议。本书以下部分将在借鉴上述研究的基础上，考虑到中国生产者服务业的最新进展和情况，对中国生产者服务业进行较为系统、全面的梳理与分析。需要说明的是，以下关于生产者服务业的研究都是基于投入产出表展开的。囿于数据的可获得性问题，本书仅有 1987～2005 年间的相关年份投入产出表[①]，1987 年以前的相关投入产出表数据均来自程大中（2006，2008）的论文。

（一）相关方法和指标说明

1. 服务投入率

在投入产出表中，中间投入是指某产业在经济活动中从其他产业（包括该

———————

① 目前我国投入产出表是每 5 年编制一次，尾数逢 2 和 7 的年份编制，尾数逢 0 和 5 的年份则在上述基础性投入产出表的基础上编制相应的延长表。

产业本身）得到的投入之和，包括物质投入和服务投入。这里的服务投入数量即代表了真正意义上的生产者服务业的产出。服务投入率则是指服务投入占总投入的比重，反映了国民经济的服务化程度。服务投入率越大，表明国民经济生产活动中对服务业的依赖程度越大。

2. 中间需求率

中间需求是指其他产业（包括该产业本身）在经济活动中对某产业产出的消耗之和。中间需求率则是指各产业的中间需求和该产业的总需求之比。该指标反映了各产业的产出中，有多少是作为中间产品（如原材料、燃料等）为其他产业所需求。中间需求率的值通常在 0～1，其值越大，则表明该产业的生产者特征越明显，反之表明具有较强的消费性特征。需要说明的是，在开放经济中，有时会出现大于 1 的情形，表明本国（或地区）的该产业产出不足以满足中间投入的需求，需要从国外（或地区以外）进口。另外，还将涉及生产者服务的投入结构，这里是指生产者服务业产出投入到三次产业的比例情况。

（二）中国生产者服务业的总体发展状况

1. 中国生产者服务业的总量及构成

根据表 6－6，以当年价计算，中国生产者服务业从 1981 年的 1 408.9 亿元增长到 2005 年的 70 994.0 亿元，按可比价格①计算的年均增长率为 9.62%；从生产者服务占服务业总产出的比重看，呈现先上升再下降的变动趋势，即从1981 年的 42.8% 上升至 1995 年的 56.8%，之后开始震荡回落到 2005 年的48.94%；值得关注的是，1981～2005 年间，生产者服务业部门构成出现了与服务业增加值构成相同的特征及趋势，即运输邮电业、商业饮食业、金融保险等传统生产者服务的比重有下降趋势，其他服务业则呈显著的上升趋势。

2. 生产者服务业的投入结构与三次产业服务投入率

从生产者服务业的投入结构看（见图 6－7），1981 年以来的一个明显的特点是，生产者服务业中投入到服务业部门的比重明显上升（1981 年为 26.7%，2005 年为 39.6%）；投入到第二产业的比重先是总体下降，但 2002 年以后开始上升，由 2002 年的 53.6% 增长到 2005 年的 57%；而投入到农业的生产者服务比重出现从下降（1981～1992 年间）到上升（1992～1995 年）再加速下降（1995～2005 年）的过程。这种情况表明，随着经济的发展，服务业自身越来越

①　由于现有统计体系没有生产者服务价格指数，因此，这里首先根据各年份服务业现价和不变价总额（以 1978 年为基期）计算出各年度的服务业平减指数，然后以服务业平减指数近似代替生产者服务业价格指数。

成为生产者服务业的重要需求来源。

表6-6　　　　中国生产者服务业的总量及构成（1981～2005年）

年份	生产者服务业（现价，亿元）	生产者服务占服务总产出的比重（%）	生产者服务业部门构成（%）			
			运输邮电业占比	商业饮食业占比	金融保险业占比	其他服务业占比
1981	1 408.9	42.8	28.6	46.5	25	
1983	1 712.9	40.7	30.7	36.8	32.4	
1987	2 210.5	47.5	22.5	49	21.1	7.4
1990	3 578.9	47.2	29.8	28.8	19.6	21.8
1992	9 545.4	56.3	20.8	43.7	17.5	18
1995	17 547.0	56.8	24.9	46.8	11.4	16.9
1997	22 116.0	52.1	25.1	38.4	12.2	24.3
2000	31 310.6	53.9	27.3	35	12.6	25.1
2002	46 084.2	48.87	23.7	30.7	13.7	31.9
2005	70 994.0	48.94	25.9	23.6	11.0	39.5

资料来源：1981～1983年数据来自程大中：《中国生产者服务业的增长、结构变化及其影响》，载于《财贸经济》，2006年第10期；其余年份数据根据中国投入产出表（1987～2005年）计算得出。

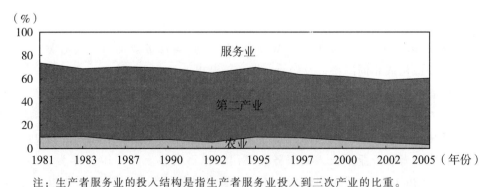

注：生产者服务业的投入结构是指生产者服务业投入到三次产业的比重。

图6-7　中国生产者服务业总体投入结构变迁（1981～2005年）

资料来源：1981～2000年数据来自程大中：《中国生产者服务业的增长、结构变化及其影响》，载于《财贸经济》，2006年第10期；其余年份数据根据中国投入产出表（2002年，2005年）计算得出。

再看三次产业的服务投入率情况。1981～2005年间，农业和服务业的服务投入率都呈总体上升趋势，农业和服务业的服务投入率分别从1981年的3.2%、11.4%上升至2005年的6.14%和19.40%，而第二产业的服务投入率则没有明显的规律可循，表现为在一定区间的震荡反复①。结合生产者服务业的投入结构，进一步表明，考察期内我国生产者服务业的发展来自服务业部门自身的拉动作用日益增强（见表 6 - 7）。

表 6 - 7 　　　三次产业服务投入率变动情况（1981 ~ 2005 年）　　　单位：%

年份	农业	第二产业	服务业
1981	3.2	9.4	11.4
1983	3.4	8.7	12.8
1987	4	11.8	14.1
1990	3.6	8.1	14.6
1992	6	13.3	19.9
1995	6.5	10.5	17.4
1997	6.5	9.5	19
2000	6.6	10.4	20.4
2002	7.94	12.95	20.30
2005	6.14	11.29	19.40

资料来源：1981 ~ 2000 年数据来自程大中：《中国生产者服务业的增长、结构变化及其影响》，载于《财贸经济》，2006 年第 10 期；其余年份数据根据中国投入产出表（2002 年，2005 年）计算得出。

本书认为，分析和理解生产者服务投入结构和三次产业服务投入率的变动趋势，对于正确认识和把握内涵意义上生产者服务业的发展规律具有十分重要的意义。

（三）中国生产者服务业的国际比较

为了进一步考察中国生产者服务业的总体发展水平，参考程大中（2008）的做法，选取了 OECD 组织 13 个经济体作为国际比较参照对象，进行对比分析。由于 OECD 成员基本都是市场经济发达的经济体，经济发展水平较高，服务经济发达，通过国际比较，并结合前面的研究，有利于分析中国生产者服务业的未来发展趋势，力求发现一些更深层次的有关中国生产者服务业发展的问题。比较分析的主要内容包括：生产者服务业的部门构成、投入结构以及三次产业的服务投入率情况；服务业整体及具体细分行业的中间需求率。相关指标的计算结果详见表 6 - 8 和表 6 - 9。

---

① 目前学术界普遍认为，随着经济发展水平的提高、服务经济的发展，工业部门的服务投入率会表现出不断上升趋势。然而，这里的研究并不支持该观点。值得关注的是，后文在中国生产者服务业的国际比较分析中发现，许多发达国家第二产业的服务投入率明显大于中国的水平，而对中国各地区服务投入率的比较分析表明，第二产业服务投入率的变化没有明显的规律性可循。这似乎表明，工业化时期，第二产业服务业投入率的变化没有明显的规律性特征，而是受到多种因素的共同决定和影响。该节后续部分在对江苏省服务业与制造业产业关联情况的分析中，对此作了更为深入的分析。

341

表6-8　生产者服务业部门构成、投入结构与三次产业服务投入率的国际比较

单位：%

生产者服务业部门构成	澳大利亚	丹麦	芬兰	法国	德国	希腊	意大利	日本	爱尔兰	挪威	西班牙	英国	美国	13国均值	中国
批发零售与修理业	16.9	16.4	16.4	10.7	13	27	14.5	19.6	18	22.4	16.3	8.1	18.6	16.76	13.89
旅馆和餐饮业	2.9	2.8	2.8	2.1	1	1.5	2.2		2.3	1.6	3.4	1.6	2.8	2.08	9.67
运输与仓储	16.9	21.2	21.2	10.9	8.3	8.9	14.1	12.5	4.7	23.4	19	14	9.6	14.21	25.31
邮政与电信	6.6	5.5	5.5	5.3	3.8	6	4	4.4	5.4	6.2	5.5	6.5	5.1	5.37	
金融保险业	11.5	13	13	18.7	14.5	17.2	20.9	16.8	13.8	12.2	20.1	15.5	15	15.55	10.98
房地产、租赁和其他商务活动	31.4	26.5	26.5	39.3	35.7	29.4	29.5	25.8	33.7	23.1	27.4	32	40.3	30.82	15.97
计算机及其相关活动	5.9	2.7	2.7	4.8	1.8	0.5	3.2	5.3	3.4	3.6	0.8	5.2	4	3.38	
研究与开发	—	0.2	0.2	4.1	0.5	0.2	0.6	5.9	1.4	1	0.2	1.2		1.19	
教育	0.8	0.5	0.5	1.2	0.4	0.3	—	0.2	0.5	0.8	0.3	1.9	0.9	0.64	1.24
公共管理及国防、社会安全	2.9	4.2	4.2		1.7	0.4	—	0.1	2.2	1.7	1.3	0.5		1.48	
卫生及社会服务	0.4	0.5	0.5	0.1	12.8	1.1	4.1	0.5	1.2	0.5	1.3	9.5	0.6	2.55	
其他团体、社会和私人服务等	3.9	6.5	6.5	2.8	6.5	7.5	6.9	9	13.2	3.5	4.4	4	3.2	5.99	1.84

		澳大利亚	丹麦	芬兰	法国	德国	希腊	意大利	日本	爱尔兰	挪威	西班牙	英国	美国	13国均值	中国
生产者服务投入结构	农业	5.8	3	3	1.9	1.8	3.6	1.5	1.4	2.7	6.4	3.4	1.4	3.1	3	3.4
	第二产业	21.7	28.2	28.2	34.4	30.9	28.7	32.8	43.1	32	27.2	41.6	21.5	28.7	30.69	57
	服务业	72.5	68.8	68.8	63.6	67.3	67.7	65.7	55.5	65.4	66.4	55	77.1	68.2	66.31	39.6
服务投入率	农业	20.8	15	13.9	11	22.8	5.9	10.3	14.6	12	10.2	12.5	15.2	19.8	14.15	6.14
	第二产业	18.1	18.7	14.2	18.4	18.9	12.3	15.6	18.2	19.1	19	16	19.5	16.6	17.28	11.29
	服务业	31.2	26.2	24.2	24.1	30.2	17.9	25.8	20.5	26.5	25.7	18.7	35.2	23.1	25.33	19.4

注：由于中国产业分类与 OECD 国家产业分类存在差异，因此中国与后者之间存在明显差异。表中中国数据根据中国投入产出表（2005）计算得出外，OECD13 个经济体的数据转引自程大中：《中国生产性服务业的水平、结构及影响——基于投入产出法的国际比较研究》，载于《经济研究》，2008 年第 1 期；下表同。

资料来源：表中数据除中国数据根据中国投入产出表（2005）计算得出外，OECD13 个经济体的相应指标数据未列出。

表6-9　主要服务业部门中间需求率的国际比较

	澳大利亚	丹麦	芬兰	法国	德国	希腊	意大利	日本	爱尔兰	挪威	西班牙	英国	美国	13国均值	中国
服务业	43	38	38	37.9	44.8	26.4	39.2	37	40.6	38.7	34.1	45.6	33.9	38.25	48.94
批发零售与修理业	34.4	31.4	31.4	27.9	37.2	29.8	27.1	34	37.9	38.7	31.4	22.4	30.7	31.87	51
旅馆和餐饮业	26.1	34.5	34.5	18	15.5	3	15.3	—	27.8	20.9	8.8	15	19.4	18.37	61.22
运输与仓储	68.1	67.1	67.1	58	53.9	35.1	57.7	54.8	21.2	51.7	67.6	75.4	56.7	56.49	73.46
邮政与电信	74.7	77	77	69	59.8	63.2	66.4	56.5	65.8	70.4	60.1	79	48	66.68	
金融保险业	64.2	76.5	76.5	82.1	78.9	85.2	87.7	80.5	65.1	86.7	83.1	67.7	43.5	75.21	75.93
房地产、租赁和其他商务活动	56.6	49.6	49.6	56.2	60.9	38.1	58	43.2	59.5	50.4	52.5	63	53.7	3.18	
计算机及其相关活动	67.9	49.6	49.6	81.1	58.7	77.1	78.9	69	70.4	93.7	29.9	86.4	39.4	65.52	67.7
教育	7.3	3.4	3.4	8.1	3.6	1.7	0	1.5	5.2	5.8	2	16.1	8.5	5.12	9.64
公共管理及国防、社会安全	17.8	16.7	16.7		4.9	1	0.1	0.7	8.2	7.8	4.8	3.4		6.32	
卫生及社会服务	2.9	1.5	1.5	0.3	69.9	3.7	17.4	2.5	5.7	1.8	5.4	38.4	2.3	11.79	13.86
其他团体、社会和私人服务等	23.6	42.3	42.3	19	44.1	45.7	41.7	37.2	76.6	28.9	23.1	32	40	38.19	

首先，从生产者服务业的部门构成看（见表 6 - 8）。13 个 OECD 成员比重均值排在前 4 名的生产者服务业部门依次是"房地产、租赁和其他商务活动"（30.82%）、"批发零售与修理"（16.76%）、"金融保险业"（15.55%）、"运输与仓储"（14.21%），合计占生产者服务业总量比重为 77.34%；中国尽管排在前 4 名的生产者服务部门与 13 个经济体均值一样，但排列顺序和比重存在显著差异，排列顺序及占比依次为"运输与仓储"（占 25.31%）、"房地产、租赁和其他商务活动"（占 15.97%）、"批发零售与修理"（占 13.89%）、"金融保险业"（占 10.98%），合计占比 66.15%。通过比较可以看出，发达国家的生产者服务业部门集中度更高，富含知识和技术密集型服务活动的"房地产、租赁和其他商务活动"部门比重远高于中国，而传统服务部门"运输与仓储"的比重明显低于中国，这种情况表明，随着经济发展水平的提高，传统服务业部门的比重将逐渐下降，而知识和技术密集型服务业活动的比重将不断上升。改革开放以来中国服务业增加值构成变动情况和 1981 年以来中国生产者服务业的内部结构变动情况（见前文）也都印证了这一变化规律。

其次，生产者服务业的投入结构方面，具体见表 6 - 8。从 13 个经济体的均值可以看出，生产者服务投入到三次产业的比重分别为 3%、30.69%、66.31%，服务业部门消耗了生产者服务总量的几乎 2/3；而中国的相应结构比例为 3.4%、57% 和 39.6%，第二产业消耗了生产者服务总量的近 60%，服务业仅消耗了 1/3 多。这一情况表明，随着经济发展水平的提高，对生产者服务业产出的需求将主要由第二产业向服务业转变，说明了生产者服务业的发展对第二产业的依赖度将不断下降，同时对服务业自身的依赖即自我依赖的程度呈现不断提高的趋势。这一规律的发现，有助于我们更科学、合理地认识服务业和制造业的相互关系，尤其是两者之间关系的动态演变，从而纠正"服务业似乎只有依赖制造业才能得以发展"的认识偏差。

再次，关于三次产业的服务投入率。根据表 6 - 8，OECD 成员 13 个经济体第一、第二、第三产业服务投入率的均值分别为 14.15%、17.28% 和 25.33%，而中国的相应比重分别是 6.14%、11.29%、19.4%。不难看出，OECD 成员三次产业的服务投入率均明显高于中国的水平，说明这些国家的经济服务化程度高于中国，究其原因，与这些国家已进入服务经济社会，服务业高度发达密切相关。另外，最值得关注的是，中国农业的服务投入率还不足 13 个经济体均值的一半水平，而农业服务投入率超过和接近 20% 的国家有德国（22.8%）、澳大利亚（20.8%）、美国（19.8%），与上述发达国家先进的农业生产方式相比，一方面是中国农业生产分工水平的低下，另一方面是与农业生产配套的生产者服务业的落后。

最后，从服务业整体及各服务行业的中间需求率看。根据表 6 - 9，总地看，13 个 OECD 成员服务业整体及各服务行业中间需求率的均值都显著地低于中国的相应指标水平。例如，13 个经济体服务业整体的中间需求率均值为 38.3%，而中国为 48.94%；批发零售与修理业，前者是 31.9%，而中国为 51%；旅馆和餐饮业，前者是 18.4%，中国为 61.2%；运输与仓储，前者为 56.5%，中国高达 73.46%；等等。需要注意的是，中国金融保险业的中间需求率水平与前者相当。另外，美国是被认为服务经济最发达的国家，其服务业整体和绝大部分的服务行业的中间需求率都低于 13 个经济体的平均水平。基于中间需求率的比较可以得出，随着经济发展水平的提高、产业结构的不断升级，特别是进入工业化后期和后工业时期，服务业的中间需求率将呈现不断下降的趋势。但是，对处于工业化前期和中期的国家来说，随着经济发展水平的提高，服务业中间需求率可能会出现先上升再下降的过程。以中国为例（见表 6 - 6），服务业的中间需求率由 1981 年的 42.8% 上升到 1995 年 56.8%，之后开始回落，直至 2005 年的 48.94%。

通过与发达国家生产者服务业多个层面的比较分析，一方面可以看出中国生产者服务业与上述国家之间的总体水平之间的距离，另一方面我们基本可以判断中国未来生产者服务业的发展趋势和方向，更重要的是，我们可以进一步理解和把握生产者服务业发展的若干规律和趋势特征。

（四）中国各地区生产者服务业的比较分析

为了对中国各省（市）地区的生产者服务业进行较为全面的了解，我们根据中国各地区的 2002 年投入产出表，分别计算出各地区的生产者服务业的总量规模、生产者服务产出占服务业总产出的比重、生产者服务业在三次产业的投入结构，以及三次产业的服务投入率，同时计算出各指标全部地区的均值，具体结果详见表 6 - 10。通过对各项指标的排序等对比分析，我们发现：

表 6 - 10　　　　2002 年中国各地区的生产者服务业的总量、构成、投入结构情况

地区	均值	北京	天津	河北	山西	内蒙古	辽宁
生产者服务业总量（亿元）	1 723.8	2 700.2	1 308.56	2 439.24	786.93	539.66	2 387.72
生产者服务占服务总产出的比重	55.44	47.97	62.59	63.30	53.94	42.59	55.08

续表

地区		均值	北京	天津	河北	山西	内蒙古	辽宁
具体构成（%）	交通运输及仓储业	23.44	10.95	24.31	28.88	42.99	18.27	20.01
	邮政业	0.72	0.94	0.59	1.13	0.50	0.80	0.56
	信息传输、计算机服务和软件业	6.29	9.94	2.84	5.73	5.39	4.81	7.43
	批发和零售贸易业	20.99	2.35	18.66	29.06	18.63	3.75	30.82
	住宿和餐饮业	8.05	5.68	4.85	8.48	8.00	7.12	13.58
	金融保险业	14.30	20.59	14.37	5.72	9.80	19.42	10.32
	房地产业	4.23	9.83	3.71	3.12	2.36	1.31	4.38
	租赁和商务服务业	8.86	17.36	12.07	8.90	5.40	15.61	3.45
	旅游业	0.31	0.10	0.03	0.32	0.16	0.27	0.00
	科学研究事业	2.68	4.06	4.24	1.13	0.02	6.23	0.84
	综合技术服务业	1.56	8.88	0.43	0.72	4.10	0.86	0.10
	其他社会服务业	3.47	1.45	8.95	4.15	0.80	7.95	6.91
	教育事业	0.94	0.89	0.50	0.64	0.10	1.32	0.48
	卫生、社会保障和社会福利事业	0.98	0.83	2.94	0.93	0.45	1.56	0.10
	文化、体育和娱乐业	2.51	6.04	1.50	1.08	1.05	7.09	0.88
	公共管理和社会组织	0.66	0.11	0.00	0.00	0.25	3.62	0.15
投入结构（%）	农业	4.50	0.79	1.53	3.60	3.45	22.24	4.15
	第二产业	48.70	30.63	47.31	59.32	52.86	37.68	54.00
	服务业	46.80	68.58	51.15	37.08	43.70	40.09	41.84
三次产业服务投入率（%）	农业	6.54	8.69	10.01	5.09	7.27	14.66	8.81
	第二产业	13.63	16.59	15.19	13.61	13.46	9.55	14.66
	服务业	25.64	32.90	32.02	23.48	23.57	17.07	23.05

第六章　生产者服务业的发展战略：基于新型工业化视角

地区		吉林	黑龙江	上海	江苏	浙江	安徽
生产者服务业总量（亿）		748.42	1 197.36	3 204.45	3 995.07	3 367.04	1 428.38
生产者服务占服务总产出的比重		44.57	50.35	56.30	57.97	56.89	57.17
具体构成（%）	13.09	23.30	20.11	15.69	17.25	25.67	33.11
	0.63	1.59	0.57	0.85	0.35	0.81	0.20
	7.11	9.14	6.21	6.18	7.66	4.26	3.18
	22.62	24.18	23.91	40.54	28.39	26.20	12.73
	7.85	10.56	3.56	9.18	5.69	12.51	5.68
	8.33	8.71	21.71	14.10	11.94	15.28	11.80
	1.47	8.14	6.34	1.64	1.35	0.96	1.66
	15.57	7.66	8.11	2.92	16.32	4.45	18.23
	0.65	0.22	0.45	1.22	0.50	0.22	0.02
	7.85	0.70	1.27	1.62	2.21	1.04	1.50
	0.65	0.39	3.01	1.47	2.15	0.75	4.69
	6.50	2.16	1.60	2.04	1.53	5.10	2.76
	1.29	0.78	0.35	0.20	0.70	0.70	0.75
	1.05	0.84	0.53	0.05	0.85	0.89	1.18
	4.67	1.47	2.26	2.26	2.68	1.04	1.68
	0.67	0.15	0.04	0.03	0.42	0.11	0.82
投入结构（%）	4.31	4.75	0.73	3.40	1.72	5.31	9.39
	44.79	54.09	44.78	56.84	59.50	45.12	45.29
	50.91	41.17	54.49	39.76	38.78	49.56	45.33
三次产业服务投入率（%）	4.22	6.70	9.36	5.78	4.90	5.74	14.13
	9.97	11.98	13.28	9.76	10.84	12.97	19.15
	22.69	20.73	30.67	23.05	22.06	28.33	27.03
地区		福建	江西	山东	河南	湖北	湖南
生产者服务业总量（亿元）		2 840.57	933.86	4 579.4	1 671.44	1 966.03	2 047.84
生产者服务占服务总产出的比重		72.01	52.39	63.64	47.77	59.05	58.84

续表

地区		福建	江西	山东	河南	湖北	湖南
具体构成（%）	交通运输及仓储业	27.83	28.56	18.7	32.64	18.53	18.23
	邮政业	0.74	0.52	0.84	1.4	0.7	0.78
	信息传输、计算机服务和软件业	4.3	4.2	4.63	4.84	8.47	8.14
	批发和零售贸易业	28.4	23.33	26.2	31.59	24.51	36.36
	住宿和餐饮业	5.99	7.72	10.32	14.63	9.58	5.39
	金融保险业	14.91	11.23	11.25	3.57	20.58	13.42
	房地产业	7.07	1.54	4.83	2.32	5.76	5.69
	租赁和商务服务业	1.26	9.42	6.67	3	4.48	4.73
	旅游业	0.7	0.46	0.02	0.04	0.6	0.03
	科学研究事业	0.91	2.84	1.62	0.06	0.55	0.07
	综合技术服务业	0.07	0.59	2.3	0.1	0.75	1.64
	其他社会服务业	2.51	3.75	2.3	4.12	2.04	0.96
	教育事业	0.48	0.27	0.35	0.3	0.75	0.56
	卫生、社会保障和社会福利事业	0.27	1.75	0.51	0.06	1.1	0.85
	文化、体育和娱乐业	2.2	3.28	8.63	0.19	1.47	2.07
	公共管理和社会组织	2.35	0.54	0.84	1.15	0.13	1.08
投入结构（%）	农业	3.33	5.91	1.92	3.1	3.29	6.32
	第二产业	54.74	46.97	50.52	53.29	52.66	47.44
	服务业	41.91	47.12	47.56	43.61	44.05	46.24
三次产业服务投入率（%）	农业	8.43	6.21	3.29	2.43	5.28	9.15
	第二产业	19.66	14.25	11.58	8.96	12.97	16.05
	服务业	30.18	24.69	30.26	20.83	26.01	27.21

第六章 生产者服务业的发展战略：基于新型工业化视角

地区		广东	广西	海南	重庆	四川	贵州
生产者服务业总量（亿元）		5 624.47	1 065.31	262.95	824.82	2 075.62	484.12
生产者服务占服务总产出的比重		51.61	60.68	48.23	47.59	57.61	60.68
具体构成（%）	交通运输及仓储业	21.52	15.8	12.38	19.23	23.75	26.34
	邮政业	0.71	0.29	0.65	0.35	0.46	0.47
	信息传输、计算机服务和软件业	9.93	19.19	3.9	4.03	8.77	3.90
	批发和零售贸易业	15.86	17.44	2.79	1.38	15.34	19.08
	住宿和餐饮业	8.58	5.12	11.63	11.55	10.01	5.45
	金融保险业	10.91	14.05	13.82	23.15	17.27	16.65
	房地产业	7.21	2.98	13.08	4.55	4.47	3.77
	租赁和商务服务业	17.53	11.55	19.61	15.78	3.62	10.21
	旅游业	0.55	0.36	0.69	0.04	0.4	0.08
	科学研究事业	0.65	6.7	8.63	6.44	1.84	6.17
	综合技术服务业	0.92	0.82	2.98	1.13	1.37	0.85
	其他社会服务业	3.61	2.29	4.18	3.64	7.54	2.88
	教育事业	0.22	1.01	0.99	0.94	2.31	1.01
	卫生、社会保障和社会福利事业	0.41	0.66	1.05	1.57	0.59	1.11
	文化、体育和娱乐业	1.25	1.46	2.95	3.98	2.12	1.77
	公共管理和社会组织	0.14	0.28	0.67	2.24	0.14	0.25
投入结构（%）	农业	2.49	3.44	12.96	1.03	2.15	4.35
	第二产业	46.79	54.75	12.36	38.55	52.28	58.03
	服务业	50.72	41.81	74.68	60.42	45.57	37.62

续表

地区		广东	广西	海南	重庆	四川	贵州
三次产业服务投入率（%）	农业	7.54	3.88	9.64	1.77	2.69	4.81
	第二产业	10.33	19.18	7.54	9.73	17.42	16.69
	服务业	26.18	25.37	36.02	28.76	26.26	22.83

地区		云南	陕西	甘肃	青海	宁夏	新疆
生产者服务业总量（亿元）		812.89	807.70	454.91	144.93	146.58	866.59
生产者服务占服务总产出的比重		53.52	51.59	46.00	59.13	64.48	59.64
具体构成（%）	交通运输及仓储业	22.69	34.14	27.92	27.73	33.62	33.11
	邮政业	0.88	0.80	1.26	1.00	0.23	0.20
	信息传输、计算机服务和软件业	7.50	6.29	4.71	2.83	3.25	3.18
	批发和零售贸易业	32.85	20.62	19.26	18.73	14.22	12.73
	住宿和餐饮业	8.99	7.91	7.27	4.39	4.28	5.68
	金融保险业	9.91	13.01	16.74	26.47	20.04	11.80
	房地产业	8.46	2.31	3.84	1.89	0.74	1.66
	租赁和商务服务业	1.07	4.35	6.14	4.18	6.24	18.23
	旅游业	0.07	0.17	0.11	0.63	0.10	0.02
	科学研究事业	0.96	1.64	1.19	5.05	2.42	1.50
	综合技术服务业	0.88	1.56	0.79	0.24	1.68	4.69
	其他社会服务业	2.03	1.90	3.86	1.63	3.10	2.76
	教育事业	2.43	1.30	3.07	1.32	2.10	0.75
	卫生、社会保障和社会福利事业	0.85	1.06	0.91	1.35	3.00	1.18
	文化、体育和娱乐业	0.35	2.94	2.10	2.51	2.41	1.68
	公共管理和社会组织	0.09	0.00	0.83	0.06	2.56	0.82

续表

地区		云南	陕西	甘肃	青海	宁夏	新疆
投入结构（%）	农业	8.16	1.59	3.89	1.95	3.81	9.39
	第二产业	47.40	48.05	37.18	64.68	63.04	45.29
	服务业	44.44	50.36	58.93	33.37	33.15	45.33
三次产业服务投入率（%）	农业	8.58	2.46	4.74	4.06	5.87	14.13
	第二产业	14.29	12.80	10.69	19.83	16.04	19.15
	服务业	23.78	25.98	27.11	19.73	21.37	27.03

资料来源：根据各省（市）投入产出表（2002）计算得出。国家统计局国民经济核算司编：《中国地区投入产出表（2002）》，中国统计出版社 2008 年版。

第一，从生产者服务业的总量规模看，经济发达地区的总量规模明显大于经济相对落后地区，且总量规模差异很大，规模排名第 1 的广东（5 624.5 亿元）是排名最后的青海（144.9 亿元）的近 39 倍。排名前 5 的其他地区依次是山东（4 579.4 亿元）、江苏（3 995.1 亿元）、浙江（3 367.0 亿元）和上海（3 204.5 亿元）。

第二，从生产者服务业产出占服务业总产出的比重（即服务业中间需求率）看，30 个地区的平均比重为 55.44%，比重最高的是福建（72.01%），最低的是内蒙古（42.59%），值得注意的是，服务业相对发达的上海、北京仅分别为56.30%、47.97%。从我国各地区服务业中间需求率的大小差异并没有发现经济发展水平和中间需求率之间存在显著的规律性特征，这可能与各地区主要分布在工业化各不同时期有关，有的地区已经处在工业化后期，有的则还在工业化中前期，正如前所述，在整个工业化时期，服务业中间需求率会呈现先上升再下降的特征，也就是说，有的地区还处在上升阶段，有的则越过拐点，进入下降阶段，如江苏（后面将详细论述）。当然，服务业中间需求率的大小还会受到各地区特定产业结构的影响，需要进一步分析考察。

第三，从生产者服务业的内部构成看。从均值可以看出，交通运输及仓储业、批发和零售贸易业、金融保险业是绝大多数地区排名前 3 的生产者服务业部门，合计占生产者服务业的比重为 58.74%，这些部门与制造业的联系较为密切。另外，地区之间的生产者服务业具体构成也存在明显的差异。例如，山西的交通运输及仓储业在生产者服务业中的占比在 30 个省（市）中最高，高达42.99%，而北京仅为 10.95%；江苏的批发和零售贸易业占比为 40.54%，接近各地区平均水平（20.99%）的两倍；海南的房地产业（13.08%），远高于4.23% 的平均水平；北京的租赁和商务服务业（17.36%）几乎是平均水平（8.86%）的两倍；等等。

第四，从生产者服务业的投入结构看，30 个地区在三次产业的平均投入结构比例分别是 4.5%、48.7% 和 46.8%，第二产业和服务业对生产者服务的产出消耗平分秋色。同时，还可以发现，经济越发达地区，投入到农业的比重一般越小，但投入到第二产业和服务业的比重没有明显的规律性特征，这可能与各地区的具体产业结构有紧密关系。例如，以服务业为例，如果排除海南、江苏和浙江等省份，则容易看出：经济越是发达的地区，投入到服务业部门的生产者服务比重往往越大，这与国际比较部分得出的结论相一致。海南由于其特定的产业结构，导致其服务业吸纳的生产者服务占比最高（为 74.68%），江苏和浙江尽管经济相对发达，但由于其制造业特别发达，偏重第二产业的特定产业结构使得第二产业消耗的生产者服务产出比重（江苏、浙江分别为 56.84% 和 59.50%）远高于服务业消耗的比重（江苏 39.76%、浙江 38.78%）。

第五，在三次产业的服务投入率方面。30 个地区三次产业服务投入率的均值依次是 6.54%、13.63%、25.64%，服务业部门的服务投入率最高。按产业大类看，农业服务投入率排名前 5 的依次是内蒙古（14.66%）、新疆（14.13%）、天津（10.61%）、海南（9.64%）和上海（9.36%），明显高于各地区平均水平；第二产业的服务投入率没有明显的规律可循；服务业服务投入率最高的是海南（36.02%），最低的是内蒙古（17.07%），前者是后者的两倍多，排名前 5 的其他省份依次是北京（32.90%）、天津（32.02%）、上海（30.67%）、山东（30.26%），如前所述，若剔除少数特定的省份如海南、江苏、浙江等，我们同样可以初步看出，经济相对发达的地区，其服务业的服务投入率通常越大。这与国际比较部分的研究结论基本一致。

（五）生产者服务业与制造业的产业关联情况分析

事实上，国内学术界对生产者服务业的高度关注缘起于对制造业转型升级和竞争力提升的研究，由于工业化时期服务业尤其是生产者服务业与制造业像孪生兄妹般存在天然的内在联系，因此对生产者服务业的研究理应考察其与三次产业特别是制造业的产业关联情况。在前面的分析中，已经或多或少对生产者服务业与三次产业的关联情况作了分析，如生产者服务业的投入结构、三次产业的服务投入率等。

无论是对中国生产者服务业的单独研究，还是与发达国家生产者服务业的比较分析，前面的研究已经表明，服务业对第一产业和第二产业的依赖度将随着经济发展水平的提高和产业结构的升级而呈现不断下降的趋势，而服务业自我发展和依赖、自我强化的特征将越来越明显。具体表现在：随着经济发展水平的提高，服务业的中间需求率（即生产者服务产出占服务业总产出的比重）将不断下降，同时生产者服务业总量中用于农业和第二产业的比重将不断缩小，而用于服务业自身的比重却不断扩大。

下面将在前面分析的基础上，进一步分析生产者服务业与制造业的关联情况。首先是基于 2005 年中国投入产出表的数据，考察中国层面细分数据，然后以制造业大省江苏为例，作为省（市）层面的样本，考察 1997～2005 年间江苏服务业与制造业的产业关联及变化情况。

1. 中国

根据分析目的，首先计算出三次产业和制造业各行业的生产者服务投入构成，具体结果见表 6–11。从表中，我们不难看出三次产业的生产者服务投入构成具有一定的差异。除了交通运输及仓储业是共同的投入比重最大的服务种类之外，在三次产业中的投入比重分别为 33.56%、28.54% 和 19.95%，可见农业和第二产业更依赖其投入。农业投入比重排名前 4 的其他服务分别是批发零售业（18.19%）、金融保险业（16.77%）、综合技术服务业（11.93%），其中综合技术服务业占比明显高于第二产业和服务业，某种程度上说明了农业技术服务业对农业生产的重要地位；第二产业中排在前 4 名的依次还有批发与零售贸易业（18.53%）、租赁和商务服务业（14.47%）、"信息传输、计算机服务和软件业"（10.36%）；服务业中投入比重排在第 2 到第 4 位的依次是住宿和餐饮业（15.95%）、金融保险业（14.28%）、租赁和商务服务业（11.75%）。通过比较还能够看出，金融保险业在三次产业中的比重都较高，租赁和商务服务业在第二产业和服务业中投入比重相对较高，住宿和餐饮业在服务业中投入比重明显高于农业和第二产业。

从制造业各行业的生产者服务投入构成看。总体上和第二产业的基本构成类似，交通运输和仓储业，批发和零售贸易业，租赁和商务服务业，信息传输、计算机服务和软件业是绝大多数制造业行业的前 4 大服务投入种类，但是仔细比较可以发现，不同制造业部门的具体投入结构却存在显著差异，表现在：传统劳动密集型和资本密集型制造业部门中，交通运输和仓储业、批发和零售贸易业的投入比重相对较高，而一些新兴的资本密集型尤其是技术密集型制造行业中租赁和商务服务业，信息传输、计算机服务和软件业等服务的投入比重通常较高。由此可以推断，随着制造业的转型和升级，用于制造业中传统生产者服务的比重将会逐渐下降，而知识技术密集的生产者服务比重将会不断上升。

再从服务业各行业的中间需求率和投入结构看（见表 6–12），2005 年，中间需求率大于 50% 的服务行业，按照大小排列依次包括：租赁和商务服务业（89.60%），金融保险业（75.93%），交通运输和仓储业（73.46%），信息传输、计算机服务和软件业（67.75%），邮政业（61.35%），住宿和餐饮业（61.22%），

表6-11 三次产业及制造业各行业服务投入构成（2005年）

行业分类	农业	第二产业	服务业	食品制造及烟草加工业	纺织业	服装皮革羽绒及其制品业	木材加工及家具制造业	造纸印刷及文教用品制造业	石油加工、炼焦及核燃料加工工业	化学工业
服务业全部	100	100	100	100	100	100	100	100	100	100
交通运输及仓储业	33.56	28.54	19.95	26.15	23.78	17.65	36.99	30.35	38.60	30.08
邮政业	0.57	0.33	0.91	0.31	0.67	0.62	0.40	0.45	0.05	0.53
信息传输、计算机服务和软件业	2.35	10.36	8.86	4.21	7.08	8.51	7.71	3.44	2.64	6.94
批发和零售贸易业	18.19	18.53	6.86	25.28	22.08	17.47	22.32	26.33	40.69	18.41
住宿和餐饮业	3.06	5.70	15.95	4.09	11.01	4.34	5.45	9.66	1.26	5.48
金融保险业	16.77	8.33	14.28	6.21	10.06	5.02	6.62	8.64	4.41	8.01
房地产业	0.38	1.01	5.93	0.86	1.52	2.35	2.30	1.84	0.23	1.26
租赁和商务服务业	3.89	14.47	11.75	22.04	11.16	31.30	12.30	9.57	4.42	17.41
科学研究事业	0.39	0.58	0.86	0.27	0.15	0.16	0.13	0.19	0.53	0.63
综合技术服务业	11.93	2.70	2.48	1.86	1.91	1.29	0.85	1.96	1.07	1.88
水利、环境和公共设施管理业	2.81	0.75	1.71	0.13	0.20	0.10	0.04	0.03	0.03	0.40
居民服务和其他服务业	3.61	4.34	4.34	2.63	5.92	2.84	1.86	3.69	4.67	5.09

第六章 生产者服务业的发展战略：基于新型工业化视角

续表

行业分类	农业	第二产业	服务业	食品制造及烟草加工业	纺织业	服装皮革羽绒及其制品业	木材加工及家具制造业	造纸印刷及文教用品制造业	石油加工、炼焦及核燃料加工业	化学工业
教育	1.23	0.94	1.67	0.57	1.22	0.59	0.56	1.11	0.40	0.95
卫生、社会保障和社会福利事业	1.05	2.05	1.61	4.14	1.62	6.10	0.84	1.25	0.59	1.18
文化、体育和娱乐业	0.20	1.37	2.84	1.24	1.63	1.65	1.62	1.49	0.42	1.75
公共管理和社会组织	0.00	0.00	0.00	0.00	0.00	0.00	0.00	0.00	0.00	0.00

行业分类	非金属矿物制品业	金属冶炼及压延加工业	金属制品业	通用、专用设备制造业	交通运输设备制造业	电气、机械及器材制造业	通信设备、计算机及其他电子设备制造业	仪器仪表及文化办公用机械制造业	其他制造业
服务业全部	100	100	100	100	100	100	100	100	100
交通运输及仓储业	34.62	41.65	28.62	28.18	23.62	23.72	21.49	27.16	24.47
邮政业	0.22	0.13	0.34	0.57	0.33	0.48	0.37	0.49	0.47
信息传输、计算机服务和软件业	6.78	6.98	19.06	11.11	11.57	13.46	7.44	10.28	10.88
批发和零售贸易业	16.51	23.50	14.59	17.07	19.67	17.50	17.57	19.58	26.43
住宿和餐饮业	7.35	2.76	7.89	9.71	4.34	9.98	3.70	7.90	7.12
金融保险业	14.12	7.21	4.45	9.18	6.26	6.32	11.11	4.18	8.25

续表

行业分类	非金属矿物制品业	金属冶炼及压延加工业	金属制品业	通用、专用设备制造业	交通运输设备制造业	电气、机械及器材制造业	通信设备、计算机及其他电子设备制造业	仪器仪表及文化办公用机械制造业	其他制造业
房地产业	0.51	0.27	1.46	1.00	0.90	1.51	2.14	7.45	1.83
租赁和商务服务业	9.73	3.70	10.68	11.16	21.79	19.16	26.84	11.18	12.61
科学研究事业	0.42	0.21	1.26	0.80	1.27	1.04	1.93	0.89	0.44
综合技术服务业	1.50	2.29	3.12	2.19	1.55	1.39	1.85	1.82	1.41
水利、环境和公共设施管理业	0.09	0.11	0.05	0.02	0.03	0.03	0.07	0.10	0.05
居民服务和其他服务业	3.47	6.92	4.62	4.08	3.54	3.27	2.73	4.11	2.20
教育	0.98	0.64	1.52	1.15	1.24	0.61	0.53	1.17	0.68
卫生、社会保障和社会福利事业	0.91	2.81	1.20	2.10	2.78	0.18	0.93	0.70	0.26
文化、体育和娱乐业	2.77	0.83	1.13	1.69	1.12	1.34	1.29	2.99	2.89
公共管理和社会组织	0.00	0.00	0.00	0.00	0.00	0.00	0.00	0.00	0.00

资料来源：根据中国投入产出表（2005年）计算得出。

357

第六章　生产者服务业的发展战略：基于新型工业化视角

批发和零售贸易业（51.00%），表明当前阶段这些服务行业具有典型的生产性行业特征，其产出的很大比例是用于其他行业的再生产，这些行业也是按照部门法分类意义上的生产者服务业部门。从各服务行业中间需求的具体投入结构看，投入到第二产业超过50%的服务业部门包括（从大到小排列）：批发和零售贸易业（75.98%），交通运输及仓储业（64.24%），卫生、社会保障和社会福利事业（63.34%），租赁和商务服务业（63.25%），信息传输、计算机服务和软件业（62.18%），居民服务和其他服务业（57.26%），综合技术服务业（52.54%）。说明当下这些服务部门与制造业的关联度较高，制造业部门是其中间需求的主要来源。

表 6 – 12　　　服务业各行业中间需求率及投入结构（2005 年）　　　单位：%

	中间需求率	投入结构		
		农业	第二产业	服务业
服务业全部	48.94	3.41	56.96	39.63
交通运输及仓储业	73.46	4.52	64.24	31.24
邮政业	61.35	3.45	32.89	63.66
信息传输、计算机服务和软件业	67.75	0.84	62.18	36.97
批发和零售贸易业	51.00	4.46	75.98	19.56
住宿和餐饮业	61.22	1.08	33.57	65.35
金融保险业	75.93	5.21	43.23	51.56
房地产业	20.35	0.45	19.59	79.96
租赁和商务服务业	89.60	1.02	63.25	35.73
科学研究事业	37.35	1.92	48.46	49.62
综合技术服务业	44.56	13.91	52.54	33.55
水利、环境和公共设施管理业	44.48	8.01	35.50	56.50
居民服务和其他服务业	46.41	2.85	57.26	39.89
教育	9.65	3.37	43.14	53.49
卫生、社会保障和社会福利事业	13.86	1.94	63.34	34.72
文化、体育和娱乐业	49.66	0.36	40.71	58.93
公共管理和社会组织	0.00	0.00	0.00	0.00

资料来源：根据中国投入产出表（2005 年）计算得出。

2. 地区样本：以江苏为例

以下将基于江苏投入产出表（1997～2005 年）的数据，主要采用服务投入率、中间需求率等指标，对江苏生产者服务业与制造业的关联度及其变化情况进行经验研究。

（1）基于服务投入率的分析

根据计算（见表 6 – 13），1997 ~ 2005 年，制造业整体的服务投入率呈现显著下降趋势，由 1997 年的 12.84% 下降到 2005 年的 6.61%，服务投入率几乎缩减了一半。根据 2005 年制造业增加值构成，合计占制造业增加值 61.92% 的前五大支柱产业（包括化学工业，通信设备、计算机及其他电子设备制造业，金属冶炼及压延加工业，纺织业，通用、专用设备制造业），期间服务投入率同样迅速回落。其中，最值得关注的是，纺织业的服务投入率明显低于制造业整体服务投入率平均水平，且指标下降速度更快，从 1997 年的 9.86% 依次回落到 4.73%（2002 年）和 2.67%（2005 年）。这种情况表明，江苏制造业和服务业的关联度在下降。这与通常学界认为的，随着经济的发展、社会分工的深化，服务业与制造业的联系将日益紧密的观点相左。因为，根据已有的研究，在工业化中后期，特别是进入后工业化时期，服务业将得到迅速发展，服务业尤其是生产者服务业和制造业的关联度将日益提高，也就是说，作为产品价值增值的核心——产前、产中、产后的相关服务活动的投入会不断增加，这就必然导致制造业生产中的服务投入率不断上升。然而，事实恰恰相反。如何解释这一背离呢？我们认为，有四种可能的解释：

表 6 – 13　　江苏制造业各行业服务投入率变化（1997 ~ 2005 年）　　单位：%

部门	2005 年制造业增加值构成	排序	服务投入率		
			1997 年	2002 年	2005 年
制造业全部	100	—	12.84	9.19	6.61
化学工业	16.56	1	14.19	8.90	7.11
通信设备、计算机及其他电子设备制造业	14.18	2	12.42	10.64	6.87
金属冶炼及压延加工业	10.49	3	10.29	8.53	6.33
纺织业	10.35	4	9.86	4.73	2.67
通用、专用设备制造业	10.34	5	12.01	7.80	6.00
电气、机械及器材制造业	6.82	6	11.59	7.09	4.32
食品制造及烟草加工业	5.92	7	11.61	6.36	3.45
服装皮革羽绒及其制品业	5.18	8	11.45	12.52	8.10
金属制品业	4.35	9	16.78	12.15	8.97

续表

部门	2005 年制造业增加值构成	排序	服务投入率		
			1997 年	2002 年	2005 年
非金属矿物制品业	4.03	10	17.81	12.58	8.83
交通运输设备制造业	4.03	11	10.48	7.33	6.95
造纸印刷及文教用品制造业	3.37	12	16.24	14.52	9.22
木材加工及家具制造业	1.74	13	12.97	19.27	12.43
仪器仪表及文化、办公用机械制造业	1.33	14	12.53	7.58	4.02
石油加工、炼焦及核燃料加工业	0.76	15	14.38	20.83	22.28
其他制造业	0.56	16	14.90	7.12	4.47

资料来源：根据江苏投入产出表（1997 年、2002 年、2005 年）计算得出。

其一，随着经济的发展，制造业生产中的服务活动投入确实在增加，但这种服务是制造业企业内部提供的，而非市场化的服务活动，只有市场化的服务活动投入才被统计到投入产出表的服务业产出中。那么，为什么随着经济的发展制造业企业的服务活动并没有发生"内在化"向"外部化"的演进呢？这主要是由于诚信体系、市场制度，如知识产权保护力度不够、交易成本太高、市场化的服务活动质次价高等因素共同制约的结果。

其二，由于生产者服务业可以通过降低交易成本、促进企业技术创新与管理创新以及促使企业形成外部规模经济等途径，使得制造业生产经营效率得以提升，制造业中单位服务投入所带来的产出比以前增加了，因而导致制造业单位产出的服务投入下降。

其三，如果生产者服务价格指数相对制造业生产者价格指数不断下降，那么，其他条件（如生产技术）不变的话，同样的物质产出其服务投入率必然下降。然而，由于我国现有统计体系不提供生产者服务价格指数，因此无法比较。[①]

其四，一段时期以来，制造业企业的组织形式发生了迅速变化，从产品价值创造的链条看，制造业企业的制造和加工环节与产前、产后的诸多生产者服务活动环节逐渐分离，许多原先内在化的生产者服务活动已经发展成为市场化的服务活动。例如，制造业企业（集团）成立资产经营管理公司，原先企业内部的销

---

① 根据华而诚（2001 年）和程大中（2004 年、2008 年）的研究，20 世纪 90 年代以来，中国服务价格水平大于工业品价格的上涨幅度，使得国民经济生产中投入的服务成本明显上升。

售部门独立成为专门的销售公司，研发部门发展成为独立核算的科技研发类公司，运输服务部门独立成为市场化的物流企业，等等，从上海光明集团、宝钢集团、海尔集团等典型制造业企业组织结构的演变即可见一斑，这些独立出来的提供服务活动的部门统计口径归属发生了变化，由原来的制造业划归为服务业口径统计，同时，这些服务部门之间的经济联系越来越多（如销售公司和物流公司的经济联系、资产经营管理公司与其他服务类公司的经济联系等），而这些反映在投入产出表中则属于服务业部门之间的经济关联。这种情况下，若其他条件不变，则制造业生产的服务投入率不断下降则应在情理之中。

需要说明的是，上述各种可能的因素都是相互作用，共同影响的。根据前面中国生产者服务业的国际比较分析，OECD 成员三次产业的服务投入率均明显高于中国的水平，但是否意味着，随着经济的发展，第二产业部门的服务投入率将不断上升，我们认为这仍有待进一步研究分析。

为了进一步分析江苏制造业与具体生产者服务业部门的关联度。以 2005 年江苏制造业的生产者服务投入构成为例（见表 6 – 14），制造业部门对批发和零售贸易业、交通运输及仓储业、金融保险业的中间投入比重较大，分别为 49%、16.66%、13.63%，约占全部制造业服务投入的 80%，表明制造业的发展得到了上述服务部门的强有力支撑，彼此联系十分紧密。

表 6 – 14　　2005 年六大制造业部门生产者服务业投入构成　　　　单位：%

部门	全部制造业均值	纺织业	化学工业	金属冶炼及压延加工业	通用、专用设备制造业	电气、机械及器材制造业	通信设备、计算机及其他电子设备制造业
服务业部门	100	100	100	100	100	100	100
批发和零售贸易业	49	67.03	43.26	40.42	29.98	20.08	17.88
交通运输及仓储业	16.66	9.29	19.55	19.98	20.43	29.31	20.1
金融保险业	13.63	14.02	15.09	27.16	16.88	12.98	31.12
住宿和餐饮业	5.87	2.99	6.73	4.13	10.42	12.49	8.71
租赁商务服务业	4.7	1.14	4.26	2.05	8.24	8.65	4.84
信息传输、计算机服务和软件业	2.74	1.76	2.35	1.48	3.33	5.11	7.82
其他社会服务业	1.91	1.32	3.07	1.33	1.95	1.47	2.41
房地产业	1.59	0.46	1.29	0.33	1.72	1.4	1
综合技术服务业	1.59	0.5	1.62	1.61	3.42	4.79	1.73

部门	全部制造业均值	纺织业	化学工业	金属冶炼及压延加工业	通用、专用设备制造业	电气、机械及器材制造业	通信设备、计算机及其他电子设备制造业
文化、体育和娱乐业	1.02	0.73	1.39	0.79	1.45	1.05	0.81
邮政业	0.72	0.5	0.69	0.32	1.34	1.05	1.83
旅游业	0.33	0.17	0.23	0.2	0.34	1.3	1.35
科学研究事业	0.13	0.02	0.29	0.07	0.28	0.23	0.21
教育事业	0.1	0.07	0.07	0.14	0.2	0.09	0.19
卫生、社会保障和社会福利事业	0.01	0	0.11	0.01	0.02	0	0

注：表中全部制造业均值，是指所有制造业部门对该类服务投入占总服务投入的比重。

资料来源：根据江苏投入产出表（2005 年）计算得出。

值得关注的是，制造业各行业对不同生产者服务业部门的需求存在显著差异。例如，2005 年六大制造业部门中，纺织业对批发和零售贸易服务的投入占其全部服务投入的比重高达 67.03%，远大于 49% 的平均水平，而通用与专业设备制造业，电气机械及器材制造业，通信设备、计算机及其他电子设备制造业等对批发和零售服务的投入比重则明显低于平均水平，分别仅为 29.98%、20.08% 和 17.88%；再如，电气、机械及器材制造业对交通运输及仓储服务的投入比（29.31%）、金属冶炼及压延加工业对金融保险服务的投入比（27.16%）都分别高于其他制造业部门对同类服务的平均投入比重（分别是 16.66%、13.63%）；另外，通用、专用设备制造业，电气、机械及器材制造业对租赁商务服务的中间投入比分别是 8.24% 和 8.65%，而全部制造业对该类服务的平均投入仅占 4.7%。

（2）基于中间需求率的分析

根据计算（见表 6 - 15），江苏服务业在 1997 年、2002 年和 2005 年 3 个年度的中间需求率分别为 70.64%、57.97%、42.79%，显示服务业整体的中间需求率呈明显下降趋势。从中间需求的结构看，尽管其间用于制造业的中间需求比重较为稳定，变化不大，但若以服务业总产出中用于制造业的比重看，则该指标必然呈下降态势；服务业中间需求中用于服务业自身的比重从 1997 年到 2002 年几乎没有变化（39% 左右），而到 2005 年，这一比重迅速下降到 29.32%。这些情况表明，服务业的最终需求在不断上升，服务业的自我强化机制正在逐渐形

表 6 - 15　　江苏服务业各行业中间需求率与使用结构变化（1997 ~ 2005 年）

单位：%

部门	1997 年			2002 年			2005 年			服务业增加值构成（2005 年）
	中间需求率	其中，制造业占比	服务业占比	中间需求率	其中，制造业占比	服务业占比	中间需求率	其中，制造业占比	服务业占比	
服务业全部	70.64	47.70	39.32	57.97	44.68	39.76	42.79	50.99	29.32	100
其中：货物运输及仓储业	115.07	46.78	36.08	91.15	51.49	36.31	48.18	60.97	26.65	11.05
邮电业	70.44	19.60	70.04	88.89	26.21	66.05	96.99	45.77	41.87	0.36
商业	92.85	73.13	11.57	65.52	21.44	71.26	41.41	33.35	55.94	4.91
饮食业	50.56	36.53	58.24	93.62	62.52	13.62	65.66	63.95	7.97	27.99
旅客运输业	146.54	30.21	59.60	64.53	26.38	65.20	47.17	43.16	43.69	4.43
金融保险业	85.46	35.48	55.79	98.36	37.22	51.78	92.27	56.90	23.43	8.65
房地产业	28.70	10.75	88.17	10.37	8.10	91.42	9.79	36.81	60.96	11.27
社会服务业	75.70	30.50	60.21	82.00	19.93	61.44	83.56	24.22	53.66	2.92
卫生体育和社会福利业	34.05	31.08	63.44	79.21	9.07	90.86	86.84	15.76	84.15	0.51
教育文化艺术及广播电影电视事业	12.21	22.37	63.46	76.24	15.58	80.87	38.12	24.26	70.51	0.37
科学研究事业	76.95	72.12	23.95	56.73	17.94	68.83	44.80	35.04	37.58	1.87
综合技术服务业	45.17	21.96	32.72	28.26	16.19	75.37	25.83	30.15	55.72	5.21
行政机关及其他行业	28.47	3.96	78.82	1.43	23.35	62.19	1.07	37.00	41.79	8.01
				0.59	18.98	68.81	0.49	25.00	65.85	3.04
				49.32	13.47	81.68	48.11	25.46	67.20	1.60
				0.23	0.00	54.22	0.11	0.00	63.29	7.81

注：（1）与 1997 年的行业分类相比，国民经济行业新的分类标准（GB/T 4754-2002）有了明显变化，2002 年以后没有变化。1997 年投入产出表的商业主要包括 2002 年的批发和零售贸易业；1997 年投入产出表的社会服务业包括 2002 年的租赁和商务服务业、信息传输、计算机服务和软件业。（2）表中"制造业占比"和"服务业占比"分别是指，用于制造业或服务业的中间需求占中间需求总量的比重。

资料来源：根据江苏投入产出表（1997 年、2002 年、2005 年）计算得出。

成。分部门看，2005年中间需求率大于50%的行业包括邮政业（96.99%），批发与零售贸易业（65.66%），金融保险业（92.27%），租赁与商务服务业（83.56%）和旅游业（86.84%），表明这些行业的生产者特征较为突出，主要为国民经济提供资本投入品为主。在中间需求总量中，2005年用于制造业中间需求的比重超过50%的行业包括交通运输及仓储业（占60.97%），批发与零售贸易业（占63.95%），以及金融保险业（占56.90%），说明这些行业与制造业关联度较高，制造业部门是其中间需求的重要部门。

值得关注的是，被许多学者认为是生产者服务业部门的房地产业，其中间需求率远低于服务业的整体水平，3个时点的中间需求率分别为28.7%、10.37%、9.79%，且下降速度较快，其用于服务业中间需求的比重远远超过制造业部门，表明房地产业具有最终需求型特征，并非典型的生产者服务业，与制造业的联系程度较低；租赁与商务服务业虽然中间需求率高达80%以上（2002年和2005年），然而用于制造业的比重只占20%左右，这也与通常认为的租赁商务服务业和制造业具有很高的关联度相背离。

三、研究结论与政策建议

通过本章第二节对中国生产者服务业的大量经验分析，我们不仅可以了解中国生产者服务业的发展水平，同时能够帮助我们发现生产者服务业发展中存在的主要问题，更重要的是，能够帮助我们准确、合理地认识服务业尤其是生产者服务业与制造业关系的动态演变规律，正确把握生产者服务业发展的规律及趋势。

（一）研究结论

1. 改革开放尤其是20世纪90年代以来，服务业取得了长足发展，呈现出良好的发展态势，尽管服务业发展的总体水平还较低，但服务业对经济增长的贡献率和拉动能力在不断提高。1978年以来，服务业总量和增加值比重迅速增长的同时，服务业内部结构逐步优化。

2. 基于1981~2005年中国投入产出表的研究发现：从生产者服务占服务业总产出的比重（即服务业的中间需求率）看，期间该指标呈现先上升再下降的变动趋势，同时生产者服务业部门构成出现了不断优化趋势；从生产者服务业的投入结构看，1981年以来的一个明显的特点是，生产者服务投入到服务业部门的比重显著上升，表明服务业自身越来越成为生产者服务产出的重要需求来源；从三次产业的服务投入率看，农业和服务业的服务投入率都呈总体上升趋势。

3. 通过与 OECD 成员生产者服务业的比较研究发现：发达国家或地区的生产者服务业部门集中度更高，富含知识和技术密集型服务活动的"房地产、租赁和其他商务活动"部门比重远高于中国，而传统服务部门"运输与仓储"的比重明显低于中国；通过对生产者服务业的投入结构差异的比较，可以推断出，随着经济发展水平的提高，对生产者服务业产出的需求将主要由第二产业向服务业转变，说明了生产者服务业的发展对第二产业的依赖度将不断下降，同时对服务业自身的依赖即自我依赖的程度呈现不断提高的趋势。

OECD 成员三次产业的服务投入率均明显高于中国的水平，说明这些国家或地区的经济服务化程度高于中国，究其原因，可能与这些国家或地区已进入服务经济社会，服务业高度发达密切相关。中国农业部门服务投入率还不足 13 个经济体均值的一半，与发达国家或地区的先进农业生产方式相比，一方面是中国农业生产分工水平的低下，另一方面是与农业生产配套的生产者服务业的落后。

13 个 OECD 成员服务业整体及各服务行业中间需求率的均值都显著地低于中国的相应指标水平。基于中间需求率的比较可以初步认为，随着经济发展水平的提高、产业结构的不断升级，特别是进入工业化后期和后工业时期，服务业的中间需求率将呈现不断下降的趋势。

4. 通过对中国各地区生产者服务业的比较分析，我们发现：从生产者服务业的总量规模看，经济发达地区的总量规模明显大于经济相对落后地区，且总量规模差异很大；从生产者服务业产出占服务业总产出的比重（即服务业中间需求率）看，从我国各地区服务业中间需求率的大小差异并没有发现地区经济发展水平和服务业的中间需求率之间存在显著的规律性特征，这可能与各地区主要分布在工业化各不同时期有关，同时服务业中间需求率的大小还会受到各地区特定产业结构的影响，需要进一步分析考察。

从生产者服务业的内部构成看，交通运输及仓储业，批发和零售贸易业，金融保险业是绝大多数地区排名前三的生产者服务业部门，合计占生产者服务业的比重为 58.74%（各地区均值），同时地区之间的生产者服务业具体构成也存在明显的差异。

从生产者服务业的投入结构看，30 个地区在三次产业的平均投入结构比例分别是 4.5%、48.7% 和 46.8%，第二产业和服务业对生产者服务的产出消耗平分秋色。如果排除海南、江苏和浙江等少数省份，则容易看出：经济越是发达的地区，投入到农业的生产者服务比重一般越小，而投入到服务业部门的生产者服务比重越大，这与国际比较部分得出的结论相一致。

在三次产业的服务投入率方面。30 个地区三次产业服务投入率的均值依次是 6.54%、13.63%、25.64%，服务业部门的服务投入率最高。若剔除少数特定的省份如海南、江苏、浙江等，同样可以初步推断，经济相对发达的地区，其服务业的服务投入率通常越大。这可与国际比较部分的研究结论基本一致。

5. 通过对生产者服务业与制造业的产业关联情况的进一步分析，可以得出：服务业对第一产业和第二产业的依赖度将随着经济发展水平的提高和产业结构的升级而呈现不断下降的趋势，而服务业具有的自我发展和依赖、自我强化的特征将越来越明显。具体表现在：随着经济发展水平的提高，服务业的中间需求率将不断下降，同时生产者服务业总量中用于农业和第二产业的比重将不断缩小，而用于服务业自身的比重却不断扩大。

（二）中国生产者服务业发展滞后的原因分析

改革开放以来，中国生产者服务业尽管取得了较快发展，但和制造业相比，发展水平仍显滞后，与发达国家相比差距很大，这表明中国生产者服务业的发展任重而道远。关于我国生产者服务业落后的原因，程大中（2008）作了较为客观的分析，认为中国生产者服务业低于其应有的发展水平，除了统计方面的原因以外，落后的现状不只是由经济发展阶段决定的，而是在很大程度上缘于社会诚信、体制机制和政策规制的约束，并对具体原因作了阐述。总的来看，中国生产者服务业发展滞后的原因主要包括：

（1）认识不足和研究滞后，理论研究没有跟上经济发展的实践。这是导致中国生产者服务业发展滞后的重要原因。毋庸讳言，国内学术界对服务业的全面、系统的研究是 20 世纪 90 年代以后的事情，更不用说对生产者服务业的深入研究。纵观生产者服务业的相关理论研究文献，绝大部分都是 2000 年以后发表的。直至今天，关于生产者服务业的内涵和外延，仍不敢说已经达成一致，尤其是对生产者服务业的外延理解，说法和研究处理方法差异较大。可以想象，没有对生产者服务业的正确认识，不能准确把握生产者服务业发展的规律和趋势，相应的政策和措施制定自然难以实施。

（2）传统经济体制下企业办社会的思想意识和实践观念仍然残留至今。在传统体制下，许多国有企业或国有控股企业很多原本该社会化、外部化的市场化服务却仍由企业内部提供，服务的"外部化"或"市场化"严重不足，使得专业化的服务企业面临的市场需求严重不足。同时，由于服务交易的市场规模较小、市场化程度不高，服务提供缺乏足够的市场竞争，使得服务提供缺乏应有的标准与规范，提高服务质量的激励与约束严重不足，致使服务的消费与提供之间缺乏应有的信任机制。服务的标准化、规范化与诚信度严重不足，大大增加了服务的市场交易成本。

（3）体制、机制方面的原因。表现在：在国内规制方面存在一些扭曲。有些生产者服务如社会审计、质量检测等按照法律规定必须外购。政府在生产者服务外购方面的硬性规定意义在于，为增强企业之间的信任提供制度保证，这必然会促进生产者服务的外部化。但有些地方、有些部门对此问题却重视不够，政府缺位和政府不作为使得必须外购的生产者服务仍然由企业自己说了算。比如，近年来出现的医药质量和安全检验、食品安全检验、生产安全检查等领域的问题都与此有关。但规制也会产生相反的作用。当政府规章侵犯企业经营自主权，限制服务提供的自由时，企业设立自己的服务部门而不去外购服务，在成本上可能更有利。另外，由于国内规制和贸易障碍的存在，外国服务提供者的市场进入会变得更加困难。这些势必影响国内生产者服务的市场化和外部化发展。另外，在一些服务业部门，如交通运输、电信服务、邮政服务、教育服务等，市场垄断和国家所有并存，在一定程度上抑制了服务市场竞争，降低了服务生产效率，助长了服务价格上升。

（4）中国生产者服务业发展所需的人力资源尤其是中、高端人才严重不足，进而制约其发展。众所周知，许多生产者服务业部门如研发设计、管理咨询等具有很强的知识技术密集型特征，对人力资本水平的要求较高，而该类人才需要较长时期的积累才能满足实际的需求。

（5）多年来，在国内有些地区特别是城市，地方政府仍然过分强调制造业的发展，对服务业包括生产者服务业的发展重视不够，在用地、税收、供水、供电等方面给予制造业的优惠往往多于服务业。这不仅相对抑制了生产者服务业的发展，还带来统计核算的偏差问题，即为了得到政策优惠，一些本来是从事服务生产的企业在工商注册时登记为制造业。

（三）促进生产者服务业发展的政策建议

针对当前中国生产者服务业的发展现状和存在的主要问题，必须从多方面入手，遵循系统论的思想和方法，采取一系列的政策和措施体系，努力加快中国生产者服务业的发展，推动生产者服务业与制造业协调、互动发展，最终实现党的十六大提出的新型工业化道路目标。

发展思路上，在提高认识的基础上，注重制度环境建设，进一步扩大开放水平，加强监管，建立和完善竞争、有序、诚信、高效的服务业市场体系；在认真做好各级服务业中长期规划的基础上，注重和加快公共服务平台和载体建设，为生产者服务业的发展提供一流的基础设施支撑。在政策措施体系方面：

第一，提高认识，加强研究。一方面，世界上大多数经济体尤其是发达经济体的发展历程表明，工业化阶段特别是工业化中后期，既是专业化分工加速深化的阶段，也是服务业尤其生产者服务业加速发展的时期。因此，应从战略层面认识到生产者服务业的发展，对于推进中国制造业转型升级，推动中国企业在全球分工体系中向价值链中、高端攀升，提升产品国际竞争力和国际分工地位，从而实现新型工业化战略目标的重要意义。另一方面，对生产者服务业的研究和认识仍有待提高，如生产者服务业的统计和计量问题，生产者服务业与制造业互动关系的演变规律及相关实证检验，促进生产者服务业发展的政策保障体系，生产者服务业集聚发展的有关理论问题等。

第二，加强制度环境建设，努力提高市场化水平。促进生产者服务业发展的根本在于促进社会分工的进一步深化（即促进"内部化"向"外部化"的转变），提高专业化服务的种类和水平，增加生产者服务的充分供给，以降低企业的交易成本，提高管理水平和创新能力。由于服务业领域受体制因素的影响较大，目前许多服务业部门仍存在较高的进入壁垒，或是在业务领域、财税政策上具有明显的经营主体歧视，因此，应实现内外资、不同所有制主体在国民待遇上的统一。在规制、体制和机制方面，应适应服务产业化、市场化和国际化发展大趋势，积极推进相关改革和开放，减少和消除扭曲，以改革促发展，增强服务业发展的活力与动力。加快服务业发展，核心是体制、机制与政策创新，关键是打破垄断，放宽准入领域，以及建立公开、平等、规范的行业准入制度，促进有序竞争。

第三，在各地区服务业发展方面，要高度重视并认真做好各级服务业发展的中长期规划。城市是服务业发展的主要空间载体和平台，尤其是大城市，更应该把发展服务业，特别是目前生产型特征显著的服务业部门放在优先战略位置，要让市场发挥基础性作用，逐步形成服务经济为主的产业结构，增强服务业的区域集聚与辐射效应，提升中心城市的服务能级，带动周边地区实现产业调整与升级。对各级服务业中长期规划（包括行业和空间布局规划），应在认真掌握服务业真实情况的基础上，严格依据服务业发展的相关理论和各地实际情况，而不是相关职能部门和领导的感性认识做好规划工作，力求规划客观、科学、合理，避免出现近年来其他人为因素干扰，导致某些生产者服务业项目规划布局不合理，明显违背生产者服务业发展规律的现象。

第四，在市场环境建设方面，应倡导"规范诚信服务"，整顿和规范市场运行秩序，建设诚信体系，为生产者服务业发展营造良好的社会信用环境。健全服务业标准体系，推进服务业标准化和规范化。推进服务业行业协会的建设和发展，发挥其在市场规范、行业自律、企业与政府沟通等方面的积极作用。

第五，坚持和扩大服务业对外开放，主动积极地引入国外先进要素，促进生产者服务业快速发展。我国"入世"以来取得的显著成绩表明，积极扩大开放，主动融入全球分工体系，促进市场竞争，其利远大于弊。研究显示，FDI 尤其是服务业 FDI 对东道国的人力资本积累、技术进步以及微观经济主体的运行体制和机制创新具有十分显著的影响。目前全球服务业 FDI 的流量和存量已经超过第二产业的相应水平，且这一趋势日益明显。通过服务业的扩大开放，通过国外先进服务企业的竞争效应、示范效应以及产业关联效应，这将促使国内服务企业降低成本、提高经营效率和增强竞争力，有利于促进服务业企业的管理体制、运行机制、组织形式以及服务品种的创新，有利于促进先进服务技术和标准的引进，也有利于服务业人力资本水平的提高和服务业动态比较优势的形成，从而实现制造业转型升级和服务业自身的快速发展，实现服务业和制造业的良性、互动发展格局。

第六，加强监管，促进服务业健康发展。2008 年 9 月爆发的金融危机警示我们，生产者服务业的可持续健康发展离不开政府的有效监管。要不断完善对外和对内双重监管。对外方面，做到充分发挥开放带来的积极效应的同时，有效控制和减少其负面影响，尽量使监管能力与服务业对外开放的水平相适应，促进服务业健康发展；对内方面，一些新兴的服务行业如电子商务、网络游戏产业等，我们不仅缺乏有效监管的经验，国际上也没有成熟的经验，需要在探索中加快制定相关法律法规，进行有效监管。对于一些特殊的，与政治、经济安全、文化、意识形态紧密相关的服务业部门，尤其需要加强监管。

最后，其他具体操作层面，包括：从我国目前具有典型生产性特征的服务业部门看，要注重运用现代信息技术和经营管理方式，加快改造传统生产者服务业，如整合交通运输、仓储和邮政服务业等，大力发展现代物流业；重点发展知识密集型的生产者服务业，包括金融、电信以及科技服务、广告设计、管理咨询等各类专业和商务服务业。注重新兴生产者服务业如管理咨询、技术服务的规制，重在监督和规范其发展。注意利用行业协会等各类非政府组织，充分发挥其组织、协调、引导和规范行业发展的功能，以保证各类行业的健康发展。

注重和加快公共服务平台和载体建设，如信息化网络平台、生产者服务业集聚平台等，为生产者服务业的发展提供一流的基础设施支撑。已有研究表明，信息化水平是服务业及服务贸易的重要推动力和平台，高水平、高质量的公共信息化基础设施平台是扩大生产者服务业辐射范围，扩大服务贸易范围和领域的基础性保障。各类服务业集聚平台，如大型物流园区、高等级的交通网络、金融服务业集聚区、科技服务公共平台等是服务业发展的重要载体和支撑，其建设水平将直接影响服务业发展的速度。

另外，在服务业统计制度方面，要注意调整和优化服务业的统计分类口径，建立生产者服务价格指数，为科学研究、科学规划和管理决策提供数据和资料支撑。

消费者服务业的发展战略：
基于全面小康社会视角

第一节　问题的提出及核心概念的界定

一、问题的提出

（一）理论研究层面

在我国，消费者服务业低度均衡等问题是长期以来困惑政界、业界、学界的一个难题，而且这一问题理论上难以突破，成为一道无法逾越的门槛。从世界各国的发展经验看，消费者服务业与经济发展和社会进步密不可分，消费者服务业最终处于高端均衡状态。国内现有的服务经济研究以生产者服务业为主要分析对象，忽略了消费者服务业与国民经济和社会发展之间的关联性研究，忽略了消费者服务业低度均衡等问题的深入系统的、追根溯源式的探究，忽略了对消费者服务业城乡差异的全面、系统的分析。因此，本章深入探讨小康社会中的消费者服务业发展的若干核心问题，从理论上进行消费者服务业的探索性研究。

（二）战略发展层面

我国"国民经济和社会发展十一五规划纲要"明确指出，要"丰富消费性服务业：适应居民消费结构升级趋势，继续发展主要面向消费者的服务业，扩大短缺服务产品供给，满足多样化的服务需求"。由于消费者服务业对全面建设小康社会是有特殊的战略意义，各国（尤其是消费者服务业不发达的国家）都致力于促进这些产业的稳定发展。在我国，消费者服务业相对滞后，消费者服务业缺乏竞争力，严重制约着我国服务业整体竞争力的提高，从而进一步制约小康社会的建设进程。本章研究小康社会中的消费者服务业，旨在探讨我国消费者服务业发展的战略思路。

二、核心概念的界定

消费者服务业（customer service），又称为消费性服务业、生活性服务业。关于消费者服务业概念内涵与外延的界定，国际与国内存在差异，政界与学术界也存在不同观点。

在国际上，一般把 50% 以上产品用于生产的服务部门称为生产者服务业，50% 以上产品用于消费的服务部门称为消费者服务业。换言之，一些服务产品既服务于生产也服务于消费。

在国内学术界目前比较有代表性的一个概念是：消费者服务是市场化的最终消费服务，对应着作为消费品的服务，因而被称为"面向生活的服务"（程大中、陈宪，2006），它与生产者服务业相对应。从以上分析可知，消费者服务最显著的特征是面向广大消费群体，为一个个具体的消费行为服务。

在外延界定方面，常被引用的一种分类法源自加拿大，它们将服务业分为三大类：第一，生产者服务，主要包括金融、保险、通信、批发、房地产和商业服务等行业；第二，消费者服务，主要包括零售、旅馆和餐饮业；第三，政府服务，主要包括教育、医疗卫生及社会服务。

在我国，学术界目前只提供了理论内涵的界定，实际上生产者服务与消费者服务的行业或部门形式的划分是一个难点，目前存在较大争议（程大中、陈宪，2006）。目前，较有影响力的是北京《"十一五"时期服务业发展规划》中的界定，报告将消费者服务业界定为商贸服务业、教育培训业、旅游业、房地产业、体育产业、医疗卫生、社区服务业。其中社区服务业具体包括社区卫生、家政服务、社区保安、养老托幼、食品配送、修理服务和废旧物品回收等便民服务。

应该说，每一种分类都存在不足之处。传统上对生产者服务和消费者服务的定义都缺乏一个既定的概念基础，那些定义实质上是仅仅在列举应该包括哪些服务类别（程大中、陈宪，2006）。

综合学术专家与管理专家的意见，本书立足行业分类结构角度，将消费者服务业分为以下行业门类（见表 7-1）：

371

表7-1　　　　　　　　　　消费者服务业行业门类

行业门类	亚类
文化、体育与教育培训服务	教育培训业，体育产业，文化产业
房地产业与建筑装潢业	房屋建筑，建筑材料，装潢装饰材料
租赁和维修服务	租赁和维修服务
零售业	汽车零售，服装零售，百货商场，折扣商店，电子用品商店，食品批发，家具零售，连锁超市，网上零售，专业商店
旅游和娱乐服务	酒店宾馆业，餐饮业，旅游业与休闲娱乐业
社区服务业	社区卫生，家政服务，社区保安，养老托幼，食品配送，修理服务和废旧物品回收等

　　从统计口径看，在我国的统计年鉴中，消费者服务业统计值一般用社会消费品零售总额来衡量，具体包括食品衣着、家庭设备用品及服务、医疗保健、交通和通信、教育文化娱乐服务、居住、杂项商品和服务等。本书从数据可得性和权威性角度出发，基于我国国民经济行业分类标准，将消费者服务业界定为以上诸项，详细的行业代码、名称及说明见表7-2。

表7-2　　　　消费者服务业详细的行业代码、名称及说明

行业	大类代码	中类代码	小类代码	行业名称	说　　明
零售业	65	651	6511	百货零售	指经营的商品品种较齐全、经营规模较大的综合零售活动
			6512	超级市场零售	指经营食品、日用品等的超级市场的综合零售活动
			6519	其他综合零售	指日用杂品综合零售活动；为方便城乡居民，在街道、社区、乡镇、农村、工矿区、校区、交通要道口、车站、码头、机场等人口稠密地区，开办的小型综合零售店的活动；以小超市形式开办的便利店活动；农村供销社的零售活动
		652	6521	粮油零售	
			6522	糕点、面包零售	
			6523	果品、蔬菜零售	
			6524	肉、禽、蛋及水产品零售	
			6525	饮料及茶叶零售	指专门经营茶叶及各种饮料的零售活动
			6526	烟草制品零售	
			6529	其他食品零售	指上述未列明的食品零售活动

续表

行业	大类代码	中类代码	小类代码	行业·名称	说　明
零售业	65	653	6531	纺织品及针织品零售	
			6532	服装零售	
			6533	鞋帽零售	
			6534	钟表、眼镜零售	
			6535	化妆品及卫生用品零售	
			6539	其他日用品零售	
		654	6541	文具用品零售	
			6542	体育用品零售	
			6543	图书零售	
			6544	报刊零售	
			6545	音像制品及电子出版物零售	
			6546	珠宝首饰零售	
			6547	工艺美术及收藏品零售	指专门经营具有收藏价值和艺术价值的工艺品、艺术品、古玩、字画、邮品等的零售活动
			6548	照相器材零售	
			6549	其他文化用品零售	
		655	6551	药品零售	
			6552	医疗用品及器材零售	
		656	6561	汽车零售	指9人以下的乘用车的零售活动
			6562	汽车零配件零售	
			6563	摩托车及零配件零售	
			6564	机动车燃料零售	指专门经营机动车燃料及相关产品（润滑油）的零售活动
		657	6571	家用电器零售	
			6572	计算机、软件及辅助设备零售	
			6573	通信设备零售	
			6579	其他电子产品零售	

行业	大类代码	中类代码	小类代码	行业名称	说　明
零售业	65	658	6581	五金零售	
			6582	家具零售	
			6583	涂料零售	
			6589	其他室内装修材料零售	
		659	6591	流动货摊零售	指无固定场所的流动性销售产品的活动
			6592	邮购及电子销售	指通过邮政及现代通信工具（如互联网、电视、电话等）进行销售，并送货上门的零售活动
			6593	生活用燃料零售	
			6594	花卉零售	
			6595	旧货零售	
			6599	其他未列明的零售	
住宿业	66	661	6610	旅游饭店	指按国家有关规定评定的旅游饭店或具有同等质量、水平的饭店活动
		662	6620	一般旅馆	指不具备评定旅游饭店和同等水平饭店的一般旅馆的活动
		669	6690	其他住宿服务	指上述未列明的住宿服务
餐饮业	67	671	6710	正餐服务	指提供各种中西式炒菜和主食，并由服务员送餐上桌的餐饮服务
		672	6720	快餐服务	
		673	6730	饮料及冷饮服务	指以提供饮料和冷饮为主的服务
		679	6790	其他餐饮服务	指上述未列明的餐饮服务
居民服务	82	821	8210	家庭服务	
		822	8220	托儿所	指社会、街道、个人办的面向不足3岁幼儿的看护服务。看护服务可分为全托、日托、半托、计时服务
		823	8230	洗染服务	指专营的洗染店以及在宾馆、饭店内常设的独立（或相对独立）洗染服务
		824	8240	理发及美容保健服务	指专业理发、美容保健服务，以及在宾馆、饭店或娱乐场所常设的独立（或相对独立）理发、美容保健服务

续表

行业	大类代码	中类代码	小类代码	行业名称	说　　明
居民服务	82	825	8250	洗浴服务	指专业洗浴室以及在宾馆、饭店或娱乐场所常设的独立（或相对独立）洗浴服务
		826	8260	婚姻服务	指从事婚姻介绍、婚庆典礼等服务
		827	8270	殡葬服务	指与殡葬有关的各类服务
		828	8280	摄影扩印服务	
		829	8290	其他居民服务	指上述未包括的居民服务
其他服务业	83	831	8311	汽车、摩托车维护与保养	指非汽车制造厂、修理厂的修理和维护活动。这类活动一般在路边规模较小的修理服务部进行。包括为汽车、摩托车提供上油、充气、打蜡、抛光、喷漆、清洗、换零配件、出售零部件等服务
			8312	办公设备维修	指各种办公设备修理公司、修理门市部和修理网点的修理活动
			8313	家用电器修理	指家用电器修理门市部，以及生产企业驻各地的修理网点和修理中心的修理活动
			8319	其他日用品修理	指其他日用品修理门市部、修理摊点的活动，以及生产企业驻各地的维修网点和维修中心的修理活动
		832	8321	建筑物清洁服务	指对建筑物内外墙、玻璃幕墙、地面、天花板及烟囱的清洗活动
			8329	其他清洁服务	指专业清洗人员为企业的机器、办公设备的清洗活动，以及为居民的日用品、器具及设备的清洗活动。包括清扫、消毒等服务
		839	8390	其他未列明的服务	
新闻出版业	88	881	8810	新闻业	
		882	8821	图书出版	
			8822	报纸出版	
			8823	期刊出版	
			8824	音像制品出版	
			8825	电子出版物出版	
			8829	其他出版	

行业	大类代码	中类代码	小类代码	行业名称	说　明
广播、电视、电影和音像业	89	891	8910	广播	指广播节目的制作和播放等服务
		892	8920	电视	指电视节目的制作和播放等服务
		893	8931	电影制作与发行	指电影的制作、发行和放映活动
			8932	电影放映	指专业电影院以及设在娱乐场所独立（或相对独立）的电影放映场所的活动
		894	8940	音像制作	指从事录音、摄像、录像等制作活动。其制品可以出版、销售，可以作为广播、电影、电视广告，可以在其他宣传场合播放，或提供给广播电台播放，但不作为电视节目播放
文化艺术业	90	901	9010	文艺创作与表演	指文学、美术创造和表演艺术（如戏曲、歌舞、话剧、音乐、杂技、马戏、木偶等表演艺术）等活动
		902	9020	艺术表演场馆	指有观众席、舞台、灯光设备，专供文艺团体演出的场所的管理活动
		903	9031	图书馆	
			9032	档案馆	
		904	9040	文物及文化保护	指对具有历史、文化、艺术、科学价值，并经有关部门鉴定，列入文物保护范围的不可移动文物的保护和管理活动；对我国语言、文字、民间文化艺术、民俗等非物质遗产的文化保护和管理活动
		905	9050	博物馆	指收藏、研究、展示文物和标本的博物馆的活动，以及展示人类文化、艺术、科技、文明的美术馆、艺术馆、展览馆、科技馆、天文馆等管理活动
		906	9060	烈士陵园、纪念馆	
		907	9070	群众文化活动	指开展群众文化活动场所的管理活动
		908	9080	文化艺术经纪代理	
		909	9090	其他文化艺术	

续表

行业	大类代码	中类代码	小类代码	行业名称	说　明
体育	91	911	9110	体育组织	指专门从事体育比赛、训练、辅导和管理的组织的活动
		912	9120	体育场馆	指可供观赏比赛的场馆和专供运动员训练用的场地的管理活动
		919	9190	其他体育	指上述未包括的体育活动
娱乐业	92	921	9210	室内娱乐活动	指室内各种娱乐活动和以娱乐为主的活动
		922	9220	游乐园	指配有娱乐设施的大型室外娱乐活动以及以娱乐为主的活动
		923	9230	休闲健身娱乐活动	指主要面向社会开放的休闲健身娱乐场所和其他体育娱乐场所的管理活动
		929	9290	其他娱乐活动	指各种形式的彩票活动，以及公园、海滩和旅游景点内小型设施的娱乐活动

第二节　消费者服务业相关研究成果综述

一、关于消费结构的研究综述

近年来对消费结构的研究逐渐成为学界关注的焦点，比较有代表性的包括：1983 年，由尹世杰教授主编的《社会主义消费经济学》系统研究了消费结构问题，是我国进行消费结构理论研究的开端。尹世杰（1994）指出，合理的消费结构应该体现三个标准：有利于人的智力和体力不断发展；有较好的消费质量；有利于建立科学的、文明的、健康的生活方式，并提出，要体现这些客观标准，必须深入分析设计具体相应的指标进行考核，且这些指标应在数量上体现合理性。李江帆（1991）指出，消费结构可以被认为是需求结构的"影子"，而需求结构则是可能发生的购买数量和相应的结构，明晰了消费结构与需求结构的关系。另外，王选选和杭斌（1999）从文化程度差异对居民消费结构的影响进行了分析；赵卫亚（2003）建立了中国城镇居民的变系数 Panel Data 模型，分析了不同收入层次的城镇居民家庭消费结构的差异；孙凤和易丹辉（2000）通过 Panel Data 模型分析了中

377

国城镇居民收入差距对消费结构的影响；姚勇和董利（2003）对城镇居民等级收入与消费结构关系进行了实证分析；周建军和王韬（2003）运用扩展线性支出系统模型和趋势分析方法对我国 1992～2001 年城镇居民消费结构进行研究；刘颐权（2005）从收入的角度对我国城镇居民消费结构演进特征做了分析和研究。

二、消费者服务业影响因素的研究综述

学术界关于消费者服务业影响因素的研究，总结起来，主要包括：

（一）从收入角度研究：当期收入决定当期消费

国家统计局综合司课题组（2004）根据中国 1985～2003 年的收入与消费支出数据，回归计算城镇居民消费函数，利用 1988～2003 年数据，回归计算农村居民消费函数，结果表明，城乡居民当期消费主要取决于当期收入，边际消费倾向分别为 0.72 和 0.85，农村居民边际消费倾向显著高于城镇居民，并且城镇不同收入组居民的消费行为呈现不同的特征：高收入居民（最高 10%）、中等收入居民（中间 10%）与低收入居民（最低 10%）三者边际消费倾向存在明显差异，分别为 0.66、0.89 和 0.90。

近年来，孙居涛和熊友华（1999）、刘建国（1999）、施雯（2005）、李军（2003）、樊纲等（2004）等学者先后对"收入分配对消费的影响"问题进行了研究，但他们大多从收入分配均匀程度（诸如基尼系数等）对于消费的影响的角度进行研究，而就宏观的国民收入分配格局对消费的影响这一更基本的问题，研究相对不足。

李健（2006）认为，中国消费率持续走低的主要原因在于国民收入分配失衡，他认为，与经济增长速度和城乡居民收入平均增长速度相比，政府财政收入（和支出）增速相对过快，企业利润增速相对过快，社会财富和收入分布不均衡程度持续恶化。

（二）从储蓄角度研究：预防性储蓄制约消费

国际经验方面，库兹涅茨（1946）针对美国 1869～1938 年的国民收入和个人消费数据分析美国长期消费函数，发现长期边际消费倾向大致等于（长期）平均消费倾向，而且并不呈现递减趋势。[①]

---

① 转引自李健：《中国消费率持续下降的主要原因：国民收入分配失衡》，载于《经济研究信息》，2006 年第 2 期。

泽尔德兹（Zeldes，1989）对预防性储蓄模型进行经验分析，结果显示，如果没有收入不确定性因素，不同收入阶层的美国人将会不同程度地减少谨慎储蓄的比例（相应增加消费），泽尔德兹的验证结果是，在没有收入不确定性情况下，收入为 200 美元的个人消费将比存在不确定性提高 20%，而收入达到 500 美元的个人消费提升的幅度仅为 7%。这即说，如果削减收入的不确定性，低收入群体将比高收入群体体现更高的边际消费倾向。这一经验规律反过来说就是，如果居民收入不确定性增加，同时社会财富分布不均匀程度增加，则整个社会的整体消费率水平会相对下降。

达丹诺尼（Dardanoni，1991）检验跨地区英国农户的数据时发现，60% 以上储蓄是出于对未来收入不确定性的预防。其他如卡罗尔和桑维克（Carroll and Samwick，1992），圭索（Guiso，1992）的经验分析也支持预防性储蓄理论，包括达丹诺尼（1991），卡罗尔（1993，1994），卡泽罗西安（Kazarosian，1994），亚佩利和泰利泽塞（Jappelli and Terlizzese，1994）等将收入不确定性和影响储蓄的其他因素一起检验。显然，预防性储蓄理论是一个针对即期消费的"中短期理论"，长期看，作为延期消费的储蓄最终总会变成消费。对于家庭而言，20 年属于中期，预防性储蓄理论对中国过去 20 多年消费率连年下降应该具有一定解释力（李健，2006）。

针对中国多年来消费相对不足，袁志刚和宋铮（1999）、孙凤和王玉华（2001）、臧旭恒等（2001，2004）、万广华等（2001）、罗楚亮（2004）等的相关研究均有比较一致的结论：不确定性对中国居民即期消费有负影响，中国居民的储蓄行为存在着预防性储蓄动机，预防性储蓄动机的存在减少消费。另外，这些研究也大多认为，中国流动性约束型消费（典型如住房、汽车、教育培训等）比重逐年上升，但因金融抑制，潜在消费并没有得到充分释放。

三、消费者服务业与经济发展水平互动关系研究综述

程大中和陈宪（2006）认为，消费者服务业的发展反映了社会消费结构的变化，相应指标的变化可以折射城市经济社会发展水平和消费结构的变迁。

（一）关于上海经济社会发展阶段的研究成果

殷醒民（2000）分析上海 2000～2015 年经济发展阶段时，分别同全国经济结构相对照和同工业化国家和国际大都市相对照。他认为，上海发展阶段的判断应以多种指标的结合才能准确地界定经济发展阶段，并对上海经济结构高度化作出总体判断，总结 20 世纪 90 年代上海经济结构高度化的体现，并预测了

2000~2015 年经济结构高度化的趋势。

何建佳等（2006）运用波特的钻石理论，采用一系列指标考察，发现上海正在从投资导向阶段向创新导向阶段跨越。他们认为，上海的消费层次日渐提升，消费结构逐渐转向商品和服务类并重的多层次和小康型消费。在消费结构不断演进转型的情况下，上海的居民消费实际上已经逐渐向高级消费和精致消费迈进。

（二）关于消费者服务业与国民经济和社会发展函数关系的研究成果

周振华（2000）从动态变化角度分析，提出上海居民消费占本市地区生产总值的比重，呈现阶段性连续下降的态势。1978~1985 年间，居民消费占本市 GDP 的比重平均为 44%；1986~1990 年间平均为 37.4%；1991~1997 年间平均只有 35.86%。这表明，上海居民消费在宏观层面上是不断趋于萎缩的。

李江帆（2005）提出，随着产业结构高级化，中外第三产业比重日趋增大，与人均 GDP 呈幂函数型正相关关系。第三产业内部结构升级表现为流通部门比重下降，生活生产服务部门比重提高，传统服务业比重下降，现代服务业比重上升。

周晓斌（2006）通过大量实际数据的分析，揭示服务消费支出、比重及其增长速度的变化，与第三产业的发展和增长的密切关系，阐明发展服务消费对经济发展的重要作用，并提出了扩大服务消费的对策建议。

第三节　小康社会的经济表征——基于消费者服务视角

一、引言：何谓小康？

古往今来，"小康"、"小康之家"、"小康生活"术语广为流传，并且逐步地向人们基本生活状态转移，越来越多地被解释为"略有资产，足以自给之境"，"经济较宽裕，可以不愁温饱"等。这些术语和描述集中反映了长期处于贫困状态的普通百姓对于衣食无忧生活的向往。中国人的"小康"情结就这样琥珀般地凝固在历史长河中。

所谓小康社会，从狭义理解，它指的是一种生活状况或生活水平，即"富有仍嫌不足，但温饱已经有余"。从广义理解，除经济生活之外，它还涉及社会、政治、文化、生态环境等诸多领域。本书将基于消费者服务业视角，研究小康社会的经济表征。

二、中国小康社会的思想渊源及概念界定

小康社会完全是一个中国本土化的概念，经历了从浪漫主义的文学范畴，到理想主义的哲学思辨，再到理性主义的经国济世；从古典主义的萌芽，到近代主义的摸索，再到现代主义的发轫，中国在奔小康之路上缓缓前行了几千年。

（一）从浪漫主义的文学范畴到理想主义的哲学思辨

"小康"一词首次出现在中国第一部诗歌总集《诗经》的《诗·大雅·民劳》篇中，有"民亦劳止，汔可小康"之咏。在据今 2500 年前，儒家创始人孔子开始阐释"大同"、"小康"思想，他曾为后人清晰地描绘并比较了大同社会、小康社会的景象："今大道既隐，天下为家。各亲其亲，各子其子，货力为己。大人世及以为礼，城郭沟池以为固。礼义以为纪，以正君臣，以笃父子，以睦兄弟，以和夫妇。以设制度，以立田里，以贤勇知，以功为己，故谋用是作，而兵由此起，禹汤文武成王周公，由此其选也。此六君子者未有不谨于礼者也，以著其义，以考其信。著有过，刑仁讲让，示民有常。如有不由此者，在势者去，众以为殃，是谓小康。"孔子的这种学说在一定程度上反映了中国原始时代至夏、商、周三代的社会缩影，认为夏代以前存在着一个大同社会。在经学家戴圣编纂的《礼记·礼运》篇中，首次描述了作为一种社会模式的"小康"状态："大道之行也，天下为公。选贤与能，讲信修睦，故人不独亲其亲，不独子其子；使老有所终，壮有所用，幼有所长，鳏寡、孤独、废疾者，皆有所养，男有分，女有归，货恶其弃于地也，不必藏于己；力恶不出于身，不必为己。是故谋闭而不兴，盗窃乱贼而不作，故外户而不闭，是谓大同。"

这意味着古代小康社会的概念从浪漫主义的文学范畴转入到理想主义的哲学思辨，并且小康社会的基本雏形及其特征由此而初立。

在中国社会发展的历史上，小康社会是相对大同社会而言的，"小康"是与"大同"相对的一种社会状态和理想。大同社会的突出特点是天下为公，"大同"是财产公有、政治民主、社会文明、保障健全、秩序稳定的理想社会模式。虽然儒家之意大都在"大同"，志为最高纲领，但行事却在"小康"，即把"小康"作为实践目标。孟子在《孟子·尽心上》的"王道"理想中描绘了一个农户小康生活："五亩之宅，树墙下以桑，匹妇蚕之，则老者足以衣帛矣。五母鸡，二母彘，无失其时，老者足以无失肉矣。百亩之田，匹夫耕之，八口之家，足以无

饥矣。"孟子还描述："七十者衣帛食肉，黎民不饥不寒"，这可以理解为虽不言富，但温饱问题已经解决。到了宋代，洪迈在《夷坚甲志·五郎君》中渴望"然久困于穷，冀以小康"，强烈地表达了对脱贫奔小康的企盼。清代蒲松龄的《聊斋志异》则用狐鬼故事讲述"小康之家"："妻言：'自汝去后，次日即有车徒，赍送布帛菽粟，堆积满屋，云是丁客所赠。又给一婢，为妾驱使。'杨感不自已。由此小康，不屑旧业云。"此出成为后人"小康之家"的俗谓。

（二）从理想主义的哲学思辨再到理性主义的经国济世

清末儒家学者康有为在《大同书》中提出了人类历史必然按照拨乱、小康、大同三个阶段的顺序而进化。康有为作为维新变法的理论宣导者，他的小康哲学思想，是古老的"公羊三世"说。他认为，人类社会的历史是不断发展的，由野蛮到文明，循序进化。他吸收近代西方的历史进化论，又融合今文经学的"公羊三世"说和《礼记·礼运》篇中的"大同"、"小康"思想。康有为将"公羊三世"说与《礼运》"大同"、"小康"学说相糅，在戊戌变法以前，完成了他的新"三世"体系：即以《公羊》的"升平世"改换成《礼运》的"小康"，《公羊》的"太平世"改换成《礼运》的"大同"。他不仅仅停留于哲学思想层面，而是转入到现实主义的经国济世活动中，他设想通过维新变法，先建设一个小康社会，然后渐次达到大同的理想模式。

孙中山先生在《建国方略》中提出的三民主义，很大程度也是受到了儒家小康社会和大同社会思想的影响，民主主义革命的根本问题，是解决农民问题，实现"耕者有其田"，而这正是几千年以来中国儒家思想家主张的小康社会的重要内容。马克思主义传入中国的文化条件，同样借助了几千年中国传统儒学中的"小康"、"大同"思想传承的根基。最典型的论证是当年孙中山亦把他以"大同"学说为内涵的民生主义，称作"社会主义"或"共产主义"（见表7-3）。

表7-3　　　　　　　　大同社会与小康社会的比较

社会状态	大同社会	小康社会
总体特点	天下为公：财产公有、政治民主、社会文明、保障健全、秩序稳定的理想社会模式	家天下：财产私有、生活宽裕、上下有序、家庭和睦、讲究礼仪的社会状态
产权制度	财产公有制	财产私有制
政治	政治民主	政治民主
社会秩序	秩序稳定	上下有序：君臣有规序，父子有亲情，兄弟和睦，夫妻恩爱

续表

社会状态	大同社会	小康社会
文明表征	社会文明	家庭和睦、讲究礼仪
社会保障	以天下为家的社会保障体系	以家庭为核心单位的社会保障体系
发展逻辑	立足宏观层面：天下本位	立足微观层面：家本位
总体评价	理想层面：是最高纲领，理想的社会模式	实践层面：是实践目标，达到理想模式的运行状态

总体而言，中国历代思想家们先后对理想中的小康社会做过许多设计，赋予它很多思想内涵，但都有其历史的局限性。根源就在于古代思想家所说的小康社会，是一种建立在落后生产力和封建私有制基础上自给自足的小农社会，儒家典籍孔学上描述的小康社会，也不过是人类社会刚刚迈入私有制时代的一个靠礼义等国家法律制度和道德规范来维持秩序的社会。

（三）中国现代小康社会的发轫

1979 年，邓小平在会见日本首相大平正芳时，首次借用"小康"这一概念，描绘了中国式的现代化进程。他说：我们的四个现代化的概念，不是像你们那样的现代化的概念，而是"小康之家"。也就是人民生活水平比较好，不愁吃不愁穿，日子过得比较好。不到 1 个月他在会见新加坡客人时又重申了这个概念，指出：所谓四个现代化，只能搞个"小康之家"，比如说国民生产总值人均 1 000美元，这样使得国民生产总值达到 1 万亿美元，这 1 万亿美元反映到人民生活水平上，我们叫做"小康之家"，反映到国家实力上叫"小康国家"或"小康社会"。即使我们经济指标超过所有国家，人均仍然不会很高。就是到了 20 世纪末，我们所建立的"小康社会"，也只能是低标准的"小康社会"。在以后的岁月里邓小平对"小康社会"标准进行量化和充实，虽然文字表述中用了"小康之家"、"小康水平"、"小康社会"，但其内容都是一样的。他所设计的小康社会不是建立在私有制基础上的"天下为家"的农耕社会，不是以儒家文化中的礼治为特征的封建社会，当然也不是"大工"、"大商"的资本主义社会，而是建立在以公有制为基础，多种所有制共同发展的基本制度之上，以人民共同富裕为目的的中国特色社会主义的小康社会（见表 7-4），它上承温饱社会，下启基本实现现代化，是社会主义初级阶段中一个人民丰衣足食、生活较为富裕的历史发展时期。

表7－4　　　　　　古代小康社会与现代小康社会比较

社会状态	古代小康社会	现代小康社会
经济社会制度基础	建立在落后生产力和封建私有制基础上自给自足的小农社会	建立在相对先进生产力和社会主义公有制基础上的工业与后工业社会
产权制度	财产私有制	公有制为主、私有制为补充
政治表征	政治民主	政治民主
社会秩序	上下有序：君臣有规序，父子有亲情，兄弟和睦，夫妻恩爱	和谐稳定
文明表征	家庭和睦、讲究礼仪，以儒家文化中的礼治为特征	以现代文明中的法治为特征
经济表征	衣食无忧	人民丰衣足食，生活较为富裕
社会保障	以家庭为核心单位的社会保障体系	以人为核心单位的社会保障体系
发展逻辑	立足微观层面：家本位	立足两个层面：宏观层面——社会本位 微观层面——人本位
总体评价	实践层面：是实践目标，达到理想模式的运行状态	实践层面：是社会主义初级阶段的阶段性目标

此后，小平同志又多次重申"小康"概念，并把中国现代化建设"三步走"战略目标的第二步，界定为达到小康。目前，我国现代化建设"三步走"战略的第一、第二步目标已经胜利实现，人民生活总体达到了小康，但还只是低水平的、不全面的和发展很不平衡的小康。《邓小平文选》第二、三卷，有40多处提及"小康"一词："小康状态"、"小康水平"、"小康的社会"、"小康的国家"。

三、小康社会的经济表征——基于消费者服务视角

由于小康社会的概念目前更多的是基于政治社会学视角，本书尝试从经济社会学视角来进行分析，而且从对城乡居民的问卷调查和访谈中获取原始资料。

（一）现代意义上小康社会界定及经济表征

1. 指标体系的转变：从基本小康的指标体系到全面小康的指标体系

小康社会是国民生活水平从温饱型向富裕型发展的一个阶段。一般认为，低限目标（基本小康）为人均国内生产总值800～1000美元，我国2000年已经在

总体上达到了这个水平，但在全国还很不平衡。高限目标（全面小康）为 4 000 ~ 5 000 美元，我国正在向此目标迈进。一般认为，小康社会只是相当于国际社会的中等收入国家的发展水平，离高收入的发达国家还有相当距离，因而还不是现代化社会，而是为现代化社会的来临作准备。但无疑，与温饱社会不同，小康社会已经深深地处在现代化的过程之中，因此，小康社会指标体系可以看作现代化指标体系的一种表现形式。

20 世纪 90 年代初，为了对建设小康社会的进程实行监测，1991 年国家统计局曾联合 12 个部委的研究人员参照国际标准，并按照中央制定的《十年规划和"八五"计划纲要》中的小康社会的内涵，确定了 16 个基本监测指标和小康临界值。此后，各地、各部门和研究机构纷纷展开对小康社会指标体系的研究和设计工作。中国社会科学院"全面建设小康社会指标体系研究"课题组 2001 年提出农村全面建设小康社会指标体系和全国全面实现小康社会指标体系，2003 年该课题组发布《中国小康社会》，进一步阐明了关于全面建设小康社会的指标体系和综合评价。国务院发展研究中心发展战略和区域经济研究部"十一·五"计划基本思路研究课题组 2004 年提出了全面建设小康社会的指标体系。中国科学院可持续发展战略研究组在《2004 年中国可持续发展战略报告》中也提出了"全面建设小康社会的指标体系"。2002 年 11 月召开党的十六大之后，学术界纷纷就全面建设小康社会的评价标准发表看法。曹玉书 2002 年提出全面建设小康社会的基本标准，吕书正 2004 年提出到 2020 年的中国小康社会评价标准。

2. 20 世纪 90 年代两个代表性版本

（1）国家统计局 1991 年版本：5 大战略目标领域 16 个具体指标

1991 年国家统计局的小康指标由 5 大战略目标领域 16 个具体指标构成。其中经济水平指标为人均国内生产总值；物质生活指标为城镇人均可支配收入、农民人均纯收入、城镇住房人均使用面积、农村住房人均使用面积、人均蛋白质日摄入量、城市人均拥有铺路面积、农村通公路行政村比重、恩格尔系数；人口素质指标为成人识字率、人均预期寿命、婴儿死亡率；精神生活指标为教育娱乐支出比重、电视普及率；生活环境指标为森林覆盖率、农村初级卫生保健基本合格县比重。评价指标中，有 1 个指标与经济总量直接相关，8 个指标与居民收入与消费者服务业直接相关，有 6 个指标与公共服务直接相关。

（2）中国社会科学院 1991 年版本：6 大类 60 个具体指标

1991 年，中国社会科学院社会学所研究人员撰写的《2000 年中国的小康社会》率先出版，其中除了对有关小康社会的理论性问题作了阐述和探讨外，还设计了包含 6 大类 60 个指标的、适用于全国的"全面小康社会指标体系",包含 53 个指标、适合于城市和镇的"城市小康社会指标体系",包含 49 个指标、适合于县级及县以下的"农村小康社会指标体系"。

3. 新世纪代表性版本

（1）国家统计局新世纪版本：基于"三农问题"的 5 大类 18 个具体指标

进入 21 世纪以来,我国已经在总体上进入了小康社会,现代化取得了巨大进展,但环境恶化、社会分化、劳动异化、东西差距鸿沟化、农民贫困化、国家公共管理能力弱化等一系列问题也浮出水面,呼吁遏制权力腐败、关注社会公平、解决"三农问题"的话语不绝于耳,中央相继提出以人为本、建设政治文明和和谐社会、建设社会主义新农村,走协调、稳定、可持续发展的现代化新道路。国家统计局适时调整了小康指标,以农村为中心,提出了全面小康新标准。经济发展指标 2 个：农民人均可支配收入、第一产业劳动力占农村劳动力总数的比重。社会发展指标 5 个：农村小城镇人口比重、农村合作医疗覆盖率、农村养老保险覆盖率、万人农业科技人员数、农村居民收入基尼系数。人口素质指标 2 个：农村人口平均受教育年限、农村人口平均预期寿命。生活质量指标 4 个：农村居民的恩格尔系数、农村居民的居住质量指数、农村文化娱乐消费支出比重、农民生活信息化程度。民主法制指标 2 个：农民对村政务公开的满意度、农民对社会安全的满意度。资源环境指标 3 个：常用耕地面积动态平衡、森林覆盖率、万元农业 GDP 用水量。指标体系中,与消费者服务业相关的指标有农民人均可支配收入、农村合作医疗覆盖率、农村养老保险覆盖率、农村居民的恩格尔系数、农村居民的居住质量指数、农村文化娱乐消费支出比重、农民生活信息化程度等。

（2）中国社会科学院 2001 年版本：农村版本和全国通用版本

中国社会科学院"全面建设小康社会指标体系研究"课题组 2001 年提出农村全面建设小康社会指标体系和全国全面实现小康社会指标体系。农村全面建设小康社会指标体系由 4 大基本指标 27 个具体指标构成。社会结构和生产条件指标有 8 个：城镇人口占总人口比重、非农劳动力占农村劳动力比重、乡镇企业从业人员占农村劳动力比重、非农增加值占 GDP 比重、每一农村劳动力拥有农业机械总动力、每一农村劳动力农村用电量、每一农村人口固定资产生产性原值、有效灌溉面积占耕地面积比重。经济效益指标有 5 个：每公顷耕地农业增加值、每一农村劳动力农业增加值、每一农村人口固定资产投资额、每百元农民纯收入费用、每一乡镇企业从业人员提供的利税。人口素质指标有 5 个：人口自然增长率、农村 6 岁以上人口初中以上文化程度比重、每百名农村劳动力文盲半文盲人数、每万名农村劳动力拥有农技专业人员数、每万名农村劳动力培训的实用技术人次。生活质量指标有 9 个：农民人均纯收入、农民人均生活消费支出、农民人均住房面积、农民恩格尔系数、每百农户拥有住宅电话、每百农户拥有彩色电视机、饮用自来水人口占农村人口比重、万人拥有医生数、每村有乡村医生、卫生员数。

全国全面实现小康社会指标体系由 5 大指数 28 个指标构成。社会结构指数 5 个：第三产业从业人员占总从业人员比重、城镇人口占总人口比重、非农增加值占 GDP 比重、出口额占 GDP 比重、预算内教育经费占 GDP 比重。经济与科教发展指数 7 个：人均 GDP、人均社会固定资产投资额、工业企业占总资产贡献率、城镇实际失业率、R&D 经费占 GDP 的比重、预算内人均教育经费、万人专利数。人口素质指数 6 个：人口自然增长率、每万职工拥有专业技术人员数、每万人口在校大学生人数、大专以上文化程度人口占 6 岁以上人口比重、万人医生数、平均预期寿命。生活质量和环境保护指数 6 个：城乡平均恩格尔系数、人均生活用电量、百户拥有电话数、城镇百户拥有电脑数、工业三废处理率、农村饮用自来水人口占农村人口比重。法制与治安指数 4 个：万人刑事案件立案率、万人治安案件发生率、万人拥有律师数、万人交通事故死亡数。

（3）中国科学院 2004 年版本：3 大战略指标

中国科学院可持续发展战略研究组《2004 年中国可持续发展战略报告》提出了"全面建设小康社会的指标体系"。由发展动力、发展质量、发展公平 3 大战略指标构成。发展动力指标则包含工业化、信息化、市场全球化（市场化与全球化的综合指标）、城市化、科技创新能力 5 大动力指标，其中，工业化动力指标有 3 个：人均 GDP、第一产业产值占 GDP 的比例、第一产业就业人口占总就业人口比例；信息化动力指标有 4 个：百户居民拥有的电脑数、千人拥有的互联网用户、百人拥有的电话数、人均邮电业务总量；市场全球化动力指标有 3 个：贸易依存度、外资占 GDP 的比例、市场化程度/非国有固定资产投资比例；城市化动力指标有 1 个：城市化率；科技创新能力动力指标有 7 个：R&D 经费占 GDP 的比例、万人拥有的科学家和工程师人数、人均公共教育支出、新产品产值率、万人拥有的专利申请量、科技市场合同交易额占 GDP 比例、千名科技人员发表的论文数。发展质量指标由经济发展质量、集约化程度、社会运行质量、生态化程度构成。经济发展质量指标有 3 个：成本费用利润率、流动资产周转率、总资产贡献率；集约化程度指标有 4 个：万元产值能耗、万元产值水耗、万元产值三废排放当量、全员劳动生产率；社会运行质量指标有 7 个：人口自然增长率、预期寿命、大专以上受教育人口比例、失业率、恩格尔系数、千人拥有医生数、人均住房面积；生态化程度指标有 5 个：废气综合处理率、废水排放达标率、固体废弃物综合利用率、水资源重复利用率、污染治理投资占 GDP 比例。

发展公平指标由收入公平度（城乡收入差距）、就业公平度（男女就业公平度）、教育公平度（男女受教育公平度）构成。

（4）国务院发展研究中心 2004 年版本：4 个方面 16 项指标

国务院发展研究中心发展战略和区域经济研究部"十一·五"计划基本思路研究课题组 2004 年提出全面建设小康社会的指标体系。"十一·五"计划基本思路研究课题组认为，全面建设小康社会是现代化建设第三个战略阶段中具有决定意义的发展阶段。其目标的确定，必须符合最新的发展理念，符合社会主义的基本原则，体现中国现代化建设的阶段性要求，借鉴国际经验，以及体现综合性、简洁性和可操作性的要求。其指标体系包括经济、社会、环境和制度 4 个方面的 16 项指标。经济指标 4 个：人均 GDP、非农产业就业比重、恩格尔系数（居民用于食物消费的支出与总消费支出之比）、城乡居民收入。社会指标 7 个：基尼系数、社会基本保险覆盖率、平均受教育年限（6 岁和 6 岁以上人口平均受教育水平）、出生时预期寿命、文教体卫增加值比重、犯罪率（刑事犯罪率）、日均消费性支出小于 5 元的人口比重。环境指标 3 个：能源利用效率、使用经改善水源人口比重、环境污染综合指数。制度指标 2 个：廉政建设指数（全国检察机关直接立案的贪污贿赂和渎职案件数与国家机关、政党机关和社会团体就业人数之比）、政府管理能力指数（因交通事故、火灾、安全生产事故，以及自然灾害等造成的非正常死亡率）。

（二）基于消费者服务业视角的小康社会客观指标体系基本框架

综合分析上述指标体系，基于消费者服务业视角，本书将小康社会指标体系基本框架归纳为"衣、食、住、行、购、游、娱、文、教、卫"，前面 5 方面为物质性消费，相应指标合成为物质性消费指数，后面 5 方面为非物质性消费，相应指标合成为非物质性消费指数（见表 7－5）。

表 7－5　　　　　　　基于消费者服务业视角的全面小康
社会客观指标体系基本框架

大类	次类	具体指标	指标说明
总体指数	水平	居民人均消费水平（元/人）	家庭总消费额/家庭人口
	结构	居民非商品支出比重	非商品支出/总支出
	物价	消费价格指数（或通货膨胀率%）	消费价格与基期比增长率
	布局	每万人拥有商业、饮食、服务业网点数	按当年的网点数总和/人口

大类	次类	具体指标	指标说明
物质性消费指数	服装	服装支出占比	服装支出/总支出
		人均纺织品占有量	纺织品总量/总人口
		人均各种布消费量	各种布消费总量/总人口
		服装类价格指数	服装类价格与基期比增长率
	食品	恩格尔系数	食品支出/总支出
		人均蛋白质日摄入量	蛋白质日摄入总量/总人口
		人均每日摄取热量	日摄取总热量/总人口
		食品价格指数	食品价格与基期比增长率
	住房	城镇人均住房建筑面积	城镇住房建筑面积/城镇总人口
		农村人均住房建筑面积	农村住房建筑面积/农村总人口
		居住类价格指数	居住类价格与基期比增长率
	通行	城市人均拥有铺路面积	城市道路总面积/城市总人口
		农村通公路行政村比重	通公路行政村个数/行政村总量
		交通和通信类价格指数	交通和通信类价格与基期比增长率
	购物	每百户电脑拥有量	电脑拥有总量/家庭户数
		每百户电视机拥有量	电视机拥有总量/家庭户数
		每百户电冰箱拥有量	电冰箱拥有总量/家庭户数
		家庭设备用品及维修服务类价格指数	家庭设备用品及维修服务类价格与基期比增长率
非物质性消费指数	旅游	旅游支出占比	旅游支出/总支出
		平均每人乘坐车船和飞机次数	车船和飞机总人次数/总人口
		旅游价格指数	旅游价格与基期比增长率
	娱乐	娱乐支出比重	娱乐支出/总支出
		电视普及率	电视机拥有总量/家庭户数
		娱乐类价格指数	娱乐类价格与基期比增长率
	文化	人均图书拥有量	全国期刊图书拥有量/年末全国总人口
		人均报纸拥有量	全国出版各类报纸/年末全国总人口
		电视人口覆盖率（％）	电视网络覆盖人口/总人口
		广播人口覆盖率（％）	广播覆盖人口/总人口
		文化用品及服务类价格指数	医疗保健类价格与基期比增长率

续表

大类	次类	具体指标	指标说明
非物质性消费指数	教育	初中以上文化程度人口占总人口的比重	初中以上文化程度人口/总人口
		每万人口在校大学生人数	在校大学生人数/万人口
		人均教育经费（元/人）	教育经费支出/总人口
	健康	每千人拥有病床数	全国医院和卫生院床位/年末全国总人口
		每千人拥有医生数	全国执业医师和执业助理医师/年末全国总人口
		环境污染综合指数	综合反映大气、水质、噪声等环境质量状况的指数
		医疗保健类价格指数	医疗保健类价格与基期比增长率

第四节　中国消费者服务业现状特点分析与发展阶段判断

一、现状特点分析

（一）客观评价：基于小康社会视角的消费者服务业统计指标分析

根据前面基于消费者服务业视角的小康社会客观指标体系基本框架，从统计年鉴中获取相关数据，可以概要分析我国的消费者服务业现状特点（见表7－6）。

表7－6　　　　　基于消费者服务业视角的小康社会
客观指标值（2001～2006年）

大类	次类	具体指标	2001年	2002年	2003年	2004年	2005年	2006年
总体指数	水平	居民人均消费支出（元）	3 084.7	3 474.2	3 794.4	4 271.7	4 871.3	5 405.1
		城市居民人均消费支出（元）	5 309	6 030	6 511	7 182	7 943	8 697
		农村居民人均消费支出（元）	1 741	1 834	1 943	2 185	2 555	2 829

续表

大类	次类	具体指标	2001 年	2002 年	2003 年	2004 年	2005 年	2006 年
总体指数	结构	居民商品支出比重（%）	—	—	—	63.2	62.6	61.9
		居民非商品支出比重（%）	—	—	—	36.8	37.4	38.1
	物价	居民消费价格指数	100.7	99.2	101.2	103.9	101.8	101.5
		其中：居民服务价格指数	—	—	—	—	—	101.8
		商品零售价格指数	99.2	98.7	99.9	102.8	100.8	101
	布局	每万人拥有商业网点数						
		每万人拥有餐饮业网点数						
物质性消费指数	服装	服装支出占比（%）	10.05	9.80	9.79	9.56	10.08	10.37
		人均纺织品占有量						
		人均各种布消费量						
		服装类价格指数	98.1	97.6	97.8	98.5	98.3	99.4
	食品	恩格尔系数 农村居民	47.7	46.2	45.6	47.2	45.5	43
		恩格尔系数 城镇居民	38.2	37.7	37.1	37.7	36.7	35.8
		人均蛋白质日摄入量	—	—	—	—	—	—
		人均每日摄取热量	—	—	—	—	—	—
		食品价格指数	100.0	99.4	103.4	109.9	102.9	102.3
	住房	城镇人均住房建筑面积（平方米）	20.8	22.8	23.7	25.0	26.1	—
		农村人均住房建筑面积（平方米）	25.7	26.5	27.2	27.9	29.7	30.7
		居住类价格指数	101.2	99.9	102.1	104.9	105.4	104.6
	通行	城市人均拥有铺路面积（平方米）	7.0	7.9	9.3	10.3	10.9	11.0
		农村通公路行政村比重（%）	91.8	92.3	—	92.9	94.3	—
		交通和通信类价格指数	99.0	98.1	97.8	98.5	99.0	99.9
	购物	每百户电脑拥有量（台）农村	0.69	1.10	1.4	1.9	2.1	2.7
		每百户电脑拥有量（台）城镇	13.3	20.63	27.8	33.1	41.5	47.2
		每百户电视机拥有量（台）农村	54.41	60.45	67.80	75.09	84.1	89.4
		每百户电视机拥有量（台）城镇	120.52	126.38	130.50	133.44	134.8	137.4
		每百户电冰箱拥有量（个）农村	13.59	14.83	15.89	17.75	20.10	22.48
		每百户电冰箱拥有量（个）城镇	81.87	87.38	88.73	90.15	90.72	91.75
		家庭设备用品及维修服务类价格指数	97.7	97.5	97.4	98.6	99.9	101.2

391

续表

大类	次类	具体指标	2001 年	2002 年	2003 年	2004 年	2005 年	2006 年
非物质性消费指数	旅游	国内旅游人均花费（元）	449.5	441.8	395.7	427.5	436	—
		平均每人乘坐车船和飞机次数	—	—	—	—	—	—
		旅游价格指数	100.3	95.9	95.4	100.6	99.6	103.1
	娱乐	娱乐支出比重	—	—	—	—	—	—
		电视普及率（%） 农村	54.41	60.45	67.80	75.09	84.1	89.4
		电视普及率（%） 城镇	120.52	126.38	130.50	133.44	134.8	137.4
		娱乐类价格指数	106.6	100.6	101.3	101.3	102.2	99.5
	文化	人均期刊图书拥有量（册）	7.2	7.6	7.4	7.0	7.0	7.0
		人均报纸拥有量（份）	27.5	28.6	29.6	19.8	30.9	31.6
		电视人口覆盖率（%）	94.2	94.6	95	95.3	95.8	96.2
		广播人口覆盖率（%）	92.9	93.3	93.7	94.1	94.5	95.0
		文化用品及服务价格指数	91.2	90.5	92.7	93.3	93.8	94.2
	教育	初中以上文化程度人口占总人口的比重（%）	—	51.4	53.3	54.9	52.5	54.5
		每万人口在校大学生人数（人）	56.3	70.3	86.3	103.2	161.3	181.6
		人均教育经费（元/人）	363.38	426.62	480.42	557.17	643.86	—
	健康	每千人拥有病床数（张）	2.39	2.32	2.34	2.40	2.45	2.54
		每千人拥有医生数（张）	1.69	1.47	1.48	1.50	1.52	1.55
		环境污染综合指数	—	—	—	—	—	—
		医疗保健类价格指数	100.3	98.5	101.2	99.1	99.5	100.2

注：人均报纸拥有量＝全国出版各类报纸/年末全国总人口＝416 亿份/13.1448 亿＝31.6 份；人均期刊图书拥有量＝全国期刊图书拥有量/年末全国总人口＝（各类期刊 30 亿册＋图书 62 亿册）/13.1448 亿＝7.0 册；每千人拥有病床数＝全国医院和卫生院床位/年末全国总人口 ＝321.6 万张·1 000/131 448 万＝2.45 张；每千人拥有医生数＝全国执业医师和执业助理医师/年末全国总人口＝197 万人·1 000/131 448 万＝1.5 人。

（二）主观评价：基于小康社会视角的消费者服务业问卷调查分析

基于小康社会视角和问卷调查结果，本部分内容从消费者的主观判断出发，对我国消费者服务业进行评价（见表 7 - 7）。

表7-7 基于全面小康社会视角的消费者服务业主观指标体系及调查结果

大类	主观评价	大城市		中等城市		小城镇	
		频次(%)	排序	频次(%)	排序	频次(%)	排序
物质性消费	衣食无忧、生活安宁	77.7	1	69.4	1	73.3	1
	住房宽敞、家庭和睦	67.0	5	59.2	4	67.3	3
	交通便捷、出行安全	58.1	7	36.9		57.3	6
	冰箱、彩电、洗衣机、微波炉、电饭煲等常用家庭设备齐全、住房为装修房	28.6	13	31.8		44.7	11
	除了常用家庭设备外，尚有电脑、空调、汽车等高档消费品	2.1	14	26.1		34.7	13
非物质性消费	老有所养、幼有所托	62.7	6	59.9	3	64.0	5
	有机会接受高等教育	45.3	11			46.7	10
	按自己的意愿休闲旅游	39.7	12	30.6		32.7	14
	健康、医疗较有保障	73.5	2	51.6	5	65.3	4
社会环境评价	治安良好、社会和谐	73.1	3	62.4	2	70.0	2
	充分就业、经济稳定	67.9	4	51.0	6	56.7	7
	环境良好、邻里友好	52.6	10	46.5	7	53.3	9
	享有民主、法制完备	56.8	8	35		40.7	12
	人与自然环境和谐共处	56.0	9	38.9		55.3	8

大城市调查结果显示，77.7%的居民认为衣食无忧、生活安宁是小康社会最重要的特征，第二是健康、医疗较有保障（73.5%），第三是治安良好、社会和谐（73.1%），第四是充分就业、经济稳定（67.9%），随后依次是住房宽敞、家庭和睦（67.0%），老有所养、幼有所托（62.7%），交通便捷、出行安全（58.1%），享有民主、法制完备（56.8%），人与自然环境和谐共处（56.0%），环境良好、邻里友好（52.6%），有机会接受高等教育（45.3%），按自己的意愿休闲旅游（39.7%），冰箱、彩电、洗衣机、微波炉、电饭煲等常用家庭设备齐全、住房为装修房（28.6%），除了常用家庭设备外，尚有电脑、空调、汽车等高档消费品（2.1%）。

中等城市调查结果显示，69.4%的居民选衣食无忧、生活安宁为小康社会特征，62.4%的居民选治安良好、社会和睦，59.9%的居民选老有所养、幼有所托，59.2%的居民选住房宽敞、家庭和睦，51.6%的居民选健康、医疗较有保障，

51.0%的居民选充分就业、经济稳定，46.5%的居民选环境良好、邻里良好，38.9%的居民选人与自然环境和谐共处，36.9%的居民选交通便捷、出行安全，35%的居民选享有民主、法制完备，31.8%的居民选冰箱、彩电、洗衣机、微波炉、电饭煲等常用家庭设备齐全、住房为装修房，30.6%的居民选按自己的意愿休闲旅游，26.1%的居民选除了常用家庭设备外，尚有电脑、空调、汽车等高档消费品。

小城镇调查结果显示，73.3%的居民认为衣食无忧、生活安宁是小康社会最重要的特征，第二是治安良好、社会和谐（70.0%），第三是住房宽敞、家庭和睦（67.3%），第四是健康、医疗较有保障（65.3%），随后依次是老有所养、幼有所托（64.0%），交通便捷、出行安全（57.3%），充分就业、经济稳定（56.7%），人与自然环境和谐共处（55.3%），环境良好、邻里友好（53.3%），有机会接受高等教育（46.7%），冰箱、彩电、洗衣机、微波炉、电饭煲等常用家庭设备齐全、住房为装修房（44.7%），享有民主、法制完备（40.7%），除了常用家庭设备外，尚有电脑、空调、汽车等高档消费品（34.7%）。

（三）城乡居民对消费者服务业满意度分析

1. 消费者服务业量表设计

为了从消费者视角评价分析服务业发展现状及存在的问题，课题组设计一个量表，通过对消费者进行问卷调查获取相应的原始资料，采取 Likert 五级量表进行评价，结果如表 7-8 所示。

表 7-8　　　　　　　　消费者服务业 Likert 五级量表

选项	很满意	较满意	一般	较不满意	很不满意	突出问题	满意度
衣食	5	4	3	2	1	根据问卷调查的频率分析结果，计算出每项消费者服务业的突出问题和最大限制因子	根据问卷调查的频率分析结果，计算出每项消费者服务业的满意度并排序
住房	5	4	3	2	1		
养老	5	4	3	2	1		
教育与培训	5	4	3	2	1		
家庭设备	5	4	3	2	1		
医疗保健	5	4	3	2	1		
交通	5	4	3	2	1		
通信	5	4	3	2	1		
就业	5	4	3	2	1		
旅游、娱乐	5	4	3	2	1		
家政服务	5	4	3	2	1		
美容美发服务	5	4	3	2	1		
修理修配服务	5	4	3	2	1		

2. 消费者服务业满意度分析

如表 7 - 9 所示，调查结果显示，大城市居民对衣着食品消费较满意（3.506），通信（3.293）、家庭设备（3.219）、教育与培训（3.136）等项目介于较满意与一般之间，居民对旅游娱乐（3.059）、对住房（3.013）等消费者服务业满意度一般，而养老（2.924）、美容美发服务（2.894）、交通（2.886）、就业（2.876）、医疗保健（2.8664）、修理修配服务（2.8）、家政服务（2.702）等诸项消费满意度介于一般与较不满意之间，说明在消费者服务业领域还有很大的改善空间。

表 7 - 9　　　　　大城市居民对消费者服务业满意度分析

选项	很满意	较满意	一般	较不满意	很不满意	满意度	满意度评价
衣食	16.2	39.8	32.8	5.4	1.2	3.506	较满意
住房	10.8	29.0	29.5	15.8	11.2	3.013	一般
养老	6.6	22.4	46.1	12.0	7.5	2.924	一般
教育与培训	7.9	28.2	45.2	10.8	4.1	3.136	介于较满意与一般之间
家庭设备	10.4	27.8	49.0	5.0	1.7	3.219	介于较满意与一般之间
医疗保健	7.1	19.71	43.2	16.6	9.5	2.8664	介于一般与较不满意之间
交通	6.2	25.7	35.3	20.7	7.5	2.886	介于一般与较不满意之间
通信	7.9	38.6	40.7	5.4	2.5	3.293	介于较满意与一般之间
就业	7.1	24.1	37.8	17.0	8.3	2.876	介于一般与较不满意之间
旅游、娱乐	5.4	30.7	43.6	11.6	2.1	3.059	一般
家政服务	3.3	14.9	55.6	11.6	4.1	2.702	介于一般与较不满意之间
美容美发服务	5.4	20.3	53.1	9.5	2.9	2.894	介于一般与较不满意之间
修理修配服务	5.0	16.6	53.5	12.4	3.3	2.8	介于一般与较不满意之间

注：满意度指数介于 1~5，满分为 5（很满意），4 为较满意，3 为一般，2 为较不满意，最低为 1（很不满意）。

中等城市居民除了对交通服务业较满意（4.199）外，对其他各项消费者服务业项目的满意度均为一般或介于一般与较不满意之间，说明中等城市在消费者服务业领域还需要大力改善（见表 7 - 10）。

表 7 – 10　　　　中等城市居民对消费者服务业满意度分析

选项	很满意	较满意	一般	较不满意	很不满意	满意度	满意度评价
衣食	20.4	33.8	34.4	3.8	1.9	2.499	介于一般与较不满意之间
住房	12.1	20.4	47.8	8.9	4.5	3.078	一般
养老	14.6	17.2	40.1	10.2	9.6	2.921	介于一般与较不满意之间
教育与培训	10.2	24.8	41.4	9.6	5.1	2.987	介于一般与较不满意之间
家庭设备	8.3	21.0	52.9	5.1	3.2	2.976	介于一般与较不满意之间
医疗保健	6.4	19.7	43.3	12.1	8.3	2.732	介于一般与较不满意之间
交通	6.4	25.5	46.5	7.0	6.4	4.199	较满意
通信	9.6	25.5	44.6	6.4	3.8	3.004	一般
就业	4.5	19.1	43.3	14.6	8.9	2.599	介于一般与较不满意之间
旅游、娱乐	3.8	17.8	42.7	14.0	10.2	2.565	介于一般与较不满意之间
家政服务	5.1	17.8	42.7	10.2	12.1	2.573	介于一般与较不满意之间
美容美发服务	3.8	18.5	49.7	8.9	7.6	2.675	介于一般与较不满意之间
修理修配服务	5.1	17.8	49.7	7.6	8.9	2.699	介于一般与较不满意之间

　　注：满意度指数介于 1 ~ 5，满分为 5（很满意），4 为较满意，3 为一般，2 为较不满意，最低为 1（很不满意）。

　　小城镇居民对教育与培训较满意（3.774），对衣食（3.014）、通信（3.018）等消费者服务业满意度一般，居民对住房（2.771）、养老（2.771）、家庭设备（2.688）、医疗保健（2.591）、交通（2.653）等项目介于一般与较不满意之间，对就业（2.336）、旅游娱乐（2.186）、家政服务（2.094）、美容美发服务（2.201）、修理修配服务（2.362）等诸项消费者服务业较不满意，说明小城镇在消费者服务业领域还需要加大改善力度（见表 7 – 11）。

表 7 – 11　　　　小城镇居民对消费者服务业满意度分析

选项	很满意	较满意	一般	较不满意	很不满意	满意度	满意度评价
衣食	10.0	27.3	40.7	8.7	2.7	3.014	一般
住房	7.3	26.0	35.3	10.7	9.3	2.771	介于一般与较不满意之间
养老	5.3	19.3	30.7	11.3	8.7	2.771	介于一般与较不满意之间
教育与培训	10.0	30.7	35.3	47	4.7	3.774	较满意
家庭设备	6.7	18.7	45.3	9.3	6.0	2.688	介于一般与较不满意之间

续表

选项	很满意	较满意	一般	较不满意	很不满意	满意度	满意度评价
医疗保健	7.3	18.0	39.3	12.0	8.7	2.591	介于一般与较不满意之间
交通	10.0	16.0	41.3	10.7	6.0	2.653	介于一般与较不满意之间
通信	11.3	28.7	39.3	5.3	2.0	3.018	介于一般与较不满意之间
就业	5.3	13.3	36.0	17.3	11.3	2.336	较不满意
旅游、娱乐	6.0	10.0	35.3	16.7	9.3	2.186	较不满意
家政服务	4.0	10.0	38.7	12.0	9.3	2.094	较不满意
美容美发服务	6.7	12.0	33.3	14.0	10.7	2.201	较不满意
修理修配服务	6.7	14.0	42.0	6.7	7.3	2.362	较不满意

注：满意度指数介于 1~5，满分为 5（很满意），4 为较满意，3 为一般，2 为较不满意，最低为 1（很不满意）。

二、我国经济社会发展阶段判断

（一）按恩格尔系数划分我国经济社会发展阶段

恩格尔系数是家庭食物消费支出占其总消费支出的比重，是判断一国居民生活水平和经济水平的一项重要指标。德国的经济统计学家恩格尔发现随着个人生活水平的提高，恩格尔系数有不断下降的趋势。联合国根据恩格尔系数确定了划分贫富的标准（见表 7 - 12）：

表 7 - 12   联合国关于恩格尔系数划分贫富的标准

恩格尔系数	30% 以下	30% ~ 40%	40% ~ 50%	50% ~ 60%	60% 以上
生活水平	最富裕	富裕	小康	温饱	贫困

恩格尔定律反映的是一种长期趋势，我国城镇和农村历年居民恩格尔系数如表 7 - 13 所示。

由表 7 - 13 可以看出，1983 ~ 1999 年这 17 年间，我国农村居民一直处在温饱水平；2000 年以来，我国农村居民家庭恩格尔系数在 50% 以下，基本在 47% 上下浮动，达到小康水平。同时，我国城镇居民家庭早于农村居民家庭 4 年完成了从温饱到小康的过渡，1996~1999 年历时 4 年小康，2000 年以后我国城镇居民家庭恩格尔系数基本在 37% 上下浮动，达到富裕。同时一个不容忽视的问题已经出现：城乡差距过大，恩格尔系数从 1993 年起基本相差 10 个左右百分点。2004 年全年全国农村居民人均纯收入 2 936 元，扣除物价上涨因素，实际增长6.8%，是 1997 年以来增长最快的一年；城镇居民人均可支配收入 9 422 元，实际增长 7.7%。城镇居民人均收入是农村居民收入的 3.21 倍，资料显示，中国农村居民的消费水平至少比城市居民落后 10 年（张守锋，2006）。

表 7-13　　　　　　　　我国城镇和农村历年居民恩格尔系数　　　　单位：%

年份	城镇	农村	年份	城镇	农村
1978	57.5	67.7	1993	50.3	58.1
1979	—	64.0	1994	50.0	58.9
1980	56.9	61.8	1995	50.1	58.6
1981	56.7	59.9	1996	48.8	56.3
1982	58.6	60.7	1997	46.6	55.1
1983	59.2	59.4	1998	44.7	53.4
1984	58.0	59.2	1999	42.1	52.6
1985	53.3	57.8	2000	39.4	49.1
1986	52.4	56.4	2001	38.2	47.7
1987	53.5	55.8	2002	37.7	46.2
1988	51.4	54.0	2003	37.1	45.6
1989	54.5	54.8	2004	37.7	47.2
1990	54.2	58.8	2005	36.7	45.5
1991	53.8	57.6	2006	35.8	43.0
1992	53.0	57.6	2007	36.3	43.1

资料来源：《中国统计年鉴（2007）》。

（二）按波特模型划分我国经济社会发展阶段

波特的钻石理论提出了国家经济发展的四个阶段，它们分别是生产要素导向阶段、投资导向阶段、创新导向阶段和富裕导向阶段。结合社会消费品零售总额的变化趋势图（见图 7-1），可以发现我国社会消费品零售总额呈逐年递增的趋势，在这条趋势线中可以找到两个节点，一个是在 1989 年，一个是在 1999 年。由图可知，1989 年以前（1978~1989 年），社会消费品零售总额增长十分缓慢，增长曲线近乎为与横轴平行的直线。1990~1998 年的增长幅度略有上升，增长曲线较前一时期略有变陡的趋势。1999 年以后（1999～2006 年），社会消费品零售总额的增长幅度明显变大，增长曲线变得很陡峭。

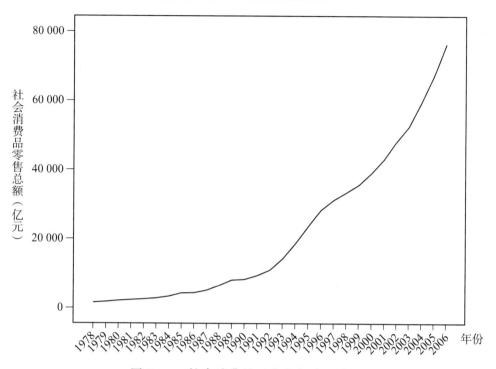

图 7 - 1　社会消费品零售总额变化趋势

资料来源：《中国统计摘要（2007）》。

由这两个节点以及现有的研究成果，可以认为：

第一，1978～1991 年，我国处于生产要素导向阶段，产品主要是满足消费者较低层次的消费需求，此阶段是以食品为特征的满足温饱阶段。

第二，1992～1998 年，我国处于投资导向阶段，这个阶段所产生的竞争优势主要来自投资驱动和消费共振，中国的开放开始将原有的产业体系逐步的纳入世界产业体系中，吸引外商投资，刺激社会消费向新的阶段发展。

第三，1999 年以来，我国处于投资导向阶段向创新导向阶段过渡的时期，此阶段是以食品为特征的满足温饱阶段发展到食品和其他物质消费并重的小康阶段。

（三）按钱纳里模型划分我国经济社会发展阶段

钱纳里以人均 GDP 为标准将一国的工业化阶段划分为工业化前准备阶段、工业化早期、中期、后期，以及发达经济的初级和高级等六个阶段，具体划分标准如表 7 - 14 所示：

表 7 – 14　　　　　　　　　**工业化阶段与人均 GDP 对应表**

经济类型 　　　　　　　时期	阶段	人均 GDP（1970 年美元）	制造业占 GDP 比重（%）
初级产品生产（工业化前准备阶段）	1	140 ~ 280	< 15
工业化（经济高速增长阶段） 早期	2	280 ~ 560	< 20
工业化（经济高速增长阶段） 中期	3	560 ~ 1 120	< 24
工业化（经济高速增长阶段） 后期	4	1 120 ~ 2 100	< 30
发达经济（工业化后稳定增长阶段） 初级	5	2 100 ~ 3 360	< 36
发达经济（工业化后稳定增长阶段） 高级	6	3 360 ~ 5 040	< 36

资料来源：钱纳里等：《工业化和经济增长的比较研究》，上海三联书店 1989 年版。

参照钱纳里模型，根据《中国统计年鉴（2007）》及历年汇率，计算并分析如表 7 – 15 所示。

表 7 – 15　　　　　　　　　**我国人均 GDP（1978 ~ 2007 年）**

年份	人均 GDP（元）	人均 GDP（美元）	年份	人均 GDP（元）	人均 GDP（美元）
1978	381	242	1993	2 998	520
1979	419	280	1994	4 044	469
1980	463	303	1995	5 046	604
1981	492	289	1996	5 846	703
1982	528	279	1997	6 420	774
1983	583	295	1998	6 796	821
1984	695	299	1999	7 159	865
1985	858	292	2000	7 858	949
1986	963	279	2001	8 622	1 042
1987	1 112	299	2002	9 398	1 135
1988	1 366	367	2003	10 542	1 273
1989	1 519	403	2004	12 336	1 490
1990	1 644	344	2005	14 040	1 714
1991	1 893	356	2006	15 973	2 004
1992	2 311	419	2007	18 934	2 600

注：（1）1978 ~ 2001 年，我国处于工业化起始阶段，历时 25 年；（2）2002 年至今，我国处于工业化中后期，经济发展有了一定的基础，国家的综合国力和人民的生活水平均有了较大的提高。

资料来源：原始数据来源于《中国统计年鉴（2007）》，部分汇率数据来源于《中国统计年鉴（1996）》。

由表 7 - 15 可以看出，改革开放以来，我国经济发展较快，人均 GDP 由 1978 年的 242 美元增至 2006 年的 2 004 美元，增长了 8 倍之多。根据钱纳里模型，我国已经进入工业化后期。具体来看，1978 ~ 1994 年为工业化早期，1995 ~ 2001 年为工业化中期，2002 年以来为工业化中后期阶段。从中不难看出，我国的工业化发展过程经历了一个漫长的蓄势待发的起始阶段，这是一个稳步的积累过程，为下一个阶段的发展积聚能量。1995 年，我国进入工业化中期，这个时期经济高速发展，我国 GDP 年增长率保持在 10% 左右。2002 年至今，理论上我国跨入了工业化中后期，经济发展、人民生活水平有了很大的提高，当前，我国的工业经济正稳步提升，人均 GDP 已于 2002 年达到 1 135 美元。城市化、工业化发展提速，经济社会发展水平有了很大的提高，这必然要求消费者服务业相机而动，提高服务水平和质量，以更好地服务消费者。

（四）采用综合分析法划分我国经济社会发展阶段

上述分析方法分别从单一指标或要素入手，或判断一个国家的经济发展阶段，或判断一个国家的社会发展阶段，如恩格尔系数法主要用居民消费支出结构来判断社会发展阶段，波特模型法主要从经济要素角度来界定经济发展阶段，钱纳里模型法则主要从工业化角度着手判断经济发展阶段，这些方法各有其优势所在，但在综合判断一国或一城市经济社会发展阶段时有一定的局限性，本书综合上述分析方法及结论，并结合以往研究人员的经验，综合判断我国经济社会的发展阶段，具体分析见表 7 - 16：

表 7 - 16　　　　　　　　我国经济社会发展阶段判断

模型及方法	我国经济和社会发展阶段					
	温饱型		小康型		富裕型	
	农村	城镇	农村	城镇	农村	城镇
恩格尔系数法（三阶段）	1983 ~ 1999 年，历时 17 年	1978 ~ 1995 年，历时 18 年	2000 年至今，农村居民达到小康	1996 ~ 1999 年，历时 4 年	2000 年至今，农村居民小康水平	2000 年至今，城镇居民达到富裕
波特模型法（三阶段）	1978 ~ 1985 年，历时 8 年　生产要素导向阶段，以食品为特征的满足温饱阶段		1986 ~ 1998 年，历时 13 年　投资导向阶段，竞争优势主要来自引进投资较多		1999 年以来　投资导向阶段向创新导向阶段过渡期	

续表

模型及方法	我国经济和社会发展阶段		
钱纳里模型法（四阶段）	1978～1994年，历时17年	1995～2001年，历时7年	2002年至今
	工业化起始阶段	工业化中期	工业化中后期
综合分析法（四阶段）	1978～1994年，历时17年，生产要素与投资导向型的工业经济与温饱社会阶段	1995～2001年，历时7年，投资导向型的工业经济与小康社会阶段	2002年至今，投资与创新导向型并重的工业经济与小康社会阶段，城市则进入以创新导向型为主的服务经济与小康社会阶段

（1）1978～1994年，历时17年，我国处于生产要素与投资导向型的工业经济与温饱社会阶段。我国的工业经济处于起始阶段，经济社会的发展依赖于第二产业（农村还主要依赖农业），尤其是工业的发展，城市经济以生产要素和投资为导向，居民消费以食品、衣着、家庭设备用品等必需的消费品为主，以满足温饱为目的，主要是生存型消费，消费结构和层次都处于低水平。

（2）1994～2001年，历时7年，我国整体处于投资导向型的工业经济与温饱社会阶段。我国历经工业化起始阶段，逐步进入工业化中期，第二产业的发展仍然在高位上稳定运行并主导着经济社会的发展，居民消费以食品、衣着、家庭设备用品等温饱、生存型为主，发展型、享受型消费比重逐年提升。

（3）2002年至今，我国处于投资与创新导向型并重的工业经济与小康社会阶段。我国整体经济已经进入工业化中后期，投资导向趋于成熟，供给面的竞争优势仍然大于需求面。农村经济的发展也越来越依赖现代科学技术的运用，提倡绿色农业、现代化农业，居民消费发展到以食品、衣着和其他物质消费并重，以发展型、求美型消费为主。此时，城市经济步入以创新导向型为主的服务经济与富裕社会阶段，为满足生产和生活日益增长的多样化需求，生产者服务业和消费者服务业的发展成为经济社会发展的主要动力，以创新为导向，居民消费结构非物质化趋势日益明显，发展型、享乐型等精神层面的消费需求比重渐增，这也赋予了消费者服务业新的发展内涵。

综上所述，我国经济正处于工业化的中后期，中国经济的市场化转轨已经基本完成，形成了市场经济环境下经济高速增长的条件，进入了经济持续性发展的时期。

三、求解函数关系：基于时空二维序列的回归分析

本节主要对城市居民人均可支配收入与人均消费性支出进行，时间—空间二维序列的回归分析。

以人均可支配收入为自变量 X，以人均消费性支出为因变量 Y，求解全国 31 个城市 1995～2004 年 10 年间人均可支配收入与人均消费性支出之间的相关关系，结果如表 7–17 所示，时间—空间二维序列分析结果表明，人均消费性支出与人均可支配收入具有强相关性。

表 7–17　　历年城市居民人均可支配收入与人均消费性支出进行回归分析

年份	回归方程	可决系数	拟合度	解释
1995	$Y = 21.88272047 + 0.8209058773X$	0.987541	较好	具有强相关性
1996	$Y = 110.1434069 + 0.7833745682X$	0.966418	较好	具有强相关性
1997	$Y = 35.82797771 + 0.8115434173X$	0.977824	较好	具有强相关性
1998	$Y = -591.1760939 + 0.4223552784X$	0.766012	一般	具有较强相关性
1999	$Y = 126.0048772 + 0.7716926224X$	0.967471	较好	具有强相关性
2000	$Y = 298.4377345 + 0.7510503042X$	0.968759	较好	具有强相关性
2001	$Y = 427.9405871 + 0.7155576746X$	0.974707	较好	具有强相关性
2002	$Y = 54.10757404 + 0.7816470391X$	0.957649	较好	具有强相关性
2003	$Y = 238.4742067 + 0.7468167918X$	0.949146	较好	具有强相关性
2004	$Y = 201.3085217 + 0.7471099434X$	0.950825	较好	具有强相关性

四、产业弹性分析：基于扩展线性支出模型

(一) 扩展线性支出模型（ELES 模型）的构建

目前，经济学界对消费结构进行分析时，通常采用恩格尔系数法和扩展线性支出系统模型两种方法。恩格尔系数作为衡量居民消费结构的指标，只是揭示特定发展阶段的收入和消费结构的关系，并不适用于各个消费领域的比较，在应用时有一定的局限性。扩展线性支出系统考虑了消费需求和价格因素对居民消费结构的影响，把居民的各项消费支出看作是相互联系、相互制约的行为，从而能够

全面地反映居民消费结构的各项指标。所以，我们对我国消费业结构的分析采用扩展线性支出系统模型（extend linear expenditure system，ELES）。

1954 年，英国著名经济学家、诺贝尔经济学奖获得者斯通为了深入研究居民消费结构之间的数量关系，以效用函数为基础提出了需求函数的线性支出系统，其基本形式为：

$$q_i = r_i + \frac{b_i}{p_i} \left[V - \sum_j p_j r_j \right] \quad (i, j = 1, 2, 3, \cdots) \quad (7-1)$$

上式中，p_i、p_j 是第 i、第 j 种消费品的价格，V 是预算，这是线性支出系统模型。但是，线性支出模型有着较大的缺陷：首先，总预算支出 V 是内生变量，无法外生给出；其次，对参数的估计需要大量的时间序列资料，而实践中往往缺乏历史资料。这就为我们的模型建立带来了极大的困难。为了解决这个问题，1973 年，英国经济学家伦奇（C. Lluch）在不改变模型基本原理的前提下，对模型（7-1）作了两点改进：第一，以收入 Y 代替预算 V；第二，以边际消费倾向 β_i 代替边际预算比 b_i。由此形成了扩展的线性支出系统，其模型形式变为：

$$q_i = r_i + \frac{b_i}{p_i} \left[I - \sum p_j r_j \right] \quad (i, j = 1, 2, 3, \cdots, n, j \neq i) \quad (7-2)$$

其中，待估参数为基本需求量 r_i 和边际消费倾向 b_i。我们采用最小二乘法对其分析。

对式（7-2）改写为以下形式：

$$p_i q_i = \left[p_i r_i - b_i \sum_{j=1} p_j r_j \right] + b_i I + u_i = a_i + b_i I + u_i \quad (7-3)$$

其中，u_i 为随机扰动项。

对式（7-3）应用最小二乘法，得到参数估计值 $\hat{a}_i$ 和 $\hat{b}_i (i = 1, 2, 3, \cdots, n)$然后，由式（7-3）中的定义得：

$$a_i = p_i r_i - b_i \sum_{j=1}^n p_j r_j \quad (7-4)$$

有式：
$$\sum_{i=1}^n a_i = \left[1 - \sum_{i=1}^n b_i \right] \sum_{j=1}^n p_j r_j \quad (7-5)$$

进一步得到：

$$p_i r_i = a_i + b_i \sum_{i=1}^n a_i \bigg/ \left[1 - \sum_{i=1}^n b_i \right] \quad (7-6)$$

再由 $\hat{a}_i$ 和 $\hat{b}_i (i = 1, 2, 3, \cdots, n)$ 可以求得 $\hat{p}_i \hat{r}_i$。

同时可以求出消费需求的收入弹性：

$$\eta_i = \frac{\partial q_i}{\partial I} \times \frac{I}{q_i} = b_i \times \frac{I}{v_i} \quad (7-7)$$

自价格弹性为：

$$\eta_{ii} = \frac{\partial q_i}{\partial p_i} \times \frac{p_i}{q_i} = (1 - b_i)\frac{p_i r_i}{v_i} - 1 \qquad (7-8)$$

相互价格弹性为：

$$\eta_{ij} = \frac{\partial q_i}{\partial p_j} \times \frac{p_j}{q_i} = -b_i \frac{p_j r_j}{v_i} \qquad (7-9)$$

进一步的研究表明，运用扩展线性支出系统进行消费结构分析，较恩格尔函数模型及其他模型有着明显的优越性：其一，它可以直接运用截面资料进行参数估计；其二，可以用来进行边际消费倾向分析、需求收入弹性分析；其三，它还考虑了价格变动对消费结构的影响，并且能够在没有价格资料的情况下利用居民截面收支数据资料进行需求的价格弹性分析。[①] 基于此，我们运用此模型对我国城镇居民的消费结构进行分析。

我们根据目前通行的统计口径，把居民家庭消费支出共分为八项：（1）食品。包括粮食、副食品、烟、酒、糖及其他食品。（2）衣着。包括服装、衣料及衣料加工费、鞋、袜、帽等。（3）设备用品及服务。包括耐用消费品、家庭日用品、家庭服务等。（4）医疗保健。包括医疗器具、医药费、保健用品等。（5）交通和通信。包括家庭交通工具及维修、交通费、通信工具、邮电费等。（6）娱乐文教服务。包括各类教育费、文化娱乐费、书报费等。（7）居住。包括住房、水、电、燃料等。（8）杂项商品和服务。包括个人用品、理发、美容用品、旅游、服务及其他用品。

（二）城镇居民消费结构的计量经济分析

为构建我国城镇居民消费结构的 ELES 模型，基于数据的可得性、可用性和权威性等原则，我们收集了 1994~2007 年《中国统计年鉴》全国城镇居民家庭 14 年的可支配收入数据和消费的八个小类的数据，分别用 C_1、C_2、C_3、C_4、C_5、C_6、C_7、C_8 代表以上列举的八个项目，为了进行消费项目的价格弹性分析，我们也收集了 2006 年各地区城镇的可支配收入和消费的数据。下面利用这些可得数据进行分析。

1. 城镇居民消费结构的时间序列分析

利用 SPSS 估算我国城镇居民消费结构的 ELES 模型参 a_i、β_i 和相应的参数数据，所得结果如表 7-18 所示：

[①]　参见李锐：《我国农村居民消费结构的数量分析》，载于《中国农村经济》，2003 年第 5 期。

表 7 – 18　　　　　　　各项消费支出的回归系数和统计参数值

	a_i	β_i	R^2	T_{β_i}
C_1	751. 817	0. 203	0. 961	17. 240
C_2	184. 337	0. 057	0. 936	13. 229
C_3	178. 471	0. 028	0. 769	6. 319
C_4	– 173. 347	0. 073	0. 977	22. 511
C_5	– 367. 613	0. 127	0. 976	22. 025
C_6	– 157. 151	0. 122	0. 976	22. 016
C_7	– 85. 408	0. 088	0. 983	26. 125
C_8	361. 536	– 0. 003	0	– 0. 067

从表 7 – 18 的 T 统计量和 R^2 可知，在 $\alpha = 0.05$ 的显著水平下，C_1、C_2、C_4、C_5、C_6、C_7 的回归方程均通过单变量的计量经济检验和方程的统计检验。C_3 虽然通过了 T 检验，但其 $R^2 = 0.626$，方程的拟合优度不高；C_8 没有通过 T 检验；C_1、C_4、C_5、C_6、C_7 这五项消费的 T 统计值远远大于临界值，且 R^2 均大于 0.96，说明消费者的可支配收入对城镇居民的食品、医疗保健、交通通信、文教娱乐和居住消费的线性影响非常显著，方程的拟合优度较高。模型之所以不能很好地拟合衣着、家庭设备及服务的消费支出情况，是因为随着收入上升到一定水平，居民在这几方面的消费稳定在某一饱和水平，所以也就不存在线性关系了。下面我们结合各参数估计值来进行我国城镇居民的消费边际消费倾向和需求的收入弹性分析：

（1）边际消费倾向分析

ELES 模型中 β_i 表示边际消费倾向，该指标表明居民每增加一单位的收入所引起的消费支出的变动量。1993～2006 年我国城镇居民的边际消费倾向 $\beta = \sum \beta_i = 0.695$，这说明城镇居民的新增收入中会有 69.5% 用于消费。由各项消费支出的边际消费倾向 β_i 可知，食品支出的边际消费倾向最高（0.203），表明新增收入中有 20.3% 用于增加食品消费，这反映了我国城镇居民食品消费支出占收入的比重还比较大。交通通信的边际消费倾向位居第二位（0.127），反映了时间观念和信息观念已经深入人心，社会进入了高速发展的信息化社会，家庭轿车、手机、电脑成为城镇居民消费的热点。娱乐文教服务的边际消费倾向也很高（0.122），基本反映了 1997 年以后我国教育收费改革对城镇居民消费支出的影响，同时也说明了近年来我国城镇居民特别重视文化素质的培养及子女的教育。这些都体现出我国城镇居民的生活水平迈上了一个新的台阶，社会进入了一个新的发展阶段。

（2）需求收入弹性分析

按各年人均可支配收入和各项消费支出额及其边际消费倾向，由式（7－7）计算可得各项支出的需求收入弹性（见表7－19）。

表7－19　　　　　2006年我国城镇居民各项支出的需求收入弹性

项目	食品	衣着	设备	医疗	通信性	文教	居住性	杂项
弹性值	0.77	0.74	0.66	1.38	1.30	1.19	1.14	－0.11

观察表7－19中的数据可以看出，在可支配收入增加的情况下，2006年度前七项消费支出的弹性均为正值，说明收入的提高，会刺激商品及服务的消费，各类消费品仍然存在增长空间。其中$E_i>1$的有4项，分别是医疗保健（1.38）、交通通信（1.30）、文教娱乐（1.19）和居住（1.14），表明现阶段这几项消费尚属于城镇居民消费中的"奢侈品"，居民对这几类商品需求量的支出会高于收入的增长幅度，用于这几类的消费性支出将会保持良好的增长势头。食品、衣着、家庭设备的需求收入弹性较小，还是现阶段居民消费中的"必需品"。当消费者的收入水平上升时，尽管消费者对必需品和奢侈品的需求量都会增加，但对必需品需求量的增加是有限的，而对奢侈品的需求量的增加是较多的。

2. 城镇居民消费结构的横截面分析

将2006年城镇居民按不变价格计算的人均纯收入和各项消费支出的横截面数据分组后代入ELES模型，来定量分析我国城镇居民消费结构的特点，计量结果见表7－20。表7－20中模型的各项检验值都比较理想，且各项参数符合相关的经济学原理，说明估计成立。另外，我们结合式（7－8）、式（7－9）得到2006年居民消费项目的自价格和相互价格弹性值。

表7－20　　　　2006年城镇居民ELES模型的参数估计值和价格弹性值

	C_1	C_2	C_3	C_4	C_5	C_6	C_7	C_8
C_1	－0.80	－0.04	0	－0.01	0.03	0.02	－0.02	0
C_2	－0.03	－0.45	0	－0.01	0.02	0.01	－0.01	0
C_3	－0.07	－0.04	－0.92	－0.01	0.04	0.02	0	0
C_4	－0.06	－0.04	0	－0.80	0.03	0.02	－0.02	0
C_5	－0.10	－0.07	－0.01	－0.02	－1.35	0.04	－0.03	0
C_6	－0.09	－0.06	0	－0.02	0.05	－1.21	－0.03	0
C_7	－0.05	－0.03	0	－0.01	0.03	0.02	－0.74	0

续表

	C_1	C_2	C_3	C_4	C_5	C_6	C_7	C_8
C_8	−0.08	−0.05	0	−0.01	0.05	0.03	−0.02	−1.01
a_i	590.08	482.71	2.05	88.84	−612.00	−426.28	187.42	−31.33
β_i	0.22	0.04	0.04	0.05	0.15	0.14	0.06	0.03
R^2	0.84	0.78	0.77	0.87	0.85	0.89	0.76	0.80
T_{β_i}	12.09	3.51	9.82	5.32	12.94	15.09	9.66	10.60
$p_i r_i$	801.69	517.16	43.39	133.13	−466.33	−290.46	247.46	−1.78

从表 7 - 20 可以看出，我国城镇居民各项消费支出的相互价格弹性的绝对值都比较小，其绝对值仅为 0 ~ 0.1；最大的是食品的价格对医疗保健的消费支出的影响，其绝对值也仅为 0.1。这说明，我国城镇居民对各类消费品的消费支出受其他类型消费品的价格变化的影响很小。在此，表 7 - 19 中的正值表示某类消费品的消费量与其他消费品的价格呈同向变动关系，负号表示两者呈反向变动关系，但各类消费品相互影响的程度和方向并不一致。譬如，食品价格提高会引起食品、衣着、医疗保健和其他商品及服务消费支出的减少，而引起交通通信、文化教育等消费支出的增加；文教服务的价格提高会引起食品、衣着、医疗保健和其他商品及服务消费支出的减少，而引起交通通信服务消费支出的增加。从表 7 - 19 可以看出，各类消费品的价格变化对其他类型消费品的消费量影响的绝对值有一定的差异。城镇居民各项消费支出的自价格弹性的绝对值相对来说都比较大，也就是说商品和服务受自身价格的影响比较大，最大的是医疗保健弹性，绝对值达到 1.35，因此，必须时刻关注商品本身价格的变化趋势，特别是关系国计民生的商品和服务，可以适当降低价格来促进消费的增加，但最根本的就是要努力增加居民收入，提高居民的生活水平和优化居民消费结构。

（三）我国农村消费结构分行业实证分析

1. 时间序列分析

利用 SPSS 估算我国农村居民消费结构的 ELES 模型参 a_i、β_i 和相应的参数数据，所得结果如表 7 - 21 所示：

表7-21 　　　　　**各项消费支出的回归系数和统计参数值**

项目 ＼ 参数	a_i	β_i	R^2	T_{β_i}
C_1	281.146	0.257	0.908	10.880
C_2	23.725	0.036	0.862	8.640
C_3	23.446	0.026	0.871	8.992
C_4	-57.256	0.065	0.935	13.182
C_5	-137.927	0.109	0.882	9.475
C_6	-49.867	0.102	0.971	19.978
C_7	-20.361	0.125	0.968	19.009
C_8	-2.659	0.019	0.779	6.512

从表7-21的T统计量和 R^2 可知，在 $\alpha = 0.05$ 的显著水平下 C_1、C_4、C_6、C_7 的回归方程均通过单变量的计量经济检验和方程的统计检验。C_2、C_3、C_5、C_8 虽然通过了 T 检验，但其 R^2 值都不是很高，方程的拟合优度不高；C_1、C_4、C_5、C_6、C_7 这五项消费的 T 统计值远远大于临界值，且 R^2 均大于 0.87，说明消费者的人均纯收入对农村居民的食品、医疗保健、交通通信、文教娱乐和居住消费的线性影响非常显著，方程的拟合优度相对比较高。模型之所以不能很好地拟合衣着、家庭设备及服务的消费支出情况，是因为随着收入上升到一定水平，居民在这几方面的消费稳定在某一饱和水平，所以也就不存在线性关系了。下面我们结合模型估计数值来进行我国农村居民的消费需求的收入弹性分析。

按各年人均纯收入和各项消费支出额及其边际消费倾向，由式（7-7）计算可得2006年各项支出的需求收入弹性（见表7-22）。

表7-22 　　　　**2006年我国农村居民各项支出的需求收入弹性**

项目	食品	衣着	设备	医疗	通信性	文教	居住性	杂项
弹性值	0.76	0.77	0.74	1.22	1.35	1.20	0.96	1.08

观察表7-22中的数据可以看出，在人均纯收入增加的情况下，2006年度消费支出的弹性均为正值，说明收入的提高，会刺激商品及服务的消费，各类消费品仍然存在增长空间。其中 $E_i > 1$ 的有3项，分别是医疗保健（1.22）、交通通讯（1.35）和文教娱乐（1.20），其中，交通和通信类消费品的收入弹性高达

1.35，需要引起我们的高度关注。之所以如此，很大程度上是由于大量农村劳动力外出打工、经商和销售农产品所必需的费用支出的结果。食品、衣着、家庭设备的需求收入弹性较小，仍然是现阶段居民消费中的"必需品"。当农民的收入水平上升时，尽管农民对必需品和奢侈品的需求量都会增加，但对必需品需求量的增加是有限的，而对奢侈品的需求量的增加是较多的。

2. 横截面分析

将 2006 年农村居民按不变价格计算的人均纯收入和各项消费支出的横截面数据分组后代入 ELES 模型，来定量分析我国农村居民消费结构的特点，计量结果见式（7-7）。式（7-7）中模型的各项检验值都比较理想，且各项参数符合相关的经济学原理，说明估计成立。另外，我们结合式（7-8）、式（7-9）得到 2006 年农村居民消费项目的自价格和相互价格弹性值（见表 7-23）。

表 7-23　　　　　2006 年农村居民 ELES 模型的参数估计值和价格弹性值

	C_1	C_2	C_3	C_4	C_5	C_6	C_7	C_8
C_1	-0.70	0	0	0	0	0	0	0
C_2	-0.67	-0.79	0	-0.01	-0.01	0.01	-0.02	0
C_3	-0.89	-0.01	-1.01	-0.01	-0.01	0.01	-0.03	0
C_4	-0.59	-0.01	0	-0.91	-0.01	0.01	-0.02	0
C_5	-0.39	-0.01	0	0	-0.95	0	-0.01	0
C_6	-0.37	-0.01	0	0	0	-1.03	-0.01	0
C_7	-0.24	-0.	0	0	0	0	-0.96	0
C_8	-1.78	-0.03	0	-0.02	-0.02	0.02	-0.05	-0.82
a_i	344.39	11.61	-25.94	-15.82	-35.42	-68.16	-59.67	2.47
β_i	0.24	0.05	0.04	0.059	0.09	0.10	0.15	0.02
R^2	0.77	0.79	0.80	0.781	0.94	0.83	0.80	0.76
T_{β_i}	9.73	10.47	10.81	10.179	21.94	12.08	10.70	9.69
$p_i r_i$	478.97	37.38	-1.88	17.973	15.55	-10.32	23.36	11.63

从表 7-23 可以看出，我国农村居民各项消费支出的相互价格弹性的绝对值除食品外都比较小，其绝对值仅为 0~0.03；最大的是居住的价格对家庭设备及用品的消费支出的影响，其绝对值也仅为 0.03。这说明，我国农村居民对各类消费品的消费支出受其他类型消费品的价格变化的影响很小，但受食品价格的影响是很大的，各类消费品的价格变化对其他类型消费品的消费量影响的绝对值有

一定的差异。农村居民各项消费支出的自价格弹性的绝对值相对来说都比较大，也就是说商品和服务受自身价格的影响比较大，最大的是文教娱乐弹性，其绝对值达到 1.03。因此，目前我们应该对那些边际消费倾向较大的消费品，如食品、居住、交通与通信及其服务等，实行低价或适当的优惠政策，以鼓励农村居民增加消费。与此同时，努力增加农民的收入，促进消费支出的增加，推动农村经济和社会的发展。

第五节　中国消费者服务业核心问题研究

一、低度均衡问题：消费者服务业低度化均衡陷阱

（一）我国消费者服务业低度化均衡陷阱

在我国，消费者服务业受供给（供给水平、种类、服务质量、信誉等）、需求（需求弹性、消费总量、消费习惯和文化等）、行业管理（行业规制、信息不对称等）方面的制约，消费者服务业低度均衡问题非常突出。

颜廷标（2005）提出，低度均衡是我国服务业发展滞后的一个重要原因，也是一个根本性的原因。他认为低度均衡是指由于市场体系不完备和制度缺欠等因素，使得服务市场供需之间更多的以低层次、共性化的服务取代个性化、高品质、多层次的服务，从而使产业规模维持在较低水平上的一种现象。换言之，服务业应该有更大的发展空间，但由于供给或需求的制约，产业远没有达到应有规模，处在低度的均衡点上。

考察一国或地区消费者服务业处于何种均衡状态，一般可以从两个方面来分析：一为最终消费率，另一为供求均衡点。

从最终消费率指标看，消费者服务业低度化均衡状态主要是指最终消费率一直处于低位水平并保持持续走低态势。长期以来，中国最终消费率一直处于低位水平并保持持续走低态势，最终消费率从 1952 年的 78.6% 下降到 1978 年的 62.1%，"六五"时期平均为 66.5%，"七五"时期平均为 63.4%，"八五"时期平均为 58.7%，"九五"期间平均为 59.4%，2000~2004 年这 5 年里，中国最终消费率分别为 61.1%、59.8%、58.2%、55.5%、53.0%，从图 7-2 可以看到，"十五"时期中国最终消费率急剧下降，2004 年下降到改革开放以来的最

低点。

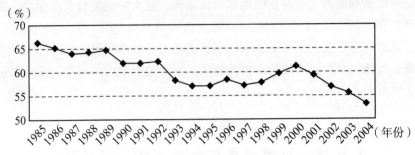

图7－2　1984～2004年中国最终消费率

资料来源：国家计委、国家统计局、国家信息中心。

从供求均衡点指标看，低度化均衡是指由于消费市场体系不完备和制度缺陷等因素，使得消费者服务市场供需之间更多地以低品质、低层次、共性化的服务取代高品质、多层次、个性化的服务，从而使消费者服务业结构、规模与品质维持在较低层次水平的一种均衡现象。换言之，随着我国服务经济与小康社会的发展进程不断提速，消费者服务业有更大的发展空间，但由于供给、需求或规制层面的制约，消费者服务业无论从产业规模、产业结构、产业品质，都远没有达到应有的状态，而是处在低度的均衡点上，以致成为影响消费者服务业提升能级的一个障碍，我们称之为消费者服务业低度化均衡陷阱。

值得关注的是，引起消费者服务业低度化均衡陷阱的原因何在？其中何者为最敏感性因素？学界、政界、业界曾有"谁能打开百姓的钱袋子"和"谁也不能打开百姓的钱袋子"之争，也曾有各方力量共同出谋划策拉动内需的努力，如从体制和政策环境层面、从市场营销层面、从社会消费层面启动和促进一波又一波消费热点，其中最突出的当属住房、汽车、教育、医疗保健等领域。但时至今日，仍无法走出消费者服务业低度化均衡陷阱，其根源何在？我们尝试采用敏感性分析工具，从供给层面、需求层面、规制层面对消费者服务业低度化均衡问题进行敏感性分析，找寻敏感性因素并排序。

关于抽样方法与样本分布，我们主要采用随机抽样的方法，对不同规模的城市（镇）（上海、安庆、吉水）的消费者进行随机抽样调查，根据统计结果分析消费者服务业在需求层面的核心问题，兼顾市场供给与政府规制方面的分析，为后期研究提供基础性数据。发放问卷700份左右，其中回收有效问卷650份，回收率为92.9%。

关于问卷设计变量总表，见表7－24：

表 7 - 24　　　　　　　　　　问卷设计变量总表

变量	子变量	来源
供给层面	服务产品价格	消费者服务业价格需求弹性分析和抽样
	服务产品数量	根据统计年鉴分析和抽样
	服务产品质量	专家、消费者抽样调查问卷
	信息不对称	专家、消费者抽样调查问卷
需求层面	服务消费弹性	消费者服务业收入需求弹性分析和抽样
	消费者消费偏好	专家、消费者抽样
规制层面	行业垄断的存在	专家、消费者抽样
	行业规制的滞后	专家、消费者抽样

（二）消费者服务业低度均衡问题的敏感性因素分析与排序

1. 低度均衡问题的敏感性因素分析框架

就低度均衡问题的敏感性因素分析，我们分别从供给层面、需求层面、规制层面着手。具体分析框架及初步结果如表 7 - 25 所示：

表 7 - 25　　　　消费者服务业低度均衡问题的敏感性因素分析结果

		主要因素	主要分析指标及说明
敏感性因素	供给层面	服务产品价格	可用消费者服务业价格需求弹性来分析，结果显示：基础性、生存性消费者服务业价格弹性小，享乐性、发展性消费者服务业价格弹性大
		服务产品数量	体现在服务产品量多面广、种类多样性与低度同构化同时并存（根据统计年鉴分析）
		服务产品质量	对专家和消费者进行问卷调查，结果显示：体现在服务产品质量不确定性、不稳定性、低层次性等方面
		信息不对称	对专家和消费者进行问卷调查，结果显示：服务产品的无形性，易产生消费者与供给者之间服务产品相关的信息的不对称，从而导致需求黏性*
	需求层面	服务消费弹性	消费者服务业收入需求弹性分析（居民人均可支配收入与人均消费额），结果显示基础性、生存性消费者服务业消费弹性小，享乐性、发展性消费者服务业消费弹性大
		消费者消费偏好	对专家和消费者进行问卷调查，结果显示：文化、传统及消费习惯等因素对消费者服务业的影响较大

	主要因素	主要分析指标及说明
敏感性因素 规制层面	行业垄断的存在	对学术专家和管理专家进行抽样调查，结果显示：许多服务行业具有天然的垄断特征或者容易生成垄断，导致供给方缺乏提高服务质量、降低成本、加速创新的激励机制
	行业规则的滞后	对学术专家和管理专家进行抽样调查，结果显示：新兴消费者服务行业较快发展与制度建设、法律规范滞后之间的矛盾比较突出*

注：* 参见颜廷标：《服务业发展比较研究》，中国社会科学出版社 2005 年版。

2. 消费者服务业低度均衡问题的敏感性因素排序与统计检验

消费者问卷调查的结果显示，影响各项消费者服务业的主要因素及排序结果如下（见表 7 - 26、表 7 - 27、表 7 - 28）：

表 7 - 26　　　　大城市居民消费者服务业影响因素分析

影响消费的因素	第一	第二	第三	第四
食品消费	食品的安全性（45.2%）	食品的价格（32.8%）	食品的便捷性（24.9%）	食品的品牌（19.9%）
衣着消费	收入水平（45.2%）	衣服的价格（39.8%）	衣服的质地（27%）	衣服的款式（22.8%）
房地产业消费	住宅的价格（54.8%）	收入水平（54.4%）	住宅的环境（41.8%）	物业管理费用（31.5%）
建筑装潢业消费	收入水平（44.0%）	装潢的价格（32.0%）	装潢的美观性（28.2%）	装潢的实用性（24.1%）
文化、体育与教育培训服务消费	收入水平（41.9%）	服务的价格（39.8%）	服务内容的多样性（27.4%）	从服务中获得的满足程度（21.6%）
酒店宾馆餐饮旅游与休闲娱乐业消费	收入水平（44.0%）	服务质量（39.8%）	服务的价格（36.9%）	从中获得的满足程度（27.4%）
家庭设备用品及服务消费	收入水平（35.7%）	服务的价格（30.3%）	质量（27%）	品牌和售后服务并重（19.1%）
医疗保健消费	收入水平（33.2%）	质量（30.7%）	价格（23.2%）	安全度（15.4%）
交通消费	收入水平（33.2%）	时间的节约程度（32.4%）	质量（25.3%）	价格（19.5%）
通信消费	质量（33.6%）	收入水平（31.5%）	价格（24.9%）	时间的节约程度（18.7%）
杂项商品和服务消费	质量（47.3%）	价格（46.5%）	收入水平（35.3%）	品牌（20.7%）

表 7 - 27　　　　　　中等城市居民消费者服务业影响因素分析

影响消费的因素	第一	第二	第三	第四
食品消费	收入水平 (48.4%)	食品的价格 (41.4%)	食品的安全性 (27.4%)	食品的保健性 (24.8%)
衣着消费	收入水平 (48.4%)	衣服的价格 (40.1%)	衣服的质地 (29.9%)	衣服的款式 (21.7%)
房地产业消费	收入水平 (55.4%)	住宅的价格 (51.6%)	住宅的环境 (40.1%)	物业管理费用 (28.7%)
建筑装潢业消费	收入水平 (45.9%)	装潢的价格 (35.0%)	装潢的实用性 (27.4%)	装潢材料的安全性 (26.1%)
文化、体育与教育培训服务消费	收入水平 (46.5%)	价格 (42.7%)	服务内容的多样性 (31.2%)	从服务中获得的满足程度 (26.8%)
酒店宾馆餐饮旅游与休闲娱乐业消费	收入水平 (56.1%)	价格 (40.1%)	服务质量 (28%)	安全程度 (21%)
家庭设备用品及服务消费	收入水平 (38.2%)	服务的价格 (35%)	质量 (27.4%)	售后服务 (16.6%)
医疗保健消费	收入水平 (37.6%)	价格 (31.2%)	质量 (28.7%)	安全度 (18.5%)
交通消费	收入水平 (32.5%)	价格 (29.9%)	质量 (22.9%)	交通工具价格的变化 (21.7%)
通信消费	价格 (37.6%)	收入水平 (34.4%)	质量 (28.7%)	通信信息设备价格的变化 (20.4%)
杂项商品和服务消费	价格 (44.6%)	品牌 (42%)	收入水平 (37.6%)	质量 (31.2%)

表 7 - 28　　　　　　小城镇居民消费者服务业影响因素分析

影响消费的因素	第一	第二	第三	第四
食品消费	收入水平 (52.7%)	食品的价格 (47.3%)	食品的安全性 (38.0%)	食品的保健性 (28.0%)
衣着消费	收入水平 (54.7%)	衣服的价格 (56.7%)	衣服的质地 (36.7%)	衣服的款式 (38.7%)
房地产业消费	收入水平 (70.0%)	住宅价格 (61.3%)	住宅的环境 (56.0%)	物业管理费用 (40.7%)

影响消费的因素	第一	第二	第三	第四
建筑装潢业消费	收入水平（63.3%）	装潢的价格（44.0%）	装潢的实用性（29.3%）	装潢的安全性（28.0%）
文化、体育与教育培训服务消费	收入水平（50.7%）	服务的价格（48.7%）	服务内容的多样性（37.3%）	从服务中获得的满足程度（30.0%）
酒店宾馆餐饮旅游与休闲娱乐业消费	收入水平（59.3%）	服务的价格（49.3%）	服务的质量（32.0%）	消费的舒适程度（24.0%）
家庭设备用品及服务消费	收入水平（53.3%）	服务的价格（41.3%）	服务的质量（36.7%）	安全程度（26.7%）
医疗保健消费	收入水平（42.0%）	价格（34.7%）	质量（34.0%）	安全性（21.3%）
交通消费	收入水平（48.0%）	交通工具价格（38.7%）	质量（31.3%）	交通工具价格的变化（20.0%）
通信消费	收入水平（44.7%）	服务价格（39.3%）	服务的质量（28.7%）	通信设备价格的变化（21.3%）
杂项商品和服务消费	收入水平（43.3%）	服务的价格（48.0%）	服务的质量（40.7%）	服务的品牌（44.0%）

（1）食品消费：根据问卷调查结果，在影响食品消费的诸多因素（如居民的收入水平、食品的价格、品牌、安全性、便捷性、保健性等）中，首要原因是食品的安全性（45.2%），其次是食品的价格（32.8%），第三是食品的便捷性（24.9%），第四是食品的品牌（19.9%）。

（2）衣着消费：根据问卷调查结果，在影响衣着消费的诸多因素（如收入水平、衣服的价格、品牌、质地和款式等）中，首要原因是居民收入水平（45.2%），其次是衣服的价格（39.8%），第三是衣服的质地（27%），第四是衣服的款式（22.8%）。

（3）房地产业消费：根据问卷调查结果，在影响房地产业消费的诸多因素（如收入水平、住宅的价格、住宅的环境、物业管理费用、物业公司品牌、开发商的品牌和国家房贷政策等）中，首要原因是住宅的价格（54.8%），其次是居民收入水平（54.4%），第三是住宅的环境（41.8%），第四是物业管理费用（31.5%）。

（4）建筑装潢业消费：根据问卷调查结果，在影响建筑装潢业消费的诸多因素（如收入水平、装潢的价格、美观性、实用性、装潢公司的品牌、装潢材料的品牌和安全性等）中，首要原因是居民收入水平（44.0%），其次是装潢的价格（32.0%），第三是装潢的美观性（28.2%），第四是装潢的实用性（24.1%）。

（5）文化、体育与教育培训服务消费：根据问卷调查结果，在影响文化、体育与教育培训服务消费的诸多因素（如收入水平、价格、服务内容的多样性、知名度与品牌、从服务中获得的满足程度等）中，首要原因是居民收入水平（41.9%），其次是服务的价格（39.8%），第三是服务内容的多样性（27.4%），第四是从服务中获得的满足程度（21.6%）。

（6）旅游和娱乐服务（酒店宾馆业，餐饮业，旅游业与休闲娱乐业）消费：根据问卷调查结果，在影响旅游和娱乐服务（酒店宾馆业，餐饮业，旅游业与休闲娱乐业）消费的诸多因素（如收入水平、价格、服务质量、从中获得的满足程度、安全程度、标准化程度以及舒适程度等）中，首要原因是居民收入水平（44.0%），其次是服务质量（39.8%），第三是服务的价格（36.9%），第四是从中获得的满足程度（27.4%）。

（7）家庭设备用品及服务消费：根据问卷调查结果，在影响家庭设备用品及服务消费的诸多因素（如收入水平、价格、质量、品牌、舒适度、安全程度、美观以及售后服务等）中，首要原因是居民收入水平（35.7%），其次是服务的价格（30.3%），第三是质量（27%），第四是品牌和售后服务并重（19.1%）。

（8）医疗保健消费：根据问卷调查结果，在影响医疗保健消费的诸多因素（如收入水平、价格、质量、品牌、安全度、所在单位医保制度以及国家医保改革措施等）中，首要原因是居民收入水平（33.2%），其次是质量（30.7%），第三是价格（23.2%），第四是安全度（15.4%）。

（9）交通消费：根据问卷调查结果，在影响交通消费的诸多因素（如收入水平、价格、质量、便捷程度、时间的节约程度、交通工具的多样化以及价格的变化等）中，首要原因是居民收入水平（33.2%），其次是时间的节约程度（32.4%），第三是质量（25.3%），第四是价格（19.5%）。

（10）通信消费：根据问卷调查结果，在影响通信消费的诸多因素（如收入水平、价格、质量、时间的节约程度、便捷程度、通信设备的多样化以及通信信息设备价格的变化等）中，首要原因是服务质量（33.6%），其次是居民收入水平（31.5%）和便捷程度（31.5%）是并列第二，第三是价格（24.9%），第四是时间的节约程度（18.7%）。

（11）杂项商品和服务（如理发、修理修配、家政服务等）消费：根据问卷调查结果，在影响杂项商品和服务消费的诸多因素（如收入水平、价格、质量、品牌等）中，首要原因是服务质量（47.3%），其次是价格（46.5%），第三是收入水平（35.3%），第四是品牌（20.7%）。

3. 消费者服务业低度均衡问题的敏感性因素分析结论

（1）居民收入是消费者服务业低度均衡问题的强敏感性因素之一

通过城市居民收入与支出的时间—空间二维序列回归分析，即以人均可支配收入为自变量 X，以人均消费性支出为因变量 Y，求解全国 31 个城市的 1995 ~ 2004 年 10 年间人均可支配收入与人均消费性支出之间的相关关系，结果表明：人均可支配收入与人均消费性支出之间具有强相关性。

（2）价格是消费者服务业低度均衡问题的强敏感性因素之一

通过对城乡居民的问卷调查，以及基于扩展线性支出模型的弹性分析，结果表明：城乡居民各项消费支出的自价格弹性的绝对值相对而言都比较大，表明商品和服务受自身价格的影响比较大。

（3）质量与安全性也是消费者服务业低度均衡问题的强敏感性因素之一

问卷调查结果表明，面向消费者的产品与服务的质量与安全性问题，也是消费者服务业低度均衡问题的强敏感性因素之一。

（4）强敏感性的影响因素存在城乡差异和各细分行业的差异

城乡居民问卷调查结果和各项消费支出的自价格弹性分析均表明：现阶段强敏感性的影响因素既存在城乡差异，同时各细分商品和服务之间也存在差异。

二、消费者服务业能级提升受阻与功能定位问题研究

（一）我国消费者服务业何去何从

改革开放以来，中国消费经济有三个重大突破：一是表现在生产与消费的对比关系。正如学者李培林、张翼撰文指出的，"中国改革开放以来启动经济的一条重要措施，就是改变传统经济体制下'先生产后生活、重积累轻消费'政策取向。从食品衣着的改善到各种家用电器进入千家万户，每一个增长高潮都是与大众消费密切相连。"[①] 二是表现在经济增长方式的转型。国民经济转型方向总体上是从"外需依赖型"转向"内需扩大型"，从"投资拉动"转向"消费拉动"，从"生产经济"转向"消费经济"。三是消费结构的转型。城镇居民消费逐渐由重实物消费转为物质消费和服务消费并重；农村居民消费升级也由温饱型逐渐向小康型转变，由生存型消费逐步转为发展型消费。

总体而言，我国经历了由改革开放前的"生产优先、生活靠边"向改革开

---

① 李培林、张翼：《消费分层的意义和划分依据》，http：//www.china.com.cn/chinese/zhuanti/soc-class/314693.htm，2008 - 6 - 20。

放后的"生产与生活并重"的政策取向转变，由21世纪前的"工业经济"向21世纪后的"服务经济"转变，消费经济也处于不断升级、结构逐渐转型的时期。从经验数据看，伴随着我国经济总量和综合实力的迅速提升，我国消费结构转型升级比世界平均水平要超前。我国消费者服务业将何去何从？目前国内还没有成功的经验可资借鉴。

我国消费经济能否进入新能级的增长周期，在很大程度上取决于是否有新的主导型消费热点的支撑，而新的主导型消费热点能否形成则取决于消费者服务业的功能定位。就我们的研究视野而言，迄今尚未有消费结构转型期及后转型期消费者服务业功能定位方面的深入、系统的研究成果，我们尝试在消费经济领域的研究基础上，以中国为实证分析对象，初步探讨消费结构转型与消费者服务业功能定位问题。

(二) 消费结构转型与消费者服务业功能定位研究成果梳理

所谓消费结构，是指在一定的社会经济条件下，人们在消费过程中所消费的各种不同类型的消费资料的比例关系（尹世杰等，2000）。我国对消费结构的研究在改革开放之后才真正活跃起来，十一届三中全会"带来了消费经济学的春天"（尹世杰，1999）。改革开放后，对消费结构的全面深入的理论研究拉开了序幕，很多学者进行了广泛而深入的研究，取得了丰硕的成果。

1983年由尹世杰教授主编的《社会主义消费经济学》，系统研究了消费结构问题，是我国进行消费结构理论研究的开端。尹世杰（1999）指出，合理的消费结构应该体现三个标准：第一，应有利于人的智力和体力不断发展。例如，要使人们的食物具备必需的热量、蛋白质等，体现较好的营养水平；要保证人们发展智力所必需的消费品和劳务，体现科学文化水平不断提高。第二，要有较好的消费质量，如环境、生活条件、居住条件等，有利于人的身心健康，促进人的全面发展。第三，要有利于建立科学的、文明的、健康的生活方式。不仅有利于发扬社会主义物质文明，也有利于发扬社会主义精神文明，并提出要体现这些客观标准，必须深入分析并设计具体相应的指标进行考核，且这些指标应在数量上体现合理性。李（Li，1991）将消费界定为一种与购买、生产、交换相联系的实际行为，消费结构可以被认为是需求结构的"影子"，而需求结构则是可能发生的购买数量和相应的结构，明晰了消费结构与需求结构的关系。马伯钧（2003）认为，消费结构优化对产业结构优化的带动作用是一个标准。而张圣平、邓苏（1994）基于消费结构合理化引导产业结构调整，实现国民经济良性循环这样一个思路，探讨了促使它们顺利发展的条件，并分析了影响产业关联高级化的因素。

由于众多经济学家的不懈努力，我国的消费结构理论体系已经基本成形，其主要内容包括消费结构的类型、影响消费结构的因素、消费结构合理化的指标和途径、消费结构的差异、消费结构的国际比较以及消费结构与产业结构的关联等。

（三）消费者服务业功能定位问题

1. 基于宏观背景的分析

基于我国经济和社会发展阶段分析，结果表明：2002 年以来，我国处于投资与创新导向型并重的工业经济与小康社会阶段。尤其是现阶段及未来，国家的经济政策导向为"保增长、扩内需、调结构"，我国整体经济已经进入工业化中后期，投资导向趋于成熟，供给面的竞争优势仍然大于需求面。农村经济的发展也越来越依赖现代科学技术的运用，提倡绿色农业、现代化农业，居民消费发展到以食品、衣着和其他物质消费并重，以发展型、求美型消费为主。而此时城市经济步入以创新导向型为主的服务经济与富裕社会阶段，为满足生产和生活日益增长的多样化需求，生产者服务业和消费者服务业的发展成为经济社会发展的主要动力，以创新为导向，居民消费结构非物质化趋势日益明显，发展型、享乐型等精神层面的消费需求比重渐增，这也赋予了消费者服务业新的发展内涵，要求消费者服务业定位于满足城乡居民消费结构升级的需求。

2. 基于微观基础的分析

从调查结果来看，大城市居民对各项服务和产品的质量、种类、品牌、时尚性、个性化的改善方面信心指数较高，对服务、产品安全性改善的信心指数一般，对价格改善的信心指数偏低，见表 7 – 29。

表 7 – 29　　　　大城市对未来各项消费和服务改善的信心指数

选项	A 有信心	B 一般	C 没有信心	信心指数	分析
服务、产品的质量	51.9%	35.7%	10.0%	3.766	较高
服务、产品的价格	19.5%	54.4%	23.2%	2.839	偏低
服务、产品的种类	53.9%	37.3%	5.4%	3.868	较高
服务、产品的品牌	46.1%	44%	5.4%	3.679	较高
服务、产品的安全性	37.8%	44.0%	14.9%	3.359	一般
服务、产品的时尚性	54.4%	35.7%	5.8%	3.849	较高
服务、产品的个性化	48.5%	39%	7.9%	3.674	较高

注：信心指数介于 1～5，满分为 5，最低为 1，3 为一般状态。

中等城市居民对各项服务和产品的质量、种类、品牌、时尚性、个性化的改善方面信心指数较高，对价格和安全性改善的信心指数一般（见表 7 – 30）。

表 7 – 30　　　中等城市居民对未来各项消费和服务改善的信心指数

选项	A 有信心	B 一般	C 没有信心	信心指数	分析
服务、产品的质量	54.1%	35.7%	6.4%	3.840	较高
服务、产品的价格	24.8%	53.5%	17.2%	3.017	一般
服务、产品的种类	65.6%	21.0%	7.6%	3.986	较高
服务、产品的品牌	41.4%	47.8%	5.1%	3.555	较高
服务、产品的安全性	33.8%	51.0%	9.6%	3.316	一般
服务、产品的时尚性	58.6%	30.6%	5.7%	3.905	较高
服务、产品的个性化	48.4%	38.9%	8.9%	3.676	较高

注：信心指数介于 1～5，满分为 5，最低为 1，3 为一般状态。

小城镇居民对各项服务和产品的质量、种类、时尚性的改善方面信心指数较高，对品牌、个性化和安全性改善的信心指数一般，对价格改善的信心指数偏低，见表 7 – 31。

表 7 – 31　　　小城镇居民对未来各项消费和服务改善的信心指数

选项	A 有信心	B 一般	C 没有信心	信心指数	分析
服务、产品的质量	55.3%	24.0%	13.3%	3.618	较高
服务、产品的价格	24.0%	42.0%	24.0%	2.700	偏低
服务、产品的种类	50.7%	34.7%	2.7%	3.603	较高
服务、产品的品牌	42.0%	36.0%	8.7%	3.267	一般
服务、产品的安全性	38.7%	36.0%	16.0%	3.175	一般
服务、产品的时尚性	54.0%	30.0%	4.7%	3.647	较高
服务、产品的个性化	51.3%	29.3%	8.0%	3.524	一般

注：信心指数介于 1～5，满分为 5，最低为 1，3 为一般状态。

样本数据的分析结果表明，居民对各项消费和服务的担忧主要集中在价格方面。另外，消费和服务的安全性问题也得到消费者的广泛关注。因此，消费者服务业的主要功能，应定位于为消费者提供优质的、价格与收入匹配的、安全的产品和服务。

三、消费者服务业城乡差异问题

改革开放以来，我国城乡居民的消费水平不断提高，特别是20世纪80年代中期以来，消费需求变动加快，城乡居民的消费支出逐年增加、消费结构不断升级，城镇居民消费结构已步入小康阶段，农村居民消费结构也由温饱型迈向小康型，城乡消费结构都在朝着合理化的方向发展。但是，由于城乡居民收入水平、消费观念、消费环境等方面的差异，造成我国城乡经济存在着明显的二元经济结构，城乡二元消费结构也是我国消费经济最重要的特点。改革开放以来，家庭联产承包责任制的实行虽然使农业生产力得到了较大的解放，农业得到了较大的发展，但由于农业长期受自然因素、社会因素的影响，以及城市工业化、现代化步伐的加快，城乡差距依然存在，从而使得城乡居民在消费水平和消费结构存在差异，而且这一差异还有扩大之势。根据目前通行的统计口径，把城乡居民家庭消费支出共分为八项：（1）食品；（2）衣着；（3）设备用品及服务；（4）医疗保健；（5）交通和通信；（6）娱乐文教服务；（7）居住；（8）杂项商品和服务。我们把它们分成两类，即物质性消费和服务性消费，其中物质性消费包括食品、衣着、居住、设备用品及服务；服务性消费包括医疗保健、交通和通信、娱乐文教服务、杂项商品和服务。

（一）城乡消费水平的差距

消费水平是单个消费者一定时期消费的商品和服务所达到的规模与水平。消费水平主要由居民消费支出来衡量。由表7－32可以看出从1978～1990年城乡消费支出比都超过了2。其中1990年最高，城镇居民人均消费支出是1 686元，农村居民人均消费支出是571元，城乡比为2.95。从1991年开始城乡人均消费支出比都超过了3（1997年除外，由于亚洲金融危机的影响，城乡居民消费比例为2.59），其中最高的一年是1999年，城镇居民人均消费支出为6 750元，农村居民人均消费支出是1 918元，城乡比为3.51。

表7－32　　　　　　　历年城乡居民年人均消费水平

年份	城镇居民消费性支出（元）	农村居民消费性支出（元）	城乡消费支出比
1978	405	138	2.9
1979	425	159	2.7
1980	489	178	2.7

续表

年份	城镇居民消费性支出（元）	农村居民消费性支出（元）	城乡消费支出比
1981	521	201	2.6
1982	536	223	2.4
1983	558	250	2.2
1984	618	287	2.2
1985	765	349	2.2
1986	872	378	2.3
1987	998	421	2.4
1988	1 311	509	2.6
1989	1 466	549	2.7
1990	1 596	560	2.9
1991	1 840	602	3.1
1992	2 262	688	3.3
1993	2 924	805	3.6
1994	3 852	1 038	3.7
1995	4 931	1 313	3.8
1996	5 532	1 626	3.4
1997	5 823	1 722	3.4
1998	6 109	1 730	3.5
1999	6 405	1 766	3.6
2000	6 850	1 860	3.7
2001	7 113	1 969	3.6
2002	7 387	2 062	3.6
2003	7 901	2 103	3.8
2004	8 679	2 301	3.8
2005	9 410	2 560	3.7
2006	10 423	2 847	3.6
2007	11 855	3 265	3.6

资料来源：根据《中国统计年鉴（2008）》计算整理。

2007 年，城镇居民人均生活消费支出 11 855 元，比上年增长 14%，扣除价格因素的影响，实际增长 9.5%，增速比上年高 1 个百分点；农村居民人均消费支出 1 943 元，比上年增加 418 元，扣除价格因素的影响，实际增长 8.6%。城镇居民生活消费支出的实际增长速度高出农村居民 0.9 个百分点，城乡居民人均消费支出比由上年的 3.07∶1 扩大到 3.10∶1，消费支出的绝对差距由上年的 5 863.57 元扩大到 6 773.62 元，城乡居民的消费水平差距进一步拉大。受城乡居民消费水平差距继续扩大的影响，全年城乡消费品市场份额差距也进一步扩大。

从表 7－32 我们可以看出，城乡居民消费水平都逐年升高，但城镇居民人均消费的增长速度快于农村居民，导致城乡居民消费水平差距越来越大，城乡消费比例的历年比例的图形如图 7－3 所示：

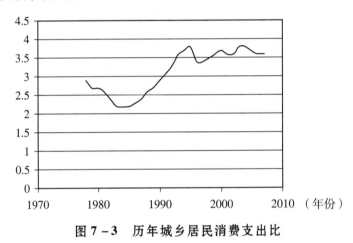

图 7－3　历年城乡居民消费支出比

从图 7－3 可以看出，城乡居民消费比呈现逐年上升的趋势，也就是城乡居民消费差距越来越大。

从城乡居民物质性消费支出水平增长来看，城镇和农村的支出水平由 1995 年的 2 792.34 元和 1 108.67 元上升到 2007 年的 6 254.11 元和 2 305.37 元，分别增长了 2.24 倍和 2.07 倍，两者增长倍数相近，但是物质性支出绝对数差距相差很大，1995 年相差 1 683.67 元，到 2007 年的时候变成了 3 948.74 元。

从城乡居民服务性消费支出水平增长来看，城镇和农村的支出水平由 1995 年的 745.22 元和 201.69 元上升到 2007 年的 3 743.36 元和 918.49 元，分别增长了 5.02 倍和 4.55 倍，城乡服务性消费支出绝对数由 1995 年的 543.53 元增长到 2007 年的 2 824.87 元，差距越来越大。

综上所述，城乡居民消费比呈现逐年上升的趋势，物质性消费和服务性消费水平的城乡差距也越来越大。

（二）城乡消费结构的差距拉大

消费结构是指人们在消费过程中所消费的不同类型的消费资料和劳务的数量的比例关系，也就是各种消费品和劳务在数量上各自所占的百分比。在生活消费中，我们先从物质生活消费和服务性生活消费的角度来分析，然后再从物质性消费和服务性消费的内部结构来分析。1995～2007年城乡居民物质性消费之比和服务性消费之比历年趋势见图7-4。

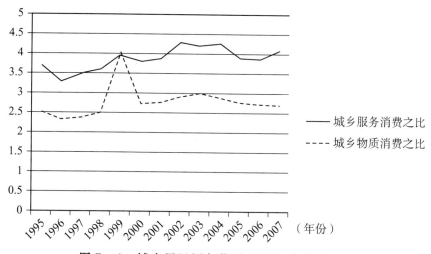

图7-4　城乡居民历年物质和服务消费趋势图

由图7-4可以看出，城乡物质消费和服务性消费之比在总体上呈现出逐渐拉大的趋势，城乡消费差距越来越大。这是由于城镇经济迅速发展，居民收入大幅度增加，进一步拉大了城乡居民消费间的差距。

下面我们从城乡物质性消费和服务性消费内部比例来进行分析。

1. 物质性消费结构分析

（1）城乡居民食品消费比较分析

恩格尔系数是食品的消费支出占总支出的比例。根据联合国粮农组织提出的标准，恩格尔系数在59%以上为贫困，50%～59%为温饱，40%～50%为小康，30%～40%为富裕，低于30%为最富裕。历年城乡恩格尔系数见表7-33。

表7-33　　　　　　　　城乡居民历年恩格尔系数

年份	城镇居民	农村居民
1978	57.5	67.7
1980	56.9	61.8

续表

年份	城镇居民	农村居民
1985	53.3	57.8
1990	54.3	58.8
1991	53.8	57.6
1992	53	57.6
1993	50.3	58.1
1994	50	58.9
1995	50.1	58.6
1996	48.8	56.3
1997	46.6	55.1
1998	44.7	53.4
1999	42.1	52.6
2000	39.4	49.1
2001	38.2	47.7
2002	37.7	46.2
2003	37.1	45.6
2004	37.7	47.2
2005	36.7	45.5
2006	35.8	43
2007	36.3	43.1

资料来源:《中国统计年鉴 (2008)》。

由图 7-5 可以看出,城乡恩格尔系数总体上趋于下降,表明我国城乡居民的生活水平在不断提高。城镇居民恩格尔系数下降迅速,1995 年降至 50% 以下,完成温饱型向小康型的过渡;2000 年降至 40% 以下,又从小康型过渡到富裕型。农村居民恩格尔系数一直居高不下,1997 年以前一直在 55% 以上徘徊,到 2000 年才降至 50% 以下。城乡恩格尔系数有明显差距,1978 年城乡差距为 10.2 个百分点,随后很多年基本在 5 个百分点徘徊,但到 2000 年的时候差距拉大,将近 10 个百分点。从 2001 年开始基本稳定在 8 个百分点左右,近几年有下降趋势,到 2007 年为 6.8 个百分点。由此可以看出,我国城乡居民的生活水平在不断提高,食品的消费支出占总支出的比例趋于稳定。

在人均主要食品消费方面，农村居民消费水平比城镇居民低很多。由于在同一时期城乡居民收入差距很大（2007 年农村居民人均纯收入 4 140.4 元，城镇居民人均可支配收入 13 785.8 元），所以不能进行简单对比。我们选择处于同一收入档次时的城乡居民的食品消费量进行对比，发现仍有明显差距。此处我们用 2007 年农村居民（人均纯收入 4 140.4 元）与 1995 年城镇居民（人均可支配收入 4 283.0 元）的食品消费进行比较。

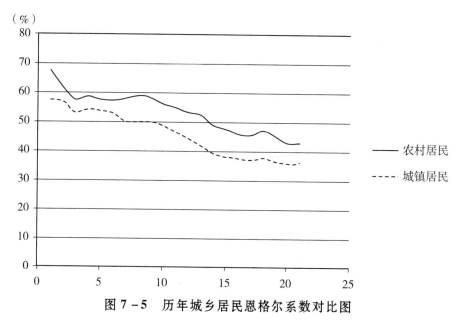

图 7 - 5　历年城乡居民恩格尔系数对比图

由表 7 - 34 可以看出，城镇居民营养性动物性食品的消费量远远大于农村居民。1995 年城镇居民人均消费干豆类及豆制品、油脂类、肉禽及制品、蛋类、水产品的数量分别是同一收入档次下农村居民（2007 年）的 16.7 倍、12.2 倍、20.3 倍、14.7 倍、22.5 倍。若用 2007 年城乡消费量比，差距更为明显。从食品消费的质量档次上来看，城镇居民消费的食品，从粮食、蔬菜到水果、饮料等，都追求内在质量好、外部包装好；而农村居民对于包装不太讲究，质量也以中低档为主，更注重的是价格。

表 7 - 34　　　　　　　　城乡主要食品人均消费比较　　　　　　　单位：千克

主要食品消费	粮食	干豆类及豆制品	油脂类	肉禽及制品	蛋类	水产品类
农村（2007）	199.48	1.74	5.96	20.54	4.72	5.36
城镇（1995）	260.53	28.98	72.95	416.27	69.58	120.64
城镇/农村	1.30	16.7	12.2	20.3	14.7	22.5

（2）城乡居民居住消费比较分析

从居住支出比重看，农村远高于城镇。在城镇住房制度改革之前，城镇居民的住房消费带有明显的福利色彩，居住支出比重偏低，在4%以下；90年代住房制度改革启动之后，城镇居住支出比重开始上升，最近几年一直稳定在10%左右。而在农村，居住消费一直是农民的一大消费热点，在满足了吃穿的基本需求后，农民的钱首先用来修建房屋，因此居住消费一直排在第二位，支出比重从未低于13.88%（1993年），近几年的比例还有逐渐升高之势。根据国际上经验数据，恩格尔系数等于55%，住房支出稳定在8%左右；恩格尔系数在50%～55%，住房支出在10%左右；恩格尔系数低于40%时，住房支出稳定在20%左右。按照这一标准，城镇居民住房支出比重明显偏低，而农村住房支出比重偏高，而且有逐渐扩大之势（见表7－35）。

表7－35　　　　　　　城乡居民历年居住占消费支出比重

年份	1998	1999	2000	2001	2002	2003	2004	2005	2006	2007
城镇	0.09	0.1	0.1	0.1	0.1	0.11	0.1	0.1	0.1	0.1
农村	0.15	0.18	0.15	0.16	0.16	0.16	0.15	0.14	0.17	0.18

从居住面积和居住质量来看，农村居住面积大，而城镇居住质量高。1985年城乡居民人均住宅面积分别为5.2平方米和14.7平方米，到2006年增长到27.1平方米和30.7平方米。分别增长了5.21倍和2.09倍，城镇住房增长率快于农村。但是从居住面积看，农村为城镇的1.13～3倍。虽然城市住房居住面积小于农村，但因为城镇居民住房空间结构合理，居民家庭住房成套率达80%以上，居民对住房的结构、质量、舒适、美观等有着鲜明的个性要求，住房不仅是生存资料，也是享受和发展资料。而对于农村居民，住房建设大多是为了满足基本的生活需要，住房质量不高，自来水、煤气、液化气的普及率也远远低于城镇的水平。

（3）城乡居民衣着消费比较分析

城镇居民衣着消费支出多年来一直居第二，仅次于食品支出，从1998年之后才退居第三位；但在农村，衣着消费多年以来一直位于居住之后，排第三，近年来退居文体娱乐之后，为第四。可见城镇居民比农村居民更重视衣着服饰。从支出比重来看，城镇居民衣着消费1995～2007年维持在10%以上；而农村居民同期支出比重从未高于6%。从支出额来看，城镇衣着支出额从479.2元大幅度上升到1 042元，而农村居民衣着支出增幅一直不大，从89.79元增加到2007年的193.45元，城乡支出额相差悬殊。在城乡居民衣着面料消费支出中，农村以中低档衣料为主，城市则以中高档衣料为主。在我国农村居民服装面料消费中，以毛料、棉布和化纤布中低档为主，呢绒、绸缎等中高档面料所占比重较少，而城镇服装面料主要以中高档面料居多。在服装消费支出中，农村以低档服装为主。在款式上城镇居民追求新潮、时髦和个性化，注重名牌，追求高档，除了满足实用以外，还注重美观舒适和体现身份地位的需要。农村居民的衣着消费在向成衣化转变的同时，也开始由低档向中档转变，但总体上仍以中低档为主，更注重衣着的结实耐用、经济实惠。

（4）城乡居民家庭耐用消费品差距比较分析

从耐用消费品的普及程度看，城乡差距十分明显。城镇居民收入增长较快，收入水平较高，加之城镇供电、供水、通信等设施优于农村，农村居民耐用消费品拥有量远小于同一收入档次的城镇居民。

由表 7-36 可以看出，2007 年年底平均每百户城镇居民家庭拥有洗衣机96.77 台，电冰箱 95.03 台，彩色电视机 137.79 台，空调器 95.08 台，家用电脑53.77 台，农村居民家庭中耐用消费品也正在普及，现代家庭生活中许多耐用消费品，如移动电话、空调、家用电脑等也进入了农民家庭。2007 年年底，平均每百户农村居民家庭拥有洗衣机 45.94 台，彩色电视机 94.38 台，移动电话77.84 部，家用电脑 3.68 台。城乡居民耐用消费品的消费水平仍然相差很大，并因城乡居民收入差距而进一步拉大。

表 7-36　　　　2007 年城乡居民平均每百户耐用消费品拥有量

耐用消费品	洗衣机	电冰箱	彩色电视机	空调器	家用电脑	移动电话	普通电话
城镇	96.77	95.03	137.79	95.08	53.77	165.18	90.52
农村	45.94	26.12	94.38	8.54	3.68	77.84	68.36

2. 服务性消费结构分析

（1）城乡居民精神文化、娱乐、交通等生活差距比较分析

改革开放以来，城乡居民文教娱乐和交通支出都在逐步增加，尤其是文教娱乐支出在城乡都跃居第三位。但是，由于城乡收入水平差距及消费环境的差异，城镇居民这两项支出额和支出比重均高于农村居民（见表 7-37）。

表 7-37　　　　城乡居民历年文教娱乐支出所占总消费比例

年份	1998	1999	2000	2001	2002	2003	2004	2005	2006	2007
城镇	0.12	0.12	0.13	0.13	0.15	0.14	0.14	0.14	0.14	0.13
农村	0.1	0.15	0.11	0.11	0.11	0.12	0.11	0.12	0.11	0.09

在文教娱乐支出方面，2007年农村居民年人均支出额为305.66元，甚至低于城镇居民1995年的312.71元，支出比重的差距也在逐渐增大，由1995年的1个百分点增加到2007年的4个百分点。表7-3表明精神文化消费在城乡都得到普遍重视，但城乡居民消费差距近年在逐步扩大。

在交通通信支出方面，2007年农村居民年人均支出额328.4元，甚至低于城镇居民2000年的395.01元，支出比重的差距也在逐渐增大，由1995年的2个百分点增加到2007年的4个百分点，表明交通通信支出消费消费差距近年在逐步扩大（见表7-38）。

表7-38　　　　　　城乡居民历年交通支出所占总消费比例

年份	1998	1999	2000	2001	2002	2003	2004	2005	2006	2007
城镇	0.06	0.07	0.08	0.09	0.1	0.11	0.12	0.13	0.13	0.14
农村	0.04	0.06	0.06	0.06	0.07	0.08	0.09	0.1	0.1	0.1

（2）城乡居民医疗保健消费支出差距比较分析

近年来，医疗保健支出越来越受到人们的关注。在发达国家，医疗保健支出在消费支出中占很大比例。以美国为例，美国的医疗保健支出比重在其消费结构中占第一位，1992年为17%。我国的这一指标差距很大，图7-6所显示的是1995年以来我国城乡居民医疗保健支出占总消费支出比例的变化情况。

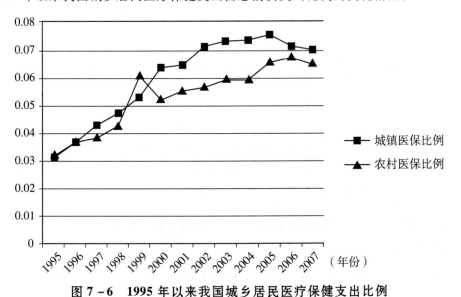

图7-6　1995年以来我国城乡居民医疗保健支出比例

图7-6显示，这一比例呈逐年上升趋势，在2005年分别达到了城镇

7.565%、农村 6.578%，图 7 - 6 还表明，医疗保健支出占比 1995 年和 1996 年城镇低于农村，1996 年以后城镇高于农村，而且城乡差距有越来越大的趋势，2002 年达到最大，2005 年以后此比例有缩小之势。

四、消费者服务业空间非均衡布局

（一）服务业从业人员区位熵分析

区位熵（Location Quotient，简称 LQ），又称专门化率，它由哈盖特（P. Haggett）首先提出并用于区位分析中。运用区位熵指标不仅可以分析区域优势产业的状况，而且还可以根据区位熵值的大小来衡量其发展强度，即其值越大，发展强度越高。区位熵是指一个地区某产业的产值（或就业人数）在地区总产值（或就业人数）中所占的比重与全国该产业产值（或就业人数）在全国总产业（产值）所占比重的比值。公式如下：

$$LQ = (e/E)/(n/N)$$

这里 e 和 n 代表某地区和全国的某一特定产业的产值或就业水平，E 和 N 代表某地区和全国所有产业总产值或总就业水平。并将区位熵分为四个等级：大于 1.25 的为该行业高集聚区，1.00 ~ 1.24 为该行业较高集聚区，0.50 ~ 0.99 为该行业中等集聚区，小于 0.50 为该行业低集聚区。

我们基于数据的可获得性，选取全国 31 个地区消费者服务业所包括的三大类行业的从业人员数，计算出其从业人员区位熵，来测定我国消费者服务业的空间非均衡格局，如表 7 - 39 所示。

表 7 - 39　　　　　　　消费者服务业从业人员区位熵

地区	住宿和餐饮业	居民服务和其他服务业	文化、体育和娱乐业
北京	2.96	3.51	2.56
天津	1.15	5.77	0.89
河北	0.63	0.90	0.90
山西	0.69	0.45	1.16
内蒙古	0.69	1.59	1.24
辽宁	0.84	0.83	0.96
吉林	0.72	0.92	1.41
黑龙江	0.48	2.59	0.72

地区	住宿和餐饮业	居民服务和其他服务业	文化、体育和娱乐业
上海	1.45	2.13	1.16
江苏	0.84	0.35	0.70
浙江	1.11	0.32	0.76
安徽	0.58	0.27	0.99
福建	0.81	0.62	0.73
江西	0.42	0.42	1.24
山东	0.80	0.70	0.61
河南	0.90	0.52	0.96
湖北	0.64	0.59	1.03
湖南	1.07	0.51	0.97
广东	1.55	1.07	0.84
广西	1.01	0.53	1.04
海南	3.12	0.28	1.55
重庆	1.01	0.53	0.96
四川	0.61	0.80	0.77
贵州	0.81	0.83	0.91
云南	1.27	0.43	1.11
西藏	1.19	0.00	2.91
陕西	0.91	1.08	1.07
甘肃	0.71	0.38	1.09
青海	0.57	2.92	1.48
宁夏	0.66	0.00	1.46
新疆	0.69	0.24	0.97

从上表消费者服务业从业人员区位熵来看，消费者服务业中的居民服务和其他服务区位熵整体水平较高，住宿和餐饮业次之，文化、体育和娱乐业再次。具体到每个行业，如下：

（1）住宿和餐饮业的空间集聚特征

对于住宿和餐饮业，从从业人员区位熵来看，海南、北京、广东、上海和云南为该行业高集聚区，西藏、天津、浙江、湖南和广西为较高集聚区，接下来除了黑龙江和江西为低集聚区以外，剩下的都为中等集聚区。

（2）文化、体育和娱乐的空间集聚特征

对于文化、体育和娱乐业，从从业人员区位熵来看，西藏、北京、海南、青海、宁夏和吉林为该行业高集聚区，内蒙古、江西、上海、山西、云南、甘肃、陕西、广西和湖北为该行业较高集聚区，其他地区为低集聚区。

（3）居民服务和其他服务的空间集聚特征

对于居民服务和其他服务，从从业人员区位熵来看，天津、北京、青海、黑龙江、上海和内蒙古为高集聚区，陕西和广东为较高集聚区，其他地区都为中等集聚区和低集聚区。

（二）从服务业四大分类区位熵分析

从服务业区位熵整体来看，信息传输、计算机服务和软件业、房地产业、科学研究、技术服务和地质勘查业、租赁和商务服务业和金融业区位系数较高，这些都属于生产性服务业。因此，从产业优势上考察，消费者服务业区位优势落后于生产者服务业，并集中于经济发展水平较高的省市区，如北京、上海、天津、广东，这与区域经济发展水平、人均收入水平以及我国城市化水平低有关（见表7-40）。

表7-40　　　　　　　　服务业四大分类区位熵

地区	生产性服务	消费性服务	分配性服务	社会公共性服务
北京	3.09	2.91	1.65	0.61
天津	1.16	1.78	1.32	0.70
河北	0.82	0.77	1.04	1.28
山西	0.82	0.81	1.17	1.03
内蒙古	0.83	1.02	1.00	1.13
辽宁	1.03	0.88	1.03	0.91
吉林	0.98	0.99	1.00	1.15
黑龙江	0.73	0.89	1.03	0.74
上海	1.85	1.46	1.62	0.61
江苏	0.78	0.72	0.89	0.89
浙江	0.96	0.87	0.66	0.71
安徽	0.85	0.67	0.94	1.26
福建	0.71	0.75	0.63	0.68

续表

地区	生产性服务	消费性服务	分配性服务	社会公共性服务
江西	0.76	0.70	0.93	1.24
山东	0.67	0.72	0.78	0.95
河南	0.78	0.86	1.10	1.20
湖北	0.81	0.77	1.12	1.11
湖南	0.87	0.95	0.87	1.29
广东	1.13	1.23	0.95	0.83
广西	0.96	0.95	1.12	1.37
海南	1.07	2.14	0.97	1.03
重庆	1.03	0.92	1.05	0.99
四川	0.83	0.69	0.84	1.15
贵州	0.88	0.85	1.00	1.34
云南	0.84	1.09	0.95	1.25
西藏	0.92	1.59	0.77	2.14
陕西	0.93	0.99	1.18	1.15
甘肃	0.89	0.79	0.93	1.36
青海	1.14	1.24	1.12	1.30
宁夏	1.05	0.83	0.85	1.15
新疆	0.81	0.72	0.77	1.10

第六节　中国消费者服务业发展思路研究

一、超越低度均衡的对策思路

现阶段，要超越消费者服务业低度均衡问题，关键在于建立和完善"政府、协会、企业、消费者"四位一体的消费保障机制。

（一）供给层面

企业作为促进消费者服务业发展的主要行为主体之一，其相应的对策措施主要有：第一，要提高消费品和服务的质量和安全性，从消费者问卷调查结果看，居民认为供给方要在提高消费品和服务的质量和安全性方面。第二，要加强从业人员教育培训，提高业务水平。第三，要合理制定消费品和服务的价格。第四，要加强行业自律，规范企业的经营行为（见表7-41）。

表7-41 城市居民希望企业采取的对策措施

排序 城市	第一位	第二位	第三位	第四位
大城市（上海）	提高消费品和服务的质量和安全性（43.6%）	加强从业人员教育培训，提高业务水平（29.5%）	合理制定消费品和服务的价格（24.1%）	加强行业自律，规范企业的经营行为（23.2%）
中城市（安庆）	合理制定消费品和服务的价格（43.3%）	加强从业人员教育培训，提高业务水平（40.8%）	提高消费品和服务的质量和安全性（34.4%）	加强行业自律，规范企业的经营行为（27.4%）
小城镇（吉水）	提高消费品和服务的质量和安全性（38.7%）	提高消费品和服务的质量和安全性（35.3%）	加强行业自律，规范企业的经营行为（38.7%）	合理制定消费品和服务的价格（37.3%）

（二）需求层面

1. 未来会增加消费支出的领域

调查结果显示，在特大型城市，排在第一位的是居住（房地产与建筑装潢），31.1%的居民首先选择此项。第二位是旅游和娱乐服务（酒店宾馆业、餐饮业、旅游业与休闲娱乐业）（25.3%），第三位是文化、体育与教育培训服务（21.2%），第四位是交通和通信（14.9%）。

中等城市排在第一位的是食品衣着44.6%，第二位是居住29.9%，第三位是文化、体育与教育培训服务23.6%，第四位是交通与通信16.6%。

小城镇排在第一位的是食品衣着，48.7%的居民首先选择此项。第二位是居住（房地产与建筑装潢）（26.0%），第三位是文化、体育与教育培训服务（16.7%），第四位是交通和通信（20.7%）（见表7-42）。

2. 未来的消费中更注重的方面

大城市居民未来的消费中更注重的方面，排在第一位的是服务、产品的质量，

435

表 7 - 42　　　　　　　　　　城镇居民未来消费支出倾向

城市 ＼ 排序	第一位	第二位	第三位	第四位
大城市（上海）	居住（房地产与建筑装潢）（31.1%）	酒店、宾馆、餐饮、旅游与休闲娱乐业（25.3%）	文化、体育与教育培训服务（21.2%）	交通和通信（14.9%）
中城市（安庆）	食品衣着（44.6%）	居住（29.9%）	文化、体育与教育培训服务（23.6%）	交通与通信（16.6%）
小城镇（吉水）	食品衣着（48.7%）	居住（房地产与建筑装潢）（26.0%）	文化、体育与教育培训服务（16.7%）	交通和通信（20.7%）

58.9% 的居民首先选择此项，第二位是服务、产品的价格（28.6%），第三位是服务、产品的安全性（21.6%），第四位是服务、产品的品牌（20.7%）。

中等城市居民未来的消费中更注重的方面，排在第一位的是服务、产品的质量，47.8% 的居民首先选择此项，第二位是服务、产品的价格（31.8%），第三位是服务、产品的种类 21.0%，服务产品的品牌和服务产品的种类并列第三，也是 21.0%。

小城镇城市居民未来的消费中更注重的方面，排在第一位的是服务、产品的质量，58.7% 的居民首先选择此项，第二位是服务、产品的价格（36.0%），第三位是服务、产品的安全性（26.0%），第四位是服务、产品的时尚性（21.3%）（见表 7 - 43）。

表 7 - 43　　　　　　　　　　城镇居民未来消费注重点

城市 ＼ 排序	第一位	第二位	第三位	第四位
大城市（上海）	服务、产品的质量（58.9%）	服务、产品的价格（28.6%）	服务、产品的安全性（21.6%）	服务、产品的品牌（20.7%）
中城市（安庆）	服务、产品的质量（47.8%）	服务、产品的价格（31.8%）	服务、产品的种类（21.0%）	服务产品的品牌并列第三（21.0%）
小城镇（吉水）	服务、产品的质量（58.7%）	服务、产品的价格（36.0%）	服务、产品的安全性（26.0%）	服务、产品的时尚性（21.3%）

3. 完善公共服务和社会保障体系，释放居民的潜在消费需求

从调查结果看，因我国的公共服务和社会保障体系还不完善，城乡居民除去必要的消费支出，其储蓄的主要目的在于教育培训、养老防病等，从而制约了居民的消费欲望。

大城市居民储蓄的主要目的，排在第一位的是教育和培训，44.8%的居民首先选择此项。第二位是养老防病（35.7%），第三位是观光旅游休闲（30.7%），第四位是购买家用设备（30.7%）。

中等城市居民储蓄的主要目的，排在第一位的是教育和培训，51.0%的居民首先选择此项。第二位是养老防病（31.2%），第三位是购买家用设备26.8%，第四位是购买住房21%。

小城镇居民储蓄的主要目的，排在第一位的是教育和培训，54.7%的居民首先选择此项。第二位是养老防病（29.3%），第三位是购买住房（23.3%），第四位是购买家用设备（20.7%）（见表7-44）。

表7-44   城镇居民储蓄动机

排序 城市	第一位	第二位	第三位	第四位
大城市（上海）	教育和培训 （44.8%）	养老防病 （35.7%）	观光旅游休闲 （30.7%）	购买家用设备 （30.7%）
中城市（安庆）	教育和培训 （51.0%）	养老防病 （31.2%）	购买家用设备 （26.8%）	购买住房 （21%）
小城镇（吉水）	教育和培训 （54.7%）	养老防病 （29.3%）	购买住房 （23.3%）	购买家用设备 （20.7%）

（三）规制层面：规范行业、发展产业、服务企业

政府作为促进消费者服务业发展的主要行为主体之一，其相应的对策措施主要有：促进经济发展，稳步提高居民可支配收入（70.5%）；制定促进居民消费和服务的政策（68.9%）；制定和完善有利于居民消费的法律法规（43.6%）；政府有效监督居民消费品和服务的价格和质量（40.7%）（见表7-45）。

行业协会作为促进消费者服务业发展的主要行为主体之一，其相应的对策措施主要有：（1）促进政府加强行业立法，保障消费者权益（40.2%）；（2）制定行业发展标准，规范行业发展（30.7%）；（3）协调企业之间的关系，为企业提供服务（30.7%）；（4）协助政府合理布局消费品和服务网点（25.3%）（见表7-46）。

表7－45 城市居民希望政府采取的对策措施

排序 城市	第一位	第二位	第三位	第四位
大城市 （上海）	促进经济发展，稳步提高居民可支配收入（70.5%）	制定促进居民消费和服务的政策（68.9%）	制定和完善有利于居民消费的法律法规（43.6%）	政府有效监督居民消费品和服务的价格和质量（40.7%）
中城市 （安庆）	促进经济发展，稳步提高居民可支配收入（55.4%）	制定促进居民消费和服务的政策（52.9%）	政府有效监督居民消费品和服务的价格和质量（35.0%）	制定和完善有利于居民消费的法律法规（32.5%）
小城镇 （吉水）	促进经济发展，稳步提高居民可支配收入（58.7%）	制定和完善有利于居民消费的法律法规（38.7%）	政府有效监督居民消费品和服务的价格和质量（39.3%）	制定促进居民消费和服务的政策（53.3%）

表7－46 城市居民希望行业协会采取的对策措施

排序 城市	第一位	第二位	第三位	第四位
大城市 （上海）	促进政府加强行业立法，保障消费者权益（40.2%）	制定行业发展标准，规范行业发展（30.7%）	协调企业之间的关系，为企业提供服务（30.7%）	协助政府合理布局消费品和服务网点（25.3%）
中城市 （安庆）	协助政府合理布局消费品和服务网点（51.6%）	协调企业之间的关系，为企业提供服务（42.7%）	促进政府加强行业立法，保障消费者权益（38.2%）	制定行业发展标准，规范行业发展（36.9%）
小城镇 （吉水）	促进政府加强行业立法，保障消费者权益（46.7%）	制定行业发展标准，规范行业发展（34.0%）	制定行业发展标准，规范行业发展（33.0%）	协助政府合理布局消费品和服务网点（42.7%）

二、消费结构转型与消费者服务业功能定位

（一）优化我国城乡居民消费结构的政策建议

我们从供给、需求、规制等多个层面提出优化我国城乡居民消费结构的政策建议，概述如下：

1. 商品性消费与服务性消费并重，促进科教文卫、休闲旅游、大众娱乐的发展，提高服务性消费支出比重。首先要推进文化教育事业，加大对教育的投入

力度，促使教育需求由义务型、标准化、单一性向自主型、个性化、多元化转变。其次，大力发展旅游业，开辟新的旅游景点，完善旅游设施，营造旅游消费的时尚氛围，从而满足人们对生态旅游需求。

2. 完善有利于居民消费的"政府、企业、居民"三位一体的保障平台，共同提高居民的消费率。居民进一步转变消费观念，政府继续完善社会保障体系，采取各种措施来保障居民的基本生活需求，企业不断开发新产品、开拓新市场、拓展新的消费领域，不仅满足广大居民不断提高的消费需求，而且引领甚至刺激居民消费的积极性。

3. 提高居民收入水平与稳定消费价格双管齐下。在影响我国城乡居民消费的诸因素中，居民收入和商品价格都是很重要的因素，进一步提高居民收入水平，特别在物价上涨较快的大背景下，要尽量减缓和降低有关商品或服务（如交通通信、家庭设备用品及服务、杂项商品及服务、居住类消费等）的价格，以扩大我国城乡居民的消费需求，稳定食品等基础性消费价格，以优化居民的消费水平和结构。

4. 改善消费结构与选择节能减排的绿色消费模式并举。随着国民经济的发展和居民收入水平的提高，注重节能减排的绿色消费模式逐渐为世界各国居民关注。如随着家庭汽车的普及，城市汽车总量急剧增加，要求主管部门加强对汽车的监管，保证其排放量能够达到国家强制标准。如随着家用电器进入更新换代的高峰期，废旧家电的回收问题日益突出，主管部门要加快构建和完善公益性的废旧家电回收网络。概而言之，政府主管部门要通过法律法规来规范、促进节能减排的绿色消费模式在全国推行；消费者要改善消费结构，选择有利于节能减排的绿色消费模式；供给者则要在研发设计、生产加工、流通销售产业链的全过程都遵循"减量化、再循环、再利用"的循环经济原则，提供节能降耗减排型商品和服务。

（二）明晰消费者服务业的功能定位

我们基于对消费群体（城乡居民）问卷调查和统计分析，探讨全面建设小康社会与消费者服务业之间的内在关联效应，分析小康社会消费结构转型对消费者服务业结构升级的内在推动力。

统计数据显示，自 1980 年以来中国出现四个方面的同步持续增长和一个指标的持续下降，即：城市经济总量、人均 GDP、城市居民人均可支配收入和城市居民服务性消费支出的同步持续增长；恩格尔系数持续下降。结合问卷调查分析结果，我国城市居民消费结构处于持续升级态势，并从数量型向质量型转变，从生存型向发展型转变。这些变化对消费者服务业的功能定位提出了新的要求，

主要表现在如下几方面:

1. 功能取向上,顺应消费取向,消费者服务业定位于健康取向、科技取向和时尚取向

纵观 1980~2005 年城市居民消费结构的变动过程,文教娱乐、交通与通信、医疗保健支出是三个尤其活跃的因子,呈不断上升的趋势。文教娱乐消费、交通与通信消费以及医疗保健消费已经成为城市居民消费支出中的重要组成部分。医疗保健支出的增加,反映了城市居民对健康愈加重视;文化教育消费、交通通信消费比重的上升,体现了消费者对科学的尊重,对先进技术的追求;而娱乐消费的增长,则反映了城市居民生活中的时尚元素与日俱增。在这种消费需求导向下,消费者服务业要满足市场需求,挖掘潜在市场潜力,必须定位于三个功能取向,即健康取向、科技取向和时尚取向。

2. 发展趋势上,顺应消费品总体趋势,消费者服务业定位于高端化、品牌化、绿色化

城市产业发展规律显示,各个行业正致力于运用绿色技术、安全技术和高新技术改造提升传统都市型工业,促进都市型产品向时尚化、个性化、民族化、功能化、天然化和多层次、多档次、多功能方向发展,有利于体现都市消费者独特鲜明的消费情趣和多样化的消费风格。品牌消费时代已经来临,中国的中高端市场甚至高端市场已经日渐成熟,中国消费者对品牌和品质的要求越来越高。

品牌消费时代已悄然来临,城市居民对品牌和品质的要求越来越高,消费者服务业必须走向高端。近年来城市居民已经不满足于生活水平的提高,而更多地关注生活质量的提升。收入的增长使许多潜在的需要变成了现实的市场需求,具有影响力的品牌以及绿色化的高端产品和服务(如文教、娱乐、医疗等)成为消费的热点。

3. 发展模式上,顺应消费模式的转变,消费者服务业定位于个性化、感性化、文化性和移动性

研究结果显示,消费模式上诞生了典型性的四种消费模式:个性消费、感性消费、文化消费和移动消费。个性消费体现出的是个人独特价值;感性消费体现的是消费群体的感知性;文化消费体现的是消费群体的文化品位和精神层面的需求;移动消费则是在中国消费群体流动性加大的背景下一些高端的消费行为,例如旅游、航空、汽车方面的消费。这些都使得城市居民向分众消费方向发展(即向阶层和群体方向发展),为顺应消费模式的转变,消费者服务业须定位于个性化、感性化、文化性和移动性。

三、优化消费者服务业空间布局的对策

（一）增加中西部欠发达地区居民收入

我国中西部的消费者服务业落后于东部的主要原因之一，是中西部地区居民的收入水平与东部地区存在较大差距。因此，要使我国消费者服务业相对均衡发展，必须提高中西部欠发达地区居民的收入水平，从购买力层面缩小区域差距。一是深入实施中西部地区收入倍增计划。二是加快东部沿海发达地区的产业向中西部地区扩散或转移，提升中西部欠发达地区的工业化水平，从而提升其造血功能。三是完善"输血型"的合作交流机制，加大发达地区对欠发达地区的对口支援与合作交流力度。

（二）加速城市化进程

消费者服务业的发展依赖城市化程度，我国城市人口比重与发达国家存在较大差距。城市化程度低，制约着消费者服务业的发展，导致服务性产品供给不足，消费性服务也就难以扩大。反过来，没有旺盛的消费服务，则无法刺激消费者服务业的增长，这种恶性循环，最终影响消费者服务业的持续发展。因此，要扩大消费者服务业，必须大力支持小城镇建设，加速城市化进程。

（三）积极培育欠发达地区新兴服务产业

中西部欠发达地区的服务性消费项目远比发达地区水平低——导致服务性消费领域受到限制。因此，应积极扶持中西部欠发达地区新兴服务产业。一是逐步完善欠发达地区新兴服务产业的发展环境，消除制度障碍。二是制定财税政策，鼓励发达地区新兴服务业企业到欠发达地区建立服务网点。三是强化欠发达地区在新兴服务产业领域的造血功能。

四、缩小城乡差距：消费者服务业城乡一体化发展的对策思路

同城镇居民相比，农村居民的消费水平比较低、消费结构不合理，城乡居民消费差距比较大，且最近几年有逐渐扩大之势。现阶段，要缩小城乡居民消费差距，加快城乡消费一体化进程，关键在于建立和完善"政府引导、企业支持、

消费者需求"三位一体的消费促进机制。

（一）政府层面

完善社会保障，持续建立城乡衔接、公平统一的社会福利制度，并努力探索建立农民最低生活保障制度，建立和完善农村社会救济制度。不断完善城镇居民社会保障制度和保障体系的同时，要逐步建立适应新形势要求的农村养老保障制度和农村大病医疗保险及大病统筹制度，形成资金来源多元化、保障制度规范化和管理服务社会化的有中国特色的社会保障体系。唯有如此，才能减少农民对未来预期的不确定性的开支，增加农民的即期消费，缩小城乡消费的差距，推进城乡一体化进程。

改善农村消费环境，为农村居民消费结构升级创造基本条件，以缩小城乡居民消费差异。农村地区水、电、交通、通信等基础设施不能满足消费的需要，如果国家加大对农村水、电、路、通信等基础设施的投资，农村耐用消费品的消费将会快速增长，可以消化掉家电业过剩的生产能力。

（二）供给层面

目前的产品结构不适应农村消费的特点和农民的偏好，农村市场商品销售网络发展不健全。因此，企业应加强对农村市场的重视，研究农民的需求发展趋势和特点，在一些有条件的地方可以把连锁经营、代理制等新型营销方式引入农村市场，同时完善售后服务体系，通过多种形式向农民提供物美价廉的产品。

（三）需求层面

加快农村经济的发展，调整农村的产业结构，提升农业中科技的含量，实行优质多样化的战略方针，以增加农民的收入；同时，减轻农民的负担是增加农民购买力的前提和保证，将农村税费制度和征管方式的改革结合起来，从制度上堵住农民税负加重的源头。通过这些途径增加农民的购买力，从而增加农村的有效需求。

第八章

公共服务业的发展战略：
基于服务型政府视角

进入 21 世纪以来，中国面临着新的世界政治、经济、文化和价值秩序等因素的冲击，这对于中国政府来说，既是机遇又是挑战。2003 年的"非典"疫情，2008 年的汶川大地震，2009 年的"H1N1"病毒传播事件，一次又一次地敲响了警钟，引起人们对改善公共服务的广泛关注，使得完善公共服务供给体系，加强服务型政府建设已经成为一股势不可挡的时代潮流。在这样的社会背景下，建设服务型政府不仅是提高我党执政能力的必然要求，也是完善社会主义市场经济体制的必然要求；不仅是适应我国社会主义现代化建设的必然要求，也是全面建设小康社会、构建和谐社会的必然要求。

第一节　国内外相关领域研究成果述评

一、公共服务的内涵

公共服务是在市场经济发展到一定阶段，政府为满足不断增长的公共服务需求的社会背景下产生的。对于什么是公共服务，学术界进行过有益的探讨，从"为人民服务"到国家公务员的职责和工作属性，从政府工作职能之一再到产品生产和供给中的职责承担，但目前还没有对公共服务的内涵给出一个统一的、准确的定义。

有学者从广义公共产品的角度认为公共服务和公共产品是同义的不同表达，没有本质差异。萨缪尔森对公共产品的经典表述是"每个人对这种产品的消费，并不能减少任何他人也消费该产品"，他认为，公共产品与公共服务实际上是同一意思，其实质是指具有共同消费性质的服务，而不是产品本身（张馨，1999）。斯蒂芬（Stephen，1999）认为："公共服务是政府提供的以服务形式存在的公共物品，是公共物品的具体表现形式，公共服务是一种特殊的公共产品，由于它的高投入和高风险、非竞争性和非排他性、外部经济效应等特征，历来被认为是政府天经地义的重要职能。"周游（2002）指出："西方经济学者一般将那些非物质形态的、社会全体成员共享的生存和发展需要的服务型项目以及公共生活环境条件称为公共产品，公共产品已不是通常意义上的物质产品，更严格地说它是一种公共服务。"

也有学者认为，公共服务是指政府利用公共权力或公共资源，为促进社会公众基本消费的平等化而进行的一系列公共行为，如国防、公安、司法等。有学者认为："政府公共服务是政府满足社会公共需要、提供公共产品的服务行为的总称，它是由以政府机关为主的公共部门生产的、供全社会所有公民共同消费、所有消费者平等享受的社会产品。而政府提供公共产品的基本方式是服务，无论是公安、法律、政府行政管理，还是教育、卫生等都是服务，政府公共工程也是通过服务的形式为个人提供消费的"（竺乾威，2004）。

还有学者从政府治理角度，认为公共服务是政府为了保证和维护正常的社会经济秩序，而对社会经济活动进行的管理与控制，包括公共政策、公共设施、公共秩序、公共安全、公共卫生等。中国（海南）改革发展研究院执行院长迟福林教授（2005）认为，政府为社会提供的公共服务可分为经济性公共服务、社会性公共服务以及制度性公共服务，旨在为社会公众生活和社会经济、政治、文化活动提供保障、创造条件。

2004年，温家宝总理在中央党校省部级主要领导干部"树立和落实科学发展观"专题研究班结业式上讲话时第一次正式提出"建设服务型政府"，他提出，公共服务就是提供公共产品和服务，包括加强城乡公共设施建设，发展社会就业、社会保障服务和教育、科技、文化、卫生、体育等公共事业，发布公共信息等，为社会公众生活和参与社会经济、政治、文化活动提供保障和创造条件。

基于以上分析可见，公共服务的实质就是无偿的、利他的、公益的义务性公共活动（邱霈恩，2007）。我们认为，公共服务是指，根据国家经济社会发展的总体水平，由政府利用公共权力或公共资源，为保证和维持正常的社会经济秩序、维护基本的社会公平和正义、保障居民的基本权利、实现人的全面发展所提供的服务行为的总称。①

二、公共服务型政府的内涵

公共服务型政府的建设也是中国学界和政界共同关注的重大课题之一。2005年3月5日，温家宝总理在《政府工作报告》中指出，要"努力建设服务型政府"。此外，胡锦涛总书记在十七大报告中也明确指出，要"加快行政管理体制改革，建设服务型政府"，即由经济建设型政府转向公共服务型政府。尽管理论界对于公共服务型政府已经展开了深入研究并取得丰硕成果，但是，目前对于公共服务型政府内涵的理解却不尽一致。

有学者从政治道德追求和党的宗旨要求的角度出发，提出公共服务型政府就是中国共产党长久以来一直倡导并积极实践的全心全意为人民服务的政府（刘熙瑞，2002）。它是以社会本位和公民本位为指导理念，以社会民主秩序为发展框架，通过法定程序，并依照公民意愿组建起来的以为人民服务为宗旨的政府（杨国鹏，2006）。

也有学者从政府与社会关系这一角度来理解公共服务型政府（吴敬琏，2003；吴玉宗，2004；侯玉兰，2003），认为服务型政府体现了国家权力向社会权力的转移，政府的权力来源于社会、受制于社会、服务于社会，使政府权力重新回归社会，即政府本位向社会本位，官本位向民本位的转移。建设服务型政府，就是要校正"全能型政府"体制下被颠倒了的政府和人民之间的主仆关系，建设一个公开、透明、可问责的服务型政府（吴敬琏，2003）。

还有学者从政府职能的角度来诠释公共服务型政府的含义（马庆钰，2005；赵春丽，2004），认为公共服务型政府最重要、最基本的职能就是组织和执行公共物品的供给，承担提供公共物品或者特殊私人物品的职责。服务型政府就是提供私人和社会无力或不愿提供的、却又与公共利益相关的非排他性公共产品和公共服务的政府。

李军鹏（2004）则从当代政府模式的基本定位出发，认为现代政府应该是多中心治理模式下的服务型政府，即从政府职能的角度讲，当代政府是公共政府、有限政府和服务型政府；从政府管理方式的角度讲，当代政府是法制政府和责任政府；从政府运作方式的角度讲，当代政府是企业家政府和电子政府。

此外，与公共服务型政府同样流行的还有服务型政府这一概念，学术界除了

---

① 亦可参阅邱霈恩：《基本公共服务均等化理论与政策研究》，载于《公共管理高层论坛》，2007年第1期。

对公共服务型政府的内涵存在不同的理解外，对二者的认识也存在相当的分歧，归纳起来，主要有以下三种观点：

第一种观点是二者择其一表述。绝大多数学者在表述其学术观点时，并未对服务型政府和公共服务型政府进行比较分析，比较普遍的做法是二者只提其一。但是，从内涵、定义、特征以及理论来源的描述来看，绝大多数学者所说的服务型政府和公共服务型政府实际上是同一个概念。

第二种观点是将两者等同，认为服务型政府就是公共服务型政府。程倩在《行进中的服务行政理论——从 2001 年到 2004 年我国"服务行政"研究综述》一文中同时收录了服务型政府理论和公共服务型政府理论，但并没有对两者进行对比分析，只是认为它们都属于服务行政的范畴；陶学荣和黄元龙在引用刘熙瑞关于服务型政府定义的基础上讨论了建设公共服务型政府的途径，事实上也就将两个概念等同起来了（杨磊，2006）。

第三种观点认为，公共服务型政府是服务型政府的发展趋势，更符合新公共服务理论中的政府模式。有学者认为，政府从"统治型"向"管理型"再向"服务型"的转变，具有显著的规律性，其发展过程实际上是一个历史趋势，即行政模式也由"统治行政"向"管理行政"再向"服务行政"的转变，即统治和管理、管理和服务此消彼长的动态变化过程（周望，2008）。但是，这种观点实则是将服务型政府降格为与管制政府、发展政府为同一类型的传统政府形态。有学者认为：服务型政府并没有超越传统公共行政的范式，仍然具有传统公共行政的特征。突破官僚制，建设新型公共服务型政府才是我国行政体制改革的必然选择（杨磊，2006）。

基于以上分析，我们认为，公共服务型政府是指：在整个社会民主秩序的框架内，在公民本位和社会本位的理念指导下，通过灵活多样的服务方式，以最小的投入换取最大的效果，来满足公共服务需求，达到良好资源配置，从而有效地服务于市场和社会，最终实现经济和社会协调发展的政府服务行为的总称。

第二节　中国推进服务型政府改革的现状与对策

构建服务型政府起源于 20 世纪七八十年代发达国家的"政府重塑"和"政府再造"运动，并由此在世界范围内引发了一场政府施政理念的深刻变革。作为一种新型的政府管理模式，它绝不是高度集权的以管制为特征的传统政府模式的"翻版"，也不是对其进行"新瓶装旧酒"式的重新包装，它是以市场经济为基础的新型政府管理模式，是针对传统管制型政府模式而提出的新理念（虞剑英等，2008）。其核心是如何更好地提供服务，强调以社会为价值导向，以公民为服务对象，以企业家精神来转变政府人员的观念，是"以人为本"的现实体现。服务型政府是"在公民本位、社会本位理念的指导下，在整个社会民主秩序的框架下，通过法定程序，按照公民意志组建起来的，以公民服务为宗旨并承担着为社会服务责任的政府"（刘熙瑞，2002），它不仅包含了工具理性的内容，更重要的是它还具有民本政府、有限政府、法治政府、责任政府、有效政府和互动政府等价值理性的内涵。

回顾中国改革开放三十多年，乃至共和国 62 年的发展史，我们不难发现，中国政府的改革经历了从"建立市场经济体制与建设有限政府"，到"构建和谐社会与建设有效政府"的过程，且改革的主要动力大多来自于中央政府面临的财政压力，为了缓解这一压力，往往付诸于调整政府体制和寻求新的经济增长方式。在新中国成立初期，为了证明新政权的优越性，政府选择了统收统支为特征的高度集权的行政体制，同时通过计划经济体制发展重化工行业，试图迅速建立较完整的工业体系；"文革"结束时，面对濒于崩溃的国民经济，政府选择了分权化的行政体制，明确了建立有限政府的目标，同时通过经济体制改革，发展社会主义市场经济，这一转变使得政府与市场逐步分离，市场迸发出前所未有的活力，经济呈现持续高速增长。经过改革开放 30 年的努力，中央政府的财政压力已大大缓解，但是，经济的高速发展并未使得一切都好起来，经济尤其是社会的发展对政府提出了新的更高的要求，于是，建立有限且有效的政府成为政府改革的新目标，与此相适应的经济增长方式则从粗放增长转变为统筹协调、科学发展，形象地讲，就是从"又快又好"转变为"又好又快"，这一轮改革的根本目的就是构建和谐社会。要使这种改革理念得以落实，就必须完善地方政府的政绩考核体系，使得有限的财政资源用于真正符合居民公共需求和有助于国民经济健康发展的领域。

一、改革成就与政府主导作用

如果以 GDP 来衡量经济发展规模，在过去三十多年中，以不变价格计算，中国经济的规模增长了数十倍，远远超过当初邓小平同志所设计的发展目标。经济规模的迅速扩大，给国家和人民带来了巨额的财富。外汇储备与居民储蓄余额分别从 1978 年的 1.67 亿美元、210.6 亿元，增加到 2007 年的 15 282 亿美元和 172 534 亿元，其增长速度甚至远远高于同期 GDP 的增幅，社会财富空前巨大。[①]

---

① 本章所引用数据，除特殊说明外，都来自历年《中国统计年鉴》和中国国家统计局网站。

面对这些堪称奇迹的成就时，人们要思考和分析奇迹背后的原因。是充足的劳动力供给，使中国享有人口红利？可是，在1830年时，中国人口占世界的2/5，今天只占1/5，为何那时没有如此的发展呢（张维迎，2008）？

是后发优势使得中国得以分享世界经济发展的经验？的确，三十多年来，中国参与国际分工的程度日益深化，对外贸易与吸引外商直接投资都迅速增长，详见图8-1。

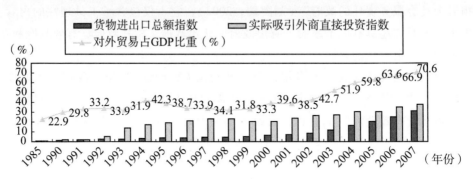

注：图中指数以1985年为1.00。

图8-1　1985～2007年外贸与吸收外商直接投资指数及外贸占GDP比重

资料来源：根据《中国统计年鉴》各期计算整理。

货物进出口总额由1978年的206.4亿美元，增加至2007年的21 738亿美元，位列世界第三，对外贸易占GDP的比重不断提高，已从1978年的9.7%提高到2007年的70.6%。同期，吸引外商直接投资总额也从1985年的19.56亿美元，增加至2007年的747.7亿美元，同样位居世界第三。可是"二战"后经济基础同样薄弱的近邻国家，如日本、韩国都在20世纪五六十年代步入了经济腾飞期，我们却为何要晚了二十多年呢？

这些因素都直接造就了中国持续三十多年的高增长，然而，正如钱颖一所言，这些直接因素的背后当然是改革开放和制度变化（张维迎，2008）。中国的改革开放作为一场典型的由政府主导的改革，其改革方向与节奏始终由政府掌控。也就是说，直接实施改革政策，推动开放战略的正是中国政府。三十多年来，先是以农村政策的重大调整，引导了农村经济体制的改革，激活了濒于崩溃的中国经济，使得人们开始寻求中国经济发展的新路径；接着又是政府引导了城市经济体制改革，推动了计划经济向市场经济转轨；同时，出口导向型战略形成，融入了世界分工体系，使中国经济取得了让世人瞩目的成就，而且使全国上下形成了高度一致的改革共识：改革就是社会主义制度的自我完善，就是解决落后的生产力与人民日益增长的物质文化需求之间的矛盾，就是在党和政府的主导下将中国从传统推进到现代，实现中华民族的伟大复兴。按照任剑涛（2008）的说法，形成于计划经济时代的无限、全能政府奇迹般地引导了中国的改革进程。

改革初期的巨大经济成就使得人们普遍认为，只要经济发展了，一切问题就好解决了。然而，随着改革深入，单纯刺激经济发展的政策不仅使得经济发展陷入要么过热，要么停滞的循环，而且，经济的高速发展也使得各种社会矛盾逐渐暴露。原有的无限、全能政府模式显得越来越不适应改革的深入，在某些领域甚至阻碍了经济社会的进一步发展。由政府主导下展开的改革开放逐渐对政府自身提出更高的要求。于是，在继续坚持推进改革开放战略的前提下，针对政府自身的改革提上日程，中国政府从无限、全能政府走向有限政府，进而走向有效政府的改革逐步展开。其实，按照经济学理论，这种转变是必然的。马斯格雷夫（Musgrave，1987）认为，在不同的发展阶段，政府职能应当有所侧重。在经济发展的早期阶段，政府的公共投资在社会总投资中所占的份额很高，具体范围往往包括道路、桥梁、环境卫生、法治秩序、教育支出等社会发展所必需的基础设施。当经济增长启动以后，虽然政府公共投资仍然需要，但很有限，只应该成为私人投资活动的补充，投资活动的主要目的在于克服市场失灵，政府公共投资占国民经济的比重开始下降。

二、建立市场经济体制与建设有限政府

自 1949 年以来，中央政府主导的历次政府体制改革都包含着缓解中央政府的财政压力的目的。中央政府为了缓解财政压力，往往需要从调整政府体制和转变经济增长方式两方面着手。

新中国成立之初，新政权虽然在军事、政治等领域体现了其优越性，但是，最根本的经济优越性还有待证明。为了适应新政府的这一需求，统收统支就成为这一时期财政体制的主要特征。新政府还必须找到一条新的经济增长途径。于是，加强国家控制，通过公私合营将私人工商业转为公有国营；通过剪刀差、粮食统购统销等方式，把农业剩余转化为对重化工业的投资，走上了重化工业优先的工业化道路。形成一种中央高度集权的，以"条条"为主进行资源配置的计划经济体制。这种体制下的政府自然就是无限、全能的政府。只有在面临的财政压力难以承受时，中央政府才可能主动放权来调整利益格局。例如，1958 年中苏全面交恶之后，为了应对经济发展的不稳定性，继续保持经济发展的高绩效，中央政府需要发挥地方政府的积极性，于是，开始向地方政府下放财政管理权限。1959 年起，又推出"总额分成，一年一变"的模式，根据各省份财政收支情况，实行收大于支的，按一定比例上缴中央；收不抵支的，不足部分由中央补足。同时，开始实行地区间的调剂性转移支付。这种制度安排在短期内效果显著，同期全国财政收入占 GDP 的比重也达到创纪录的 39.3%，详见图 8-2。

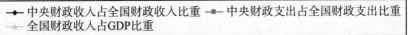

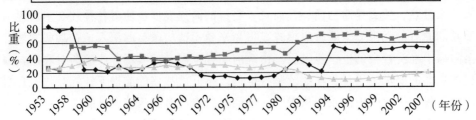

图 8 - 2   1953 ~ 2007 年中央财政收支的全国占比与全国财政收入占 GDP 比重

资料来源：根据《中国统计年鉴》各期计算整理。

"文革"十年动乱使得国民经济濒于崩溃，中央政府面临空前的财政压力，一方面，无论是财政收入占 GDP 比重，还是中央财政收入占全国财政收入的比重都跌入历史最低水平；另一方面，百废待兴，中央政府仍需承担超过 50% 的支出任务，详见图 8 - 2。为了减轻财政压力，化解危机，中央政府从经济和财政领域同时入手，开始推行分权化改革。一方面，在经济领域默许分田到户的农村产权改革，并在全国推广，同时提出以经济建设为中心，坚持改革开放的方针；另一方面，在财政领域推行以财政包干为特征的分级财政体制。于是减员增效与精简机构同时在企业和政府改革中推进，其目标指向就是建立社会主义市场经济体制与建设有限政府。

所谓有限政府是相对于历史上出现过的种种全能政府或无限政府而言的。全能政府或无限政府是指一个在职能上、权威上和自身规模上都具有无限扩张特点的政府组织，历史发展又恰恰表明：全能政府或无限政府既侵犯了公民的合法权利和自由空间，又给自身带来了种种难以克服的弊病。有限政府的提出正是基于改革这种不合理的政治秩序而提出来的（刘鹏，2003）。对于有着几千年封建专制传统的中国政治制度来说，对于在计划经济条件下实行了几十年的高度集权体制而言，有限政府目标的提出无疑具有革命性的启发作用。自改革开放以来，中国政府围绕着规模与职能的调整已先后进行了五次政府改革，详见表 8 - 1。

表 8 - 1   改革开放以来的五次政府改革

时间	任务与特征
1982 年	此次改革是最大效益的精简。国务院各部门从 100 个减少为 61 个，人员编制从 5.1 万人减少为 3 万人。此次改革只是数量增减性的改革，实行的仍然是"计划经济为主，市场调节为辅"的计划经济管理体制。改革的成功不仅在于精兵简政，其深远的影响还有两方面：一是打破了领导职务终身制，二是实行干部年轻化。

时间	任务与特征
1988 年	首次提出转变政府职能。国务院部委从 45 个精简为 41 个，直属机构从 22 个减为 19 个，非常设机构从 75 个减为 44 个，人员编制比原来的实际人数减少 9.2%。改革的重心已由农村转向城市，并首次提出政府职能转变的任务。这次改革实行的是"有计划的社会主义商品经济"，尽管加了诸多限制但经济性质已变成商品经济。
1993 年	第一次把"政企分开"作为转变职能的中心内容。这次改革提出了建立适应社会主义市场经济发展的行政管理体制目标。实现"政企分开"，转变政府职能。行政管理职能转向统筹规划、掌握政策、信息引导、组织协调、提供服务和检查监督。这次改革提出要建立"社会主义市场经济体制"。
1998 年	是力度最大的一次政府机构改革。主要任务是按照社会主义市场经济的要求转变政府职能，进行国有企业所有制改革。国务院组成部门由 40 个减少到 29 个，部门内设机构精简了 1/4，移交给企业、地方、社会中介机构和行业自律组织的职能达 200 多项，人员编制减少一半。与此同时新组建了国防科学技术工业委员会、信息产业部、劳动和社会保障部、国土资源部等 4 个部委。
2003 年	旨在建立和完善服务型政府。明确提出政府职能应集中于经济调节、市场监管、社会管理和公共服务四个方面。这次改革是在加入世贸组织的大背景下进行的。改革目标很明确，即逐步形成行为规范、运转协调、公正透明、廉洁高效的行政管理体制。改革的重点是深化国有资产管理体制改革，完善宏观调控体系健全金融监管体制推进流通体制改革，加强食品安全和安全生产监管体制建设。这次改革重大的历史进步在于，抓住社会经济发展阶段的突出问题，建立和完善服务型政府。国务院机构减至 28 个。

资料来源：袁方成：《我国政府改革的阶段性特征：分析与前瞻》，载于《社会主义研究》，2008 年第 3 期，第 60~61 页。

历次改革的背景和历史条件不尽相同，成败功过也难以一概而论，但从中可以看出执政党旨在建立适应社会主义市场经济发展要求的政府体制的决心和建立有限政府的目标。有限政府首先必须做到职能有限，其职责和功能的发挥必须限制在一定的范围内，在经济上坚持发展市场经济，鼓励和保护自由竞争，较少直接调控和干预宏观经济的发展而让市场去配置社会资源；政治上将自己的活动严格控制在公共领域范围内，保护公民的各种合法权利，实行民主宪政制度。应当集中精力来完成一些重要的基础性的公共事务，绝不允许政府干涉公民的私人事务；其次必须是权威有限，只能在公共领域中的某些部分发挥作用，而且要受到立法和司法权力的限制；同时，有限政府的自身规模有限，是一个机构精简，工作高效的小政府，其扩张趋势必然受到各方面力量的限制（刘鹏，2003）。

参照这样的标准，通过历次改革，政府至少在规模上有所精简。一般而言，可以从四个方面来衡量政府规模：财政收入占 GDP 比重、财政支出占 GDP 比重、公共部门就业规模和政府干预（管制）程度（孙涛，2008）。我们从财政收支占 GDP 比重、政府消费支出占社会最终消费支出比重、机关就业人口等指标来考查政府规模，详见图 8 - 3 和图 8 - 4。

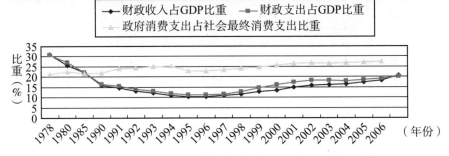

图 8 - 3　1978 ~ 2006 年财政收支占 GDP 比重与政府
消费支出占社会消费支出比重

资料来源：根据《中国统计年鉴》各期计算整理。

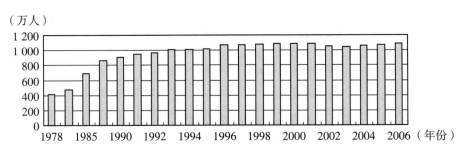

图 8 - 4　1978 ~ 2006 年国家机关、政党机关和社会团体就业人口

资料来源：根据《中国统计年鉴》各期计算整理，其中，2003 ~ 2006 年数据来自历年《中国统计年鉴》中"按登记注册类型和细行业分职工人数"中的"国有单位、机关"人数，其数值应当小于同期的国家机关、政党机关和社会团体就业人口，也就是说实际的机关人数应当大于图中所列数据。

从图 8 - 3 可以清晰地看出，自 1978 年开始，财政收支占 GDP 的比重持续下降，直至 1994 年分税制改革后才逐步回升，但是同期，政府消费支出占社会消费支出比重与机关就业人数却未呈现下降趋势，反而持续上升，原因何在？主要的原因就是政府职能的调整并没有与经济社会的发展相匹配。

通过社会主义市场经济体制的确立，国有企业体制改革，政企分开的改革目标已有较大的推进，政府履行经济职能的方式有了根本性的变化，并使得政府与市场分离，市场迸发出前所未有的经济活力，从而取得了惊人的成就。与此同时，经过财政承包制和分税制改革等一系列的分权化改革后，地方政府成为具有独立经济利益的利益主体，在以经济建设为中心的政策指引下，以 GDP 为核心的政绩考核体系成为调动各级政府的指挥棒。各级政府仍然具备了大量的经济职能，甚至过多地干预了经济的运行，而且，改革过程中出现了许多前所未有的新情况、新问题，使得政府在面对转轨过程中出现的种种矛盾与困难时，难以迅速进行有效的间接调控和管理，相对而言，直接控制即行政干预则要容易得多，且见效快。再加之某些部门的既得利益也阻碍了政府职能的调整，形成了所谓公共利益部门化、部门利益个人化的不良现象，由此政府经济职能行政化趋势日趋严重。这一点可以从各地方如火如荼展开的招商引资竞争和不合理的行政审批制度中强烈地感受到。

但是，另一方面，面对市场失灵，政府职能又明显过弱。中国政府职能具有市场经济条件下政府职能的一般性，尤其是随着社会主义市场经济体制的逐步形成，这些一般性日益凸显。然而，在中国体制改革的转型期，政府的职能又具有特殊性，主要表现在：既受体制因素的影响，又受经济实力的制约，政府提供公共物品的力度和水平还有较大差距，在公共基础设施和社会保障制度两个方面表现得最为突出；政府干预外部性和自然垄断都存在不够得力的问题。显然，在实现了经济的高速发展后，社会发展不足的缺陷逐渐暴露，使得政府职能处于越位与缺位并存的两难境地。于是，对 GDP 至上思维的反思势在必行，关于发展模式的重新选择就显得十分必要，在政府改革层面就表现为建立有效政府。

三、构建和谐社会与建设有效政府

可见仅仅从机构精简，人员分流等规模调整着手，而不对政府职能作根本性的调整，以适应经济社会的发展，是不可能真正建立有限政府的。否则就会出现两种不良后果：一是政府规模有限，但职能却没有做到真正有限，从而陷入先精简，再膨胀的循环；二是规模和职能都受到限定的情况下，无法有效履行各项职能，从而不能有效领导经济与社会发展。现实表明，出现这种不良后果并非杞人忧天。例如，改革开放以来，政府财政支出的结构有了较大改善，详见图 8 - 5。

图 8 - 5 所列数据显示，三十多年来，政府财政用于经济建设的支出已显著减少，目前已与社会文教支出相当，但同期行政管理支出却在不断增加，几乎占整个支出的 20%。结合图 8 - 3 和图 8 - 4 的数据，我们不难对旨在建立有限政府的改革的效果做出判断。当然，随着社会经济活动的复杂、城市化的推进、人们需求层次的提升等因素都要求政府提供更多、更好的公共服务，可能需要更多

的人手和支出。事实如何呢？以人们最为关注的教育和医疗为例，我国的教育法规定，国家财政性教育投入要占到国内生产总值的4%，然而，30年过去了，仍未达到。在世界范围内，我国目前的水平还不如低收入国家。尽管，始于20世纪90年代中后期的教育产业化政策使得更多的社会资本投入到教育中，但是，因此而形成的学费门槛造成了事实上的不公平（见图8-6）。

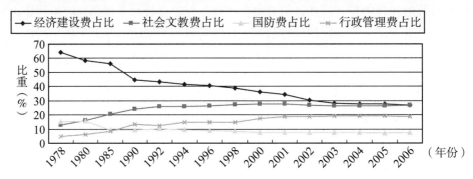

图8-5　1978～2006年国家财政按功能性质分类的支出

资料来源：根据《中国统计年鉴》各期计算整理。

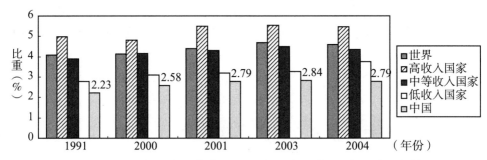

图8-6　公共教育经费支出占国内生产总值比重的国际比较

资料来源：根据《中国统计年鉴》相应各期计算整理，以下同。

再来看医疗。改革开放以来，国家逐步通过国企改制、农村卫生制度改革、医疗体制改革等明显带有市场化倾向的改革措施，改变了医疗卫生费用的分摊机制，居民个人承担了绝大部分的医疗费用，详见图8-7。老百姓看病难成为重大社会问题，因病致贫的报道经常见诸报端。

由于教育与医疗涉及人们的保障与未来，在缺乏明确保障机制的情况下，人们只能自己承担主要费用，于是居民的边际消费倾向大大降低，原本可以用来消费的收入，都被用来储蓄，以作为子女的教育投资和家人的医疗保障。于是，刚刚富起来的中国人，又要面对内需不足的窘境。类似的问题同样还体现在经济高速发展中呈现的区域不均衡；财富迅速增长过程中出现的分配的严重不均等；经济粗放发展付出的环境代价。至此，为了经济的高速发展而不惜一切代价的发展模式受到了严重质疑。

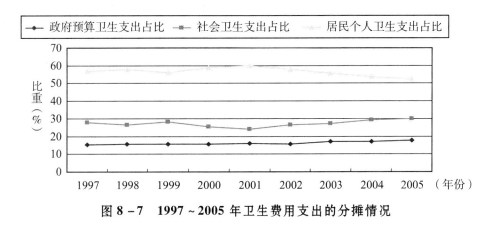

图 8 - 7　1997 ~ 2005 年卫生费用支出的分摊情况

于是，2007 年新一届政府提出了建设节约型政府、服务型政府与法治型政府的改革目标。这三个理念刚好对应有效政府的三个支撑点：政府定位如何既有限又有效；政府决策如何不是粗暴的指挥而是有效的协调；政府行为方式如何不是主观先导而是按照规则办事（任剑涛，2008）。

确立建立有效政府的目标，是执政党执政理念重大调整在政府层面的体现，是对构建和谐社会方针的呼应与落实。2006 年中国共产党十六届六中全会通过了《中央关于构建和谐社会若干重大问题决定》，指出社会和谐是中国特色社会主义的本质属性，是国家富强、民族振兴、人民幸福的重要保证。构建社会主义和谐社会，必须坚持以科学发展观统领经济社会发展全局，按照民主法治、公平正义、诚信友爱、充满活力、安定有序、人与自然和谐相处的总要求，以解决人民群众最关心、最直接、最现实的利益问题为重点，着力发展社会事业、促进社会公平正义、建设和谐文化、完善社会管理、增强社会创造活力，走共同富裕道路，推动社会建设与经济建设、政治建设、文化建设协调发展。

可见，在新一轮的改革中，建立有效政府是政府体制改革的目标，统筹协调，科学发展就是政府所寻求的新的经济增长方式。而社会公平正义是和谐社会的核心特征，也是实现科学发展的基本条件，同样也是当前国人最关注的领域。按照这一要求完善公共服务体系是构建和谐社会的重要举措，也是衡量政府有效性的重要标准。我国目前的社会公平问题主要体现在城乡不平衡与区域不平衡。前面我们通过详尽的数据了解了三十多年来经济发展的巨大成就，但是，城乡人均收入的差距并没有因为改革而得以缩小，详见图 8 - 8。

数据显示，城乡居民人均收入的差距在改革开放初期曾有明显的改善，从 1978 年 2.6 倍，缩小到 1985 年 1.9 倍，这主要得益于农村率先实行改革和乡镇企业的发展，但是，长期以来形成的，城市占有大部分资源的格局并未根本改变。1986 年后，随着城市改革的推进，城市经济增长迅速，城市居民收入大大提高，到 2007 年城市居民人均可支配收入已有 13 786 元，是农村人均纯收入的 3.3 倍。

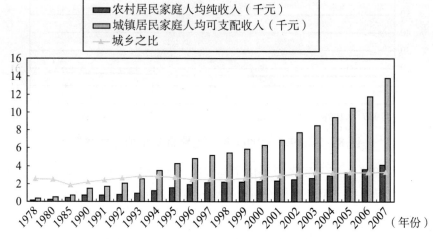

图 8 - 8　1978 ~ 2007 年城乡人均收入

同期，区域经济发展不平衡也有加重的趋势，我们计算了实行分税制以来，中国大陆各省份（西藏除外）的人均 GDP 和人均财政收支的不均等程度，以检验政府在消除不公平中的作用，详见图 8 - 9。

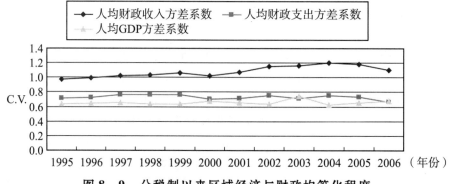

图 8 - 9　分税制以来区域经济与财政均等化程度

数据显示，人均 GDP 的方差系数基本处于 0.6 以上的高位，说明地区间的经济发展水平的差异和居民贫富差距都较大，人均财政收入和支出的方差系数都还高于此。这说明财政领域的不均等程度超过了经济领域。显然，这不符合财政的本质，因为在整个社会生产过程中，财政活动属于社会再分配范畴，实现居民公共服务水平均等化是财政的重要目标，但从现有数据来看，效果还不尽如人意，均等化政策并未发挥应有的作用。也就是说，政府在实现社会公平正义方面还有很多方面需要提高和完善，建立有效政府任重而道远。

四、完善政绩考核体系与规范地方政府行为

在经济学中，无论是有限政府还是有效政府都被认为应当承担资源配置、收入再分配和稳定宏观经济等三项基本职能。财政就是政府履行这些职能的重要途径和手段。财政不同于厂商的经济行为，其具有鲜明的再分配特征，也就是我们经常说的"一次分配重效率，二次分配重公平"，当然，在构建和谐社会的过程中任何分配都要两者兼顾。然而，即使按照这一说法，财政的首要目标也应当是公平，可以理解为实现基本公共服务均等化，但是，近年来，我国的情况不容乐观，尽管财政规模不断扩大，但财政并没有切实有效地发挥二次分配应具有的功能。

因此，在实行官员委任制的国情条件下，要彻底改变这一格局，真正建立面向公共服务均等化的有效政府，就必须从满足公共需求的角度出发，建立合理的政绩考核体系。通过建立符合综合、协调、可持续发展要求的，以基本公共服务均等化为导向的地方政府政绩考核体系，尽可能全面地把各项事关居民福利和社会发展的经济、社会指标纳入其中，改变以经济增长为主的单一的政绩考核指标体系，让政绩考核这根指挥棒引导地方政府官员主动落实科学发展观，将有限的财政资源用于真正符合居民公共需求和有助于国民经济健康发展的领域。

总的原则就是通过改变政绩考核指标体系，从根本上改变地方政府官员的行为目标，规范地方政府行为，避免财政竞争造成的不良后果。近年来，中央出台的一些改革措施，也可体现这一原则。例如，为了达到污染物总量减排，实现经济可持续发展的目标，国务院于2007年11月签发了《"十一五"主要污染物总量减排考核办法》（以下简称《考核办法》）。《考核办法》明确污染物减排的责任主体是地方各级政府，提出把考核内容纳入地方政府政绩考核，并强调一票否决制和责任追究制。值得关注的是，中组部也参与了《考核办法》的部委会签，这意味着"十一五"主要污染物减排目标，将纳入地方政府政绩考核。同时签发的还有《"十一五"主要污染物总量减排统计办法》和《"十一五"主要污染物总量减排监测办法》。显然，在三个出台的文件中，《考核办法》才是核心，因为这一考核办法直接将地方政府官员的政绩与环保指标挂钩，构成了地方政府领导班子和领导干部政绩考核重要依据，例如，某省一位主要负责人就指出，哪个地市完不成减排任务，地市党政一把手就地免职。更耐人寻味的是，这三项文件出台时机选择在十七大召开后，各级政府第二年年初将面临换届之际，这样的安排将更有利于贯彻中央的政策意图。① 这一案例反映的制度安排具有鲜明的中

---

① 详见：《减排目标纳入政绩考核，完不成任务一把手免职》[EB/OL]. www.sina.com.cn. 2007-11-24。

国特色，即通过从上至下的政绩考核体系来影响和约束各级官员的行为。

反思以往我国地方政府政绩考核体系，主要存在以下一些问题。

第一，考核指标价值泛经济化。政府公共服务价值缺失，以 GDP 增长幅度为衡量地方政府的核心指标，忽略了公共需求的满足和社会协调发展。

第二，考核主体单一。政府评议政府，政府既是运动员，又是裁判员，缺乏政府的服务对象，广大人民群众的参与，从而造成了地方政府"只对上负责，不对下负责"、"不怕群众不满意，只怕领导不注意"的行为倾向。政府部门往往一厢情愿地提供他们自认为公众需要的服务，并自己设定标准来考核这种服务的绩效，而对一些真正关系公众切身利益的问题没有足够重视，对公众真正需要的服务，却存在严重供应短缺的现象。从而出现了大大小小的"形象工程"、"政绩工程"，导致政府合法性资源出现流失，公众信任难以维系。

第三，考核制度不健全。现行的地方政府绩效考核多以政府颁布的文件为主要支持，考核内容主要是围绕当前地方政府的中心工作来确定的，政府绩效考核大多分散在目标责任制、社会服务承诺制、效能建设、行风评议等多种管理机制中，一些地方政府开展绩效考核主要是为了改变工作作风，营造一个有利于招商引资的软环境，发展地方经济；一些地方政府则是在某些矛盾突出、问题严重，社会反响强烈时，不得不采取类似于大检查、专项调查、大评比等分阶段性突击式的考核方式来解决问题。由于缺乏统一规划和指导，政绩考核基本上处于自发或半自发状态，随意性很强，缺少有效的制度保证，考核的结果往往很难做到客观、公正。

第四，考核流程残缺不全，政府政绩考核的完整流程应该是：明确价值取向→设定指标体系→确定考核主体→收集相关信息→得出考核结果→分析结果，提出改进方案→收集相关信息，由此循环往复。但是，现行地方政府政绩考核流程，往往只重形式，不重结果，只是按照流程走形式，写出考核报告，就算过关，造成形式主义盛行。

针对这些问题，我们认为要使地方政府将有限的资源优先用于实现基本公共服务均等化目标，就要在设计政绩考核体系时注重三个方面。

首先，调整政绩考核体系的价值取向。政府绩效考核价值通常并不是由单一价值构成的，而是由多种价值构成的复合体。因此，我国地方政府绩效考核的基本价值取向除了要遵循政府绩效考核价值之外，在当前，还必须突出以人为本的价值取向和公共利益的价值取向。以人为本是科学发展观的本质和核心，要求政府工作的出发点和归宿是人，一切为了人，一切服务于人，一切要有益于促进人的全面发展，将人的全面发展作为评判政府绩效的根本价值标准。政府绩效考核的根本目标也应当是推动和促进公共服务专业精神的完善和优秀政府形象的形成，实现并增进社会的公共利益。政府要加强在公共服务方面的财政和行政力量的投入，保障每一位公民在获得基本公共服务方面的底线公平得以实现，保证机会的公平性，保证不同群体尤其是弱势群体对基本公共服务的可得性（朱丽峰，2007）。

其次，明确政绩考核体系的设计原则。根据当前我国地方政府在履行公共职能过程中出现的问题，以及地方政府绩效考核体系的不足，按照实现基本公共服务均等化的要求，我们认为，构建我国地方政府政绩考核体系应当遵循职能导向原则、公众参与原则、质量效益原则和科学规范原则。从政府与公民关系的角度来看，地方政府的职能就是要为居民提供满足需求的地方性公共产品。相应地，地方政府绩效考核体系的指标必须体现政府实现这些职能的过程和效果。在绩效考核环节中，应以居民为中心，以满意为尺度，实行考核主体、考核方式的多元性，增强过程的透明性和公开性。要将我国地方政府绩效考核从必要变成可能和可行，在考核体系设计和考核方法上坚持定性分析与定量分析相结合，采用先进的信息处理技术、分析预测技术等作为支持，确保考核结果的可检验性和可重复性，以减少政府绩效考核结论的偏差，使得考核能真正对地方政府官员产生激励作用（郑方辉，2007）。

最后，要完善政绩考核体系的制度安排。既要做到考核主体多元化，又要加强地方政府绩效考核立法。考核主体多元化是保证政府绩效考核有效性的一个基本原则。因为任何一个确定的考核主体都有自身特定的考核角度，有不可替代的比较优势，同时，都具有特定身份的考核主体亦有自身难以克服的考核局限（辛孝群，2005）。因此，需要坚持政府内部的自身考核与外部的公民与社会评价相结合的考核原则，培育和完善多元化的地方政府绩效考核主体。结合我国国情，地方政府绩效考核的考核主体应该包括政府部门、人大权力机关和政协、社会公众、专业机构等。同时，还要加强地方政府绩效考核立法。在法制社会中，任何活动或者制度要想规范运行并健康持久，都需要赋予其法律的内涵。对于我国而言，当务之急是顺应世界各国政府绩效管理和考核立法的趋势，加快地方政府绩效考核的法制化进程，尽快赋予地方政府绩效考核明确的法律依据，从立法上确立政府绩效考核的地位、从法律上树立政府绩效考核的权威、从制度上确保政府绩效考核的规范。使政府绩效考核走上制度化、规范化和经常化的道路。例如，可以制定《地方政府绩效考核实施细则》，从确定考核项目、制订考核方案、执行考核方案、受理绩效申诉、考核结果公布运用等方面来规范政府绩效考核的流程；可以通过建立以政府绩效考核结果为基准的激励制度、与政府绩效考核结果相挂钩的问责制来提高政府绩效考核结果的运用水平；可以用制度的形式来确定定性分析与定量分析相结合的政府绩效考核的方法。

459

第三节 中国公共服务业发展的现状与对策

一、中国公共服务业发展现状

改革开放三十多年来，我国实现了从高度集中的计划经济体制向充满活力的社会主义市场经济体制的转变。伴随着经济体制的转轨，我国的公共服务体制也踏上了改革道路。我国政府在公共服务供给方面经历了一条从"单位、集体为主"到"角色缺位"再到逐步"角色回归"的历程（汪玉凯等，2008）。虽然，我国政府已经意识到公共服务供给的重要性，开始逐步探索全社会统一的基本公共服务供给机制，在教育、卫生、社会保障、就业等各个方面的公共服务质量和水平也有了明显的增长，但是，与随着我国经济增长而出现的社会公共需求的强劲增长相比，公共服务的供给还远不能满足社会公众需要。公共需求的全面快速增长与公共服务不到位已经成为日益突出的社会矛盾（中国（海南）改革发展研究院，2008）。

（一）公共服务投入增量不够、总量不足

近年来，我国政府财政收入增长远高于 GDP 增长速度，基本保持在年均 15% 以上，2007 年更是达到 32.4%，但公共卫生、教育、社会保障等与人的发展密切相关的基本公共服务却未见明显改善。科教文卫等方面的支出占财政总支出的比例，从 1992～2003 年基本没有增长（李柯勇等，2006）。2003 年以来，公共服务性支出开始有了增长，2003～2007 年，全国财政用于教育、医疗卫生、社会保障、文化体育等方面的支出累计达到 2.43 万亿元、6 294 亿元、1.95 万亿元和 3 104 亿元，分别比上一个五年增长 1.26 倍、1.27 倍、1.41 倍和 1.3 倍。2007 年，中央政府在民生方面加大投入力度，中央财政教育支出 1 076.35 亿元，占总支出的 3.6%，比上一年增长 76%；社会保障和就业支出 2 302.36 亿元，占总支出的 7.8%，增长 13.7%；医疗卫生支出 664.3 亿元，占总支出的 2.25%，增长 296.8%。2008 年中央和地方预算草案中中央财政支出 13 205.2 亿元，教育支出 1 561.76 亿元，占总支出的 11.8%，增长 45.1%；社会保障和就业支出 2 761.61 亿元，占 20.9%，增长 24.2%；医疗卫生支出 831.58 亿元，占 6.3%，

增长 25.2%。① 显然，中央政府在公共服务方面加大了投入力度，但是我们也看到，基本公共服务支出所占比重仍然很小，而经济建设费用和行政费用支出较高，如 2007 年经济建设费用支出占财政总支出的 29.46%、行政费用支出占17.1%，均高于同年教育、医疗卫生、社会保障和就业的支出。地方上也同样如此，以江苏省为例，2007 年江苏省财政一般预算支出 2 013.25 亿元，其中教育支出 364.02 亿元，占 18.08%；社会保障和就业支出 162.31 亿元，占 8.06%；医疗卫生支出 93.87 亿元，占 4.66%；而经济建设费用支出 598.79 亿元，占29.74%；行政费用支出 362.15 亿元，占 17.98%，经济建设费用仍然是当前财政支出的重头戏。由此可见，目前我国基本公共服务的投入依旧处于较低的水平，与发达国家相比还有很大的差距，如挪威 1995 年通过转移支付形式支付的劳动者福利、养老金及其对家庭的经济扶持占政府支出的 65%。美国从 1960 年以来，联邦政府在社保、贫困、卫生等方面逐渐增加投入，占政府总支出的60%（胡龙照，2007）。我国在公共事业方面的投入严重不足，这将极大地制约"以人为本"的科学发展的实现进程。

（二）公共服务分布地区不均、城乡失衡

由于我国政府在公共服务政策的制定、制度安排上明显有失公平，以国家固定投资为代表的公共设施的投入，多年来出现城市多、农村少，发达地区多、落后地区少的"两多"、"两少"现象（汪玉凯等，2008），再加上地区间、城乡间经济发展的不平衡，导致了基本公共服务的地区和城乡差距越来越明显，这直接影响到公共服务均等化在全国的实施。

1. 政府投入方面的差距

人均财政性教育经费地区差距显著（如图 8-10 所示），2007 年中部地区和西部地区的人均财政性教育经费分别为东部的 41.15%、61.31%，相对于 1997年的 54.9%、56.8%，中部对东部的比值下降了 13.75 个百分点，西部对东部的比值上升了 4.51 个百分点，可以看出，近几年国家财政对西部教育支持力度加大，对中部的支持减弱，中部地区与东、西部地区差距越来越大。从各地情况来看，2007 年人均财政性教育经费最多的是北京市，达 1 556.8 元，最少的是江西省，为 269.9 元，前者是后者的 5.8 倍，当年两地人均 GDP 的比值是 4.54：1，两地公共教育服务的差距大于经济发展水平的差距。国家财政性医疗卫生支出在地区间也存在着显著差异（如图 8-11 所示），2007 年，全国人均财政性医疗卫

---

① 参见财政部：《关于 2007 年中央和地方预算执行情况与 2008 年中央和地方预算草案的报告》，在第十一届全国人民代表大会第一次会议上，2008-3-5。

生支出为 150.6 元，有 6 个省份高于这一平均值的 50%，分别为北京、天津、上海、浙江、西藏、青海，东部地区 4 个，西部地区 2 个，最高的是北京，达 728.4 元；有 8 个省份低于这一平均值的 80%，分别为河北、安徽、山东、河南、湖北、湖南、广西、重庆，东部地区 2 个、中部地区 4 个、西部地区 2 个，最低的是湖南，为 93.2 元，仅为北京的 12.8%。全国人均财政社会保障和就业支出也同样如此（如图 8-12 所示），东部地区高于西部地区，西部地区高于中部地区，最高为上海，达 1 475.9 元，最低为贵州，仅有 188.2 元，两者相差 6.8 倍。

2. 资源分配方面的差距

由于东部地区和城市一直是我国改革开放的中心和重心，一些传统观念认为，中西部地区及农村的经济发展缓慢、公共服务需求低，因此，改革开放以来，东部地区及城市的基本公共服务水平尤其是资源占有水平远远高于中西部地区和农村。

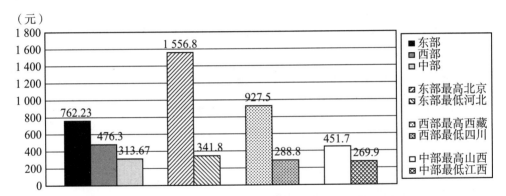

图 8-10　2007 年东、中、西部人均财政性教育经费

资料来源：根据《中国统计年鉴（2008）》数据计算得出，以下两图同。

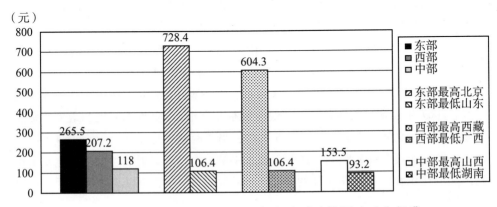

图 8-11　2007 年东、中、西部人均财政性医疗卫生经费

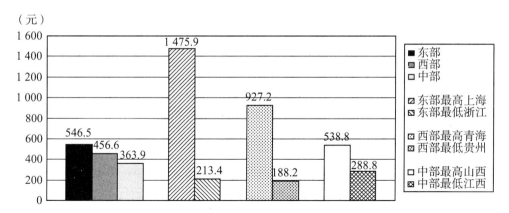

图 8-12　2007 年东、中、西部人均财政社会保障和就业支出

　　从义务教育来看，东、西、中部地区差距，主要体现在城乡办学条件和师资水平上。在办学条件上，当前，我国区域内中小学生均校舍建筑面积城乡已基本相当，均达到 5.5 平方米，但农村学校危房的总面积在增加，2006 年农村小学危房面积从 2004 年的 2 229.2 万平方米上升到 2006 年的 2 483.3 万平方米，占全国小学危房总面积的 85.14%①，究其原因，主要是农村学校危房改造历史欠账太多、基数太大。城乡办学条件差距还表现在学校体育运动场面积达标率、教育设备器械配备达标率、建网学校比例、生均图书藏量、生均计算机数量上（如表 8-2 所示）。在师资水平上（如表 8-3 所示），农村义务教育阶段的教师大部分是通过在职进修、自考等途径达到学历标准的，水平参差不齐，相对于合

表 8-2　　　　　　　　2006 年义务教育办学条件城乡比较

		学校体育运动场（馆）面积达标率（%）	体育、音乐、美术器械配备达标率（%）	教学自然（理科）实验仪器达标率（%）	建网学校比例（%）	生均图书藏量（册）	生均计算机台数（台）
小学	城市	63.6	70.1	73	51.1	16.8	0.075
	县镇	66.5	63.5	72.5	27.4	13.8	0.046
	农村	51.6	40	49.6	5.6	13.1	0.026
初中	城市	93.6	96.2	100	81.8	14.3	0.078
	县镇	83.3	74.9	89.6	44.6	13.6	0.046
	农村	80.8	66.6	84.3	29	16.7	0.052

　　资料来源：根据国家教育部官方网站 http：//www.moe.gov.cn/相关数据计算得出。

---

　　①　资料来源：根据国家教育部官方网站 http：//www.moe.gov.cn/相关数据计算得出。

格率,教师拥有高学历(高学历是指教师学历水平高于本级教师合格所要求的学历水平)的比例城乡差距仍然很大,而且有扩大的趋势(刘继安,2008)。实际上,造成城乡之间办学条件、师资水平存在差距的直接原因是城乡教育投入的差距(如表8-4所示)。

表8-3　　　　　　　　　2005年城乡义务教育教师学历对比

	城市		县镇		农村	
	合格率(%)	高学历(%)	合格率(%)	高学历(%)	合格率(%)	高学历(%)
小学	99.6	78.01	99.44	67.17	98.8	47.49
初中	98.41	62.44	96.06	34.5	93.2	24.34

资料来源:根据《中国教育统计年鉴(2006)》相关数据计算得出。

表8-4　　　　　　　　　2006年城乡义务教育投入比较

小学生均预算内事业费(元)	城镇	1 845.24
	农村	1 505.51
	农村低于城镇	18.40%
初中生均预算内事业费(元)	城镇	2 032.84
	农村	1 717.22
	农村低于城镇	15.53%

资料来源:根据国家教育部官方网站 http://www.moe.gov.cn/相关数据计算得出。

从医疗卫生来看,主要表现为医疗卫生资源的配置不合理,据统计,占总人口30%的城市人口享有70%的卫生资源,占总人口70%的农村人口只享有30%的卫生资源,而在城市地区也主要集中在大城市和特大城市(饶克勤,2008)。从图8-13和表8-5,我们可以看出,城乡之间除了人均卫生机构数相当以外,每千人口床位数、每千人口卫生技术人员以及卫生技术人员学历构成都相差很大。值得一提的是,在城市里,卫生技术人员学历以大专以上为主,而农村却以中专以下为主,这种结构上的差距成为城乡之间医疗水平悬殊的直接原因。医疗卫生资源在地区分配上也存在差距,总体来说,东部地区要高于中、西部地区,尤其值得关注的是,作为特大城市的北京、上海成为医疗资源的主要占有者,每千人口医疗机构床位、每千人口执业(助理)医师、每千人口注册护师分别达到6.9张、6.96张、4.55人、3.54人、4.19人、3.39人,而地处偏远西部的贵州省仅有1.99张、0.95人、0.67人,不到京、沪两市的1/3水平。

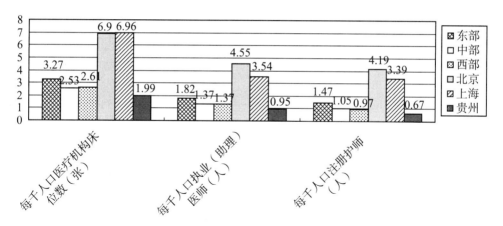

图 8-13　中国医疗卫生资源地区分布情况

资料来源：根据 2008 年《中国卫生统计提要》相关数据计算得出。

表 8-5　　　　　2007 年城乡医疗卫生资源配置对比

| | 人均卫生机构数（个） | 每千人口床位数（张） | 每千人口卫生技术人员（人） | 卫生技术人员学历构成（%） | | | | | |
				博士	硕士	大学	大专	中专	高中及以下
城市	0.046	6.24	6.61	0.5	1.9	20.3	31.2	38.8	7.3
农村	0.045	0.85	1.01	0	0	2.2	20.3	59	18.5

资料来源：根据 2008 年《中国卫生统计提要》相关数据计算得出。

从社会保障来看，主要表现为城乡之间制度上的差异（如表 8-6 所示）。

表 8-6　　　　　我国城乡之间社会保险制度比较

| | 养老保险 | | 医疗保险 | |
	城镇企业职工基本养老保险制度	农村社会养老保险制度	城镇职工基本医疗保险制度	新型农村合作医疗制度
缴费主体	用人单位与个人共同缴费	个人缴费	用人单位与个人共同缴费	个人、集体、国家三方出资
缴费模式	以工资额为基数按比例缴费	定额缴费	以工资额为基数按比例缴费	定额缴费
账户管理模式	社会统筹账户与个人账户相结合	个人账户	社会统筹账户与个人账户相结合	基金统筹管理

续表

	养老保险		医疗保险	
	城镇企业职工基本养老保险制度	农村社会养老保险制度	城镇职工基本医疗保险制度	新型农村合作医疗制度
待遇支付模式	待遇确定型与缴费确定型相结合	缴费确定型	设定起付线和封顶线，按医疗费不同区间支付	以大病统筹为主
是否强制性	强制性	自愿行为	强制性	自愿行为

在农村地区，社会保障体系仍以社会救济、社会福利、优抚安置为主，虽然近年来，我国在农村地区开展新型农村合作医疗及农村社会养老保险的试点，但未形成稳定而又规范的制度，农村居民在保障种类上相对较少，工伤保险、失业保险、生育保险基本上仍然处于空白状态，享受的保障覆盖面和保障程度也远低于城镇居民，城乡差距相对突出（刘尚希等，2008）。

从公共就业服务来看，我国实行的是全国统一的就业体制和政策，随着近年来，国有企业下岗职工问题的不断解决，市场就业机制得以建立，加上中央政府通过转移支付方式对欠发达地区给予财政支持，公共就业服务地区间的差别正在逐渐缩小。在城乡之间，对农民劳动力流动的限制已经逐步取消，并在制度上明确了为农民工提供免费政策咨询、就业信息、就业指导、职业介绍和职业培训。因此，尽管城市公共就业服务地点设在城市，但并不是专门为城市劳动者服务的，而是对所有城乡劳动者提供服务的，尤其是已经开始全面为农民工提供免费服务（莫荣，2008）。

3. 服务水平方面的差距

从义务教育来看，由于城乡之间教育经费、办学条件等方面的差距不断扩大，再加上一些优秀农村教师资源的流失，农村面临师资不足和教师素质低下的双重困境，农村教育呈长期性恶化趋势，教育质量的差距愈发显著，大学生入学率正是这种差距扩大的最好印证。调查表明，近几年来，城镇大学入学率和全国入学率的比值由1.6倍提高到2倍，上升幅度很小，表明全国高等教育适龄人口入学机会的增加仍将主要体现在城镇适龄人口大学入学率的增加上；而城镇大学入学率和农村入学率的比值由2.9倍提高到9.8倍，上升幅度很大，表明农村地区的大学入学率提高不多。如2003年，农村高等教育适龄人口有4 806.4万人，而大学入学率只有2.7%，城镇高等教育适龄人口3 752.4万人，大学入学率为26.5%。农村学生在接受高等教育机会方面与城镇学生的差异，正是我国城乡之间教育政策、教育条件等方面差距的长期累积所造成的（见表8-7）。

表 8 – 7　　　　　　　　1990 ~ 2003 年城乡高等教育情况

年份	全国高等教育		农村高等教育		城市高等教育		城市大学入学率与全国比	城市大学入学率与农村比
	适龄人口（万人）	入学率（%）	适龄人口（万人）	入学率（%）	适龄人口（万人）	入学率（%）		
1990	12 640.7	1.6	7 188.4	0.9	5 452.3	2.6	1.6	2.9
1991	12 680.1	1.6	7 113.3	0.9	5 566.8	2.5	1.6	2.8
1992	12 629.3	1.7	7 094	0.9	5 535.3	2.7	1.6	3
1993	12 769.3	1.9	6 801.4	1	5 967.9	3.2	1.7	3.2
1994	12 388.8	2.3	6 556.1	1	5 832.7	3.6	1.6	3.6
1995	11 644.9	2.5	6 147.1	1.1	5 497.8	4	1.6	3.6
1996	11 067.8	2.7	5 826.1	1.2	5 241.7	4.4	1.6	3.7
1997	10 358	3.1	5 424.1	1.2	4 933.9	5.1	1.6	4.3
1998	9 808.8	3.5	5 137.8	1.3	4 671	5.9	1.7	4.5
1999	9 407.9	4.4	4 938.8	1.4	4 469.1	7.7	1.8	5.5
2000	9 002.2	6.2	4 843.6	1.7	4 158.6	13.2	2.1	7.8
2001	8 634.4	8.3	4 714.7	2.1	3 919.7	15.9	1.9	7.6
2002	8 797.3	10.3	4 829.4	2.4	3 967.9	19.9	1.9	8.3
2003	8 558.8	13	4 806.4	2.7	3 752.4	26.5	2	9.8

　　资料来源：郭载君：《我国农村高等教育发展状况的实证分析》，载于《辽宁教育研究》，2005 年第 10 期。

　　从医疗卫生来看，地区之间、城乡之间占有的医疗卫生资源存在着严重的不均衡现象，直接导致了不同地区居民、城乡居民之间享有的医疗卫生服务水平大相径庭。从表 8 – 8，我们可以看出，城市医院病床使用率是农村的 1.74 倍，说明城市医院的诊治效率要高于农村，而除了住院分娩率城乡相当之外，城市的孕产妇死亡率、婴儿死亡率、5 岁以下儿童死亡率都远远低于农村，反映了城市的

表 8 – 8　　　　　　2007 年城乡医疗卫生服务水平对比

	诊疗人次（亿人）	入院人数（万人）	病床使用率（%）	孕产妇死亡率（1/10 万）	住院分娩率（%）	婴儿死亡率（‰）	5 岁以下儿童死亡率（‰）
城市	16.38	6 487	84.3	25.2	95.8	7.7	9
农村	7.87	2 699	48.5	41.3	88.8	18.6	21.8

　　资料来源：根据《中国卫生统计年鉴（2008）》相关数据计算得出。

医疗水平大大超过农村。此外，我们还可以从诊疗人次和入院人数的城乡对比上
看出，由于大量的医疗资源集中在城市，农村居民看病偏爱城市医院而对乡镇卫
生院不信任，看病都涌向城市，不同程度地造成了农村医疗资源的浪费。而图
8－14 告诉我们，由于一些优质医疗资源流向大城市和东部地区，地区间医疗水
平也存在着较大差距。如孕产妇死亡率，东、中、西部差距较大，西部是东部的
4.8 倍，全国最低的是上海，只有 7.86，最高为西藏，高达 265.38，是上海的
33.8 倍。尽管住院分娩率、病床使用率的地区差距不是很悬殊，但从个别省份
来看，差距也足够引起重视，如住院分娩率，全国最高的是天津，为 99.78%，
最低的是西藏，为 43.26%，不到天津的 1/2；病床使用率最高的是上海，为
99.1%，最低的是青海，为 58.1%，是上海的 60%。

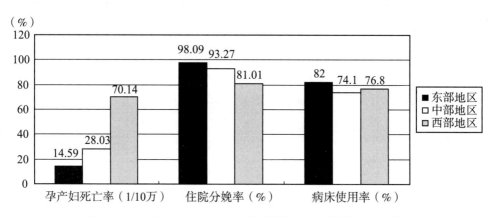

图 8－14　2007 年东、西、中部医疗卫生服务水平对比

资料来源：根据《中国卫生统计年鉴（2008）》相关数据计算得出。

从社会保障来看，由于我国的社会保障体系尚不完善，社会保障水平在城
乡、地区之间的差距还比较明显。从全国各地区三项保险（基本养老保险、基
本医疗保险和失业保险）参保人数比重看（如图 8－15 所示），2005 年，全国平
均水平为 32.1%，东部地区高于全国平均水平，为 41.9%，中部和西部地区低
于全国平均水平，分别为 27.6% 和 22.7%，排名前三的省份全部位于东部地区，
分别是上海、北京和天津，参保人数比重达 113.9%、94.4%、77.2%，排名后
三的省份全部位于西部地区，分别是西藏、贵州和广西，参保人数比重为
10.7%、13.2%、17%。城乡之间社会保障水平更是相差甚远。2005 年，全国
农村养老保险参保率为 7.31%，而城镇人口的参保率达到了 23.36%，是农村的
3 倍多。同时，养老保险的城市普及率也远远高于农村（如表 8－9 所示）。医疗
保险同样如此，表 8－10 显示结果表明，在城市地区，30.4% 被调查者参加了城
镇职工基本医疗保险，4.6% 继续享有劳保医疗，5.6% 购买了商业医疗保险，

44.8%无任何医疗保险；在农村地区，9.5%被调查者参加了合作医疗，3.1%参加了各种社会医疗保险，8.3%购买了商业医疗保险，79.1%没有任何医疗保险。可见，我国目前的医疗保障范围非常有限，医疗保障体系主要覆盖的是有固定收入的城镇单位职工及国家机关工作人员，而收入来源不稳定的广大农民被排除在外，这种狭隘的医疗保障覆盖面有悖于社会公平原则，也不利于卫生服务利用的公平性（饶克勤，2008）。

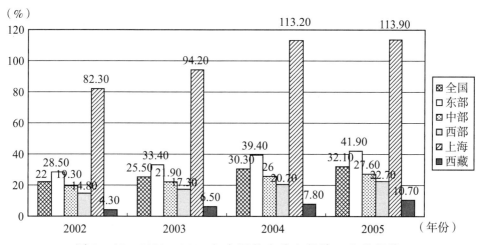

图 8-15 2002~2005 年全国基本养老保险、失业保险、

基本医疗保险参保人数比重

资料来源：根据 2003~2006 年《中国劳动统计年鉴》中相关数据计算得出。

表 8-9　　　　　　　　2005 年城乡养老保险情况对比　　　　　　单位：%

地区	农村人口参保率	城镇人口参保率	地区	农村人口参保率	城镇人口参保率
全国	7.31	23.36	河南	2.15	21.58
北京	16.16	28.41	湖北	9.61	24.24
天津	—	25.62	湖南	4.16	22.39
河北	5.33	20.3	广东	2.45	28.08
山西	10.82	20.21	广西	5.8	13.76
内蒙古	6.42	22.45	海南	6.33	22.59
辽宁	12.44	33.62	重庆	2.28	15
吉林	0.66	22.79	四川	5.3	20.77
黑龙江	10.12	26.92	贵州	0.22	13.19
上海	37.75	34.05	云南	4.4	13.49
江苏	22.82	27.73	西藏	7.12	6.18

地区	农村人口参保率	城镇人口参保率	地区	农村人口参保率	城镇人口参保率
浙江	22.2	29.22	陕西	3.84	19.39
安徽	3.74	15.99	甘肃	0.54	18.27
福建	8.18	19.2	青海	4.19	20.22
江西	8.17	17.69	宁夏	0.32	20.44
山东	20.49	25.35	新疆	—	28.56

资料来源：根据《中国劳动统计年鉴（2006）》有关数据计算得出。

表 8 - 10 　　　　卫生服务调查——调查地区人口参加各种
医疗保险情况及其构成变化 　　　单位：%

	合计			城市			农村		
	2003 年	1998 年	1993 年	2003 年	1998 年	1993 年	2003 年	1998 年	1993 年
基本医保	8.9	—	—	30.4	—	—	1.5	—	—
公费医疗	1.2	4.9	5.8	4	16	18.2	0.2	1.2	1.6
劳保医疗	1.3	6.2	9.7	4.6	22.9	35.3	0.1	0.5	1.1
合作医疗	8.8	5.6	7.7	6.6	2.7	1.6	9.5	6.6	9.8
其他社保	2	5	6.6	4	10.9	17.4	1.3	3	3.1
纯商业保险	7.6	1.9	0.3	5.6	3.3	0.3	8.3	1.4	0.3
自费	70.3	76.4	69.9	44.8	44.1	27.3	79.1	87.3	84.1

资料来源：卫生部统计信息中心：《中国卫生服务调查研究》，中国协和医科大学出版社
2006 年版。

从就业服务来看，表 8 - 11 显示，2005 年全国失业率为 4.2%，高于这一水平的省份一共有 8 个，全部位于中西部地区。失业率最高的三个省份是辽宁、四川、宁夏，失业率分别为 5.6%、4.6%、4.5%，除辽宁之外其余两个都位于西部地区。最低的三个省份是山西、广东、北京，失业率分别为 3.0%、2.6%、2.1%，除山西之外，其余两个都位于东部地区。再来看城镇登记失业人员占全国比重（如表 8 - 12 所示），2000 ~ 2005 年间，东部地区经历了一个先上升后下降的过程；而中西部地区则先下降后上升，失业人数增加速度明显快于东部地区。

表 8 - 11　　　　　　　**2005 年我国各地区城镇登记失业率**　　　单位：%

地区	城镇登记失业率	地区	城镇登记失业率
全国	4.2	河南	3.5
北京	2.1	湖北	4.3
天津	3.7	湖南	4.3
河北	3.9	广东	2.6
山西	3	广西	4.2
内蒙古	4.3	海南	3.6
辽宁	5.6	重庆	4.1
吉林	4.2	四川	4.6
黑龙江	4.4	贵州	4.2
上海	—	云南	4.2
江苏	3.6	西藏	—
浙江	3.7	陕西	
安徽	4.4	甘肃	3.3
福建	4	青海	3.6
江西	3.5	宁夏	4.5
山东	3.3	新疆	3.9

资料来源：根据《中国劳动统计年鉴（2006）》有关数据计算得出。

表 8 - 12　　　　**2000～2005 年东中西部地区城镇登记**
失业人员及占全国比重　　　单位：万人、%

	2000 年	2001 年	2002 年	2003 年	2004 年	2005 年
东部地区	232.42	274.8	325.3	326.8	332	324.5
比重	44.98	46.1	48.33	47.16	46.04	44.67
中部地区	189.38	215.28	237.1	253.5	265.4	269
比重	36.65	36.12	35.23	36.59	36.8	37.03
西部地区	94.94	106	110.7	112.6	123.7	133
比重	18.37	17.78	16.45	16.25	17.15	18.31

资料来源：范恒山、周毅仁：《基本公共服务均等化与区域发展战略》，载于中国（海南）改革发展研究院：《基本公共服务与中国人类发展》，中国经济出版社 2008 年版，第160 页。

二、中国公共服务业发展对策

（一）建立适合我国国情的公共服务业体系

建立惠及 13 亿人口的较为完善的公共服务业体系，逐步实现基本公共服务均等化，既是建设中国特色社会主义事业的必然要求，也是实现小康社会的重大战略举措。党的十七大明确提出，要"努力使全体人民学有所教、劳有所得、病有所医、老有所养、住有所居"，短短 27 个字简洁而醒目，却对建设中国特色的公共服务体系具有重要的指导意义。但是，建设公共服务体系是一项艰巨和复杂的任务，要立足本国国情，根据本国的经济发展水平、社会结构状况、历史文化传统等因素，确定适合本国公共服务业发展的模式和道路。要明确公共服务业的分类和重点，以及公共服务业涉及的服务对象和供给主体。公共服务的门类很多，既包括教育、就业、社保、医疗等基本民生，也包括社会公共安全、消费安全、生产安全等公共安全方面，还包括科学技术、文化艺术、体育休闲等其他方面。公共服务体系建设之艰巨和复杂，不仅仅是因为公共服务业涉及的服务对象广、涉及的政府部门多，更因为它是一个不断推进的历史过程，难度大、问题多。因此，在推进公共服务体系建设的过程中，要建立一个基本参照系，并制定有关基本公共服务的国家标准和战略规划，使之与我国经济和社会发展规划相衔接，与全面建设小康社会的要求相适应，分阶段、有重点、按步骤地予以实施。这样，在推进基本公共服务均等化、规范化的进程中，才能做到既强化重点，又兼顾全面。

（二）进一步明确中央和地方各级政府的公共服务职责

完善的政府组织结构和运行机制，是建设服务型政府的基础保障。改革开放三十多年来，我国政府为解决公共服务供求矛盾所做的尝试，虽然也取得了较大的成效，但只是解决了部分最基本的问题。随着经济的发展、社会的进步，人们对公共服务的要求越来越高，伴随而来的是各种新矛盾。因此，明确界定中央和地方各级政府间公共服务的职责权限，既能防止一些地方政府为了追求 GDP 政绩而忽视公共服务职责，同时也能调动各级政府履行公共服务职能的主动性和积极性。应该按照预算管理层级理顺各级政府间的分配关系，使得每一级政府的财力与其承担的事权相一致，做到事权与财力相统一，特别要明晰和细化事权范围。此外，还要根据不断转变的政府职能和各地实际情况，改革和完善财政体制。各级政府要根据自身的实际情况，分清轻重缓急，在解决了"无米之炊"的矛盾之后，巧做"少米之炊"。按照分步实施、突出重点的原则，首先解决当前亟待解决的问题，从而有效缓解地方政府的财政困难。把缓解部分地区地方财政困难作为解决矛盾的切入点和抓手，突出支持重点，安排资金支持少数落后地区和农村薄弱环节，进而改善公共服务质量。通过加大转移支付力度和微调财政体制的做法，确保干部职工工资正常发放和政权组织正常运转，提高地方理财积极性，增强地方可用财力。

（三）加快建立以基本公共服务均等化为导向的地方政府绩效评估体系

反思过去多年来我国地方政府绩效评估上出现的问题，如考核指标经济价值泛化、评估主体单一、评估流程不健全，等等，可以看出，我们以前的发展观出了偏差，片面地追求经济增长，牺牲劳动者利益，忽视社会公众的公共服务需求，没有关注经济社会的全面发展进步。因此，要构建基本公共服务均等化导向的地方政府绩效评估体系，就必须建立以科学发展观为核心的绩效评估价值体系。政府绩效评估价值通常并不是由单一价值构成的，而是由多种价值构成的复合体。因此，地方政府绩效评估的基本价值取向除了要遵循政府绩效评估价值之外，还必须突出以人为本的价值、公共利益的价值、公平正义的价值。此外，还应当构建多元化的地方政府绩效评估主体。同时，要改革评估方式。传统的评估方式，不能充分反映政府服务对象和利益相关群体的愿望和要求，也难以让政府充分认识和改进自身在公共服务领域的不足，违背了政府以人为本的价值取向。因此，构建基本公共服务均等化导向的地方政府绩效评估体系，就必须坚持内部的自身评估与外部的公民和社会评估相结合的原则，培育和完善多元化的地方政府绩效评估主体，包括政府部门的评估、权力机关和政协的评估、社会公众的评估、专业机构的评估以及其他一些相关组织的评估。

（四）建立适应服务型政府的公共服务多元供给模式

公共服务的供给主体和供给方式，是建设服务型政府的两大要素。无论是市场、政府，还是第三部门，在公共服务供给中都存在着诸多仅凭自身难以克服的缺陷。因此，要充分发挥政府、市场和第三部门三者在公共服务供给中的优势和作用，努力形成政府主导、市场主体和社会组织广泛参与、灵活、高效的公共服务多元供给体系。政府并不是国家的唯一权力中心，各种公共部门、私营部门以及第三部门行使的权力只要得到公众认可，就可能成为不同层面上的权力中心。多元治理主体之间的权力依赖与合作伙伴关系，表现在运行机制上，必然形成治理网络,其中的各种治理主体,都放弃自己的部分权利,通过对话与协商来增进理解与相互信任,最终建立起共担风险的公共事务管理联合体(许继芳,2009)。

现阶段,我国政府在公共服务供给中依然扮演着重要角色,但是,随着社会经济的不断发展以及民众对公共服务需求的多样化趋势,政府垄断型的公共服务供给模式将逐步被打破,通过引入新的公共服务供给主体和提供方式,构建公共服务的多元供给模式。按照直接组织生产公共服务的主体来判断,公共服务供给模式可分为三种:第一种是权威型模式,其制度安排为:政府服务、政府出售和政府间协议。该模式是以政府为主体、以权力运作方式、以满足公共需要为目的,来提供公共服务。第二种是商业型模式,是以私人营利组织为主体,以市场交易方式,并以营利为目的而提供公共服务。其作用方式包括:私人供应并生产,政府供应,私人生产以及公共和私人服务的联合供应。第三种是志愿型模式,是以营利组织、非营利组织或公民个人为主体,以慈善帮助方式和以满足社会需要为目的而提供公共服务。这种模式的作用形式大致分为三种,包括:无偿捐赠、志愿服务和无营利目的的收费服务(唐娟,2004)。而这三种模式的共存,恰恰表明,私人部门、非政府公共部门及其他社会力量正与政府一起共同承担起公共服务的供给责任。

第九章

收入分配与服务业发展

当前，中国社会一个引起广泛关注的问题是，居民收入分配差距持续扩大，居民消费倾向下降，消费率持续走低，不仅低于世界平均水平，而且与同等收入水平国家相比也有很大差距，居民消费占 GDP 比重和消费对经济增长的贡献率不断下降。收入差距与经济增长间有怎样的关系？收入分配格局的不合理是否会对服务业的发展构成制约？本章将通过理论与实证研究对此进行考察。

第一节　收入分配、经济增长与产业结构

收入分配对经济增长的影响非常复杂，研究结论有时会大相径庭。诸多研究证明，收入分配不平等会损害经济增长，但也有结论支持收入不平等可以助推经济增长。之所以存在迥异的结论，主要是因为对收入不平等程度的价值判断不存在一个绝对的标准或者明确的界点。从理论上来讲，收入的过度不平等会对经济增长造成负面影响。佩尔森和塔贝里尼（Person and Tabellini, 1994）在新政治经济学框架下，采用世纪迭代模型研究了财政再分配情况下收入分配对经济增长的影响。在经济均衡时，他们发现转移支付率越小，增长率越高的结论，而在政治均衡[①]时，他们得出，在收入再分配政策由中位数禀赋个人决定的情况下，中间投票人的

---

① 政治均衡（political equilibrium）：人们根据既定的规则，就一种或几种公共物品或服务的供给量以及相应的税收份额的分配达到的协议。

禀赋水平越低，转移支付率越高。综合两者，佩尔森和塔贝里尼（1994）认为收入越不平等，转移支付率将越高，较高的转移支付率将导致较低的经济增长率。艾莱斯那和罗德里克（Alesina and Rodrik，1994）采用了一个基于生产要素、财政支出具有生产性（完全进入生产函数情形下）的内生经济增长模型对此问题进行了探讨，得出了与佩尔森和塔贝里尼（1994）相类似的结论。发展经济学家墨菲、施莱佛和维希尼（Murphy，Shleifer and Vishny，1989）从市场规模的视角研究了收入分配影响经济增长的机制。他们假定了一个正处于工业化阶段的农业国，根据贫富两个阶层对消费品偏好的差异、国内市场规模等推断出贫富悬殊会导致国内市场需求规模缩小，不利于工业化的发展。因为在收入分配严重不均等的农业国，富人需求更为偏好高档消费品，而这部分需求主要源于进口，穷人阶层购买力有限，从而导致本国商品制造业的需求不足，并最终影响经济增长。基弗和奈克（Keefer and Knack，1995）的经验研究支持了上述结论。

从各国发展实践来看，收入差距与经济增长间也可能存在完全相反的两种关系。从正向的角度来看，收入差距拉大引致资源集中，产生规模效应。在这种情况下，可流动资源将被配置于需求更大、效率更高的领域，从而有效避免资源闲置，提高总体经济效益。且富人的储蓄率较穷人要高，而更高的储蓄将会带来更高的投资率，从而促使经济增长。从另一个角度来看，高收入人群边际消费倾向较低，而低收入人群边际消费倾向较高。在收入一定的情况下，若收入分配均衡，则总体消费水平较高；若收入分配不均衡、差距较大，则总体消费水平将降低。消费不足，经济增长就缺乏动力。而且，低收入人群人力资本投资较少，受教育水平较低，经济发展到一定阶段，人力资本不足会严重阻碍经济增长。

收入分配首先会通过影响消费作用于经济增长。凯恩斯的绝对收入假说、杜森贝里的相对收入假说、弗里德曼的持久收入假说和莫迪利安尼的生命周期假说，均是基于"消费是收入的函数"进行研究的。收入水平不仅决定消费水平，也决定消费结构。低收入居民的生存型消费支出比重相对较大，发展型消费和享受型消费支出比重相对较小；高收入居民的生存型消费支出相对较小，发展型消费支出和享受型消费支出比重相对增大。随着居民收入水平的提高，消费需求层次也会提高，由此必然导致消费结构向较高层次跃迁。

消费结构对产业结构具有直接而重要的影响。消费结构不仅直接影响着最终产品的生产结构和生产规模，而且间接影响中间产品的需求。人们对消费品和劳务的需求种类和各类需求的数量及其变化，会引起相应产业的收缩或扩张，导致旧产业的衰落和新产业的诞生，直接决定着产业的种类、规模及其变化，影响着产业结构的状况及其变动。

在消费需求结构对产业结构的实际影响中，主要是通过价格机制来实现。第一，消费需求通过商品的价格影响产业结构。消费需求的变化影响生产者的收入，通过收入弹性的作用，引导生产要素的移动，进而促进产业结构的变化。那些收入弹性高的行业有可能不断扩大其在市场中的份额，而那些收入弹性低的行业在市场中的份额却有可能趋于萎缩，收入弹性高的行业一般代表着产业结构变动的方向。第二，消费者收入份额的变动影响产业结构。不同的收入阶层在社会收入分配总额中占有不同的份额，而且不同的收入阶层其消费倾向不同，人们只能在一定的界限内安排其消费需求的层次，从而形成的一定的消费结构。随着消费者收入份额的变化，各收入阶层也会相应调整自己的消费结构，消费结构的变动又会导致产业结构的变动。

在消费需求与产业结构的关系中，消费需求变动对产业结构的形成有两方面的作用：一方面，不适应需求的产品大量过剩，导致生产该产品的行业发展萎缩；另一方面，适应需求的产品适销对路甚至供不应求，导致生产该产品的行业快速发展。消费需求的变化一般意味着与消费相关的各种产业的生存条件发生了改变，一些行业和产品面临着不断增长的需求空间，而另一些行业和产品的需求却不断萎缩。

消费需求结构与产业结构互动规律表现为三个阶段。在第一阶段，人们对食品，尤其是农产品的消费将相对减少，导致第一产业在 GDP 中的比重不断下降（恩格尔系数①）。第二阶段是以消费享受资料为主的阶段，这时第二产业不断发展。第三阶段是以服务消费为主的阶段，这时居民实物消费水平得到了较为充分的满足，人们的消费需求呈现出多样化特点，对服务的需求增加，使得服务业的产值占国民收入的比重不断上升。可见，消费需求结构升级将带动产业结构的演进。

上述两个步骤一起构成收入分配状况影响产业结构的第一条传导链。如果收入分配结构比较合理，呈"橄榄形"分布，将有利于消费结构的升级和优化，那么就会促进产业结构合理化；如果收入分配结构呈平均化分布，那么由此形成的消费结构趋同，消费热点集中，若同时产业结构也相对低端，或产品供给能力不足，可能引发"抢购"危机。这种低水平平均分配形成的同步购买力，使消费结构单一化，进而不利于形成完整的、连续不断的产业链条；如果收入分配结构不合理，呈"金字塔"形的自主阶层分布，将会导致整体消费能力不足，新的消费热点难以形成，不利于形成协调的产业结构。

第二条传导链是要素供给传导链条。收入分配在行业、地区间的差距决定着

① 恩格尔系数（Engel's coefficient）是食品支出总额占个人消费支出总额的比重。19 世纪德国统计学家恩格尔根据统计资料，对消费结构的变化得出一个规律：一个家庭收入越少，家庭收入中（或总支出中）用来购买食物的支出所占的比例就越大，随着家庭收入的增加，家庭收入中（或总支出中）用来购买食物的支出比例则会下降。

要素供给的流向。行业不同，其边际报酬也不同，有的行业是产业结构升级后新出现的，属于新兴产业，要素投入的边际报酬一般比较高；有的行业是落后产业，要素投入的边际报酬一般比较低。而追求更高边际报酬率是生产要素从边际报酬低的行业流向边际报酬高的行业的内在动力。边际报酬低的行业，由于有生产要素的持续流出，将会使得这些行业的发展受到抑制，其在经济总量中所占的比重势必降低；而有生产要素持续流入的行业，能够获得快速发展，其在经济总量中所占的比重势必上升。生产要素的这种趋利性的流动势必会拉近行业边际报酬水平的差距，进而使得产业结构关系趋于协调。

第二节　中国收入分配现状

改革开放以来，我国国内生产总值年均增长 9.8%，而城镇居民人均可支配收入年均实际增长 7.2%，农村居民人均纯收入年均实际增长 7.1%，大部分年份经济增长都快于居民收入的增长。与此同时，城镇居民和农村居民内部收入分配差距、城乡间居民、地区间居民和行业间收入分配差距明显显现。2008 年，城镇居民人均可支配收入 20% 最高收入户组（34 667.8 元）是 20% 最低收入户组（6 074.9 元）的 5.7 倍；农村居民人均纯收入 20% 最高收入户组（11 290.2 元）是 20% 最低收入户组（1 499.8 元）的 7.5 倍；城镇高收入户人均可支配收入是农村低收入户人均纯收入的 23.1 倍；城镇居民人均可支配收入（15 780.8 元）相当于农村居民人均纯收入（4 760.6 元）的 3.3 倍，绝对差距超过了 1 万元。如果考虑教育、医疗、社会保障等因素，城乡居民间的实际收入差距可能达到 5 倍，甚至更高。从世界范围来看，中国的城乡居民收入差距远高于许多其他国家。世界银行的报告指出，世界上大多数国家的城乡收入比为 1.5，超过 2 的则较为罕见。中国的城乡收入差距已成为世界上最大的国家之一；东、中、西部和东北四大区域城镇居民家庭可支配收入最高的东部（19 203.5 元）是最低的西部（12 971.2 元）的 1.48 倍，农村居民家庭人均纯收入最高的东部（6 598.24 元）是最低的西部（3 517.8 元）的 1.88 倍；在 19 个行业门类中，职工平均工资高低差距 4.77 倍，城镇单位就业人员平均劳动报酬差距 4.37 倍[①]。据国家统计局统计，职工平均工资最高的三个行业中，证券业平均 17.21 万元，是全国平均水平的 5.9 倍，是最低的畜牧业的 15.9 倍。其他金融业人均 8.767 万元，是

---

　　① 国际上公认行业间收入差距的合理水平在 3 倍左右，超过 3 倍则需要加以调控。

全国平均水平的 3.1 倍，航空业人均 7.58 万元，是全国平均水平的 2.6 倍。而电力、电信、石油、金融、保险、水电气供应、烟草等国有行业的职工不足全国职工总数的 8%，但工资和工资外收入总额却相当于全国职工工资总额的 55%。需要指出的是，工资收入仅仅是居民收入来源的一部分，由于职工工资相对较高的行业和单位，往往会有多种方式和渠道的福利发放，以及灰色收入的大量存在等，工资收入的差异不足以反映居民收入差距扩大的现实。

基尼系数是国际上用来综合考查居民内部收入分配差异状况的一个重要分析指标，但中国官方一直没有发布这一数字的统计[①]。据世界银行估算，2009 年中国的基尼系数已达 0.47。有学者认为，我国基尼系数在 10 年前就已越过 0.4，之后仍在逐年攀升，贫富差距已突破合理界限。收入最高 10% 人群和收入最低 10% 人群的收入差距，已从 1988 年的 7.3 倍上升到 2007 年的 23 倍，这意味着财富已过度集中在少数人手中。当前，除了基尼系数，并没有更有效的数据能够衡量中国的收入分配差距问题。由于不同机构、学者测算公布的中国基尼系数结果不一，而世界银行、联合国、OECD、CIA 等公开发布的数据不连续，为了满足下面实证研究的需要，我们借鉴胡祖光（2004）[②] 的基尼系数计算方法，根据《中国统计年鉴（1990~2008）》相关数据对中国居民收入基尼系数进行了重新估算。从图 9 - 1 可以看出，1990~1994 年间，中国居民收入基尼系数逐年上升，之后三年有所下降，1998 年再次攀升，之后一直高于 0.4 的国际公认警戒线。

图 9 - 1　1990~2008 年中国居民收入基尼系数

① 李实（2002）指出，现在能够看到的利用住户数据估计的全国基尼系数只有少数几个年份。官方统计机构已经收集了近 20 年的住户调查数据，但并不对研究人员公开。目前，全国所有研究基尼系数的学者，基础数据都来自各地统计局下属的城调大队、农调大队的住户调查。而由这些"住户调查"所形成的数据，历来在准确率上饱受诟病。

② 胡祖光：《基尼系数理论最佳值及其简易计算公式研究》，载于《经济研究》，2004 年第 9 期，第 60~69 页。

居民收入占国民收入的比重偏低，劳动报酬在初次分配中的比重偏低，是当前分配结构失衡中非常突出的问题。综合多个部门和专家的测算，在国民收入三大分配主体，政府、企业、居民中，目前我国的分配比例是 33∶30∶37；改革开放初期，这一比例曾经是 24∶18∶56。国民收入分配中劳动者报酬所占比例不断下降，从 1996～2007 年，中国的劳动者报酬占 GDP 的比重从 53.4% 下降至39.74%；而 2007 年欧元区劳动者报酬占 GDP 的比重为 47.23%，美国、英国、法国、德国和日本该比重分别为 56.13%、53.22%、51.51%、48.61% 和51.36%。从国际经验来看，在工业化加速推进特别是重化工业阶段，劳动者报酬占比会相对偏低，并伴有少数年份下降，但持续下降的现象很少见。例如日本、韩国在其重化工业阶段，劳动者报酬占比也曾出现过低于 40% 的年份，但没有出现过长期持续下降；无论是英、美，还是"二战"后实现工业化的国家，初次分配中劳动者报酬占比始终是各要素中占比最高的，而且工业化进程中该比例总体呈上升趋势，并随工业化完成而趋于稳定。按产业细分看，从 1997～2007 年间，只有农业和金融保险业的劳动者报酬占比分别提高了 2.5 个和 9.6个百分点，17 个行业中其他 15 个行业的劳动者报酬占比则不同幅度都下降了，大多数服务业下降明显。

劳动者报酬份额降低直接影响公众的消费能力，近年来中国最终消费率持续降低，在很大程度上是与劳动者报酬份额降低息息相关的。由于收入分配失衡，导致我国居民消费能力受到严重抑制，内需拉力不足，居民消费率和居民平均消费倾向下降，居民之间消费差距日益扩大。

中国的最终消费率偏低，而且自 2000 年以来呈逐渐下降的趋势，2002 年以来又进一步低于 60%，至 2008 年下降至 48.6%（见图 9-2）。根据世界银行的统计[①]，大多数国家和地区最终消费率为 75%～80%，居民消费率占最终消费率比例约为 80%。2007 年全球最终消费率平均值为 78%，其中居民消费率为61%，政府消费率为 17%，资本形成率平均值为 22%。低收入国家和地区最终消费率平均值为 83%，中等收入国家和地区最终消费率为 75%。美国、日本、俄罗斯和印度最终消费率分别为 87%、75%、67% 和 65%。2007 年我国最终消费率分别比全球平均值和中等收入国家和地区平均值低 30%、27%。

从图 9-3 和图 9-4 可以看出，1990～2008 年间，多数年份居民消费和政府消费呈现出此消彼长的变化趋势，在 2000 年以来最终消费率总体下降的过程中，政府消费率变动不大，而居民消费率降低明显。

最终消费率和居民消费率不断降低的同时，我国投资率始终处在较高水平，

---

① 世界银行：《2009 年世界发展报告：重塑世界经济地理》，2009 年版，第 356～357 页。

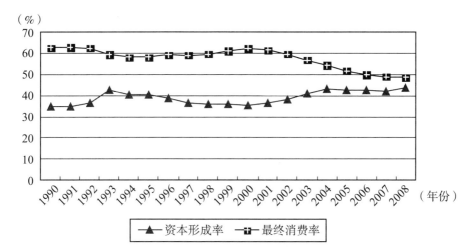

注：（1）按当年价格计算。

（2）资本形成率指资本形成总额占支出法国内生产总值的比重；最终消费率指最终消费支出占支出法国内生产总值的比重。

图 9 - 2　1990 ~ 2008 年中国资本形成率和最终消费率

资料来源：《中国经济年鉴（2009）》。

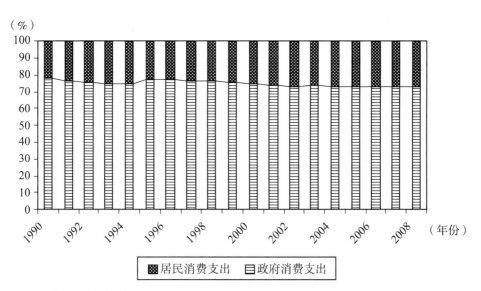

注：按当年价格计算。

图 9 - 3　1990 ~ 2008 年中国居民消费支出和政府消费支出占比

资料来源：《中国经济年鉴（2009）》。

第九章　收入分配与服务业发展

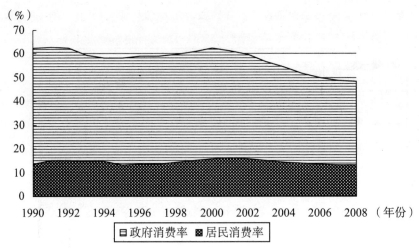

注：按当年价格计算。

图 9 - 4 1990~2008 年中国居民消费率和政府消费率

资料来源：根据《中国经济年鉴 (2009)》数据计算。

并呈持续上升态势，2003~2007 年已经连续 5 年在 40% 以上，大大高于世界平均 22%~23% 的水平，2009 年投资占 GDP 的比重达到 57.5%。从 2004 年开始，居民消费率已经连续 5 年低于投资率。投资与消费的失衡，使生产能力与内需的缺口越来越大，严重依赖国际市场，导致我国目前的最终需求结构严重失衡。从消费、投资和净出口三大需求对 GDP 增长的贡献率来看，最终消费对 GDP 增长的贡献率逐步下降，1989~1998 年为 51.3%，1999~2008 年降为 47.1%，2002~2008 年最终消费对 GDP 增长的贡献率只有 40.1%，见图 9 - 5。

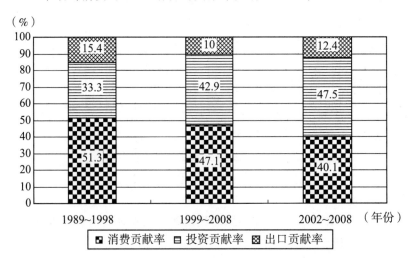

图 9 - 5 消费、投资与出口对 GDP 的贡献率

资料来源：根据《中国统计年鉴》数据计算。

将劳动者报酬数额除以 GDP 得到劳动者报酬率，我们发现，居民消费率与劳动者报酬率曲线数值和形态很相似，可见，劳动者报酬占比总体偏低且持续下降是导致我国居民消费率偏低的重要原因。除此之外，政府公共服务不足以及行业垄断的存在，也大大抑制了消费倾向。2008 年我国教育、医疗和社会保障三项公共服务支出占政府总支出的比重合计只有 37.7%，与人均 GDP 3 000 美元以下国家和人均 GDP3 000 ~ 6 000 美元国家相比，分别低 5 个和 16.3 个百分点。政府公共服务支出的不足，导致居民一方面要用自身的收入来支付快速增长的教育、医疗和社会保障等，挤压了其他消费，而且增加了预防性货币需求，降低了居民消费倾向。另外，一些部门的垄断程度依然很高，社会资本进入困难，结构性供给不足问题依然突出，特别是高端商品和服务供给存在极大缺口。高收入群体消费意愿不足和低收入群体支付能力不足同时并存，有效供给不足与有效需求不足同时并存，成为制约我国内需驱动增长和长期经济平衡发展的重要原因。

从图 9 - 6 可以看出，1990 ~ 2008 年，中国城镇居民人均可支配收入和人均消费性支出均有较大幅度的增长。回归分析显示，二者间总体相关系数为 0.998，回归系数是 0.698，二者是强正相关关系。人均可支配收入增加 1 元，就会有 0.698 元用于消费性支出。随着人均可支配收入的增长，我国城镇居民的平均消费倾向[①]呈下降趋势，边际消费倾向[②]无明显的递减趋势，在 0.5 ~ 1 之间波动。

从图 9 - 7 可以看出，1990 ~ 2008 年，中国农村居民家庭纯收入和人均生活消费支出也有较大幅度的增长。平均消费倾向呈下降趋势，但下降幅度并不明显。边际消费倾向出现了较大幅度的波动，其范围甚至超出了凯恩斯所定义的边际消费倾向的界限[③]。我国农村居民的边际消费倾向在 1998 年和 1999 年出现了负值，而在 1991 年、2000 年和 2005 年又出现了大于 1 的情况。负值的出现是由于 1998 年和 1999 年我国农村居民家庭人均生活消费支出减少所引起的。而数值大于 1，从计算方法上进行分析，主要是由于消费的增量大于收入的增量所导致的，这一方面可能是因为农民依靠借债消费，另一方面也可能来源于城乡居民家计调查抽样、测算方法不合理。农村居民消费倾向之所以有大幅度的波动，除了

---

① 平均消费倾向是消费支出与可支配收入之间的比率，代表了某一收入水平上的居民用于消费支出的比例。平均消费倾向越低，反映居民基本日常消费占收入的比例越低，其在现有收入水平上可以进一步挖掘的消费空间越大。

② 边际消费倾向是指居民在收入增加一个单位中消费所增加的数量。不同收入阶层的边际消费倾向存在明显的差异。一般说来，高收入阶层的边际消费倾向较低，低收入阶层的边际消费倾向较高。在居民收入差距不断扩大的情况下，高收入阶层的购买愿望不足，而低收入阶层的潜在消费需求因收入下降难以转化为现实需求，收入差距扩大和两极分化引起全社会边际消费倾向的降低和有效需求的不足。

③ 凯恩斯认为边际消费倾向是介于 0 和 1 之间的数值。

统计方法方面的原因外，主要有以下因素：农村居民收入受气候、市场影响较大，增长并不稳定；农村市场发展缓慢，向农村提供的商品和服务受种种因素制约，在可得性、品种和质量上不能满足需求，抑制了消费支出；社会保障与公共服务不足，极大地抑制了现实及潜在的消费需求。

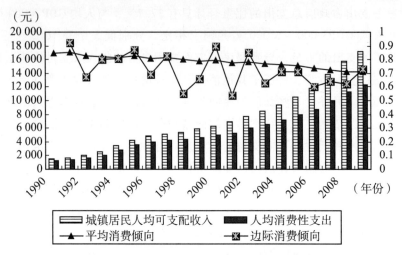

**图 9 – 6　1990～2009 年中国城镇居民人均可支配收入、人均
消费支出与平均消费倾向、边际消费倾向**

　　资料来源：根据《中国经济年鉴》、《中国经济贸易年鉴》、《中国民政统计年鉴》等数据计算绘制。

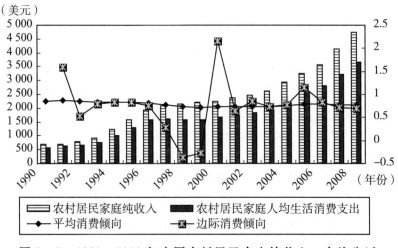

**图 9 – 7　1990～2008 年中国农村居民家庭纯收入、人均生活
消费支出与平均消费倾向、边际消费倾向**

　　资料来源：根据《中国经济年鉴》、《中国经济贸易年鉴》、《中国民政统计年鉴》等数据计算绘制。

从消费支出结构来看，食品是城镇居民消费支出中占比最高的，其后是教育文化娱乐服务、交通通信、衣着、居住和医疗保健。医疗保健、交通通信、文教娱乐和居住的需求收入弹性大于1，即城镇居民对以上几类的消费性支出高于收入的增长幅度，而食品、衣着、家庭设备的需求收入弹性较小。

从可得的数据来看，我国服务性消费支出①增速偏低，占消费性支出的比重近几年不断下降（见表9-1）。与食品、衣着等基本生活商品的刚性需求不同，服务性消费的需求弹性较大，是反映居民消费预期的重要指标。当人们预期经济形势发展良好时，会增加服务性消费支出，反之则压缩服务性消费支出。2002～2008年，城镇居民家庭服务性消费支出占消费性支出的比重呈现"先扬后抑"的趋势。2002～2006年，服务性消费支出比重从27.4%稳步上升至28.1%。但从2007年开始，比重快速下降，2008年至26%，低于2002年的水平，反映出城镇居民对经济形势预期不佳。同时，与居民消费性支出的年均增速相比，服务性消费支出年均增长速度明显偏低。2002～2008年，城镇居民家庭服务性消费支出的年平均增长率为10.3%，比居民消费性支出的年均增速低0.5个百分点，比商品性消费支出的年均增速低0.6个百分点。

表9-1 城镇居民家庭服务性消费支出占比 单位：%

年份	总平均	最低收入户	低收入户	中等偏下户	中等收入户	中等偏上户	高收入户	最高收入户
2002	27.37	23.98	23.96	25.12	26.36	26.97	28.24	31.02
2003	27.03	23.20	23.81	24.75	25.75	26.86	27.93	30.86
2004	28.02	22.51	24.04	25.66	26.62	28.10	29.77	32.03
2005	28.00	23.16	24.40	25.72	26.99	28.29	28.93	31.82
2006	28.07	23.11	24.80	25.63	26.73	28.40	29.71	31.60
2007	26.67	21.93	22.64	24.13	25.29	26.89	27.86	30.96
2008	25.96	20.53	21.62	23.15	24.36	26.05	27.86	30.99

资料来源：《中国经济年鉴》、《中国经济贸易年鉴》、《中国民政统计年鉴》等。

不同收入群体的服务性消费支出发展趋势差异明显。尽管从近几年的总体数据来看，我国城镇居民人均服务性消费支出的比重有所下降，但对2002～2008年不同收入组别的人均服务性消费支出比重进行分析后发现，各年度均呈现服务性消费支出比重随收入水平的上升而提高的趋势。2002年，最高10%收入组服务性消费支出比重为31%，高出最低10%收入组7个百分点；2008年两组的比

---

① 服务性消费支出指用于居民家庭支付社会提供的各种文化和生活方面的非商品性服务费用。

重差距继续扩大，达到了 10.5 个百分点。这一方面说明高低收入群体在服务性消费支出发展水平上的差距逐渐拉大，另一方面也可看出收入水平的上升能带动服务性消费支出的增长。

年平均增长率也显示出收入对服务性消费支出水平发展的影响。2003～2008年，最低 10% 收入组人均服务性消费支出年均增长率仅有 9.1%，而最高 10% 收入组的年均增速达到了 13.0%，高出最低 10% 收入组 3.9 个百分点。值得注意的是，中间 20% 收入组人均服务性消费支出增长疲软，年均增长率仅有 9.9%，低于城镇居民人均服务性消费支出年均增速 0.4 个百分点，影响了服务性消费支出的总体增长水平。

我国中等收入群体比重偏低，收入分布状况呈金字塔形，而非橄榄形，这种状况的出现，是收入分配的直接结果，同时也与经济结构密切相关：在收入分配差距逐步扩大的情况下，很难产生大批的中等收入者；而在以工业化为主导，服务业产值和就业占比都相对较低的经济结构中，中等收入群体的扩张受到抑制。由于高收入水平人群的边际消费倾向低，而收入水平低的人边际消费倾向高，并且高收入阶层的边际消费倾向下降的速度也快于中低收入阶层。随着收入分配差距的拉大，占少数的高收入者的消费水平在达到一定程度后趋于稳定，而占人口多数的中低收入者较高的边际消费倾向受收入水平的限制而无法形成现实购买力，从而使整个社会消费需求增长乏力，平均消费倾向下降，需求结构扭曲，企业缺乏创新动力，高端产品和服务有效供给不足，从而会极大地制约产业结构的调整和经济持续增长。

若想改变这种状况，既要加快收入分配制度改革，不断缩小收入差距，逐步提高居民收入在国民收入分配中的比重，提高劳动者报酬在初次分配中的比重，培育大批的中等收入阶层，释放内需潜能，更重要的是，通过经济结构调整，大力发展服务经济，使经济增长的动力更多地来自于消费，而非当前的投资与出口驱动。

从收入分配状况影响产业结构的第二条传导链，即要素供给链条来看，收入分配状况是生产要素价格情况的反映，而要素价格直接影响企业的要素选择和行业选择，从而作用于产业结构。由于我国劳动报酬在初次分配中的比重偏低，且长期以来呈下降趋势，使企业在产业选择上更多地倾向于劳动密集型行业，较少使用资本或技术替代劳动力，使得低附加值、低产业级次的行业在我国产业构成中占据较大份额。同时，较低的工资报酬也使得很多劳动者仅能维持基本的生存需要，人力资本投资不足，导致劳动力素质难以提升。高素质劳动力的缺乏阻碍了技术进步，又将直接影响产业升级，并且进一步制约劳动报酬的增加。如此反复，从而形成一种恶性循环。

第三节　收入分配与服务业发展的实证研究

首先，我们利用 2005 年中国投入产出表测算最终消费对不同行业的拉动作用。

计算公式如下：

$$X = (I - A)^{-1} GDP_{支出法}$$

$$GDP_{支出法} = GDP_{最终消费} + GDP_{资本形成} + GDP_{净出口}$$

$$R = GDP_{收入法} / X$$

$$X^i = (I - A)^{-1} GDP^i_{最终消费}$$

$$GDP^i_{收入法} = X^i \times R = (I - A)^{-1} GDP^i_{最终消费} \times R$$

其中，X 为行业总产出向量，A 为直接消耗矩阵，I 为单位矩阵，$(I - A)^{-1}$ 为 $(I - A)$ 逆矩阵，$GDP_{支出法}$ 为支出法 GDP 向量，由最终消费、资本形成和净出口三部分组成，R 为增加值率。

开展最终消费单因素分析，假定最终消费增长 10%，资本形成和净出口保持不变，计算各行业增加值的增量，即 $GDP^i_{收入法}$。

基于投入产出表的增加最终消费单因素分析表明：增加最终消费，将提高第三产业增加值在 GDP 中的比重；增加最终消费对不同部门的增加值具有不同的拉动作用，其中以对批发零售贸易、住宿和餐饮业、房地产业、租赁和商务服务业的影响最为明显。可见，扩大最终消费需求，对于服务经济的发展和产业结构升级具有直接作用。

其次，验证最终消费率与产业结构之间的关系。

采用 ADF 检验方法对序列进行单位根检验。检验结果显示，1990~2008 年最终消费率（CONSUM）和第三产业增加值占 GDP 的比重（SR）及其一阶差分序列存在单位根，是非平稳序列，但它们的二阶差分序列均可在 5% 的显著性水平下拒绝原假设，接受不存在单位根的结论，即两序列均为二阶单整序列。

根据协整理论，虽然这些经济变量本身是非平稳序列，但它们的线性组合却可能是平稳的，这种平稳的线性组合可被解释为变量之间的长期稳定的均衡关系。采用 E - G 两步法进行协整分析。

建立最终消费率（CONSUM）和第三产业增加值占 GDP 的比重（SR）之间的协整方程，经回归后得到：

$$SR = 0.338685 * CONSUM + [AR(1) = 1.037975]$$

$$(2.064853) \qquad (34.14452)$$

$$R^2 = 0.931614$$

用 ADF 检验判断残差序列的平稳性，结果显示，残差序列不存在单位根，属于平稳序列，表明最终消费率和第三产业增加值占比之间存在着长期稳定的关系，最终消费率偏低制约了我国服务业的发展，导致服务业在 GDP 中的比重长期得不到明显提高。

下面再来看一下收入分配与产业结构之间的关系。用基尼系数表明收入分配差距，三次产业增加值占 GDP 的比重表明产业结构的变动情况。研究区间为 1990～2008 年。

从表 9 - 2 各变量间的相关系数可以看出，第一产业增加值占 GDP 比重的变动与基尼系数的变动负相关，而第二产业和第三产业增加值占 GDP 的比重与基尼系数正相关。也就是说，随着第二产业和第三产业的发展，收入不平等的程度加大了，这与实际经济情况是一致的。简单的回归分析也显示了同样的结果，且在统计上非常显著。然而，收入分配差距与产业结构变动间的因果关系，即谁引起了谁，影响程度有多大，却很难通过简单的计量分析得出结论。

表 9 - 2   基尼系数与三大产业增加值占 GDP 的比重的相关系数矩阵

	基尼系数	第一产业增加值占比	第二产业增加值占比	第三产业增加值占比
基尼系数	1.00000	- 0.93919	0.714598	0.828527
第一产业增加值占比	- 0.93919	1.00000	- 0.71845	- 0.90775
第二产业增加值占比	0.714598	- 0.71845	1.00000	0.360381
第三产业增加值占比	0.828527	- 0.90775	0.360381	1.00000

我们通过一个简单的回归方程看一下基尼系数与服务业增加值占比之间的关系。

$$SER_i = \alpha_0 + \alpha_1 \ln INCOME_{ci} + \alpha_2 \ln INCOME_{ri} + \alpha_3 Gini_i + U_i$$

SER_i 为第 i 年服务业增加值占 GDP 的比重，$INCOME_{ci}$ 为第 i 年城镇居民人均可支配收入，$INCOME_{ri}$ 为第 i 年农村居民家庭人均纯收入，$Gini_i$ 为基尼系数。回归结果显示，城镇居民人均可支配收入与服务业增加值占比之间的相关系数为正，而农村居民家庭人均纯收入、基尼系数与服务业增加值占比之间的相关系数为负，也就是说，服务业占 GDP 的比重受收入分配的影响，当城镇居民人均可支配收入增加时，服务业占比会提升，而农村居民家庭人均纯收入和基尼系数提高时，阻碍了服务业比重的上升。这一方面说明当前农村居民收入增长对服务业尚未产生影响，同时也说明，收入差距，特别是城乡收入差距会阻碍服务业的发展。

之所以如此，主要原因在于居民收入差距的扩大使得不同收入群体间存在消费断层，致使我国产业结构升级乏力。处于金字塔底端的低收入人群，特别是广大农村居民尚在为基本的生活需求奔忙，对服务的需求还没有达到相应的临界点，需求数量、品种和层次都很低。高收入人群对服务业的需求大、层次高，但规模有限，且因为一些服务国内有效供给不足，或由于消费偏好的缘故，一部分需求由进口满足，内需对产业发展无法形成明显的带动作用，导致中国居民的收入水平虽有上升，但服务业比重并没有获得明显的提高。

第四节　缓解收入分配差距的思路和措施

从上面的分析可以得出，收入差距是导致我国服务业发展水平不高的重要原因之一，故而需要采取多种措施缓解收入分配差距。

以是否公正为标志，导致收入分配差距的因素可分为两类：制度"不公"的因素，如因在垄断行业、公共部门工作获得较高收入；个人天赋和能力的因素，如具有创业者或企业家才能，或因特别努力工作获得较高收入。对于前者，是尽可能消除；对于后者，则是适度调节。经验表明，收入分配差距不仅是可控的，而且可以通过综合治理，有效地缩小差距。当然，缩小的过程必须是渐进的，措施必须具有系统性和针对性。为此，我们要从源头防范和制度保障两个方面，尽快堵住至今仍然在扩大收入差距的漏洞，同时，要加快各种制度建设，首先使收入差距继续扩大的势头得以控制，并逐步使差距保持在合理、可控的范围。现实还表明，人群间收入差距的扩大与缩小，在很大程度上受制于城乡、地区、行业和企业内部的收入差距。因此，缩小全社会的收入差距，一方面需要采取对人群间收入差距缩小有直接意义的措施，如机会公平、社会保障等；另一方面，还要从缩小城乡、地区、行业和企业内部收入差距入手，标本兼治，使收入分配差距有较明显的缓解。在现实生活中，源头防范和制度保障是交织在一起的，因此，我们认为，如果说缓解收入分配差距是一个系统工程的话，那么，以下若干方面都是必不可少的重要措施。

第一，加快建立收入申报制度。对于目前中国收入分配差距的现状，有各种分析和判断，但是，由于数据来源不同，计算范围不同，例如，是否考虑灰色收入部分，其结果就有很大的差别。因此，只有通过建立与每一位公民有关的收入

489

申报制度，才能获得相对全面、准确的数据，并基于这些数据的计算，对收入分配差距的状况有一个客观的估计，以利于制定具有针对性的有效措施。同时，收入申报制度不仅是揭示收入差距的必要手段，而且，其本身作为一个强制性的制度安排，对缩小收入差距将产生积极的影响。建立收入申报制度所需要的技术条件，已经不存在任何问题，问题就在于如何充分利用这些技术条件，确定推出这一制度的时间表和其他保证执行的细则。必须指出，财产申报制度可以仅针对特定人群，如达到某一公职级别及以上的政府官员，以及将要晋升至该级别的政府官员。财产申报制度的主要作用是反腐败，收入申报制度的作用就远不止于此，即便分配保障性住房，也需要以收入申报制度作为甄别分配对象的基本依据。

第二，确立机会公平的理念和制度。完整地理解现代社会机会公平的理念和含义，对于建立社会公平公正的各项制度至关重要。为此，需要深化并加快改革，使那些继续导致机会不公平的制度日渐式微，直至形成机会公平的制度和环境。机会公平的重要性，随着人力资本在越来越大的程度上替代劳动，成为创造价值最大的生产要素，而日益凸显出来。也就是说，机会公平已经从市场竞争环境公平，扩展到教育机会公平、健康机会公平、就业机会公平和迁移机会公平，使每个人都有平等的机会对自身的人力资本赋值。这是现代社会公平公正的起点。如果同时做到两个机会公平，即人力资本赋值公平和市场竞争环境公平，再经过税收制度的必要调节，那么，人群间的收入分配差距就可以保持在社会成员都可以接受的范围内。这里所说的机会公平，与社会保障制度改革与完善，与义务教育、公共卫生和基本医疗服务均等化，与就业、创业的市场环境都密切相关，因此，要在有关的理念培育、体制改革与制度建设等方面做具体的、深入的工作。

第三，遏制非法收入和灰色收入的滋生和增长。非法收入和灰色收入是当前收入分配差距的重要源头，同时也是继续扩大差距的主要因素之一。专家研究表明，加入灰色收入因素的收入分配差距，将比未考虑这一因素的差距大一倍左右。由此进一步说明这个现象的严重性。非法收入和灰色收入的实质，是制度不健全所导致的腐败问题。因此，要从政府自身改革和制度建设入手，才能取得实质性的进展。具体而言，我们需要借鉴相关国际经验，以及中国香港、台湾等地的做法，推出收入申报制度，并加强其他现行制度的执行力度，如现金管理的有关制度，使非法收入和灰色收入的提供者和收受者都受到严厉制约和打击，最大限度堵住这一扩大收入分配差距的源头，并最终将其逐出中国的社会经济生活。

第四，反垄断和减少行政管制并举，明显缩小行业收入差距。按照自然垄断、经济垄断（规模经济）和行政垄断划分，中国目前较为严重的，就是行政垄断，其次是自然垄断。最具有特色的垄断，是用行政管制保护的自然垄断和经济垄断。最为典型的事例，就是给予已经具有垄断超额利润的石油行业价格补贴。本来，行政管制是用来反垄断的，现在却在很大程度上成为垄断的"保护伞"，这是问题的关键。因此，在中国现阶段，首先要解决的，是反行政垄断。行政垄断不是经济学意义上的垄断，实际上就是行政管制，因此，解决行政垄断的问题，就是解决管制的问题，要通过政府自身改革和体制改革，才能得以解决。现在我们所看到的那些高个人收入的行业，基本是在行政管制保护下的，具有自然垄断和经济垄断倾向的行业，如电信、电力、银行和石油行业，以及管制性行业，如烟草行业，而依靠技术创新获取高收入的行业寥寥无几。减少行政管制，提高经济活动的竞争性，迅速控制行业间收入差距，已成为当务之急。

第五，加大社会保障制度的覆盖面和基本保障内容。在涉及基本公共服务的领域，建立城乡间、地区间均等化的社会保障，不仅有助于获取收入、创造财富的机会公平，而且也能够适度地调整收入和财富的结果公平。一方面，随着社会经济的发展，人们的社会保障需求日益壮大；另一方面，人们赖以生存的经济、社会、生态环境有着各种风险，需要通过建立相应的保障制度来予以防范和化解。因此，社会保障制度的建立和健全，是任何一个负责任的政府都无法回避的发展主题。自2003年以来，中国在改善社会保障和提供公共服务方面，取得了积极的进展，"十一五"规划中有关社会保障的目标在陆续实现。当然，我国社会保障制度的架构、社会保障项目的安排、相关服务的匹配，以及社保资金的筹集、保值增值和监管等，都要作出深入的改进。与此同时，随着基本公共服务均等化的推进和实现，进一步提高社会保障的公平性，发挥其有效的再分配功能，对缩小收入分配差距能产生更加积极的作用。

第六，调整和完善转移支付制度，以期在基本公共服务均等化方面发挥积极作用。自我国实行分税制以来，中央政府对地方政府的转移支付，已经成为地方财政收入中重要且较为稳定的来源。但是，转移支付的均等化效果并没有随着数量的增加而相应提高。具体而言，税收返还是分税制改革的重要内容，各省所占的相对份额也较为稳定，这不利于缩小地区间财政不均等程度；财力性转移支付应当是实现财政均等化的主要补助形式，但一般性转移支付占财力性转移支付的比重过小，这种状况制约了财力性转移支付的均等化效果；专项转移支付即专项补助，量大面广、结构复杂、规范性差，此类转移支付的快速增长，可能形成对一般性转移支付的挤占，不利于均等化目标的实现。因此，需要进一步调整和完善转移支付制度，对现行转移支付制度的类型结构和资金的地区分配结构进行调整，减少用于非均等化方面的转移支付资金，加大对西部地区的转移支付，提高转移支付的均等化绩效，以利于发挥转移支付制度对地方财政的正向激励作用，提高地区间财政均等程度，为实现基本公共服务均等化打下必要的财政基础。

491

第七，深化税收体制改革，更好地发挥税收对收入分配的调节作用。在新一轮税制改革中，与调节收入分配有关的，主要是个人所得税和房产税的改革。个税改革中的起征点调整和严加征管等内容，都将有助于缩小收入差距。个税和房产税改革的具体设计，要充分体现公平税收负担，规范收入分配秩序，促进经济健康发展的原则。完善消费税制度的改革，提高部分高档消费品、奢侈品和大排量汽车等的消费税税率，既是合理引导消费行为，体现节约能源资源的要求，也是对收入差距的一个调节。

综观上述措施，其间同样体现"市场的归市场，政府的归政府"的原则。例如，行业间收入差距的缩小，最根本的措施就是市场化，以及竞争性领域的民营化。又如，地区间差距的缩小，既有政府战略规划和政策措施的作用，也需要要素市场发育，使资本、劳动和人力资本充分流动，市场所达到的均衡，就内在着要素报酬的均衡。与此同时，市场机制和生产要素能够在公开、公平和公正的环境和条件下发挥作用；政府能够实现向服务型政府的转型，提供均等化的公共服务，收入分配差距的缩小就指日可待。

第十章

服务贸易与服务业 FDI：
基于开放经济视角

第一节 导　论

随着发达国家由工业化向后工业化和信息化社会的转变，国际分工协作从传统的制造环节日益向生产性服务等高端环节延伸，服务全球化方兴未艾。所谓服务全球化，是指"服务的生产、消费和相关生产要素的配置跨越国家边界，形成一体化的国际网络，各国服务业相互渗透、融合和依存，国际化的服务供给和消费不断增加"[①]。当前，服务贸易占全球贸易总额的比重约 20%，服务业跨国公司占全球跨国投资的比重已达 65% 左右，全球 500 强企业中，服务业跨国公司超过一半，其跨国经营指数也超过了 50%。服务全球化改变了世界服务业的发展模式，并日益深刻地影响着世界各国经济、产业、技术的发展模式，成为决定各国国际竞争力的关键因素。本章以服务全球化为主线，对开放条件下的服务贸易与服务业外商直接投资进行探讨。

[①] 江小涓等：《服务全球化与服务外包：现状、趋势及理论分析》，人民出版社 2008 年版，第 2 页。

一、服务提供方式及统计

(一) 服务提供方式及特点

希尔（Hill，1977）指出，服务的生产与消费同时进行，服务一旦生产出来就必须由消费者进行消费而不能被储藏。根据这一特性，巴格瓦蒂（Bhagwatti，1984）及桑普和斯内普（Sampson and Snape，1985）相继对服务的提供可能产生的影响进行了分析。由于服务生产和消费必须同时同地进行的特性，导致服务的可贸易度较低。他们将服务分为两类：一类为需要物理上接近的服务，另一类为不需要物理上接近的服务。在此基础上，巴格瓦蒂（1984）将服务贸易分为四类，前三类必须物理接近（1）提供者移动、使用者不移动的服务贸易；（2）使用者移动、提供者不移动的服务贸易；（3）使用者和提供者都移动的服务贸易；（4）不需要二者移动的"远程"服务贸易。

桑普和斯内普也将服务贸易分为四类：（1）生产要素和服务接受者不移动的服务贸易；（2）生产要素移动、但服务接受者不移动的服务贸易；（3）服务接受者移动、但生产要素不移动的服务贸易；（4）生产要素移动和服务接受者都移动的服务贸易。该类服务贸易将发生在第三国。其中，服务接受者既可以是人（如医疗服务），也可以是商品（如绘画作品或运输），还可以是资源（如犁地）。

格鲁贝尔（Grubel，1987）则将服务贸易先划分为两大类：第一类要求人、资本、公司或（货）物临时跨越国境。这一类又分为两种情况：（1）人或（货）物到国外接受服务；（2）人到国外提供服务、公司到国外提供纯资本和其他资本资产服务，或者是（货）物到国外提供服务，如运输等。第二类则为非要素服务。即当包含了这类服务的货物的国际贸易发生时，该类服务贸易就会发生。

内亚（Nayyar，1988）将服务贸易定义为："一国居民与另一国居民之间就服务进行的国际交易，而不管该交易发生于何地"。并据此将服务贸易分为四类：（1）生产者移动到消费者处的服务贸易；（2）消费者移动到生产者处的服务贸易；（3）生产者或者是消费者移动到对方所在地的服务贸易；（4）消费者和生产者都不移动的服务贸易。前三类服务贸易的发生都需要生产者和消费者的物理接近，这一点与服务的特性相符合。第四类服务贸易则无须物理接近，该类国际服务贸易与国际货物贸易相似。

萨皮尔和温特（Sapir and Winter，1994）将服务贸易分为四类，这四类国际服务交易分别为：（1）在一国不移动的使用者获得位于另一国也不移动的提供者所生产的服务。如金融服务和专业服务，其交易通过电讯网络流动。（2）使用者从一国移动到另一国以实现服务。此类服务经常发生于旅游、教育、医疗、船舶修理和机场服务。（3）提供者从一国移动到另一国以实现服务。此类服务发生于不需要经常和紧密的相互接触的商业服务，如工程设计等。（4）一国提供者在另一国建立分支机构以实现服务。这是国际服务竞争最常见的方式，它包括销售者和使用者经常和紧密的相互接触。此类服务交易在大多数服务中居支配地位，包括会计、广告、银行、咨询和销售服务。在此基础上，萨皮尔和温特对四类服务贸易之间的关系及意义进行了进一步的分析。他们发现（1）不同贸易类型之间的界限，特别是第一、三、四类贸易之间的界限是可以相互渗透的。如咨询服务，大部分的国外工作是由其当地机构提供的（第四类），但关键人员从母国公司旅行到当地提供特殊服务（第三类）。但（关键人员的旅行）也可能完全被电视会议或其他通信方式取代（第一类）。（2）不同类型贸易之间的边界正在发生移动。数据处理和通信的补充性创新已经降低了几种服务，如零售（电子商店）或银行（电子银行）服务的生产者和消费者之间物理接近的必要性。这已增强了服务的可贸易度，使部分第四类服务贸易向有利于第三类贸易的方向发展。（3）在第四类交易中，对外直接投资在国际服务交易中作用关键。（4）典型的服务贸易壁垒包括对开业权（第四类）或关键人员移动（第三类）的限制。许多服务业也正在经历国际贸易和对外直接投资之间更多的相互作用。

高希（Ghosh，1997）也对不同服务提供方式之间的关系进行了分析。他发现，如果没有有关人员到进口国去或没有在进口国建立某种形式的商业存在，或者是两者皆具的话，即使是"分离"或"远程"服务（不需提供者和消费者物理接近）的提供也经常不能完成。他还发现，尽管不同提供方式之间有时可以相互替代，如"分离"服务，但他们之间的关系在更多的情况下则表现为一种互补关系。如商业和专业服务的提供方式之间的联合使用已经出现了日见增多的趋势。

关贸总协定乌拉圭回合多边贸易谈判的一个重要结果，产生了《服务贸易总协定》（General Agreements On Trade in Services，GATS）①。根据服务贸易的提供方式，GATS 将服务贸易定义为：（1）从一缔约方境内向任何其他缔约方境内

---

① 《服务贸易总协定》于 1994 年 4 月 15 日通过，1995 年 1 月 1 日正式生效。《服务贸易总协定》是多边国际贸易体制下第一个有关服务贸易的框架性法律文件，是迄今为止服务贸易领域内第一个较系统的国际法律文件。

提供服务（即跨境交付，如通过电讯、邮电或计算机网络等方式提供的视听、金融服务等）；（2）在一缔约方境内向任何其他缔约方的服务消费者提供服务（即境外消费，如旅游、留学等）；（3）一缔约方在其他缔约方境内通过提供服务的实体性介入而提供服务（即商业存在，包括投资设立合资、合作、独资企业或分支机构，如开设饭店、律师事务所等）；（4）一缔约方的自然人在其他任何缔约方境内提供服务（即自然人流动）。

GATS 中的"服务提供"包括任何部门的任何服务，但实施政府职能活动所需的服务提供除外，包括任何生产、分销、营销、销售和传递一项服务。

"影响服务的措施"包括：购买、支付或使用一项服务；与提供服务有关的准入和使用，包括分销、传递系统及公共电信传递网与服务；一缔约方的服务提供者在另一缔约方境内现场提供服务，包括商业存在。

"服务提供者"指该缔约方提供服务的任何自然人或法人；"服务消费者"指该缔约方接受或使用服务的任何自然人或法人。

第一类服务贸易，是指"跨境交付"（cross-border supply），从一国境内向另一国境内的消费者提供服务。此种服务贸易的提供模式类似于传统意义上的货物贸易，即交付产品时服务的提供者和消费者依然留在各自的领土上，分属于两个不同的国家，而没有跨越国境。跨境交付的媒介主要包括电话、传真、网络、其他计算机媒体的连接、电视等，还包括用邮件或信使方式发送文件、软盘和磁带，为支持货物贸易而产生的服务是跨境交付服务贸易的常例。它又可以分为被分离服务（separated services）贸易和被分离生产要素服务（disembodied services）贸易两种类型。

被分离服务贸易类型中的服务与货物一同在出口国生产，经过国际的交易在进口国消费。保险和金融服务就是国际的交易可以通过通信手段进行的服务。在这些被分离服务中，可能有附加在货物上已被物化的出版物或软盘，因而就产生了区别服务与货物的困难。

被分离生产要素，或称缺席要素（absent factor）服务贸易。这种服务贸易形式是迪尔道夫最早提出的。他指出，在提供服务时，并不需要所有要素都移动，可能有一种要素被称为"缺席要素"，比如管理，位于母国不动，但可以通过信息通信技术提供服务，以强化海外生产要素。

第二类服务贸易"境外消费"（consumption abroad），是通过服务的消费者（购买者）的过境移动实现的，服务是在服务提供者实体存在的那个国家（地区）生产的。其他国家的消费者作为旅游者、留学生或病人等前往服务提供者境内进行服务消费。只有消费者的资产迁往或位于境外，才能获得这样的服务。常见的例子有旅游、教育、医疗服务等。

第三类服务贸易"商业存在"（commercial presence），主要涉及市场准入（market access）和直接投资（foreign direct investment，FDI），即在一缔约方内设立机构，并提供服务，取得收入，从而形成贸易。这里设立机构的服务人员，可以是来自母国，也可以是在东道国雇佣；其服务对象可以是东道国的消费者，也可以是第三国的消费者。这样，似乎又与第二类服务贸易定义有交叉，不过第三类重点强调的是，通过自己的生产要素（人员、资金、服务工具）移动到消费者居住地提供服务而产生贸易；而第二类强调的是服务提供者通过广告、自我推销等形式"引导"消费者到自己所在地来，并购买（或消费）服务。第三类服务贸易形式常见的有在境外设立金融服务分支机构、律师事务所、会计师事务所、维修服务站等。

第四类服务贸易，主要是缔约方的自然人（服务提供者）过境移动，在其他缔约方境内提供服务而形成贸易，这种形式常称为"自然人流动"（movement of natural persons）。此种提供方式包含两层意义：一是外国的服务提供者作为独立的自然人个体前往服务消费者所在国提供服务，如服务提供者作为咨询顾问或健康工作者前往另一国境内提供服务；另一方面，境外的个人可作为服务提供企业或机构的雇员前往另一国境内提供服务，如以咨询机构、医院或建筑机构雇员的身份前往提供服务。自然人流动与商业存在的共同点是：服务提供者到消费者所在国的领土内提供服务；不同点是：以自然人流动方式提供服务，服务提供者没有在消费者所在国的领土内设立商业机构或专业机构（见图 10 - 1）。

由四种提供方式的定义可知，各种提供方式有着不同的内在属性，与此同时，每个服务部门也有各自不同的特点。因此，并不是每一种提供方式都可以为各个服务部门所用，同样，也并非每个服务部门都可以适用全部四种提供方式。除"跨境提供"之外，服务贸易的其他三种提供方式所提供的服务均直接发生在提供者和消费者之间（不需要媒介）。可见，服务贸易四种提供方式的主要差异在于服务提供方和服务消费方地理空间的变换以及服务内容传递方式的差异。

对于服务贸易的定义，"乌拉圭回合"中期评审报告中曾指出，多边服务贸易法律框架中的定义，应包括服务过境移动，消费者过境移动和生产要素过境移动（主要指服务提供者过境移动）。它们一般要符合以下四个标准：服务和支付的过境移动性（cross-border movement of services and payments）；目的具体性（specificity of purpose）；交易连续性（discreteness of transactions）和时间有限性（limited duration）。

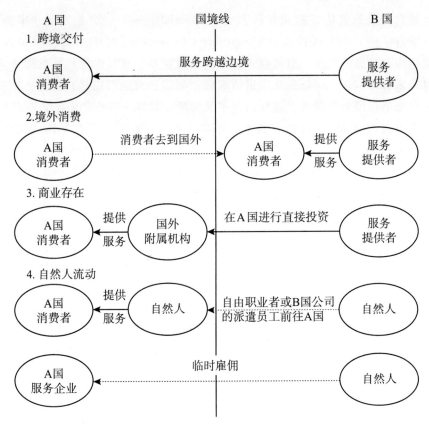

图 10 - 1　GATS 框架下的服务贸易分类

（二）国际服务贸易统计

　　服务贸易统计对于服务贸易的发展具有很重要的意义。由于服务产业本身复杂多样，定义起来比较困难，从而使服务贸易统计错综复杂。1993 年 9 月，IMF决定修改已使用 16 年之久的《国际收支手册》，并要求所有成员方今后能够根据修改的内容，提供更详细的服务贸易报告书。

　　目前，在反映国家（地区）之间交易的国际经济统计中，主要有三种统计：（1）以记录跨境货物交易为特征的国际商品贸易统计；（2）以记录跨境服务交易为特征的跨境服务贸易统计；（3）与国际投资活动有关，具有非跨境交易特征外国附属机构贸易（foreign affiliates trade，FAT）的统计，三者互为补充，从不同角度记录国际经济交易状况。

　　国际商品贸易是国家间最直接、最传统的经济联系方式，是跨越国境（关境）的商品流动，与之对应的商品贸易统计是跨境的商品流动的统计，它的重点是商品在国家间的流动，与谁是商品的所有者、谁是交易的受益人无关。

通常所说的服务贸易统计是与国际收支统计联系在一起的，即所谓跨境服务贸易统计。跨境服务贸易统计是指国际收支平衡表所记录的，经常项目下居民与非居民之间的服务交易，即跨境的服务流动的统计，具有服务跨境消费和跨境交易的特征。

随着经济全球化的发展，对外直接投资迅速增长，国家间经济联系的方式不再仅仅是具有跨国境特征的商品和服务进出口，还包括由于资本流动而导致的商品和服务的非跨境交易。FAT 统计反映了外国附属机构在东道国发生的全部商品和服务交易情况，包括与投资母国之间的交易，与所有东道国其他居民之间的交易，以及与其他第三国之间的交易，核心是其中的非跨境商品和服务交易，见图 10 - 2。

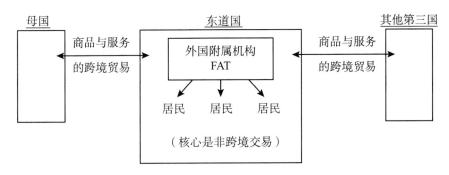

图 10 - 2 FAT 统计示意图

对任何一国来说，直接投资都是双向的，既有外国在本国的直接投资，也有本国在外国的直接投资。这种投资的双向流动反映在统计上，就形成了 FAT 的内向统计和外向统计。就报告国而言，记录外国附属机构在本国的交易情况的统计，称为内向 FAT 统计；记录本国在国外投资形成的附属机构在投资东道国的交易情况的统计，称为外向 FAT 统计。

FAT 统计有以下几个特点：第一，从统计范围看，FAT 统计实际上包括了外国附属机构的全部交易——跨境交易和非跨境交易，但核心是非跨境交易，即企业的国内销售。第二，从统计对象看，只有对方绝对控股并且绝对能够控制的企业，亦即外方投资比例在 50% 以上的企业才列入 FAT 统计范围，这与直接投资统计的对象不同，后者以外资比重达到 10% 以上为标准，我国是 25%。原因在于，FAT 统计是投资基础之上的贸易统计，反映的不仅是投资状况，更主要的是贸易利益问题，只有外国投资人拥有并控制了该企业，才有可能决定贸易过程并获得贸易利益。第三，从统计内容看，FAT 统计既包括投资的流量和存量，也包括企业经营状况和财务状况，及对东道国经济的影响，但最主要的内容是企业的经营活动状况。这才是有别于传统直接投资统计的地方。因此，FAT 统计反映的中心内容是：外国附属机构作为东道国的居民，与东道国其他居民之间进行的交易，即其在东道国进行的非跨境交易的情况，以及这种交易对东道国经济和市场产生的影响。第四，FAT 统计在实践中的区别。按照 WTO 的要求，将外国附属机构的当地服务销售作为国际服务贸易的内容，所以，一般将对非跨境的服务销售进行 FAT 统计，作为广义国际服务贸易统计的内容；而对外国附属机构的当地商品销售进行的 FAT 统计，则被认为是外国直接投资统计的进一步深化，也是对商品贸易统计的有效补充。因此，当 FAT 统计应用于国际贸易统计时，一般是用在广义国际服务贸易统计之中。第五，从作用来看，FAT 统计弥补了国际商品贸易统计、跨境服务贸易统计和外国直接投资统计的不足，将外资企业的生产和服务提供对贸易流动的影响，以及由此产生的利益流动反映出来。假定三个国家，投资国 A 原来直接向第三国 C 出口商品或服务，现改为通过在东道国 B 投资进行生产和经营并对 C 出口，从而导致国际商品贸易流和跨境服务贸易流的流向发生变化。但在这种贸易流的背后，利益分配的格局未变，东道国在其中只是起了利益传递作用。投资及贸易利益最终仍是流向投资国 A 的。FAT 反映这种利益流动的真实情况。用图 10 - 3 表示如下。

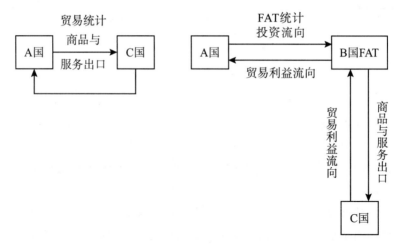

图 10 - 3　FAT 统计对贸易统计与投资统计

广义的服务贸易统计必须将贸易统计与投资统计紧密结合起来，因为，对某些服务贸易而言，投资不再是补充手段，而是贸易的必要条件，所以，必须在记录投资活动的同时，对其经营活动和经营本质进行反映，这一点可以通过 FAT 统计来解决。当然，FAT 统计在操作中会遇到一些难处，会给服务贸易统计带来麻烦。如何进行服务贸易统计成为各国十分棘手的问题。目前，服务贸易统计正处在逐步完善、规范的过程之中。

《国际服务贸易统计手册》（Manual on Statistics of International Trade in Services）是由联合国、欧共体、国际货币基金组织、经济合作与发展组织、联合国贸易和发展会议、世界贸易组织六大国际组织于 2002 年共同编写的。它标志着国际公认的国际服务贸易统计基本框架的形成。自此，世界各国以该手册为基准，开展或加强服务贸易统计数据的采集与发布。美国、欧盟等发达国家已较为成功地开展了服务贸易统计。目前已有 140 多个国家（地区）定期向国际组织报告国际收支项下服务贸易统计数据，并有 25 个国家（地区）开展了外国附属机构服务贸易统计。

《国际服务贸易统计手册》的国际服务贸易统计基本原则是，遵循《服务贸易总协定》关于国际服务贸易的定义，确定以四种供应模式，即跨境提供、境外消费、商业存在和自然人移动作为服务贸易统计的内容。在具体操作上，以居民与非居民间的服务贸易（services transactions between residents and non-residents），即国际收支项下的服务贸易和通过外国附属机构实现的服务贸易（foreign affiliates trade in services，FATS）两条主线进行服务贸易统计。其中对于居民与非居民之间的服务贸易统计，建议按照更为详细的服务贸易分类体系（即扩大的国际收支服务分类，extended balance of payments services，EBOPS）和按照贸易伙伴国编制统计数据，并将居民与非居民之间的各类服务贸易按不同供应模式进行分配。对于 FATS 统计则分别进行内外向统计。其中，本国境内外国附属机构提供的服务作为内向 FATS，本国在外国境内的附属机构提供的服务作为外向 FATS。而对于自然人移动统计，因其范围难以界定以及可行的统计指标有限，目前尚未成为国际服务贸易统计的主要组成部分。

我国于 2007 年 11 月 21 日制定了《国际服务贸易统计制度》，目前已建立起符合国际标准、并覆盖 GATS 四种供应模式的服务贸易统计体系。该体系包括两个主要组成部分和一个次要组成部分，其中两个主要组成部分是：居民与非居民间的服务贸易统计（BOP 统计）[①] 和外国附属机构服务贸易统计（FATS 统计）[②]，一个次要组成部分是自然人移动统计。统计的范围已覆盖中国大陆与部分其他国家以及中国港澳台地区之间发生的服务贸易；统计方法遵循《国际服务贸易统计手册》。

[①] 主要对应第一、第二两种供应模式，也会涉及第三、第四供应模式。统计范围主要限于按照常住原则在中国居民与非居民之间发生的服务贸易活动。此部分内容基本对应于国际收支项下的服务往来项目，以服务贸易进口总额和出口总额为基本统计指标，然后进行单维和多维分组。

[②] 主要对应第三种供应模式。中国 FATS 统计的范围分：中国境内持有股权 50% 以上的外商投资企业在中国境内的服务销售，即中国的内向 FATS；中国对外直接投资所形成的持有股权 50% 以上的企业在外国当地的销售，即中国的外向 FATS。

二、贸易品、非贸易品与服务可贸易性

在传统国际经济学研究中，服务业或服务部门被视为不可贸易部门，这些部门生产（或提供）的服务被看做是不可贸易的。然而，当代国际经济中一个引人注目的现象，就是服务贸易正以前所未有的速度蓬勃发展，服务可贸易性问题，也成为经济学界关注的重点。

对于"可贸易性"（tradability）概念的理解，有广义和狭义之分。广义地看，是指可参与交易的程度，属于普遍意义上的市场交换范畴，包括国内贸易和国际贸易。在国际经济学文献中，"可贸易性"则是指可参与国际贸易的程度，属于国际贸易范畴，这是狭义的理解。

学术界对可贸易性问题的讨论大体分为三个阶段。第一阶段是 20 世纪 50 年代以前，此时基本沿用了古典经济学的假定，如约翰·穆勒和大卫·李嘉图等。他们认为，所有的最终产品是可贸易的，而生产要素如资本、劳动力和土地则是不可贸易的。第二阶段是 20 世纪 50 年代后期和 60 年代初期直到 80 年代末。在研究开放经济的宏观经济问题时，无论是可计算一般均衡理论模型（computable general equilibrium，CGE），还是非均衡理论模型，经济学家们开始对非贸易品加以考虑。詹姆斯·米德（1956）、索尔特（1959）、斯旺（1960）、马克斯·科登（1960）等对建立和发展可贸易与不可贸易商品模型作出了贡献。另外，在开放经济条件下，采用可贸易—不可贸易模型分析的文献有：贝拉·巴拉萨（1964）、保罗·萨缪尔森（1964）、霍尔（Hoel，1981）、斯泰根（Steigum，1980）、尼里（Neary，1980）、格罗斯曼等人（Grossman et al.，1982）、约翰逊和劳夫格仑（Johansson and Lofgren，1980，1981），等等。第三个阶段，即自 20 世纪 90 年代初期以来直到现在。这一阶段，国际经济学研究领域对可贸易性的关注更为深入，并开始考虑具体的细分产业部门的可贸易性。

服务是主要的非贸易品，占到了非贸易品总量的绝对比重，服务可贸易性直接影响着服务贸易的广度和深度。巴格瓦蒂（1984）认为，关于服务不可贸易的观点，起源于服务生产与消费具有同时性的特点，这一特点必然要求服务的生产者与使用者互相作用和互相影响（即直接接触）。后来许多研究对服务不可贸易的观点提出了反驳。如桑普和斯内普（1985）指出，提供者和消费者的接触对于很多服务而言，并不是一个必然的要求。而且，很多时候，需要提供者和接受者接触的服务和那些没有这一要求的服务之间的区别并不是很重要。巴格瓦蒂（1984）也指出，由于技术的进步，一些服务在提供过程中提供者和接受者相分离的现象不断出现。赫希（Hirsch，1986）用"同时性因素"（simultaneity factor）说明了可贸易与不可贸易服务之间的区别，认为服务生产者与使用者共同作用期间发生的成本占交易总成本的比例越低，这类服务的可贸易性就越大。梅尔文（Melvin，1987）指出，希尔的界定仅适用于接触性服务，而其他很多服务的生产与消费在时间和空间上可以分离，如金融、保险服务、数据处理、法律服务等，故服务贸易可以在要素层面或产品层面上进行。伯吉斯（Burgess，1990）认为，尽管服务所具有的生产和消费须同时发生的内在性质决定了其可贸易程度不如商品，但是通信技术的进步已使得很多服务的可贸易程度大大提高，而且贸易成本甚至要低于一般商品。

从已有文献看，对"服务可贸易性"（tradability of Services）概念的界定，也有狭义和广义之分。其中，狭义的概念是专指古典意义上的国际贸易，与传统商品贸易相比较的基础上形成的，认为服务可贸易性仅指"跨境交付"服务的可贸易性，这类服务主要包括运输服务和信息密集型服务（包括数据库服务、软件服务、通信服务等）；与此对应，广义的概念还涵盖了"境外消费"、"商业存在"、"自然人移动"三种贸易模式，主要对应于除信息密集型服务之外的其他服务种类。由于服务具有明显区别于商品的自身特点（如服务的无形性、异质性和难以储存性等），对服务可贸易性的理解应采用广义的概念。

服务的可贸易性可理解为服务的一种属性特征，不同的服务种类具有不同的可贸易性，同时表现为不同的贸易形式。比如，旅游服务的可贸易性很强，主要表现为境外消费贸易模式；电信服务的可贸易性较强，主要与"跨境交付"贸易模式相对应；而各类交互程度较高的专业服务（如会计、法律、教育、医疗服务等）的可贸易性相对较弱，通常以"商业存在"贸易模式发生，等等。并且，服务的可贸易性不是绝对固定不变的，而是在各种因素的综合作用下发生动态变化的。

从外延来看，服务可贸易性需要从三个方面来把握：（1）技术可行性。是指从技术方面看中间服务和最终服务产品的可运输性。（2）经济可行性。指在既定的生产成本条件下，潜在的服务交易得以实现的可能性。如有的服务产品尽管生产成本较低，但加上高昂的运输成本（经济因素），就变得不可贸易。（3）制度可行性。这与各国对服务贸易的国内规制及各国政治、法律、文化等体制因素有关。以上三个方面彼此联系、相互影响，共同决定了服务的可贸易性。

虽然在理论上对服务的可贸易性问题还有诸多争论，实践中服务的可贸易程度也相对较低（2008年，世界服务贸易总额仅占全球服务业增加值的17.4%[①]），但在"服务是可贸易的，且随着技术进步，可贸易性将随之提高"

---

① 资料来源：根据 The World Bank，*Key Development Data & Statistics* 数据计算，服务贸易总额数据来自 WTO Statistics Database。

观点方面，已基本达成共识。

主要有四个因素增强了服务的可贸易性。第一，信息技术的迅猛发展不仅有效地消除了诸多服务的时空限制，使跨国界数据流动日益便捷和快速，降低了交易成本，强化了服务的可贸易性，而且其本身也成为一种服务。第二，由于技术进步，一些以前包含于货物中的服务，变得能够与货物分离。技术进步也导致许多企业的生产组织方式和销售组织方式的改变，使服务出现了外部化趋势，即企业更倾向于利用外部技能和服务业的规模经济，发展和使用生产者服务。第三，20世纪70年代以来出现的起始于美国，后扩散至世界许多其他国家的放松或解除管制运动及服务贸易自由化进程的推进提高了服务的可贸易性。伴随着经济全球化和一体化趋势，国际服务贸易也呈现出更强的开放性和外向性，服务贸易自由化趋势日益明朗，国内政府管制不断松动，服务贸易壁垒逐步消除，这也使服务的可贸易性大为提高。第四，服务业跨国公司的发展也深刻影响了服务的可贸易性。20世纪90年代以来，全球外商直接投资总额的一半流向了服务业；每年FDI新增流量中，服务业占2/3。服务业外商直接投资把全部或部分必要的生产要素转移到消费者所在地生产，有效克服了许多服务生产和消费须同时发生的制约，成为增加服务可贸易性的最为重要的服务提供方式。

三、国际服务业转移与服务型跨国公司投资动因

当前，世界经济已经步入服务经济时代。以美国为代表的发达国家，服务业产值已占国内生产总值的60%～70%，个别国家接近80%，在世界GDP总量中，服务业产值也已超过了60%。随着发达国家由工业化向后工业化和信息化社会的转变，国际分工协作从传统的制造环节日益向生产者服务等高端环节延伸，与制造业相关的生产者服务业和一般服务业国际转移越来越占据重要地位，服务业国际转移逐渐成为继制造业国际转移之后国际产业转移的新一轮高潮。在目前世界经济中资本仍处于强势条件下，产业转移的主要形式仍是对外直接投资，即以资本的要素优势去整合利用其他要素。由于服务业中许多专业化的服务要求其提供者必须贴近客户，而"商业存在"是向客户提供服务的必要条件，加之各国陆续放宽对外国资本进入服务业的规定，因此，随着服务业在世界经济中占据越来越重要的地位，服务业日益成为跨国投资的重要领域。从总体上说，与制造业相比，目前服务业的国际化程度还比较低，但潜力巨大。

英国瑞丁大学教授邓宁（John H. Dunning）于1977年提出了国际生产折中论（the eclectic theory of international production），该理论的核心是"OIL模式"，

即所有权优势（ownership-specific advantages）①、内部化优势（internalization advantages）②、区位优势（location specific advantages）③ 决定了跨国公司的行为和 FDI。只有当企业同时具有三种优势时，才会进行对外直接投资。邓宁（1989）对他的理论在服务业 FDI 的适用性上进行了补充。第一，在所有权优势理论方面，邓宁补充指出了质量控制、范围经济、规模经济、技术与信息、获得投入或进入市场的有利机会对服务业 FDI 的影响。对于服务业跨国公司而言，在所有权优势方面，信息、管理、组织与营销技术是服务企业成功的关键。如对于咨询业和信息服务业的跨国企业来说，其竞争优势的关键在于获得与处理信息的能力。由于新兴服务业的知识化和信息化特征，服务部门跨国公司比制造业跨国公司的资本密集度更高，技术优势更强，也更易形成世界市场的垄断局面，形成其全球范围网络优势。另外，由于服务产品具有高度差异化的特点，所有权优势的另一个体现是产品标准化的能力。第二，在内部化优势方面，邓宁认为，与服务业跨国公司特别相关的优势包括：减少寻找买主及其与之谈判的成本；弱化或消除投入（如技术）的性质和价值的不确定性；保证服务产品的质量；保护服务企业的无形资产等。服务的特性决定其在消费过程中买主的不确定性，服务跨国企业通过内部市场的交易，在一定程度上可避免或减少买主不确定性带来的成本。服务质量难以控制，就更需要为服务建立严格、直接的质量标准。通过内部化控制质量标准比外部市场交易更为有效，当内部市场跨越国界时，就成为服务跨国投资。另外，服务技术的复制较为容易，即使有专利保护，滥用和扩散的可能性也比较大。进行服务业直接投资的另一个优势是，可加强对无形资产例如商标与版权的保护。信息密集型服务行业，只有企业内部才能够得到更好地保护和利用。第三，在区位优势方面，邓宁认为，与制造业 FDI 相比，运输成本不是影响服务企业选择出口还是国外生产的一个重要因素，而接近消费者、使服务适应当地的风俗习惯和需要，则是影响服务业跨国公司选址的主要因素。区位优势主要表现为东道国具有良好的信息和通信设施、健全的制度、灵活的政策法规和受过训练的人力资源，还表现为东道国不可移动的要素禀赋所产生的优势，如自然资源丰富、地理位置方便、人口众多等。

上述三个优势，再加上服务和服务业自身的特点，决定了服务业对外直接投

---

① 所有权优势包括对有价值资产的拥有和有效的行政管理能力，如产权与无形资产优势、金融优势、品牌优势、企业组织优势和跨国型经营优势。

② 内部化优势指由于某些产品或技术通过外部市场转移时会提高交易成本，所以跨国企业倾向于到国外投资，并在母子公司或各子公司之间进行中间产品的转移。通过将市场内部化，跨国公司可以降低交易成本和市场所带来的不确定性。

③ 区位优势包括东道国的资源禀赋、基础设施、市场潜力、贸易壁垒、技术水平、集聚经济以及良好的外资政策。

资、进行跨国化经营的重要性和必然性。表 10 - 1 总结了各种服务行业跨国公司的投资动因及组织形式。

表 10 - 1　　　各种服务行业跨国公司的投资动因和组织形式

行业	所有权（竞争优势）	区位（国家优势）	内部化（协调优势）	组织形式
会计、审计	● 接近跨国客户机会 ● 所要求标准的经验 ● 业务专门知识 ● 著名会计企业的品牌形象	● 与客户现场接触 ● 会计业常常属于文化敏感领域 ● 适应当地报表标准和程序 ● 寡头独占相互作用	● 有限的企业间联动 ● 对（国际）标准的质量管理 ● 政府坚持当地参与	● 大多为合伙或独资 ● 有些组织松散、极少集中控制的海外子公司 ● 极少合资
广告	● 进入市场（国内客户的子公司）有利机会 ● 创造能力、形象和宗旨 ● 声誉 ● 详尽系列服务 ● 若干协调经济性 ● 金融实力	● 与客户现场接触 ● 适应当地趣味、语言 ● 接近大众传播媒介需要 ● 对外国商业广告的进入限制	● 对广告设计的质量管理 ● 需要当地投入 ● 国家法规，广告密集产品的全球化 ● 降低与外国代理商的交易成本	● 以全部拥有居多，有一些合资和有限的非股权安排
商业银行金融服务	● 接触跨国客户、外国人机会 ● 业务专门知识 ● 进入国际资本和金融市场机会 ● 规模经济和范围经济 ● 储备货币的内在价值 ● 对跨国计算机通信网络的控制	● 要求面对面接触 ● 政府法规 ● 高价值的活动往往集中化 ● 较低国外经营的成本	● 质量管理 ● 范围经济 ● 协调资本流动的经济性 ● 国际套汇的重要性	● 大多为分行或子公司，有一些代理行 ● 一些合资，特别是在政府坚持的行业内一些银团
建筑管理	● 规模、专门知识和信誉 ● 政府援助 ● 劳动力成本低（发展中国家跨国公司） ● 有相关环境条件下的经验	● 集中技术密集活动的经济性 ● 与客户和建筑企业在现场相互作用	● 大项目对当地辅助资产、分散风险的需要 ● 质量管理 ● 很有利的分包业务	● 混合形式，或有利于进入市场或合伙人为企业带来辅助资产时倾向于合资

行业	所有权 （竞争优势）	区位（国家优势）	内部化 （协调优势）	组织形式
教育服务	• 国家特有的、与经济发展阶段和政府作用相关，有关客户需要的经验	• 一些私立学校的外国分支机构 • 需要使学生接触外国文化	• 质量管理 • 与母国课程结合 • 展示外国课程、教学方法	• 最初为全资子公司，但与教育机构建立的合资企业增多
工程、建筑师服务、测量	• 在来源国和外国市场的经验 • 规模经济和专业化经济 • 范围经济、协调经济	• 适应当地口味和需要 • 需要与顾客和有关生产厂商现场接触	• 合资经营，取得当地经验、专门知识 • 质量管理，多半是具有独特性和只可意会的知识	• 混合形式，但常常是专业合伙经营 • 发一些许可证
旅馆	• 在母国提供高档服务的经验 • 培训主要人员的经验 • 质量管理 • 查询系统 • 地区专业化经济性，获得投入的机会	• 销售"对外"服务时受到区位约束	• 旅馆业投资是资本密集型的 • 一般能用契约关系（如采购合同或管理合同）保证质量管理 • 政府通常偏好非股权安排 • 在无股权控制下可协调查询系统	• 形式多样，但主要通过少数股权合资或契约关系
保险	• 保险商的信誉形象（如伦敦劳埃德保险公司） • 规模经济和范围经济有时专业化知识（如海上保险） • 接近跨国客户机会	• 需要与被保险人紧密联系（如人寿保险及有关服务、运输、金融、保险） • 大保险商的寡头独占战略 • 政府禁止直接进口、管制规定 • 集中的经济性（再保险）	• 投资组合风险分散的经济性 • 只可意会的知识 • 需要分担大规模风险（再保险辛迪加） • 政府要求当地股权参与	• 混合形式，受到政府、保险种类和保险公司战略的强烈影响

续表

行业	所有权 （竞争优势）	区位（国家优势）	内部化 （协调优势）	组织形式
投资银行（经纪）	• 信誉和专业技能 • 雄厚的资本基础 • 了解国际资本市场并与其有相互作用 • 金融创新	• 需要接近客户 • 需要接近国际资本、金融市场、接近主要竞争对手 • 熟练劳动力的可获得性	• 所提供服务的复杂性和有机性 • 避免外汇、政治风险的保护措施，需要实施全球投资战略 • 质量管理	• 主要通过全资子公司
法律服务	• 接近跨国客户机会和了解其特殊需要 • 经验和声誉	• 需要与客户面对面接触 • 需要与当地其他服务业相互作用 • 法庭限制使用外国律师 • 当地基础结构范围	• 许多交易具独特性，且因顾客不同而异 • 需要了解当地顾客和法律程序 • 质量管理	• 海外合伙经营
许可证贸易	• （根据定义）提供技术的能力，但大部分技术通过非服务企业提供		• 为了保护发许可证方利益，利用规模经济 • 质量管理	
管理咨询	• 进入市场机会 • 声誉、形象、经验 • 专业化的经济性，特别是专门知识和技能水平	• 同顾客密切接触，通常按顾客特殊需要提供服务 • 人员的流动性	• 质量管理，担心许可证购买方业绩不佳 • 知识有时是很机密的，通常具有独特性 • 人员协调的优势	
医疗服务	• 对先进、专业化医药的经验，高质量的住院治疗 • 现代化管理方法 • 政府的支持作用		• 质量管理	• 全资子公司和合资公司

行业	所有权 （竞争优势）	区位（国家优势）	内部化 （协调优势）	组织形式
电影 （制片 和租片 收入）、 现场 表演 戏剧	● 国内市场的经验，良好的国内通信（如广播设施） ● 政府对艺术的补贴	● 区位限制（电影制片） ● 有时顾客参观摄制场地，有时正好相反 ● 工会限制使用外国演员	● 电影制片和电视节目的质量 ● 戏剧表演通常涉及非股权安排	● 混合形式
地区 办事处	● 跨国公司网络的一部分，办事处的功能依跨国公司业务性质和国外经营范围而异	● 取决于办事处所在地的劳动力、办公、通信成本 ● 工作许可、税收等 ● 跨国公司产品生产部门的区位	● 所有的优势都与协调经济有关，而且作为母公司组织的代理人展开业务	● 全部拥有
餐馆、 汽车 出租	● 服务品牌、形象 ● 声誉和经验 ● 查询系统 ● 规模经济和范围经济 ● 与航空公司和旅馆相联合	● 区位限制	● 特许经营可保证质量管理	● 与旅馆同
软件、 数据 处理	● 与计算机硬件联系 ● 技术、信息密集程度高 ● 范围经济 ● 政府支持	● 高技能和成群的经济区位通常有利于母国 ● 政府鼓励离岸数据输入的措施	● 具有独特性的专门知识，需要防止浪费 ● 质量管理 ● 协调收益	● 常常是计算机公司的一部分
电信	● 知识密集 ● 技术、资本、规模经济（如经营国际通信网络的能力） ● 政府支持	● 政府对贸易和生产的管制 ● 有时受区位限制（电话通信）	● 成本巨大，一般要求成立财团 ● 服务的"产品"部分的质量通常需要等级管理（正如由美国电报电话公司管理），否则，通常以租赁或出口形式提供服务	● 混合形式，但许多是租赁形式

续表

行业	所有权 （竞争优势）	区位（国家优势）	内部化 （协调优势）	组织形式
旅游	• 在提供令人满意的经验产品方面的声誉 • 范围经济（提供旅游节目组合） • 讨价还价能力 • 同航空公司、旅馆、航运公司等达成交易的质量	• 需要当地旅行社和辅助设施 • 顾客最初来自母国 • 供应当地设施的成本通常较低 • 财政鼓励措施和基础设施	• 协调旅行日程，需要对向旅客提供的辅助服务进行质量管理 • 东道国政府倾向于当地支持设施 • 纵向结合节省交易成本	• 大型旅行社设有当地办事处，其他旅行社可能利用代理商
运输、航运、航空公司	• 资本密集度高 • 政府支持措施和（或）对外国运输工具航线的控制 • 范围经济和协调经济 • 与商品生产企业的联系（航运业）	• 基本上把各地联系起来 • 需要当地的售票处、终端维修和支持设施（在机场和码头业）	• 后勤管理 • 纵向结合优势 • 质量管理	• 大多为全资子公司 • 一些跨国公司财团

资料来源：转引自陈宪、程大中：《国际服务贸易——原理·政策·产业》，立信会计出版社 2000 年版，第 84~88 页。

随着服务业跨国公司的发展，对其性质和特点的认识日益深入，一些学者对邓宁理论的适用性提出了疑问。鲍德温（Boddewyn，1989）在使用经典跨国公司理论来解释服务业跨国公司的行为时，发现由于服务产品的特殊性，会引发一些问题，如对理论假设前提的违背、对服务产业特定优势区分的难度等。恩德韦克（Enderwick，1989）分析了邓宁理论应用于服务部门时要特别注意的一些问题，如服务业很多部门是技术复杂性较低的行业，确定企业特定优势较难；而且服务业跨国公司经营中广泛采用的非股权安排（许可证、管理合同、特许经营等）是以市场交换为基础的，对于内部化理论有一定影响。还有一些学者试图对服务业跨国公司扩张动因进行综合研究。洛夫洛克、克里斯托弗、叶和乔治（Lovelock，Christopher H. ，Yip and George，1996）提出了八类扩张动因：相同的顾客需求、全球性顾客、全球性销售渠道、全球规模经济、有利的物流条件、信息技术的发展、政府政策和管制以及可转移的竞争优势。薛求知、郑琴琴（2002）认为需求的拉动、供给的推动、服务业的竞争、进入壁垒降低、赢得信赖以及全球学习推动了服务业跨国公司的扩张。

总体而言，目前许多研究或是沿袭过去对于制造业跨国公司的经典理论做适当调整，或仅仅是针对原有经典理论对于服务业跨国公司的不适应性展开的，专门针对服务业跨国公司的具体特性来阐述服务业跨国公司投资动因方面的理论研究较少，还有许多工作尚待深入。

四、服务贸易自由化的福利分析

服务贸易自由化是在经济全球化的基础上发展起来的，是贸易自由化在服务领域的具体表现。由于服务本身的特殊性，服务贸易自由化具有很多与商品贸易自由化所不同的内容、特点和影响。基于商品贸易的传统国际贸易理论认为，自由贸易在理想状态下能够带来经济福利的增加。在服务贸易方面，经济学学者们在不同的分析框架下，对服务贸易的福利影响进行了较多考察。

迪尔多夫（Deardorf，1985）在传统贸易理论视角下考察了货物和服务互补的情形，他的研究证明：如果外国禁止补充性服务贸易，本国可能根本无法出口货物。该研究表明，在一般均衡框架下，对货物和服务都实行贸易自由化是非常重要的。在完全竞争条件下，如果不对所有商品实行自由贸易，将不可能使世界的福利最大化。迪尔多夫（2001）还提出，随着生产布局的全球细分化（fragmentation），从服务贸易自由化，尤其是"贸易服务"贸易的自由化中获取收益的潜力也急剧增大。

斯登和赫克曼（Stern and Hoekman，1987）从比较优势原理出发论述了服务贸易自由化的收益。认为服务贸易参与国可以根据自身的比较优势通过服务贸易（包括与服务有关的要素流动）自由化获得实在的利益。服务贸易自由化的收益来自于国内及国家间资源的更有效配置，以及可为消费者和企业所用的服务选择范围的扩大及其价格的下降。服务贸易收益的大小取决于是只降低独立服务贸易（即服务以最终产品形式直接进行贸易）的壁垒，而继续保持对服务要素流动的限制，还是针对两者都实行自由化。

伯吉斯（1990）研究了同类问题。他提供了一个包括两种货物、一种生产者服务和两种主要投入品（资本和劳动）的模型。服务部门的产出作为两种制成品生产的中间投入品，服务部门使用的主要投入品与货物生产部门一样。伯吉斯注意到：在技术相同的情况下，只有货物的自由贸易将降低要素和服务的价格，因此将减少实行服务贸易自由化的动力。然而，当提供服务的技术存在差别时，服务贸易壁垒将阻碍货物贸易。更为重要的是，在没有贸易扭曲的情况下，在一个由于要素禀赋差异而产生了比较优势的世界中，服务贸易自由化是最优选

511

择。伯吉斯在其建立的模型中加入了除劳动力和资本之外的另一个主要投入品——管理服务，因为他认为只有使用国际管理服务，其他服务的国际贸易才能实现。在此基础上，他评估了贸易壁垒对福利的影响，并再次证明对货物和服务都实行贸易自由化将导致福利的净收益。

琼斯和鲁安（Jones and Ruane，1990）在特定要素模型的基础上分析了两种形式的服务贸易的收益问题。他们认为，服务贸易可以以两种方式进行，一是服务生产要素的贸易；二是服务产品的贸易。前者指的是服务生产要素跨国流动，并与进口国国内要素相结合生产最终服务产品；后者则意味着服务以最终产品的形式直接进行贸易。他们详细分析了两种形式服务贸易对经济福利和收入分配的效应。在其模型中，所有生产活动均按特定要素模型的框架进行，也即任一商品或服务的生产均需要一种特定要素和一种所有部门共用的投入要素；特定要素可以跨国界流动，共用要素则不可流动；所有非服务商品均可自由贸易且市场是竞争的；本国和外国生产商品和服务的技术是存在差异的。结果表明：（1）不管该国要素禀赋如何以及是否在服务方面拥有比较优势，两种服务贸易方式都能改善经济福利；（2）福利收益的大小取决于贸易方式的选择；（3）在服务方面拥有技术优势的国家将会专门从事服务的生产，而处于劣势的国家会专门从事制造品的生产；（4）福利收益不会在要素间平均分配，差距大小取决于贸易方式的选择。他们的研究还证明：不管一国服务要素禀赋优势及技术比较优势如何，要素层面和产品层面的服务贸易开放都将确定无疑地促进本国经济增长，改善本国的经济福利；若两国存在技术差异，则服务贸易获益程度还取决于贸易模式的选择。

马库森（Markusen，1989）在新贸易理论的视角下，建立了一个包括 X、Y 两种货物的模型，两种货物都是在规模收益不变和完全竞争市场条件下生产和销售的。该模型考虑了 n 种生产者服务，$S_i(i=1，2，\cdots，n)$，它们都作为只被用于生产 X 的投入品。这些投入品是在规模收益递增条件下生产和在垄断竞争市场上销售的。假定两国在所有其他方面都相同，仅仅在绝对大小上存在差别，这时需要考虑两种情形：（1）X 和 Y 可贸易，而 S_i 不可贸易；（2）S_i 和 Y 可贸易，而 X 不可贸易。在（1）中，现代国际贸易理论预言，若两国情况完全相同，它们在 X 和 Y 的贸易自由化中将不会获得任何利益。若两国大小存在差异，则小国甚至可能在贸易中受损。这一结果可以通过比较封闭条件下的均衡与市场出清条件下自由贸易均衡而获得。可以认为，自由贸易条件下 X 的国内生产得以扩张并构成获得贸易利益的充分条件。然而，若小国国内 X 的价格 P 与边际转换率之间发生扭曲，造成相对于大国的成本劣势，情况将发生变化。在（2）中，第一，由于允许两国共同承担与 S_i 的生产相联系的固定成本，它们都将从生产者服务中获益；第二，虽然 X 不能贸易，但由于有更多种类的 S_i，以比第（1）种情形更低的成本提供给每个国家，两国将因生产者服务贸易而使他们的生产可能性边界向外移动；第三，在一般情况下，两国都将从更加多样化的生产者服务中获益；第四，两国在第（2）种情形下通常都因得到较第（1）种情形更多样化的生产者服务而获益。

马库森根据服务部门的柯布－道格拉斯生产函数和熟练劳动力生产的不变替代弹性生产函数，得出结论：生产企业和任何特定专业化服务的生产规模报酬不变，而服务业及其所提供的服务总量则呈规模报酬递增。马库森认为，服务部门产出虽处于竞争均衡，但并不是帕累托最优状态，因为它没有将规模效应考虑在内。他指出，服务贸易同样存在"先入者优势"，报酬递增规律会使率先进入服务业的厂商从较低成本扩展规模，阻止后来者提供同样的服务，结果必然会降低后来者的福利水平。同理，这一现象也使小国生产规模报酬递增的趋势萎缩，并遭受福利损失。因此，他提出的政策主张是适当的补贴，包括生产补贴和政府提供的公共收入，可使福利最大化。

马库森模型的主要结论是：仅开放商品贸易并不能保证自由贸易是帕累托改进的，而生产者服务的自由贸易可以使贸易双方均可获得比自给自足状态更大的收益。需要注意的是，此模型的关键是货物和服务之间的区别小于中间投入品与最终商品之间的区别。

在琼斯和凯日科夫斯基（Jones & Kierzkowski，1989）建立的模型中，货物和服务贸易可以是产业内贸易而不仅仅限于产业间贸易。其研究结论是：不管是产业间和/或产业内贸易，服务贸易自由化对保证生产在国际的有效配置都至为关键。

与上述强调服务部门内部专业化的模型不同，弗朗索瓦（Francois，1990a，1990b）从生产者服务与分工的关系出发，建立了一个单部门、垄断竞争条件下的模型。在该模型中，生产者服务被用来将专业化的中间生产者联系起来以协调和控制生产过程。在模型的生产方，假定不同公司雇佣劳动力 L 生产不同品种的差别化货物 x，任何品种 x_j 的生产都取决于专业化所导致的收益递增。在模型的需求方，假定偏好属于兰开斯特（Lancaster）型，即不同消费者偏好不同品种的差别化货物。假设存在具有上述供求条件的本国和外国两个经济，并在此基础上进行进一步分析。

弗朗索瓦（1990a）假定两国技术、禀赋和偏好相同，如果允许国际贸易发生，现有公司之间将会出现合并，剩下的公司将比允许贸易前强大。同时可供消费者选择的品种的数量也将增加。公司规模的扩大将促使它们采用更加专业化的生产方式，从而需要更多的生产者服务。因此，差别化货物贸易机会的增多将导致专业化程度增加、服务生产增长以及福利的提高。

弗朗索瓦（1990b）假定货物和服务需要不同类型的劳动（分别是技术和非技术劳动力），两个经济禀赋不同。他开始假设只允许货物的自由贸易，而服务贸易将受到禁止性限制。在均衡条件下，货物价格将均等化，技术劳动力禀赋较好的那个国家的服务价格会较便宜。然后放松假设，也允许服务贸易发生。技术劳动力禀赋较好的国家将出口服务以换取货物。服务贸易自由化将导致服务进口国所生产的各种品种的货物数量增加，规模扩大，因而移向更加专业化的生产方式；服务出口国将转向更多或更少的专业化的生产方式，使两国相对于全要素收入的制造品价格下降；随着本国厂商数量的减少，外国厂商数量逐渐增加，但留存下来的本国厂商的规模较贸易自由化前为大。因此，服务进口和出口国都将从生产者服务贸易自由化中获益。生产者服务贸易的自由化将影响把专业化生产方式应用到生产过程中去的程度，以及与该专业化生产相关的收益的实现。

在经验研究方面，由于服务业和服务贸易统计体系的不完善，相关数据获取困难，因此理论界对于服务贸易领域的实证研究除了为数不多的回归分析，大都是利用一般均衡模型进行数据模拟检验。

玛图、拉因翠安和萨布兰尼安（Mattoo，Rathindran and Subrananian，2001）利用政策信息为两个重要服务部门（基础电信和金融服务）构建了贸易开放度指标，并将其用于经济增长率回归。结果表明，服务部门的贸易开放度对长期经济增长绩效具有显著影响，金融服务部门尤为明显。他们将服务贸易自由化的福利效应与货物贸易自由化的福利效应分别就静态和动态情形进行了比较，结果见表 10 - 2。

表 10 - 2　　服务贸易自由化与货物贸易自由化的福利收益定性比较

	服务贸易自由化	货物贸易自由化
静态效应	降低价格，提高福利	降低价格，提高福利
动态效应	1. 要素流动中的技术或技能产生外溢，使国内要素的产量提高，从而提高国民生产总值 2. 通过提高专业化程度、人力资本存量、干中学能力、研发能力，提升服务产品的质量和生产效率	1. 没有技术外溢效应，除非是 FDI 自由化 2. 在一般均衡的框架下，自由化只有在带动其他领域扩大的情况下才能拉动经济内生增长

资料来源：Mattoo，A. Rathindran，R. and Subrananian，A. Measuring Services Trade Liberalization and Its Impact on Economic Growth：An Illustration. World Bank's Research Program on Trade in Services. World Bank Working Paper，2001.

如表 10 - 2 所示，服务贸易自由化和货物贸易自由化的静态效应是一样的，而在动态效应中，服务贸易自由化将促进技术变革与知识创新，扩大服务产品差异，提高服务产品质量，提高生产率。服务业广泛存在的正外溢性会导致更高的生产率增长。所以，服务贸易自由化的潜在动态福利收益比货物贸易自由化要大。

罗宾逊、王和马丁（Robinson，Wang and Martin，2002）建立了一个包括 10 个区域、11 个部门的可计算一般均衡模型（CGE）模型，对服务贸易自由化的影响和收益进行估算。他们通过对比世界不同国家和地区服务投入占各部门生产成本的比例，证明服务是现代经济中几乎所有生产活动的中间投入，且经济发展水平越高，表现愈加明显，发达国家生产成本中服务投入所占的比例普遍比较高。服务和其他生产部门之间的投入产出关系是将服务贸易自由化所带来的收益转移至经济中其他部门的主要渠道之一。具体地说，服务贸易提高了进口国的全要素生产率，尤其是在那些对服务投入有更高需求的生产部门。他们还专门提到了贸易服务（批发、零售和运输服务等）的贸易对商品贸易的促进作用，这与迪尔多夫（2001）的观点不谋而合。他们还通过模拟试验的方式分析了服务贸易自由化的收益。结果表明，就全球而言，将服务贸易保护水平降低 50% 所带来的福利收益即 5 倍于非服务部门同样程度的贸易自由化可能获取的收益。另外，服务进口所产生的技术外溢提高了进口国的全要素生产率并因此推动了其经济增长，这在发达国家的表现更为显著。

综合已有研究，国际服务贸易和投资主要会通过资源配置效应、资本和结构效应、就业效应、市场规模效应、人力资本积累效应、制度创新效应、技术进步与溢出效应等途径影响东道国的福利水平。

总的来说，有关服务贸易自由化福利效应的实证研究结论还存在诸多争议，有的甚至相互矛盾，且对许多具体服务贸易领域尚未涉足。目前，理论界对于服务贸易实证研究中存在的巨大差异尚未给出令人信服的解释。

五、服务贸易自由化与经济增长长期均衡关系的实证分析

为了验证服务贸易自由化与经济增长的长期均衡关系，我们选取了 1990 ~ 2007 年 15 个国家或地区①的数据，包括美国、英国、德国、法国、意大利、荷兰、西班牙、比利时、爱尔兰、日本、韩国、新加坡、印度、中国和中国香港。数据来源于 United Nations Statistics National Accounts Main Aggregates Database,

---

① 选取这些经济体的主要原因是，近年来这 15 个经济体的服务贸易出口基本位居全球前 20 名，同时也与下面的分析相呼应。

WTO Trade Statistics Database。变量分别为国内生产总值（GDP）和服务贸易依存度（TIS）。实证分析中，对变量取对数。

$$TIS = \frac{S_x + S_m}{GDP} \qquad (10-1)$$

其中，S_x 和 S_m 分别为一国服务贸易出口额和服务贸易进口额。

方程如下：

$$\ln GDP_{it} = \alpha + \beta \ln TIS_{it} + u_{it} \qquad (10-2)$$

α 反映模型中忽略的反映个体差异的变量的影响；随机误差项 u_{it} 反映模型中忽略的随个体成员和时间变化因素的影响。

首先运用面板数据的单位根检验与协整检验来考察服务贸易自由化与经济增长之间的长期关系。

面板数据的单位根检验的方法主要有列文、林和褚（Levin，Lin and Chu，2002）提出的 LLC 检验方法，该方法允许不同截距和时间趋势，异方差和高阶序列相关，适合于中等维度（时间序列介于 25～250，截面数介于 10～250）的面板单位根检验。伊姆、佩瑟恩和希恩（Im，Pesearn and Shin，1997，2003）提出了 IPS 检验法。马达拉和吴（Maddala and Wu，1999），崔（Choi，2001）提出的 ADF-Fisher 和 PP-Fisher 面板单位根检验方法等。

为了避免单一方法可能存在的缺陷，我们采用 LLC 检验和 IPS 检验两种方法来进行面板数据的单位根检验。利用 Eviews 6.0 软件，检验结果见表 10-3。

表 10-3　　　　　　　　　　ln*GDP* 和 ln*TIS* 面板单位根检验结果

变量	水平值		一阶差分值	
	LLC 检验	IPS 检验	LLC 检验	IPS 检验
ln*GDP*	1.02276	2.10541	-10.87655*	-7.98689*
ln*TIS*	6.35286	8.24563	-14.89715*	-11.97357*

注：*表示在 1% 水平显著。

检验结果显示，ln*GDP* 和 ln*TIS* 的水平值不平稳，存在单位根，但经一阶差分后，均在 1% 水平下拒绝原假设，据此可以判定这两个变量为一阶单整，即 I（1）。

通过面板单位根检验可知，各变量均为一阶单整，可以进行面板协整检验。有两类面板数据协整检验方法：一类是基于面板数据协整回归检验式残差数据单位根检验的面板协整检验，即 Engel-Granger 二步法的推广，如 Pedroni 检验（1999，2004）和 Kao 检验（1999）[①]；另一类是从推广 Johansen 迹检验方法的方

[①]　这两种检验方法的原假设均为不存在协整关系，从面板数据中得到残差统计量进行检验。

向发展的面板数据协整检验，如 Johansen-Fisher 检验。Johansen-Fisher 面板协整检验是针对异质型面板设定的，是将时间序列向量自回归模型协整的似然比推断推广到异质面板数据情形，需要较多的样本量。由于这里样本量有限，故不采用该检验方法。

Pedroni 检验和 Kao 检验结果见表 10 - 4。

表 10 - 4 面板协整检验结果

Pedroni 检验　原假设：无协整	
Panel v-Statistic	- 1.96573（0.0056）
Panel rho-Statistic	2.76549（0.0027）
Panel v-Statistic	- 2.68934（0.0013）
Panel v-Statistic	- 3.87611（0.0000）
Group rho-Statistic	5.17256（0.0000）
Group PP-Statistic	- 2.9559（0.0000）
Group ADF-Statistic	- 5.9850（0.0000）
Kao 检验　原假设：无协整	
ADF	- 3.87430（0.0006）

注：括号里的是 P 值。

由表 10 - 4 的面板协整检验结果可知：Pedroni 协整检验的七个统计量与 Kao 协整检验的 ADF 统计量均在 5% 显著性水平下拒绝原假设，表明变量之间存在协整关系。

经计算，在 1% 显著性水平下，F 检验的结果拒绝了原假设，Hausman 检验的结果也在 1% 的显著性水平下拒绝了原假设，所以我们选择了固定效应模型。运用 Eviews 6.0，得到 $\beta = 1.8796$，$R^2 = 0.9889$，调整后的 R^2 为 0.9746，F 值为 2 387.3，残差平方和为 0.4991。

结果显示，在变量 $\ln GDP$ 和 $\ln TIS$ 之间存在长期均衡关系，即服务贸易自由化有利于长期经济增长。值得指出的是，由于无法获取所有经济体的"商业存在"服务贸易 FAT 统计数据，变量所基于的服务进出口额事实上低于实际的服务贸易流量，这在一定程度上影响了实证结果的客观性。

第二节 国际服务贸易发展现状与趋势

一、全球服务贸易发展特点与趋势

伴随着世界产业结构升级和国际产业转移，服务贸易作为服务经济发展的标志之一，已经成为国际贸易和投资中越来越重要的组成部分。近些年来，国际产业转移的重心继续向服务业调整，服务业国际投资规模日益扩大，离岸服务外包不断兴起，世界服务贸易额不断增长。2000～2008 年间，世界货物贸易与服务贸易出口额保持同步增长，年均增长率均为 12%。见表 10-5 和图 10-4。

服务贸易的迅速发展是新技术革命引起的国际分工深化和全球产业结构调整、升级的必然结果。科学技术的发展改变了服务贸易的方式、内容和构成，使远距离提供服务成为可能，有效降低了信息传递成本和服务的交易成本，提高了交易效率，拓展了服务贸易的领域和范围，扩大了服务贸易的服务种类。近二三十年来，随着科学技术的不断发展，尤其是信息通信技术（information and communication technology，ICT）的飞速发展，不仅加速了传统服务业的升级，还创造出大批新兴服务业，并大大加快服务业活动脱离原来的生产活动，成为独立的产业部门及环节，服务经济出现整体快速发展的态势。与科学技术紧密关联

表 10-5 　　　　世界服务出口与货物出口对照表　　　单位：亿美元，%

	金额	年增长率										
	2008 年	1990～2000 年	2000～2008 年	2000 年	2001 年	2002 年	2003 年	2004 年	2005 年	2006 年	2007 年	2008 年
货物出口	157 750	6.5	12	13	-4	5	17	21	14	16	16	15
服务出口	37 300	6.5	12	6	0	7	15	20	11	13	19	11

资料来源：WTO. International Trade Statistics 2002, 2003, 2005, P.3, International Trade Statistics 2008, P.8. 2008 年数据来自 2009 年 3 月 24 日 WTO 贸易快讯，WORLD TRADE 2008, PROSPECTS FOR 2009，WTO sees 9% global trade decline in 2009 as recession strikes，http://www.wto.org/english/news_e/pres09_e/pr554_e.htm，为联合国秘书处初步测算值。

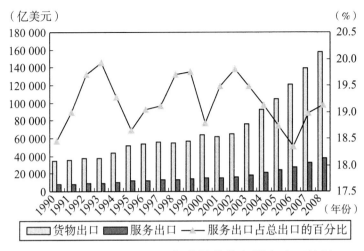

图 10 - 4　1990 ~ 2008 年世界货物与服务出口情况

的服务业部门，如金融（含银行、证券、保险）服务业、信息服务业（含电信、计算机及其相关服务等）和专业服务等异军突起，新的服务业务不断衍生出来，与之相对应的服务贸易迅速扩大。另外，跨国公司通过将非核心的生产、营销、物流、测试甚至是非主要框架的研发设计活动等业务分包给成本更低的发展中国家企业或是拥有比较优势的专业化公司，而自身则专注于核心竞争力的培育，实行所谓的"经营业务归核化"，不仅有力地促进了国际服务贸易的发展，同时，还进一步加快了服务全球化的步伐。可以说，服务业全球化是经济全球化进入新阶段的主要标志，是伴随着世界服务业加速信息化、现代化、国际分工协作从传统制造环节日益向生产性服务等高端环节延伸、世界经济全面向服务经济转型等重大进程而不断向前推进的。

具体而言，当前全球服务贸易表现出如下特点。

（一）服务可贸易性提高，服务贸易加速发展

1980 ~ 2008 年，全球服务贸易总额从 7 674 亿美元扩大到 72 003 亿美元，其间增长了 9.4 倍。服务贸易总额占全球贸易总额的份额从 1980 年的 15.7% 上升至 2008 年的 18%[①]。特别是 2003 年以来，全球服务贸易加速增长，服务出口与进口均保持了两位数的年均增长率，见表 10 - 6。近一段时期以来，随着金融危机影响深度的扩大并向实体经济不断蔓延，全球范围内的贸易和投资均出现了明显下滑。2008 年世界服务贸易未能延续 2007 年的快速增长态势，增速低于货

---

① 根据 WTO 国际贸易统计数据库（WTO International Trade Statistics Database）数据计算。

物贸易①。但从中长期来看，金融危机不会改变全球服务业发展与转移的总趋势。一旦世界经济走出危机的泥沼，服务贸易将重拾增势。而且，随着各国产业结构的调整、新兴服务行业的产生，以及跨国公司的全球产业布局，国际服务贸易将会迎来更快和更加多元化的发展。

表 10 - 6　　　　　　　世界（商务）服务贸易发展情况

	金额（亿美元）			年增长率（%）								
	1980年	2000年	2008年	2000年	2001年	2002年	2003年	2004年	2005年	2006年	2007年	2008年
服务出口	3 650	14 928	37 313	6.2	0.35	7.3	14.6	20	10.9	10.6	19	11
服务进口	4 024	14 766	34 690	6.5	1.2	5.9	14	18.9	10.6	10.3	16	11

资料来源：WTO International Trade Statistics（2001~2007），P.3；1980 年和 2008 年数据来自 WTO International Trade Statistics Database，http：//stat. wto. org/StatisticalProgram。

WTO 的统计资料显示，世界服务贸易年出口规模从 1 万亿美元增加到 2 万亿美元，大约用了 10 年时间，而从 2 万亿美元扩大到 3 万亿美元，只用了 4 年时间。可见，服务贸易已成为当今国际贸易中发展最为迅速的领域。世界服务贸易之所以有这样的表现，原因主要包括以下几方面：近年来，各国尤其是发达国家向服务业倾斜的产业结构调整策略，使服务业在本国经济中的地位不断上升；信息技术革命降低了信息传递、获取和处理成本，也使一些原本不能转移或贸易的服务产品有了转移或贸易的条件；密集和通畅的网络连接打破了贸易的空间限制，推动了远程办公、远程服务等；为了应对全球市场竞争，跨国公司不断调整资源配置和公司经营战略，按照成本和收益原则剥离非核心的后勤与生产服务业务，服务外包成为各个企业降低成本的有效途径；在 WTO 制度框架及多边贸易体制下，各国在服务领域的开放度不断提高，服务贸易壁垒逐步降低，使跨境经济活动的制度交易成本大大降低。

（二）其他商业服务增速最快，服务贸易结构继续向知识、技术密集化方向发展

过去二十多年中，许多新兴服务行业从制造业中分离出来，形成独立的服务行业，其中技术、信息、知识密集型服务行业发展最快，其他如金融、运输、管

---

① 据 WTO 统计数据显示，按名义价格计算，2008 年世界服务贸易出口额为 37 313 亿美元，比上年增长 11%，低于同期货物贸易出口 15% 的增长水平。进口 34 690 亿美元，同比增长 11%，而同期货物贸易进口增长率为 15%。

理咨询等服务行业，借助先进的技术手段，日益突破时间与地域限制，很快在全世界范围内扩大。相应地，服务贸易在交易内容日趋扩大，服务品种不断增加的同时，其结构和竞争格局也发生了很大变化，世界服务贸易正逐渐由传统的以自然资源或劳动密集型为基础的服务贸易转向以知识、技术密集型或资金密集型为基础的现代服务贸易。在服务贸易三大类别中（即运输、旅游和其他商业服务①），其他商业服务是贸易额最大、增长最快的类别。1970 年国际运输服务贸易占 38.5%，国际旅游占 28.2%，其他服务占 30.8%。2008 年，运输、旅游和其他商业服务三大类别占世界服务出口总额的比重分别为 23.4%、25.4% 和 51.2%，见表 10-7。从图 10-5 和图 10-6，我们可以更清楚地看到这一变化趋

表 10-7 **全球（商务）服务贸易部门构成**

项目	出口额（亿美元）	比重（%）		进口额（亿美元）	比重（%）	
	2008 年	1980 年	2008 年	2008 年	1980 年	2008 年
全球服务贸易总额	37 313	100	100	34 690	100	100
其中：运输服务	8 727	36.8	23.4	10 367	41.7	29.9
旅游服务	9 472	28.4	25.4	8 505	26.9	24.5
其他服务	19 114	34.8	51.2	15 818	31.4	45.6

资料来源：WTO International Trade Statistics Database，http://stat.wto.org/StatisticalProgram.

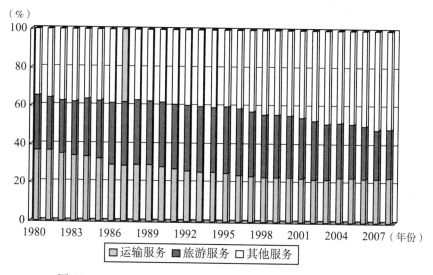

图 10-5 1980~2008 年全球服务贸易出口结构变化

---

① 其他商业服务（other commercial services）主要包括通信服务、建筑服务、保险、金融、计算机和信息服务、专利、版税和许可证费用、咨询、会计、法律、广告及文体娱乐服务等。

势。可以预计，以电子信息技术为主和以高科技为先导的一系列新兴服务将成为
未来各国国民经济发展的主要支柱和强大动力。

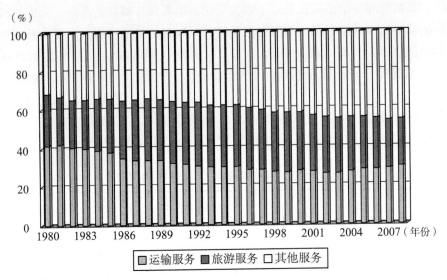

图 10 - 6   1980 ~ 2008 年全球服务贸易进口结构变化

（三）发达国家在国际服务贸易中仍占有主导地位，发展中国家地位不断上升

由于发展阶段和发展水平的不同，各国在服务贸易规模和竞争力方面差异悬
殊。目前，全球服务贸易的 85% 左右集中在发达国家和亚洲新兴工业体，发达
国家仍占国际服务贸易的绝对主导地位，占全球服务进出口总额的 3/4 以上，其
中，美、英、德三国就占了全球服务贸易总额的近 30%。欧洲是最大的服务贸
易主体，占全球服务贸易总量的 40% 以上。2007 年欧盟 27 国占世界服务贸易出
口总额的 50.2% 和进口总额的 48.2%[①]。欧洲、亚洲和北美占全球服务贸易的比
重分别为 48%、24% 和 15%[②]。

目前，许多发展中国家已经充分意识到抓住新一轮国际产业转移趋势对本国
经济发展的重要性，开始重视发展服务业和服务贸易。发展中国家除在劳务输
出、建筑工程承包、旅游等传统服务贸易中继续保持一定优势外，在通信、计算
机和信息服务方面也在加大投入，发掘区位优势、人力资源优势和政策优势，积
极承接发达国家的外包业务。虽然近年来发展中国家和地区在国际服务贸易中的

---

① WTO International Trade Statistics 2008，P. 6.

② WTO International Trade Statistics 2008，P. 134.

地位趋于上升，但与发达国家相比，在服务贸易整体规模和竞争力方面还有相当大的差距。而且，由于发展中国家服务贸易的发展远远跟不上本国市场对服务贸易产品的需求，因而它们大多是服务贸易逆差国。由于现代服务贸易的竞争力主要体现在技术方面，发达国家凭借其技术优势，占据了全球产业链的高端，在这样的分工模式下，发达国家与发展中国家在服务贸易方面的差距短期内难以缩小，甚至可能会扩大（见表 10 - 8）。

表 10 - 8　　　　2008 年世界主要服务贸易经济体排名　　单位：亿美元，%

出　口				进　口			
排名	经济体	金额	占比	排名	经济体	金额	占比
1	美国	5 219.70	13.99	1	美国	3 643.17	10.50
2	英国	2 834.97	7.60	2	德国	2 845.69	8.20
3	德国	2 349.90	6.30	3	英国	1 988.56	5.73
4	法国	1 534.70	4.11	4	日本	1 655.92	4.77
5	中国	1 464.5	3.92	5	中国	1 580	4.55
6	日本	1 437.04	3.85	6	法国	1 369.99	3.95
7	西班牙	1 425.98	3.82	7	意大利	1 323.74	3.82
8	意大利	1 233.86	3.31	8	西班牙	1 079.39	3.11
9	印度	1 060	2.84	9	爱尔兰	1 028.61	2.97
10	荷兰	1 020.67	2.74	10	韩国	927.90	2.67
11	爱尔兰	960.61	2.57	11	荷兰	919.18	2.65
12	中国香港	912.13	2.44	12	印度	910	2.62
13	比利时	888.30	2.38	13	加拿大	841.68	2.43
14	韩国	738.15	1.98	14	比利时	841.29	2.43
15	丹麦	719.67	1.93	15	新加坡	763.42	2.20

资料来源：中国数据来自中国商务部服务贸易指南网，http://tradeinservices. mofcom. gov. cn/a/2009 - 05 - 08/71763. shtml。印度数据来自 2009 年 3 月 24 日 WTO 贸易快讯，WORLD TRADE 2008，PROSPECTS FOR 2009，WTO sees 9% global trade decline in 2009 as recession strikes，http：//www. wto. org/english/news_e/pres09_e/pr554_e. htm，为联合国秘书处初步测算值。其他国家数据来自 WTO International Trade Statistics Database，http://stat. wto. org/StatisticalProgram。占比系作者计算。

（四）全球外国直接投资的重点转向服务业，通过商业存在实现的服务贸易规模不断扩大

服务的不可储存性和不可分割性，决定了服务贸易最好的方式就是商业存在。当前，全球外国直接投资正加快向服务业聚集，而这一趋势又构成了世界服务贸易的重要推动力，通过商业存在实现的服务贸易规模不断扩大。据 WTO 估计，目前通过商业存在实现的服务贸易大约是跨境提供的 1.5 倍，见表 10 - 9。发达国家仍为服务业 FDI 的主体，但近些年来，服务业向新兴市场国家转移的趋势也渐趋明显。可以预计，随着经济全球化和区域一体化的发展，双边和多边贸易谈判的进展，各国市场准入程度不断提高，通过商业存在实现的服务贸易规模将进一步扩大。

表 10 - 9　　　　　　　　全球服务贸易供应方式构成

供应方式	构成
跨境提供	35%
境外消费	10% ~ 15%
商业存在	50%
自然人流动	1% ~ 2%

资料来源：WTO，International Trade Statistics（2005），P. 8.

（五）国际服务贸易全球化、自由化与贸易壁垒并存

各国产业结构的升级，必将不断推动服务贸易的发展，服务贸易的全球化、自由化是大势所趋。WTO 将服务贸易纳入了全球贸易自由化体系之内，将商业存在作为服务贸易内容之一。发达成员承诺的覆盖率为 81%，转型经济体承诺的覆盖率达到 66%。由于服务贸易的发展空间和盈利空间都很大，因此在服务业具有较强垄断竞争力或相对竞争力的国家和地区会通过世界贸易组织和区域性贸易组织，积极推动贸易的自由化和全球化，要求世界各国开放服务贸易市场。但是与此同时，由于服务贸易不存在关税壁垒，各国纷纷采用较为隐蔽的非关税壁垒来保护本国的服务业。而且，由于各国经济发展水平与阶段的不同，在国际分工中处于不同的地位，它们从服务贸易的自由化和全球化中获取的利益是不对等的。为保护国内某些弱势服务产业，国际竞争力较弱的国家往往对本国服务市场开放施加诸多限制。据 GATS 统计，目前国际服务贸易壁垒多达 2 000 多种，归纳起来有四大类，即产品移动壁垒、资本移动壁垒、人员移动壁垒和商业存在壁垒。

　　近年来，在多边贸易体制的推动下，国际服务贸易壁垒有所降低。发达国家在服务贸易许多项目中都具有绝对或相对优势，为了扫清存在于服务贸易的壁垒，便利其打开世界服务市场，它们率先削减了本国服务贸易壁垒，如在电信领域，美国已允许世界各地区服务贸易进出口额比重企业持有100%的股权，欧盟也开放了基本电话服务市场，并对雇用人员的本地化要求降低了标准。与此同时，发达国家对发展中国家也提出了更多的降低服务贸易壁垒的要求，如日美欧向巴西、印度、中国等新兴国家提出了要求进一步开放服务贸易市场的共同提案。要求开放的服务贸易是金融、通信、法律、设计、计算机、邮政、流通、建设、环境、能源10大领域。主要是要求取消对外资开放的限制，推进市场自由化。新兴国家则向发达国家提出了开放劳动市场的要求。预计今后发达国家和新兴国家之间在开放服务贸易领域的对立将进一步加剧，服务贸易壁垒的隐蔽化趋势也会继续体现。

　　2000年2月15日，服务贸易理事会特别会议正式启动了服务贸易新一轮谈判。2001年年底，多哈新一轮谈判启动，服务贸易谈判并入了"多哈发展议程"谈判。但由于多哈回合谈判于2006年7月27日被中止，服务贸易谈判，包括市场准入和规则谈判也全部中止。2007年1月，世界贸易组织成员恢复多边进程全面谈判，一年中召开了5次服务贸易理事会特别会议。2008年7月底，世界贸易组织35个主要成员的部长在瑞士日内瓦经历了长达9天的谈判后，仍然未能就多哈回合谈判中的关键问题达成一致，会议再次以失败告终[①]。服务贸易谈判的主要掣肘在于，参与各国期望的目标差异，是否愿意按照国民待遇来设置外资的市场准入，以及如何维护发展中国家在各种服务贸易模式下的出口利益等。自多哈回合谈判正式启动以来，服务贸易谈判经历了制定谈判指导原则、提交谈判建议、提交初步要价和出价方案三个阶段。目前已进入提交改进出价方案阶段，即最后一个阶段。但目前一些成员方所提交的修改提议的质量并不能让人满意，包括对新开放的服务业部门和对现有承诺的改进，均没有实质性进展，特别是在教育、卫生这些比较敏感的领域。尽管这会对全球服务贸易发展产生影响，但可以预计，服务贸易总体向上的发展趋势将继续保持，其规模和范围将不断扩大，国际服务贸易在各国经济中的地位还将不断上升。

---

　　①　服务贸易谈判的推进，还取决于农业与非农业贸易领域的相关谈判的进度。世界贸易组织总干事拉米认为，此轮谈判破裂的主要原因是世界贸易组织重要成员在发展中国家农产品特殊保障机制上难以达成一致。事实上，不仅仅是发展中国家农产品特殊保障机制，发达国家和发展中国家在削减农业补贴和农产品进口关税、工业品和服务业市场准入等问题上的分歧一直是阻碍多哈回合谈判进程的绊脚石。

二、金融危机下世界服务贸易发展概况

当前，随着金融危机影响深度的扩大并向实体经济不断延伸，国际市场萎缩，需求持续不振，全球范围内的贸易和投资均出现了明显下滑，不仅影响了货物贸易，同样也蔓延到服务贸易领域。

（一）世界服务贸易下滑，增速低于货物贸易

2008年世界服务贸易未能延续2007年的快速增长态势，增速低于货物贸易[1]。据WTO统计数据显示，按名义价格计算，2008年世界服务贸易出口额为37 313亿美元，比上年增长11%，低于同期货物贸易出口15%的增长水平。进口34 690亿美元，同比增长11%，同期货物贸易进口增长率为15%。

（二）服务贸易三大类别增速不同程度下降，运输服务增长相对较快

2008年，在服务贸易三大类别中，运输服务是增长最快的类别，出口增速达15%，这主要是运输成本提升的结果。但与2007年相比，其增速下降了3个百分点；旅游和其他商业服务出口增速均为10%，分别比2007年下降了9%和4%，下降幅度很大。其他商业服务虽然增速减缓，但仍是贸易额最大的项目。2008年，运输、旅游和其他商业服务三大类别占世界服务出口总额的比重分别为23.4%、25.4%和51.2%，服务贸易结构向知识、技术密集化方向发展的趋势依旧。

（三）全球对外直接投资减少，诸多服务部门跨国并购销售额大幅缩减

受国际金融与经济危机的影响，2008年全球对外直接投资流量明显减少。据联合国贸发会议（UNCTAD）的统计数据，2008年全球FDI流量由2007年的1.94万亿美元减至1.66万亿美元，下降约15%[2]。许多服务业跨国公司纷纷减少注资、收缩业务、裁减员工等。

国际金融危机对跨国并购的冲击尤为严重，2008年全球跨国并购额为1.21

---

[1] 货物贸易的快速增长可能是由于商品价格的上升，特别是高达40%的能源成本上升所导致的。

[2] UNCTAD, Assessing the impact of the current financial and economic crisis on global FDI flows. p. 5 – 6.

万亿美元，减少 29.1%①。约占世界 FDI 存量 3/5 的服务业部门，2008 年跨国并购销售额缩减了 33.4%。绝大多数服务行业均受到严重影响，如建筑业、饭店和餐馆分别骤减了 79.1% 和 68.2%；占比最高的金融业，2008 年跨国并购销售额减少了 36.1%；商业服务业受影响相对较小，仅减少了 13.6%；运输、仓储和通信下降了 32.2%，见表 10－10。由于跨国并购是服务业对外直接投资的主要形式，在 FDI 流量中占有很大比重，而商业存在又是服务贸易的主要形式②，以上数字足以反映国际服务贸易不容乐观的现状。

表 10－10　　　　　　　2007～2008 年全球跨国并购销售额　　　　　单位：亿美元，%

部门	2007	2008	增长率
服务业	10 065.10	6 700.43	－33.4
电力、煤气和水供应	1 346.66	973.76	－27.7
建筑业	162.43	33.88	－79.1
批发和零售贸易	838.61	537.98	－35.8
饭店和餐馆	290.19	92.15	－68.2
运输、仓储和通信	1 264.05	856.85	－32.2
金融中介	3 558.35	2 274.96	－36.1
商业服务业	1 923.70	1 662.18	－13.6
公共管理和国防	0.42	0.33	－21.4
教育	138.63	62.71	－54.8
医疗和社会服务	11.91	11.27	－5.4
社区、社会和个人服务	442.76	144.38	－67.4
其他服务	87.40	49.98	－42.8

资料来源：UNCTAD, cross-border M&A database, www. unctad. org/fdistatistics。2008 年数据为 UNCTAD 初步估计值。增长率系作者计算。

（四）北美、欧洲受金融危机影响较大，独联体国家持续高增长

2008 年，世界主要经济体服务贸易出现了不同程度的下滑，这一方面是因为金融危机导致经济低迷、需求不振、贸易保护主义抬头，另一方面则是由于汇率的变化。

---

① 2009 年 5 月 20 日 UNCTAD 快讯，该数据为初步估计值。UNCTAD/PRESS/PR/2009/020，http://www. unctad. org/Templates/webflyer. asp? docid = 11558&intItemID = 1528&lang = 1。

② 据 WTO 估计，目前通过商业存在实现的服务贸易约占一半，大约是跨境提供的 1.5 倍。WTO. International Trade Statistics（2005），P. 8。

北美服务贸易出口和进口增速趋缓，2008 年其服务贸易出口和进口分别为 6 030 亿美元和 4 730 亿美元，增速为 9% 和 6%，均低于世界平均水平。金融危机对其的影响很明显地反映在季度数据上，2008 年前 9 个月，北美服务贸易增长较快，出口增长 13%，进口增长 10%；第四季度骤然下降，出口和进口增速分别为 −2% 和 −3%。其中，旅游服务受影响最大，出口与进口增长率分别为 −2% 和 −6%。

2008 年，欧洲服务贸易出口 19 190 亿美元，进口 16 280 亿美元，分别增长 11% 和 10%，比上年下滑了 8 个和 7 个百分点。金融危机对欧洲服务贸易的影响在第四季度开始显现，2008 年前 9 个月，出口增速为 19%，最后一个季度则下滑至 11%。其中，欧盟 27 国服务贸易出口和进口分别为 17 380 亿美元和 15 160 亿美元，增长率为 10%。德国取代英国成为欧洲最大的服务贸易国，其服务贸易出口 2 350 亿美元，进口 2 850 亿美元，增速为 11%，与世界平均水平持平；英国服务贸易出现了大幅下滑，出口 2 830 亿美元，进口 1 990 亿美元，仅比上年增长了 2% 和 1%。法国进出口增速为 6%，低于欧洲及世界平均水平。意大利和西班牙服务贸易增速基本与欧洲和世界平均水平相当。

亚洲服务贸易增速也出现了较大幅度的下滑，仅略高于全球平均水平。2008 年，亚洲服务贸易出口 8 370 亿美元，进口 8 580 亿美元，增速均为 12%，比上年分别下滑了 7 个和 5 个百分点。

中南美洲、非洲和中东的服务贸易增速均超过世界平均水平，2008 年中南美洲服务贸易出口和进口分别为 1 090 亿美元和 1 170 亿美元，增长 16% 和 20%；非洲出口和进口为 880 亿美元和 1 210 亿美元，增长 13% 和 15%；中东出口和进口为 940 亿美元和 1 580 亿美元，增长 17% 和 13%。

2008 年，独联体国家服务贸易延续了 2007 年的高增长，其服务贸易出口和进口额为 830 亿美元和 1 140 亿美元，分别比上年增长 26% 和 25%，显著高于世界平均水平和其他地区增长水平，是服务贸易增长最快的地区。

（五）主要服务贸易经济体排名微调，中国、印度表现突出

WTO 公布的 2008 榜单上，主要服务贸易经济体依然是 "老面孔"。较之 2007 年的有较大变动，2008 年世界服务贸易排名只发生了一些细微变化。在出口排序中，位居三甲的依然是美国、英国和德国。尽管深受金融危机拖累，2008 年美国服务贸易出口额仍增长了 10%，增幅回落 5 个百分点，达 5 219.7 亿美元，国际市场占有率①维持在 14%。英国服务出口仅增长 3.7%，回落了 14.3

---

① 国际市场占有率等于一国某种产品或服务的出口额与该产品或服务世界出口总额之比。这一指标在一定程度上反映了一国在贸易出口方面的地位和竞争能力。

个百分点，国际市场占有率也从 8.3% 降至 7.6%。德国同比增长 14%，增幅回落 1 个百分点，占世界服务出口的比重维持了 2007 年的水平，为 6.3%。法国同比增长 12.3%，增幅较 2007 年提升了 1.3 个百分点，排名保持第四位。中国服务贸易出口额达 1 464.5 亿美元，超越了西班牙和日本，世界排名由 2007 年的第七位跃居第五位，同比增长 20.4%，增幅回落 12.7 个百分点，国际市场占有率从 3.7% 提高到 3.9%。日本服务出口增长 13.1%，增幅提升了 3.1 个百分点。印度服务贸易增长迅速，成为排名第九位的世界服务贸易出口国和排名第十二位的进口国，位次分别比 2007 年提升了两位和一位，且是发展中国家中少有的顺差国。进口排序变动较小，位居前九位的与 2007 年完全一致。美国服务贸易进口额增长 8.5%，增幅仅回落 0.5 个百分点。德国同比增长 13.6%，增幅回落 1.4 个百分点。英国服务进口不振，仅增长 2.5%，较上年回落 10.5 个百分点，占世界服务进口总额的比重从 6.3% 降至 5.7%。中国服务贸易进口额达 1 580 亿美元，稳居世界第五位，同比增长 22.2%，增幅回落 6.6 个百分点，占比从 2007 年的 4.2% 升至 4.6%。服务贸易逆差比上年增长 51.9%，达 115.6 亿美元，为 1997 年以来逆差最大的一年。韩国服务进口额增长 12.5%，增幅回落 8.5 个百分点，逆差比上年减少了 20 亿美元，取代荷兰跻身前十[①]。

三、近期内世界服务贸易发展趋势

（一）货物贸易增速下滑将导致相关服务部门贸易量缩减

在金融危机的冲击下，各国经济增速均不同程度地放缓，外需不振将直接导致贸易需求下降。据世界贸易组织预计，由于近十年以来最为严重的经济金融危机所导致的全球需求下挫，2009 年世界贸易出口额预计减少 9% 左右，为"二战"以来最大降幅；国际货币基金组织预测，2009 年全球贸易额将减少 5%；世界银行预测，全球贸易额将出现 80 年来最大幅度的下降，约为 6.1%；OECD 预测将下降 13.2%。由于运输、金融、通信等服务部门与货物贸易密切相关，随着金融危机继续恶化，对实体经济的影响日益加深，货物贸易增速下滑，必将导致相关服务部门贸易量的缩减，全球服务贸易将继续处于下滑态势。

---

① 2007 年数据来自 WTO. International Trade Statistics 2008，http：//www.wto.org/english/res_e/statis_e/its2008_e/its08_world_trade_dev_e.pdf。

（二） 通过商业存在实现的服务贸易短期内难以回升

目前，由于资金的获取变得越来越困难①，全球经济（特别是发达国家）前景惨淡，跨国公司的投资意愿和能力均大大削弱，加上一些国家鼓励产业回归，这些因素都影响了全球对外直接投资。据 UNCTAD 预计，一些大公司会大幅削减其成本和投资计划，2009 年全球外国直接投资会进一步下降，且降幅将超过 2008 年②。追随型的服务业 FDI，即向已经从事跨国生产经营的客户（多为制造业跨国公司）提供服务的服务业跨国投资，会因为制造业 FDI 的下降而相应缩减；自主扩张型的服务业 FDI 也会由于国际金融市场波动剧烈、投资风险加大、融资条件恶化等原因而暂时搁置或减少，这使得通过商业存在实现的服务贸易短期内难有改观。

（三） 金融危机引发的失业导致移民汇款减少

根据国际劳工组织（ILO）预测，此次危机可能导致 2009 年 1 800 万 ~ 3 000 万人口失业，如果情况继续恶化，这一数字甚至会上升至 5 000 万③。由于大量国际移民失去工作，移民汇款相应减少，特别是对发展中国家的汇款将大幅缩减。那些雇佣了大量外国劳工的部门，如建筑和旅游等，所受影响将最为严重。世界银行估计，2009 年移民汇款将至少减少 10%，为 2 800 亿 ~ 2 900 亿美元④。

（四） 服务贸易保护将扩大，且更加隐蔽

贸易保护与经济危机如影随形。当前，全球经济颓势不减，生产与就业均遭重创，贸易保护主义抬头，采取隐蔽的非关税壁垒措施以保护本国服务业的动机被进一步诱发，各国可能会对外国服务提供者的进入和在境内从事服务活动设置障碍，减少服务外包，或对本国服务出口实行隐蔽性补贴、减免税等。由于服务贸易壁垒的隐蔽性和非数量性，壁垒消除的进程将十分困难和缓慢，这必将对世界服务贸易的复苏产生不利影响。

---

① 主要原因是跨国公司利润普遍大幅下降甚至亏损，国际金融市场融资困难、成本提高。

② UNCTAD, Assessing the impact of the current financial and economic crisis on global FDI flows. P. 5.

③ International Labour Organization. Global Employment Trends, January 2009, http：//www. ilo. org/wc-msp5/groups/public/——dgreports/——dcomm/documents/publication/wcms_101461. pdf.

④ Migration and Development Brief, 9, 2009, World Bank.

（五）ICT 服务蕴涵商机

在金融危机的影响下，越来越多的跨国公司和金融机构为降低成本、提高核心竞争力，会倾向于把更多业务外包给其他国家和地区。2008 年，全球服务外包保持平稳增长，其中，离岸外包发展迅速，以超过 20% 的速度增长，半数以上的欧美公司将更多的服务外包到海外[①]。近期由弗雷斯特研究公司（Forrester Research）所做的一项调查显示，在接受调查的公司中，有超过 40% 的企业打算增加其离岸供应商[②]。从短期来看，基于信息通信技术的服务（ICT-enabled services）[③] 将是受经济危机影响较小的部门。从长远看，发达国家向发展中国家转移外包业务的趋势不会改变，离岸外包规模将会扩大，离岸外包行业也将增加。在未来的经济全球化和贸易自由化的进程中，外包服务将成为服务贸易的重要方式。

总体而言，金融危机对世界服务贸易的影响，短期内将主要是负面因素在发生作用。从中长期来看，金融危机不会改变全球服务业发展与转移的总趋势。一旦世界经济走出危机的泥沼，服务贸易将重拾增势。而且，随着各国产业结构的调整、新兴服务行业的产生，以及跨国公司的全球产业布局，国际服务贸易将会迎来更加多元化的发展，在参与主体、服务形式、服务内容、地域分布、技术含量等方面呈现出更多变化。

四、中国发展服务贸易的意义与趋势

服务贸易是在更高层次参与国际分工和竞争的一种方式，是国家综合竞争力及软实力的重要体现。近年来，中国服务贸易规模迅速扩大，增速远高于世界平均水平，在国际服务贸易中的地位也不断提升，全面发展的格局已初步形成。然而，与发达国家相比，中国服务贸易整体竞争力还非常薄弱，同时还面临着来自新兴经济体和发展中国家日趋激烈的竞争。

通过服务全球化，一国可以在世界范围内整合服务资源，使服务业资源的配置更为合理、有效，提高服务业整体的经济效益；同时，开放服务贸易市场，可

---

① 《2008 全球服务外包发展报告》，来自中国发展门户网，www. chinagate. com. cn，2009 - 1 - 8，http://cn. chinagate. cn/finance/08ythy/2009 - 01/08/content_17078059_2. htm。

② Impact of Economic Downturn on Tech Spending. Forrester Research. 9 September，2008.

③ ICT（information and communication technology），信息和通信技术。随着技术进步，ICT 服务的外延不断拓展，包括通信服务、计算机和信息服务、金融、保险、咨询、会计、法律服务、人力资源管理、媒体公共管理等。

以降低服务成本，进而降低商品生产和贸易或其他服务生产和贸易的成本，并且，由于服务的难以分割性，要素流动中技术或技能更易"外溢"，从而使自由化带来的收益延伸到其他部门或领域，形成服务贸易收益的"溢出"和"放大"。对于中国而言，服务贸易自由化的各种经济效应若能得到更好的发挥，将改变长期以来我国出口依赖货物贸易的单一结构偏向，有助于产业链的整合，推动中国企业向全球产业链的中、高端环节演进，实现产品附加价值的增加和产业竞争力的提升，促进中国的经济增长和结构转型。

具体而言，中国加大服务业开放，大力发展服务贸易，积极承接国际服务业转移，首先是落实科学发展观，实现我国经济跨越式发展的需要。2009 年中央经济工作会议确立了经济结构调整的发展主线。在步入服务经济时代的今天，发展服务业和服务贸易已经成为重大战略任务。将大力发展现代服务业和服务贸易作为国家战略的一部分，推进贸易结构的调整与升级，努力提高软实力，迅速缩小与发达国家在高端产业上的差距，并以此带动整个经济实现跨越式发展。

其次是提高国际竞争力，优化我国贸易结构的需要。将服务贸易作为贸易出口的战略重点，有利于贸易结构优化，出口层次和附加值提升，改善我国在国际分工中的地位，提高国际竞争力。

再次是实现产业结构升级，保持我国经济可持续发展的需要。发展服务贸易有助于改善企业生产经营，带动服务业发展，促进产业结构升级。坚持创新服务技术，创新服务业态，创新贸易渠道，来提高服务业发展水平，使经济增长方式由数量型向质量效益型转变，打造带动经济高速发展的新引擎，实现可持续发展。

最后是构建和谐社会，提高人民生活质量的需要。发展服务贸易不仅能提供更好更多的服务产品，而且还能够创造大量高薪工作岗位，增强购买能力和提高消费水平。通过发展服务贸易还可大幅度缓解日益严重的能源、资源压力和环境污染问题，切实提高人民生活质量，为构建和谐社会的目标服务。

中共十六届五中全会通过的《中共中央关于制定国民经济和社会发展第十一个五年规划的建议》把加快对外贸易增长方式的转变作为"十一五"期间提高对外开放水平的重要举措，提出"大力发展服务贸易，不断提高层次和水平"，"继续开放服务市场，有序承接国际现代服务业转移"，"支持有条件的企业走出去，按照国际通行规则到境外投资，鼓励境外工程承包和劳务输出"等发展思路；商务部颁布了《服务贸易发展"十一五"规划纲要》，明确了发展服务贸易的指导思想、主要目标、总体要求，并提出了具体工作内容。扩大服务贸易规模，改善服务贸易结构，努力提高产业国际竞争力，迅速缩小与发达国家在高端产业上的差距，并以此带动整个经济实现跨越式发展，是我国新时期对外开放面临的一个新课题。

中国政府已将服务业作为下一轮对外开放的重点，以承接大规模的国际服务业转移。在 WTO 分类的 160 多个服务贸易门类中，我国还有近 40% 的门类没有开放①，发展前景广阔，目前仍然保留着一些市场准入限制的领域尤其是服务贸易领域的对外开放程度将不断提高，这将为跨国公司，特别是金融保险、商业和运输服务等领域的跨国公司提供更多的投资机会。中国陆续颁布了一系列开放服务贸易领域的法规条例，新修订的《外商投资产业指导目录》为跨国公司设立总部、承接服务外包业务创造了有利的软环境。2006 年商务部成立服务贸易司，推出发展服务贸易的系列政策措施。同时，为了大力承接国际（离岸）服务外包业务，转变对外贸易增长方式，扩大知识密集型服务产品出口、优化外商投资结构，提高利用外资质量和水平，扩大服务产品出口，商务部启动实施了服务外包"千百十工程"，即在 5 年内，每年投入不少于 1 亿元的资金，建设 10 个服务外包基地，吸引 100 家跨国公司将部分外包业务转移到中国，培养 1 000 家承接服务外包的企业。

可以预计，我国服务贸易将保持较快增长的态势。除转变对外贸易增长方式所产生的促进作用外，主要原因有：一是服务业的发展受到高度重视，将为服务贸易提供更好的国内产业基础；二是我国服务业整体开放水平将不断提高；三是服务业多数是劳动密集型产业，我国具有劳动力成本优势和一批优势产业，在工程承包、远洋运输、旅游、商业和餐饮业等服务贸易领域具有发展潜力；四是全球服务外包的趋势给我国服务业提供了良好的机遇。随着我国服务业对外开放程度的不断扩大，国内服务产品面临着来自国外的严峻挑战和残酷竞争，而短期内中国绝大部分服务行业的对外竞争力（如金融、保险、专有技术和技术咨询等高附加值服务产业）难以迅速提高，因而，尽管随着我国科学技术的进一步发展，技术含量高的现代服务业将会迅速发展，出口增长空间巨大，但原有的主要逆差项目短期内仍将维持逆差状况。

从当下来看，美国次贷危机以来，全球金融市场的动荡已波及越来越多的国家，并开始影响到这些国家的实体部门，从而影响许多国家对中国出口产品的需求。毫无疑问，这将对未来中国的外贸出口乃至宏观经济增速产生直接影响。由于不少服务贸易是与货物贸易相伴而生的，货物出口衰减必然会影响到中国的服务贸易。同时，全球经济衰退也会在一定程度上遏制跨国投资动机，导致以

---

① 中国在加入世界贸易组织谈判中对服务贸易领域做出了广泛而深入的承诺，涵盖《服务贸易总协定》12 个服务大类中的 10 个，涉及总共 160 个小类中的 100 个，占服务部门总数的 62.5%，开放程度接近发达国家水平。

"商业存在"形式实现的服务贸易量缩减。因而，未来几年中，中国服务贸易将面临增速放缓、竞争加剧的不利情况。

另外，国际金融动荡、世界经济衰退、出口放缓、内需疲软，以及行业的不景气等因素，已经严重影响了国内投资者的信心，企业家信心指数大幅度回落，企业投资增长明显乏力。同时，由于在过去一二十年中，劳动报酬占 GDP 的份额持续下降，导致中国家庭的消费支出增长缓慢，服务性消费支出占比甚小。另一方面，2007 年下半年以来中国股市大幅度缩水，再加上社会保障体制不到位，导致消费者信心指数出现了下降的势头。消费需求不振的情况将在较长一段时间内持续存在。从经济增长的上述三个因素来综合判断，可以预计，中国宏观经济增速步入一个慢性下滑的通道，目前似乎已成定势。且从目前国际大环境和国内宏观经济的基本面里的各种因素来综合判断，这一波中国宏观经济增速下滑，将不是一个短期现象，而很可能是一个较为缓慢的长期过程，出口也会因为金融危机导致的外部需求减少和贸易信贷紧缩而受到打击，特别是旅游和建筑工程服务输出。另外，由于危机蔓延到新兴市场，特别是此前作为世界建筑市场热点的石油输出国因收入下降而显著缩减投资建设规模，我国在海外的工程承包业务也将遭受较大冲击。但从另外一个角度看，发达国家由于成本提高将加速服务外移；最近一段时间我国加工工业包括制造业的出口受困，可能会迫使很多原来的制造业企业转型，从制造业外包变成服务业外包；金融危机会使众多金融机构遭到冲击，亟须形成新的核心竞争力，而外包非核心业务可以大幅度节约开支、降低成本，因此中国有机会获得更多的服务外包市场；此外，金融风暴可能使美国金融机构大量裁员，一些高端人才可能会寻求海外市场，而中国对他们具有很高的吸引力，如果抓住机遇引进高级管理人才，对中国服务业竞争力的提升将大有助益。从这个意义上来讲，也可能会给中国的贸易与产业转型提供机会。

今后，我国必须大力发展服务业，尤其是现代服务业，加快产业结构的调整与优化，提高服务供给能力，对于能对国民经济发展和产业结构调整起明显推动作用的、代表未来服务业发展方向的，特别是具有国际水平的生产服务业等重点行业，要优先重点发展，并给予适当的政策支持；大力推进服务创新与制度创新，提高承接国际服务业转移的能力；在维持传统比较优势的同时，推动技术创新，培育新兴服务业的竞争优势，切实提升贸易结构，重点发展能够提高货物出口附加值的服务，如分销、物流、信息、会展等；继续稳步、有序地开放服务业市场，积极吸引服务业外资流入，并切实加强对服务业外资的引导与监管，通过施行合理、有效的产业政策、监管政策和财税政策等，努力减少外资的内敛效应，使外资能够更好地参与我国服务业的发展；打破垄断，强化服务行业竞争机制，加快服务业管制体制改革，放宽市场准入限制，消除产业发展的体制性障碍；制定并完善服务贸易立法；努力提高人力资本素质，改善劳动力要素的质量和供给状况。唯有此，中国的贸易与经济增长方式才能转变，中国服务业国际竞争力才能得到切实的提升。

第三节　服务贸易国际竞争力测度与比较

一、文献综述

与商品贸易相比，有关服务贸易的研究相对滞后，服务贸易国际竞争力研究较为分散，尚未形成统一的研究框架和体系。萨皮尔（Sapir，1982，1986）验证了比较优势对于服务贸易的适用性，并通过对工程服务贸易的实证研究，肯定了比较优势的动态性和发展中国家作为潜在服务贸易出口者的作用。兰哈默（Langhammer，1989）通过对法、德、日、美四国服务贸易资料的实证分析，得出服务贸易模式与要素禀赋关系密切的结论。赫克曼和卡尔桑迪（Hoekman and Karsenty，1992）运用显示性比较优势法（RCA）分析了不同收入水平国家在服务贸易上的比较优势。20世纪90年代以后，随着世界服务贸易的快速发展，经济学者开始关注某些增长较快的服务行业在贸易领域中的竞争力问题，如保险业竞争力研究（Hardwich，1998）、建筑服务业竞争力研究（Soubra Yehia，1993）、知识密集型服务业竞争力研究（Windrum and Tomlinson，1999）、不同地区服务业竞争力的比较研究（Hitchens，O'Farrell and Conway，1993）等。近年来，又转向从服务产业的层面进行竞争力研究，如服务与竞争力的关系研究（Rubalcaba，2001）、服务竞争力的国际比较研究（Meyer and Chase et al.，1999）等。

近年来我国服务贸易发展问题日益引起各方重视，也有了诸多有价值的研究成果。代表人物有杨圣明、薛荣久、谢康、陈宪、李慧中、朱钟棣、夏杰长、程大中、郑吉昌等。在服务贸易竞争力方面，我国学者多采用显性比较优势的分析方法，对服务贸易竞争力现状进行实证测评，并据此提出相应的政策建议。代表性成果有：程大中（2003a，2003b）、谭小芬（2003）、李怀政（2003）、郑吉昌（2004）、王小平（2004）、申朴（2005）、赵书华等（2005）、蔡茂森等（2005）、万红先（2005）、王庆颖（2005）、贺卫等（2005）、王绍媛（2005）、潘爱民（2006）、王晓林等（2006）、吕世平等（2006）、殷凤（2007）等。

综观已有研究，我们发现，有关服务贸易竞争力的研究还比较分散，尚未形

535

成一个相对统一的分析框架，实证研究方法也相对单一，选用的测评指标大多为外显性指标，如贸易竞争力指数（TC 指数）和显示性比较优势指数（RCA 指数）等；总体分析较多，服务贸易结构的国际比较不足；静态分析较多，动态分析不足，尚缺乏对比较优势稳定性及变动趋势的考察。

二、服务贸易国际竞争力测度指标

综观国内外文献，对国际贸易竞争力（或比较优势）的测度，主要有以下指标：

（一）国际市场占有率

国际市场占有率等于一国某种产品或服务的出口额与该产品或服务世界出口总额之比。这一指标测度的是一国出口的绝对量，在一定程度上反映了一国在贸易出口方面的地位和竞争能力。

（二）出口贡献率

出口贡献率等于一国某种商品或服务的出口额占该国出口总额的比例，指标值越大表示该商品或服务贸易对总体贸易的贡献越大。

（三）贸易竞争力指数（trade competitive power index，TC 指数）

又称比较优势指数（Comparative Advantage Index，CAI）、可比净出口指数（Normalized Trade Balance，NBT）或贸易专业化指数（Specialization Index），是对一国（地区）贸易国际竞争力分析时较常使用的测度指标之一，它表示一国进出口贸易的差额占其进出口贸易总额的比重，常用于测定一国某一产业的国际竞争力。

$$TC_{ij} = (X_{ij} - M_{ij}) / (X_{ij} + M_{ij}) \tag{10-3}$$

X_{ij} 代表 i 国 j 类产业或产品出口额，M_{ij} 代表 i 国 j 类产业或产品进口额。该指标作为一个与贸易总额的相对值，剔除了经济膨胀、通货膨胀等宏观方面波动的影响，即无论进出口的绝对量是多少，它均在 ±1 之间。同时，该指数也排除了因国家大小不同而使得国际数据的不可比较性，因此在不同时期、不同国家之间具有较高的可比性。指数值越接近于 1 则竞争力越大，等于 1 时表示该产业只出口不进口；指数值越接近于 –1 表示竞争力越薄弱，等于 –1 表示该产业只进口不出口；但指数值在 0 附近时，意义不明确。

536

（四）显示性比较优势指数（revealed comparative advantage index，RCA 指数）

$$RCA_{ij} = \frac{X_{ij}}{X_i} \div \frac{X_{wj}}{X_w} \tag{10-4}$$

X_{ij} 代表 i 国 j 类产业或产品出口额，X_i 代表 i 国所有商品和服务的出口额；X_{wj} 代表世界 j 类产业或产品出口额，X_w 代表世界所有货物和服务的出口总额。RCA 指数由美国经济学家巴拉萨（Balassa，1965，1989）创立，以"非中性程度"（Degree of Non-neutrality）表达一国的出口结构。当一国的 RCA 指数大于 1 时，则其在该商品或服务上就拥有"显性"比较优势；相反，当一国的 RCA 指数小于 1 时，则其处于比较劣势地位。如果 RCA 指数大于 2.5，则表明该国 j 类产业或产品具有极强的国际竞争力；RCA 介于 2.5 ~ 1.25 之间，表明该国 j 类产业或产品具有很强的国际竞争力；RCA 介于 1.25 ~ 0.8 之间，则认为该国 j 类产业或产品具有较强的国际竞争力；倘若 RCA < 0.8，则表明该国 j 类产业或产品的国际竞争力较弱。

显示性比较优势指数的特点是不直接分析比较优势或贸易结构形式的决定因素，而是从出口贸易的结果来间接地测定比较优势，反映了一个国家某一产业或产品的出口与世界平均水平比较来看的相对优势，剔除了国家总量波动和世界总量波动的影响，较好地反映了该产业或产品的相对优势。考虑到它在经验分析中可以摆脱苛刻的各种理论假设的制约，因而较适合于现实的国际贸易结构分析。然而显示性比较优势指数也有它的局限性：当一个产业的产业内贸易盛行时，以显示性比较优势指数所衡量的该经济体和产业的比较优势不具有客观性，更不能用来预测一个贸易发展的模式。另外，RCA 指数没有考虑进口的作用。若一国某产业或产品的进口远大于出口，单纯根据 RCA 指数可能会得出错误的结论。同时，一国实际的（或观测到的）贸易模式可能会因为政府干预而发生扭曲，如进口限制、出口补贴及其他贸易保护政策，这些干预手段在不同时期、针对不同国家、不同产业或产品并不相同，这就有可能造成 RCA 指数得出并不准确的结论，在不同国家、不同时期、不同产业之间体现出一定的不可比性。

（五）相对贸易优势指数（relative trade advantage index，RTA 指数）

$$RTA_{ij} = RCA_{ij} - \frac{M_{ij}}{M_i} \div \frac{M_{wj}}{M_w} \tag{10-5}$$

M_{ij} 代表 i 国 j 类产业或产品进口额，M_i 代表 i 国所有商品和服务的进口额；

M_{wj} 代表世界 j 类产业或产品进口额，M_w 代表世界所有货物和服务的进口总额。相对贸易优势指数由沃尔拉斯（Vollrath，1991）、斯哥特和沃尔拉斯（Scott and Vollrath，1992）提出，即从出口的比较优势中减去该产业进口的比较优势，从而得到该国该产业的真正竞争优势。因为，一个产业内可能既有出口又有进口，而 RCA 指数只考虑了一个产业出口所占的相对比例，并没有考虑该产业进口的影响。如果一国 RTA 指数大于 0，说明该国服务贸易具有比较优势，若 RTA 指数小于 0，则说明该国服务贸易不具有比较优势；该指数越高，该国服务贸易国际竞争力越强；反之，该指数越低，该国服务贸易国际竞争力越弱。同样需要说明的是，尽管该指数弥补了 RCA 指数仅考虑出口的局限，但它仍然是一种间接度量，也会因为产业和贸易政策的干扰而使比较优势发生不同程度的逆转，例如，当一国市场开放度较低、对进口、资本进入实施限制时，那些受到保护的比较劣势产业反而会有较高的指标值。因而，在用显示性比较优势指数判断一国产业的比较优势时，须结合该国相关的产业和贸易政策。

（六）净出口显示性比较优势指数（net export revealed comparative advantage，NRCA 指数）

为了反映进口对出口竞争力的影响，1989 年巴拉萨又提出了一个改进的显示性比较优势指数，用一国某一产业出口在总出口中的比例与该国该产业进口在总进口中的比例之差来表示该产业的贸易竞争优势。

$$NRCA_{ij} = \frac{X_{ij}}{X_i} - \frac{M_{ij}}{M_i} \tag{10-6}$$

指数值大于 0 表示存在竞争优势，指数值小于 0 表示存在竞争劣势，指数值等于 0 表示贸易自我平衡。净出口显示性比较优势指数剔除了产业内贸易或分工的影响，反映了进口和出口两个方面的影响，因此用该指数判断产业国际竞争力要比其他指数更能真实反映进出口情况。该指数值越高，国际竞争力越强；该指数值越低，国际竞争力越弱。值得注意的是，由于该指标反映的是贸易过程中显示的比较优势，是贸易的结果，受贸易障碍的影响，其所反映出的比较优势可能与真实的比较优势有一定的偏离。

由于各种指数各有优劣，在评判服务贸易国际竞争力时，应综合使用，并对各指数反映出来的差异进行具体分析。

三、主要经济体服务贸易国际竞争力测度与比较

如图 10-7 所示，改革开放以来，中国服务贸易发展迅速，服务贸易进出口

总额从 1982 年的 43.5 亿美元增长到 2008 年的 3 044.5 亿美元①，26 年增长了 70
倍。1982 年，中国服务贸易占世界服务贸易的比重不足 0.6%，居世界第 34 位；
2008 年，这一比重提高到 4.2%，居世界第 5 位。其中，服务贸易出口额由 24.8
亿美元提高到 2008 年的 1 464.5 亿美元，在全球服务贸易出口总额中的比重由
0.7% 上升到 3.9%，国际排名由 1980 年的第 28 位上升到 2008 年的第 5 位。进
口由 18.7 亿美元提高到 1 580 亿美元，在全球服务贸易进口总额中的比重由
0.5% 提高到 4.6%，国际排名由 1980 年的第 40 位上升到 2008 年的第 5 位。

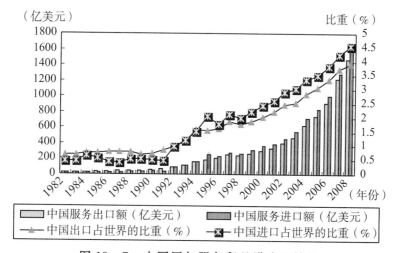

图 10 - 7　中国历年服务贸易进出口情况

资料来源：WTO 国际贸易统计数据库（International Trade Statistics Database）。

　　然而，总体来看，中国外贸粗放型的增长方式没有得到根本转变，贸易利益
与贸易规模不相称，服务贸易十几年来连续逆差②，且与货物贸易呈非均衡的发
展态势。服务贸易在中国对外贸易中的比重依然较低，服务出口贡献率低。2008
年，我国服务出口占贸易出口总额的比重仅有 9.30%，远低于全球平均 18.79%
的水平。中国货物贸易出口占世界货物贸易出口额的 8.86%，而服务出口仅占
世界服务出口总额的 3.92%③，不及货物贸易的一半，这一比重与中国整体的贸
易地位是不相称的。中国是一个商品贸易大国，但服务贸易发展相对滞后，目前

---

　　① 来自中国商务部服务贸易指南网，http://tradeinservices. mofcom. gov. cn/a/2009 - 05 - 08/
71763. shtml。

　　② 1997～2007 年，中国服务贸易进出口差额分别为 - 32.21 亿、- 25.88 亿、- 48.01 亿、- 57.12
亿、- 61.29 亿、- 66.99 亿、- 84.77 亿、- 95.46 亿、- 92.63 亿、- 89.06 亿和 - 76.01 亿美元。2008
年，受金融危机影响，中国服务出口增速受阻，增幅出现回落，服务贸易逆差比上年增长 51.9%，达
115.6 亿美元，为 1997 年以来逆差最大的一年。

　　③ 2008 年，我国服务出口占贸易出口总额的比重仅有 9.30%，远低于全球平均 18.79% 的水平。根
据 WTO International Trade Statistics Database 及中国商务部统计数据计算。

货物贸易和服务贸易的发展还很不平衡，这种不平衡性如果进一步加大，将会有碍于有形贸易的增长空间，削弱有形贸易的竞争力。

从贸易结构看，世界服务贸易整体呈现出运输和旅游服务百分比不断下降，而包括通信、金融、保险、计算机和信息服务、其他商务服务[①]等在内的其他商业服务的百分比趋于增长的结构调整趋势。高收入国家金融、保险、计算机、信息、通信、专利、版税和许可证费用以及其他商务服务等知识、技术密集型服务的比重较高，达到服务贸易出口总额的50%以上。与此相比，我国服务贸易结构并不合理，服务贸易优势部门主要集中在海运、旅游等比较传统的领域，2008年旅游和运输服务的出口仍占中国服务出口的53.9%，而知识密集型、技术密集型、高附加值的服务产业，发展速度相对缓慢，比重仍然很低。例如，金融、保险、专有权利使用费和特许费、通信服务的比重，仅从1997年的2.15%提高至2008年的2.61%。这种出口结构是相当脆弱和低级的。见表10–11。

表10–11　　　　中国服务贸易出口结构（1997年，2008年）单位：千美元，%

项　目	1997年		2008年	
	金额	占比	金额	占比
服务	24 569 360	100.00	147 111 948	100.00
1. 运输	2 954 740	12.03	38 417 556	26.11
2. 旅游	12 074 140	49.14	40 843 000	27.76
3. 通信服务	271 660	1.11	1 569 663	1.07
4. 建筑服务	590 130	2.40	10 328 506	7.02
5. 保险服务	174 310	0.71	1 382 716	0.94
6. 金融服务	27 330	0.11	314 731	0.21
7. 计算机和信息服务	83 590	0.34	6 252 062	4.25
8. 专有权利使用费和特许费	54 850	0.22	570 536	0.39
9. 咨询	346 410	1.41	18 140 866	12.33
10. 广告、宣传	238 200	0.97	2 202 324	1.50
11. 电影、音像	10 040	0.04	417 943	0.28
12. 其他商业服务	7 678 870	31.25	26 005 857	17.68
13. 别处未提及的政府服务	65 090	0.26	666 187	0.45

资料来源：根据国家外汇管理局1997年和2008年中国国际收支平衡表计算。

---

①　其他商务服务（other business services）包括商贸服务及其他与贸易相关的服务、经营性租赁、杂项商业、专业及技术服务。

从服务业引资情况看，由于我国服务业发展滞后，总体引资水平仍然远远落后于世界平均水平，服务业 FDI 的正向外溢效应体现得还很不明显，承接国际服务外包①和服务业"走出去"不足。

下面，我们从国际市场占有率、服务出口贡献率、贸易竞争力指数、显示性比较优势指数、相对贸易优势指数和净出口显示性比较优势指数对中国和世界主要服务贸易经济体进行比较。见表 10 – 12。

表 10 – 12　　　　中国与主要服务贸易经济体服务贸易竞争力比较（2007 年，2008 年）

国家或地区	国际市场占有率%		出口贡献率（服务出口占出口总额的比重）%		贸易竞争力指数（TC 指数）		显示性比较优势指数（RCA 指数）		相对贸易优势指数（RTA 指数）		净出口显示性比较优势指数（NRCA 指数）	
	2007 年	2008 年	2007 年	2008 年	2007 年	2008 年	2007 年	2008 年	2007 年	2008 年	2007 年	2008 年
美国	13.93	13.99	28.08	28.64	0.15	0.18	1.48	1.52	0.67	0.70	0.14	0.14
德国	6.04	6.30	12.93	13.82	– 0.11	– 0.10	0.68	0.74	– 0.38	– 0.36	– 0.06	– 0.05
英国	8.07	7.60	37.63	38.23	0.15	0.18	1.98	2.03	0.64	0.66	0.14	0.14
日本	4.17	3.85	16.02	15.52	– 0.07	– 0.07	0.84	0.83	– 0.30	– 0.20	– 0.03	– 0.02
中国	3.90	3.92	9.44	9.30	– 0.03	– 0.04	0.50	0.49	– 0.17	– 0.21	– 0.03	– 0.03
法国	3.99	4.11	19.06	20.14	0.04	0.06	1.00	1.07	0.08	0.14	0.02	0.04
意大利	3.34	3.31	18.14	18.61	– 0.04	– 0.04	0.96	0.99	– 0.11	– 0.11	– 0.01	– 0.01
西班牙	3.90	3.82	34.42	34.72	0.13	0.14	1.81	1.85	0.65	0.64	0.14	0.14
爱尔兰	2.67	2.57	41.83	43.62	– 0.03	– 0.03	2.20	2.32	– 0.80	– 0.85	– 0.12	– 0.12
印度	2.64	2.84	37.23	37.18	0.05	0.08	1.96	1.98	0.47	0.62	0.11	0.13
荷兰	2.79	2.74	14.17	13.87	0.01	0.05	0.75	0.74	– 0.12	– 0.05	– 0.01	0
比利时	2.24	2.38	14.46	15.70	0.05	0.03	0.76	0.84	– 0.01	– 0.03	– 0.001	0.01

---

① 目前，中国在全球离岸服务外包市场中所占份额不到 10%。朱晓明：《服务外包——把握现代服务业发展新机遇》，上海交通大学出版社 2005 年版。

续表

国家或地区	国际市场占有率%		出口贡献率（服务出口占出口总额的比重）%		贸易竞争力指数（TC指数）		显示性比较优势指数（RCA指数）		相对贸易优势指数（RTA指数）		净出口显示性比较优势指数（NRCA指数）	
	2007年	2008年	2007年	2008年	2007年	2008年	2007年	2008年	2007年	2008年	2007年	2008年
韩国	1.96	1.98	14.68	14.89	−0.14	−0.11	0.77	0.79	−0.31	−0.21	−0.04	−0.03
新加坡	2.02	1.93	18.08	17.54	−0.03	−0.03	0.95	0.93	−0.23	−0.17	−0.03	−0.02
中国香港	2.52	2.44	18.98	19.77	0.34	0.35	1.00	1.05	0.45	0.48	0.09	0.10
中国位次	7	5	15	15	9	12	15	15	10	12	10	13

资料来源：2007 年数据来自 WTO2008 年 4 月 17 日贸易快讯，WORLD TRADE 2007，PROSPECTS FOR 2008，http：//www. wto. org/english/news _ e/pres08 _ e/pr520 _ e. htm＃table2，WTO，International Trade Statistics 2008，爱尔兰商品进出口数据来自世界贸易组织国际贸易数据库 WTO International Trade Statistics。2008 年中国数据来自中国商务部服务贸易指南网，http://tradeinservices. mofcom. gov. cn/a/2009 − 05 − 08/71763. shtml。印度数据来自 2009 年 3 月 24 日 WTO 贸易快讯，WORLD TRADE 2008，PROSPECTS FOR 2009，WTO sees 9% global trade decline in 2009 as recession strikes，http：//www. wto. org/english/news_e/pres09_e/pr554_e. htm，为联合国秘书处初步测算值。其他国家数据来自 WTO International Trade Statistics Database，http://stat. wto. org/StatisticalProgram。各指数为作者计算。

可见，与发达国家相比，中国服务贸易整体竞争力还非常薄弱，同时还面临着来自新兴经济体和发展中国家日趋激烈的竞争。2007 年中国服务贸易 TC 指数为负数，总体状况属于比较劣势，在 15 个经济体中位居第 9 位。2008 年进一步下滑，排名第 12 位；RCA 指数仅为 0.5 左右，位居 15 个经济体之末；RTA 指数小于 0，且从 2007 年的第 10 位下降至 2008 年的第 12 位；NRCA 指数为负数，排名从 2007 年的第 10 位下降至 2008 年的第 13 位，劣势进一步加强。整体情况不容乐观。

其次，构造"15 个经济体模型"，运用联合国贸发会议统计数据库 2006 年的数据，分别测算 11 类服务项目的 RCA、RTA 和 NRCA 指数，对服务贸易分部门的显示性比较优势进行比较。

计算结果如表 10 – 13、表 10 – 14 和表 10 – 15 所示。

表 10 – 13 　　　　服务贸易分部门显示比较优势国际比较

——基于"15 个经济体模型"的 RCA 指数

国家或 地区	运输	旅游	通信	建筑	保险	金融
美国	0.79359	1.12873	0.72373	0.57359	1.00392	1.13924
德国	1.1698	0.84039	1.17766	2.04716	0.84946	0.62548
英国	0.65009	0.65351	1.57201	0.23204	1.26452	2.93144
日本	1.55783	0.31984	0.17129	3.36405	0.60906	0.6742
中国	1.1087	1.63447	0.36967	1.31477	0.27002	0.02026
法国	1.07517	1.73836	1.45704	1.54456	0.31412	0.14856
意大利	0.77491	1.7189	1.49822	1.08303	0.81207	0.26058
西班牙	0.83082	2.13767	0.61486	0.90248	0.32715	0.47131
爱尔兰	0.20679	0.34485	0.35017	—	7.24992	1.45012
印度	0.4914	0.52514	1.33991	0.23498	0.67136	0.35335
荷兰	1.21402	0.61273	2.23998	1.22564	0.28211	0.16127
比利时	1.27499	0.76126	1.56827	1.64195	0.70972	0.77949
韩国	2.41949	0.45443	0.41399	0.10672	0.31984	0.63376
新加坡	1.7233	0.53001	0.47896	0.49533	1.12491	0.88445
中国香港	1.49727	0.70315	0.87661	0.32398	0.25838	1.64865
中国位次	8	4	13	5	14	15

国家或 地区	计算机和 信息	版税和许可证 费用	其他商业 服务	个人、文化 和休闲服务	政府服务
美国	0.33671	2.25716	0.76471	1.78973	2.08968
德国	1.03121	0.51549	1.11392	0.42209	1.489
英国	0.96915	0.89664	1.03611	1.53369	0.69143
日本	0.1529	2.59661	0.97129	0.11239	0.76625
中国	0.59696	0.03377	1.1696	0.14022	0.26212
法国	0.30652	0.79696	0.77777	1.38527	0.31357
意大利	0.17497	0.17158	1.15917	0.90359	0.60374
西班牙	0.69041	0.13148	0.75548	1.10129	0.31194
爱尔兰	5.66477	0.22594	0.46984	—	0.3207
印度	7.19121	0.02253	1.14333	0.27241	0.16416
荷兰	0.88104	0.7601	1.4199	1.03123	1.05907
比利时	0.89387	0.39269	1.09799	0.8817	1.61238
韩国	0.0859	0.58757	0.93583	0.66982	1.19473
新加坡	0.19894	0.18728	1.41726	0.31241	0.0839
中国香港	0.10043	0.07444	1.81561	0.56146	0.05071
中国位次	8	14	4	13	12

资料来源：根据 UNCTAD Handbook of Statistics Online 数据整理计算。

表 10 – 14　　　　服务贸易分部门显示比较优势国际比较
——基于 "15 个经济体模型" 的 RTA 指数

国家或地区	运输	旅游	通信	建筑	保险	金融
美国	– 0. 23952	0. 23426	0. 07652	0. 46618	– 1. 18805	0. 32472
德国	0. 25789	– 0. 53587	– 0. 07946	– 0. 01601	0. 60074	– 0. 20441
英国	– 0. 12605	– 0. 78367	– 0. 21468	– 0. 13012	1. 03973	0. 92152
日本	0. 35165	– 0. 4717	– 0. 06077	0. 37175	– 0. 14597	– 0. 04968
中国	– 0. 19236	0. 67148	0. 04406	– 0. 01490	– 1. 68971	– 0. 27045
法国	0. 03391	0. 5826	0. 62697	0. 47203	– 0. 17176	– 0. 99224
意大利	– 0. 0853	0. 79836	– 0. 48893	– 0. 58901	0. 17694	– 0. 08078
西班牙	– 0. 16986	1. 28649	– 0. 61375	– 0. 19486	– 0. 22829	– 1. 27849
爱尔兰	0. 08299	– 0. 00468	– 0. 17674	—	4. 67877	– 0. 52636
印度	– 1. 02241	0. 06318	0. 73186	– 0. 69762	– 0. 26684	– 0. 32731
荷兰	0. 38082	– 0. 24493	0. 356	0. 23152	0. 03201	– 0. 30477
比利时	0. 33939	– 0. 40171	0. 28022	0. 48645	0. 47774	– 1. 35432
韩国	1. 15532	– 0. 57653	– 0. 05933	0. 10394	0. 03189	0. 34718
新加坡	0. 30893	– 0. 13941	– 0. 20039	0. 21864	0. 01095	0. 36866
中国香港	0. 31671	– 0. 82481	– 1. 04899	– 0. 48162	– 0. 12014	– 0. 16929
中国位次	13	3	6	8	15	9

国家或地区	计算机和信息	版税和许可证费用	其他商业服务	个人、文化和休闲服务	政府服务
美国	– 0. 065	1. 14034	0. 04347	1. 52279	– 1. 28662
德国	– 0. 86283	– 0. 0129	0. 22142	– 1. 05209	1. 21773
英国	– 0. 27042	0. 0763	0. 22809	0. 67181	– 0. 25013
日本	– 0. 87285	0. 94041	0. 07511	– 0. 94414	0. 35603
中国	– 0. 17091	– 0. 91918	0. 33580	0. 00682	0. 09361
法国	– 0. 51308	0. 35463	– 0. 29105	– 1. 3712	– 0. 01167
意大利	– 0. 58905	– 0. 09385	– 0. 30034	– 0. 9005	– 0. 20022
西班牙	– 0. 50064	– 0. 33163	– 0. 52069	– 1. 59469	0. 13486
爱尔兰	5. 28587	– 3. 6207	– 1. 23474	—	0. 29157
印度	5. 65026	– 0. 19381	– 0. 23437	0. 06765	– 0. 09164
荷兰	– 1. 2153	0. 05627	– 0. 06619	– 0. 34107	0. 71753
比利时	– 0. 76902	0. 09945	0. 04744	– 0. 15138	1. 06713
韩国	– 0. 40133	– 0. 3325	– 0. 21397	– 0. 39156	0. 79065
新加坡	– 0. 10733	– 2. 26151	0. 63196	– 0. 22881	– 0. 01587
中国香港	– 0. 62227	– 0. 61106	1. 08349	0. 33512	– 0. 14599
中国位次	5	13	3	5	8

资料来源：根据 UNCTAD Handbook of Statistics Online 数据整理计算。

中国现代服务经济理论与发展战略研究

表 10 – 15　　　　　**服务贸易分部门显示比较优势国际比较**
——基于"15 个经济体模型"的 NRCA 指数

国家或地区	运输	旅游	通信	建筑	保险	金融
美国	– 0.10715	0.03079	0.00064	0.01141	– 0.07581	0.06382
德国	0.00211	– 0.15499	– 0.0037	0.01505	0.00762	0.0234
英国	– 0.06939	– 0.21244	– 0.00746	– 0.00026	0.01785	0.16685
日本	0.00497	– 0.12606	– 0.00168	0.03081	– 0.02031	0.03041
中国	– 0.11242	0.1278	0.00044	0.00959	– 0.08162	– 0.00727
法国	– 0.05127	0.10297	0.0123	0.01876	– 0.01478	– 0.02316
意大利	– 0.0657	0.1575	– 0.01373	– 0.00092	– 0.01047	0.00988
西班牙	– 0.09099	0.26942	– 0.01525	0.00376	– 0.01761	– 0.01659
爱尔兰	0.01017	– 0.00969	– 0.00466	—	0.04503	0.05265
印度	– 0.29535	0.00285	0.01493	– 0.00891	– 0.02712	0.00677
荷兰	0.03184	– 0.07649	0.00477	0.0127	– 0.00495	– 0.00164
比利时	0.01758	– 0.11943	0.00406	0.0197	0.00529	– 0.0043
韩国	0.1673	– 0.15564	– 0.00203	0.00239	– 0.00581	0.04057
新加坡	– 0.01549	– 0.04802	– 0.00542	0.00704	– 0.02497	0.0531
中国香港	– 0.0008	– 0.22397	– 0.02579	– 0.00494	– 0.01122	0.07291
中国位次	14	3	6	7	15	13

国家或地区	计算机和信息	版税和许可证费用	其他商业服务	个人、文化和休闲服务	政府服务
美国	0.00911	0.07182	0.02914	0.01659	– 0.05037
德国	0.01300	– 0.00247	0.0812	– 0.00889	0.02767
英国	0.02436	0.00252	0.08095	0.00847	– 0.01144
日本	– 0.0148	0.05698	0.04189	– 0.00839	0.00618
中国	0.01491	– 0.06356	0.11058	0.00028	0.00128
法国	– 0.0019	0.02205	– 0.05252	– 0.01029	– 0.00216
意大利	– 0.00774	– 0.007	– 0.04558	– 0.00677	– 0.00945
西班牙	0.01043	– 0.0233	– 0.10934	– 0.01276	0.00222
爱尔兰	0.29659	– 0.25066	– 0.29125	—	0.00683
印度	0.35271	– 0.01345	– 0.02979	0.00104	– 0.00368
荷兰	0.00037	0.00156	0.01811	– 0.0015	0.01526
比利时	0.0108	0.00566	0.03817	– 0.00001	0.02248
韩国	– 0.00632	– 0.02475	– 0.02981	– 0.00251	0.01665
新加坡	0.00384	– 0.15671	0.18915	– 0.00159	– 0.00096
中国香港	– 0.01082	– 0.04242	0.30944	0.00391	– 0.00464
中国位次	4	13	3	5	8

资料来源：根据 UNCTAD Handbook of Statistics Online 数据整理计算。

在所讨论的 11 大类服务部门中，中国旅游服务（1.6345）、建筑服务（1.3148）、其他商业服务（1.1696）和运输服务（1.1087）的 RCA 指数大于 1。其他 7 大类服务的 RCA 指数均小于 0.8，其中，金融服务 RCA 指数为 0.0203、版税和许可证费用为 0.0338，个人、文化和休闲服务为 0.1402，显示出极弱的竞争力。

进行横向比较，中国在金融服务上列倒数第一；在版税和许可证费用、保险服务列倒数第二；在个人、文化和休闲服务、通信服务列倒数第三；政府服务倒数第四，竞争力非常弱。其他各项服务排名如下：旅游和其他商业服务位列第四位；建筑服务列第五位；运输、计算机和信息服务第八位。由此可见，中国在新兴服务业方面与其他可比国家的差距比传统服务业方面的差距要大得多。中国服务贸易的比较优势在于旅游、建筑和其他商业服务，这三项基本上都是劳动密集型与资源密集型行业，反映在出口收入上其稳定性差，一旦外部环境发生变化，服务贸易出口将受到很大打击。中国在其他商业服务上的出口主要还是劳务出口；而且很大一部分是出口那些受教育水平低的生产工人，而专业人才和专家等高报酬的劳务出口很少。另外，还需要注意的是，中国在计算机和信息、通信、保险和金融服务方面的 RCA 指数均远低于印度，而这些多为知识、技术密集型行业，由此反映出的结构差异值得我们深思。

从 RTA 指数来看，中国在旅游（位列第三）、其他商业服务（位列第三）、通信（位列第六）、政府服务（位列第八）和个人、文化和休闲服务（位列第五）的 RTA 指数大于 0，但后三项服务的指数值很低；其余六项的 RTA 指数均小于 0，不具备比较优势。保险服务在 15 个经济体中列倒数第一；在版税和许可证费用、运输服务上列倒数第三，比较劣势明显。值得注意的是，运输服务的 RTA 指数排名较 RCA 指数排名下降了 5 位。究其原因，中国运输服务虽然出口较多，但常年逆差，是中国服务贸易逆差的最主要来源。自 2003 年以来，运输成为中国服务贸易第一大进口行业；高端运输服务发育不足，提供能力有限，一些高附加值、高技术含量的运输服务只能依靠进口。因而，在考虑了进口因素后，运输服务的比较优势有所下降。旅游和其他商业服务位列第三位；计算机和信息服务位列第五；建筑服务和金融服务分列第八和第九位。金融服务的 RTA 指数排名较 RCA 指数排名上升了 6 位，但这并不完全是贸易竞争力的真实体现，其中很重要的原因是由于中国目前对金融中介服务和其他辅助服务仍有较多的进入限制。

从 NRCA 指数来看，中国旅游、其他商业服务、计算机和信息、建筑、政府服务、通信、个人、文化和休闲服务上大于 0，但除了旅游和其他商业服务外，其他项目的 NRCA 指数基本接近于 0，比较优势并不明显。保险服务排在比较劣势首位，其次是运输服务、版税和许可证费用、金融服务。排名方面，除金融服务外（排名第 13 位），其他基本与 RTA 指数反映的情况一致。

综合以上指数反映的情况，我们可以发现，就服务贸易部门而言，我国服务贸易拥有一定比较优势的部门大部分集中在劳动密集型和资源密集型产业。其中，旅游和其他商业服务比较优势较为突出，国际竞争力相对较强；计算机和信息[①]、建筑服务业在最近几年地位有所提升；技术、资本密集型产业的比较劣势相对严重，尤其是运输、保险、金融、版税和许可证费用，在 15 个经济体中的排名均列倒数几位，与世界服务贸易转向以知识、技术密集型或资金密集型为基础的现代服务贸易的发展趋势极为不符。

四、中国服务贸易显示性比较优势的变化及稳定性分析

从上面的分析中，我们可以了解特定时点上中国与世界主要服务贸易经济体的国际竞争力。下面将动态考察一段时期内中国服务贸易显示性比较优势的变化趋势及其稳定性。

从总体上看，1997~2008 年间，中国服务贸易各指数变动很小，且并未体现出一种改善的态势。见表 10 – 16。

表 10 – 16   中国服务贸易各指数（1997~2008 年）

年份	1997	1998	1999	2000	2001	2002	2003	2004	2005	2006	2007	2008
TC 指数	-0.06	-0.05	-0.08	-0.09	-0.08	-0.08	-0.08	-0.07	-0.06	-0.05	-0.03	-0.04
RCA 指数	0.62	0.58	0.60	0.57	0.57	0.54	0.49	0.49	0.47	0.47	0.50	0.49
RTA 指数	-0.26	-0.25	-0.23	-0.19	-0.17	-0.17	-0.14	-0.13	-0.15	-0.17	-0.17	-0.21
NRCA 指数	-0.04	-0.04	-0.04	-0.03	-0.03	-0.03	-0.03	-0.02	-0.02	-0.03	-0.03	-0.03

资料来源：根据各年 WTO International Trade Statistics 及商务部《中国服务贸易发展报告（2008）》数据计算。

再来看一下服务贸易分部门比较优势指数的稳定性。考察一个时期到另一个时期指数分布的稳定性，一个被广泛应用的方法是回归分析。但由于 RCA 指数在分布上是非对称的，当一国处于比较劣势时，其值为 0 到 1，而当一国处于比较优势时，取值则从 1 到 +∞。这一方面导致了衡量比较优势和劣势程度的标准

———————————

① 需要指出的是，目前中国的计算机和信息服务自主研发的比重还比较低，配套的软硬件开发与生产不足，需要依赖外国技术，国际竞争力有待进一步提升。

不对称，同时在做回归分析时，由于这种非对称分布，违反了误差项服从正态分布的假定，因而会导致 t 统计量的不可靠。为了解决这一问题，达拉姆等（Dalum et al.，1998）将 RCA 指数进行了变形。

$$RSCA = \frac{RCA - 1}{RCA + 1} \qquad\qquad (10 - 7)$$

RSCA 指数被称为显示性对称比较优势指数（revealed symmetric comparative advantage index），取值范围在 -1 和 +1 之间，是对称分布。RSCA 大于 0 表明某产品或某部门具有比较优势，反之则反是。由于 RSCA 是对 RCA 指数进行的单调变换，其性质并没有发生变化，不影响对比较优势的判断。因而，下面采用 RSCA 指数对中国服务贸易分部门比较优势及其中长期变动情况进行测算与分析[①]。

1982~2006 年，中国服务贸易各部门 RSCA 指数如图 10-8 所示。从中可以看出，运输、旅游及其他服务显示性比较优势的变动是相当大的。运输服务 RSCA 指数在 1982~1991 年间为正值，表明中国运输服务曾经具有一定的比较优势，之后则呈明显的下降趋势，1999 年跌至 -0.4302 的最低点，此后虽有持续回升，但始终为负值；旅游服务 RSCA 指数除在 1989 年和 1990 年小于 0 外，其余年份均为正值，且在很长的时段内呈稳步增强的趋势；其他服务在 20 世纪 80 年代劣势明显，且波动巨大，进入 90 年代以后，波动幅度有所缩小，但除 1992 年和 1993 年略大于 0 外，其余年份仍为负值，且并未有改善的迹象。

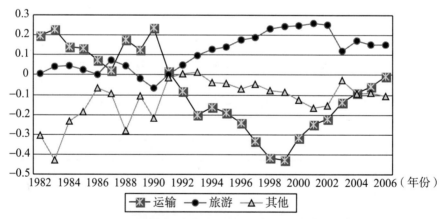

图 10 - 8　中国服务贸易各部门比较优势的变动趋势

资料来源：根据 UNCTAD Handbook of Statistics Online 数据整理计算并绘制。

下面，我们通过回归分析进一步考察比较优势指数分布的稳定性。参照坎特

[①]　本部分数据来源于 UNTCAD Handbook of Statistics 2008。然而，遗憾的是，1982~1996 年，仅有运输、旅游、通信、保险、其他商业服务和政府服务的数据，其他服务贸易部门则在 1997 年才有统计，过短的时间序列会影响回归分析的结果，故这里我们仅对服务贸易大类进行分析。

韦尔（Cantwell，1989）及达拉姆等（1998），回归方程如下：

$$RSCA_{ij}^{t_2} = \alpha_i + \beta_t RSCA_{ij}^{t_1} + \varepsilon_{ij} \qquad (10-8)$$

上标 t_1 和 t_2 代表时期 1 和时期 2。$RSCA_{ij}^{t_2}$ 是 j 国 i 产品或 i 产业在时期 2 的显示性对称比较优势指数，$RSCA_{ij}^{t_1}$ 是 j 国 i 产品或 i 产业在时期 2 的显示性对称比较优势指数，α、β 是回归参数，ε 为残差项。

估计值 β 可用来估计一国贸易模式的稳定性。$\beta = 1$ 表明在时期 1 和时期 2 之间，比较优势或专业化模式没有发生变化；$\beta > 1$ 表示一国的专业化模式得以强化；$\beta < 0$ 时，比较优势或专业化模式发生逆转；$0 < \beta < 1$，意味着现有的专业化模式发生变化，期初 RSCA 指数较低的产品或部门，指数值提高，而期初 RSCA 指数较高的产品或部门，指数值降低，即期初专业化程度较低的部门随着时间的推移提高了专业化水平，而初期专业化程度较高的部门，其比较优势则有所降低。

虽然回归系数 β 可以显示贸易模式的变化，但是，它却不足以反映专业化程度的变异性或比较优势指数分布的离散度，达拉姆等（1998）提出：

$$\sigma_i^{2t_2} / \sigma_i^{2t_1} = \beta_i^2 / R_i^2 \qquad (10-9)$$

$$\sigma_i^{t_2} / \sigma_i^{t_1} = |\beta_i| / |R_i| \qquad (10-10)$$

$\sigma_i^{t_1}$、$\sigma_i^{t_2}$ 是时期 1 和时期 2 RSCA 指数的标准差，R 是皮尔逊相关系数，系数越高，意味着在考察期内，某产品或某产业的比较优势或劣势地位变动越小；反之，较低的系数值则表明该产品或产业从比较优势/劣势地位向比较劣势/优势地位转移，变动效应（mobility effect）较大。可以看出，β/R 的值取决于时期 1 和时期 2 RSCA 指数的标准差，标准差越大，意味着稳定性越低，标准差越小，则表明在给定时期内，RSCA 指数具有越高的稳定性。因而，从上述公式可知，当 $\beta = R$ 时，表明给定分布的离散度没有变化；$\beta > R$ 表示离散度提高，不稳定性增强；$\beta < R$ 表示离散度降低，参数的稳定性增强。

中、长期中国三大类服务出口的稳定性指标如表 10-17 所示。从长期来看，期初具有比较优势的运输和旅游服务，1982～2006 年间专业化程度有所降低，而其他服务的显示性比较劣势有所改善。$|\beta|/|R|$ 小于并基本接近于 1，表明比较优势指数的稳定性或粘性较高。

表 10-17　　　　　　　　中国三大类服务出口的稳定性

时期	运输服务			旅游服务			其他服务		
	β	R	$\|\beta\|/\|R\|$	β	R	$\|\beta\|/\|R\|$	β	R	$\|\beta\|/\|R\|$
长期 1982～ 2006	0.875	0.909	0.963	0.867	0.887	0.977	0.526	0.564	0.933

续表

时期	运输服务			旅游服务			其他服务		
	β	R	$|\beta|/|R|$	β	R	$|\beta|/|R|$	β	R	$|\beta|/|R|$
中期									
1982 ~ 1990	0.231	0.212	1.090	0.506	0.338	1.497	0.274	0.287	0.955
1991 ~ 2006	0.817	0.836	0.977	0.660	0.809	0.816	0.612	0.627	0.976
1997 ~ 2006	0.895	0.929	0.963	0.512	0.482	1.062	0.178	0.196	0.908

资料来源：根据 UNCTAD Handbook of Statistics Online 数据计算。

在所考察的三个中期时段内，三大服务部门的 β 值均大于 0 小于 1，意味着期初 RSCA 指数较低的部门，在考察期内指数值提高，而期初 RSCA 指数较高的部门，指数值降低。1982 ~ 1990 年间，三大类服务均有较大变动（皮尔逊相关系数 R 较低），运输和旅游服务 $|\beta|/|R|$ 大于 1，意味着指数分布的离散度高。1991 ~ 2006 年间，各服务部门的变动效应较小，$|\beta|/|R|$ 小于 1，RSCA 指数的稳定性增强。1997 ~ 2006 年间，运输服务的显示性比较劣势有所改善，旅游服务的比较优势弱化，RSCA 指数分布的离散度提高，其他服务的变动效应较大，但比较劣势地位没有改善，RSCA 指数较期初有所下降。

五、结论与对策建议

从上面的分析可以看出，当前中国外贸粗放型的增长方式没有得到根本转变，虽然服务出口国际市场占有率逐年提高，但与发达国家相比，各比较优势指数排位偏低，服务贸易整体竞争力还非常薄弱，同时还面临着来自新兴经济体和发展中国家日趋激烈的竞争。就服务贸易部门而言，我国服务贸易拥有一定比较优势的部门大部分集中在劳动密集型和资源密集型产业，如旅游、建筑和其他商业服务等，技术、资本密集型产业的比较劣势相对严重，尤其是运输、保险、金融、版税和许可证费用，其显示比较优势指数不仅远低于发达国家，与部分发展中国家（如印度）和新兴市场国家相比（如韩国）也有较大差距，显示出极弱的竞争力。从服务贸易总体来看，各比较优势指数的变动较小。在不同的考察期，三大类服务部门的比较优势有较大变化，服务贸易模式并不稳定。

今后我国必须转换外贸增长模式，加快产业结构和贸易结构的调整与优化；打破垄断，强化服务行业竞争机制，加快服务业管制体制改革，放宽市场准入限制，消除产业发展的体制性障碍，提高贸易便利化水平；提高服务供给能力，培育生产者服务市场，加强商品贸易和服务贸易的联动发展，重点发展能够提高商品出口附加值的服务，如金融、分销、物流、信息等；积极拓展新兴市场，大力承接国际服务外包。在维持传统比较优势的同时，推动技术和服务创新，培育新兴服务业的竞争优势，切实提升贸易结构和出口竞争力；尽快出台促进服务贸易发展的政策措施，加强内外经济和贸易政策的协调性、灵活性和有效性，提高应对外部危机的能力。

第四节　服务贸易影响因素分析

一、文献综述

目前对服务贸易影响因素的研究还比较少，方法不一，且结论分散。梅尔文（Melvin，1989）认为服务贸易的决定性因素是与人力资本有关的知识和技术。涟和浦田（Sazanami and Urata，1990）通过不同国家的横截面回归分析，得出物质资本和人力资本因素对服务贸易比较优势的形成有着决定性的作用。根据服务贸易的特征，赫克曼和布拉加（Hoekman & Braga，1997）找出了促进和阻碍服务贸易发展的因素。弗罗因德和维恩侯德（Freund and Weinhold，2002）分析了互联网应用水平对美国服务贸易进出口增长率和服务贸易进出口额的影响。结论表明，若美国贸易伙伴国的互联网应用水平提高 10 个百分点，则带来服务进口增长率上升 1.1%，出口增长率上升 1.7%，服务贸易进口额增长 0.5%，出口额增长 0.2%。芬斯特拉（Feenstra et al.，2004）、弗朗索瓦和侯顿（Francois & wooton，2005）认为货物贸易和服务贸易有互补性关系。伦农（2006）利用多元回归的分析方法发现，商业服务贸易和货物贸易两者之间是相互促进的关系，其中，双边货物贸易对双边服务贸易的促进弹性接近于 1。希赛、哈默斯和坎弗（Sichei，Harmse and Kanfer，2005）利用广义最小二乘法，发现市场开放程度是造成南非工业服务贸易落后于美国的主要原因。寇克斯（Kox et al.，2005）通过多元回归模型发现非关税壁垒（如市场准入）等因素影响了国际服务贸易，并利用模型验证了他们的假说：管制程度的不同对双边服务贸易有不同的影响，管制和服务贸易之间存在负相关关系。柯南和艾思（Konan and Assche，2006）以土耳其为例，采用可计算的一般均衡方法分析了管制水平和市场结构对服务贸易的影响，结果发现，放松管制水平使市场结构趋于竞争，则会有利于国际服务贸易的发展，并带来该国福利水平的提高。浦田和清田（Urata and Kiyota，2003）提出一国的金融、保险、不动产以及研发创新水平都与服务贸易有关。阿米提和魏（Amiti and Wei，2004）利用美国的数据，发现服务贸易输出能力和劳动生产力正相关。勒朱和维赫杰登（Lejour and Verheijden，2004）观察了加拿大各省和欧盟内部成员方之间的双边服务贸易情况，发现距离对服务贸易的影响比较小，而欧盟内部语言差异和服务产品市场管制差异对服务贸易的影响是巨大的。伦农（2006）对 1999～2002 年 28 个 OECD 成员和它们的伙伴国的数据进行分析，验证了如下假说：一个国家的互联网、教育水平和通信技术在商业服务贸易中的作用比在货物贸易中更为重要。

中国学者的研究主要有：谢康和李赞（2000）依据 WTO（1980～1995）和 IMF（1970～1993）两套数据实证分析了中、美、英、法、加等国家货物贸易与服务贸易，指出在货物贸易净值和服务贸易净值之间存在着不可忽略的负相关关系，这种互补关系在发达国家或富裕国家中比较明显，在发展中国家则不显著。李静萍（2003）对影响服务贸易的宏观因素进行了分析，结果表明，国内经济规模、收入水平、国内服务业发展水平和货物贸易与服务贸易的关系显著。黄建锋、陈宪（2005）基于贸易引力模型，实证考察了信息通信技术对服务贸易的促进作用，结果表明，信息通信技术不仅促进了跨境服务贸易的发展，而且推动了"商业存在"服务贸易。郑吉昌、周蕾（2005）采用两时期综列数据分析方法，选取了 16 个国家 1992 年和 2001 年数据，对影响服务业国际竞争力的因素进行了探讨，得出收入水平、服务业增长率、货物出口对服务贸易竞争力的影响为负，货物进口则有显著的正向影响；对中国 1991～2002 年数据的实证分析表明，货物进口与服务业增加值占 GDP 的比重对服务业国际竞争力的影响为正，货物出口的影响为负。卢素梅（2006）根据迈克尔·波特的国家竞争优势理论分析了影响服务贸易的因素，并以中国 1990～2004 年数据，采用各个变量逐个单独回归的方法，对人力资本、城市化和外商直接投资与服务贸易出口进行了分析，得出人力资本和外商直接投资及城市化水平与我国服务贸易出口呈线性正向关系。丁平（2007）以迈克尔·波特的"钻石模型"为基础，构建了服务贸易竞争力"金字塔模型"，分别对服务业发展水平、外商直接投资、货物出口额、服务市场开放度、国内消费水平与中国服务出口进行了回归分析。徐桂民、鞠磊（2007）采用中国 1990～2004 年数据，对中国服务贸易的影响因素进行了多元回归的实证分析与检验。结果表明，市场的经济规模、外商直接投资和货物贸易的发展是影响我国服务贸易的主要因素。

综观已有研究，我们发现，对服务贸易影响因素的研究还甚为滞后，既未形成统一的理论基础和模型，实证研究方法也相对单一，且由于样本和数据（不同的国家、行业、时点或时段）选择的不同，所得出的结论差异性极大。本部分将吸收传统贸易理论与产业竞争力理论的合理内核，构建服务贸易影响因素模型，并以多国面板数据和中国的时间序列数据，实证检验各相关因素对服务贸易进出口的影响。

二、服务贸易影响因素——理论假说

根据传统的国际贸易理论，货物贸易的格局与各国的比较优势密切相关。国际服务贸易也是同样，各国的要素禀赋状况在一定程度上决定着各国在服务业和服务贸易的比较优势。

服务贸易的发展有赖于一定的产业基础作为支撑。当工业化水平达到一定高度后，服务经济的作用及影响体现得愈发明显，服务业在与其他产业，特别是与制造业的融合、互动中，大大推进了服务需求与贸易的发展。可以认为，产业发展状况和竞争力水平是影响服务贸易的重要因素。迈克尔·波特（1990）在其《国家竞争优势》中提出了产业国际竞争力"钻石体系"理论，指出一国的特定产业是否具有竞争力取决于四个基本要素：生产要素，需求条件，相关与辅助产业的状况，企业策略、结构与竞争对手；以及两个辅助要素：机遇和政府。邓宁（1993）对波特的"钻石模型"进行了批评和补充，将跨国公司商务活动作为另一个外生变量引入该模型。

影响服务贸易的因素较为繁杂，既涉及企业、市场等微观因素，还关联到宏观和中观（产业）层面的诸多因素。吸收以上理论的合理内核，并结合服务业和服务贸易的特殊属性，我们认为，影响服务贸易的因素主要有以下几个方面：

（一）要素条件

要素禀赋是一国比较优势的"源泉"。服务虽然在内在属性上与商品有很大的差异，但其生产也必须依托一定的生产要素。对于服务业而言，传统服务业主要受劳动力要素约束，而现代服务业尤其是新兴服务业，其生产要素中资本、技术、知识的密集度更高。可以说，知识资本和人力资本对于服务贸易及其竞争力起着至关重要的作用。

（二）需求条件

无论是货物贸易还是服务贸易的扩张，均有赖于充足的需求。波特认为，一国需求的变动及其培育可以促进产业规模的扩大和产业结构的优化，同时将带动新兴产业的产生和壮大。若某种服务国内需求规模大，需求层次高，将会引致更多、质量更高的供给，生产成本将会大大降低，有助于其市场化、国际化进程的推进，从而影响国际服务贸易。服务需求主要来自于两个层面，生产者服务需求主要受国内经济规模的影响，国内经济规模越大，对生产者服务的需求越多；消费者服务需求则主要受收入水平的影响，收入越高，对服务的消费需求越多，层次也越高。同时，以上两个层面的需求均要受本国产业结构高度的影响和制约。

（三）相关产业和支持产业

从产业层面来说，一国产业的发展水平是其对外贸易的基础。服务业发展到一定程度后，就会寻求更为广阔的国际市场，同时，为了节约成本，提高专业化水平，企业越来越倾向于将一些非核心、或竞争力不强的服务环节外包，从而推动了服务贸易的发展。另外，随着科技进步和制造业的升级，越来越多的服务物化或依附于有形商品价值实体，货物贸易与服务贸易相互支撑、相互推动的关系体现得愈发明显。货物贸易的发展需要一系列配套服务，许多服务贸易也是伴随货物贸易而发生的，如国际货运服务、保险服务、进出口信贷服务、信息、通信服务、设备维修服务等。可以说，货物贸易的增长会在很大程度上带动相关服务业及服务贸易的发展。

（四）市场环境

开放、竞争的市场环境是服务业和服务贸易发展的重要条件。与制造业相比，政府对服务业的管制程度更高，且服务部门的保护更多地体现在国内规制上，而非传统的贸易政策工具（如关税等）。20 世纪 80 年代中期，许多国家开始放松对服务部门和服务活动的管制，外国投资者可以更为容易地进入服务部门，这也是 90 年代以来发达国家之间服务业外资流量迅速增长的主要原因。减少对贸易和投资的限制，增加市场竞争度，一方面有利于激发国内服务企业的活力，促使其在研究开发、生产和销售等方面不断创新，提高服务质量并最终提升企业在服务贸易中的国际竞争力；另一方面，开放度越高，会有更多的外资服务部门进入，使得以"商业存在"[①] 模式实现的服务贸易额增加，同时也可通过外资的"溢出效应"，带动本国服务业竞争力的提升。

（五）技术水平

技术进步，特别是信息通信技术的发展，使得服务改变了某些特定的属性，

---

① 据世界贸易组织统计，目前商业存在是服务贸易的主要模式，占全球服务贸易总量的 56%。

如不可储存、不可分割、生产与消费的同步性等，拓展了服务贸易的领域和范围，简化了服务交易过程，同时也使交易成本大为降低，使服务的跨国界输送成为可能。例如，越来越多的信息和知识密集型服务活动可以编码，并通过通信网络等介质进行快速传输。一国信息和通信技术水平的高低，以及信息、通信等基础设施的完备程度对于服务贸易具有直接而明显的影响。

综合以上分析，我们将考察服务经济活动劳动力规模、劳动力素质、国内经济规模、收入水平、消费水平、服务业发展水平、货物贸易和服务市场开放度对服务贸易的影响[①]。

三、服务贸易影响因素的实证分析——基于面板数据的估计

（一）变量的选取与研究模型

因变量 1：服务出口（EXS，100 万美元）

因变量 2：服务进口（IMS，100 万美元）

自变量：

服务业从业人员比重（SE,%）。该指标反映服务经济活动劳动力规模，同时，它也从一个侧面反映出服务业发展水平[②]。

人均受教育年限（EY，年）[③] 反映劳动力素质。现代经济发展表明，高质量的经济增长主要来源于人力资本存量的有效积累，这一点在服务业的兴起和发展过程中体现得尤为明显。估计其与解释变量正相关。

国内生产总值（GDP，100 万美元）。用该指标反映国内经济规模。国内经济规模会同时作用于服务供给和服务需求（特别是生产者服务需求），因而会对服务进出口产生直接的影响。

人均国民收入（$GNIPC$，美元）反映收入水平。国际经验表明，随着收入水平的提高，对服务的消费需求会明显增长。这一方面会引致服务进口，另一方面，较高水平的国内服务需求，也能推动国内服务业的发展，从而增强该国或地

---

① 信息及通信技术应用水平是一个较难测度的指标。我们原本打算使用"信息和通信技术支出占 GDP 的比重"和"互联网应用水平"来考察信息通信技术水平对服务贸易的影响，但遗憾的是，世界银行提供的数据时间序列过短，无法与其他指标相匹配，故而只能放弃。下一步我们将单独对此进行研究。

② 世界经济发展历程证明，随着服务业发展水平的提高，服务业从业人员比重也会随之上升。

③ 更合适的指标应该是"服务业从业人员教育程度"，但由于无法获取诸多国家的全部数据，我们只能选用人均受教育年限来近似替代。

区向国际市场提供服务的能力。

居民消费占 GDP 的比重（$CONSUMP$, %）[①]。该指标是衡量需求的重要方面，预计其对服务贸易具有正向影响。

服务业增加值占 GDP 的比重（$RVAS$）反映服务业发展水平。一般而言，一方面，一个国家或地区向国际市场提供服务的能力直接受国内服务业发展水平的影响，服务业发展水平越高，其供给能力就越强。另一方面，随着服务业发展水平的不断提高，专业化分工程度相应增强，服务需求结构将随之发生改变：对一些服务品的需求会减少，而对另外一些服务品的需求会增加，这会同时反映在国内服务市场和国际服务市场中。变量系数估计为正。

商品出口额（EXG，100 万美元）与商品进口额（IMG，100 万美元）反映国内货物贸易规模。我们用以上指标来验证商品贸易与服务贸易之间的相互依存度。

服务业外商直接投资流入量（$SFDI$，100 万美元），用以反映服务市场开放度。预计该估计系数为正。

分析所用的样本数据是 1990～2005 年 14 个国家或地区的数据，这 14 个国家或地区在世界服务贸易中处于领先地位，而且在国家的选取上尽可能多样化，即样本国家既包含发达国家，又包含发展中国家。这 14 个国家或地区为：美国、加拿大、法国、德国、意大利、荷兰、西班牙、英国、日本、韩国、中国香港、新加坡、印度和中国。数据来源于联合国贸发会议统计手册，联合国、世界银行、WTO 统计数据库。

由于面板数据的两维特性，模型设定的正误决定了参数估计的有效性，因此要对模型的设定形式进行检验。通过协方差分析检验，我们采用含有个体影响的常斜率变截距模型，个体成员上的个体影响可以由常数项的不同来说明。在对固定效应模型和随机效应模型进行选择时，运用了 F 检验和 Hausman 检验。F 检验的原假设为固定效应模型下参数全部为 0，检验结果显示，在 1% 的显著性水平下拒绝了原假设。Hausman 检验的 P 值小于 10%，故而我们最终选定了固定效应模型。

模型的回归方程形式如下：

模型 1：

$$EXS_{it} = \alpha_i + \beta_1 SE_{it} + \beta_2 EY_{it} + \beta_3 GDP_{it} + \beta_4 GNIPC_{it} + \beta_5 CONSUMP_{it}$$
$$+ \beta_6 RVAS_{it} + \beta_7 EXG_{it} + \beta_8 SFDI_{it} + u_{it}$$
$$t = 1, 2, \cdots, T; \ i = 1, 2, \cdots, N \qquad (10-11)$$

模型 2：

[①] "服务性消费占总消费的比重"更能反映服务业的需求条件，但囿于数据的可得性，我们无法采用该指标。

$$IMS_{it} = \alpha_i + \beta_1 SE_{it} + \beta_2 EY_{it} + \beta_3 GDP_{it} + \beta_4 GNIPC_{it} + \beta_5 CONSUMP_{it}$$
$$+ \beta_6 RVAS_{it} + \beta_7 IMG_{it} + \beta_8 SFDI_{it} + u_{it}$$
$$t = 1, 2, \cdots, T; \ i = 1, 2, \cdots, N \qquad (10-12)$$

α_i 反映模型中忽略的反映个体差异的变量的影响；随机误差项 u_{it} 反映模型中忽略的随个体成员和时间变化因素的影响。

（二）模型回归

利用 Eviews 计量软件得到如下回归结果，见表 10 - 18 和表 10 - 19。

表 10 - 18   服务出口影响因素的估计结果（模型 1）

变量	回归系数	标准差	t 统计量	P 值
SE	256.5636	58.78926	2.075481	0.0040
EY	96.85429	24.44571	3.016353	0.0013
GDP	0.036011	0.001652	12.47621	0.0000
GNIPC	1.347206	0.224565	4.127816	0.0000
CONSUMP	2.569469	0.643891	2.253894	0.0028
RVAS	765.6832	167.3347	3.221542	0.0012
EXG	0.034525	0.004561	2.808901	0.0025
SFDI	0.090835	0.009574	4.135896	0.0000
固定效应				
加拿大——C	- 73 369.95			
中国——C	- 35 962.13			
法国——C	- 696 807.54			
德国——C	- 79 986.57			
中国香港——C	- 187 856.61			
印度——C	- 46 980.74			
意大利——C	- 80 786.94			
日本——C	- 172 171.69			
荷兰——C	- 89 784.71			
韩国——C	- 56 320.10			
新加坡——C	- 183 247.21			
西班牙——C	- 70 874.13			
英国——C	- 50 769.48			
美国——C	- 89 861.93			
R^2	0.987 846	F 统计量	2 079.783	
调整 R^2	0.985978	F 统计量对应的 P 值	0.000000	
D. W. 统计量	1.548791			

557

表 10 – 19　　　　　　服务进口影响因素的估计结果（模型 2）

变量	回归系数	标准差	t 统计量	P 值
SE	136.3769	39.26873	2.108381	0.0039
EY	79.94276	20.59375	1.987524	0.0051
GDP	0.026793	0.001136	16.56832	0.0000
GNIPC	1.297865	0.203119	5.913543	0.0000
CONSUMP	2.813877	0.671237	2.457664	0.0023
RVAS	813.1754	215.3673	3.563781	0.0003
IMG	0.016475	0.016522	2.955653	0.0027
SFDI	0.069766	0.017685	3.318453	0.0003
固定效应				
加拿大——C	– 78 340.25			
中国——C	– 32 879.70			
法国——C	– 79 213.06			
德国——C	– 32 867.06			
中国香港——C	– 147 573.0			
印度——C	– 43 166.70			
意大利——C	– 72 681.54			
日本——C	– 111 476.5			
荷兰——C	– 89 251.51			
韩国——C	– 56 831.87			
新加坡——C	– 155 379.3			
西班牙——C	– 79 836.69			
英国——C	– 59 868.36			
美国——C	– 15 5845.9			
R^2	0.978643	F 统计量		2 063.547
调整 R^2	0.977296	F 统计量对应的 P 值		0.000000
D. W. 统计量	1.502563			

（三）结果分析

由表 10-18 可以看到，8 个变量与服务出口的关系均很显著，可以解释服务出口变动的 98.78%。实证结果表明，服务经济活动劳动力规模、劳动力素质、经济规模、收入水平、消费水平、国内服务业发展水平、商品出口以及服务业利用外资对服务出口具有显著的正向影响。人均受教育年限系数为正，且该变量的 t 值大于服务业从业人员比重，这与我们的经验判断相吻合，即劳动力素质是影响服务贸易的重要因素。服务业利用外商直接投资与服务出口的关系也非常显著，表明服务业外资的进入，会通过直接（以"商业存在"形式实现的服务贸易）和间接（外溢效应）的渠道带动服务出口的增长。

由表 10-19 可以看到，8 个变量与服务进口的关系也较显著，可以解释服务进口变动的 97.86%。有两点需要注意：第一，国内服务需求对服务进口有显著的正向影响，GDP 每增加 100 万美元，服务进口就会增加 2.68 万美元；人均国民收入每提高 1 美元，服务进口会增加 134.72 万美元。GDP 的 t 值远大于 GNIPC 的 t 值，表明服务的生产需求比消费需求对服务进口的影响更为显著。第二，国内服务业发展水平对服务进口有明显影响，这说明服务业发展水平的提高增加了该国或地区对国际服务品的需求，从而也解释了服务业增加值占 GDP 的比重高达 60%~80% 的国家和地区，同时也是服务进口大国/地区的现象。探究其中的原因，最为重要的是，近十几年来，发达国家的跨国公司逐渐转变经营策略和资源配置模式，将非核心的生产、营销、物流、研发乃至非主要框架的设计活动，分别包给成本低的新兴市场国家和发展中国家的企业或专业化公司来完成，大大增加了国际服务需求。

四、中国服务贸易影响因素的实证分析

（一）研究模型与变量选取

为考察中国服务贸易的影响因素，设定如下时间序列计量模型：

模型 3：

$$EXS_t = \alpha + \beta_1 SE_t + \beta_2 HE_t + \beta_3 GDP_t + \beta_4 GNIPC_t + \beta_5 CONSUMP_t$$
$$+ \beta_6 RVAS_t + \beta_7 EXG_t + \beta_8 SFDI_t + u_t \tag{10-13}$$

模型 4：

$$IMS_t = \alpha + \beta_1 SE_t + \beta_2 HE_t + \beta_3 GDP_t + \beta_4 GNIPC_t + \beta_5 CONSUMP_t$$

$$+\beta_6 RVAS_t + \beta_7 IMG_t + \beta_8 SFDI_t + u_t \qquad (10-14)$$

其中，HE 为拥有高中和中专以上学历的第三产业就业人数，代表人力资本变量，其他变量及其赋值与模型 1、模型 2 相同。

研究区间为 1982~2006 年，数据来自《中国统计年鉴》、《中国对外经济贸易统计年鉴》、《2007 年中国服务贸易发展报告》、《中国商务年鉴》、WTO 国际贸易统计数据库及世界银行统计数据库。

由于数据的自然对数变换不改变原来的协整关系，并能使其趋势线性化，消除时间序列中存在的异方差现象，因而在对模型进行拟合时，自变量与因变量均采用了自然对数形式。对非平稳时间序列变量的回归可能是伪回归，因而需要首先检查序列的平稳性。采用增广的 Dickey-Fuller 检验（ADF）对序列进行单位根检验。检验结果显示，各序列的一阶差分序列均可在 10% 的显著性水平下拒绝原假设，接受不存在单位根的结论，即为一阶单整序列。根据协整理论[①]，虽然这些经济变量本身是非平稳序列，但它们的线性组合却可能是平稳的，这种平稳的线性组合可被解释为变量之间的长期稳定的均衡关系。

（二）模型回归

在 5% 显著性水平上，模型 3 中有显著影响的变量有 $\ln GDP$、$\ln SFDI$ 和 $\ln CON$，其余变量均未通过显著性检验。回归结果如下：

$$\ln EXS = -0.6057 * \ln SE + 0.7450 * \ln HE + 0.5615 * \ln GDP + 0.4349 * \ln GNIPC$$
$$(-1.0011) \qquad (1.9155) \qquad (2.6581) \qquad (2.0178)$$
$$+1.7588 * \ln CONSUMP - 0.8853 * \ln RVAS + 0.0903 * \ln EXG$$
$$(2.7568) \qquad (-4.0180) \qquad (6.3990)$$
$$+0.2163 * \ln SFDI - 7.5035$$
$$(5.77837) \quad (-3.2127) \qquad (10-15)$$

$R^2 = 0.9984$，调整后的 $R^2 = 0.9976$，D. W = 1.7778

$$\ln IMS = -1.5381 * \ln SE + 0.0584 * \ln HE + 1.3374 * \ln GDP + 0.3615 * \ln GNIPC$$
$$(1.0859) \qquad (0.0692) \qquad (3.0202) \qquad (2.0082)$$
$$-0.4549 * \ln CONSUMP - 0.5918 * \ln RVAS - 0.0546 * \ln IMG$$
$$(-0.1906) \qquad (-0.7526) \qquad (-2.1390)$$
$$+0.2826 * \ln SFDI - 5.8999$$
$$(2.6660) \quad (-0.7200) \qquad (10-16)$$

---

① Engle, Robert F. and C. W. J. Granger. Co-integration and Error Correction：Representation, Estimation, and Testing. Econometrica, 1987, 55：251-276.

$R^2 = 0.9915$，调整后的 $R^2 = 0.9873$，$D.W = 1.9654$

括号内为 t 统计量，＊表示在99.5%水平上显著。

为了确定回归方程的变量之间是否具有协整关系利用 ADF 协整检验方法，分别对式（10 - 15）、式（10 - 16）的残差序列进行单位根检验。检验结果[①]显示，回归方程的残差序列在1%的显著性水平下拒绝原假设，接受不存在单位根的结论。结果表明，回归方程的因变量和解释变量之间存在稳定的均衡关系，模型设定是合理的。

（三）结果分析

从估计结果来看，GDP、人均国民收入、居民消费占 GDP 的比重、货物出口总额、服务业利用外商直接投资对服务出口具有显著的正向影响，而服务业增加值占 GDP 的比重与服务出口却呈反向变动，其他变量未通过显著性检验；GDP、人均国民收入、服务业利用外商直接投资与服务进口呈正向关系，而货物进口的系数为负，其他变量未通过显著性检验。

服务业增加值占 GDP 的比重与服务贸易呈反向变动，这与经验判断和实际情况相反。之所以会造成这种结果，我们认为可能是由于中国服务业发展滞后，服务业增加值占 GDP 的比重在20多年的时间内增长缓慢，产业化和市场化程度偏低。由于专业化分工水平低，服务中间投入少，企业倾向于自我服务，外购服务动机不足。再加上中国服务业开放较晚，开放度一直比较低，进口服务相对较少，服务出口又由于国际竞争力不足而受到抑制，服务业利用外资规模也明显偏小。这些因素导致虽然近年来中国服务业有了一定发展，但尚未形成对于服务贸易的推动力。这一结果也隐含地说明，中国服务业发展水平还很滞后，亟待提高。收入水平对服务贸易的带动作用较大，这是因为随着收入水平的提高，服务性消费需求会相应增长。消费支出与服务出口呈正相关关系，但与服务进口却呈反向变动，这是由于中国的消费结构、消费层次还比较低下，对相对高端的进口服务需求不足。货物出口对服务出口影响显著，但贡献度不大，反映出我国货物贸易对服务贸易的带动作用还没有充分发挥。服务业 FDI 对服务贸易具有非常显著的正向影响，相信随着中国服务业开放领域的进一步扩大与服务业利用外资水平的提高，服务贸易规模将会有明显增长。服务业劳动力规模和劳动力素质对服务贸易的影响均不显著，这既有指标和数据方面的原因，也在一定程度上反映出，中国制造业领域的劳动力优势并未体现在服务业中，廉价但素质低下的劳动力要素无法成为服务贸易竞争力的源泉，这从中国服务业就业人员比重长期偏

---

① 受篇幅限制，残差序列的单位根检验结果略。

低、高素质专业人才极度匮乏中可见一斑。

五、结论与对策建议

通过上面的分析可以得出如下结论：服务经济活动劳动力规模、劳动力素质、经济规模、收入水平、消费水平、国内服务业发展水平、货物贸易规模以及服务业利用外资是影响服务贸易的重要因素。但在中国，某些因素作用的发挥却受到了不同程度的抑制。

中国是发展中大国，其经济规模较大，但服务业发展长期滞后，服务业占GDP 的比重和服务业从业人员比重始终偏低。服务业发展的滞后，导致中国专业化分工水平较低，对生产者服务需求不足，服务中间投入少；人均国民收入水平低，致使消费结构偏低，对消费者服务的需求不足。而服务需求不足既抑制了进口需求，也制约了服务业的发展，影响了服务出口能力；我国货物贸易规模较大，但服务出口占贸易出口总额的比重还不到 10%，与货物贸易的发展很不均衡，货物贸易的发展没有充分发挥出带动服务出口的作用；服务业开放度低，服务利用外资规模较小，服务业"走出去"严重不足，服务产品的国际市场占有率很小，整体服务出口规模与中国的经济实力相比仍然较小。比较优势指数为负值，显示比较优势指数仅为 0.5 左右，不仅远低于发达国家，与部分发展中国家（如印度）和新兴市场国家相比（如韩国）也有较大差距，显示出极弱的竞争力。

之所以如此，主要有以下几方面的原因：

（1）当前我国仍处在工业化中期，经济增长还主要依靠制造业，服务业尚未成为推动经济增长的主导力量，规模较小，比重偏低，结构失当，现代服务业发展不足，供给能力有限，这大大限制了中国服务贸易的发展空间。我们的实证研究结果也证明，中国服务业的发展对服务贸易的带动作用和贡献度还未体现。

（2）服务业开放时间短，开放程度低，遏制了中国服务业国际化的步伐，导致服务贸易额偏低。中国服务贸易开放度在 20 世纪 80 年代始终低于 2%，90年代在 2% ~ 5%，2000 年之后才增长到 5% ~ 7%，但仍远远低于同期货物贸易的开放度；实证研究表明，服务业 FDI 对服务贸易具有非常明显的带动作用。然而，在过去 20 多年中，绝大多数外资在华投资的行业是制造业，协议投资金额达到全部协议金额的 60% 左右，而服务业仅占 20% ~ 30%，与世界平均水平相距甚远。截至 2008 年年底，第二产业与第三产业合同外资累计金额所占比重分别为 66.39% 和 31.78%[①]，服务业利用外资规模明显偏小，与跨国资本流动的行

---

① 资料来源：《中国统计年鉴》（2009）。

业分布差距较大。服务业 FDI 的溢出效应体现得还很不明显。这也导致通过"商业存在"实现的服务贸易额偏低。

（3）货物贸易对服务贸易的带动作用还没有充分发挥。我国是货物贸易大国，然而服务贸易无论在规模，还是占比上，均与货物贸易有不小的差距。若现代货物贸易所产生的相关服务需求能在很大程度上由国内服务供应商满足，那么货物贸易必将带来服务出口的相应增加。我国中高端服务产品缺乏、供给能力不足，服务产品国际竞争力低下，严重限制了货物贸易对服务贸易的带动作用。

（4）服务业垄断依然严重，竞争不充分，社会化、市场化程度低，抑制了服务业的发展活力，导致一些行业在层层保护之下，服务供给能力和水平长期得不到提高。

（5）中国居民可支配收入少，收入分配不公，社会阶层分化加剧，城市中低收入阶层和农村居民收入水平提高缓慢，加之社会保障改革滞后、居民对未来的不确定性预期增大等，使居民消费倾向下降，居民消费支出占 GDP 的比重一路下降，从改革开放初期的 50% 左右下降到 2008 年的 35.3%[1]，这直接限制了社会有效服务消费需求。服务需求特别是高端服务需求不足，对服务业和服务贸易的拉动效应也就无从体现。

（6）服务业专业人才匮乏。人力资本是服务贸易发展的第一要素，可以说，人力资本的文化程度、技术水平和创新能力是服务贸易竞争力的核心。然而遗憾的是，中国虽然具备大量初级人才资源，但即使是在大中型城市，中高端服务业专业人才也非常缺乏，特别是具有国际视野、市场经验、交流能力，能够适应服务业"走出去"的专业人才更是极度匮乏。这是导致我国服务业发展动力不足、创新乏力的重要原因。

第五节　国际服务业转移及其效应分析

一、全球外国直接投资行业结构演变的特点

（一）全球外国直接投资的重点转向服务业

在跨国公司新一轮产业调整中，资本向服务业转移的趋势越来越明显。20

---

① 根据《中国统计年鉴》数据计算。

世纪世纪 80 年代初期，全球服务业外国直接投资存量仅占全世界外国直接投资存量的 1/4，而 90 年代以来，FDI 总额的一半以上流向了服务业。1990 年，服务业外国直接投资流入存量占全世界外国直接投资流入存量的 49.27%，流出存量占 46.59%，到 2006 年，服务业 FDI 流入存量上升到 62.18%，流出存量上升至 64.07%，见表 10-20。再从国际直接投资流量来看，1989~1991 年，服务业对外直接投资流入量超过第一、第二产业的总和，比重达到 50.40%，流出流量占 50.36%；2004~2006 年服务业对外直接投资流入量占世界对外直接投资总流量的比重进一步上升，约为 55.78%，流出流量为 53.89%[①]。

表 10-20　　　1990 年和 2006 年外国直接投资存量产业分布　　　单位：%

部门/产业	1990 年			2006 年		
	发达国家	发展中国家	世界	发达国家	发展中国家	世界
A. 外国直接投资流入存量						
初级部门	9.68	7.42	9.26	7.63	8.20	7.96
制造业	40.65	45.16	41.47	29.15	25.67	28.36
服务业	49.67	47.42	49.27	62.08	63.76	62.18
B. 外国直接投资流出存量						
初级部门	9.03	1.87	8.81	7.93	3.40	7.43
制造业	44.33	53.19	44.59	28.48	9.43	26.39
服务业	46.64	44.94	46.59	61.66	83.67	64.07

资料来源：根据 UNCTAD，World Investment Report 2008，pp. 207-208 数据计算。

（二）服务业外国直接投资的内部构成发生变化

2006 年，尽管金融和贸易领域仍占服务业外国直接投资流入存量的 48.89% 和流出存量的 44.94%，但与 1990 年相比已经大幅度下降（当年所占比例为 65%）。与之相反，诸如供电、供水、交通、电信和企业服务（包括 IT 带动的商业服务）领域外国直接投资正占据越来越重要的地位。1990~2006 年，电力、煤气及水务部门的外资流入存量约从 102 亿美元上升到 2 428 亿美元，增长了 23.8 倍；交通、仓储和通信部门的外资流入存量从 296 亿美元增长到 7 724 亿美元，增长了 26.1 倍；在商业服务部门，约从 1 394 亿美元增长到 2.06 万亿美元，

---

① 根据 UNCTAD，World Investment Report 2008，pp. 209-210 数据计算。

增长了 14.7 倍，分别达到世界服务业外国直接投资流入存量的 3.15%、10.01% 和 26.63%；另外，健康、社会服务和教育也分别增长了 13.6 倍和 4.4 倍。其他服务业内外国直接投资的流入存量虽有增加，但增加的速度却不明显。从 FDI 流量来看，1989～1991 年，金融和贸易领域 FDI 流入量占服务业 FDI 流入总量的 54.49%，2004～2006 年，该比例下降为 49.03%；1989～1991 年，电力、煤气及水务部门的外资流入流量为 20 亿美元，2004～2006 年上升到 164 亿美元，增长了 8.2 倍；交通、仓储和通信部门的外资流入存量从 29 亿美元增长到 784 亿美元，增长了 27 倍；在商业服务部门，从 186 亿美元增长到 1 441 亿美元，增长了 7.7 倍，分别达到世界服务业外国直接投资流入流量的 2.86%、13.65% 和 25.10%①。

表 10 - 21　　1990 年和 2006 年服务业外国直接投资存量部门分布　单位：%

部门/产业	1990 年			2006 年			
	发达国家	发展中国家	世界	发达国家	发展中国家	中东欧和独联体国家	世界
A. 服务业外国直接投资流入存量	100	100	100	100	100	100	100
电力、煤气和水务	1	2	1	3.13	3.24	2.01	3.15
建筑业	2	3	2	1.21	1.36	3.21	1.27
贸易	27	15	25	19.14	11.72	13.41	17.35
旅店和餐馆	3	2	3	1.12	1.34	1.82	1.18
交通、仓储和通信	2	8	3	9.98	10.02	11.27	10.01
金融	37	57	40	33.75	24.25	32.66	31.54
商业服务	15	5	13	21.07	44.39	34.51	26.63
公共管理和防御	—	—	—	0.36	0.02	0.02	0.27
教育	—	—	—	0.00	0.00	0.19	0.01
健康和社会服务	—	—	—	0.20	0.09	0.07	0.18
社区、社会和个人服务	2	—	2	0.63	0.58	0.82	0.62
其他服务业	10	8	9	2.72	1.15	0.02	2.32
未特别指明的第三产业	2	1	2	6.68	1.84	—	5.48

---

① 根据 UNCTAD，World Investment Report 2008：Transnational Corporation and the Infrastructure Challenge，New York and Geneva，2008，P. 209 计算。

续表

部门/产业	1990 年			2006 年			
	发达国家	发展中国家	世界	发达国家	发展中国家	中东欧和独联体国家	世界
B. 服务业外国直接投资流出存量	100	100	100	100	100	100	100
电力、煤气和水	1	—	1	1.93	0.80	42.68	1.77
建筑业	2	2	2	1.04	0.87	−55.97	1.01
贸易	17	16	17	11.30	10.57	14.06	11.19
旅店和餐馆	1	—	1	1.32	0.79	1.35	1.25
交通、仓储和通信	5	4	5	7.76	5.37	−8.55	7.42
金融	48	62	48	36.27	18.66	38.10	33.75
商业服务	6	11	7	30.13	61.93	68.33	34.69
公共管理和防御	—	—	—	0.11	0.00	—	0.09
教育	—	—	—	0.01	0.00	—	0.01
健康和社会服务	—	—	—	0.02	0.01	—	0.01
社区、社会和个人服务	—	—	—	0.41	0.14	—	0.37
其他服务业	13	5	13	3.74	0.85	—	3.33
未特别指明的第三产业	6	—	6	5.97		—	5.12

资料来源：1990 年数据来自 UNCTAD，World Investment Report 2004：The Shift Towards Services，United Nation，New York and Geneva，2004，P.99；2006 年数据根据 UNCTAD，World Investment Report 2008：Transnational Corporation and the Infrastructure Challenge，New York and Geneva，2008，P.206，207 计算。

（三）服务外包异军突起，发展前景广阔

近年来，随着跨国公司的战略调整以及系统、网络、存储等信息技术的迅猛发展，由业务流程外包（BPO）和信息技术外包（ITO）组成的服务外包[①]异军突起，基于服务外包的国际产业转移已成为未来经济全球化中的一个基本趋势。

---

① 按照毕博管理咨询公司的定义，服务外包就是指企业为了将有限资源专注于其核心竞争力，以信息技术为依托，利用外部专业服务商的知识劳动力，来完成原来由企业内部完成的工作，从而达到降低成本、提高效率、提升企业对市场环境迅速应变能力并优化企业核心竞争力的一种服务模式。服务外包的本质，就是企业以价值链管理为基础，将其非核心业务通过合同方式发包、分包或转包给其他的服务提供者，以提高生产要素和资源配置效率。

在 2006 年全球离岸外包 100 强所涉及的行业中，金融、电信、软件业高居前三位，所占比重分别为 69%、47% 和 41%。健康护理、零售与消费、政府服务等也占有较大份额，见表 10 - 22。可见，服务业已成为全球离岸外包最重要的领域。

表 10 - 22　　　2006 年全球离岸外包 100 强的离岸业务所涉及的行业分布

排名	行业分布	所占比例（%）
1	金融	69
2	电信	47
3	软件	41
4	制造	33
5	健康护理	28
6	零售与消费	21
7	其他	17
8	政府服务	15
9	基础设施	6
10	物流	5
11	休闲娱乐	4
12	石油、天然气	3

资料来源：http://www.globalservicemedia.com.

2005 年全球服务外包市场规模达到 6 000 多亿美元，2006 年达到 8 600 亿美元，2007 年更达到 1.2 万亿美元。即使是在全球金融危机的影响下，2008 年全球服务外包依然保持了平稳增长，其中，离岸外包发展迅速，以超过 20% 的速度增长，半数以上的欧美公司将更多的服务外包到海外。从市场结构来看，全球服务外包业务正逐渐从"最基础的技术层面的外包业务"转向"高层次的服务流程外包业务"，BPO 继续保持高于 ITO 的增速快速增长。世界发达国家和地区是主要服务外包输出地，在全球外包支出中，美国占了约 2/3，欧盟和日本占近 1/3，其他国家所占比例较小。发展中国家是主要的服务外包业务承接地，其中亚洲是承接外包业务最多的地区，约占全球外包业务的 45%。目前，印度是亚洲的外包中心，墨西哥是北美的外包中心，东欧和爱尔兰是欧洲的外包中心，中国（见表 10 - 23）、菲律宾、俄罗斯等国家也正在成为承接外包较多的国家。

表 10 - 23   服务外包的具体内容

类别		内　　容
信息技术外包（ITO）	系统操作服务	银行数据、信用卡数据、各类保险数据、保险理赔数据、医疗/体检数据、税务数据、法律数据等数据（包括信息）的处理及整合
	系统应用服务	信息工程及流程设计、管理信息系统服务、远程维护等
	基础技术服务	承接技术研发、软件开发设计、基础技术或基础管理平台整合或管理整合等
业务流程外包（BPO）	企业内部管理服务	为客户企业提供企业各类内部管理服务，包括后勤服务，人力资源服务，工资福利服务，会计服务，财务中心、数据中心及其他内部管理服务等
	企业业务运作服务	为客户企业提供技术研发服务、销售及批发服务、产品售后服务（售后电话指导、维修服务）及其他业务流程环节的服务等
	供应链管理服务	为客户企业提供采购、运输、仓库/库存整体方案服务等

资料来源：《中国服务外包发展报告（2007）》，上海交通大学出版社 2007 年版。

当前，伴随着服务外包总量扩大，服务外包领域也日益扩展，新的服务外包领域在逐渐形成。特别是近年来信息技术及网络技术的发展，使服务外包所需的技术水平逐渐提高，全球知识密集型服务外包兴起，许多公司不仅将数据输入文件管理等低端服务转移出去，而且还将风险管理、金融分析、研究开发等技术含量高、附加值大的业务外包出去。总体上，目前全球服务外包涉及的范围已由传统的信息技术外包和业务流程外包拓展到金融、保险、会计、人力资源管理、媒体公共管理等多个领域。此外，随着 IT 业与金融业的交叉和融合，两者以相互结合的方式强化了服务外包的离岸趋势。

表 10 - 24 是部分研究机构对全球服务外包发展规模的估计结果。可以看出，在未来的经济全球化和贸易自由化的进程中，外包服务将成为服务贸易的主流方式，业务领域将不断延伸，外包额和外包业务种类将迅速增加。

表 10 – 24　　　部分研究机构对全球服务外包发展规模的估计结果

资料来源	估测结果
联合国贸发委	未来几年全球服务外包市场将以每年 30% ~ 40% 的速度增长，到 2010 年，全球服务外包市场将达到 20 万亿美元的规模
麦肯锡	2007 年，全球服务可实现离岸的潜在市场规模达到 4 650 亿美元，其中 IT 应用服务、业务流程外包、IT 基础设施服务和设计研发服务分别为 900 亿、1 700 亿、850 亿和 1 200 亿美元。预计到 2010 年，总的潜在市场规模有望增长到 6 000 亿美元，而目前仅有不到 10% 的服务真正实现了离岸外包
IDC 公司	2006 年，全球服务外包产业市场总额为 9 178 亿美元。其中，ITO 市场 4 670 亿美元，将以 5.9% 的年复合平均增长率增长，至 2010 年将达 5 877 亿美元；BPO 市场 4 227 亿美元，将以 10% 的年复合平均增长率增长，至 2010 年将达 6 180 亿美元，超过 ITO 市场
GART-NER 公司	全球 ITO 支出 2004 年为 1 928 亿美元，到 2008 年可增至 2 442 亿美元，增长率达 26.7%。全球 BPO 支出 2006 年全球市场总值达 1 347 亿美元，较 2005 年上升 8.3%；到 2008 年，全球 BPO 支出将由 2004 年的 1 113 亿美元上升至 1 575 亿美元，增长率 41.5%。2005 ~ 2009 年全球 BPO 市场的年平均增长率为 9.1%，预计 2009 年全球 BPO 市场规模将达到 1 720 亿美元。到 2010 年，发达国家中 25% 的传统工作将转向印度、中国和俄罗斯
赛迪顾问（CCID）	未来几年，全球服务外包市场将保持年均复合增长率 7.6%，到 2011 年，全球服务外包市场规模将突破 5 000 亿美元。其中，全球离岸外包市场规模将达到 850 亿美元，占全球服务外包市场比例约为 17%

　　资料来源：根据江小涓等：《服务全球化与服务外包：现状、趋势及理论分析》，人民出版社 2008 年版，第 65、66 页及相关网站信息整理。

（四）服务业的对外直接投资主体和吸收主体仍由发达国家控制

　　自 20 世纪 90 年代以来，美国在全球服务业中的直接投资份额不断下降，欧盟、日本等发达国家在全球服务业直接投资中的重要性则不断提高，成为服务业对外直接投资的主要来源。2006 年，发达国家占服务业外国直接投资流出存量的 85.7%；同时，发展中国家也开始投资国外服务业，其在全球服务业外国直接投资流出存量中的比重由 1990 年的 2.8% 上升到 2006 年的 14.3%。2006 年，发达国家占服务业 FDI 流入存量的 75.6%，发展中经济体占 23.1%，中东欧国家占其余部分[①]。由此可见，服务业的对外直接投资主体和吸收主体仍由发达国

---

　　①　根据 UNCTAD, World Investment Report 2008: Transnational Corporation and the Infrastructure Challenge, New York and Geneva, 2008, pp. 207, 208 计算。

家控制。有一点值得注意，尽管发展中经济体在服务业直接投资总量上不占优势，亚太地区服务行业吸引外资的增速却很快，潜力也较大。

（五）跨国并购业务向服务业集中的趋势不断增强

20 世纪 80 年代末以来，全球跨国并购业务由传统制造业向服务业集中的趋势也不断增强。以全球服务业跨国并购出售额为例，1987 年全球服务业并购出售额为 213.21 亿美元，占全球并购额的比重为 28.6%，1990 年为 46.4%，1995 年为 50.2%。2000 年服务业并购出售额达到 8 423.42 亿美元，占全球并购额的比重上升至 73.6%。2001 ~ 2003 年全球服务业并购出售额及占比下降，2004 年并购金额有所回升，服务业并购出售额占全球并购额的比重为 62.7%。2005 年发生在初级部门的跨国并购显著增加，占比达 16.8%，接近 1987 年的历史最高点，但服务业仍然是跨国并购最主要的领域，占全球并购额的比重为 55.8%。2006 年服务业跨国并购出售额占全球并购额的比重进一步上升，达 63.7%。2007 年虽有所回落，但仍达 58.6%，见图 10 - 9。

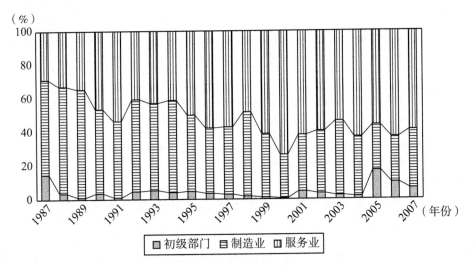

图 10 - 9　跨国并购（出售额）的部门分布

（六）服务业跨国转移由制造业追随型逐步向服务业自主扩张型转变

服务业进行跨国经营最初多是为了向已经从事跨国生产经营的客户（多为制造业跨国公司）提供服务，留住原来的顾客，占住已有的市场份额。但是，随着世界服务业的迅速发展、信息技术的进步和产业分工的深化，服务业不断从传统制造业中独立出来，信息、咨询、设计、财务管理、售后服务、技术支持等专业服务公司日渐壮大，服务业态与经营模式不断创新，促使服务业国际竞争日益激烈。跨国公司必须建立全球范围内整合利用资源和市场的平台，通过服务业跨国转移实现生产要素的优化配置来降低成本，提高效率，改善服务质量，以占据国际分工和竞争的高端环节，增强影响力和控制力。在这样的背景下，服务业转移逐步向自主扩张型转变，不仅为原来的客户提供服务，还可以为东道国其他公司提供服务，甚至可以向第三国出口服务。如近年来跨国公司研发活动向海外大规模转移，并日益向更充分利用全球创新资源的自主扩张型转变，正是这一趋势的体现。

（七）服务业跨国公司主导全球性服务转移

服务业跨国公司成为服务全球化的重要主体。2005 年《财富》全球 500 强共涉及 51 个行业，其中有 28 个属于服务行业，从事服务业的跨国公司有 281 家；在相当一部分其他 500 强制造业企业中其服务业务的收入已经接近或超过了制造业务的收入。服务业跨国公司的跨国指数①明显上升，世界前 100 家最大的非金融类跨国公司中，服务业跨国公司的跨国指数从 1995 年的 43.1% 提高到 2002 年的 54.3%，世界前 50 家最大的非金融类跨国公司中，服务业跨国公司的跨国指数从 1995 年的 29.8% 提高到 2002 年的 49.6%，海外业务的重要性已超过本土业务，见表 10 – 25 和表 10 – 26。

表 10 – 25　　世界前 100 家最大的非金融类跨国公司的跨国指数

部门	公司数量		国外资产/总资产		国外销售额/总销售额		国外雇员数/总雇员人数		跨国指数	
	1995 年	2002 年	1995 年	2002 年	1995 年	2002 年	1995 年	2002 年	1995 年	2002 年
服务业	12	31	42.4	57.6	45.7	52.7	39.9	52.6	43.1	54.3
制造业	68	56	47.8	54.5	59.7	62.9	53.9	56.5	54.3	57.9
初级产业	15	10	49.6	64.6	55.7	60.4	44.9	60.0	49.5	61.7
多样化	5	3	34.7	49.0	38.4	50.3	47.3	55.9	40.2	51.7

资料来源：UNCTAD，World Investment Report 2004：The Shift Towards Services，United Nation，New York and Geneva，2004，P.127.

---

①　跨国指数是按以下三项比率的平均值算出的：国外资产占总资产的比率，国外销售额占总销售的比率和国外雇员人数占总雇员人数的比率。

表 10 - 26　　　世界前 50 家最大的非金融类跨国公司的跨国指数

部门	公司数量		国外资产/总资产		国外销售额/总销售额		国外雇员数/总雇员人数		跨国指数	
	1995 年	2002 年	1995 年	2002 年	1995 年	2002 年	1995 年	2002 年	1995 年	2002 年
服务业	8	16	31.7	49.3	25.0	53.0	35.2	46.6	29.8	49.6
制造业	24	23	34.2	47.5	37.5	51.8	41.2	45.5	32.9	48.2
初级产业	5	5	13.7	34.8	33.6	37.9	11.9	28.6	18.3	33.7
多样化	13	6	22.8	65.6	40.0	63.4	48.5	63.9	39.4	64.3

　　资料来源：UNCTAD, World Investment Report 2004: The Shift Towards Services, United Nation, New York and Geneva, 2004, P. 127.

二、制造业与服务业国际转移的特点分析和比较

(一) 制造业与服务业国际转移的基础和动因比较

　　起源于 19 世纪初的制造业国际转移在不同的阶段有着不同的基础和动因，根据其基础和动因的不同，国际制造业转移可以归纳为 4 种类型：市场寻求型、低成本寻求型、技术接近和效益寻求型以及全球发展战略寻求型。与制造业国际转移相比，服务业的国际转移也具有上述基础和动因，但更具有自身的特点和背景。一是国际经济分工的分化使制造服务业从制造业中完全分化出来，形成独立的产业以进行外包。第二次世界大战以来，国际经济分工已由传统的产业间分工向产品内的生产环节、生产过程和生产要素分工转化，制造业和服务业作为产品生产制造过程中的独立环节被分离出来，为制造服务业的国际转移提供了前提条件。二是全球经济由大规模生产向大规模生产与大规模客服并重方向转变，促进了服务业国际转移。根据产品增值理论，产品增值过程包括产品研发设计、生产制造和营销服务等环节，在传统的 FDI 理论中，主要是通过跨国投资的大规模生产来降低产品生产成本，但随着全球经济发展中主要工业制成品供大于求局面的形成和全球经济分工的深化，以大规模生产来降低产品综合成本的空间受到限制，从而使降低产品综合成本的措施逐步转向生产过程以外的服务业上，这样跨国公司的国际生产组织方式也发生了变化，即由传统的以大规模生产为主向以大规模生产和满足顾客个性化、多样化需求服务相结合的综合收益最大化为主。传统制造业跨国公司加速向服务型跨国公司转型，随着这一进程的加速，越来越多的传统制造业跨国公司将成为名副其实的服务业企业。与此同时，跨国公司通过

掌控研发、市场营销等核心环节和强大的供应链管理体系，在国际竞争中的地位
不仅没有削弱，反而有所增强，具体表现为三个方面的提高：在世界产业链中的
竞争优势和地位进一步提高；在世界价值链和利润分配中的地位进一步提高；对
世界市场的影响力和支配力进一步提高。三是现代电子网络技术的发展为服务业
国际转移提供了物质条件。20 世纪 80 年代以前，存在许多制约服务业国际转移
的因素，如电讯设施手段落后，国际汇率市场波动，东道国文化背景差异等，但
在以现代技术为基础的电子网络技术进步以后，服务业流程可以被模块化，服务
业的转移可以通过对东道国进行服务模块的输出，减少了服务业转移中的信息不
对称所引发的交易成本过高问题。四是制造业的国际转移为服务业的转移提供了
成功的示范效应。发达国家制造业的国际转移尽管受到投资国劳工组织的反对，
但事实却表明制造业的国际转移不仅使发展中国家快速融入国际经济分工体系，
推动发展中国家的经济发展，而且发达国家也可以享受世界产品低价的实惠，同
时为发达国家在国内发展高新技术产业提供空间，所谓发达国家的"产业空心
化"只不过是新旧产业交替过程的暂时现象，所以无论从发展中国家还是发达
国家来说，国际产业的转移都具有较强的"帕累托"效应。制造业国际转移的
成功为服务业的转移提供了良好的示范效应，同时制造业国际转移的进一步发展
也需要服务业国际转移的支撑。

（二）制造业与服务业国际转移方式的比较

在制造业的国际转移中，依其转移次序，先后出现了外包形式的加工贸易、
跨国公司与东道国公司的合资合作、跨国公司的直接绿地投资和对东道国企业的
收购兼并等方式，每种投资方式的产生都与东道国和投资企业的背景密切相关。
加工贸易的产生主要是由于投资企业对东道国的市场信息缺乏了解，只能以来料
加工最简单方式部分取代一般贸易方式，以利用东道国的要素和市场优势。在对
东道国市场信息和政策有了一定了解之后，投资企业便会以资本和技术的优势与
东道国企业进行合资与合作，以利用东道国企业的要素优势和当地销售服务网络
优势。当投资国企业对东道国的市场、文化和政策有了相当了解后，便会以绿地
投资的独资或兼并收购东道国竞争对象企业的方式进行投资，独资方式的投资一
方面跨国公司可以完全享受东道国的要素优势，同时还能更好地控制其产品的技
术和品牌，防止技术外溢，是投资国认为最为理想的方式。与制造业国际转移相
比，服务业国际转移也经历了不同阶段，所对应的不同方式是项目外包，业务离
岸化和制造业战略配套的服务业全部转移，但由于在时间上服务业转移要大大落
后于制造业，所以服务业国际转移主要以收购兼并东道国企业为主，项目外包和
合资方式为辅，这与服务业自身的特点有极大关系，因为就服务业的生产流程来

说，虽然具有相对独立性，但前后关联性较大，并且多数环节属于无形的，难以进行量化和测试，以项目外包和合资方式交易成本过高。

（三）制造业与服务业国际转移的路径比较

制造业国际转移是跨国公司追求低成本效应、规模经济效应和全球发展战略综合作用的结果，而服务业国际转移则是制造业国际转移发展到一定阶段的客观需要和必然结果。从制造业国际转移的先后步骤和次序来说，在发达国家与发展中国家之间，第一步是由发达国家向发展中国家输出工业制成品，进口初级原材料以实现产品贸易，这是国际产业转移之前最基本的国际贸易方式。第二步是逐步将产品的部分零件和环节外包给发展中国家，促进了发展中国家的加工贸易。第三步是将本国没有优势的劳动力和资源密集类产品生产转移到发展中国家，主要是利用其劳动力和资源优势。第四步是将劳动和资本密集产业转移到发展中国家，因为此时发展中国家已具备了轻工业生产的比较优势。第五步是将技术资本密集型产业转移到发展中国家，因为此时发展中国家已进入工业化初期，具有产业生产优势，而此时发达国家已进入后工业化和信息化时期，其制造业已不具备优势，需要为其他产业留出发展空间。

发达国家之间的产业转移步骤表现为首先是相互间工业制成品的水平贸易，此类贸易的基础是发达国家间相互利用专业化分工的规模经济效应。对规模经济的追求使发达国家间的经济分工更加细化，各国在部分产品或部件上的生产优势就越强，导致一国会以自身优势的生产要素或环节进入另一国整合利用其他优势要素，其主要方式是跨国收购兼并，所以发达国家间的产业转移是通过不断深化产业分工实现的，没有发达国家与发展中国家间明显的产业转移迹象，但产业转移的规模要大于发达国家与发展中国家转移规模。

服务业的国际转移步骤表现为首先从技术和资本密集的研究、设计、营销、金融等行业开始，目的是为先期转移的制造业服务，少了制造业转移中的渐进性，多了突发性。而在进入东道国方式上也是以收购兼并为主，直接整合东道国现有的竞争对手，这也是近年来服务业国际直接投资迅速扩张的原因。

三、外商直接投资的溢出效应

内生增长理论强调，个别企业的创新活动会通过溢出效应产生持续的、长期的经济增长（Romer，1986；Grossman and Helpman，1990）。根据这一观点，个别企业生产技术知识，最初，技术属于该企业私有。随后，由于其能被任何企业迅速、几乎无成本地复制，它成为社会知识，充当提高所有企业生产率的外部效应之一。由于溢出效应的存在，规模报酬不变或递减的总合生产函数可能表现出规模报酬递增，产生持续的长期增长（Romer，1986；Raut and Srinvasan，1993）。所谓 FDI 的溢出效应，是指由于跨国公司在东道国设立子公司，从而引起东道国技术或生产力的进步，但跨国公司子公司又无法获取全部收益的现象（Kokko，1994）。

（一）溢出效应的渠道

溢出效应的渠道，可以是通过示范、模仿和竞争压力产生的产业内（水平型）溢出，也可以是通过前向和后向关联产生的产业间（垂直型）溢出，或通过劳动力流动产业的人力资本溢出。

1. 产业内溢出效应（intra-industry spillovers）

产业内部溢出效应，是指技术由 MNCs 的分公司向东道国同一产业的本地企业扩散和溢出的过程。产业内溢出效应主要通过两大途径实现：

（1）示范效应（demonstration effect）和接触－模仿效应（contagion-imitation effect）。两种效应相互联系、相互作用，实际上是同一过程的两个阶段，其存在的前提是跨国公司（MNCs）与本地企业之间存在一定的技术差距。因为只有 MNCs 拥有比东道国更大技术优势时，才具有与本地企业竞争的比较优势。所以，本地企业与技术先进的 MNCs 直接接触，可以通过模仿和学习，即"看中学"（learning by watching）和"干中学"（learning by doing），不断改进其生产方法、提高生产率。在某些情况下，国内公司仅仅通过观察学习（learning by observing）邻近的外资公司就可以提高自己的生产率（C. Findlay，1978；Koizumi & Kopecky，1977；Das，1987）。如果没有 FDI 的进入，本地企业获取有关新技术信息的成本可能更高。示范效应的作用在于它扩展了东道国企业的技术选择集。但是，示范效应的存在并不一定表明东道国有能力通过学习和模仿进行技术的吸收和转化。学习和模仿能力最终要取决于东道国的人力资本水平所决定的吸收能力。

（2）竞争效应（competition effect）。是指当 MNCs 进入东道国某一行业（产业）时，会加剧本地市场上的竞争程度，从而迫使东道国企业更有效地利用现有技术和资源，推动技术效率的提高。由于竞争加剧，本地企业被迫加大 R&D 投入、引入先进技术、改善经营管理以保持其市场份额。若 MNCs 进入的是原本有较高行业壁垒的产业，则可在一定程度上消除垄断，提高社会福利水平。但是，并不是说在某一产业（行业）存在的外资越多，由竞争引起的溢出效应就越大。竞争效应的大小主要取决于 MNCs 与本地企业之间的相互作用程度。因此，在那些仅有少数 MNCs 进入但却能有效打破垄断的行业中，溢出效应可能比那些外资企业占绝大部分市场份额的行业更大，因为外资的大量存在可能正是本地企业缺乏竞争力的表现，本地企业根本无法获取任何溢出效应而被"挤出"市场。科高（Kokko，1996）[1] 认为，在那些存在规模经济的产业中，如果当地企业缺乏竞争力，那么 FDI 的进入可能迫使他们放弃市场份额从而偏离生产效率的最小规模。

2. 产业间溢出效应（inter-industry spillovers）

产业间溢出效应，是指 MNCs 进入某一产业（行业）后，会通过产业之间的纵向联系（vertical linkage）促进相关产业（行业）中企业的生产率提高。尽管 MNCs 具有将新技术内部化使用以防止技术扩散的倾向，但是 MNCs 在发展中国家不能孤立发展，必然参与发展中国家的产业分工。MNCs 的技术溢出效应正是通过前、后向关联效应（forward and backward linkage）来提高发展中国家上下游企业技术水平的。这样，发展中国家通过与 MNCs 在产业上的投入产出关系接受 MNCs 的技术溢出效应。根据本地企业与 MNCs 在投入产出关系中位置的不同，产业间溢出效应分成两种：一种是后向关联溢出效应，一种是前向关联溢出效应。

3. 劳动力的培训—流动溢出效应（labor training-turnover spillovers）

劳动力的培训—流动溢出效应，是指在 MNCs 就职并受过培训的雇员向本地企业流动，或者建立自己的企业独立经营时而产生的技术和知识的溢出效应。这种溢出效应不仅指 MNCs 对其雇员的培训通过雇员的流动而溢出，而且也包括 MNCs 进入东道国市场加剧了市场竞争，从而迫使当地企业为提高产品质量对员工进行更多的培训。MNCs 对本地雇员的培训是 FDI 促进东道国人力资本积累的一条重要渠道。

（二） 溢出效应的条件

1. FDI 技术外溢的内部条件

（1）内外资企业之间的技术差距

FDI 技术外溢中的技术差距因素很早就受到研究者的关注。拉潘和巴德汉（Lapan and Bardhan，1972）发现，FDI 的技术外溢效应是外资企业与内资企业技术差距的减函数，技术差距越大，工业化国家开发的先进技术越有可能不适应发展中国家的条件，因而技术外溢的效应越不明显。与之不同，芬德利（Findlay，1978）发现，FDI 的技术外溢效应是外资企业与内资企业技术差距的增函

---

① Kokko, A. Productivity Spillovers from Competition between Local Firms and Foreign Affiliates. Journal of International Development, Vol. 8, 1996: 517 - 530.

数，技术差距越大，内资企业"赶超"的空间越大，产生技术外溢的可能性越大。两个似乎冲突的结果实际上意味着，技术差距因素所起的是中介变量的作用。吉尔马（Girma，2005）把这一作用性质称为吸收能力与技术外溢的非线性门槛效应（non-linear threshold effect）。即技术差距不应当太小，否则提升的空间就会太小；也不应当太大，否则 FDI 不可能产生预期的溢出效果。适度的技术差距是产生 FDI 技术外溢的前提，"如果没有可溢入的去处，就不会有溢出"（Tavares，2001）。技术差距与溢出效应之间可能存在非线性关系，技术溢出效应受到东道国经济发展水平的影响，在初级阶段，溢出水平随着技术差距的增加而增加，而当差距增大到某一水平，以至于当地企业无法在现有的经验、教育水平及技术知识基础上对国外先进技术进行吸收时，溢出效应将与技术差距负相关（Sjoholm，1999）。

（2）FDI 的所有权安排

研究发现，拥有先进技术和知名品牌的投资者更愿意建立独资子公司（WOS）而不是合资企业（JVs）（Stopford and Wells，1972；Javorcik，2004）；在发展中国家的合资企业引进的技术比独资子公司引进的技术平均晚 3~4 年（Mansfield & Romeo，1980）；伴随独资子公司技术引进的职员（管理人员和技术人员）的流动多于合资企业（Lee and Mansfield，1996；Ramachandran，l993）。但也有研究称，合资企业一般比独资企业产生更强的技术转移和外溢效果（IJNCTC，1985，1987；OECD，1992，1993）；同时，建立合资企业的方式也会影响技术外溢的效果，在内资企业基础上建立的合资企业比新建企业有更强的技术吸收和转化能力，因而可以产生更好的效果。

（3）FDI 的投资类型

跨国公司 FDI 一般分为水平型和垂直型（或两者的混合）。水平型 FDI 不是技术外溢的主要渠道。水平型 FDI 是为了避免国际贸易成本进入到东道国目标市场，并不断扩大市场份额，导致跨国公司与东道国的同行企业间的竞争性大于合作性。因此，他们不但不会主动外溢技术，反而会想方设法加强技术保护，防止技术外溢，那么，在逻辑上，水平型 FDI 不太可能成为技术外溢的主要渠道。实证研究的结果也支持这一推论，FDI 不存在显著的行业内技术外溢（Javorcik，2004）。

垂直型 FDI，特别是跨国公司的后向联系，是技术外溢的主要渠道。因为垂直型 FDI 是为了利用国家之间的要素价格差异（如低工资的劳动力），跨国公司将其生产过程细分，根据比较优势原则在国家之间合理安排各生产工序，与东道国的一些企业形成供应商—客户关系。这有助于东道国企业通过进口增加中间产品的种类，提高最终产品的生产效率（Feenstra，2004）；在通过出口或提供上游部件给跨国公司的过程中，可以实现"干中学"效应、"向客户学习"效应、"示范、培训"效应，以及"员工流动效应"（Fosfuri et al.，2001）。

（4）FDI 的战略动机

跨国公司从事 FDI 的战略动机通常包括资源导向型（resuource-seekers）、市场导向型（market-seekers）、效率导向型（efficiency-seekers）和战略资产导向型（strategic asset-seekers）。

资源导向型对外投资主要是获得国外廉价的特定生产资源；市场导向型投资的目的是进入东道国的国内市场，保持已有的出口市场市场或开拓新的国外市场；效率导向型投资可以通过统一管理空间分散的经济活动而优化公司资产结构，从而分散风险，获得规模经济与范围经济等收益。其目的是通过集中在几个区位的生产，服务于尽可能大的市场，充分利用资源禀赋、商业文化、制度安排、经济体系和市场结构等方面的国别差异；战略资产导向型投资通常集中于具有很强规模经济和高固定资产的产业，在国际一体化的生产战略下，获得某些特定资产以提升其国际竞争力，目的也是追求规模经济和范围经济。

对于发展中国家而言，跨国公司从事 FDI 的动机是在保持技术垄断的前提下，获得技术创新的利润最大化。因此，跨国公司通过外部市场转移的技术一般都是成熟性技术，东道国企业也就不太可能借此获得最先进的技术，并实现产业技术的赶超。新兴工业化国家（地区）面临的情况就是很好的说明。与发达国家的技术差距越小，他们通过外部化市场购买就越困难，即使实施通过内部化转移，所转移的技术与核心技术依然存在明显的差距。

另外，为了实现利润最大化目标，跨国公司按照各个子公司和分包体系在全球化生产体系中的位置决定其转移的技术水平，并根据其技术综合能力提升技术水平。东道国当地产业的综合技术水平和比较优势决定了其在全球产业链条中的位置，进而确立了技术转移的初期水平。长期来看，东道国如果能够不断推进产业技术的进步和比较优势的动态转换，进而提升其在产业链条中的位置，跨国公司将会稳步提升技术转移的水平。为保持和提高跨国公司整体的竞争力量和盈利水平，在沉淀成本较大的情况下，跨国公司本身也需要不断提高子公司和配套企业的技术水平。

市场导向的 FDI，通常不会使用母公司最先进的技术，但由于面向国内市场，往往国内采购比例较高，发展配套产业意愿较强，适应性研发行为较为积极，因而其技术的溢出效应较大。然而，正是由于面向国内市场，这种跨国投资对东道国产业的冲击是直接的和强有力的；面向国际市场的加工贸易投资，为适应国际市场的需求结构变化，保持市场竞争力，绝大多数企业技术水平较高，一部分会跟随母公司保持国际先进水平，但与国内产业关联度较差，发展配套产业和进行研发的意愿较弱，因而"飞地效应"明显，技术溢出效应较小。另外，由于面向国际市场，这种跨国投资对民族产业的冲击只是间接的（江小涓，2000）。

（5）FDI 的投资来源

不同国籍的母公司技术水平和技术转移战略不同，进而形成的转移和外溢效果不同（Vernon，1981，1992；Dunning，1988，1994）。欧美国家跨国公司技术转移和外溢的效果多数较强，港澳台投资技术外溢效果差。台湾"国立"政治大学黄聪（Tsung Huang，2004）利用劳动生产率和全要素生产率模型对 1993年、1994 年和 1997 年进入中国的 FDI 的研究显示，来自港澳台的投资对于技术差距较大的地区溢出效应明显，而来自其他国家的外资对于技术差距较小的地区溢出效应明显。

2. FDI 技术外溢的外部条件

（1）东道国的行业特点

首先，投资行业的竞争程度。充分竞争是产生溢出效应的有效机制，竞争越充分，产生技术外溢的可能性越大。在内资企业竞争力差距较小的行业中，内外资企业之间的竞争越充分、越有效，越有利于溢出效应的产生（陈涛涛，2003）。如果 FDI 进入竞争不充分的行业，容易产生行业垄断，限制技术外溢，甚至通过种种手段限制、约束内资关联企业的自主研发活动。科高（1997）发现，在竞争程度较低的环境下，技术差距太大会阻碍技术外溢。

其次，投资行业类型。在金融服务业中，示范效应、干中学效应突出；在零售业中，当地采购的后向关联效应明显；在制造业中，关联效应、干中学效应、培训效应突出；在农业中，溢出效应较少或者不存在（祖强、梁俊伟，2005）。

（2）东道国的制度环境

在制度环境方面，最重要的有两方面，一是知识产权保护程度，知识产权保护到位，外资方引入新技术、新产品时顾虑就会少，产生技术外溢的可能性就大；其次是税收政策，包括制成品和中间品的进口关税、企业所得税，鼓励研发投资的税收政策等。税收政策运用得当，有助于技术外溢的形成。

（3）与内部条件之间的交互作用

科高（1997）发现，在竞争程度较低的环境下，技术差距太大会阻碍技术外溢。因布里亚尼和雷加纳蒂（Imbriani and Reganati，1997）关于意大利的研究也发现，技术外溢与技术差距负相关，东道国企业技术能力较强，与跨国公司子公司技术差距不大时，技术外溢效应较显著；迪麦里斯（Dimelis，2005）关于希腊的研究证明，对那些与外企技术差距小、发展快的内资企业来说，存在来自FDI 的正的技术外溢；该观点对 FDI 东道国的政策意义就是，为了促进技术外溢的发生，东道国应该是缩小技术（和制度）差距。就此方面，贝拉克（Bellak，2004）、杜兰和乌韦达（Duran and Ubeda，2005）强调在研发机构投资的重要性，并强调加强 MNEs 子公司与当地创新系统的联系，以促进德·贝克和斯勒威根（De Backer and Sleuwaegen，2003）所说的"积极学习"。

四、服务型跨国公司对东道国的溢出效应

FDI 的类型不同，产生溢出效应的可能性、渠道和溢出程度也有所不同。从理论上讲，由于发达国家与发展中国家在服务业发展水平间的平均"级差"大于两者在制造业间的差距，同时，又因为服务的特殊性，难以分割又不容易进行内部跨国贸易，服务业跨国公司无法将技术、管理、营销等诀窍从其提供的服务产品、服务手段中完全剥离，向海外分支机构转移的技术更接近或等同于母公司的水平。而且，由于大多数服务产品生产与消费的同步性，服务业跨国公司全球知识信息在各分支机构内部是共享的，当服务业跨国公司开发出新的服务产品时，只要该产品能够适应其他国市场，全球同步提供该服务产品是其最优选择。因而，从这个角度而言，服务业 FDI 对东道国的溢出效应的可能更大。

（一）文献综述

由于服务的无形性、非储存性和不可分离等特点，其价值形成过程、核心资源、经营环境明显不同于制造业，因而，服务业 FDI 具有其自身的特点，其对东道国的溢出效应和作用机理也不同于制造业。但是现有理论多以制造业的跨国公司为主要分析对象，忽略了服务业与制造业跨国公司的差异；对制造业 FDI 溢出效应的研究很多，而专门针对服务业 FDI 溢出效应及作用机理的研究很少。归纳起来，相关研究主要有以下方面：

1. 从传统外商直接投资理论向服务业 FDI 理论的演进

外商直接投资理论经历了由制造业逐步向服务业演变的过程，越来越多的学者认为，传统的 FDI 理论经过修正，是可以用于解释服务业对外直接投资行为的（Dunning and Norman，1983；Boddewyn，Halbrich and Perry，1986；Terpstra and Yu，1988；Rugman and Verbeke，1992）。鲍德温（1989）发现由于服务产品的特殊性会引发一些问题，如对理论假设前提的违背、对服务产业特定优势区分的难度等，应进一步探讨，但不需要作特别的定义和理论解释，只需通过简单的条件限制和详细说明就能很容易地运用现有的理论。邓宁（1989）将国际生产折中理论扩展到服务部门，指出该理论的基本框架是适用于服务业跨国公司的，并对所有权优势、内部化优势和区位优势在服务企业的具体表现进行了阐述。在其

分析基础之上，恩德韦克（1989）分析了该模型应用于服务部门时，要特别注意的一些问题。拉格曼和维伯克（Rugman and Verbeke，1992）认为，一个公司如果要进行海外直接投资，那么它必须具有一些区域约束或者非区域约束优势。对于服务业跨国公司，这些优势包括，管理的所有权优势、营销优势、产品创新优势、获得新技术和信息渠道优势等。

总体而言，目前服务业 FDI 理论，通常还只是对制造业 FDI 理论的改造和简单延伸，远未形成一个成熟的理论体系，还有待进一步深化。

2. FDI 溢出效应研究

对于 FDI 溢出效应的研究主要集中于两个层面，一是溢出效应是否存在。研究方法一般是，首先建立一个基础模型，然后通过所采集的国家的相关数据对模型进行检验。通常采用的分析框架是，以内资企业的劳动生产率或全要素生产率或产出增长率为被解释变量，以包括 FDI 在内的影响生产率的因素为解释变量，进行计量回归分析。若 FDI 系数的估计值显著为正，则认为存在从外企向内企的溢出（Gorg and Strobl，2001）。代表性研究有：麦克杜格尔（MacDougall，1960），卡兹（Katz，1969），卡弗斯（Caves，1974），芬德利（1978），格洛伯曼（Globerman，1979），拉尔（Lall，1980），布洛斯姆斯多姆（Blosmstrom，1983，1986，1989，1993，1999），达斯（Das，1987），坎特韦尔（1989），马克奥蒂（Mariotti，1992），哈达德和哈里森（Haddad and Harrison，1993），布洛斯多姆和科高（1995，1996，1998，2001，2003），伯恩斯坦等（Borensztein et al.，1998），艾肯和哈里森（Aitken and Harrison，1999），弗洛斯等（Flores et al.，2000），巴罗斯（Barrios，2000），斯约乔尔姆（Sjoholm，1999，2001），库格勒（Kugler，2001），迪麦里斯和罗瑞（Dimelis and Louri，2002），哈斯克尔等（Haskel et al.，2002），凯勒（Keller，2004）。由于模型设定、变量选择和实证分析的对象不同，这一层面的研究虽然成果众多，但得出的结论却不尽相同；二是 FDI 溢出效应的影响因素，如拉潘和巴德汉（1973），鲁伯（Reuber，1973），小泉（Koizumi，1977），芬德利（1978），达尔曼等（Dahlman et al.，1987），格罗斯曼和赫尔普曼（1991），科高（1994，1996），布洛斯姆斯多姆（1994），佩雷斯（Perez，1997），因布里亚尼（Imbriani，1997），格拉斯（Glass，1998），巴拉苏布兰曼加姆（Balasubranmanyam，1998），斯约乔尔姆（1999），尼科尔和詹姆斯（2002）等。相比较而言，这方面的研究还不够系统，也没有得出相对一致的结论。

我国学者在 FDI 溢出效应的实证研究方面也取得了诸多成果，如裴长洪（1998），姚洋（1998，2001），何洁（1999，2000），江小涓（1999，2002），沈坤荣、耿强（2000，2001），张诚（2001），赖明勇、包群（2002，2003，

581

2005)，陈涛涛（2003，2004，2005），潘文卿（2003），张建华（2003），张海洋（2004，2005），严兵（2005），袁诚、陆挺（2005），蒋殿春（2005），陈羽（2006），朱春临（2007）等。

综观该领域的研究，已有文献主要关注制造业 FDI，对服务业 FDI 溢出效应的研究很少；多偏重计量研究和案例研究，尚未形成一个较为公认的理论框架；主要讨论行业内溢出效应，行业间溢出效应的研究相对薄弱；针对溢出效应作用机理的研究还有待进一步拓展。

3. 对于服务业 FDI 的研究

联合国跨国公司中心（UNCTC）的研究报告（1989）对服务业跨国经营的发展、限制其经营的因素、对外直接投资的动机以及对东道国经济发展的作用进行了论述，认为服务业 FDI 可以通过影响贸易、就业、产业联系、技术以及非经济领域从而作用于经济增长。UNCTC（1992，1993）的研究结果表明，市场规模并不是服务业内所有行业外商直接投资的最主要决定因素；母国服务业的国际竞争力对该国服务业外商直接投资具有积极的影响；服务产品的可贸易性对服务业外商直接投资有消极影响；行业竞争结构、政府鼓励开放的政策，对服务业外商直接投资具有重要影响；几乎所有服务行业外商直接投资的重要决定因素是相同的，而这些决定因素在发达国家和发展中国家的差异也不大。联合国贸易与发展会议（1993）总结了对服务业跨国公司的特点、影响、分行业的经验研究结果等。联合国贸易与发展会议《世界投资报告（2004）》以"转向服务业"（*The Shift Towards Services*）为题，阐述了 FDI 转向服务业特别是服务业离岸外移的趋势和相关政策问题，提出了国际服务业转移的主要形式包括服务业对外直接投资和业务离岸化。《世界投资报告（2005）》重点关注了服务业发展的新趋势，即服务离岸化的发展情况。布鲁金斯学会 2005 贸易论坛以"白领工作外包：问题与含义"为题，探讨了服务业离岸外包，特别是对美国经济的影响。钱达（Chanda，1997）、拉夫和鲁尔（Raff and Ruhr，2001）考察了生产者服务业外商直接投资，得出母国的经济规模是服务业外商直接投资最重要的决定因素之一，生产者服务公司一般位于具有广大消费者群体的地方。哈特穆特（Egger Hartmut，2001）对国际服务业转移对生产力与工资补贴的影响进行了研究，发现国际服务业转移对低技术工人的生产力水平在一个短期内会产生消极的影响，但从长期来看，其影响是积极的。乔和琳达（Chyau Tuan and Linda F. Y. Ng，2002）利用重力模型研究了"核心—外围"体系，认为无论是制造业还是服务业的 FDI 的流入模式都会受到"核心—外围"集聚的影响。戴维斯（Ronald B. Davies，2003）假设不同国家的技术性劳动力不能相互替代，通过建模分析得出结论，认为跨国公司的 FDI 可以避免交易成本和部门间价格差异，同时 FDI 还能使东道国的技术性劳动力数量有所增长。纳琼和基伯（Nachum and Keeble，2003）的研究发现，服务业跨国公司的所有权优势来源于其所拥有的由母公司和其所有的分支机构共同形成的外部网络。外部网络为企业提供了资源、信息和技术的准入，从学习中产生优势、规模经济，并让企业达到战略的目的。阿米提和魏（Mary Amiti and Shang-Jin Wei，2005）以美国为例，研究结果证明，国际服务业转移与美国劳动生产率有很强的相关性，离岸服务可以使美国的制造业生产率提高 11% 左右，然而对制造业失业率却有约 0.5% 的负面影响。更多的研究集中在分析金融、保险等具体服务行业，而把服务业外资作为一个整体进行的研究并不多。

在我国，随着服务贸易协定的签订，不少学者开始关注这一领域。研究工作主要沿三条主线展开：（1）服务业外商直接投资动因研究。如吴彬（1997），李慧中（2002，2004），赵蓓文（2002），薛求知、郑琴琴（2002），郑吉昌（2003），李珠峰（2004），蔡兴（2006）。（2）服务业外商直接投资影响因素研究。孙文博、陈朗、范志刚（2004），林静（2005），殷凤（2006）。（3）服务业外商直接投资经济效应研究。不同学者运用不同的方法，对服务业 FDI 的经济效应进行了研究，主要有经济增长效应、就业效应、贸易效应等。戴枫（2005）对 FDI 与中国服务业发展的协整关系和因果关系进行了实证检验，得出 FDI 是促进中国服务业发展的因素之一；庄丽娟、贺梅英（2005）利用单位根检验、协整检验、Granger 因果检验等时间序列分析方法以及贸易引力模型对我国服务业利用外商直接投资与经济增长的关系进行了实证研究，结果表明，我国服务业利用 FDI 与经济增长之间存在协整关系，两者之间的 Granger 因果关系是单向的，服务业 FDI 是我国经济增长的原因，反之则不成立；贺梅英（2005）运用单位根检验、协整检验、Granger 因果关系检验等方法，对广东省经济增长和服务业 FDI 的相互关系进行了实证分析，结果表明，广东省经济增长和服务业 FDI 之间存在协整关系，并具有 Granger 意义上的双向因果关系；杨春妮（2005）对对华服务业直接投资和我国经济增长的关系及其作用机制进行了检验，发现虽然对华服务业直接投资对我国经济增长存在一定的促进作用，但是它在促进产业结构升级和人力资本积累上的作用还没有得到充分的发挥；查冬兰、吴晓兰（2005）利用 1998～2003 年江苏省服务业各行业数据，得出了服务业主要行业外商直接投资对行业经济增长有不同影响的结论；薛敬孝、韩燕（2006）从就业数量和质量两个方面对我国服务业 FDI 的就业效应进行了分析，认为服务业 FDI 流入对我国服务业就业数量的拉动作用不大，但具有显著提高就业质量的效果；刘兵权（2006）对服务业跨国公司的发展对母国投资、就业和出口的影响进行了理论探讨；赵书华、宋征（2006）研究了服务业跨国公司在华投资的经济效应，包括对服务业内部结构的影响、产业价值链效应、就业效应和对出口竞争力的影响；查贵勇（2007）对 1997～2005 年中国服务业总体及分行业吸引 FDI 溢出效应进行了实证分析，得出服务业总体及技术/人力资本密集型服务业吸引 FDI 具有显著正溢出效应，而劳动力和物质资本密集型服务业吸引 FDI 具有不显著的负溢出效应；王新华（2007）利用固定效应模型对 1997～2003 年服务业各行业的相关数据进行了短期效应和长期效应的分析，结果表明，服务业外商直接投资具有一定的经济增长效应，但是在不同时间段差异较大；殷凤（2007）在单位根检验和格兰杰因果检验的基础上，对服务业 FDI 与中国服务业增长及服务业劳动生产率的关系进行了实证分析，得出服务业 FDI 对中国服务业发展的带动作用还不够显著。

在广义的研究范畴下，外商直接投资对东道国宏观经济的影响也可作为溢出效应的主要表现。已有研究在这一方面取得了较多成果。然而，由于溢出效应评估标准的非唯一性、行业细化数据的不可得性与不合意性，以及计量方法本身的约束等，导致现有研究的结论存在较大分歧。同时，少有文献从理论分析的角度系统地论及服务业 FDI 对经济增长和结构调整的内在传导机制；专门针对服务业 FDI 溢出效应，特别是行业间溢出效应的研究更是鲜见；探讨服务业 FDI 的溢出路径、作用机理以及影响因素的研究基本上还是空白。通过现有研究，我们可以证明或预测某种结果，但却无法确知产生这种结果的原因或条件，事实上，对于决策和管理者而言，后者比前者更为重要。因而，这方面研究的滞后无疑会制约科学决策的形成。

（二）服务型跨国公司对东道国的溢出效应

具体而言，服务型跨国公司对东道国的溢出效应主要包括以下方面：

1. 结构调整和升级效应

外资服务业的进入，能以直接和间接方式为东道国服务业内部结构升级和加速成长创造条件，提升国内服务业的规模、能级和水平，产生强有力的"催化和牵引效应"，提高服务业的国际竞争力。

2. 产业链效应

企业生产活动分为上、中、下三个环节，其中上下游产业主要是生产者服务业，包括产品的前期开发、产品的销售、售后服务等，是创造较高价值的环节，即"微笑曲线"的两端，是企业价值链的战略环节。一家跨国公司的投资可能引致其他上下游为其服务的生产性服务领域的投资，形成协同效应，带动产业链投资。产业链投资可降低企业的交易成本和运营风险，保障企业竞争中的优势地位。当前，随着经济全球化发展和服务经济地位的不断提高，服务业与制造业协同转移的趋势越来越明显，如为摩托罗拉服务的花旗银行、美国联邦快递的物流服务、全球最大的物流服务商丹麦马士基集团①追随宜家进入中国等。若东道国能够更加有效地承接国际服务业转移，使之在总量与结构方面与已有的制造业外资形成协同关系，将大大提升利用外资的质量与水平，实现更大的溢出效应。

3. 就业效应

与制造业 FDI 一样，服务型跨国公司对东道国的就业效应也可分为就业数量效应和就业质量效应。就业数量效应具有二重性：吸纳效应和挤出效应。吸纳效应是指由于外商直接投资的流入而导致就业量的扩大，包括外商投资企业雇佣东道国本地劳动力的直接效应，和外商直接投资通过影响东道国的国内投资、产业结构、国际贸易和技术等从而对就业产生影响的间接效应；挤出效应是指由于外商直接投资的增加而导致的就业量的绝对或相对减少。就业数量效应最终取决于吸纳效应和挤出效应的大小。就业质量效应是指跨国公司的进入有助于改善和提升东道的劳动力技能和素质。要素密集性不同的服务业 FDI 的就业效应不同，劳动密集型服务业对非熟练劳动力的吸纳能力较强，因而，批发、零售贸易及餐饮业、运输、商务等服务业的就业数量效应明显，而知识、技术密集型服务业，如金融、保险、信息、咨询、中介服务等就业质量效应更为突出。

4. 技术扩散/溢出效应

一般而言，主要从事制造业的跨国公司通常在母公司和子公司之间建立起垂直分工体系，由母公司控制生产工艺流程的核心技术，而子公司则负责制造标准化的劳动力密集型产品。但经营服务业的跨国公司由于其技术优势主要是现代的服务手段和管理方法，在设立海外分支机构时无法将其彻底剥离，彼此之间多数只能构成水平分工的关系，即服务业跨国公司向海外分支转移的技术更接近母公司的水平，不可能像制造业那样，将"技术水平高"的业务留在母公司，只将"中等水平的"业务转移到海外企业。因此从这个角度而言，服务业 FDI 更能切实帮助发展中国家提高服务业整体水平。服务型跨国公司全球扩张，也是服务企业全球学习的过程（Ekeledo，Sivakumar，1996）。通过示范效应、接触—模仿效应和竞争效应，服务型跨国公司的技术创新、经验理念、组织技能、管理技能、营销技术等外溢至东道国相关企业。

---

① 马士基集团成立于 1904 年，总部设在丹麦哥本哈根，在全球 100 多个国家设有数百家办事机构，雇员逾 6 万多名，服务遍及世界各地，作为集团的集装箱海运分支，是全球最大的集装箱承运人，服务网络遍及六大洲。马士基中国公司总部设在上海，在大中国地区拥有广泛的网络。通过广泛分布的分公司代理及超过 1 500 名的专业服务人员，致力于满足客户各方面的需要，包括进出口货物、仓储管理、分拨、空运、货运代理服务、增值服务及咨询。马士基中国公司是最早进入中国市场的欧洲服务公司，注册为外商独资企业，于 1998 年获得营业执照。

5. 人力资本形成效应

服务业跨国公司对其在东道国雇佣的员工按照自己的标准进行培训,使其掌握必要的技能,这样不仅提升了本企业员工的素质,还为当地企业提供了现成的借鉴经验。此外,外资企业还会向客户提供信息、技术辅导及辅助管理,与东道国科技人员进行合作和技术开发,对教育机构提供支持与合作。去往海外接受正规教育。由于外资企业对东道国劳动力的雇佣和岗位培训,加之东道国人员、机构与国外公司合作过程中所产生的"学习效应",都会使东道国人力资本质量得到较大提高。同时由于存在着人力资源流动,外资企业的人才可能会进入内资企业,把从外资企业学到的技能和知识带到内资企业,从而会提升内资企业的技术及管理技能。通过人力资源的广泛合作与交流,服务技术、信息和技术创新理念能以较低的交易成本和较高的传播效率扩散,也能激发专业人员的创造性思维,从而产生新思想、新技术和新方法。另外,由于跨国公司雇员(尤其是高级雇工)的工资水平要比东道国本土企业相应工资水平高,跨国公司对高素质人才给予高薪待遇所产生的"传导效应",能够通过劳动力市场刺激东道国本地人力资本投资的增加,尤其是私人投资的动力会显著增强。而且,由于开放导致熟练劳动力市场竞争激烈,必将引导和迫使劳动力自我主动学习,从而提高人才的技能和素质。

6. 服务质量和效率的改进效应

服务业外资的进入,在服务产品种类、管理技术与服务方式,以及服务质量等方面带来强大的示范效应和竞争效应,促使东道国服务企业主动适应国外供应商的标准和规则,适应消费者日益提高的服务需求,利用现代技术拓展服务领域,不断创新服务产品和服务提供方式,提高经营的灵活性,改进服务质量和效率,使服务市场向更复杂和尖端水平发展。FDI 在转型经济国家的实证研究表明,转型经济国家所缺乏的服务惯例、服务品牌和差异化的服务都可以通过利用FDI 而获得,并且 FDI 对于提高东道国员工的技能、持续地改进服务质量以及充分利用全球的金融、电讯和商务服务网络都有很大的帮助。

7. 市场结构效应

由于金融、保险、电信等部门对于国民经济具有极其重要的战略意义,东道国政府一般会予以不同程度的保护,其结果多形成垄断性的市场结构。外资的进入、市场竞争的引入会打破原有的市场垄断结构,对东道国企业形成竞争压力,迫使其增加服务品种、提高服务质量、降低服务价格,这是竞争带来的正效应。如若外资企业凭借资金、技术、品牌、信誉、管理等优势等占据了市场,挤出东道国企业,并对后来者形成市场进入壁垒,又会形成一种新的垄断或寡头市场结构,产生负效应。

8. 制度环境改善效应

制度环境改善主要是指服务业 FDI 的流入有助于服务业监管制度的完善。由于服务业 FDI 流入具有一揽子转移的性质，FDI 中资本、技术、管理及市场进入等要素的"不可分性"，要求引进外资的国家本身存在相应的能力结构，尤其是应具有与国际接轨、并与外资相配套的制度环境，这无形中将对政府的经济管制行为的不连续性与不稳定性加以约束，迫使政府部门按照国际公认的惯例和规则对服务业的发展进行监管，以形成良好的制度环境。

9. 经济自主权和安全效应

跨国公司的决策中心在母国，具有很高的自主权，在一定程度可以不执行东道国的宏观经济政策，从而使东道国的自主权受到削弱。同时，较之发展中东道国，发达国家的服务型跨国公司在诸多有形及无形资产上拥有绝对优势，从而使其具有了投资谈判中强势的"讨价还价"（bargaining position）的能力。

经济安全方面，如金融业投资，由于该行业掌控着一国的资金融通，外资金融机构进入后，可通过银行信贷、证券承销、财产保险、基金投资等渠道与东道国各行各业发生联系，所涉及的行业分布面广，影响力强，且由于其实力雄厚，业务多样化程度高，分布范围广，不易进行监管，使宏观调控能力削弱。在国际金融市场联动与共振效应作用下，甚至会威胁东道国金融和经济安全。

正如联合国贸发会议《2004 世界投资报告》（以下简称《报告》）指出的，服务业外国直接投资为东道国带来了积极的影响。不仅为东道国经济注入资金，还对最终客户具有潜在的积极影响，为使用中间服务的生产商也提供了更好的服务并产生外溢效应。同时，外国直接投资进入服务业还对技术和技能转让、提升出口竞争力、创造就业机会以及员工培训和收入都产生了巨大的直接和间接效应。

但是，《报告》也指出，服务业外国直接投资在体制和结构方面也存在风险，比如，缺乏有效管制可使东道国面临严重的经济不稳定，管理私有化和公用事业的机构和手段薄弱会出现将国营垄断变成私人垄断的危险。此外，服务业外国直接投资还有一定的意外风险，外国直接投资易在社会或文化敏感领域造成非故意的损害。

因此，联合国贸发会议强调，在外资转向服务业的过程中，发展中国家要建立一整套与更广泛的发展战略相适应的政策。其基本点是，提升最现代化的服务领域所需要的人力资源和有形的基础设施，特别是在信息和通信技术方面，促进建立竞争机制和有效的规制，以充分发挥服务业市场的作用。

外国投资与引进外资是一个双向适应的过程，东道国在引进外资的过程中，自身势必要有一个内生性的经济增长环境改善过程，其内容包括人力资源、技术资源、基础设施、市场体制和法律制度等。东道国，特别是发展中东道国在利用

587

服务业 FDI 的同时，必须改善相应的经济增长环境以形成与 FDI 相适应的吸收能力结构，唯有此，该国服务业才能从 FDI 中获得更多的、正向的溢出效应。

第六节　中国服务业利用外商直接投资概况与效应分析

一、中国服务业利用外商直接投资的现状、特点与问题

改革开放初期，中国引进的外资主要投放在制造业，服务业几乎是空白。20 世纪 90 年代末期以来，服务业吸引国际直接投资开始逐年增多，在中国吸引外资总额中所占比重也开始提高。为了提高利用外资的质量，国家发改委制定的"十一五"利用外资规划中明确提出，服务业是吸引外商投资的主要行业之一。如银行业对外开放要坚持有序推进、审慎监管和控制风险的原则，保持境内中资银行和外资银行的合理结构和布局；保险业要认真履行我国加入世界贸易组织的承诺，重点引进在养老、医疗、责任和农业保险等方面有专长的境外保险公司和其他金融机构，鼓励外资保险公司到中西部和东北地区设立经营机构开展业务；商业领域吸引外资重在提高水平，要以引进现代商业经营理念和国外先进的分销手段、营销网络和服务手段为目标，保持外商投资商业零售企业数量的适度增长，有序发展外商投资的商业批发企业、大型连锁商店和配送中心；鼓励国外大型物流企业根据我国法律、法规的有关规定到国内设立物流企业；鼓励利用国外的资金、设备和技术，参与国内物流设施的建设或经营；积极推进旅游业利用外资等。这些政策对外资进入我国服务业起了很大的促进作用。

2007 年 3 月，国务院颁布了《加快发展服务业的若干意见》，进一步对外商投资服务业给予政策上的保障，本质上对外商投资服务业提供内在激励。

目前，中国包括银行、保险、证券、电信服务、分销等在内的 100 个服务贸易部门已全部向外资开放，占服务部门总数的 62.5%，开放度已经接近发达国家水平。但当前外资进入中国服务业还要面对外资准入资格、进入形式、股权比例和业务范围等较多的限制，对外开放的力度和水平仍有待于进一步提高。

（一）产业分布非均衡，服务业利用外资规模偏小

纵观改革开放以来外商直接投资在我国三次产业间的分布情况，可以发现，国际资本进入中国，其在第一产业、第二产业和第三产业之间的配置是非均衡的

（见表 10 - 27 和表 10 - 28）。绝大多数外资在华投资的行业是第二产业中的制造行业，协议投资金额达到全部协议金额的 60% 左右，而第三产业仅占 20% ~ 30%，第三产业实际吸引国际直接投资金额占比在 20% ~ 40%，与世界平均水平相距甚远。

表 10 - 27　　　　　1979 ~ 2006 年外商直接投资在我国三次
产业间的分布情况（合同外资）　　　　单位：%

年份	第一产业	第二产业	第三产业
1979 ~ 1990	2.9	60.3	36.8
1990	1.8	84.4	13.8
1991	1.8	81.5	16.7
1992	1.2	60.1	38.7
1993	1.1	49.4	49.4
1994	1.2	56.0	42.7
1995	1.9	69.6	28.5
1996	1.6	71.6	26.8
1997	2.1	66.7	31.2
1998	2.3	68.0	29.7
1999	3.6	68.9	27.5
2000	2.4	73.7	23.9
2001	2.6	77.2	20.2
2002	2.0	75.1	22.8
2003	2.0	74.0	24.0
2004	2.1	76.0	21.9
2005	2.0	71.1	26.9
2006	1.65	65.2	33.2

资料来源：根据各年《中国统计年鉴》、《中国对外经济贸易年鉴》计算。

表 10 - 28　　　　中国服务业实际吸引国际直接投资金额与增长率

单位：亿美元，%

项目 年份	实际吸引外资总额		服务业实际吸引外资总额		服务业吸引 外资占比
	金额	年增长率	金额	年增长率	
1998	454.6	0.5	123.6	29.2	27.2
1999	403.2	- 11.3	110.7	- 10.5	27.5
2000	407.2	1.0	90.1	- 18.7	22.1
2001	468.0	14.9	101.2	12.4	21.6
2002	527.4	12.5	129.6	21.1	24.6
2003	535.1	1.45	127.9	- 1.3	23.9
2004	606.3	13.3	140.5	10.1	23.2
2005	724.1	19.4	267.0	92.1	37.3
2006	694.7	- 4.1	263.6	- 2.3	38.0
2007	747.7	20.2	397.4	50.7	47.6
2008	924.0	23.6	379.5	- 0.04	41.1

资料来源：根据《中国商务年鉴》、《中国对外经济贸易白皮书》、商务部外资统计、《中国统计年鉴》整理计算。

截至 2008 年年底，在全国累计吸收外商直接投资中，第一产业、第二产业、第三产业项目数所占比重分别为 2.79%、71.21% 和 26%；在合同外资累计金额中，所占比重分别为 1.83%、66.39% 和 31.78%，服务业利用外资规模明显偏小，与跨国资本流动的行业分布差距较大，见表 10 - 29。

表 10 - 29　　　　　　截至 2008 年我国吸收 FDI 分产业统计

行业名称	项目个数（个）	比重（%）	合同金额（亿美元）	比重（%）
第一产业	18 437	2.79	304.5809	1.83
第二产业	469 839	71.21	11 054.9029	66.39
第三产业	171 554	26.00	5 291.4295	31.78
总　　计	659 830	100	16 650.9133	100

资料来源：《中国统计年鉴》（2009）。

之所以产生这样的格局，主要有两个原因：一是因为我国服务业发展相对滞后；二是服务业开放较晚，开放程度偏低。

首先，国际资本流动对东道国不同产业的投资选择与产业导向选择具有明显的"马太效应"，即一个国家或地区中越是发达的、具有国际竞争力的产业，越能吸引境外该产业资本进入；反之越是落后的产业，越难以吸引境外资本进入。与发达国家甚至部分发展中国家相比，我国服务业仍然存在很大差距。我国服务业增加值占 GDP 比重，仅由 1978 年的 23% 升至 2008 年的 40.1%，总体水平仍然偏低，不仅远低于世界平均 69% 的水平，且低于低收入国家平均 46% 的水平[①]；服务业内部结构不合理，发达国家主要以信息、咨询、科技、金融等新兴服务业为主，而我国仍以传统的商业、服务业为主，现代服务业发展缓慢，餐饮、交通运输等传统服务业占四成左右，现代服务业还不足三成。这些都限制了跨国资本进入我国服务业领域。

其次，我国首先从第一、第二产业开始对外开放，服务业开放比较晚。进入 90 年代后，中国加快了服务领域的对外开放步伐，先后不同程度地对外商开放了金融服务，分销服务、专业服务（包括会计、法律服务）、广告和咨询等商务服务、运输服务以及旅游服务等领域。但由于服务业的对外开放涉及一些敏感部门，因此我国对这一领域的开放采取了谨慎的态度，对利用外资方式（一般只限于合资）、外方持股比例（一般不允许外商控股）以及地域范围都做出了明确的限制，有些部门更是明令禁止外资进入。在一些基础性条件尚不具备的条件下，审慎开放对于维护国家经济安全具有重要作用，但这也的确是我国服务业外商直接投资偏低的主要原因之一。

（二）服务业外商投资结构不合理，投资于金融、贸易和基础服务部门的比例明显低于世界平均水平

跨国资本在服务业的非均衡分布对我国服务业的内部结构也产生了明显影响。从表 10－30 可以看出，80～90 年代进入中国的外资主要集中在第二产业；第三产业中外资的分布也很不均衡：科学研究、综合技术服务业及教育文化艺术业所占的比重很少，而房地产、公用事业服务业所占的比重最高：最高的 1993 年甚至接近了 40%，表中所列的 9 个年份中有 7 个年份都维持在 2 位数的水平。这一方面与我国服务业开放程度低有关，同时也反映出国际资本追求短期回报的特性。

---

① 资料来源：the World Bank Group Quick Query：http：//ddp-ext. worldbank. org/ext/DDPQQ。

表 10 – 30　　　　　　　**20 世纪 80 ~ 90 年代中国批准签订**
　　　　　　　　　　　　外商投资协议（合同）产业分布　　　单位：%

行　业	协议利用外资金额				协议利用外商直接投资金额				
	1983年	1985年	1987年	1989年	1991年	1993年	1995年	1997年	1999年
总计	100	100	100	100	100	100	100	100	100
第一产业									
农林牧渔等	3.11	4.18	2.11	1.36	1.84	1.07	1.90	2.09	3.57
第二产业									
工业	64.7	34.3	41.26	61.85	80.34	45.92	67.54	61.64	66.20
建筑业	1.73	2.10	0.45	0.58	1.12	3.48	2.10	6.12	2.66
合计	66.43	36.40	41.71	62.44	81.46	49.40	69.64	67.75	68.86
第三产业									
交通运输邮电业	8.21	8.22	6.12	3.51	0.79	1.33	1.86	5.14	2.70
商业饮食物资供销业	1.16	5.34	0.24	0.60	1.45	4.13	3.75	3.61	2.92
房地产公用事业服务业	2.77	23.01	13.32	7.22	12.56	39.28	19.54	17.43	17.45
卫生体育社会福利业	—	0.53	0.82	0.55	0.53	0.43	1.05	0.28	0.16
教育文化艺术业	—	1.53	0.12	0.06	0.47	0.41	0.38	0.14	0.15
科研综合技术服务业	18.33	0.32	0.006	0.03	0.15	0.53	0.30	0.27	0.32
其他	—	20.49	35.55	24.23	0.74	3.42	1.71	3.25	3.61
合计	30.47	59.45	56.17	36.2	16.69	49.53	28.59	30.16	27.57

　　资料来源：80 年代数据根据《1979 ~ 1991 中国对外经济统计大全》计算，中国统计信息咨询服务中心出版，1992 年版；90 年代数据根据历年《中国对外经济贸易年鉴》计算，中国对外经济贸易出版社出版。

　　进入 2000 年以来，外资向房地产业和社会服务业倾斜的趋势仍没有减缓，2000 ~ 2003 年两大行业平均约占服务业合同利用外资金额的 2/3。在新的产业分类下，2004 年、2005 年、2006 年房地产业合同外资金额占服务业外商直接投资合同金额的 40.17%、38.20% 和 45.88%，租赁和商务服务业分别占 20.08%、16.89% 和 14.62%，见表 10 – 31。2000 ~ 2008 年间，房地产业实际利用外资金额平均约占总金额约 44.5%，见表 10 – 32。

表 10 - 31　　　　　　2000 ~ 2006 年中国服务业利用外商

直接投资行业分布（合同外资）　　　单位：%

行　　业	2000	2001	2002	2003
服务业	100	100	100	100
地质勘查业、水利管理业	0.11	0.09	0.16	0.18
交通运输、仓储及邮电通信业	10.06	6.32	8.09	18.14
批发和零售贸易餐饮业	10.19	10.0	8.80	8.62
金融、保险业	0.56	0.62	2.43	1.15
房地产业	37.17	35.97	38.19	32.94
社会服务业	30.22	30.67	26.40	25.48
卫生体育和社会福利业	1.1	0.95	1.37	0.97
教育、文化艺术和广播电影电视业	0.59	0.51	0.58	1.02
科学研究和综合技术服务业	1.78	4.68	2.82	2.72
其他行业	8.22	10.19	11.15	8.76

行　　业	2004	2005	2006
服务业	100	100	100
交通运输、仓储及邮电通信业	7.07	10.29	8.06
信息传输、计算机服务和软件业	6.02	8.88	4.75
批发和零售业	7.45	8.55	10.16
住宿和餐饮业	6.46	5.39	4.50
金融业	1.71	1.08	1.18
房地产业	40.17	38.20	45.88
租赁和商务服务业	20.08	16.89	14.62
科学研究技术服务和地质勘查业	3.00	3.46	4.05
水利．环境和公共设施管理业	2.45	1.82	1.45
居民服务和其他服务业	1.62	2.69	3.42
教育	0.51	0.32	0.17
卫生、社会保障和社会福利业	0.44	0.32	0.17
文化、体育和娱乐业	3.02	2.10	1.56
公共管理和社会组织	0.04	—	0.03

资料来源：2000 ~ 2004 年数据根据 2001 ~ 2005 年《中国统计年鉴》计算；2005 年数据根据《中国外商投资报告》（2006）计算。2006 年数据根据《中国统计年鉴》（2007）数据计算。

表 10-32 2000~2008 年我国服务业实际利用外资额（按行业分）

单位：万美元

年份 行业	2000	2001	2002	2003
地质勘查业、水利管理业	481	1 049	696	1 777
交通运输仓储及邮电通信业	101 188	90 890	91 346	86 737
批发和零售贸易餐饮业	85 781	116 877	93 264	111 604
金融、保险业	7 629	3 527	10 665	23 199
房地产业	465 751	513 655	566 277	523 560
社会服务业	218 544	259 483	294 345	316 095
卫生体育和社会福利业	10 588	11 864	12 807	12 737
教育、文化艺术和广播电影电视业	5 446	3 596	3 779	5 782
科学研究和综合技术服务业	5 703	12 044	19 752	25 871
其他行业	145 277	105 106	132 102	225 102
服务业 FDI 合计	1 046 388	1 118 091	1 225 033	1 332 464

年份 行业	2004	2005	2006	2007	2008
交通运输仓储和邮政业	127 285	181 230	198 485	200 676	285 131
信息传输、计算机服务和软件业	91 609	101 454	107 049	148 524	277 479
批发和零售业	73 959	103 854	178 941	267 652	443 297
住宿和餐饮业	84 094	56 017	82 764	104 165	93 851
金融业	25 248	21 969	29 369	25 729	57 255
房地产业	595 015	541 807	822 950	1 708 873	1 858 995
租赁和商务服务业	282 423	374 507	422 266	401 881	505 884
科学研究、技术服务和地质勘查业	29 384	34 041	50 413	91 668	150 555
水利、环境和公共设施管理业	22 911	13 906	19 517	27 283	34 027
居民服务和其他服务业	15 795	26 001	50 402	72 270	56 992
教育	3 841	1 775	2 940	3 246	3 641
卫生、社会保障和社会福利业	8 738	3 926	1 517	1 157	1 887
文化、体育和娱乐业	44 776	30 543	24 136	45 109	25 818
公共管理和社会组织	180	370	707	44	—
服务业 FDI 合计	1 405 258	1 491 400	1 991 456	3 098 277	3 794 812

资料来源：根据历年《中国统计年鉴》数据计算。

2004～2008 年，房地产业实际使用外资金额累计达 552.76 亿美元，占第三产业实际使用外资累计总金额的 46.92%；其次是租赁和商务服务业，为 198.70 亿美元，占 16.86%；然后依次为批发和零售业、交通运输、仓储和邮政业、信息传输、计算机服务和软件业，见图 10 - 10。

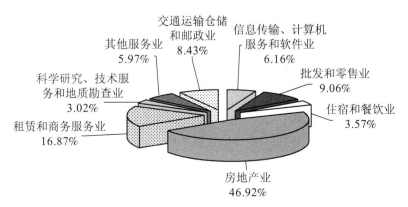

图 10 - 10　2004～2008 年我国服务业实际利用外资额累计分布情况

截止到 2007 年，在服务业中外商投资最多的是房地产业，占服务业合同利用外资总额的 51.07%，其次是租赁和商务服务业（12.28%），批发和零售业（9.29%），交通运输、仓储及邮电业（7.55%），见表 10 - 33。外商投资于金融、保险、贸易、信息和咨询等行业的比例明显低于世界平均水平，也低于发展中国家平均水平，而这些行业恰恰是直接服务于生产过程的行业，对于优化产业结构，促进产业升级，培育要素市场具有十分重要的意义。在卫生体育和社会福利业、文教艺术和广播电影电视业、科学研究和综合技术服务业等部门中，外方注册资本和投资总额的比重也仍然很低。外资过于集中在成熟行业，未能充分引导新兴行业的发展与壮大，对于服务业能级的提高没有起到明显的作用。

表 10 - 33　　　中国截至 2007 年服务业外商直接投资行业结构统计

行　　业	项目数（个）	比重	合同外资（亿美元）	比重
服务业	157 288	100	5 586.87	100
交通运输、仓储及邮电通信业	7 930	5.04	421.59	7.55
信息传输、计算机服务和软件业	5 885	3.74	146.35	2.62
批发和零售业	38 869	24.71	518.85	9.29
住宿和餐饮业	4 379	2.78	113.85	2.04
金融业	296	0.19	315.62	5.65
房地产业	48 670	30.94	2 853.11	51.07

续表

行　　业	项目数（个）	比重	合同外资（亿美元）	比重
租赁和商务服务业	27 504	17.49	686.33	12.28
科学研究技术服务和地质勘查业	7 834	4.98	133.62	2.39
水利、环境和公共设施管理业	589	0.37	42.63	0.76
居民服务和其他服务业	11 419	7.26	219.18	3.92
教育	1 634	1.04	30.80	0.55
卫生、社会保障和社会福利业	1 280	0.81	59.18	1.06
文化、体育和娱乐业	992	0.63	45.41	0.81
公共管理和社会组织	6	0.00	0.35	0.01
国际组织	1	0.00	—	—

资料来源：商务部外资统计，http：//www.fdi.gov.cn/pub/FDI/wztj/default.htm。

（三）服务业外资仍显示出较强的"优"区位导向，但在各省市行业投向方面差异不大，大多集中在房地产和社会服务业等传统服务业部门

与制造业外资一样，服务业外资也显示出较强的优区位导向，绝大多数投向了东部发达地区，中西部的份额很小。以 2005 年为例，东部省（市）服务业外商直接投资合同金额约占全国服务业 FDI 总合同金额的 84.37%，而中部、西部地区仅约为 10.08% 和 5.55%[①]。但是，从 FDI 行业投向来看，各省（市）的差别并不大，服务业外资多集中在房地产业、租赁和商务服务业，其次是批发、零售贸易、餐饮业[②]。以下我们用 FDI 行业分布区位熵来分析 FDI 在我国各省市的服务业行业投资偏好。公式为：

$$Q_i = P_i/N_i \qquad (10-17)$$

Q_i 为某省（市）i 行业的 FDI 区位熵，$Q_i > 1$，说明外资偏好投资于该产业；$Q_i < 1$，表明外资向该产业的偏重程度较低。

P_i 为某省（市）i 行业合同外资金额占该省市总的合同外资金额的比重。

N_i 为全国 i 行业合同外资金额占全国总的合同外资金额的比重。

---

① 根据《中国外商投资报告（2006）》计算，http：//fdi.gov.cn/pub/FDI/wzyj/yjbg/zgwstzbg/2006chinainvestmentreport。

② 参见殷凤：《中国服务业利用外商直接投资——现状、问题与影响因素分析》，载于《世界经济研究》，2006 年第 1 期。

计算结果能反映出 FDI 各行业投资在各省市的偏重程度，即 FDI 在各省市的投资行业偏好。由于一些省市统计数据不全，我们仅选择了交通运输、仓储及邮电通信业，批发、零售贸易、餐饮业，房地产和社会服务业 3 大行业 2003 年的数据进行计算分析。结果显示，交通运输、仓储及邮电通信业区位熵大于 1 的省份有：山东、云南、新疆；批发、零售贸易、餐饮业区位熵大于 1 的省份有：北京、天津、辽宁、黑龙江、上海、湖南、四川、云南、新疆；房地产和社会服务业区位熵大于 1 的省市有：北京、天津、河北、辽宁、上海、浙江、安徽、江西、湖南、广西、海南、四川、云南、陕西、甘肃。由此可见，各省市 FDI 多偏好投资于房地产和社会服务业以及批发、零售贸易、餐饮业，这虽然与我国服务业某些行业开放程度低有关，但另一方面却也暴露出外资在各省市服务业内部的投向仍需作进一步的引导和优化。

二、中国服务业吸收外国直接投资的决定因素分析

有关外商对华直接投资的决定因素，已有不少学者进行过研究，但对于服务业吸收外资的决定因素则较少有人涉及，主要原因是我国服务业引资规模小、服务领域开放程度低。

（一）变量的选取与研究模型

因变量：服务业利用外商直接投资合同金额。

自变量：

服务开放度（*OPEN*）。衡量一个国家对外开放度的指标通常是该国的国际贸易水平。这里用服务贸易进出口总值与国内生产总值的比例来大体反映服务开放度。

市场规模（*MARK*）。诸多实证研究表明，外商直接投资与市场规模之间的联系非常紧密。我们选取国内生产总值作为反映市场规模的指标。

服务业劳动成本（*WAGE*）。通常认为，发展中国家吸引外资的主要原因在于低工资水平，为验证这一点是否适用于服务业外资，我们用服务业职工平均工资水平作为服务业劳动成本的代表性指标。

人力资本（*HC*）。与制造业相比，服务业对人才的要求更高，尤其是银行、证券、保险、咨询、计算机服务等行业，人才的重要性更为突出。本部分选取了每百万人口大学生人数作为研究变量。

服务业发展水平（*TER*）。跨国资本在进行产业选择时，东道国的产业基础是一个重要的考虑因素，产业基础越好，越容易吸引外资进入。因此，这里我们

用第三产业产值占 GDP 的比重来反映我国服务业发展水平。

基础设施状况（*INFRAS*）。完善的基础设施对于吸引外资具有积极的作用。由于交通状况是基础设施完善与否的一个重要方面，用交通密度（单位面积内所拥有的交通线路长度）来考察基础设施对服务业利用外资的影响。

研究区间为 1991~2003 年，所有数据均来自《中国统计年鉴》。

研究模型如下：

$$FDI = f(OPEN, \ MARK, \ WAGE, \ HC, \ TER, \ INFRAS) \qquad (10-18)$$
$$\quad + \qquad\quad + \qquad\quad - \qquad\quad + \qquad + \qquad\quad +$$

（公式下的正负号是自变量对因变量的预期影响）

在对模型进行拟合时，自变量与因变量均采用了自然对数形式。

$$\ln FDI = \alpha_0 \ln OPEN + \alpha_1 \ln MARK + \alpha_2 \ln WAGE + \alpha_3 \ln HC$$
$$+ \alpha_4 \ln TER + \alpha_5 \ln INFRAS + \varepsilon_i \qquad\qquad (10-19)$$

（二）模型回归

在进行回归分析前，首先看一下变量的相关关系。从表 10-34 各自变量间的相关系数可知，各自变量之间存在着多重共线性的问题。为消除多重共线性带来的不良后果，在以下模型拟合中采用逐步回归法，根据自变量与因变量一元回归拟合优度的高低，依次引入各变量，顺序为：*OPEN*、*MAR*、*WAGE*、*TRAN*、*TER*、*HC*。

表 10-34 变量相关关系矩阵

	ln*FDI*	ln*HC*	ln*WAGE*	ln*MAR*	ln*OPEN*	ln*TER*	ln*INFRAS*
ln*FDI*	1.0000						
ln*HC*	0.2081	1.0000					
ln*WAGE*	0.3587	0.8800	1.0000				
ln*MAR*	0.3846	0.8352	0.9932	1.0000			
ln*OPEN*	0.6114	0.7203	0.8958	0.9067	1.0000		
ln*TER*	-0.3065	0.4036	0.0567	-0.6369	-0.1461	1.0000	
ln*INFRAS*	0.3452	0.9169	0.9810	0.9688	0.8566	0.1879	1.0000

在引入 *TRAN* 后，变量没有通过 t 检验，因此，最后选定的拟合模型为：

$$\ln FDI = 3.8671 \ln OPEN + 2.6917 \ln MAR - 3.2592 \ln WAGE \qquad (10-20)$$

$$(2.8128)^{***} \qquad (2.8664)^{***} \qquad (-2.4147)^{***}$$

$R^2 = 0.5294$，调整后 $R^2 = 0.4353$，$DW = 1.5335$

（三）结果分析

回归结果显示，投入服务业的 FDI 与我国的服务开放度、市场规模呈正向依存关系，与服务业劳动成本负相关，这与我们的预期是一致的。但是，服务业引资规模与交通密度、第三产业产值占 GDP 的比重、每百万人口大学生数缺少明显的关联性。

服务开放度对于服务业引资规模的贡献很大：服务开放度提高 10%，服务业 FDI 将增加 38.67%。尽管自 20 世纪 90 年代以来，我国服务领域的开放力度不断加大，但诸多行业仍存在严格的准入限制。回归结果表明，服务领域开放程度低是造成我国服务业利用外资规模偏小的重要原因。今后，随着入世承诺的具体实施，服务业引资规模必然会有很大的提高。

市场规模也是影响服务业外资的重要因素：市场规模扩大 10%，服务业 FDI 将增加 26.92%，但第三产业产值占 GDP 的比重与服务业 FDI 没有明显的相关关系。之所以如此，是因为我国服务业整体发展水平低，十多年来在国民经济中的地位变动很小，占 GDP 的比重始终徘徊在 30% ~ 34%，产业结构亟待升级；而外资进入中国，更多的是看中了中国巨大的市场和经济增长潜力，只要中国经济持续增长，外资就会不断涌入。

外资规模与人力资本无明显相关关系也与服务业开放程度有关，对人力资本要求较高的服务行业比传统服务行业有着更为严格的准入限制，因此在过去十几年中，流入服务业的有限外资大多进入了房地产、商务服务业与批发零售贸易餐饮业（见上文），而这些行业对人力资本的要求并不高。

三、服务业 FDI 与中国服务业增长的实证研究

（一）模型构建与变量选取（模型 1）

为从定量的角度考察服务业 FDI 与中国服务业增长之间的相关性，首先建立以下计量模型：

$$SGDP = C + \alpha SFDI + \varepsilon \qquad (10-21)$$

其中，$SGDP$ 为中国服务业增加值，C 为截距项，$SFDI$ 为服务业外商直接

投资合同金额①。为统一单位，我们考虑了每期美元对人民币的汇率（采用中间价）。ε 为残差项。为避免异方差，在对模型进行拟合时，自变量与因变量均采用了自然对数形式。研究区间为 1990 ~ 2005 年，数据来自《中国统计年鉴》和《中国对外经济贸易年鉴》相关各年。

（二）平稳性检验

根据计量经济学理论，对于非平稳时间序列变量的回归可能是伪回归，因而需要首先检查序列的平稳性。本部分采用 ADF（Augmented Dickey-Fuller）检验方法，运用 Eviews3.1 软件对序列进行单位根检验，结果见表 10 – 35 和表 10 – 36。

表 10 – 35　　　　　　　　　　ln$SGDP$ 的平稳性检验结果

ADF 值	– 4.420086	1%　临界值	– 4.8025
		5%　临界值	– 3.7921
		10%　临界值	– 3.3393
变量	系数	标准差	T 统计量
ln$SGDP$（– 1）	– 1.786014	0.404068	– 4.420086
D（ln$SGDP$（– 1））	0.454282	0.259959	1.747514
C	5.475298	1.218506	4.493454
@ TREND（1990）	0.100720	0.023010	4.377243
R^2	0.727236	DW 统计量	2.341551
调整后的 R^2	0.645406	F 统计量	8.887223

表 10 – 36　　　　　　　　　　ln$SFDI$ 的平稳性检验结果

ADF 值	– 6.068361	1%　临界值	– 4.0113
		5%　临界值	– 3.1003
		10%　临界值	– 2.6927
变量	系数	标准差	T 统计量
ln$SFDI$（– 1）	– 0.733403	0.120857	– 6.068361
D（ln$SFDI$（– 1））	0.440884	0.124993	3.527259
C	1.708196	0.276642	6.174765
R^2	0.821710	DW 统计量	1.026295
调整后的 R^2	0.789294	F 统计量	25.34867

---

① 这里使用实际利用外资金额更合理，但因 1994 年以前《中国统计年鉴》中没有服务业利用外资的统计，1995 ~ 1997 年统计年鉴仅提供了服务业外商直接投资合同金额，为避免时间序列过短以及人为估计的误差，本部分使用了合同外资金额，可能会影响实证分析的精确性。由于合同外资会在一段时间后转化为实际利用外资，我们采用了滞后期的分析方法，一定程度上弥补了该缺陷。

检验结果显示，在 5% 显著性水平下，序列 ln*SGDP* 和 ln*SFDI* 的 ADF 值均小于临界值，故通过平稳性检验。

（三）格兰杰因果关系检验

格兰杰因果检验是判断变量之间因果关系的重要方法，主要看现在的 y 能够在多大程度上被过去的 x 解释，加入 x 的滞后值是否使解释程度提高。如果 x 与 y 的相关系数在统计上显著时，就可以说 y 是由 x Granger 引起的。

Granger 因果分析的前提是，两个变量必须是平稳的，若非平稳，则必须是协整的。上面 ADF 检验结果表明，ln*SGDP* 和 ln*SFDI* 是平稳序列，故可以进行 Granger 因果分析。检验结果见表 10 – 37。

表 10 – 37　　　ln*SGDP* 和 ln*SFDI* 的格兰杰因果关系检验结果

零假设（在 5% 显著性水平下）	滞后期数	样本数	F 统计量	概率	结论
ln*SGDP* 不是 ln*SFDI* 的原因 ln*SFDI* 不是 ln*SGDP* 的原因	1	15	0.00203 0.49741	0.96485 0.49410	接受 接受
ln*SGDP* 不是 ln*SFDI* 的原因 ln*SFDI* 不是 ln*SGDP* 的原因	2	14	0.69695 0.90584	0.52311 0.43810	接受 接受
ln*SGDP* 不是 ln*SFDI* 的原因 ln*SFDI* 不是 ln*SGDP* 的原因	3	13	1.80535 7.57538	0.24636 0.01830	接受 拒绝
ln*SGDP* 不是 ln*SFDI* 的原因 ln*SFDI* 不是 ln*SGDP* 的原因	4	12	8.82985 12.1995	0.05219 0.03364	接受 拒绝

由表 10 – 37 可知，在显著水平为 5% 时，取滞后期为 1、2 时，ln*SGDP* 和 ln*SFDI* 之间不存在因果关系，当滞后期为 3、4 时，ln*SFDI* 是 ln*SGDP* 的 Granger 原因，但无论滞后期为多少，ln*SGDP* 均不是 ln*SFDI* 的 Granger 原因。根据 AIC 和 SC 信息准则，我们最终确定滞后阶数为 4。

（四）实证结果

运用 Eviews3.1 软件，首先采用普通最小二乘法（OLS）对模型 1 进行估计，结果见表 10 – 38。

表 10 - 38　　　　　　　　　　模型 1 实证计量结果

自变量	系数	标准差	T 统计量
C	3.256325	0.259155	12.56516
ln$SFDI$（-4）	0.180308	0.119617	1.507373
R^2	0.185148	DW 统计量	0.139376
调整后的 R^2	0.103663	F 统计量	2.272174

从上表 DW 统计量来看，模型存在正的序列相关。使用 AR（1）模型进行修正，结果见表 10 - 39。

表 10 - 39　　　　　经 AR（1）模型修正后的模型 1 实证计量结果

自变量	系数	标准差	T 统计量
C	2.278903	1.946691	1.170655
ln$SFDI$（-4）	0.027290	0.013416	2.034109
AR（1）	1.040116	0.061854	16.81563
R^2	0.993335	DW 统计量	1.712008
调整后的 R^2	0.992595	F 统计量	190.1543

再对新的残差序列进行 LM 检验，检验结果不能拒绝原假设，即经 AR（1）模型修正后的回归方程的估计结果是有效的。

结果表明，服务业合同利用外商直接投资（滞后 4 期）与中国服务业增加值之间存在着正相关关系，但相关性很弱，$SFDI$ 每增长 1 个百分点，服务业增加值仅增长 0.0273 个百分点。可见，服务业 FDI 对中国服务业增加值的带动作用还很不显著。

（五）模型构建与变量选取（模型 2）

根据科布—道格拉斯函数 $y = AK^\alpha L^\beta$，产出由投入的资本 K 和劳动 L 决定。为了分析服务业 FDI 对服务业增加值的影响，需要将服务业 FDI 从总的资本投入中分离出来，故对科布—道格拉斯函数加以变型得：

$$SGDP = A \times SFDI^\alpha \times SDK^\beta \times SL^\gamma \qquad (10-22)$$

其中，$SGDP$ 为中国服务业增加值，$SFDI$ 为服务业外商直接投资合同金额，SDK 为服务业国内资本投入金额，用（全社会固定资产投资额 - 利用外资金额）× 56.26%①，单位均为亿美元。SL 为服务业就业人数，单位为万人。
两边取对数，得：

$$\ln SGDP = C + \alpha\ln SFDI + \beta\ln SDK + \gamma\ln SL + \varepsilon \qquad (10-23)$$

（六）实证结果

因合同利用外资金额需要一段时间才能转化为实际利用外资，并对经济增长
产生作用，我们考虑了变量 $SFDI$ 的滞后项。实证结果显示，$Ln SFDI$ 滞后 2 期，
回归模型的拟合优度最高，且各变量均可通过检验。具体结果见表 10 - 40。

表 10 - 40　　　　　　　　　模型 2 实证计量结果

自变量	系数	标准差	T 统计量
C	- 8.379053	0.730203	- 11.47497
$\ln SFDI$（- 2）	- 0.117309	0.012826	- 9.146320
$\ln SDK$	0.229812	0.056271	4.084013
$\ln SL$	2.684554	0.217841	12.32344
R^2	0.997940	DW 统计量	2.330520
调整后的 R^2	0.997322	F 统计量	1 615.013

回归结果显示，服务业合同利用外商直接投资与中国服务业增加值负相关，
也就是说，服务业 FDI 的增加并没有带来中国服务业增加值的增长。该结论与模
型 1 相反。

四、服务业 FDI 与中国服务业劳动生产率的实证研究

下面，我们再来分析一下服务业 FDI 与中国服务业劳动生产率之间的关系。
陈涛涛（2003）利用国际上通常采用的建模方法（Caves，1974；Globerman，
1979；Blomstrom，1983），考察了 FDI 对中国制造业部门劳动生产率的影响。本
部分借鉴了该方法，并对模型进行了一定修正，用以考察服务业 FDI 对中国服务
业劳动生产率的影响。模型如下：

$$SLP = C + \alpha FDI + \beta K/L + \varepsilon \qquad (10-24)$$

---

① 之所以这样处理，是因为《中国统计年鉴》中仅有 2003 ~ 2005 年全国分行业全社会固定资产投
资总额，为将服务业固定资产投资总额分离出来，我们用 2003 ~ 2005 年服务业固定资产投资占比的平均
值（56.26%）乘以 1990 ~ 2005 年相应数据来近似替代。

其中，*SLP* 是中国服务业劳动生产率，用服务业增加值除以服务业就业人数；FDI 是服务业固定资产投资中外资的比重，由于无法获得外资企业服务业固定资产投资总额，该数据用全社会固定资产投资中利用外资的金额乘以服务业 FDI 在 FDI 总量中的占比，再除以服务业固定资产投资[①]来表示；*K/L* 是服务业人均资本数量，反映服务业的资本密集度，用服务业固定资产投资总额除以当年服务业就业人数。ε 为残差项。研究区间为 1990～2005 年，数据来自《中国统计年鉴》相关各年。在对模型进行拟合时，为避免变量计量单位差异所引发的异方差，自变量与因变量均采用了自然对数形式。对当年及滞后 4 期的 FDI[②] 的回归结果如表 10-41 和表 10-42 所示。

表 10-41　　　　　　　　　　**实证计量结果 1**

自变量	系数	标准差	T 统计量
C	0.977865	0.125696	7.779573
ln*FDI*	-0.135630	0.033289	-4.074373
ln*K/L*	0.789293	0.040032	19.71676
R^2	0.973541	DW 统计量	0.517656
调整后的 R^2	0.969471	F 统计量	239.1658

表 10-42　　　　　　　　　　**实证计量结果 2**

自变量	系数	标准差	T 统计量
C	0.411238	0.150106	2.739644
ln*FDI*（-4）	0.143321	0.030982	4.625915
ln*K/L*	0.926626	0.047231	19.61901
R^2	0.977182	DW 统计量	0.942289
调整后的 R^2	0.972111	F 统计量	192.7122

分析表 10-41 和表 10-42，可得出如下结论，ln*FDI* 的系数为负，即当期服务业固定资产投资中外资比重每提高 1 个百分点，中国服务业劳动生产率会降低 0.136 个百分点；ln*FDI*（-4）的系数为正，说明服务业中的外资投入与中国

---

① 因《中国统计年鉴》中仅有 2003～2005 年服务业固定资产投资的数据，故 1990～2002 年服务业固定资产投资用 2003～2005 年服务业固定资产投资占全社会固定资产投资的比重的平均值（56.26%）乘以 1990～2002 年全社会固定资产投资来近似替代。

② 变量 ln*FDI*（-1）、ln*FDI*（-2）和 ln*FDI*（-3）没有通过 t 检验。

服务业劳动生产率之间存在正相关关系，但这种正向效应需要一段时间才能体现出来，服务业固定资产投资中的外资比重（滞后 4 期）每提高 1 个百分点，中国服务业劳动生产率会提高 0.143 个百分点。

五、中国服务业 FDI 溢出效应的实证研究

（一）模型构建与变量选取

参考伯恩斯坦（Borensztein，1998）溢出效应模型，建立模型 1 如下：

$$\ln GDP_t = c + \alpha_1 RSFDI_t + \alpha_2 \ln H_t + \alpha_3 \ln R\&D_t + \alpha_4 TIS_t + \varepsilon_t \quad (10-25)$$

其中，GDP 为国内生产总值，C 为截距项，RSFDI 为服务业实际利用外商直接投资金额占 GDP 的比例，用以表示服务业 FDI 的资本累计效应。H 为人力资本存量，用每 10 万人口大学生数表示[①]，R&D 为研发能力，用研究与试验发展经费支出表示，TIS 为服务贸易依存度，即服务进出口额与 GDP 之比，代表服务市场开放度，反映一国的制度环境。其中 GDP 和 R&D 数据根据以 1978 年为基期的 GDP 平减指数进行了平减。为统一单位，我们考虑了每期美元对人民币的汇率（采用中间价）。ε 为残差项。研究区间为 1997~2008 年，数据来自《中国统计年鉴》、《中国商务年鉴》和《中国对外经济贸易年鉴》相关各年。

为了考察服务业外商直接投资与人力资本的相互作用是否会对经济增长产生影响，构建模型 2 如下：

$$\ln GDP_t = c + \alpha_1 RSFDI_t + \alpha_2 \ln H_t + \alpha_3 RSFDI_t \times \ln H_t + \varepsilon_t \quad (10-26)$$

若 $RSFDI \times \ln H$ 与 $\ln GDP$ 呈正相关关系，则表明，对经济有增长效应的、能够带来溢出效应的 FDI 一般需要与一定的人力资本相结合。从另一个角度说明，一国的人力资本环境有利于 FDI 溢出效应的发挥。

考察服务业外商直接投资与研发能力交互效应的模型 3 如下：

$$\ln GDP_t = c + \alpha_1 RSFDI_t + \alpha_2 \ln H_t + \alpha_3 RSFDI_t \times \ln R\&D_t + \varepsilon_t \quad (10-27)$$

$RSFDI \times \ln R\&D$ 代表外资与东道国研发相结合，即国内研发对技术外溢的吸收能力，反映了研发与外商直接投资对经济增长的交互效应，若该系数大于零，可在一定程度上证明外商直接投资与东道国研发得到有效结合形成了溢出效应。

考察服务业外商直接投资与服务业开放的相互作用的溢出效应模型 4 如下：

---

① 我们原本想采用服务业城镇单位专业技术人员数来表示人力资本存量，遗憾的是，目前能获得的数据仅有 2003~2008 年，无法与其他数据匹配。

$$\ln GDP_t = c + \alpha_1 RSFDI_t + \alpha_2 \ln H_t + \alpha_3 RSFDI_t \times TIS_t + \varepsilon_t \quad (10-28)$$

$RSFDI \times TIS$ 代表外资与政府对外开放政策相结合，代表开放政策与外商直接投资对经济增长的交互效应，若该系数显著大于零，说明服务业外商直接投资在开放政策的推动下形成了溢出效应。

（二）模型 1

采用 ADF 检验方法对序列进行单位根检验。检验结果显示，序列 $\ln GDP$、$RSFDI$、$\ln H$、$\ln R\&D$ 和 TIS 存在单位根，是非平稳序列，但它们的二阶差分序列均可在 5% 的显著性水平下拒绝原假设，接受不存在单位根的结论，因此可以确定，$\ln GDP$、$RSFDI$、$\ln H$、$\ln R\&D$ 和 TIS 序列为二阶单整序列。

根据协整理论[①]，虽然这些经济变量本身是非平稳序列，但它们的线性组合却可能是平稳的，这种平稳的线性组合可被解释为变量之间的长期稳定的均衡关系。这里采用 E - G 两步法进行协整分析。

首先，对同属二阶单整序列的 $\ln GDP$、$RSFDI$、$\ln H$、$\ln R\&D$ 和 TIS 序列进行最小二乘法估计，模型的估计结果如表 10 - 43 所示。

表 10 - 43　　　　　　　　　模型 1 估计结果

自变量	系数	标准差	T 统计量
c	9.856904	0.425795	20.19563
$RSFDI$	0.081478	0.087294	2.083340
$\ln H$	0.104358	0.067981	2.178948
$\ln R\&D$	0.039675	0.179848	1.037827
TIS	0.010769	0.036383	1.973575
R^2	0.976736	DW 统计量	1.875061
调整后的 R^2	0.966345	F 统计量	90.357317

其次，用 ADF 检验判断残差序列的平稳性，检验结果如表 10 - 44 所示。

表 10 - 44　　　　　　模型 1 残差序列平稳性检验结果

ADF 值	- 3.872794	1%　临界值	- 4.1573
		5%　临界值	- 2.9798
		10%　临界值	- 2.6290

---

① Engle, Robert F. and C. W. J. Granger. Co-integration and Error Correction: Representation, Estimation, and Testing. Econometrica, 1987, 55: 251 - 276.

可以看出，ADF 统计量值小于 5% 显著性水平下的临界值，由此可知，该残差序列不存在单位根，属于平稳序列。上述结果表明，序列之间存在着协整关系，模型设定是合理的。

回归结果表明，从服务业 FDI 的资本累积效应来看，回归系数为正，且作用显著；人力资本存量是经济增长的主要推动力，回归系数在四个变量中最大；研发投入和服务市场开放度对经济增长均有正向影响，但作用并不十分显著。

（三）模型 2

对序列 $\ln GDP$、$RSFDI$、$\ln H$、$RSFDI * \ln H$ 进行单位根检验。检验结果显示，原序列存在单位根，是非平稳序列，但它们的二阶差分序列可在 5% 的显著性水平下拒绝原假设，接受不存在单位根的结论，为二阶单整 I（2），可以进行协整分析。回归结果如表 10 - 45 所示。

表 10 - 45　　　　　　　　　模型 2 模型估计结果

自变量	系数	标准差	T 统计量
c	10.387659	0.272841	25.964867
$RSFDI$	− 0.056024	0.075837	− 1.289769
$\ln H$	0.095986	0.054869	2.125891
$RSFDI \times \ln H$	0.043732	0.005482	1.987521
R^2	0.986754	DW 统计量	1.867498
调整后的 R^2	0.974531	F 统计量	190.431520

残差序列平稳性检验结果如表 10 - 46 所示。

表 10 - 46　　　　　模型 2 残差序列平稳性检验结果

ADF 值	− 4.073894	1%　临界值	− 4.7076
		5%　临界值	− 3.9798
		10%　临界值	− 2.6290

结果显示，ADF 统计量值小于 5% 显著性水平下的临界值，由此可知，该残差序列不存在单位根，属于平稳序列，序列之间存在着协整关系。人力资本存量对经

济增长具有一定的促进作用，但人力资本存量度量的溢出吸收能力项 $RSFDI \times \ln H$ 回归系数较小，结果不是很显著，说明我国虽有一定的人力资源基础，但在内外资企业之间的互动机制还没有很好地形成，促进溢出效应的潜力还没有发挥出来，服务业外商直接投资的人力资本效应尚不明显。

（四）模型3

对序列 $\ln GDP$、$RSFDI$、$\ln H$、$RSFDI \times \ln R\&D$ 进行单位根检验。检验结果显示，原序列存在单位根，是非平稳序列，但它们的二阶差分序列可在5%的显著性水平下拒绝原假设，接受不存在单位根的结论，为二阶单整 I（2），可以进行协整分析。回归结果如表 10 - 47 所示。

表 10 - 47　　　　　　　　模型3 模型估计结果

自变量	系数	标准差	T 统计量
c	9.986782	0.216893	38.984562
$RSFDI$	-0.047845	0.068343	-0.398705
$\ln H$	0.091509	0.040261	2.276581
$RSFDI \times \ln R\&D$	0.013859	0.009755	1.248649
R^2	0.976758	DW 统计量	1.849874
调整后的 R^2	0.964581	F 统计量	119.243501

残差序列平稳性检验结果如表 10 - 48 所示。

表 10 - 48　　　　　模型3 残差序列平稳性检验结果

ADF 值	-5.195746	1%　临界值	-4.3207
		5%　临界值	-3.9857
		10%　临界值	-2.7629

结果显示，ADF 统计量值小于1%显著性水平下的临界值，由此可知，该残差序列不存在单位根，属于平稳序列，序列之间存在着协整关系。$RSFDI \times \ln R\&D$ 系数虽然为正，表明服务业外商直接投资与东道国研发结合形成了一定的溢出效应，但该系数很小，且并不显著，研发与服务业 FDI 对经济增长的交互效应体现得还很不明显。

（五）模型4

对序列 $\ln GDP$、$RSFDI$、$\ln H$、$RSFDI \times TIS$ 进行的单位根检验结果显示，原序列存在单位根，是非平稳序列，但它们的二阶差分序列可在 5% 的显著性水平下拒绝原假设，接受不存在单位根的结论，为二阶单整 I（2）。回归结果如表 10-49 所示。

表 10-49　　　　模型4 模型估计结果

自变量	系数	标准差	T 统计量
c	7.985421	0.073897	55.894574
$RSFDI$	0.037296	0.004645	2.845762
$\ln H$	0.1287578	0.019779	5.830981
$RSFDI \times TIS$	0.000161	0.000580	1.798744
R^2	0.979579	DW 统计量	1.987451
调整后的 R^2	0.965458	F 统计量	146.764857

残差序列平稳性检验结果如表 10-50 所示。

表 10-50　　　　模型4 残差序列平稳性检验结果

ADF 值	-4.896752	1%　临界值	-4.5445
		5%　临界值	-3.1286
		10%　临界值	-2.6318

结果显示，ADF 统计量值小于 1% 显著性水平下的临界值，由此可知，该残差序列不存在单位根，序列之间存在着协整关系。$RSFDI \times TIS$ 的系数极小，基于开放政策与服务业外商直接投资对经济增长的交互效应不显著。

六、结论与对策建议

从上述分析可以看出，与制造业相比，我国服务业利用外资规模偏小，比重偏低，与全球资本流动趋向不符，行业分布差距较大；投资结构不合理，外资多进入房地产业、租赁和商务服务业等，投资于金融、贸易和基础服务部门的比例明显低于世界平均水平；体现出较强的优区位导向，绝大多数投向了东

609

部发达地区，中西部的份额很小。服务业 FDI 对中国服务业增加值带动作用较小；服务业外资流入虽有助于提高中国服务业劳动生产率，但这种效应需要较长一段时间才能体现出来；服务业 FDI 的溢出效应体现得还很不明显。这些实证结果虽然与服务业资本投入中外资所占的比重小有关，同时也受样本容量较小、若干数据不可得①以及模型设定形式的影响，但也足以反映出服务业 FDI 对中国服务业发展与经济增长的带动作用还不够显著，其规模与质量均有待进一步提高。

跨国资本流动趋向、我国开放进程的不断推进及调整优化产业结构的客观需要，均决定了下一阶段服务业将成为我国引资的重点。服务业利用外资水平的提高，既是现实需要，也是发展趋势。

要改善利用外资效果，促进我国产业结构调整与升级，现阶段我国吸引外商直接投资战略必须由注重总量增长转向注重结构升级效应，应通过优化外资产业分布结构来提高经济整体的产出效率。当前，我国 FDI 的总量已经很大，但结构并不合理，对我国产业结构调整和升级的作用发挥得还远远不够：FDI 比重很高的工业部门，在国民经济中比重过大，产能过剩和竞争加剧的趋势越来越突出；而在服务业内部，FDI 向房地产业和社会服务业的过度倾斜则进一步加大了我国的结构性偏差。这些均不利于国民经济的持续、健康发展。因此，下一阶段的引资效果将在很大程度上取决于 FDI 投资结构的调整，取决于投资重点能否向服务业领域转移、是否有利于新兴服务业的培育和发展。

为了更好地利用服务业外商直接投资，需要关注以下几方面：

（一）继续稳妥、有序地扩大服务业对外开放，同时切实加强对服务业外资的引导

未来一段时间，我国宏观政策的取向，应顺应世界资本流动的新趋向，根据自身发展需要，继续积极、稳妥、有序地扩大服务业对外开放，引导外资更多地进入服务业部门，鼓励引进国外服务业的现代化理念和技术手段，以改善中国服务业结构，提高中国服务业的水平。继续加大力度引进跨国公司地区总部、投资性公司、研发中心、办事机构等，并以此带动法律、咨询、会计等外资中介机构进驻。同时，我们还要切实加强对服务业外资的引导与监管，通过施行合理、有效的产业政策、财税政策等，避免外资在房地产等行业及东部发达城市的过度集中。

---

① 这涉及我国整个服务业统计与核算问题。

（二）进行服务业内部结构调整，大力发展现代服务业

我国服务业的整体竞争力还比较弱，尤其是在高科技含量、高附加值的服务业领域更是如此。银行、保险、电信、证券、法律等领域，许多企业缺乏产品创新能力，经营效率低下，服务领域的全面开放，外资必然会对它们产生较大的冲击。当前必须对服务业进行内部结构调整，大力推进服务创新与制度创新，提高承接国际服务业转移的能力。对于能对国民经济发展和产业结构调整起明显推动作用的、代表未来服务业发展方向的，特别是具有国际水平的生产服务业等重点行业，要优先重点发展，并给予适当的政策支持。

（三）消除垄断，促进服务市场发育和体制改革

应进一步加快垄断性服务行业和公营部门管理体制改革，破除垄断壁垒，完善市场体系，放松对有关服务性行业的管制力度，放宽外资准入领域、降低准入条件；同时还应切实建立健全国内的机构和机制，监控外资在中国的发展，努力减少内敛效应，使外资能够更好地参与我国服务业的发展。

（四）不断完善服务领域的法律规范，健全统一规范的外商投资服务领域市场准入制度

完善健全的法制是经济活动有序开展的重要保障，同时对于规范外资进入及运营的作用也至关重要。目前国内服务领域的相关法律尚不健全，许多法律仍在制定或酝酿过程中，这给我们在一些重要敏感领域的进一步开放造成一定困难，也不利于我们对外资实施有效的监管。服务领域法律规范亟须完善。

（五）努力提高人力资本素质

大多数服务行业技术性较强，对人才要求也比较高。而当前我国服务领域人才缺口较大，尤其在一些技术含量高的领域，高级专业人才的供需矛盾更为突出。要充分发挥服务业外资的带动效应，应加快构建专业化、国际化、网络化的市场体系，积极参与全球专业人才市场的竞争与合作，加大同国际接轨的人才政策和相关法规建设，建立起与国际通行规则接轨的、涵盖人才引进、培养、配置、使用、分配、保障等多个方面的专业人才政策体系，全面提升人力资本素质。

附 录

附表 10 - 1 　　　　1980～2008 年世界服务贸易进出口额 　　　　单位：亿美元

年份	进出口				出口				进口			
	总额	运输	旅游	其他	总额	运输	旅游	其他	总额	运输	旅游	其他
1980	7 675	3 022	2 117	2 536	3 650	1 344	1 035	1 271	4 025	1 678	1 082	1 265
1981	7 919	3 132	2 086	2 701	3 740	1 370	1 039	1 331	4 179	1 762	1 047	1 370
1982	7 674	2 908	2 019	2 747	3 646	1 278	1 012	1 356	4 028	1 630	1 007	1 391
1983	7 372	2 738	1 974	2 662	3 543	1 207	1 006	1 331	3 829	1 531	9 68	1 331
1984	7 619	2 778	2 170	2 671	3 656	1 227	1 099	1 330	3 963	1 551	1 071	1 341
1985	7 827	2 760	2 284	2 783	3 816	1 247	1 158	1 411	4 011	1 513	1 126	1 372
1986	9 058	2 923	2 809	3 327	4 478	1 332	1 430	1 717	4 580	1 591	1 376	1 610
1987	10 744	3 386	3 467	3 900	5 314	1 541	1 757	2 016	5 439	1 845	1 710	1 814
1988	12 260	3 891	4 057	4 311	6 003	1 783	2 028	2 192	6 257	1 108	2 029	2 119
1989	13 421	4 241	4 397	4 782	6 566	1 930	2 207	2 428	6 855	2 311	2 190	2 354
1990	16 011	4 861	5 292	5 858	7 805	2 233	2 645	2 924	8 206	2 628	2 644	2 934
1991	16 754	4 980	5 481	6 294	8 244	2 287	2 764	3 194	8 510	2 693	2 717	3 100
1992	18 709	5 321	6 332	7 056	9 238	2 440	3 188	3 610	9 471	2 881	3 144	3 446
1993	19 009	4 315	6 318	7 375	9 413	2 435	3 230	3 748	9 595	2 879	3 091	3 625
1994	20 770	5 813	6 780	8 088	10 332	2 658	3 511	4 164	10 438	3 155	3 359	3 924
1995	23 864	6 664	7 905	9 295	11 849	3 037	4 077	4 735	12 015	3 627	3 828	4 560
1996	25 407	6 764	8 420	10 222	12 710	3 101	4 386	5 222	12 697	3 663	4 034	5 000
1997	26 259	6 901	8 469	10 889	14 203	3 174	4 414	5 616	13 056	3 727	4 055	5 273
1998	26 853	6 824	8 533	11 496	13 503	3 143	4 434	5 927	13 350	3 681	4 099	5 569
1999	27 939	7 030	8 859	12 051	14 056	3 253	4 593	6 210	13 883	3 771	4 266	5 841

年份	进出口				出口				进口			
	总额	运输	旅游	其他	总额	运输	旅游	其他	总额	运输	旅游	其他
2000	29 718	7 683	9 197	12 838	14 922	3 485	4 778	6 659	14 796	4 198	4 419	6 179
2001	29 886	7 565	9 000	13 323	14 945	3 450	4 668	6 828	14 941	4 115	4 332	6 495
2002	31 807	7 776	9 461	14 569	16 014	3 605	4 889	7 520	15 793	4 171	4 572	7 049
2003	36 363	8 898	10 454	17 011	18 340	4 089	5 371	8 880	18 023	4 809	5 083	8 131
2004	43 123	10 955	12 284	19 884	21 795	5 056	6 339	10 400	21 328	5 899	5 945	9 484
2005	47 760	12 268	13 453	22 039	24 147	5 632	6 977	11 538	23 613	6 636	6 476	10 501
2006	53 304	13 722	14 292	25 288	27 108	6 359	7 371	13 477	26 196	7 463	6 921	11 811
2007	64 863	16 728	16 454	31 681	33 724	7 696	8 632	17 396	31 139	9 032	7 822	14 285
2008	72 671	19 353	18 036	35 281	37 779	8 917	9 514	19 347	34 892	10 436	8 522	15 934

资料来源：WTO 国际贸易统计数据库（International Trade Statistics Database）。

附表 10 - 2　　　1982～2008 年中国服务贸易进出口情况　单位：亿美元，%

年份	中国出口额	中国进口额	中国进出口额	世界出口额	世界进口额	世界进出口额	中国出口额占世界出口总额的比重	中国进口额占世界进口总额的比重	中国进出口额占世界进出口总额的比重
1982	25	19	44	3 646	4 028	7 674	0.69	0.47	0.57
1983	25	18	43	3 543	3 829	7 372	0.71	0.47	0.58
1984	28	26	54	3 656	3 963	7 619	0.77	0.66	0.71
1985	29	23	52	3 816	4 011	7 827	0.76	0.57	0.66
1986	36	20	56	4 478	4 580	9 058	0.8	0.44	0.62
1987	42	23	65	5 314	5 439	10 753	0.79	0.42	0.60
1988	47	33	80	6 003	6 257	12 260	0.78	0.53	0.65
1989	45	36	81	6 566	6 855	13 421	0.69	0.53	0.60

续表

年份	中国出口额	中国进口额	中国进出口额	世界出口额	世界进口额	世界进出口额	中国出口额占世界出口总额的比重	中国进口额占世界进口总额的比重	中国进出口额占世界进出口总额的比重
1990	57	41	98	7 805	8 206	16 011	0.73	0.5	0.61
1991	69	39	108	8 244	8 510	16 754	0.84	0.46	0.64
1992	91	92	183	9 238	9 471	18 709	0.99	0.97	0.98
1993	110	116	226	9 413	9 596	19 009	1.17	1.21	1.19
1994	164	158	322	10 332	10 438	20 770	1.59	1.51	1.55
1995	184	246	430	11 849	12 015	23 864	1.55	2.05	1.80
1996	206	224	430	12 710	12 697	25 407	1.62	1.76	1.69
1997	245	277	522	13 203	13 056	26 259	1.86	2.12	1.99
1998	239	265	503	13 503	13 350	26 853	1.77	1.99	1.88
1999	262	310	571	14 056	13 883	27 939	1.86	2.23	2.05
2000	301	359	660	14 922	14 796	29 718	2.02	2.43	2.22
2001	329	390	719	14 945	14 941	29 886	2.2	2.61	2.41
2002	394	461	855	16 014	15 793	31 807	2.46	2.92	2.69
2003	464	549	1 012	18 340	18 023	36 363	2.53	3.05	2.79
2004	621	716	1 337	21 795	21 328	43 123	2.85	3.36	3.10
2005	739	832	1 571	24 147	23 613	47 760	3.06	3.52	3.29
2006	914	1 003	1 917	27 108	26 196	53 304	3.37	3.83	3.60
2007	1 216	1 293	2 509	32 572	30 591	63 163	3.73	4.23	3.97
2008	1 465	1 580	3 045	37 313	34 690	72 003	3.92	4.55	4.23

注：中国的服务贸易数据不含政府服务。

资料来源：根据 WTO 国际贸易统计数据库（International Trade Statistics Database）数据整理计算。

附表 10 - 3（a） 1997~2008 年中国服务贸易分部门进出口额

单位：千美元

年份 项目	1997			1998			1999			2000		
	余额	贷方	借方	余额	贷方	借方	余额	贷方	借方	余额	贷方	借方
货物贸易合计	46 221 730	182 669 980	136 448 250	46 613 520	183 529 150	136 915 630	36 206 016	194 715 813	158 509 797	34 473 606	249 130 638	214 657 032
服务贸易合计	-5 725 210	24 583 110	30 308 320	-4 924 740	24 059 930	28 984 670	-7 509 180	23 779 952	31 289 132	-5 600 122	30 430 487	36 030 608
1. 运输	-7 279 820	2 968 490	10 248 310	-6 610 260	2 464 420	9 074 680	-5 477 758	2 420 119	7 897 877	-6 725 148	3 670 967	10 396 115
2. 旅游	1 907 500	12 074 140	10 166 640	3 396 300	12 601 740	9 205 440	3 233 970	14 098 450	10 864 480	3 117 313	16 231 000	13 113 687
3. 通信服务	-18 270	271 660	289 930	611 430	818 910	207 480	396 199	589 647	193 448	1 103 482	1 345 452	241 970
4. 建筑服务	-618 970	590 130	1 209 100	-525 610	594 120	1 119 730	-554 578	985 228	1 539 806	-392 131	602 313	994 444
5. 保险服务	-871 360	174 310	1 045 670	-1 373 710	384 410	1 758 120	-1 728 905	203 922	1 932 827	-2 363 620	107 802	2 471 422
6. 金融服务	-297 550	27 330	324 880	-136 470	26 960	163 430	75 529	166 355	90 826	-19 637	77 804	97 441
7. 计算机和信息服务	-147 640	83 590	231 230	-199 460	133 500	332 960	41 711	265 336	223 625	90 934	355 947	265 013
8. 专有权利使用费和特许费	-488 580	54 850	543 430	-356 970	62 690	419 660	-717 081	74 542	791 623	-1 200 624	80 348	1 280 972
9. 咨询	-121 660	346 410	468 070	-240 170	517 970	758 140	-244 033	280 367	524 400	-284 016	355 716	639 732

续表

项目 \ 年份	1997			1998			1999			2000		
	余额	贷方	借方	余额	贷方	借方	余额	贷方	借方	余额	贷方	借方
10. 广告、宣传	-3 230	238 200	241 430	-54 050	210 960	265 000	1 589	220 558	218 969	21 018	223 436	202 418
11. 电影、音像	-33 870	10 040	43 910	-23 660	15 360	39 030	-27 301	6 655	33 956	-26 122	11 302	37 424
12. 其他商业服务	2 426 080	7 678 870	5 252 790	776 440	6 212 280	5 435 840	-1 970 027	4 385 536	6 355 563	966 651	7 083 865	6 117 214
13. 别处未提及的政府服务	-177 840	65 090	242 930	-188 550	16 610	205 170	-538 495	83 237	621 732	111 778	284 535	172 757

附表 10-3（b） 1997~2008 年中国服务贸易分部门进出口额

单位：千美元

项目 \ 年份	2001			2002			2003			2004		
	余额	贷方	借方	余额	贷方	借方	余额	贷方	借方	余额	贷方	借方
货物贸易合计	34 017 233.86	266 075 038.6	232 057 804.7	44 166 574	325 650 823	281 484 248	44 651 625	438 269 595	393 617 970	58 982 275	593 392 511	534 410 236
服务贸易合计	-5 931 013.56	33 335 134.75	39 266 148.31	-6 783 903	39 744 505	46 528 408	-8 572 648	46 733 622	55 306 270	-9 698 632	62 434 066	72 132 698
1. 运输	-6 689 077.81	4 635 058.698	11 324 136.51	-7 891 696	5 720 208	13 611 903	-10 326 425	7 906 408	18 232 833	-12 476 266	12 067 493	24 543 759
2. 旅游	3 883 173.8	17 792 000	13 908 826.2	4 986 584	20 385 000	15 398 416	2 218 728	17 406 000	15 187 272	6 589 704	25 739 000	19 149 296
3. 通信服务	-54 857.7996	271 120.7203	325 978.5198	79 688	550 107	470 419	211 026	638 410	427 384	-31 735	440 463	472 199
4. 建筑服务	-16 815.0509	830 193.9224	847 008.9733	282 587	1 246 448	963 861	106 416	1 289 655	1 183 239	128 662	1 467 489	1 338 826
5. 保险服务	-2 483 686.82	227 327.3853	2 711 014.203	-3 036 793	208 944	3 245 738	-4 251 432	312 784	4 564 216	-5 742 792	380 783	6 123 574

续表

项目 \ 年份	2001			2002			2003			2004	
	余额	贷方	借方	余额	贷方	借方	余额	贷方	借方	贷方	借方
6. 金融服务	21 661.96938	99 075.83984	77 413.87046	-38 832	51 009	89 842	-80 565	151 955	232 519	93 945	138 096
7. 计算机和信息服务	116 752.4561	461 458.2513	344 705.7953	-494 687	638 167	1 132 854	66 363	1 102 176	1 035 812	1 637 148	1 252 747
8. 专有权利使用费和特许费	-1 827 963.58	110 096.0825	1 938 059.664	-2 981 182	132 822	3 114 004	-3 441 148	106 979	3 548 127	236 359	4 496 605
9. 咨询	-612 843.666	889 272.9847	1 502 116.651	-1 345 589	1 284 937	2 630 527	-1 564 592	1 884 945	3 449 537	3 152 515	4 734 309
10. 广告、宣传	19 228.33512	277 288.112	258 059.7769	-21 601	372 846	394 447	28 380	486 261	457 881	848 628	698 335
11. 电影、音像	-22 324.0714	27 895.48619	50 219.55761	-66 350	29 674	96 024	-36 092	33 443	69 535	40 993	175 831
12. 其他商业服务	1 538 180.982	7 281 751.481	5 743 570.499	3 829 110	8 761 083	4 931 974	8 591 991	15 055 828	6 463 837	15 950 753	8 478 135
13. 别处未提及的政府服务	197 557.6971	432 595.7896	235 038.0925	-85 142	363 258	448 400	-95 299	358 779	454 078	378 498	530 986

617

附表10－3（c）　1997～2008年中国服务贸易分部门进出口额

单位：千美元

项目	2005 余额	2005 贷方	2005 借方	2006 余额	2006 贷方	2006 借方	2007 余额	2007 贷方	2007 借方	2008 余额	2008 贷方	2008 借方
货物贸易合计	134 189 095	762 483 733	628 294 638	217 746 060	969 682 307	751 936 247	315 381 400	1 219 999 630	904 618 230	360 682 094	1 434 601 241	1 073 919 146
服务贸易合计	-9 391 392	74 404 098	83 795 490	-8 833 913	91 999 237	100 833 150	-7 904 790	122 206 330	130 111 130	-11 811 638	147 111 948	158 923 586
1. 运输	-13 021 024	15 426 523	28 447 547	-13 353 741	21 015 285	34 369 026	-11 946 920	31 323 820	43 270 740	-11 911 179	38 417 556	50 328 735
2. 旅游	7 536 930	29 296 000	21 759 070	9 627 296	33 949 000	24 321 704	7 446 950	37 233 000	29 786 050	4 686 000	40 843 000	36 157 000
3. 通信服务	-118 173	485 231	603 404	-26 202	737 871	764 073	92 890	1 174 550	1 081 670	59 585	1 569 663	1 510 079
4. 建筑服务	973 567	2 592 949	1 619 382	702 918	2 752 639	2 049 721	2 467 280	5 377 100	2 909 820	5 965 493	10 328 506	4 363 013
5. 保险服务	-6 650 142	549 418	7 199 559	-8 282 919	548 176	8 831 094	-9 760 430	903 700	10 664 130	-11 360 128	1 382 716	12 742 844
6. 金融服务	-14 244	145 231	159 476	-746 042	145 425	891 467	-326 440	230 490	556 920	-250 884	314 731	565 615
7. 计算机和信息服务	217 676	1 840 184	1 622 509	1 218 860	2 957 711	1 738 851	2 136 680	4 344 750	2 208 070	3 086 931	6 252 062	3 165 131
8. 专有权利使用费和特许费	-5 163 852	157 402	5 321 254	-6 429 577	204 504	6 634 081	-7 849 430	342 630	8 192 070	-9 748 930	570 536	10 319 466
9. 咨询	-861 408	5 322 132	6 183 540	-555 066	7 834 142	8 389 208	724 180	11 580 550	10 856 370	4 605 315	18 140 866	13 535 551
10. 广告、宣传	360 521	1 075 729	715 208	490 073	1 445 032	954 960	575 350	1 912 270	1 336 920	261 668	2 202 324	1 940 656
11. 电影、音像	-20 096	133 859	153 954	15 954	137 433	121 480	162 570	316 290	153 720	163 322	417 943	254 622
12. 其他商业服务	7 497 029	16 884 780	9 387 752	8 432 227	19 693 334	11 261 106	8 676 790	26 914 850	18 238 060	2 885 059	26 005 857	23 120 798
13. 别处未提及的政府服务	-128 175	494 661	622 836	72 306	578 685	506 379	-30 4260	552 340	856 600	-253 890	666 187	920 076

资料来源：历年中国国际收支率。

主要参考文献

中文部分

［1］C. 奇波拉. 欧洲经济史（第三卷）. 吴良健等译. 北京：商务印书馆，1989.

［2］D. 贝尔. 后工业社会的来临［M］. 高铦等译. 北京：商务印书馆，1986.

［3］J. 菲茨西蒙斯，M. 菲茨西蒙斯. 服务管理：运作、战略和信息技术［M］. 张金城等译. 北京：机械工业出版社，2007.

［4］R. 诺曼. 服务管理［M］. 范秀成等译. 北京：中国人民大学出版社，2006.

［5］S. 诺拉，A. 孟克. 社会的信息化［M］. 施以方等译. 北京：商务印书馆，1985.

［6］Soon-Yong Choi, Dale O. Stahl, Andrew B. Whinston. 电子商务经济学［M］. 北京：电子工业出版社，2000.

［7］T. 舒尔茨. 报酬递增的源泉［M］. 姚志勇等译. 北京：北京大学出版社，2001.

［8］T. 斯托尼尔. 信息财富——简论后工业经济［M］. 北京：中国对外翻译出版公司，1987.

［9］埃瑞克·G·菲吕博顿，鲁道夫·瑞切特. 新制度经济学［M］. 上海：上海财经大学出版社，1998.

［10］北京师范大学经济与资源管理研究所课题组. 信息技术产业对国民经济影响程度的分析［J］. 经济研究，2001（12）.

［11］贝尔. 后工业社会的来临——对社会预测的一项探索［M］. 中译本. 北京：商务印书馆，1984.

［12］贝克尔，G.. 人类行为的经济分析［C］. 王业宇等译. 上海：上海三联书店，1995.

［13］贝赞可，D. 等. 公司战略经济学 ［M］. 武亚军译. 北京：北京大学出版社，1999.

［14］波特. 国家竞争优势 ［M］. 北京：华夏出版社，2002.

［15］财政部. 关于 2007 年中央和地方预算执行情况与 2008 年中央和地方预算草案的报告 ［R］. 第十一届全国人民代表大会第一次会议，2008 - 3 - 5.

［16］蔡茂森，谭荣. 我国服务贸易竞争力分析 ［J］. 国际贸易问题，2005 （2）.

［17］查贵勇. 中国服务业吸引 FDI 溢出效应分析 ［J］. 国际经贸探索，2007 （5）.

［18］陈涛涛. 影响中国外商直接投资溢出效应的行业特征 ［J］. 中国社会科学，2003 （4）.

［19］陈涛涛. 中国 FDI 行业内溢出效应的内在机制研究 ［J］. 世界经济，2003 （9）.

［20］陈宪，程大中. 国际服务贸易——原理. 政策. 产业 ［M］. 上海：立信会计出版社，2003.

［21］陈宪，黄建锋. 分工、互动与融合：服务业与制造业关系演进的实证研究 ［J］. 中国软科学，2004 （10）.

［22］陈宪. 国际服务贸易——原理·政策·产业 ［M］. 上海：立信会计出版社，2000.

［23］陈宪主编. 国际服务贸易 ［M］. 上海. 立信会计出版社，2000.

［24］程大中，陈宪. 上海生产者服务与消费者服务互动发展的实证研究 ［J］. 上海经济研究，2006 （1）.

［25］程大中. 高等教育服务的定价逻辑及其对我国的启示. 中国服务经济报告 2005 年 （陈宪、程大中主编），北京：经济管理出版社，2006.

［26］程大中. 中国服务业与服务贸易发展：机遇、挑战与战略 ［R］. 复旦大学 "全球化经济下的中国崛起" 报告会上的报告，2006 - 12 - 27.

［27］程大中. 生产者服务论 ［M］. 上海：文汇出版社，2006.

［28］程大中. 中国服务贸易显性比较优势的定量分析 ［J］. 上海经济研究，2003 （5）.

［29］程大中. 中国服务贸易显性比较优势与 "入世" 承诺减让的实证研究 ［J］. 管理世界，2003 （7）.

［30］程大中. 中国服务业增长的特点、原因及影响——鲍莫尔—富克斯假说及其经验研究 ［J］. 中国社会科学，2004 （2）.

［31］程大中. 中国生产性服务业的水平、结构及影响——基于投入—产出

法的国际比较研究［J］. 经济研究，2008（1）.

［32］程大中. 中国生产者服务业的增长、结构变化及其影响［J］. 财贸经济，2006（10）.

［33］程大中：中国经济正在趋向服务化吗？——基于服务业产出、就业、消费和贸易的统计分析［J］. 统计研究，2008（9）.

［34］程倩. 行进中的服务行政理论——从2001年到2004年我国"服务行政"研究综述［J］. 中国行政管理，2005（4）.

［35］迟福林. 新阶段的全面改革［EB/OL］. 2007 - 11 - 27.

［36］迟福林. 政府转型与中国经济社会协调发展［C］.//中国（海南）改革发展研究院. 政府转型——中国改革的下一步. 北京：中国经济出版社，2005.

［37］戴枫. 中国服务业发展与外商直接投资的实证研究［J］. 国际贸易问题，2005（3）.

［38］戴维·泰科尔，亚历克斯·洛伊，拉维·卡拉可塔. 迈进比特时代：电子商务的兴起［M］. 大连：东北财经大学出版社，2003.

［39］道格拉斯·C·诺思. 经济史中的结构与变迁［M］. 上海：上海三联书店，上海人民出版社，1994.

［40］樊纲，王小鲁. 消费条件模型和各地区消费条件指数［J］. 经济研究，2004（5）.

［41］［日］饭盛信男：经济政策与第三产业［M］. 中译本. 王名等译. 北京：经济管理出版社，1988.

［42］范恒山，周毅仁. 基本公共服务均等化与区域发展战略［C］. 中国（海南）改革发展研究院. 基本公共服务与中国人类发展. 北京：中国经济出版社，2008.

［43］范里安. 微观经济学：现代观点［M］. 费方域等译. 上海：上海三联书店，上海人民出版社，2005.

［44］傅家骥，姜彦福，雷家啸. 技术创新——中国企业发展之路［M］. 北京：企业管理出版社，1992.

［45］富克斯. 服务经济学［M］. 许微云等译. 北京：商务印书馆，1987.

［46］高传胜，李善同. 中国生产者服务：内容、发展与结构——基于中国1987~2002年投入产出表的分析［J］. 现代经济探讨，2007（8）.

［47］高传胜，刘志彪. 生产者服务与长三角制造业集聚和发展［J］. 上海经济研究，2005（8）.

［48］高传胜. 生产者服务与制造业互动发展：经济增长新动力——基于长

三角的分析 [J]. 现代经济探讨, 2006 (1).

[49] 高春亮. 文献综述: 生产者服务业概念、特征与区位 [J]. 上海经济研究, 2005 (11).

[50] 格鲁伯, 沃克. 服务业的增长原因与影响 [M]. 上海: 三联书店上海分店, 1993.

[51] 顾乃华, 毕斗斗, 任旺兵. 生产性服务业与制造业互动发展: 文献综述 [J]. 经济学家, 2006 (6).

[52] 顾乃华, 毕斗斗, 任旺兵. 中国转型期生产性服务业发展与制造业竞争力关系研究 [J]. 中国工业经济, 2006 (9).

[53] 国家统计局综合司课题组. 七大因素左右居民消费增长 [N]. 上海证券报, 2004 - 10 - 15.

[54] 国家物价局物价研究所: 物价文件选编 [M]. 北京: 中国物价出版社, 1990.

[55] 哈克塞弗等. 服务经营管理学 [M]. 顾宝炎等译. 北京: 中国人民大学出版社, 2004.

[56] 海, D., D. 莫瑞斯. 产业经济学与组织 [M]. 钟鸿钧等译. 北京: 经济科学出版社, 2000.

[57] 韩坚, 宋言奇. 生产性服务业的演进过程及其启示 [J]. 社会科学家, 2007 (5).

[58] 何建佳, 叶春明, 肖兰. 上海目前所处发展阶段及其发展趋势分析——基于波特的经济发展阶段论 [J]. 商业研究, 2006 (11).

[59] 何洁. 外商直接投资对中国工业部门外溢效应的进一步精确量化 [J]. 世界经济, 2000 (12).

[60] 贺卫, 伍星, 高崇. 我国服务贸易竞争力影响因素的实证分析 [J]. 国际贸易问题, 2005 (2).

[61] 侯玉兰. 论建设服务型政府: 内涵及意义 [J]. 理论前沿, 2003 (23).

[62] 胡龙照, 汤丽君. 论公共服务均等化与财政转移支付制度 [J]. 经济论坛, 2007 (12).

[63] 黄少军. 服务业与经济增长 [M]. 北京: 经济科学出版社, 2000.

[64] 贾根良. 劳动分工、制度变迁与经济发展 [C]. 天津: 南开大学出版社, 1999.

[65] 江静, 刘志彪, 于明超. 生产者服务业发展与制造业效率提升: 基于地区和行业面板数据的经验分析 [J]. 世界经济, 2007 (8).

［66］江小涓，李辉．服务业与中国经济：相关性和加快增长的潜力［J］．经济研究，2004（1）．

［67］江小涓．服务全球化与服务外包：现状、趋势及理论分析［M］．北京：人民出版社，2008．

［68］江小涓．中国的外资经济对增长、结构升级和竞争力的贡献［J］．中国社会科学，2002（6）．

［69］杰里米·阿塔克、彼得·帕塞尔．新美国经济史［M］．（第2版）（下卷）．中译本．罗涛等译．北京：中国社会科学出版社，2000．

［70］堺屋太一．知识价值革命［M］．黄晓勇等译．北京：生活·读书·新知三联书店，1987．

［71］井哲原夫．服务经济学［M］．李桂山等译．北京：中国展望出版社，1986．

［72］卡尔·夏皮特，哈尔·瓦里安．信息规则：网络经济的策略指导［M］．北京：中国人民大学出版社，2000．

［73］孔德洋，徐希燕．生产性服务业与制造业互动关系研究［J］．经济管理，2008（12）．

［74］库钦斯基，资本主义世界经济史研究［M］．北京：三联书店，1955．

［75］库兹涅茨：各国的经济增长——总产值和生产结构［M］．中译本．北京：商务印书馆，1999．

［76］魁奈．关于工商业利益和所谓不生产阶级生产性记录，魁奈经济著作选集［C］．吴斐丹和张草纫译．北京：商务印书馆，1979．

［77］赖明勇，包群等．外商直接投资与技术外溢：基于吸收能力的研究［J］．经济研究，2005（8）．

［78］李冠林．第三产业投入—产出分析［M］．北京：中国物价出版社，2002．

［79］李怀政．我国服务贸易国际竞争力现状及国家竞争优势战略［J］．国际贸易问题，2003（2）．

［80］李慧中．贸易与投资动因：服务业与制造业的差异［J］．复旦学报（社会科学版），2004（1）．

［81］李健．中国消费率持续下降的主要原因：国民收入分配失衡［J］．经济研究信息，2006（2）．

［82］李江帆，毕斗斗．国外生产服务业研究述评［J］．外国经济与管理，2004（11）．

［83］李江帆．产业结构高级化与第三产业现代化［J］．中山大学学报，

[119] 萨伊. 政治经济学概论 [M]. 陈福生和陈振骅译. 北京: 商务印书馆, 1963.

[120] 申朴. 服务贸易中的动态比较优势研究 [M]. 上海: 复旦大学出版社, 2005.

[121] 沈坤荣, 耿强. 外国直接投资、技术外溢与内生经济增长 [J]. 中国社会科学, 2001 (5).

[122] 施雯. 我国居民消费倾向变动的趋势和原因探析 [J]. 学术交流, 2005 (9).

[123] [日] 矢野恒太记念会编. 从数字看日本一百年. 日本国势图会 [M], 1983.

[124] 《世界经济》编写组. 世界经济 (第一册) [M]. 北京: 人民出版社, 1980.

[125] 世界银行, 2004 年世界发展报告: 让服务惠及穷人 [M]. 中译本. 北京: 中国财政经济出版社, 2003.

[126] 世界银行. 2000 年世界发展指标 [M]. 北京: 中国财政经济出版社, 2000.

[127] 斯拉法. 用商品生产商品 [M]. 巫宝三译. 北京: 商务印书馆, 1963.

[128] 斯密. 国民财富性质与原因的研究 [M]. 郭大力和王亚南译. 北京, 商务印书馆, 1972.

[129] 孙凤, 王玉华. 中国居民消费行为研究 [J]. 统计研究, 2001 (4).

[130] 孙凤, 易丹辉. 中国城镇居民收入差距对消费结构的影响分析 [J]. 统计研究, 2000 (5).

[131] 孙居涛, 熊友华. 我国收入分配格局的异动对启动消费需求政策的逆向影响 [J]. 经济与管理研究, 1999 (6).

[132] 孙涛. 比较视野下的中国政府官员规模研究 [J]. 南开学报 (哲学社会科学版), 2008 (1).

[133] 谭小芬. 中国服务贸易竞争力的国际比较 [J]. 经济评论, 2003 (2).

[134] 唐·泰普斯科特等. 数字经济蓝图 [M]. 大连: 东北财经大学出版社, 1999.

[135] 唐娟, 曹富国. 公共服务供给的多元模式分析 [J]. 华中师范大学学报 (人文社会科学版), 2004 (3).

[136] 陶学荣, 黄元龙. 论公共服务型政府建设途径 [J]. 甘肃社会科学,

2005（3）.

[137] 瓦里安，H. 微观经济学（高级教程）. 周洪等译. 北京：经济科学出版社，1997.

[138] 万广华，张茵，牛建高. 流动性约束、不确定性与中国居民消费 [J]. 经济研究，2001（11）.

[139] 万红先. 入世以来我国服务贸易国际竞争力变动分析 [J]. 国际贸易问题，2005（5）.

[140] 汪玉凯等. 基本公共服务均等化与政府责任 [C].//中国（海南）改革发展研究院. 基本公共服务与中国人类发展. 北京：中国经济出版社，2008.

[141] 王伶. 我国服务贸易的发展及国际竞争力的实证分析 [J]. 黑龙江对外经贸，2007（6）.

[142] 王庆颖. 中国服务贸易的国际竞争力实证分析 [J]. 世界经济研究，2005（1）.

[143] 王绍媛. 中国服务贸易竞争力分析——基于进出口数据的指标分析 [J]. 世界经济与政治论坛，2005（1）.

[144] 王小平. 服务业竞争力 [M]. 北京：经济管理出版社，2003.

[145] 王小平. 中国服务贸易的特征与竞争力分析 [J]. 财贸经济，2004（8）.

[146] 王小平. 中国服务业利用外资的实证分析 [J]. 财贸经济，2005（9）.

[147] 王选选，杭斌. 文化程度差异对居民消费结构的影响分析 [J]. 统计研究，1999 增刊.

[148] 王艳. 服务型政府的异化与转型——论建立新公共服务型政府 [J]. 云南行政学院学报，2004（4）.

[149] 温桂芳，刘喜梅，马千脉. 服务价格与中国服务业发展 [M].//江小涓主编. 中国服务业的增长与结构. 北京：社会科学文献出版社，2004.

[150] 吴敬琏. 建设一个公开、透明和可问责的服务型政府 [J]. 领导决策信息，2003（25）.

[151] 吴玉宗. 服务型政府：缘起和前景 [J]. 社会科学研究，2004（3）.

[152] 西蒙·库兹涅茨. 各国的经济增长 [M]. 商务印书馆，1985：365.

[153] 西尼尔. 政治经济学大纲 [M]. 蔡受百译. 北京：商务印书馆，1977.

[154] 夏伊，O. 产业组织：理论与应用 [M]. 周战强等译. 北京：清华大

学出版社，2005.

[155] 辛孝群. 地方政府绩效评估：现状、问题与路径选择 [J]. 华南理工大学学报（社会科学版），2006（4）.

[156] 许继芳，周义程. 公共服务供给三重失灵与我国公共服务供给模式创新 [J]. 南京农业大学学报（社会科学版），2009（1）.

[157] 薛敬孝，韩燕. 服务业 FDI 对我国就业的影响 [J]. 南开学报（哲学社会科学版），2006（2）.

[158] 薛求知，郑琴琴. 服务型跨国公司的出现及扩张动因 [J]. 世界经济研究，2002（5）.

[159] 亚当·斯密. 国民财富的性质和原因的研究 [M]. 郭大力，王亚南译. 北京：商务印书馆，2008.

[160] 杨国鹏. 我国公共服务型政府建设问题研究综述 [J]. 中州学刊，2006（3）.

[161] 杨磊，马岩巍. 服务型政府理论研究综述 [J]. 湖北行政学院学报，2006（6）.

[162] 杨小凯，张永生. 新兴古典经济学和超边际分析 [M]. 北京：中国人民大学出版社，2000.

[163] 杨小凯，黄有光. 专业化与经济组织 [M]. 张玉纲译. 北京：经济科学出版社，1999.

[164] 杨亚梅. 我国服务贸易国际竞争力的探讨 [J]. 现代经济探讨，2005（9）.

[165] 姚勇，董利. 中国城镇居民消费需求分析 [J]. 统计研究，2003（4）.

[166] 殷凤. 世界服务贸易发展趋势与中国服务贸易竞争力研究 [J]. 世界经济研究，2007（1）.

[167] 殷醒民. 2000~2015 年：上海经济发展阶段的判断 [J]. 上海经济研究，2000（1）.

[168] 尹世杰. 21 世纪消费经济学展望 [J]. 消费经济，1999（1）.

[169] 尹世杰等. 消费经济学原理 [M]. 修订版. 北京：经济科学出版社，2000.

[170] 虞剑英，李腾. 服务型政府：中国政府改革的目标选择 [J]. 内江师范学院学报，2008（3）.

[171] 袁诚，陆挺. 外商直接投资与管理知识溢出效应 [J]. 经济研究，2005（3）.

［172］袁方成．我国政府改革的阶段性特征：分析与前瞻［J］．社会主义研究，2008（3）．

［173］袁志刚，宋铮．城镇居民消费行为变异与我国经济增长［J］．经济研究，1999（11）．

［174］约翰·穆勒．政治经济学原理——及其在社会哲学上的若干应用［·M］．赵荣潜等译．北京，商务印书馆，1991．

［175］约瑟夫·派恩二世，詹姆斯 H. 吉尔摩．体验经济［M］．北京：机械工业出版社，2008．

［176］臧旭恒，裴春霞．预防性储蓄、流动性约束与中国居民消费计量分析［J］．经济学动态，2004（12）．

［177］臧旭恒，张继海．收入分配对中国城镇居民消费需求影响的实证分析［J］．经济理论与经济管理，2005（6）．

［178］张利平．中国服务贸易的国际竞争力［J］．经济论坛，2007（4）．

［179］张圣平，邓苏．消费结构、产业关联与产业结构的高级化［J］．山东大学学报（哲社版），1994（2）．

［180］张维迎主编．中国改革30年——10位经济学家的思考［M］．上海：上海人民出版社，2008．

［181］张馨．公共财政论纲［M］．北京：经济科学出版社，1999．

［182］赵春丽．公共服务型政府———政府职能转变的基本趋向［J］．行政论坛，2004（6）．

［183］赵书华，李辉．全球服务贸易 10 强的服务贸易国际竞争力定量分析［J］．国际贸易问题，2005（11）．

［184］赵卫亚．中国城镇居民文教消费的地区差异分析［J］．统计研究，2003（11）．

［185］郑方辉，雷比璐．基于公众满意度导向的地方政府绩效评价［J］．中国特色社会主义研究，2007．

［186］郑吉昌，夏晴．服务贸易国际竞争力的相关因素探讨［J］．国际贸易问题，2004（12）．

［187］郑吉昌，夏晴．论生产性服务业的发展与分工的深化［J］．科技进步与对策，2005（2）．

［188］植草益．信息通讯业的产业融合［J］．中国工业经济，2001（2）．

［189］中国（海南）改革发展研究院：聚焦中国公共服务体制［M］．北京：中国经济出版社，2006．

［190］周建军．王韬．近十年我国城镇居民消费结构研究［J］．管理科学，

2003 (4).

[191] 周望. 服务型政府概念研究综述 [J]. 行政论坛, 2008 (5).

[192] 周晓斌. 我国服务消费与国民经济发展关系研究 [J]. 消费经济, 2006 (2).

[193] 周游. 公共经济学 [M]. 武汉: 武汉出版社, 2002.

[194] 周振华. 产业融合: 产业发展及经济增长的新动力 [J]. 中国工业经济, 2003 (4).

[195] 周振华. 上海消费需求实证分析及其相关政策研究 [J]. 上海经济研究, 2000 (2).

[196] 周振华. 信息化与产业融合 [M]. 上海: 上海三联书店, 上海人民出版社, 2003.

[197] 周志忍. 政府绩效管理研究: 问题、责任与方向 [J]. 中国行政管理, 2006 (12).

[198] 朱丽峰. 论我国服务型政府的绩效考核 [D]. 吉林: 吉林大学, 2007.

[199] 竺乾威. 公共管理简明读书 [M]. 上海: 复旦大学出版社, 2004.

[200] 庄丽娟. 国际服务贸易与经济增长的理论和实证研究 [M]. 北京: 中国经济出版社, 2007.

[201] 左美云. 知识经济的支柱: 信息产业 [M]. 北京: 中国人民大学出版社, 1998.

英文部分

[1] [EB/OL] http: //theory. people. com. cn/GB/49172/111392/111522/6584121. html.

[2] [EB/OL] http: //www. china. com. cn/chinese/zhuanti/socclass/314693. htm.

[3] Anton Meyer, Richard Chase, Aleda Roth, Chris Voss, Klaus-Ulrich Sperl, Larry Menor and Kate Blackmon. Service Competitiveness-An International Benchmarking Comparison of Service Practice and Performance in Germany, UK and USA [J]. International Journal of Service Industry Management, 1999, 10 (4): 369 – 379.

[4] Balassa, B. Trade liberalization among Industrial Countries [J]. New York: McGraw-Hill. 1967.

[5] Balassa, B. Trade liberalization and Revealed Comparative Advantage [J]. The Manchester School of Economic and Social Studies, 1965, 33: 99 – 123.

[6] Balassa, B. Comparative Advantage, Trade Policy and Economic Develop-

ment [J]. Harvester Wheatsheaf, New York, 1989: 11 – 98.

[7] Banga, R. Trade and Foreign Direct Investment in Services: A Review. Indian Council for Research on International Economic Relations [J]. New Delhi Working, 2005: 154.

[8] Bathla. Inter-sectoral Growth Linkages in India: Implications for Policy and Liberalized Reforms [EB/OL]. http: //ieg. nic. in/dis_seema_77. pdf. 2005 – 5 – 21.

[9] Bhagwati J. Splintering and Disembodiment of Services and Developing Nations [J]. The World Economy, 1984, 7 (2).

[10] Bhagwati, J. N. Splintering and Disembodiment of Services and Developing Nations [J]. The World Economy, 1984: 133 – 143.

[11] Bhagwati, J. N. International Trade in Services and its Relevance for Economic Development, in Orio Giarini (eds.), The Emerging Service Economy [M]. Pergamon Press, Oxford and New York, 1987: 7 – 8.

[12] Boddewyn, J. J. Halbrich, M. B. and Perry A. C. Service Multinationals: Conceptualization, Measurement and Theory [J]. Journal of International Business Studies, 1986, 10: 41 – 57.

[13] Borensztein E, De Gregorio J. and Lee J. W. How Does Foreign Direct Investment Affect Economic Growth? [J]. Journal of International Economics, 1995, 45 (1): 115 – 135.

[14] Brian R. Copeland Benefits and Costs of Trade and Investment Liberalization in Services: Implications from Trade Theory [EB/OL] http: //www. ubc. edu. ca/ econ. 2002.

[15] Brown, D. K and Stern R. M. Measurement and Modeling of Economic Effects of Trade and Investment Barriers in Services [J]. Review of International Economics, 2000, 9 (2): 262 – 286.

[16] Burgess and David F. Is Trade Liberalization in the Service Sector in the National Interest? [M]. Oxford Economic Papers, Oxford University Press, 1995, 47 (1): 60 – 78.

[17] Burgess, David F. Services as Intermediate Goods: The Issue of Trade Liberalization. In R. W Jones and Anne O. Krueger (eds.) [J]. The Political Economy of International Trade, Basil Blackwell Ltd, 1990: 122 – 139.

[18] Cantwell, J. Technological Innovation and Multinational Corporation [J]. Oxford, Blackwell. 1989.

[19] Chanda R. Trade Liberalization and Foreign Direct Investment in Producer

Services: A Theoretical and Empirical Study [J]. Working Paper, IIM Bangalore, September. 1997.

[20] Chyau Tuan and Linda F. Y. Ng. FDI Facilitated by Agglomeration Economies: Evidence From Manufacturing and Services Joint Ventures in China [J]. Journal of Asian Economics, 2003, 14: 57 – 76.

[21] Clark and Colin. The Conditions of Economic Progress [M]. London, U. K.: Macmillian, 1940.

[22] Cohen, S. and Zysman, J. Manufacturing Matters: The Myth of the Post-Industrial Economy [M]. Basic Books, New York, 1987.

[23] Collins, R. and C. Murroni. New Media, New Policy [M]. London: Polity Press, 1996.

[24] Dalum, B. Laursen K. and Villumsen, G.. Structural Change in OECD Export Specialization Patterns: de-specialization and Stickiness [J]. International Review of Applied Economics, 1998, 12 (3): 423 – 443.

[25] Dardanoni and Valentino. Precautionary Saving Under Income Uncertainty: A Cross-Sectional Analysis [J]. Applied Econnomics, 1991 (23): 153 – 160.

[26] Deardorff, A. Comparative Advantage and International Trade and Investment in Services. In Robert M. Stern (eds.), Trade and Investment in Servies: Canada/US Perspectives, Toronto: Ontario Economic Council, 1985: 39 – 71.

[27] Deardorff, A. International Provision of Trade Service, Trade and Fragmentation [J]. Review of International Econornics, 2001, 9 (2): 233 – 248.

[28] Dee, P and Hanslow, K. Multilateral Liberalization of Services Trade [J]. Productivity commission staff research paper. Ausinfo Canberra. 2002.

[29] Dick, R. and Dicke, H. Patterns of Trade in Knowledge [J]. H. Giersch (eds.) International Economic Development and Resources Transfer, Tubingen: J. C. B. Mohr, 346. 1979.

[30] Djajic, S. and Kierzkowski, H. Goods, Services and Trade [J]. Economics, 1986, 56: 83 – 94.

[31] Drusillak. Brown, Alan V. Deardorff and Robert M. Stern. Modeling Multilateral Trade Liberalization in Services [R]. Discussion Paper of the Third International Conference on the Asia-Pacific Economy. 1996.

[32] Dunning J. H. and Norman G. The Theory of the Multinational Enterprise: An Application to Multinational Office Location [J]. Environment and Planning. 1983, 15 (5): 675 – 692.

［33］Dunning J. H. Multinational Enterprises and the Growth of Services: Some Conceptual and Theoretical Issues ［J］. The Service Industries Journal, 1989, 9 (1): 5－39.

［34］Duo Qin. Is China's Rising Service Sector Leading to Cost Disease ［EB/OL］. www. SSRN. com, 2003.

［35］Egger Hartmut and Peter Egger. International Outsourcing and the Productivity of Low-Skilled Labor in the EU ［J］. Austrian Institute of Economic Research (WIFO) Working Paper, Vienna, 2001: 152.

［36］Ekeledo, I. and Sivakumar, K. Foreign Market Entry Mode Choice of Service Finns: A Contingency Perspective ［J］. Journal of Academy of Marketing Service, 1998, 26 (4): 274－292.

［37］Engelbrecht, H. J. New Perspectives on Intersectoral Relationships Between Manufacturing and Services ［J］. Economics of Planning, 1992, 25: 165－178.

［38］Erramilli, M. K. and Rao, C. P. Service Firms' International Entry-Mode Choice: A Modified Transaction-Cost Analysis Approach ［J］. Journal of Marketing, 1993, 57 (7): 19－38.

［39］Eswaran and Kotwal. The Role of the Service Sector in the Process of Industrialization. manuscript ［R］. University of British Columbia, 2001.

［40］Francois J. Producer Services, Scale, and the Division of Labor ［J］. Oxford Economic Papers, 1990, 42: 715－729.

［41］Francois J. Trade in Producer Services and Returns Due to Specialization under Monopolistic Competition ［J］. Canadian Journal of Economics, 1990, 23 (1): 109－124.

［42］Fuchs, V. The Service Economy ［J］. National Bureau of Economic Research, 1968.

［43］Gellatly, G. , and Peters, V. Understanding the Innovation Process: Innovation in Dynamic Service Industries, Analytical Studies Branch-Research Paper Series ［J］. Statistics Canada No. 11F0019MPE No. 127, Dec. 1999.

［44］George Verikios and Xiao-guang Zhang. Secotoral Impacts of Liberalising Trade in Services ［R］. Discussing Paper o the Third Annual Conference on Global Economic Analysis.

［45］Ghosh, B. Gains from Global Linkages (Trade in Services and Movements of Persons) ［M］. Macmillan Press Ltd. , Hampshire and London, /St. Martin's Press, Inc. , New York, 1997: 29－30.

［46］ Gorg, H. and Strobl E. Multinational Companies and Productivity Spillovers: A Meta-Analysis ［J］. The Economic Journal, 2001, 11 (475): 723 – 739.

［47］ Grubel, H. G. All Traded Services are Embodied in Materials or People ［J］. The World Economy, 1987, 10: 319 – 330.

［48］ Guerrieri P. and Meliciani V. International Competitiveness in Producer Services ［C］. Paper presented at the SETI Meeting in Rome, May 2003.

［49］ Hansen, N. The Strategic Role of Producer Services in Regional Development ［J］. International Regional Science Review, 1994, 16 (1&2): 187 – 195.

［50］ Hardwick, Philip, Dou and Wen. The Competitiveness of EU Insurance Industries ［J］. Service Industries Journal, 1998, 18 (1): 39 – 53.

［51］ Hicks and Jone R. The Theory of Wages ［M］. New York, St, Martin, 1964.

［52］ Hill, T. P. On Goods and Services ［J］. Review of Income and Wealth, Series 23, No. 4, 1997: 315 – 338.

［53］ Hindley, B. and Smith. A Comparative Advantage and Trade in Services ［J］. The World Economy, 1984, 7 (4): 369 – 389.

［54］ Hirsch S. Services and Service Intensity in International Trade ［J］. Weltwirtschaftliches Archiv, 1989, 125 (1): 45 – 60.

［55］ Hoekman B. and Karsenty G. Economic Development and International Transaction in Services ［J］. Development Policy Review, 1991, 10: 211 – 236.

［56］ Im K. S. , M. H. Pesaran and Y. Shin. Testing for Unit Roots in Heterogeneous Panels ［J］. Journal of Econometrics, 2003, 115: 53 – 74.

［57］ J. Heskett, T. Jones, G. Loveman, W. Sasser, Jr. , and L. Schlesinger. Putting the Service-Profit Chain to Work. ［J］. Harvard Business Review, March-April 1994: 166.

［58］ James R. Melvin. Trade in Producer Services: A Heckscher-Ohlin Approach ［J］. The Journal of Political Economy, 1989, 97 (5): 1 180 – 1 196.

［59］ Javorcik, B. S. Does Foreign Direct Investment Iincrease the Productivity of Domestic Firms? In Search of Spillovers through Backward Linkages ［J］. American Economic Review, 2003, 94 (3): 605 – 627.

［60］ Jeffrey J. Reimer. Global Production Sharing and Trade in the Services of Factors ［J］. Journal of International Economics, 2006, 68: 384 – 408.

［61］ Jiangfan Li. A Qualitative and Quantitative Analysis of the Consumption Structure of Services ［J］. The Service Industries Journal, 1991 (54).

［62］ John Whalley. Assessing the Benefits to Developing Countries of Liberalisati-on in Services Trade ［J］. World Economics, 2003, 27 （8）: 1 223 - 1 253.

［63］ Jones R. W. and Ruane, F. Appraising The Options for International Trade in Services ［J］. Oxford Economic Papers, 1990, 42: 672 - 687.

［64］ Jones R. W. and Kierzkowski H. The Role of Services in Production and In-ternational Trade: A Theoretical Framework ［J］. in R Jones and A. Krueger （eds. ）, The Political Economy of International Trade, Oxford: Basil Blackwell, 1990: 122 - 139.

［65］ Jozef Koning. The Effects of Foreign Direct Investment on Domestic Firms: Evidence from Firm-level Panel Data in Emerging Economies ［J］. Economics of Transi-tion, 2000, 9 （3）: 619 - 633.

［66］ Karaomerlioglu, D. and B. Carlsson. Manufacturing in Decline? A Matter of Definition ［J］. Economy, Innovation, New Technology, 1999 （8）: 175 - 196.

［67］ Keller, W. International Technology Diffusion ［J］. Journal of Economic Literature, 2004, 42: 752 - 782.

［68］ Keshab Bhatterai and John Whalley. The Division and Size of Grains from Liberalization in Service Networks ［J］. NBER Working Paper 6712. 1998.

［69］ Kokko, A. Technology Market Characteristics and Spillovers ［J］. Journal of Development Ecnomics, 1994, 43: 279 - 293.

［70］ Kolstad I. and Villanger E. Determinants of Foreign Direct Investment in Services ［J］. European Journal of Political Economy, 2004, 24 （2）: 518 - 533.

［71］ Kravis, I. , A. Eston and R. Summer. World Product and Income: Interna-tional Comparisons of Real Gross Product ［J］. Baltimore: Jones Hopkins University Press. 1982.

［72］ L. Berry. Services Marketing is Different ［J］, Business, May-June, 1980.

［73］ Levin. A. , C. F. Lin. Unit Root Tests in Panel Data: Asymptotic and Finite Sample Properties ［J］. UC San Diego. Working Paper, 2002: 92 - 93.

［74］ Luciano, G. On the Power of Panel Cointegration Tests: A Monte Carlo Comparison ［J］. Economics Letters, 2002, 80: 105 - 111.

［75］ Lundvall, B - Å, and Borrás, S. The Globalising Learning Economy: Im-plications for Innovation Policy ［R］. TSER Programme Report, DG XII, Commission of the European Union, 1998.

［76］ Machlup, F. Theories of the Firm: Marginalist, Behavioral ［J］, Managerial, American Economic Review, 1967 57 (9).

[77] Maddala G. S. and Wu Shaowen. Acomparative Study of Unit Root Tests with Panel Data and a New Simple Test [J]. Oxford Bulletin of Economics and Statistics, 1999, 61: 631 – 652.

[78] Magnus Blomstrom and Ari Kokko. Foreign Direct Investment and Spillovers of Technology [J]. International Journal of Technology Management, 2001, 22 (5 – 6): 435 – 454.

[79] Markusen J. R. Trade in Producer Services and in Other Specialized Intermediate Inputs [J]. American Economic Review, March, 1989, 79 (1): 85 – 99.

[80] Markusen J. R. A Unified Treatment of Horizontal Direct Investment, Vertical Direct Investment, and the Pattern of Trade in Goods and Services [J]. National Bureau of Economic Research, Inc, NBER Working Papers 5696. 1996.

[81] Mary Amiti and Shang-Jin Wei. Service Off-shoring, Productivity, and Employment: Evidence from the United Stares [J]. IMF Working Paper 238. 2005.

[82] Mattoo, A. Rathindran, R. and Subrananian, A. Measuring Services Trade Liberalization and Its Impact on Economic Growth: An Illustration [J]. World Bank's Research Program on Trade in Services. World Bank Working Paper. 2001.

[83] Musgrave, Richard A. Peggy B. Musgrave. Public Finance in Theory and Practice [M]. New York: McGraw-Hill Book Company, 1987: 60 – 65.

[84] Nachum, L. and Keeble, D. Neo-Marshallian Clusters and Global Networks: The Linkages of Media Firms in Central London [J]. Long Range Planning, 2003, 36 (5): 459 – 480.

[85] Nayyar, D. The Political Economy of International Trade in Services [J]. Cambridge Journal of Economics, 1988, 12: 279 – 298.

[86] OECD: Innovation and Productivity in Services [R]. OECD Report, 2001.

[87] Pappas, N. and P. Sheehan. The New Manufacturing: Linkages Between Production and Service Activities [M]. in P. Sheehan and G. Tegart (eds) Working for the Future. Melbourne: Victoria University Press, 1998: 127 – 155.

[88] Parasuraman, A. V. Zeithaml and L. Berry. SERVQUAL: A Multiple-Item Scale for Measuring Consumer Perceptions of Service Quality [J]. Journal of Retailing, 1988, 64 (1): 12 – 40.

[89] Parasuraman, A., V. Zeithaml and L. Berry. A Conceptual Model of Service Quality and Its Implications for Future Research [J]. Journal of Marketing, 1985,

49：48.

［90］ Park，S. -H. and K. S. Chan. A Cross-Country Input-Output Analysis of In-tersectoral Relationships between Manufacturing and Services and their Employment Im-plications ［J］. 1989 （2）：199 – 212.

［91］ Pedroni，P. Critical Values for Cointegration Tests in Heterogeneous Panels with Multiple Regressors ［J］. Oxford Bulletin of Economics & Statistics，1999，61 （0）：653 – 670.

［92］ Perez，T. Multinational Enterprises and Technological Spillovers：an Evo-lutionary Model ［J］. Evolutionary Economics，1997，7 （2）：169 – 192.

［93］ Peterson，J. and Barras，R. Measuring International Competitiveness in Services ［J］. Service Industries Journal，1987，7：131 – 142.

［94］ Peterson，J. Export Shares and Revealed Comparative Advantage：A Study of International Travel ［J］. Applied Economics，1988，20：351 – 365.

［95］ Quinn，B. J. Intelligent Enterprise：A Knowledge and Services Based Para-digm for Industry ［M］. The Free Press，New York，1992.

［96］ Raff，H. and M. Ruhr. Foreign Direct Investment in Producer Services：Theory and Empirical Evidence ［J］. mimeo，University of Kiel. 2001.

［97］ Richard E. Caves. Multinational Enterprise and Economic Analysis ［J］. Cambridge University Press. 1996.

［98］ Richard E. Caves. Multinational Firms，Competition and Productivity in Host-country Markets ［J］. Economics，1974，41：176 – 193.

［99］ Riddle，D. Service-led Growth：the Role of the Service Sector in World Development ［M］. New York：Praeger，1986.

［100］ Robinson，Sherman，Wang，Zhi and Martin，Will. Capturing the Impli-cations of Services Trade Liberalization ［J］. Economic Systems Research，14 （1）：3 – 33.

［101］ Rowthorn，R. and R. Ramaswamy. Growth，Trade and Deindustrialisation ［J］. IMF Staff Papers，1999，46 （1）：18 – 41.

［102］ Rugman A. M. and Verbeke S. A. Shelter，Trade Policy and Strategies for Multinational Enterprises ［J］. in Rugman，A. M.，Verbeke，S. A. （Eds），JAI Press，Greenwich，CT，1988：3 – 25.

［103］ Rugman A. M. and Verbeke S. A. Foreign Subsidiaries and Multinational Strategic Management：An Extension and Correction of Porter's Single Diamond Frame-work ［J］. Management International Review，1993，33：71 – 84.

［104］Sabolo, Y. The Service Industries ［R］. International Labor Office, 1975: 6 - 9, 16 - 18.

［105］Sampson, G. P. and Snape, R. H. Identifying the Issues in Trade in Services ［J］. The World Economy, 1985, 8: 171 - 181.

［106］Sapir A. and Winter, C. Services Trade ［J］. in D. Greenaway and L. A. Winters (eds.), Surveys in International Trade, Blackwell, Oxford LlK&Cambridge USA, 1994: 273.

［107］Sapir, A. Trade In Services: Policy Issues for Eighties ［J］. Columbia Journal of World Business, 1982, 22: 77 - 83.

［108］Sapir, A and Lutz, E. Trade in Services: Economic Determinants and Development Related Issues ［J］. World Bank Staff Working Paper 480. 1981.

［109］Scott, L. and VollrathT. L. Global Competitive Advantage and Overall Bilateral Complementarity in Agriculture: a Statistical Review ［J］. United States Department of Agriculture, Economic Research Service, Statistical Bulletin, 1992, 850: 162 - 170.

［110］Sherman Robinson, Zhi Wang and Will Martin. Capturing the Implications of Services Trade Liberalization ［J］. Economic System Research, 2002, 14 (1): 3 - 31.

［111］Shugan, S. M. Explanations for the Growth of Services ［M］. In: Rust RT, Oliver RL, editors. Service Quality: New Directions in Theory and Practice. Thousand Oaks, CA: Sage Publications, 1994: 72 - 94.

［112］Sjoholm Fredrik. Technology Gap, Competition and Spillovers from Direct Foreign Investment: Evidence from Establishment Data ［J］. Journal of Development Studies, 1997, 36: 53 - 73.

［113］Stephen, S. Public Goods, Mixed Goods and Monopolistion ［M］. Texas A&M University Press, 1999: 18.

［114］Stern, R. M. and Hoekman, B. M. Issues and Data Needs for GATT Negotiations on Services ［J］. World Economy, 1987, 10: 39 - 60.

［115］Sundbo, J. and F. Gallouj. Innovation in Services - SI4S Project Synthesis, STEP Group, 1998. Tidd, J. and Hull, M., Service Innovation: Organizational Responses to Technological Opportunities and Market Imperatives ［M］. Imperial College Press, 2003.

［116］Terpstra V. and Yu C. Determinants of Foreign Investment of US Advertising Agencies ［J］. Journal of International Business Studies, 1988, 19 (1): 33 - 46.

［117］ UNCTAD. World Investment Report 2004： The Shift Towards Services ［R］. United Nation， New York and Geneva.

［118］ UNCTAD Handbook of Statistics ［EB/OL］. Available： http：// www. unctad. org/Templates/Page. asp？ intItemID = 1890&lang = 1.

［119］ UNCTAD. World Investment Report 2008： Transnational Corporation and the Infrastructure Challenge ［R］. United Nation， New York and Geneva.

［120］ UNCTC. The Determinants of Foreign Direct Investment， a Survey of Evidence ［R］. United Nations， New York.

［121］ UNCTC. The Transnationalization of Service Industries ［R］. United Nations， New York.

［122］ United Nations Statistics National Accounts Main Aggregates Database， ［EB/OL］. Available： http：//unstats. un. org/unsd/snaama/selectionbasicFast. asp.

［123］ Vollrath， T. L. A. Theoretical Evaluation of Alternative Trade Intensity Measures of Revealed Comparative Advantage ［J］. Weltwirtschaftliches Archiv， 1991， 127 （2）： 265 – 280.

［124］ W. Baumol， J. Panzar， R. Willing. Contestable Markets and the Theory of Industry Structure ［M］. New York： Harcourt Brace Jovanovich. 1982.

［125］ W. Sasser， R. Olsen and D. Wyckoff， Management of Service Operations： Text， Cases， and Reading， Boston， Allyn and Bacon， 1978.

［126］ Windrum， Paul， Tomlinson and Mark. Knowledge-intensive Services and International Competitiveness： A Four-Country Comparison ［J］. Technology Analysis Strategic Management， 1999， 11 （3）： 391 – 448.

［127］ World Trade Organization. International Trade Statistics ［EB/OL］. Available： http：//www. wto. org/english/res_e/statis_e/statis_e. htm.

［128］ WTO ［EB/OL］. International Trade Statistics 2008.

［129］ Yong and Allyn A. Increasing returns and economic progress ［J］. The economic Journal， 1982， 38 （152）： 527 – 542.

［130］ Zeldes and Stephenp. Optional Comsumption with Stochastic Income： Deriations from Certainty Equivalence ［J］. Quarterly Joural of Economics， 1989， 104 （5）： 275 – 298.

教育部哲学社會科學研究重大课题攻關項目
成果出版列表

书　名	首席专家
《马克思主义基础理论若干重大问题研究》	陈先达
《马克思主义理论学科体系建构与建设研究》	张雷声
《人文社会科学研究成果评价体系研究》	刘大椿
《中国工业化、城镇化进程中的农村土地问题研究》	曲福田
《东北老工业基地改造与振兴研究》	程　伟
《全面建设小康社会进程中的我国就业发展战略研究》	曾湘泉
《自主创新战略与国际竞争力研究》	吴贵生
《转轨经济中的反行政性垄断与促进竞争政策研究》	于良春
《中国现代服务经济理论与发展战略研究》	陈　宪
《当代中国人精神生活研究》	童世骏
《弘扬与培育民族精神研究》	杨叔子
《当代科学哲学的发展趋势》	郭贵春
《面向知识表示与推理的自然语言逻辑》	鞠实儿
《当代宗教冲突与对话研究》	张志刚
《马克思主义文艺理论中国化研究》	朱立元
《历史题材创新和改编中的重大问题研究》	童庆炳
《现代中西高校公共艺术教育比较研究》	曾繁仁
《楚地出土戰國簡册［十四種］》	陳　偉
《中国市场经济发展研究》	刘　伟
《全球经济调整中的中国经济增长与宏观调控体系研究》	黄　达
《中国特大都市圈与世界制造业中心研究》	李廉水
《中国产业竞争力研究》	赵彦云
《东北老工业基地资源型城市发展接续产业问题研究》	宋冬林
《中国民营经济制度创新与发展》	李维安
《中国加入区域经济一体化研究》	黄卫平
《金融体制改革和货币问题研究》	王广谦
《人民币均衡汇率问题研究》	姜波克
《我国土地制度与社会经济协调发展研究》	黄祖辉

书　名	首席专家
《南水北调工程与中部地区经济社会可持续发展研究》	杨云彦
《我国民法典体系问题研究》	王利明
《中国司法制度的基础理论问题研究》	陈光中
《多元化纠纷解决机制与和谐社会的构建》	范　愉
《中国和平发展的重大国际法律问题研究》	曾令良
《生活质量的指标构建与现状评价》	周长城
《中国公民人文素质研究》	石亚军
《城市化进程中的重大社会问题及其对策研究》	李　强
《中国农村与农民问题前沿研究》	徐　勇
《中国边疆治理研究》	周　平
《中国大众媒介的传播效果与公信力研究》	喻国明
《媒介素养：理念、认知、参与》	陆　晔
《新闻传媒发展与建构和谐社会关系研究》	罗以澄
《创新型国家的知识信息服务体系研究》	胡昌平
《教育投入、资源配置与人力资本收益》	闵维方
《创新人才与教育创新研究》	林崇德
《中国农村教育发展指标体系研究》	袁桂林
《高校思想政治理论课程建设研究》	顾海良
《网络思想政治教育研究》	张再兴
《高校招生考试制度改革研究》	刘海峰
《基础教育改革与中国教育学理论重建研究》	叶　澜
《中国青少年心理健康素质调查研究》	沈德立
《处境不利儿童的心理发展现状与教育对策研究》	申继亮
《WTO主要成员贸易政策体系与对策研究》	张汉林
《中国和平发展的国际环境分析》	叶自成
*《马克思主义整体性研究》	逄锦聚
*《面向公共服务的电子政务管理体系研究》	孙宝文
*《西方文论中国化与中国文论建设》	王一川
*《中国抗战在世界反法西斯战争中的历史地位》	胡德坤
*《近代中国的知识与制度转型》	桑　兵
*《中国水资源的经济学思考》	伍新木

书　名	首席专家
＊《转型时期消费需求升级与产业发展研究》	臧旭恒
＊《中国政治文明与宪政建设》	谢庆奎
＊《中国法制现代化的理论与实践》	徐显明
＊《知识产权制度的变革与发展研究》	吴汉东
＊《中国能源安全若干法律与政策问题研究》	黄　进
＊《农村土地问题立法研究》	陈小君
＊《中国转型期的社会风险及公共危机管理研究》	丁烈云
＊《边疆多民族地区构建社会主义和谐社会研究》	张先亮
＊《数字传播技术与媒体产业发展研究》	黄升民
＊《数字信息资源规划、管理与利用研究》	马费成
＊《公共教育财政制度研究》	王善迈
＊《非传统安全合作与中俄关系》	冯绍雷
＊《中国的中亚区域经济与能源合作战略研究》	安尼瓦尔·阿木提
＊《冷战时期美国重大外交政策研究》	沈志华
……	

＊为即将出版图书